Fluctuat nec mergitur ...

Fluctuat nec mergitur ...

Deutsche Evangelische Christuskirche
Paris 1894–1994

Beiträge zur Geschichte der lutherischen
Gemeinden deutscher Sprache in Paris und
in Frankreich

herausgegeben von
WILHELM VON DER RECKE

Jan Thorbecke Verlag Sigmaringen
1994

Die Deutsche Bibliothek – CIP-Einheitsaufnahme

Fluctuat nec mergitur ... : Deutsche Evangelische Christuskirche Paris 1894–1994; Beiträge zur Geschichte der lutherischen Gemeinden deutscher Sprache in Paris und in Frankreich / hrsg. von Wilhelm von der Recke. – Sigmaringen: Thorbecke, 1994
  ISBN 3-7995-0412-5
NE: Recke, Wilhelm von der [Hrsg.]

© 1994 by Jan Thorbecke Verlag GmbH & Co., Sigmaringen

Alle Rechte vorbehalten. Ohne schriftliche Genehmigung des Verlages ist es nicht gestattet, das Werk unter Verwendung mechanischer, elektronischer und anderer Systeme in irgendeiner Weise zu verarbeiten und zu verbreiten. Insbesondere vorbehalten sind die Rechte der Vervielfältigung – auch von Teilen des Werkes – auf photomechanischem oder ähnlichem Wege, der tontechnischen Wiedergabe, des Vortrages, der Funk- und Fernsehsendung, der Speicherung in Datenverarbeitungsanlagen, der Übersetzung und der literarischen oder anderwertigen Bearbeitung.

Dieses Buch ist aus säurefreiem Papier hergestellt und entspricht den Frankfurter Forderungen zur Verwendung alterungsbeständiger Papiere für die Buchherstellung.

Gesamtherstellung: M. Liehners Hofbuchdruckerei GmbH & Co. Verlagsanstalt, Sigmaringen
Printed in Germany · ISBN 3-7995-0412-5

Inhaltsverzeichnis

Vorwort XI
Das Schifflein Christi in Paris. Zur Einführung 1

TEIL I HISTORISCHE LÄNGSSCHNITTE

Protestanten in Frankreich 11
   Die Reformation in Frankreich 11
   Die Aufhebung des Toleranzedikts von Nantes 1685 12
   Französische Revolution und Erstes Kaiserreich: Glaubensfreiheit und Anerkennung 13
   Von der Gleichberechtigung zur Trennung von Kirche und Staat (1871–1905) 14

Evangelische Gemeinden deutscher Sprache bis 1914 16
   Bordeaux 17
   Lyon 19
   Le Havre 22
   Die Riviera-Gemeinden 23
   Marseille 28

Vorläufer in Paris im 17. und 18. Jahrhundert –
Deutsche Gottesdienste in skandinavischen Gesandtschaften 31
   Eine Gemeinde für Diplomaten (1626–1679) 31
   Die Zeit der kleinen Leute (1679–1711) 33
   Von den kleinen Leuten zu den Kunsthandwerkern (1711–1742) 34
   Das Goldene Zeitalter (1742–1784) 35
   Die deutsche Gemeinde in der dänischen Gesandtschaftskapelle (ab 1747) ... 35
   Die beiden lutherischen Gemeinden in der Französischen Revolution (1784–1806) 36
   Von der Fremdengemeinde zur französischen Staatskirche (1800–1809) ... 37

»Paris – die dritte deutsche Großstadt«. –
Deutschsprachige Seelsorge in Paris (1809–1870) 38
   Der neue Status: Die lutherische Staatskirche 38
   Die Deutschen in Paris während des 19. Jahrhunderts 39
   Die Erweckungsbewegung 41
   Die Deutsche Mission 43
   Friedrich von Bodelschwingh: Die Gründung der Hügelkirche 44
   Die zweite Gründung Bodelschwinghs: Die Kirche L'Ascension in Batignolles ... 50
   Spannungen vor 1870: Die Stellung der deutschen Pfarrer und die Sprachenfrage ... 50
   Der große Einschnitt: Der Deutsch-Französische Krieg 1870/71 52

Vorgeschichte der Christuskirche (1870–1894) 55
   Die Situation nach dem Deutsch-Französischen Krieg 55
   Die Anfänge der Zentrumsgemeinde, der späteren Christuskirche (1873–1879) ... 57

    Der Vertrag von 1879 58
    Die Hügelkirche (1872–1888). 59
    Kirchbaupläne für die Christuskirche 61

Christuskirche und Hügelkirche (1894–1914) 63
    Die Einweihung der Christuskirche am 9. Dezember 1894 63
    Die Deutsche Kolonie um 1900: Eine Bestandsaufnahme 64
    Der neue Status nach 1905: Trennung von Kirche und Staat. 70
    Exkurs: Das Selbstverständnis der Christuskirche 70
    August Klattenhoff: Ein Porträt 74
    Die neue Gemeindeverfassung 75
    Das Gemeindeleben in den Jahren 1906–1914 75
    Die Evangelisationsgemeinde 77
    Die Christuskirche als Botschaftskirche: Patriotismus als protestantische Pflicht. 78
    Expansion in den Jahren 1912–1914. 81

Die Christuskirche nach dem Ersten Weltkrieg (1918–1932) 82
    Ein neuer Anfang im Jahre 1927 82
    Die ersten Jahre: Zum Verhältnis von Kirche und Staat. 86
    Kirche und Staat: Die Praxis. 97
    Kirche und Staat: Die Theorie 98
    Eine mißglückte Zusammenarbeit:
    Die Trauerfeier für Außenminister Gustav Stresemann. 101
    Die Christuskirche innerhalb der deutschen Kolonie:
    Zur gesellschaftlichen Rolle der Kirche 103
    Gemeinde und deutsche Kolonie: Eine Gegenüberstellung in Zahlen 104
    Ansprüche und Erwartungen. 106
    Die Wirklichkeit: Gemeindeleben in den ersten Jahren 108
    Pfarrer Erich Dahlgrün: Ein Porträt 117
    Deutsche Kirche in der Provinz (1) 120
    Kontakte zu französischen Protestanten. 122
    Die Gemeinde in der Weltwirtschaftskrise 128

Die Christuskirche in der Zeit des Dritten Reiches (1933–1939) 130
    Die Situation der evangelischen Kirche in Deutschland 1933 130
    Erich Dahlgrüns theologische Position im Jahre 1933. 132
    Das Kirchliche Außenamt 1934 133
    Die Stellungnahme der Pariser Gemeinde im Kirchenkampf 135
    Das Verhältnis zum Kirchlichen Außenamt (1933–1939). 138
    Der nationalsozialistische Einfluß in der deutschen Kolonie 142
    Gleichschaltung der deutschen Vereine (1933–1935). 142
    Die Trennung von »guten« und »schlechten« Deutschen:
    Nationalsozialistischer Einfluß (1936–1939) 150
    Öffentliche Veranstaltungen im Gemeindehaus. 154
    Flüchtlinge aus Deutschland 156
    Anhänger und Gegner des Dritten Reiches innerhalb derselben Gemeinde. 157
    Hilfesuchende Emigranten. 163
    Deutsche Kirche in der Provinz (2):
    Pfarrer Hans-Helmut Peters und die Gemeinde in Nizza (1933–1939) 166
    Das Jahr 1938: Fast schon der Ernstfall 173
    Der Trauergottesdienst für Ernst vom Rath am 12. November 1938 174
    Das Ende: September 1939 179

Die Gemeinde während der Zeit der deutschen Besetzung –
August 1940 bis August 1944 181
    Die Wiedereröffnung der Gemeinde Juli/August 1940 181
    Hans-Helmut Peters als Experte für französischen Protestantismus 187
    Gemeindeleben im besetzten Paris: Die Zivilgemeinde in der Rue Blanche 189
    Die Wehrmachtsgemeinde in der Amerikanischen Kathedrale 191
    Hans-Helmut Peters als Gefängnisseelsorger 194

Deutsche Kirche ohne Deutsche –
Die Christuskirche in den Jahren nach dem Krieg 202
    Von der CIMADE zur CLAIR (1944–1948) 202
    Franz Charles de Beaulieu 203
    Seelsorge an Deutschen in Paris (1945–1948) 204
    Erste selbständige Schritte zu einer neuen Gemeinde (1948–1954) 206

Der Neuanfang der Gemeinde (1954–1963) 209
    Die evangelische Kirche in Deutschland nach dem Krieg 209
    Die Ausgangssituation der Gemeinde im Jahr 1954 211

Deutsche Protestanten in Frankreich
zwischen 1945 und 1960 (außerhalb von Paris) 216
    Deutsche Freiarbeiter in Frankreich 216
    Hilfsorganisationen und Mitteilungsblätter 217
    Die Regionen 220
    »So sind wir«! Aus einem Brief von Freiarbeitern 223
    Aus der Tätigkeit der Pfarrer 224
    Kirchliche Räume und Gebäude 227
    Das Ende der Arbeit 228

TEIL II DIE CHRISTUSKIRCHE HEUTE – QUERSCHNITTE

Konfession: evangelisch, Sprache: deutsch 233

Die Vereinsgemeinde 237
    Zwischen Volkskirche und Freikirche 237
    Gemeindeglieder und Besucher 238
    Fünf Kennzeichen der Pariser Gemeinde 240
    Gemeindeversammlung und Kirchenvorstand 242
    Der erste und der zweite Pfarrer 245
    Andere Mitarbeiter 249
    Der Haushalt 251

Die Gottesdienstgemeinde 253
    Der Sonntagsgottesdienst 253
    Besondere Gottesdienste 257
    Andachten, Taufen, Trauungen und Trauerfeiern 261

Die Gemeinde der Gruppen und Kreise 263
    Kinder, Jugendliche und Alte 263
    Die beiden Säulen: Frauen und junge Erwachsene 265

  Bibel, Gebet und Geistliches Gespräch 269
  Der Konfirmandenunterricht 272

Die offene Gemeinde 277
  Basar, Gemeindeessen und Gemeindefahrten 277
  Seelsorge: Besucher und Bittsteller 281
  Diakonie 283
  Gemeindeblätter 284

Die Deutsche Kirche in ihrem Umfeld 288
  Andere deutschsprachige Protestanten 288
  Unser Mann in Paris: Beziehungen nach Deutschland 291
  Eine Stimme im Chor der französischen Kirchen 292
  Andere Auslandsgemeinden 299
  Katholiken und Protestanten 300
  Begegnung mit Juden 302
  Deutsche in Frankreich 305
  Franzosen: Von Amts wegen und privat 310

TEIL III AUSSCHNITTE

Frauen in der Gemeinde 317
  Die Vorgeschichte 317
  Die Hügelkirche 319
  Die Christuskirche 324
  Die Frauenheime 325
  Der Frauenverein und das Frauenwahlrecht 328
  Zwischen den Weltkriegen 333
  Der Wohlfahrtsausschuß 334
  Die Spaltung 337
  Fräulein Uhde 338
  Der Abbruch 339
  Die Besatzungszeit 340
  Die Übergangszeit 341
  Der Neubeginn 342

Die Orgeln der Christuskirche und das Musikleben 352
  Die Orgeln der Christuskirche 352
  Die Christuskirche als Tonstudio 358
  Kirchenmusikalische Höhepunkte im Gemeindeleben 359
  Kirchenmusik heute 360

Gemeindeverfassung und Gemeindevermögen 362
  Die staatskirchenrechtliche Lage in Frankreich Anfang des 19. Jahrhunderts 362
  Die Stellung der deutschen Pfarrer in der französischen Kirche 362
  Die Société Civile 363
  Die Trennung von Kirche und Staat 1905 364
  Die Entwicklung der Gemeindesatzung (1906–1984) 366
  Die Eigentumsfrage der Christuskirche nach dem Ersten Weltkrieg 368

Kirchen und Gemeindehäuser in Paris..372
   Vorgeschichte...372
   Die Christuskirche 1894..374
   Die Hügelkirche..377
   Das neue Gemeindehaus von 1912..380
   Nach den beiden Weltkriegen...386

TEIL IV ANHANG

Dokumente..391
   Gründungsurkunde der Lutherischen Gemeinde zu Paris 1626.............391
   Friedrich von Bodelschwingh berichtet über die Anfänge seiner Pariser Zeit...............392
   Das Kirchlein in La Villette zu Paris. Ein Gedicht von A. W. (1864)....395
   Über das Wachstum des geistlichen Lebens. Aus einer Predigt von Hermann Schmidt,
   Pastor in Cannes...395
   Eingabe betreffend Heranziehung der weiblichen Mitglieder der deutschen
   Kirchengemeinden in Paris zur Gemeindevertretung (1906)..................396
   Gedicht zum zehnjährigen Jubiläum der Evangelischen Jugendgruppe
   in Paris 1961 von Rolf Kempf,..397
   Auszüge aus dem Pfarrerbericht von Christoph Dahlkötter,...................398
   Predigt zum 50. Jahrestag der Reichskristallnacht am 6. November 1988
   von Almuth von der Recke...400
   Predigt zum Tag der Vereinigung Deutschlands am 3. Oktober 1990 von Stephan Steinlein.....402

Karten..405
   Evangelische Gemeinden deutscher Sprache in Frankreich....................405
   Lutherische Kirchen in Paris 1867..406

Zeittafel 1626–1984...408

Personen...410

Bildnachweis...414

Quellenverzeichnis..415

Literaturverzeichnis..418

Index..422

Vorwort

Hundert Jahre! In ruhigen Zeiten und im weltfernen Winkel verbracht, mag das keine lange Zeit sein. Aber 100 Jahre in Paris, in der Hauptstadt des französischen Nachbarvolkes, mit dem zwischen 1870 und 1945 drei schreckliche Kriege geführt wurden! 100 Jahre, die weitgehend mit dem 20. Jahrhundert zusammenfallen, dessen technologische Durchbrüche und soziale Umbrüche in dieser Weltstadt oft vehementer zu spüren waren als anderswo. 100 Jahre deutsche Kirche in Frankreich; 100 Jahre Gemeinde in der sprachlichen und konfessionellen Diaspora; 100 Jahre christliche Verkündigung in einer völlig säkularisierten Metropole. Was für hundert Jahre!

Für sich genommen, ist der Anlaß für das Jubiläum und damit für dieses Buch nicht weltbewegend. Am 9. Dezember 1894 wurde in der Rue Blanche Nr. 25 eine neue Kirche eingeweiht, ein mittelgroßes Gotteshaus mit rund 500 Plätzen, im Geschmack der Zeit errichtet, von der Straße aus kaum erkennbar, weil ohne Kirchturm und im Hof gelegen. Damals eine deutsche Gemeinde unter anderen, die schon zu jener Zeit auf eine lange Geschichte in Paris zurückblickten.

Diese Gemeinde hat keine Geschichte gemacht, aber in ihrer eigenen Geschichte spiegelt sich vieles wider, was ihre Zeit geprägt und bewegt hat, auch die Schicksale unendlich vieler Menschen, die wie sie selbst auf der Grenze leben.

Gegründet wurde sie, weil der deutschsprachige Teil der lutherischen Rédemptionsgemeinde nach dem Krieg 1870/71 nicht mehr mit den französischen Schwestern und Brüdern zusammen unter einem Dach leben konnte und wollte. Über 20 Jahre lang ist diese Zentrumsgemeinde – wie sie sich nannte – im 9. Arrondissement von Paris herumgeirrt und hat hier und dort zur Miete Unterschlupf gefunden, ehe sie sich 1894 erleichtert und stolz in ihrer eigenen Kirche einrichten konnte.

Heute – 100 Jahre später – ist sie die einzige deutsche Kirche in ganz Frankreich, die katholischen Missionen einbezogen, die auf mehr als ein halbes und nun gar auf ein ganzes Jahrhundert zurückblicken kann. Alle anderen sind enteignet und aufgelöst worden, überwiegend schon im Ersten Weltkrieg. Daß es diese Kirche, die Christuskirche, noch gibt, ist ein Glück, eine Gnade, ein Geschenk und eine Verpflichtung.

Die Gemeinde in der Rue Blanche hat keine Gelegenheit gehabt, die üblichen Jubiläen zu begehen, der 20., 25. und 50. Jahrestag fielen jeweils in Kriegs- oder Nachkriegszeiten, in Zeiten also, in denen es gar keine Gemeinde gab. Das 75jährige Jubiläum fiel mit einem Pfarrerwechsel zusammen und entsprechend klein aus. Es wurde mit einer bebilderten Broschüre aus der Hand von Hans-Martin Nicolai dokumentiert. Die Deutsche Evangelische Kirche in Paris hat also allen Grund, dieses Jahrhundert-Jubiläum angemessen zu begehen.

Ihre eigene 100jährige Geschichte steht naturgemäß im Vordergrund des Buches und nimmt den meisten Platz ein. Denkwürdig ist dieses Jubiläum aber eben im Kontext einer großen Vorgeschichte und einer aufgewühlten Zeitgeschichte. Deshalb ist der

Rahmen des Buches bewußt weiter gespannt. So wird kurz die bewegende Geschichte des Protestantismus – meist calvinistischer Prägung – in Frankreich in Erinnerung gebracht. Das deutschsprachige Luthertum in Paris wird bis zu den Wurzeln zurückverfolgt, die in der Zeit des 30jährigen Krieges liegen. Seine wechselhafte und eindrucksvolle Geschichte – gerade während des 19. Jahrhunderts – wird nachgezeichnet.

Aus den genannten Gründen fühlen wir uns in der Schuld der deutschen Schwestergemeinden in Paris und Frankreich, die 1914 von einem Tag zum anderen fast spurlos verschwunden sind. Skizzenhaft haben wir auch ihr Entstehen, Aufblühen und Vergehen festgehalten. Ebenso wird erinnert an die deutschsprachigen Predigt- und Seelsorgestellen, die es für kurze Zeit nach dem Zweiten Weltkrieg über ganz Frankreich verstreut gab. So ist eine Geschichte des deutschsprachigen Protestantismus in Frankreich – ohne Elsaß und Lothringen – entstanden.

Der weite Rahmen ist ein Grund dafür, daß sich dieser Sammelband nicht im üblichen Sinne als Festschrift der Christuskirche vorstellt. Ein anderer hängt mit den selbstgesetzten Ansprüchen zusammen. Wir wollen kein selbstgefälliges Eigenlob anstimmen, sondern wir haben kritisch und kontrolliert gefragt: Was ist gewesen und wie ist es dazu gekommen? Dieses Buch soll der Erhellung von Geschichte dienen. Deshalb sind die Beiträge begleitet von Anmerkungen, die die Feststellungen belegen und mit weiteren Details bereichern. Deshalb auch sind die Beiträge am Schluß des Buches ergänzt durch Dokumente, Pläne, Zeittafeln, Personenregister, Quellen- und Literaturverzeichnisse und einen Index.

Als Leser dieses Buches wünschen wir uns aber in erster Linie den Amateur, den Liebhaber und Neugierigen, der einfach wissen will, wie es war. Der sich für diesen begrenzten, aber aufschlußreichen Ausschnitt europäischer Geschichte interessiert, die zugleich Kirchen- und Profangeschichte, Sozial- und Kulturgeschichte, Geschichte der Deutschen und der Franzosen gewesen ist. Für diesen Leser möge das Buch zu einer informativen, spannenden, bewegenden, vielleicht sogar erbaulichen, mitunter ärgerlichen, hoffentlich aber nie langweiligen Lektüre werden. Von dem wissenschaftlichen Apparat jedoch möge er sich weder stören noch einschüchtern lassen.

Dieser Band ist das Ergebnis einer Gemeinschaftsarbeit. Vor zehn Jahren hat Jean Krentz in Absprache mit dem Kirchenvorstand damit begonnen, dokumentarisches Material für das Jubiläumsbuch zu sammeln. Er hat alle früheren Pfarrer angeschrieben und um Berichte aus ihrer Zeit in der Gemeinde gebeten. Vor fünf Jahren ist eine sog. Historikerkommission zusammengetreten und hat sich an die Vorbereitungen gemacht. Dazu gehörten zunächst Dr. Hartmut Atsma, Wilfried Gilbrich, Jean Krentz, Adelheid Robert und Wilhelm von der Recke. Später kamen Steffen Mütterlein, Christiane Tichy, die Kirchenvorsteher Mascha Join-Lambert, Hans-Günter Behrendt und Hans-H. Speidel dazu, schließlich Jörg Winkelströter.

Es war ein ausgesprochener Glücksfall für das Vorhaben, daß sich Frau Christiane Tichy für die Mitarbeit anbot. Sie ist Historikerin und hatte sich beurlauben lassen, als ihr Mann nach Paris versetzt wurde. Seitdem hat sie mit nie erlahmender Neugier und Energie die Arbeit an diesem Buch vorangetrieben. Sie hat immer neue Quellen und Pisten aufgetan, in Frankreich und in Deutschland Archive aufgesucht und Zeitzeugen befragt. Von allen Mitwirkenden hat sie am meisten Zeit eingebracht, auf ehrenamtlicher Basis – wie alle Verfasser. Ihr verdanken wir den historischen Hauptteil des Buches, den I. Teil mit Ausnahme des letzten Kapitels (Seite 11–215). Ein weiterer Glücksfall war die Mitarbeit von Dr. Hartmut Atsma, wissenschaftlicher Direktor am Deutschen Historischen Institut in Paris und seit dem 1. September 1994 Präsident unserer Gemeinde, der die Arbeit von ihren Anfängen an mit fachkundigem Rat und sprudelnden Einfällen begleitet hat. Für den sachgemäßen Umgang mit dem historischen Material, für das Verfassen von Beiträgen und die editorischen Überlegungen war seine Hilfestellung unersetzlich.

An nächster Stelle zu nennen ist Steffen Mütterlein, der vom Herbst 1989 bis zum Frühjahr 1993 Gemeindesekretär war und gute Sachkenntnisse aus der kirchlichen Verwaltung mitgebracht hatte. Abgesehen von seinem eigenen Beitrag »Gemeindeverfassung und Gemeindevermögen« (Seite 362–371), hat er vor allem zu den Vorarbeiten beigetragen, zum Beispiel durch Neuordnung der vorhandenen Archivunterlagen und durch die Arbeit in französischen und deutschen Archiven. Ein besonderer Dank gilt schließlich Herrn Oberbaurat Heinz Krüger, Bremerhaven, aus der Hannoverschen Landeskirche. Er hatte im Herbst 1991 eine gründliche Bestandsaufnahme von Kirche und Gemeindehaus vorgenommen und sich später kurzfristig bereit erklärt, über die baulichen Fragen einen Beitrag zusammen mit dem Herausgeber zu verfassen: »Kirchen und Gemeindehäuser in Paris« (Seite 372–388).

Frau Helga Schauerte-Maubouet ist seit 1983 als Organistin und Kirchenmusikerin an der Christuskirche tätig. Es lag nahe, daß sie den kirchenmusikalischen Artikel schrieb: »Die Orgeln der Christuskirche und das Musikleben« (Seite 352–361). Das hat sie gerne und werkgerecht gemacht. Wilfried Gilbrich war vier Jahre lang Gemeindepräsident. Er hat sachkundig den Beitrag über die verfassungsrechtlichen Fragen von Herrn Mütterlein ergänzt (Seite 366–368), nachdem dieser nach Brüssel gegangen war. Jörg Winkelströter hat nach seinem Ersten theologischen Examen im Herbst 1993, ehe er in das Vikariat seiner Westfälischen Heimatkirche übernommen wurde, bei uns ein Jahr lang als Küster gearbeitet. Auf unsere Bitte hin hat er den Beitrag über die Seelsorge an Deutschen in Frankreich nach dem Krieg verfaßt: »Deutsche Protestanten in Frankreich zwischen 1945 und 1954« (Seite 216–230) und uns im übrigen bei der Redaktion geholfen. Daß Almuth von der Recke über die Frauen schreiben würde, war nicht nur Wunsch der Kommission, sondern auch ihr eigenes Anliegen (Seite 317–351). Mehr als in Deutschland haben gerade Frauen diese Gemeinde gesucht und mitgetragen, häufig ohne dabei ins Rampenlicht zu treten. Den zweiten Teil des Buches »Die Christuskirche heute« (Seite 231–313) sowie die Einführung (Seite 1–7) habe ich zum Buch beigetragen. Im formalen Sprachgebrauch gibt es leichte, im Stil deutlichere Abweichungen von einem Verfasser zum anderen. Das ist bei einem gemeinsamen Werk kaum zu vermeiden.

Die Namen vieler Mitwirkenden tauchen nicht unter den Autoren auf, auch wenn sie zum Teil kaum weniger Zeit und Kraft eingebracht haben. Sie haben zum praktischen Gelingen dieses Unternehmens wesentlich beigetragen. Neben Herrn Dr. Atsma ist an dieser Stelle Oberstleutnant Hans-Günter Behrendt zu nennen, Gemeindepräsident vom April 1993 bis zum Juli 1994, der unermüdlich mit Rat und Tat das entstehende Buch begleitet hat. Unterstützt hat er uns besonders beim Schreiben und beim Formatieren der Texte auf PC-Disketten. Außer ihm haben andere

Mitglieder des Kirchenvorstandes die Manuskripte oder Teile daraus aufmerksam und kritisch gelesen, zum Beispiel Frau Dr. Friederike Vuagnat, Hans Speidel und Dr. Michael Stadler. Korrektur gelesen haben auch Frau Ingrid Harms und Reiner Müller sowie das Ehepaar Susanne und Dr. Jacques Boutler. Zu nennen sind weiter Frau Gerti Hadida, die unter anderem meine Beiträge zu Papier gebracht hat und bei den ständig sich ablösenden Fassungen und Korrekturen nie die Geduld verlor. Sie hat Frau Gisela Beschon und später Frau Claudia Friedemann im Büro wesentlich bei den Schreibarbeiten auf dem PC entlastet. Ihnen allen sei herzlich gedankt.

Wie so viele Mitglieder und Mitarbeiter der Gemeinde sind Frau Susanne Baus aus Kiel und Hans Dieter Ebert aus Frankfurt nur vorübergehend in Paris, sie als Vikarin in der deutschen Gemeinde und Doktorandin im Deutschen Historischen Institut, er – von Haus aus Archivar – als Küster. Beide sind seit September 1994 in der Gemeinde und haben dem Buch durch sorgfältige Korrekturen der Druckfahnen und durch das Erstellen des Index sowie der Ergänzung des Literaturverzeichnisses den letzten Schliff gegeben. Ohne ihren Sachverstand und ihren unermüdlichen Einsatz wäre das Buch in einer Zeit, in der gleichzeitig das ganze Gemeindehaus renoviert wurde und die Festvorbereitungen in vollem Gange waren, nicht fertig geworden. Dankbar haben wir das Angebot von Thomas Schroeder, Germanist an einem Gymnasium in der Umgebung, angenommen, eine Kurzfassung des Buches in französischer Sprache zu erstellen.

Zu danken ist den früheren Pfarrern an der Christuskirche und Frau Monika Buth – angefangen von Hans-Helmut Peters (noch ein Vierteljahr vor seinem Tod 1987 haben wir ihn eingehend befragen können) und Franz Charles de Beaulieu bis hin zu unseren unmittelbaren Vorgängern sowie ihren Ehefrauen, namentlich Frau Ursula Dahlkötter und Frau Hildegard Peters. Von ihnen fanden wir viele nützliche Papiere im Archiv vor, fast alle haben darüber hinaus ausführliche Pfarrerberichte für die Vorarbeiten an diesem Buch verfaßt und uns mit Dokumenten, Bildern und Ratschlägen unterstützt.

Im folgenden seien die Namen von Zeitzeugen genannt, die mit kleineren oder größeren Mosaiksteinen zu dem Gesamtbild beigetragen haben. Mehr noch als bei den bisher zu Nennenden laufen wir dabei Gefahr, den einen oder anderen zu übersehen oder nur unzureichend zu würdigen. Für ein halbes Jahrhundert und mehr verdanken wir ihnen unschätzbare Informationen, die sie im persönlichen Gespräch oder in Form von Berichten gegeben haben. Sie haben uns Briefe und Fotos, persönliche Unterlagen und Erinnerungen, manchmal ganze Bücher aus ihrem Besitz zur Verfügung gestellt. Wir sind froh, daß wir ihre Erfahrungen und Erinnerungen noch festhalten konnten, denn viele von ihnen sind im fortgeschrittenen Alter und einige weilen inzwischen nicht mehr unter den Lebenden.

An erster Stelle zu nennen ist sicher Frau Felicitas Großberg, die seit der Neugründung 1927 zur Gemeinde gehört und damit länger als jeder andere. Was sie gerade für die Zeit bis 1944 mündlich und dokumentarisch beigetragen hat, ist unersetzlich. Aus der unmittelbaren Nachkriegszeit sei vor allem erinnert an die beiden Kirchenvorsteher Jean Krentz und William Luther. Alle übrigen Namen – ob frühere Gemeindeglieder oder kirchliche Mitarbeiter, deutsche und französische Pfarrer oder andere mehr – werden in alphabetischer Reihenfolge aufgezählt, unabhängig von dem Umfang ihres Beitrages:

Madeleine Barot, Hanna Baumann, Christa Colditz, Emma Danguy, Trude David, Otto Emans, Wilhelm Epting, Gabrielle Ferrières, Sonja Fischnaller, Nina Gazon, Margarete Girard, Madame Raoul Girardet, Pastor Albert Greiner, Irene Hedrich, Pastor Keller und seine Frau Monique, Alexandra von Kühlmann, Claire Lezius, Helene Lichtenstein, Dr. Robert Lorz, Ruth Lüpkes, Eugen Marsh, Marie-Luise Müllner-Völker, Pastor Bernhard Onnasch, Dr. Walter Oppenheim, Einar Riesser, Pastor Gérard Ruckwied, Alfred Schaeffer, Nora Stocker, Schwester Marie Winkelmann, Dr. Christian Zinsser und Eva Zippel.

Schließlich seien die Namen derer festgehalten, die bei der Erschließung von Archiven sowie durch sachkundige Hinweise und Ratschläge vor allem zum ersten Teil des Buches beigetragen haben, die meisten sind Historiker, Archivare und Pfarrer: Professor Eberhard Bethge, Professor Albrecht Betz, Heinz Herbert Binz, Professor Hans Martin Bock, Jacqueline Dom, Dr. Janine Driancourt-Girod, Dr. Christian Eggers, Professer Jacques Grandjonc, Pfarrer Heinrich Immel (Berlin), Pastor Alain Joly, Birger Maiwald, Dr. Eckard Michels, Pastor Albert Nicolas, Dr. Otte (Hannover), Pfarrer Burkhard Peters, Jacques Poujol, Hélène Roussel und Ottilie Saur.

Zu danken ist auch den kirchlichen und staatlichen Archiven in Deutschland und Frankreich, die uns ihre Bestände zugänglich gemacht haben, sowie den v. Bodelschwinghschen Anstalten in Bethel/Bielefeld. Weiter zu danken ist dem Auswärtigen Amt in Bonn, das uns einen Zuschuß zum Druck in Aussicht gestellt hat. In erster Linie zu nennen ist dabei der frühere Kulturattaché der deutschen Botschaft Paris, Dr. Peter Truhart. Zum Schluß sei dem Verlag gedankt, der uns mit viel Verständnis begegnet ist und mit dem wir über Grenzen hinweg gut zusammengearbeitet haben. Zu nennen sind besonders der Verleger Dr. Joachim Bensch und die beiden Herren Norbert Brey und Rainer Maucher für den Satz und die Fertigung des Buches. Sie haben dem Werk die gute und gediegene Gestalt gegeben, in der es der Leser jetzt in der Hand hält.

Paris, 10. November 1994 *Wilhelm von der Recke*

Das Schifflein Christi in Paris.[1] Zur Einführung

Es begann gut evangelisch: Protestanten aus Deutschland und Skandinavien versammelten sich, um miteinander Gottesdienst zu feiern, vermutlich in der schlichten Gestalt einer häuslichen Andacht. Namentlich bekannt sind ein paar junge Männer aus dem Hochadel, die sich in diplomatischer Mission in Paris aufhielten. Doch es besteht kein Grund, daran zu zweifeln, daß sich auch manche ihrer evangelischen Landsleute in ähnlicher Form trafen – Studenten, Gelehrte, Kaufleute und Handwerker. Wenn ihr Reisebündel nicht zu klein war, führten sie Bibel, Katechismus oder Gesangbuch

---

1 Der Titel ist dem gleichnamigen Monatsblatt entlehnt, das Friedrich von Bodelschwingh ab 1863 herausgab und dessen Titelkopf die oben abgebildete Vignette schmückte. Das Schiff selbst und das Motto stammen aus dem Pariser Stadtwappen: »Fluctuat nec mergitur« – von den Wellen hin und her geworfen, geht es doch nicht unter. Die Gestalt Jesu mit dem Kreuzesstab in der Hand ist eine Zutat Bodelschwinghs; der Wimpel mit dem Wort »Augustana« weist auf das lutherische Hauptbekenntnis, die Confessio Augustana, hin.

bei sich. Mit diesen wichtigsten Hilfsmitteln ausgerüstet, haben später Hunderttausende Hugenotten in Frankreich trotz Verfolgung und schließlich Verbot ein Jahrhundert und länger im Verborgenen überwintert. Schließlich hat Jesus zugesagt: »*Wo zwei oder drei in meinem Namen versammelt sind, da bin ich mitten unter ihnen.*«

Es ging gut lutherisch weiter, auch wenn sich die Angehörigen der Confessio Augustana (C.A.) in diesem Punkt kaum von ihren calvinistischen Glaubensbrüdern unterschieden: Die so versammelten Gläubigen suchten sich einen Prediger, einen ausgewiesenen Theologen und ordinierten Pfarrer, der ihnen nicht nur das Wort Gottes auslegen, sondern der – darin noch unersetzlicher – mit ihnen das heilige Abendmahl feiern sollte, so wie es in Artikel 14 der C.A. festgelegt wird. Und in Artikel 7 heißt es kurz und bündig von der Kirche, sie sei »*die Versammlung aller Gläubigen ..., bei denen das Evangelium rein gepredigt und die heiligen Sakramente laut dem Evangelium gereicht werden. Denn das genügt zur wahren Einheit der Kirche.*«

Naturgemäß ist erst dieser zweite Schritt zu einer evangelischen Gemeindebildung mit einem Datum belegt. 1626 wurde der lutherische Pfarrer Jonas Hambraeus, ein Schwede, der orientalische Sprachen am Collège de France lehrte, von den oben erwähnten prominenten Protestanten gebeten, für sie neben seiner akademischen Tätigkeit regelmäßig Gottesdienste zu halten. Das hat er mit »christlichem Eifer« getan, abwechselnd in verschiedenen Unterkünften, auch in dem Hôtel de l'Aigle Noir, in dem sich Hambraeus einlogiert hatte.

So gab es zunächst eine Gemeinde, in einem weiteren Schritt auch einen Pastor, und schließlich – neun Jahre später – wurde der feste Rahmen geschaffen für eine eigene lutherische Kirche in Paris: der räumliche ebenso wie der institutionelle Rahmen. Das konnte, da das Edikt von Nantes evangelische Gottesdienste in der Hauptstadt verbot, nur im Schutz diplomatischer Immunität geschehen, und diesen Schutz bot die schwedische Gesandtschaft und mit ihr die schwedische Staatskirche. Damit trat der Gottesdienst aus der privaten Sphäre einer bestimmten sozialen Klasse heraus. Er wurde öffentlich gemacht. Jeder Protestant – auch von einigen Reformierten ist später die Rede – jedweden Standes war eingeladen, am Gottesdienst im Hotel des *Ministre plénipotentiaire de Suède* teilzunehmen. Nach diesem evangelischen Muster haben sich auch an anderen Orten und zu anderen Zeiten in Frankreich deutschsprachige Gemeinden gesammelt. In Paris waren es junge Diplomaten und Gelehrte, in Lyon und Bordeaux Kaufleute, in Nizza und in Menton die regelmäßigen Badegäste, die die Initiative ergriffen.

Die Kraft zu einer selbständigen und selbstverständlichen Gemeindebildung ist im Laufe der Jahrhunderte erlahmt. Die Auswanderer nach Nord- und Südamerika haben sie großenteils noch aufgebracht und ähnlich die Volksdeutschen in der Sowjetunion, nachdem sie nach Kasachstan und Sibirien deportiert worden waren. In beiden Fällen siedelten sie sich überwiegend in ländlicher Umgebung an. Die Menschen aber, die im vorigen Jahrhundert in großer Zahl und aus purer Not in die Großstädte und Industriezentren auch Frankreichs strömten, hatten dafür weder Kraft noch Willen. Da mußten andere für sie handeln, wenn es überhaupt noch eine geistliche Versorgung geben sollte. Ähnlich sah es nach dem 1. Weltkrieg bei den Fremdarbeitern in Le Havre oder im nordfranzösischen Industriegebiet aus und nach dem 2. Weltkrieg bei den deutschen Freiarbeitern, die überall im Land verstreut nach einem Auskommen suchten, oder bei den Aussiedlern in Mont-de-Marsan. Da wurden kirchliche Vereine und Komitees, die französische Aumônerie des Etrangers Protestants en France und sogar deutsche Konsulate tätig, ganz abgesehen von der zentralen Steuerungsfunktion, die später das Außenamt der EKD übernahm.

Natürlich hängt es vom sozialen Status solcher Christen ab, ob es ihnen im Ausland leichter oder schwerer fällt, sich gemeindlich selbst zu organisieren. Aber es liegt auch im Zug der Zeit. Heute erwartet man im allgemeinen zunächst, daß von oben, von einer kirchlichen Zentrale aus, etwas geschieht. Die Gläubigen haben es weitgehend verlernt, in kirchlichen Dingen selbst die Verantwortung zu übernehmen. Gleichzeitig wächst – so paradox es scheinen mag – das Unbehagen an den großen kirchlichen Institutionen. Im Grunde genommen sind es katholische Muster kirchlicher Organisation, die gleichzeitig erwartet und beklagt werden.

»Denn es weiß gottlob ein Kind von sieben Jahren, was die Kirche sei, nämlich ... die Schafe, die ihres Hirten Stimme hören.« So schlicht drückt es Luther in den Schmalkaldischen Artikeln von 1537 aus. Gemeint ist natürlich der Gute Hirte, der sich der Gemeindehirten (Pastoren) als seiner Helfer bedient. In welchen Hürden und Ställen – sprich: in welchen kirchlichen Organisationsformen – sich aber die Herde sammelt, ist eine nachgeordnete Frage und hängt weitgehend von den gegebenen Umständen ab. Die lutherische Gemeinde deutscher Sprache in Paris hat abwechselnd zur schwedischen, dänischen, französischen und selbst für wenige Jahre zu einer deutschen Staatskirche gehört. Zu anderen Zeiten existierte sie als private Vereinigung. Gelegentlich ist sie in einer merkwürdigen Mischung beides zugleich gewesen: In den oben angesprochenen Anfängen im frühen 17. Jahrhundert; unter ganz anderen Umständen in der Mitte des vergangenen Jahrhunderts, als die Kirche doppelgleisig fuhr – im Rahmen des staatlich reglementierten lutherischen Konsistoriums und in dem der »Deutschen Mission«; schließlich war sie für kurze Zeit vor dem 1. Weltkrieg als französischer Kultverein zugleich der Hannoverschen Landeskirche angeschlossen.

In manchen Zeiten ist die Gemeinde völlig selbständig gewesen, zum Beispiel heute in Paris. Zu anderen Zeiten war sie Teil einer größeren Kirche, eines Gemeindeverbandes oder einer anderen Gemeinde, so heute die deutsche Gemeindegruppe, die zur reformierten Gemeinde in Toulouse gehört. In diesem Jahrhundert bestand die Deutsche Evangelische Kirche in Frankreich aus politischen Gründen zeitweise nur noch aus dieser einen Gemeinde in Paris. Auf ihrem Höhepunkt vor dem Deutsch-Französischen Krieg 1870/71 wurden allein in Paris an jedem Sonntag rund 20 verschiedene lutherische Gottesdienste in deutscher Sprache gefeiert. Es gab 14 Kirchen, Kapellen und Gebetssäle, von denen – wie Bodelschwingh stolz unterstreicht – nur drei durch die Stadt Paris bereitgestellt worden waren, während sich der Rest der »freien Liebe« verdanke. Gewissen Andeutungen ist zu entnehmen, daß sich darüber hinaus noch weitere geistliche Zirkel zu regelmäßigen Zusammenkünften trafen, wie zu anderen Zeiten die ostpreußischen Gebetsvereine im Ruhrgebiet, die nicht verfaßt waren und deshalb auch schwer erfaßbar sind.

Kirche in wechselndem Gewand. Was sie allerdings nie war und was sie von anderen deutschen und französischen Protestanten unterschied: Sie war weder eine unangefochtene Volkskirche noch war sie eine verfolgte Minderheit. Sie ist benachteiligt und beschränkt worden, doch ist ihr selten öffentlicher Bekennermut abverlangt worden. Das waren nicht die Voraussetzungen, um auf Dauer in Paris ein eigenes

Kirchentum zu schaffen. Mit Ausnahme des 17. und 18. Jahrhunderts waren die lutherischen Gemeinden deutscher Sprache immer nur Übergangsgemeinden für die erste und vielleicht die zweite Generation der von Deutschland, dem Elsaß und der Schweiz her Eingewanderten. Viele Menschen wurden überhaupt nicht erreicht. Im besten Falle schlossen sie sich französischen protestantischen Kirchen an, im schlechtesten verloren sie jegliche kirchliche Beheimatung. Ein großer Teil hat durch Heirat, aus beruflichem Opportunismus oder aus anderen Gründen den Weg in die katholische Kirche gewählt.

Die deutsche evangelische Kirche in Frankreich war immer ein Außenposten, eine Kirche an der Sturm- und Wetterseite. Sie war wie eine Hallig. Man konnte auf ihr über lange Zeiten ungestört von allem Gerangel und aller Bevormundung auf dem Festland leben. Doch gelegentlich stand einem das Wasser bis zum Halse, und wenn »Land unter« gemeldet wurde, mußten die Bewohner sogar fliehen. Die sozialen, politischen, militärischen Sturmfluten der Jahrhunderte sind über diese Kirche hinweggegangen. Man denke nur an die letzten zweihundert Jahre, von der Französischen Revolution an, z.B. an die massenhafte Elendsmigration vor 150 Jahren. Man denke weiter an die liberalen, republikanischen Eliten, die in den Vierzigerjahren des vorigen Jahrhunderts nach Paris auswichen, und an die ähnlich zusammengesetzten Minderheiten, die in den Dreißigerjahren dieses Jahrhunderts nach Paris flohen und zu denen wieder und nun erst recht viele Juden gehörten. Schließlich erinnere man sich an drei schlimme und einschneidende Kriege zwischen Frankreich und Deutschland in nur 75 Jahren, die die Gemeinde jedes Mal in den Grundfesten erschütterten, wenn nicht sogar vorübergehend auslöschten. Die genannten Ereignisse sind nur die markantesten; andere soziale Veränderungen geschahen schleichend und deshalb für die Zeitgenossen unauffälliger.

Was haben alle diese Vorgänge für die Menschen bedeutet! Etwa wenn sie von einem Tag zum anderen ihre berufliche Existenz und ihren in Jahrzehnten erworbenen Besitz verloren; wenn sie mit einem Koffer und drei schreienden Kindern nach Frankreich oder zurück nach Deutschland fliehen mußten oder in ein Sammellager abtransportiert wurden; nicht zu reden von den persönlichen Anfeindungen und Anpöbelungen, die in den hundert Jahren nach 1860 nicht selten waren. Das waren die Menschen, die nicht nur zur Gemeinde gehörten, sondern sie bildeten. Ihre Erwartungen, ihre Ängste, ihre nationalen Vorurteile, ihre Obsessionen und natürlich auch ihre positiven Erfahrungen im Land prägten die Gemeinde. Heute ist es in der Regel völlig unproblematisch, als Deutscher in Frankreich zu leben. Und trotzdem bleibt es für viele – psychologisch gesehen – sehr anstrengend, sich unter Menschen einer anderen Sprache und Kultur, mit anderen gesellschaftlichen Spielregeln und anderen kollektiven Erinnerungen zu bewegen.

Friedrich von Bodelschwingh sprach nicht von einer Insel, sondern wählte ein dynamisches Bild. Programmatisch schrieb er in der ersten Ausgabe der genannten Monatschrift vom Dezember 1863 von dem »*Schifflein Christi, das sich auf eines der gefährlichsten Meere dieser Welt*« hinausgewagt habe. »*Von Deutschlands Ufern ist es ausgefahren, dort hat es seine Ausrüstung empfangen und seine Sendung gilt in erster Linie Deutschlands Söhnen und Töchtern, deren so viele Tausende in diesem wilden Strudel verschlungen wurden und ach! noch verschlungen werden.*« Allerdings gelte die »Rettungsarbeit auch den Kindern anderer Nationen.« Folgerichtig sprach Bodelschwingh von einem »Missionsschiff« beziehungsweise von den »10 Missionsstationen«, die es in Paris gebe. Aber seine Mission galt dem ganzen Menschen mit all seinen körperlichen, geistigen und sozialen Bezügen. Seine berühmte Hügelkirche war und blieb bis 1914 eine wirkliche Arbeitergemeinde. Er hatte sogar Pläne, zu den verschiedenen sozialen Aktivitäten der Gemeinde noch ein theologisches Ausbildungsseminar hinzuzufügen, damit bürgerliche Pfarrer endlich die Sprache und die Bedürfnisse der Arbeiter kennenlernen sollten.

Man könnte meinen, eine solche Gemeinde eigne sich für kirchliche Experimente – so unabhängig, wie sie ist, und so unmittelbar, wie sie drängenden Fragen ausgesetzt ist; ein Labor, in dem neue Arbeitsformen erprobt werden. Das ist auch immer der Fall gewesen. Bodelschwingh hat sich mit ungeheurer Energie und mit Erfindungsgeist auf sein Arbeitsfeld gestürzt. Er war wirklich ein kirchlicher Pionier. Der »Kellnerpfarrer« Hermann Friedrich Schmidt aus Cannes hat einen ganzen Zweig kirchlicher Arbeit auf internationaler Ebene ins Leben gerufen. Früher als andere Kirchen hat die Gemeinde der Christuskirche schon 1908 das aktive Wahlrecht für Frauen beschlossen, und wenn sie nicht von Deutschland aus gebremst worden wäre, hätte sie ihnen im gleichen Zug auch das passive Wahlrecht zugestanden.

Man könnte andere Beispiele hinzufügen, trotzdem muß man einschränken. Die Bedingungen, unter denen hier gearbeitet wird, sind sehr verschieden von denen einer Volkskirche in Deutschland. Manche positiven und negativen Erfahrungen haben nur hier und heute Bedeutung, in einer Kirche, die nicht auf dem Fels der Tradition, sondern im Flugsand der Zeitgeschichte errichtet ist. Wenn etwa die hiesigen problematischen Erfahrungen mit dem freiwilligen Kirchenbeitrag eines Tages auch für deutsche Landeskirchen zuträfen, käme das wahrscheinlich einer Katastrophe gleich. Doch sie gelten zunächst für diese spezifische Pariser Situation mit ihrer ständigen Fluktuation und großen Anonymität.

Vielen Gemeindegliedern ist gar nicht nach Experimenten zumute. Sie suchen gerade in der Kirche ihrer Muttersprache ein Stück Vergewisserung und Halt. Aber indem die Gemeinde versucht, auf ihre Bedürfnisse einzugehen, muß sie manchmal neue Wege beschreiten: Welche Gruppen und Angebote notwendig sind, zu welchen Tageszeiten und in welchem Rhythmus man sich trifft, ist nicht an deutschen Erfahrungen ablesbar. Das gilt für den Konfirmandenunterricht, das gilt für die Zusammenarbeit mit der katholischen Gemeinde und anderen deutschen Einrichtungen. Selbst wer überhaupt Gemeindeglied ist, muß neu definiert werden: Gehört derjenige dazu, der von sich sagt, er sei evangelisch, aber seit Jahrzehnten jeden Kontakt zur Kirche verloren hat? Gehört derjenige nicht dazu, der eigentlich katholisch oder sogar ungetauft ist, sich aber treu zur Gottesdienstgemeinde hält?

Gerade im *Gottesdienst* konstituiert sich diese Gemeinde. Gelegentlich stößt man bei Alten und Jungen auf einen wahren Hunger nach Gottesdienst und zwar so, wie man ihn in Lied und Liturgie, in Predigt und Abendmahl von zu Hause her kennt. Keine Experimente! Aber ist das der Gottesdienst, in dem Konfirmanden heimisch werden, die nur für drei Jahre in Paris sind?

An zweiter Stelle ist das Bedürfnis nach *Gemeinschaft und Seelsorge* zu nennen, der Gedankenaustausch mit Gleichgesinnten, die ähnliche Erfahrungen gemacht haben und sich vor ähnliche Fragen gestellt sehen. Dieses führt häufig zu Seelsorge aneinander. Auch viele Gespräche mit den Pfarrern bewegen sich zunächst nicht um den Glauben, sondern um andere Fragen der Lebensbewältigung. Trotzdem werden sie nicht zufällig mit dem Geistlichen geführt. Im 3. Teil Art. 4 der Schmalkaldischen Artikel zählt Luther auf, auf welchen Wegen das Evangelium Menschen erreicht: durch das Wort der Predigt und durch die beiden Sakramente, durch die »Kraft der Schlüssel« – das heißt durch Beichte und Vergebung – und schließlich »per mutuum colloquium et consolationem fratrum«, also durch das Gespräch und den wechselseitigen Zuspruch unter Geschwistern.

Erst an dritter Stelle sind die *Amtshandlungen und der kirchliche Unterricht* zu nennen. Aber da wird häufig nicht Gemeinde und Gemeinschaft gesucht, sondern die Kirche als zuständige Stelle, wo man solche »Dienstleistungen« gegen Spende abrufen kann.

Heute rangieren die *sozialen Aktivitäten* der Gemeinde erst an vierter Stelle. Das war nicht immer so, und daran läßt sich der Wandel der sozialen Verhältnisse ablesen. Was im vergangenen Jahrhundert in sozialer Beziehung geleistet worden ist, verdient wirklich Bewunderung: Schon in der Zeit der schwedischen Gesandtschaft gab es eine Armenkasse, mehrere private Krankenstationen und einen eigenen Friedhofsdienst. Im Jahresbericht der lutherischen Kirche von 1868 werden 55 Schulklassen und 11 Kleinkinderschulen (Kindergärten) für fast 4000 Kinder genannt. Kranke wurden in 30 öffentlichen Hospitälern, Strafgefangene in 8 Gefängnissen »seelsorgerlich gepflegt«. In fast allen diesen Anstalten habe es kleine Bibliotheken gegeben. Es gab ein »Asyl für alte Leute, ein Knaben- und ein Mädchenwaisenheim, einen Lehrlingsverein zur Unterbringung, Überwachung und Fortbildung der confirmirten Jugend, einen deutschen und französischen Jünglingsverein mit christlichen Herbergen, die Gesellschaft der Armenfreunde, den Zweigverein für Heidenmission und mehrere Gesangvereine.« Außerdem wurden in Gemeinschaft mit der reformierten Kirche ein Diakonissenhaus, eine Bibelgesellschaft, eine Gesellschaft zur Besorgung der Heiratspapiere und anderes mehr unterhalten. Bis zum Ausbruch des 1. Weltkrieges entstanden dann weitere Heime für deutsche Dienstmädchen und Gouvernanten, für Kellner und junge Arbeiter.

Aus dem Kirchenvolk heraus ist diese evangelische Kirche deutscher Sprache in Paris und Frankreich gewachsen. Auf die Initiative von »Laien« hin – und dieses Wort war ursprünglich ein Ehrentitel für die Angehörigen des »Gottesvolkes«. Welche Rolle haben diese Laien tatsächlich in der Pariser Kirche gespielt, die faktisch immer auch Freikirche war? Sie haben nicht nur bei ihrer Gründung, sondern auch an wichtigen Wegstationen einen entscheidenden Einfluß gehabt. 1809, als es darum ging, der lutherischen Kirche die öffentliche Anerkennung durch Napoleon zu verschaffen und ein eigenes Kirchengebäude zu erwerben; 1840 bei der Gründung der »Deutschen Mission«; in den Jahren nach 1906, als sich der eigene Kultverein konstituierte. Noch heute ist der Gemeindepräsident immer ein Laie. Nicht nur der Kirchenvorstand, auch die Pfarrer werden von der ganzen Gemeinde gewählt.

Trotzdem wird man sagen müssen, daß diese vom Zeitgeschehen hin- und hergeworfene und durch das ständige Kommen und Gehen ihrer Mitglieder so unstete, daß diese kleine und eher schwache Gemeinde nur zu leicht Opfer von Fremdbestimmung wurde. Man delegierte die Macht oder ließ sich ohne große Widerstände entmündigen. Immer hatte die Obrigkeit mitzureden. Für die Zeit der Staatskirche ist das offensichtlich. Doch auch ein Verein, der über seine Statuten und über die Zusammensetzung seines engeren Vorstandes dem Präfekten Rechenschaft ablegen muß, ist oft druckempfindlicher als eine große Körperschaft öffentlichen Rechtes. Selbst der lange Arm des Dritten Reiches reichte schon vor dem Krieg bis nach Paris.

Kirchliche Institutionen aus Deutschland, deren finanzielle Zuschüsse und personelle Entscheidungen nicht unwichtig sind, haben sich gelegentlich eine entscheidende Mitsprache angemaßt. Diese Einflußnahme wird heute kaum empfunden, aber es gab andere Zeiten. Im November 1938, als der Botschaftsrat Ernst vom Rath in Paris ermordet worden war und in der Christuskirche die offizielle Trauerfeier stattfinden sollte, schickte der Präsident des kirchlichen Außenamtes, Bischof Theodor Heckel, aus Berlin ein Beileidsprogramm an Pfarrer Dahlgrün, in dem von einem »feigen Meuchelmord« die Rede war. Dieses verstand der Pfarrer als offizielle Sprachregelung und war darüber zutiefst empört und beunruhigt.

Schließlich sind es die Langgedienten und die angestellten Mitarbeiter, die in der Gemeinde das Sagen haben. Wenn zwischen den Kriegen einige wenige Kirchenvorsteher fast ein dutzend Jahre lang amtierten und dieselben außerdem noch in der Handelskammer, im Hilfsverein und in der Ortsgruppe der NSDAP eine Rolle spielten, dann braucht man sich über ihren Einfluß in der Gemeinde keine Illusionen zu machen. Aber Ähnliches gilt auch vom Pfarrer. Wenn er – wie der Herausgeber – länger als 6 Jahre in Paris ist und andere Mitarbeiter und Kirchenvorsteher kommen und gehen sieht, dann hat er Insiderkenntnisse erworben und Außenkontakte gewonnen, mit denen er jedem aus der Gemeinde gegenüber im Vorteil ist.

Und dennoch – ohne die aufmerksame Anteilnahme und den tätigen Einsatz der eigenen Gemeindeglieder kann diese Gemeinde noch weniger als jede volkskirchliche Gemeinde existieren, auch wenn das Maß des Engagements natürlich unterschiedlich groß ist. Alles, was zu Hause selbstverständlich, was traditionell vorgezeichnet und gesellschaftlich geboten ist, wird hier zu einer freien, persönlichen Entscheidung: Ob es sich darum handelt, den Scheck für den Gemeindebeitrag auszustellen und die Beitragshöhe selbst zu bestimmen; ob man sich eine Dreiviertelstunde vor dem Gottesdienst ins Auto setzt, wenn alle Nachbarn noch gemütlich frühstücken; ob man sich beim Basar, in einer Gruppe oder im Kirchenvorstand engagiert und dann erlebt, daß auch hier nicht mit Jordanwasser, sondern mit Wasser aus der Seine gekocht wird. Doch wie heißt es im Kleinen Katechismus Luthers? *Wasser tut's freilich nicht, sondern das Wort Gottes, so mit und bei dem Wasser ist, und der Glaube, so solchem Wort Gottes trauet.* Das sagte er im Blick auf die Taufe. Aber dem Sinn nach trifft es für alle unsere menschlichen, oft nur allzu menschlichen Bemühungen in der Gemeinde zu.

TEIL I
HISTORISCHE LÄNGSSCHNITTE

Protestanten in Frankreich

Die Protestanten bilden heute nur eine kleine Gruppe innerhalb der französischen Gesellschaft. 850 000 Mitglieder gibt der protestantische Kirchenbund, die »Fédération Protestante de France«, an, was 1,6 % der Bevölkerung entspricht. Diese Zahl ist als Minimum anzusehen, weil nur die eingeschriebenen Mitglieder der Kirchengemeinden, der »associations cultuelles«, gezählt sind.[1] Der protestantische Einflußbereich erreicht dagegen etwa zwei Millionen Franzosen. Die größten protestantischen Kirchen sind die reformierten mit 450 000 und die lutherischen mit 270 000 Mitgliedern.[2]

Diese Gruppe hat in ihrer Geschichte alles erlebt, was Minderheiten immer wieder geschieht. Sie mußte sich im Bürgerkrieg verteidigen und ist vom Staat verfolgt worden, so daß nur Auswanderung oder religiöses Leben im Untergrund übrigblieben, bis religiöse Toleranz und Gleichstellung mit anderen Konfessionen erreicht war, im 19. Jahrhundert sogar staatliche Finanzierung und Sicherung.

Eine solche Geschichte als verfolgte Minderheit prägt deren Bewußtsein. Mißtrauen gegen die Staatsgewalt, das Bewußtsein der Notwendigkeit gegenseitiger Hilfe, das Zusammengehörigkeitsgefühl gegen eine bedrohliche Umwelt sind bis in die neueste Zeit charakteristisch für französische Protestanten, die zum Beispiel in der Résistance gegen die deutsche Besatzungsmacht 1942/44 wieder lebendig wurden.

Die Reformation in Frankreich

Die Reformation begann in Deutschland mit Luthers Thesenanschlag 1517 und verbreitete sich bis 1530 im Gebiet des Deutschen Reiches. In Frankreich diskutierten etwa von 1500 an einzelne kirchliche Gruppen die gleichen Ideen, z.B. der Kreis um den Bibelübersetzer Lefèvre d'Etaples, den Briçonnet, Bischof von Meaux, und Marguerite d'Angoulême schützten. Zur Bildung von reformatorischen Gemeinden kam es erst von 1520 an, als Luthers Schriften verbreitet wurden. Stärkeren Einfluß innerhalb der Bewegung gewann dann aber der Franzose Jean Calvin (1509–1564), der in Genf ab 1540 eine Kirche nach seinen Vorstellungen aufbaute.

Der französische König Franz I. (1494–1547) unterstützte zunächst aus machtpolitischen Gründen die protestantischen deutschen Fürsten gegen den katholischen Kaiser, den Habsburger Karl V. (1500–1558). Für sein Königreich aber entschied er sich dafür, die katholische Religion beizubehalten, was gleichzeitig Kampf gegen die Protestanten bedeutete. Da das Christentum in Europa bisher immer eng mit der

---

1 Zu den Zahlenangaben siehe A. Encrevé: Les Protestants en France de 1800 à nos jours, Paris 1986, S. 248. Über die »Gottesdienstvereine« als französische Form der Gemeinden siehe unten S. 15.
2 Davon 230 000 Lutheraner im Elsaß und 40 000 im übrigen Frankreich, besonders in Paris und in Montbéliard. Daneben gibt es mehrere kleinere Kirchen wie die Baptisten, Mennoniten etc. Angaben nach einer Broschüre der Fédération Protestante de France, 1991.

monarchischen Macht verbunden gewesen war, schien es undenkbar, daß in Frankreich zwei Konfessionen nebeneinander vertreten sein konnten.

Dennoch fand der Calvinismus in den Jahren 1550–1565 seine weiteste Ausbreitung: möglicherweise waren 1/4 bis 1/3 der Franzosen Anhänger der neuen Lehre. So unsicher diese Schätzungen auch sind – die Protestanten waren jedenfalls zu einer Gefahr für das katholische Königtum geworden. In einem 36jährigen Bürgerkrieg, den Religionskriegen von 1562–1598, versuchten konfessionell geführte Adelsgruppen militärisch zu siegen – vergeblich. Durch den Zufall, daß drei junge französische Könige und ein weiterer Thronerbe hintereinander starben, kam Heinrich IV. (1553–1610), König von Navarra und Sproß einer Nebenlinie der Bourbonen, 1589 auf den Thron. Er war Calvinist, entschied sich aber klugerweise für den Übertritt zum katholischen Glauben und damit für die Wiederherstellung der konfessionellen Einheit. Den Protestanten aber, seinen früheren Glaubensgenossen, bot er einen Kompromiß an: Gewissensfreiheit, befestigte Städte (wie La Rochelle), auf bestimmte Orte begrenzte Kultausübung (z.B. nicht innerhalb von Paris). Dieses »Edikt von Nantes« aus dem Jahr 1598 versprach Duldung einer religiösen Minderheit: ein Schritt in Richtung der Trennung von Kirche und Staat, die bis dahin in engstem Zusammenspiel gemeinsam die Menschen regiert hatten.

In Deutschland hatte man inzwischen das Problem mit dem Prinzip: »Cuius regio, eius religio« (wessen die Herrschaft, dessen die Religion), zu lösen versucht. Im Augsburger Religionsfrieden 1555 wurde vereinbart, daß die Konfession des Landes vom Herrscherhaus bestimmt wurde. Die Bewohner hatten sich zu fügen – oder auszuwandern. Vielleicht fanden sie im Nachbarstaat die entgegengesetzte Entscheidung des Landesherrn und konnten ihrem Gewissen folgen. Diese Lösung schien den vielen kleinen und mittleren Territorien in Deutschland, unter denen sich auch Bistümer befanden, am angemessensten zu sein.

Keine der beiden Lösungen brachte den religiösen Frieden. Im Deutschen Reich gingen die Kämpfe zwischen Reformation und Gegenreformation weiter, und in Frankreich ertrug die Krone nach dem Tod Heinrichs IV. 1610 nicht die verbleibende Gegenmacht der Protestanten. Stück für Stück wurden die Garantien des Edikts von Nantes widerrufen oder mißachtet. Kardinal Richelieu, leitender Minister Ludwigs XIII., ließ 1628 La Rochelle einnehmen. Damit wollte er die politische und militärische Macht der protestantischen Partei endgültig brechen.

Die Aufhebung des Toleranzedikts von Nantes 1685

Der Absolutismus Ludwigs XIV. (1638–1715) beseitigte dann 1685 mit der Aufhebung des Edikts von Nantes endgültig die Erlaubnis zur freien Religionsausübung. 200 000–300 000 Hugenotten verließen das Land, viele vom Kurfürstentum Brandenburg, noch mehr von England und von den Niederlanden aufgenommen. Die übrigen mußten in den Untergrund gehen, ihren Glauben heimlich leben; und viele werden dem Druck nicht standgehalten und den Glauben gewechselt haben, jedenfalls nach außen hin.[3]

---

3 Welche Probleme im täglichen Leben, bei Krankheit und Tod ein Protestant in einer Umgebung hatte, die von der katholischen Kirche beherrscht war, wird unten S. 33 geschildert.

Theoretisch gab es also keine Protestanten mehr in Frankreich, die religiöse Einheit war wiederhergestellt. Aber durch seine Außenpolitik holte sich der König selber eine protestantische Minderheit neu ins Land. Ludwig XIV. erhob Ansprüche auf Gebiete an der Ostgrenze Frankreichs, im Elsaß und in Lothringen, die er sich vom deutschen Kaiser und von den Reichsfürsten anerkennen ließ. 1681 zog er feierlich im protestantischen Straßburg ein. Erst ein gutes Jahrhundert später gewannen die neuen Landesteile den Status von Départements – Bas-Rhin, Haut-Rhin und Moselle –, aber sie behielten ihre konfessionelle Sonderstellung (bezogen auf die einheitliche katholische Religion in Frankreich). Nach dem Westfälischen Frieden 1648 nämlich sollte der Bekenntnisstand so, wie er im Jahre 1624 war, bleiben – das konfessionelle Gleichgewicht in Europa sollte gewahrt werden. So konnten also die elsässischen Lutheraner und Reformierten unter dem Ancien Régime ihren Glauben offiziell ausüben.

Die Hugenotten im übrigen Frankreich blieben aber im Untergrund weiterhin aktiv: die Camisardenaufstände in den Cevennen um 1700 zeugen davon.

Französische Revolution und Erstes Kaiserreich: Glaubensfreiheit und Anerkennung

Die Situation änderte sich für die Protestanten in Frankreich grundsätzlich erst mit der Französischen Revolution. Bereits kurz vorher, 1787, wurden die Amtshandlungen der protestantischen Pfarrer anerkannt: Heiraten, Taufen und Beerdigungen waren von jetzt an voll zivilrechtlich gültig.

Die Menschenrechtserklärung von 1789 brachte Religions- und Gewissensfreiheit, denen wenig später auch die Freiheit der öffentlichen Religionsausübung folgte. Zum ersten Mal seit langer Zeit konnten sich Protestanten in Frankreich zu Gottesdiensten versammeln. Zunächst waren allerdings die Zeiten für jede Art von christlicher Religionsausübung nicht günstig: erst mit dem Ende der radikalen Phase der Revolution ab 1795 war öffentlicher Gottesdienst tatsächlich möglich.

Mit Napoleon begann für die Kirchen ein günstiger Zeitabschnitt. Die katholische Kirche war zwar nur noch »Religion der Mehrheit der Franzosen«, erhielt aber im Konkordat 1802 einen gesicherten Platz im Napoleonischen Herrschaftssystem. Den Protestanten – Reformierten wie Lutheranern – bot Napoleon die »Articles Organiques« an, die ihre Rechte in der französischen Verfassung garantierten. Zum ersten Mal waren die Protestanten offiziell als Kirche anerkannt – kein Wunder, daß sie zu den Bewunderern Napoleons gehörten. Die Articles Organiques entwarfen eine hierarchisch geordnete Konsistorialkirche, in der Vertreter des Staates maßgeblich mitbestimmten. Dies widersprach allerdings stark den Verfassungsvorstellungen der Reformierten, die eine Synodalverfassung für ihre Kirche als Ideal ansahen. Danach sollten Synoden, von den Gläubigen gewählte Versammlungen, die Kirche leiten, von der untersten Gemeindeebene bis zur obersten Nationalsynode.

In Paris entstanden ab 1802 mehrere reformierte und ein lutherisches Konsistorium. Man schätzt, daß etwa 22 500 Reformierte und 10 000 Lutheraner im Stadtgebiet lebten.

Die französischen Lutheraner hatten zwischenzeitlich Verstärkung bekommen: 1801 war das ehemals zur Grafschaft Württemberg gehörende Gebiet Mömpelgard, französisch »pays de Montbéliard«, südlich von Belfort gelegen, an Frankreich gekommen und brachte eine ganze lutherische Stadt, ca. 20 000 Seelen mit. Zahlreiche Pfarrer aus diesem Gebiet haben für die Lutheraner in ganz Frankreich eine führende Rolle gespielt.

Das Staatskirchensystem überlebte mit geringen Veränderungen alle Verfassungswechsel des 19. Jahrhunderts: den Sturz Napoleons 1815, die Restauration der Bourbonenmonarchie bis 1830, die Juli-Monarchie bis zur Revolution 1848, die kurze Zeit der Zweiten Republik, das Zweite Kaiserreich Napoleons III. Die Lage der Protestanten veränderte sich je nach den politischen Verhältnissen. Unter der Bourbonenrestauration z.B. wurde die katholische Kirche wieder Staatsreligion, in der Juli-Monarchie verlor sie erneut dieses Privileg. Unter dem Bürgerkönig Louis-Philippe fühlten sich die Protestanten gleichberechtigt, der Protestant François Guizot (1787–1874) war 1832–1837 Unterrichtsminister, 1840–1848 Außenminister und ab 1847 Ministerpräsident.[4]

Es blieb aber ein Gefühl der gesellschaftlichen Benachteiligung gegenüber dem Katholizismus. Da die Protestanten davon ausgingen, daß ohne die Hugenottenverfolgungen ganz Frankreich evangelisch geworden wäre, war ihr Evangelisationsbedürfnis groß, sozusagen als Nachholbedarf. Jedoch sah die katholische Kirche naturgemäß diese Bemühungen um Konversion nicht gerne und versuchte sie zu hindern, wo sie die Macht dazu hatte.[5]

Von der Gleichberechtigung zur Trennung von Kirche und Staat (1871–1905)

Ernsthaft in Frage gestellt wurde die Staatskirche erst durch die Dritte Republik ab 1871. Die katholische Kirche war ein vehementer Gegner der Republik – da wirkte der Schock der Französischen Revolution nach. Zu den Werten der Republikaner dagegen gehörte der laizistische, religiös neutrale Staat. Religion sollte Privatsache sein.

So war die Verfassungsfrage – Monarchie oder Republik – eng mit der Religionsfrage verbunden, die politischen Kämpfe wurden auch mit antiklerikalen und klerikalen Parolen geführt.

Den Verfechtern der Republik stand eine katholische Kirche gegenüber, die neue Kraft gewann. In einer zunehmend entchristlichten Gesellschaft vergrößerte die katholische Kirche ihre Macht mit dem Zentrum in Rom: das erste Vatikanische Konzil verkündete 1870 das Dogma der Unfehlbarkeit. So wurden die antikirchlichen Maßnahmen der republikanischen Regierungen, wenn z.B. die Kirche ab 1880 jeden Einfluß in den öffentlichen Schulen verlor, vor allem als antikatholisch, als antiultramontan verstanden, nicht unbedingt als antikirchlich überhaupt.

Die Protestanten standen zum größeren Teil auf Seiten der Republik. Vergleicht man ihre Präsenz in Regierungsämtern mit ihrer zahlenmäßigen Stärke innerhalb der Bevölkerung, so erreichten Politiker protestantischer Herkunft sogar überproportional viele hohe Stellungen. In einzelnen Regierungen gab es eine Mehrheit protestantischer (d.h. reformierter) Minister, die selber aktiv die Entkirchlichung der Schule

---

4 Zur Geschichte der lutherischen Gemeinde von Paris im 19. Jahrhundert siehe S. 38 ff.
5 A. Encrevé: Les Protestants, S. 77.

vorantrieben. Im übrigen gaben ihnen die republikanischen Freiheiten – Versammlungs- und Pressefreiheit – zum ersten Mal wirklich gleiche Chancen gegenüber den Katholiken.

Für die Lutheraner wurde der verlorene Deutsch-Französische Krieg 1870/71 zu einem noch größeren Trauma als für die übrigen Franzosen. Sie verloren mit der deutschen Annexion von Elsaß-Lothringen ihr Hauptgebiet: ihre Universität, d.h. die Ausbildungsstätte ihrer Pfarrer in Straßburg, und etwa 7/8 ihrer Glaubensgenossen. Die lutherische Kirche mußte sich vollständig neu organisieren, was zusätzlich dadurch erschwert wurde, daß ihnen ihre deutsche Herkunft in der hitzigen antideutschen Propaganda nach dem verlorenen Krieg vorgeworfen wurde.[6]

1872 brach die reformierte Kirche auseinander: die Spannungen zwischen den »liberalen«, vom Rationalismus beeinflußten Pfarrern und den »orthodoxen«, von der romantischen Erweckungsbewegung geprägten Predigern, waren zu groß geworden. Fortan lebte die kleine Minderheit in noch größerer Zersplitterung. Erst 1938, nach mehreren vergeblichen Versöhnungsversuchen, gelang eine neue Union.

Nächste Etappe im Verhältnis von Kirche und Staat war das Trennungsgesetz von 1905: die jahrzehntelangen Machtkämpfe wurden durch die Trennung von Kirche und Staat beendet. Die Kirchen wurden privatisiert, sie mußten einen privatrechtlichen Verein, eine »Association cultuelle« gründen, und das »Ministère des Cultes« wurde aufgelöst.[7]

Im allgemeinen haben die Protestanten – Lutheraner wie Reformierte – diese Neuregelung akzeptiert, letztere haben sie zum Teil sogar gutgeheißen, nämlich als Freisetzung von neuen Energien verstanden. Erst jetzt könnten die Kirchen zeigen, wie lebendig sie ohne staatlichen Schutz seien. Die Katholiken dagegen haben sich erst heftig, sogar zum Teil gewaltsam gegen die Neuordnung gewehrt. Mit dem Ersten Weltkrieg traten in der französischen Variante des »Burgfriedens« – »Union sacrée« (Heilige Einheit) genannt – die klerikalen Probleme in den Hintergrund.

Mit der allgemeinen Säkularisierung des 20. Jahrhunderts flauten nach dem Ersten Weltkrieg die Auseinandersetzungen um Stellung und Rechte der Kirchen ab – nur die Rückkehr von Elsaß-Lothringen in den französischen Staat hat noch einmal zu politischem Zündstoff geführt. Die Elsässer weigerten sich, die Trennung von Kirche und Staat bei sich einzuführen – sie wollten weiterhin unter den Articles Organiques in einer Staatskirche leben, die ihnen den religiösen Schulunterricht und die staatlich finanzierte Kirche sicherten. Ihre Gegenwehr hatte Erfolg. Bis heute haben sich die Kirchen in den Départements Haut-Rhin, Bas-Rhin und Moselle die Staatskirchenverfassung aus Napoleonischer Zeit bewahrt.

---

6 Jean Baubérot: L'Antiprotestantisme politique à la fin du XIXe siècle, in Revue d'Histoire et de Philosophie religieuse, 1. Teil, 1972, S. 449–484; 2. Teil, 1973, S. 177–221.
7 Zur Geschichte des Trennungsgesetzes siehe J. M. Mayeur: La Séparation de l'Église et de l'État, Paris 1966. Weitere Einzelheiten siehe S. 70.

Evangelische Gemeinden
deutscher Sprache bis 1914

Seit Jahrhunderten haben Deutsche ihre Heimat verlassen und sind für immer oder vorübergehend nach Frankreich gegangen, aus ganz unterschiedlichen Motiven. Da gab es wirtschaftliche Gründe: die Handelsbeziehungen zwischen den Ländern verlangten Kaufleute am Ort, die Handwerksgesellen wanderten durch Europa, die beginnende Industrialisierung im 19. Jahrhundert trieb viele Arme auf der Suche nach einer Existenzgrundlage ins Nachbarland. Als Diplomaten, zur Ausbildung, auf Bildungs- und Vergnügungsreisen kamen die Angehörigen der europäischen Adelshäuser nach Frankreich. Die politischen Verhältnisse in Deutschland, wie die staatliche Zensur im Vormärz oder später die Verfolgungen im Dritten Reich, ließen Deutsche ins liberalere Frankreich ins Exil gehen. In Einzelfällen veranlaßten gesundheitliche Gründe, wie der Besuch von Kurbädern, oder auch ganz persönliche, wie die Heirat mit einem Franzosen, Deutsche zum Aufenthalt in Frankreich.

Die Ziele lagen im ganzen Land, nicht nur in Paris, vornehmlich aber in den großen Städten, wo auf diese Weise deutsche Kolonien und damit gelegentlich auch deutsche, bzw. deutschsprachige Kirchengemeinden entstanden. Die Geschichte dieser Fremdengemeinden außerhalb von Paris ist Thema dieses Kapitels.[1]

Die Darstellung beschränkt sich auf die Gemeinden, die über einen längeren Zeitraum bestanden haben. Es hat darüberhinaus in weiteren Städten Versuche gegeben, Gemeinden zu gründen, die jedoch über Ansätze nicht hinauskamen oder nicht von der Evangelischen Kirche in Deutschland anerkannt wurden. So hat es Mitte bis Ende des 19. Jahrhunderts in Corbeil (1850), Troyes (1861), Saint-Etienne (1870), Monaco (1904) und auf Korsika (1902/1910) deutsche Gemeindekerne gegeben.[2] Auf zwei der genannten Beispiele sei kurz eingegangen.

Von der Gemeinde in Corbeil, in der südlichen Banlieue von Paris gelegen, gibt es im Politischen Archiv des Auswärtigen Amtes eine Spur. Der Pastor Jean-Jacques Hosemann (1805–1886) stellte an die preußische Gesandtschaft einen Antrag auf Zuschüsse für deutschsprachigen Gottesdienst in Corbeil, der abgelehnt wurde.[3] Nach französischen Quellen gab es in Corbeil bis 1870 eine Siedlung elsässischer Arbeiter, für die 1851 durch die Anstrengungen von Hosemann eine Kirche errichtet wurde. Die Prediger kamen abwechselnd von der lutherischen und der reformierten Kirche in Paris. Nach 1870 zogen sich die Lutheraner ganz aus der Arbeit zurück.

---

1 Die Darstellung fußt zwar auf den kirchenamtlichen Akten, ist aber nicht vollständig: weder das Archiv des Gustav-Adolf-Vereins, noch die französischen Départemental- und Kirchenarchive wurden konsultiert. Für einige Gemeinden, so Marseille und Bordeaux, gibt es neueste wissenschaftliche Studien, die jeweils angegeben sind. Die Frankreichkarte im Anhang gibt einen Überblick.
2 ZA, Best. 5 1348, 1350, 1355, 1361, 1363 und 1365.
3 Pol.AA, Kulturpol. Abt. R 61885 und bei Auguste Weber: Un centenaire. L'église évangélique luthérienne de Paris, Paris 1908, S. 135.

Monaco ist ein Beispiel dafür, daß die kirchlichen Behörden gemeinsam mit den Gesandtschaften zum Teil recht kritisch die Gemeindeverhältnisse und den Pfarrer prüften, bevor Unterstützung aus Deutschland bewilligt wurde: Pfarrer Wettstein wurde wegen unzureichender Amtsführung und seines dem deutschen Konsul nicht genehmen Verhaltens abgelehnt.[4]

Bordeaux

Außerhalb von Paris ist in Bordeaux die früheste evangelische deutschsprachige Gemeinde entstanden. Auch in anderer Hinsicht ist Bordeaux mit Paris vergleichbar. Was dort der diplomatische Schutz bewirkte,[5] taten in Bordeaux die wirtschaftlichen Bedürfnisse des Hafen: es wurde religiöse Toleranz zugestanden, die es im übrigen Frankreich vor und erst recht nach 1685 nicht gab.[6]

Der Handel mit Wein und Überseeprodukten lag in Bordeaux traditionell in der Hand von Ausländern: zuerst der Holländer, dann der Deutschen, genauer: der Kaufmannsfamilien aus den Hansestädten Bremen, Hamburg, Rostock, Lübeck und Danzig. Man schickte seine Söhne zur Ausbildung und zur Kontaktpflege nach Bordeaux. Nach einigen Monaten oder Jahren kehrten sie mit zahlreichen Handelsverbindungen in ihre Heimatstadt zurück. Viele aber blieben ganz dort, heirateten und gründeten eigene Handelshäuser.

1790 kann man mit ca. 500 niedergelassenen Deutschen in Bordeaux rechnen, nur ca. 0,5% der Bevölkerung, aber in wirtschaftlichen Schlüsselpositionen tätig. Dazu kam die schwer abschätzbare Zahl der jungen Leute, die nur kurz blieben: Kaufmannslehrlinge, Kindermädchen etc. Für das Jahr 1912 geht eine offizielle Zählung von 1681 niedergelassenen Deutschen aus, unbestimmbar wiederum die Zahl der Gäste.

Diese Menschen aus den Ländern des Deutschen Reiches, bzw. des Deutschen Bundes, zu denen man deutschsprachige Schweizer, Russen, Elsässer und andere Nationen ergänzen muß, brachten ihre Religion mit: zum größten Teil waren es wohl Lutheraner, aber auch Calvinisten, Katholiken und Juden. Und so sah sich der französische König in Bordeaux um des Handels willen gezwungen, tolerant zu sein – wovon alle Einwohner profitierten. Die einheimischen Protestanten besuchten dieselben Kirchen, die aufgrund einer königlichen Ausnahmeregelung gegründet worden waren.

---

4 Dies läßt sich aus der Botschaftsakte rekonstruieren (Pol.AA, Botschaft Paris 1688). Emma Wettstein, Pfarrfrau in Monaco, betont dagegen, daß sie Opfer der allgemeinen deutschen außenpolitischen Linie, deutsche Kolonien nicht über bereits bestehende hinaus zu fördern, geworden sein, weder Gustav-Adolf-Verein, noch Evangelischer Bund, noch der Deutsche Evangelische Kirchenausschuß seien zu Zuschüssen bereit gewesen. E. Wettstein: Die deutschen Kolonien an der Riviera. Erinnerungen einer Deutschen von der Riviera, Stuttgart 1923, S. 25.
5 Siehe S. 31–37.
6 Zu Bordeaux siehe: Michel Espagne: Bordeaux Baltique. La présence culturelle Allemande à Bordeaux aux XVIIIe et XIXe siècles, Paris 1990. Indem er Einzelschicksale von deutschen Einwanderern verfolgt, gibt Espagne ein differenziertes Bild des »Kulturtransfers« durch Deutsche nach Bordeaux, wobei der Protestantismus eine Hauptrolle spielte. Kirchenakten in ZA, Best. 5 1349, 1354; Akten des AA in Pol.AA, Kulturpol. Abt. R 61883.

Die Toleranz übertrug sich auf das innerkirchliche Verhältnis: in der Stadt lebten eine lutherische, eine anglikanische, eine reformierte und eine Brüdergemeinde harmonisch zusammen, wobei die Konfessionsgrenzen nicht mit den Nationalitätsgrenzen übereinstimmten. Michel Espagne nennt diese Form des Zusammenlebens »kulturelle Osmose«: ein kultureller Austausch zwischen den Konfessionen und zwischen den Nationen, der eine neue kosmopolitische Atmosphäre im bürgerlichen Kaufmannsmilieu hervorbrachte. Der Protestantismus als Kultur der Weltoffenheit, Vielsprachigkeit, ökonomischen Rationalität verband Menschen unterschiedlicher Herkunft: auch eine Illustration zu Max Webers These von der »Protestantischen Ethik«.

Das harmonische Zusammenleben hatte aber auch Folgen für die Kirchengemeinden selbst. Man übernahm jeweils Eigenarten der anderen Konfessionen, die Abgrenzung wurde unschärfer. So kann man erklären, daß sich das Luthertum in der zweiten Hälfte des 18. Jahrhunderts auf dem Rückzuge befand. Die Gemeinde wurde kleiner und verlor Mitglieder an das reformierte französische Milieu.

Eine Gegenbewegung gegen die Auflösung der Konfessionsgrenzen entstand mit dem Auftreten von pietistischen Wanderpredigern, die die Lehre und Schriften des Grafen Nikolaus Ludwig von Zinzendorf (1700–1760) verbreiteten. Ab 1753 tauchten Prediger der »Herrnhuter Brüdergemeinde« in Bordeaux auf und verkündigten ein innerliches, ganz auf existentielles Erleben ausgerichtetes Christentum. Einer von ihnen, Heinrich Klauer (1783–1870), gründete 1836 eine »Lutherische Mission«, die dazu dienen sollte, die deutschen und skandinavischen Seeleute in Bordeaux zu betreuen. Aus dieser Missionsstation wurde 1856 eine autonome Kirche lutherischer Konfession und deutscher Sprache. Ihre Rolle als Seemannsmission erfüllte sie weiter, auch für Angehörige anderer Nationen, so z.B. für russische Matrosen lutherischer Konfession und deutscher Sprache.[7]

Diese lutherische Kirche ging etwa ab der Jahrhundertwende einen eigenen, den nationalen Weg. Sie feierte Kaisers Geburtstag, und Pfarrer Alfred Conrad (ab 1907) gründete deutsche Vereine für junge Mädchen und Männer. Die Gemeinde hatte etwa 500–600 Mitglieder, wobei offen bleiben muß, ob es sich um alteingesessene deutsche Familien oder überwiegend um Besucher handelte.[8] Es gab jedoch auch Gegentendenzen. So scheint sie den ursprünglichen Namen: »Chapelle allemande et scandinave à Bordeaux« beibehalten zu haben, denn unter diesem Namen machte sie nach 1918 Besitzansprüche auf ihr beschlagnahmtes Eigentum geltend. Zu einem förmlichen Anschluß an die Altpreußische Union kam es vor 1914 ebenfalls nicht mehr.[9] In einem Konflikt 1907 um die Neubesetzug der Pfarrstelle distanzierte sich der Kirchenvorstand von den anderen deutsch-nationalen Gemeinden in Frankreich und betonte, daß Nicht-Reichsdeutsche bei ihnen geschätzte Mitglieder seien.[10]

Tendenziell kann man feststellen, daß sich die Nation als Identitätsmerkmal gegenüber der Konfession nach 1871 in den Vordergrund schob. Konnte man vorher als in

---

[7] Siehe Pol.AA, Kulturpol. Abt. R 61883: der russische Konsul ließ 1898 der deutschen Kirche über den deutschen Konsul Zuschüsse zur Versorgung russischer Matrosen zukommen.
[8] M. Espagne: Bordeaux, S. 154 und 161.
[9] Pol.AA, Kulturpol. Abt. R 61883.
[10] Siehe die »Offenen Briefe« im »Reichsboten« Nr. 118, 22.5.1907, als Kopie in Pol.AA, Kulturpol. Abt. R 61883.

Bordeaux lebender Deutscher generationenlang seine kulturelle Eigenart, zu der vor allem die Religion gehörte, bewahren und trotzdem in die französische Stadt integriert sein, so gab es bis zum Ersten Weltkrieg nur die Alternative: vollständige Assimilation oder Abgrenzung der Nationen. Die Ausweisung der Deutschen im Sommer 1914 erscheint so als der Höhepunkt dieser Art von Identitätsbewahrung.[11]

Lyon

Eine sehr frühe, indirekte Nachricht über deutschsprachige evangelische Gottesdienste in Lyon erhält man durch die Tatsache, daß die deutsche Gemeinde in Genf im Jahre 1707 von deutschen Kaufleuten aus Lyon gegründet wurde.[12] Ihnen waren protestantische Gottesdienste mit der Aufhebung des Edikts von Nantes 1685 verboten worden. Vor dieser Zeit muß es also deutschsprachige Gottesdienste in Lyon gegeben haben. Mit deren Verlegung in die schweizerische Stadt hatten die Kaufleute einen Weg gefunden, das Verbot zu umgehen.

Einen Neuansatz findet man in Lyon Mitte des 19. Jahrhunderts. Der »Deutschen Mission« in Paris war offenbar bewußt, daß es in Lyon einen Bedarf an deutschsprachigem Gottesdienst geben könnte, und so schickte sie 1846 einen Prediger in die Stadt.[13] Auf Dauer aber wurde die Gemeinde von dem württembergischen Pfarrer Georg Mayer versorgt, der 1849 kam.[14] 1851 wurde die Gemeinde gegründet.[15] 1500 Deutsche umfaßte zu dieser Zeit die deutsche Kolonie, vornehmlich Kaufleute im Bereich der Seidenindustrie. Die Kirche finanzierte sich durch ihre Gemeindeglieder, aber auch aus deutschen Spenden und Leistungen des Gustav-Adolf-Vereins.

Der rechtliche Status der Gemeinde wurde fast von Anfang an zu einem Problem. Die französische lutherische Kirche erreichte 1863 durch Kaiserliches Dekret[16] die Gründung einer »paroisse« (Gemeinde) in Lyon. Der Status als Staatskirche bedeutete aber, daß der Amtsinhaber die französische Nationalität besitzen mußte – er war schließlich Beamter des Zweiten Kaiserreichs. So konnte Georg Mayer das Amt nur provisorisch verwalten, weil er niemals seine Naturalisierung erreichte wie auch der Pfarrer in Nizza. Im Jahre 1868 wurde ein französischer Gottesdienst eingerichtet, um besser in das gesellschaftliche Leben der Stadt integriert zu sein und um den Fortbestand der Kirche auch dann zu sichern, wenn die Deutschen abwanderten. Die Gemeinde wurde zweisprachig.

---

11 M. Espagne: Bordeaux, S. 9.
12 Karl-Ernst Geith: Zur Geschichte der evangelisch-lutherischen Kirche in Genf, in Gedenkbuch zur Einweihung des renovierten Gemeindehauses 1989, Genf 1989, S. 46.
13 So im Bericht von Louis Meyer von 1858, zitiert von Alain Joly: L'Église de la confession d'Augsbourg à Paris 1815–1848. Mémoire de maîtrise de théologie protestante, Straßburg 1990, S. 26. Zur Deutschen Mission in Paris siehe S. 43–44.
14 Zum Folgenden siehe George Bremond: Église Évangélique Luthérienne de Lyon, in Rive gauche Nr. 59, Lyon, Dezember 1976, S. 18–22. Ich danke Professor J. Grandjonc sehr für seinen Hinweis auf diesen Aufsatz.
15 Die Akte im Zentralarchiv (ZA, Best. 5 1359; 1360) beginnt mit dem Satzungstext von 1851. Leider wird aus ihren Dokumenten nicht deutlich, ob Pfarrer Mayer aus eigenen Antrieb kam und welcher Landeskirche er angehörte.
16 Über die Organisation und rechtliche Stellung der protestantischen Kirchen unter den Articles Organiques siehe oben S. 13 und unten S. 38.

Der Krieg 1870/71 hatte in Lyon eine besonders starke Fremdenfeindlichkeit gegen die Deutschen zur Folge, die zum größten Teil weggingen. Nicht alle kehrten nach Friedensschluß zurück. Pfarrer Mayer hatte persönlich wegen seines Eintretens für die Bedürfnisse der Deutschen polizeiliche Überwachung und Angriffe seitens der Bevölkerung zu erdulden. Die Kirche wurde in »Église de la Confession d'Augsbourg«, der französischen Bezeichnung für die Lutheraner, umbenannt, die Aufschrift »Église Allemande« verschwand. Sie erhielt in der Folgezeit starken Zuzug von Elsässern, die sich nach der deutschen Annexion für ein Leben in Frankreich entschieden hatten.

Im Zusammenhang mit der Kirche – Pfarrer Mayer war Vorsitzender –, aber über den engeren kirchlichen Kreis hinausgreifend, arbeitete ein »Deutscher Hülfsverein«, 1875 wiedergegründet. Dieser unterstützte in Not geratene Deutsche durch einmalige Spenden. 1875 konnten die 55 Mitglieder des Vereins 166 Menschen helfen, im Jahre 1908 waren es 689 Personen, die Zahl der Mitglieder wird in ähnlichem Verhältnis angestiegen sein. Auch ein kirchlich verwaltetes Mädchenheim und Religions- und Deutschunterricht am schulfreien Donnerstag gehörten mit zum Angebot für die deutsche Kolonie in Lyon.[17]

Bis zum Tod von Pfarrer Mayer 1887 lebten der deutsche und der französische Teil der Gemeinde miteinander – wahrscheinlich nicht ohne Spannungen, aber zumindest ohne offene Auseinandersetzungen. In diesem Jahr kamen aber zwei Probleme zusammen, die zu heftigen Streitereien führten. Es wurde ein französischer Pfarrer ernannt, der zweisprachige Elsässer Henri Bach. Und außerdem mußte sich die Gemeinde eine Kirche bauen, da das bisherige Gebäude von der Stadt enteignet wurde, um Platz für einen Straßendurchbruch zu schaffen.

Der deutsche Teil wies den neuen französischen Pfarrer zurück, die deutschen Geldgeber weigerten sich, einer nun »französischen Kirche« Geld zu geben, man forderte die Rückzahlung von früheren Spenden – kurz: die Gemeinde stand vor dem Auseinanderbrechen. Eine vorläufige Einigung kam erst 1891 zustande: dem deutschen Gemeindeteil wurde vom Lutherischen Konsistorium in Paris, seiner Kirchenbehörde, finanzielle Selbständigkeit und ein eigener deutscher Pfarrer zugestanden. Am Pfingsttag des Jahres 1893 wurde die neue, gemeinsame Kirche feierlich eingeweiht.

Im Jahre 1905 schaffte das Trennungsgesetz in Lyon eine für beide Seiten willkommene Gelegenheit, sich endgültig zu trennen. Die Situation hatte sich weiter verschärft: die Franzosen schätzten es zum Beispiel gar nicht, daß die Deutschen Kaisers Geburtstag am 27. Januar in ihrer Kirche feiern wollten. Beide Teile bildeten eine eigene Association cultuelle, und die Deutschen reklamierten die gemeinsame Kirche für sich. Dies löste einen jahrelangen juristischen Streit aus, der bis zum französischen Staatsrat, dem höchsten Gericht, durchgefochten wurde – für die Deutschen ohne Erfolg. Alles, was sie erreichten, war die Mitbenutzung der Kirche, sie verblieb aber als Eigentum in der Hand der lutherischen französischen Kirche.

Ab 1908 arbeitete Pfarrer Albert Koerber in Lyon – er hat vermutlich nicht zur Versöhnung zwischen beiden Teilen beigetragen. 1911 veröffentlichte er eine Schrift unter dem Titel: »Kampf und Leiden in der Geschichte der deutschen evangelischen

---

17 Pol.AA, Kulturpol. Abt. R 61887.

2. Kopfleiste des Gemeindeblatts aus Lyon von 1912 mit Vignette der Kirche auf der linken Seite

Gemeinde in Lyon. Der Verlust ihrer Kirche.« Nach dem Ersten Weltkrieg arbeitete er in Paris als Journalist für die »Eisernen Blätter«, war Gemeindeglied der Christuskirche und fiel durch seine nationalistische Haltung auf.[18]

Am 15. September 1913 schloß sich die Kirche an die Altpreußische Union an, gemeinsam mit der Gemeinde in Cannes. Zu diesem Zeitpunkt waren 195 Gemeindeglieder in der Association cultuelle eingeschrieben.[19]

Bei Ausbruch des Weltkrieges wurden alle Deutschen – angeblich über 5000 im weiteren Einzugsbereich der Stadt[20] – ausgewiesen. Das Eigentum der Gemeinde wurde sequestriert. Pfarrer Dahlgrün von der Pariser Christuskirche konnte 1929 den Liquidationserlös aus dem Verkauf von 8500 FF für seine Arbeit in Frankreich entgegennehmen.[21]

---

18 Nähere Informationen siehe S. 97 Anm. 71.
19 ZA, Best. 5 1343.
20 Nach einem Bericht des deutschen Konsulats vom Jahre 1908. Der deutschen Gemeinde wird hier bescheinigt, ein Sammelpunkt der deutschen Kolonie zu sein. Photokopie in Archiv Christuskirche 110–6, I. Nach einem anderen Bericht gab es 1913 2000 Deutsche mit Wohnsitz im Département Rhône, in Pol.AA, Kulturpol. Abt. R 61887.
21 Archiv Christuskirche 102.

Le Havre

Bereits 1787 hat es in Le Havre eine deutschsprachige, von der Pariser lutherischen Gemeinde in der schwedischen Gesandtschaft[22] aus versorgte Gemeinde gegeben, deren Ansätze durch die ausbrechende Revolution zunächst wieder zunichte gemacht wurden.[23]

Im Jahre 1842 kümmerte sich die neugegründete Deutsche Mission in Paris auch um die Glaubensgenossen in Le Havre,[24] und bereits zwei Jahre später wurde vom Lutherischen Konsistorium die regelmäßige Versorgung übernommen. Man schickte junge elsässische Pfarrer.

Neben Kaufleuten und jungen Leuten in der Ausbildung gab es hier immer deutsche Auswanderer, die manchmal lange auf ein Schiff nach Amerika warten mußten, oder entmutigt an Ort und Stelle blieben und versuchten, sich eine neue Existenz zu schaffen.

Als der Deutsch-Französische Krieg ausbrach, optierte Pfarrer Burckhard für Frankreich – so wurde er nicht wie andere Deutsche gezwungen, das Land zu verlassen, sondern versah weiter seinen Dienst, jetzt im Rahmen der reformierten Gemeinde. Den deutschsprachigen Gottesdienst nahm er später wieder auf, bis er 1906 pensioniert wurde. Der deutschsprechende Teil der Evangelischen war immer kleiner geworden: Elsässer kamen nicht mehr hinzu, ihre Kinder sprachen eher Französisch als Deutsch. So hatte die deutschsprachige lutherische Gemeinde ein natürliches Ende durch die Assimilation gefunden, sie ging in der französischen Kirche auf.

Nicht lange danach gab es einen Neuanfang. Durch die Zuwanderung von deutschen vermögenden Kaufleuten und von jungen Leuten, die zur Ausbildung und als Hausangestellte kamen, entstand noch einmal eine deutsche Kolonie von einigen hundert Personen. 1909 bildete sich ein Komitee zur Wiedergründung der deutschen Kirche, sammelte Geld und bat die Pariser deutsche Kirche, ihr einen Prediger zu schicken. Ab Mai 1909 fuhr der Vikar der Christuskirche, zuerst Siemens, dann Friedrich Spanuth, einmal monatlich nach Le Havre. Der Deutsche Evangelische Kirchenausschuß unterstützte diese Reisen mit Zuschüssen.[25] 1914 war die Arbeit zu Ende, wurde aber 1929 in ähnlicher Form wieder aufgenommen.[26]

In Le Havre kann man zwei Entwicklungsstränge unterscheiden: die erste, gemischte Gemeinde entschied sich 1870 samt Pfarrer für die Integration, und eine zweite Gemeinde entstand erst spät 1909 als reichsdeutsche, nationale Kirche.

---

22 Siehe S. 31–35.
23 Siehe Janine Driancourt-Girod: L'insolite histoire des luthériens de Paris, Paris 1992, S. 223 und 288.
24 Siehe die Zusammenstellung von früheren Artikeln (1844, 1845, 1908) des Gemeindeblattes, Le Havre betreffend, im GBl Jan. 1930. In den Protokollen der Sitzungen des Lutherischen Konsistoriums in Paris erscheint auch immer wieder Le Havre, z.B. am 30.10.1844 (Nr. 39): über einen Brief von evangelischen Deutschen in Le Havre mit der Bitte um Einrichtung einer Pfarrstelle wird verhandelt; oder am 26.9.1845 (Nr. 14): Pfarrer Müntz nimmt die Stelle in Le Havre an, in A. Luth. Kons. Paris (Zur Arbeit in diesem Archiv siehe unten S. 43). Deutsche Kirchenakten in ZA, Best. 5 1353 und 1358.
25 Pol.AA, Kulturpol. Abt. R 61886.
26 Siehe S. 120–122.

Die Riviera-Gemeinden

Alle drei Gemeinden an der Riviera-Küste hatten dieselbe Klientel: die deutschen, bzw. deutschsprachigen Kurgäste der Saison, d.h. des Winters, den man im milden Klima des Mittelmeeres verbrachte, krank und kurbedürftig – oder einfach reich genug, um dem kalten mitteleuropäischen Winter aus dem Wege zu gehen. Von Oktober bis April war die Küste voll von illustren Kurgästen.

Es war auch derselbe Mann, der zunächst alle drei Städte alleine versorgte: Pfarrer Philipp Friedrich Mader (1836–1917) begann 1856 in Nizza mit deutschen Gottesdiensten. In den Sechziger Jahren versorgte er die Städte Cannes und Menton mit, bis sich dort jeweils genügend Interessierte zusammentaten, ein Komitee gründeten und nach einem eigenen Pfarrer suchten.

Nizza

Die größte Riviera-Gemeinde war in Nizza. Sie ist das Werk Philipp Friedrich Maders, der von 1856 bis 1917, also 58 Jahre lang, bis ins Greisenalter hinein, die Gemeinde geprägt hat.[27]

Zu Beginn des 19. Jahrhunderts gehörte Nizza noch nicht zu Frankreich. Im Friedensvertrag des Wiener Kongresses 1815 kam die Grafschaft Nizza mit Savoyen in den Besitz des Königs von Sardinien;[28] die Stadt entwickelte sich zum Aufenthaltsort einer internationalen Schicht von reichen Kurgästen. König Victor Emmanuel autorisierte 1821 die anglikanische Kirche, Gottesdienste zu halten, und ab 1848 gewährte eine liberale Regierung allgemeine Religionsfreiheit. Philipp Friedrich Mader wurde von der Basler Missionsgesellschaft nach Nizza geschickt und hielt 1856 den ersten deutschsprachigen Gottesdienst in einem gemieteten Gebäude. Nach schwierigen Anfängen erlebte die Gemeinde ihre erste Blüte: von 1858 an weilte der württembergische König Wilhelm I. (1816–1864) mehrmals in Nizza und brachte dem Kurort den Aufschwung.

1860 wurde Nizza französisch, von Napoleon III. im Italienischen Einigungskrieg gegen die Lombardei eingetauscht. Dies hatte zur Folge, daß der rechtliche Status der Kirche dem französischen Staatskirchenrecht angepaßt werden mußte. Es bestanden drei Möglichkeiten: 1. Anschluß an das lutherische Konsistorium in Paris, 2. die Gründung einer »freien« Kirche oder 3. Anschluß an eine ausländische Kirche. Man wählte die erste Lösung. Philipp Mader wurde »Pasteur titulaire à titre provisoire« (vorläufiger Inhaber des Pfarramts) der Lutherischen Kirche Frankreichs, eine Ausnahme, da normalerweise die französische Staatsangehörigkeit vorausgesetzt wurde.

Die wirtschaftlichen Verhältnisse der Gemeinde in Nizza waren vollständig abhängig von der Kurkonjunktur: kamen viele Gäste, ging es gut, kamen – aus politischen oder wirtschaftlichen Gründen – nur wenige, hatte der Pfarrer kaum das Notwendigste zum Leben. Er versuchte, durch Kollektenreisen in Deutschland Geld

---

27 Akten Nizza betreffend in BA Potsdam, Kulturpol. Abt. des AA 69369 und in ZA, Best. 5 1346a und 1366–1370.
28 Geschichte der Nizzaer Gemeinde nach dem zweiteiligen Aufsatz von C. Délormeau: Histoire de l'Église luthérienne de Nice, l'église de langue allemande, in Nice historique 1982/4, S. 149–161 (Teil 1); 1983/1, S. 26–40 (Teil 2).

3. Lutherische Kirche in Nizza, erbaut 1877 von der deutschen Gemeinde

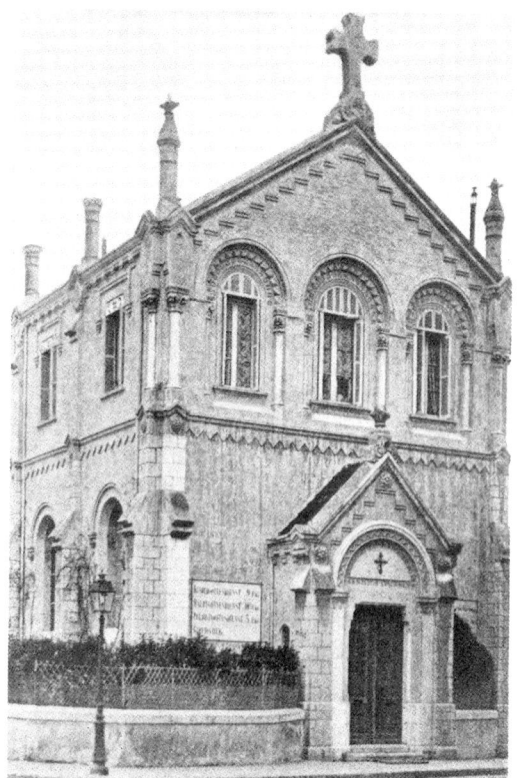

4. Deutsche Kirche in Cannes (1865–1914)

zu bekommen, und auch der Gustav-Adolf-Verein gab Zuschüsse: bis 1912 insgesamt 50 000 Reichsmark.[29]

1865 weihte die Gemeinde in der Rue Melchior eine eigene Kirche ein, um die dann ab 1905 ein erbitterter Rechtsstreit geführt wurde.

Die Katastrophe kam mit dem Krieg 1870/71: die Wintergäste blieben aus, vor allem die deutschen, und die Feindseligkeit der französischen Bevölkerung gegen die Deutschen führte in der Gemeinde bis zu dem Punkt, daß eine Trennung des deutschen und des französischen Teiles unvermeidlich schien.

Anhand mehrerer Pressekampagnen, in denen Mader seinen Gegnern nichts schuldig blieb, kann man die Wellen der französischen öffentlichen Meinung verfolgen. Es kam so weit, daß er von 1897 an keine Unterstützung vom französischen Konsistorium mehr erhielt.[30]

Es scheint deshalb konsequent, daß sich 1905 eine vom lutherischen Konsistorium getrennte Association cultuelle bildete. Die deutsche Gemeinde verzichtete aber vorläufig auf jeden Anschluß an eine deutsche Landeskirche. Es folgte der juristische Kampf um das Kirchengebäude, begleitet, wie man es bereits aus früheren Zeiten gewohnt war, von öffentlicher Pressepolemik. Das lutherische Konsistorium in Paris beanspruchte das Besitzrecht. Wie in Lyon zog sich das Verfahren bis zur Entscheidung des französischen Staatsrates im Jahre 1910 hin und endete negativ für die Deutschen. Sie behielt lediglich das Recht, die Gebäude zu benutzen, nicht das Eigentum an ihnen.

Nizza ist außer Paris die einzige deutsche Gemeinde in Frankreich, die eine Fortsetzung nach dem Ersten Weltkrieg gefunden hat. Die hier skizzierte Vergangenheit hat bei der Wiederaufnahme der Arbeit eine erhebliche Rolle gespielt.[31]

Cannes

Im Jahre 1860 kam Prinzessin Augusta, die Frau von Friedrich-Franz II., Großherzog von Mecklenburg-Schwerin, nach Cannes und fragte nach einem deutschsprachigen lutherischen Gottesdienst. An Weihnachten 1860 predigte Friedrich Mader zum ersten Mal in der reformierten Kirche, in der die deutsche Gemeinde zu Gast sein durfte. Bald konnte sie auf 150 bis 200 Mitglieder, von denen viele Schweizer waren, und auf einen Gottesdienstbesuch von 80 bis 150 Personen verweisen. Einen nochmaligen Aufschwung erlebte die Ausländerkirche, als im Jahre 1869 die Kronprinzessin Victoria von Preußen unter einem Pseudonym im Grand Hôtel in Cannes abstieg. Mit ihren fünf Kindern und ihrem persönlichen Hofstaat wurde sie zu einem Anziehungspunkt für weitere adelige Kurgäste: zumeist evangelisch und an Gottesdienst interessiert, wie es sich gehörte.[32] Mader kam von Zeit zu Zeit aus Nizza, um Gottesdienste zu halten.

---

29 BA Potsdam, Kulturpol. Abt. des AA 69369.
30 Siehe C. Délormeau: Nice, S. 28. Auch von deutscher Seite wurde der schwierige Charakter des eigenwilligen Pfarrers bestätigt: der Gustav-Adolf-Verein und der Deutsche Evangelische Kirchenausschuß stellten Zuschüsse vor 1914 ein, da eine geordnete Gemeinde nicht mehr vorhanden sei, in ZA, Best. 5 1366. Eine rein formale Begründung gibt dagegen das Lutherische Konsistorium 1933 an: Mader habe sich, entgegen seinen Versprechungen, nie naturalisieren lassen, in Procès-verbaux des Luth. Konsistoriums vom 31.3.1933, S. 307.
31 Siehe S. 120–122.

Pfarrer Hermann Schmidt (1840–1908) aus Württemberg betreute die Gemeinde ab 1873 bis zu seinem Tod.[33] Er ist als »Kellnerpastor« und »Bodelschwingh im Kleinen« durch sein besonderes Engagement für das Dienstpersonal der Riviera-Hotels berühmt geworden.[34] Zu seinem besonderen Arbeitsfeld kam er durch den Schicksalsschlag, als vierundzwanzigjähriger Theologiestudent lebensgefährlich an Typhus und Tuberkulose zu erkranken. Nach langer Genesungszeit ging er zunächst zu einem Erholungsaufenthalt nach Davos, wodurch sich seine Gesundheit soweit besserte, daß er die theologischen Prüfungen ablegen konnte. Im Jahre 1870 begann er seine Pfarrertätigkeit als Kurprediger in Davos. Bald erwies sich jedoch, daß ihm auf Dauer gesehen das Klima in den Alpen nicht bekam, er mußte einen anderen Aufenthaltsort suchen. Über einen Freund wurde ihm 1872/73 die Pfarrstelle in Cannes vermittelt. Von nun an verbrachte er die Wintersaison an der Riviera, den Sommer oft als Kurprediger in den Alpen, wenn seine Kräfte es zuließen, denn er hatte sein Leben lang mit den Nachwirkungen seiner Lungenkrankheit zu kämpfen. Auch seine Frau, die er in Cannes kennenlernte und 1874 heiratete, starb jung an demselben Leiden. Er beeindruckte offenbar vor allem durch die Selbstdisziplin, mit der er seine Krankheit ertrug, die ihm nicht zum Anlaß wurde, sich selbstmitleidig zurückzuziehen und sich zu schonen, sondern immer wieder gegen Schwäche und Schmerzen anzugehen, um seine Aufgabe der Verkündigung von Gottes Wort erfüllen zu können. So berichtet auch Herzogin Cecilie von Mecklenburg-Schwerin, 1886 geborene Enkelin der oben erwähnten Augusta, die 1905 durch Heirat mit dem ältesten Sohn Wilhelms II. deutsche Kronprinzessin wurde, in ihren »Erinnerungen« über ihre Jugendjahre um die Jahrhundertwende in Cannes:

> »Später wurde mir der Religionsunterricht von Pastor Hermann Schmidt gegeben, dem Hüter des gottesdienstlichen Lebens in der kleinen deutschen Kirche von Cannes. Er hat dreißig Jahre lang sein Amt zum Segen so vieler Deutscher in Cannes verwaltet, obwohl er selbst sehr kränklich war und mit Atemnot zu kämpfen hatte. Er konnte nicht einmal im Stehen predigen, sondern mußte in einem großen Lehnstuhl auf der Kanzel sitzen. Seine Pflichterfüllung und Aufopferung im Beruf konnte als Vorbild dienen.«[35]

Die Kellner als eine besondere Klientel begegneten Schmidt bereits in Davos, wo er selber monatelang im Hotel lebte. Die ungewöhnlichen Arbeitszeiten und der häufige Stellungswechsel erforderten besondere Maßnahmen, um sie zu erreichen. Kein Kellner kann am Sonntagvormittag in die Kirche gehen. So kam Schmidt in die Hotels und hielt dort Gottesdienst – trotz Spott und mannigfaltigen Widerständen. Er versuchte, so viel wie möglich über diese Gruppe zu erfahren, und schrieb ein Buch über sie: »Des Kellners Weh und Wohl«, in dem sich offenbar die Betroffenen verstanden fühlten. Das Buch verkaufte sich gut. Eines der Hauptprobleme waren die Zeiten ohne Engagement, selbst wenn der Kellner nicht arbeitslos war. Die Sommer-

---

32 Eine genaue Auflistung findet man bei C. Délormeau: L'Église luthérienne de Cannes, in Annales de la Sainte Science de Cannes – l'arrondissement de Grasse 30/1983, S. 157–162. Fotokopie in Archiv Christuskirche 110–6, I Nr. 386/91. Kirchenakten über Cannes in ZA, Best. 5 1356/57.
33 Die folgenden Angaben nach einem Artikel vom Pfarrer der Hügelkirche, Ernst Zinsser, im GBl Sep. 1911.
34 Zu Lebenslauf und Wirken Hermann Schmidts siehe das »Gedenkbuch«, das nach seinem Tode von seinen Vikaren und Kollegen herausgegeben wurde: Johannes Steinweg (Hg.): Hermann Fr. Schmidt, Pastor in Cannes, Berlin 1909.
35 Kronprinzessin Cecilie: Erinnerungen, Leipzig 1930, S. 96.

saison und die Wintersaison schlossen nämlich nicht nahtlos aneinander an, sondern es galt immer, mehrere Wochen oder Monate zu überbrücken. Mit Hilfe von reichen und einflußreichen Gemeindegliedern wurde 1899 das »Friedrich-Franz-Heim«, benannt nach seinem größten Förderer, dem Großherzog von Mecklenburg, eröffnet. Es diente als Übergangswohnung bis zum nächsten Engagement und als Versammlungsort für alle in ihrer Freizeit und hatte einen solchen Erfolg, daß bald an eine Vergrößerung gedacht wurde, die aber erst nach Schmidts Tod, 1909, realisiert wurde.

Bereits 1877 waren genügend Spenden aus Deutschland sowie von den reichen Winterkurgästen in Cannes zusammengekommen, um eine kleine Kirche mit Pfarrerwohnung am Boulevard du Cannet zu bauen. Als Reaktion auf die deutschfeindlichen Angriffe auf Pfarrer Mader hatte sich die Gemeinde für den Status einer »église libre« entschieden, einer Freikirche, die keiner Kirchenbehörde unterstellt war.[36] Eigentümerin des Grundstücks und der Gebäude war eine »société civile« (zivilrechtliche Gesellschaft). Diese juristische Konstruktion verhinderte, daß nach der Trennung von Kirche und Staat 1905 das französische Lutherische Konsistorium Ansprüche auf die Kirche erheben konnte, wie es in Nizza und Lyon geschah. Die Gemeinde war von vornherein – ihre späte Gründung nach 1871 bestätigt dies – als rein deutsche Kirchengemeinde verstanden worden, deutsch im Sinne der Kulturnation gedacht, was also Österreicher und Schweizer einschloß. Im Kirchenvorstand saßen einheimische Hotelbesitzer, aber auch immer Kurgäste aus Deutschland, die regelmäßig kamen und so ein Band zur evangelischen Kirche in Deutschland bildeten. Nur 50 eingeschriebene Mitglieder hatte die Association cultuelle, aber 500 Hotelangestellte wurden von ihr betreut. Die Kirche trug sich selbst: finanzielle Hilfe zum laufenden Unterhalt aus Deutschland war nicht nötig – ein seltener Glücksfall, wenn die Gemeindeglieder wohlhabend und opferbereit genug sind. Neben den rein kirchlichen Institutionen existierte in Cannes auch ein deutscher »Hülfsverein«, der sich als »interkonfessionell-deutsch-österreichisch-ungarisch« bezeichnete.

Von 1908 an übernahm Pfarrer Herrmann Weber aus Mecklenburg bis 1914 das Amt. 1913 schloß sich die Gemeinde gemeinsam mit der von Lyon an den Oberkirchenrat der Altpreußischen Union an.[37]

Mit Ausbruch des Weltkrieges wurde die Kirche beschlagnahmt und später vom französischen Staat an die katholische Kirche verkauft, die sie heute noch benutzt. Die Heime wurden ebenfalls beschlagnahmt und dienten vermutlich im Krieg als Lazarette.[38]

Menton

Die ersten Anfänge einer Gemeinde gingen auf den elsässischen Pfarrer Eugène Ménégoz zurück, der von 1866 bis 1906 in der Pariser Kirche Les Billettes den deutschsprachigen Gottesdienst hielt und Professor an der theologischen Fakultät in Paris war. Er hielt sich aus gesundheitlichen Gründen in Menton auf und bot Gottesdien-

---

36 Einzelheiten dazu im Artikel von C. Délormeau: Cannes, S. 4.
37 ZA, Best. 5 1343.
38 Die Vermögensverhältnisse kann man aus den Angaben Pfarrer Webers ersehen, der 1915 in Deutschland Angaben über das sequestrierte Eigentum machte, um das Entschädigungsverfahren zu beantragen, in Pol.AA, Kulturpol. Abt. R 61884.

ste in deutscher Sprache an.[39] Eine Kurgemeinde der Wintersaison entstand, die 1873 beschloß, sich ordentlich zu konstituieren: sie erbat den Anschluß an die lutherische Kirche in Nizza.

Erster Seelsorger wurde Pfarrer Schubart, dann ab 1880 der württembergische Pfarrer Ehné. Wie in Cannes, so blieb man auch hier von den deutsch-französischen Auseinandersetzungen um Pfarrer Mader nicht unberührt und wollte sich 1882 vom französischen Konsistorium trennen. Dies wurde aber von diesem nicht genehmigt; auch ein zweiter Versuch 1896 mißlang. Bürokratische Formalitäten verhinderten, daß das Vorhaben ausgeführt werden konnte.

Bei dieser Vorgeschichte war es dann selbstverständlich, daß 1906 eine eigene Association cultuelle gegründet wurde, die die ersehnte Unabhängigkeit brachte. 1908 stellte die Gemeinde einen Antrag auf Anschluß an die preußische Landeskirche, an die Altpreußische Union, dem stattgegeben wurde.

Zu dieser Zeit wurden nur 18 eingetragene Mitglieder der Association cultuelle angegeben, von denen sogar nur sechs ihren dauernden Wohnsitz in Menton hatten, aber zu den Gottesdiensten der Haupt-, d.h. Wintersaison, versammelten sich regelmäßig über 100 deutschsprachige Kurgäste.[40] Zeitgenössische Berichte schildern den Wettstreit zwischen den drei Rivieragemeinden, wer die höchsten Herrschaften beherberge. 1911 gewann Menton mit dem König von Schweden, der sich auch für die deutsche Kirche interessierte.[41] Amtsinhaber war zu dieser Zeit Pfarrer Hurlemann.

So wundert es nicht, daß die Vermögensverhältnisse beachtlich waren. Die Gemeinde besaß eine eigene Kapelle mit Pfarr- und Küsterwohnung im Werte von 150 000 FF, dazu eine Kapitalreserve; der Pfarrer erhielt mit 5000 FF und freier Wohnung ein gutes Gehalt.

Wie in Cannes blieb der Gemeinde ihr Besitz unbestritten bis 1914: als rein deutsche Gemeinde nach 1871 gegründet, besaß sie mit französischen Protestanten kein gemeinsames Eigentum.

Bei Kriegsausbruch erlitt sie dasselbe Schicksal wie alles deutsche Eigentum: sie wurde beschlagnahmt. Nach dem Krieg übernahmen die französischen Protestanten das Gebäude.

Marseille

Nicht weit von Nizza entfernt liegt Marseille. Dennoch hatte man es hier mit einer völlig anderen Gemeindestruktur zu tun, die eher an Bordeaux erinnert. Nicht Kur-

---

39 Alle Informationen im folgenden aus C. Délormeau: L'Église luthérienne à Menton, in Nouvelles Régionales 1984/1, S. 1–6. Fotokopie in Archiv Christuskirche 110–6, I Nr. 386/91. Kirchenakten in ZA, Best. 5 1351, 1352 und 1364.
40 Die Angaben dieses Abschnitts nach einer Anfrage des Evangelischen Oberkirchenrates an das Auswärtige Amt aus dem Jahre 1908, ob dem von Menton aus beantragten Anschluß an die Altpreußische Union diplomatische Rücksichten entgegenstünden, in Pol.AA Kulturpol. Abt. R 61888.
41 Ein Reisebericht über die Rivieragemeinden im Monatsblatt des GAV für die Provinz Sachsen vom Oktober 1911, S. 153–156. Fotokopie in Archiv Christuskirche 110–1.

gäste bestimmten das Bild, sondern die Bedürfnisse der Menschen, die im Handel, im Hafen oder auf Schiffen arbeiteten, prägten das Gemeindeleben.[42]

Bereits im 18. Jahrhundert gab es eine Fremdenkolonie, die hauptsächlich aus Schweizer Kaufleuten bestand. So gedieh die protestantische Gemeinde von Anfang an als Sprachengemeinschaft und umfaßte Menschen aus allen deutschsprachigen Ländern. Wie in Bordeaux erreichten die Fremden eine Ausnahmegenehmigung für die Ausübung ihrer Religion.

1846 wurde der »temple protestant« in der Rue Bel Air eingeweiht für den deutschsprachigen evangelischen Gottesdienst unter Leitung eines schweizerischen Pfarrers. Finanziert wurde die Gemeinde von der Basler Mission, vom Schweizer Kirchenbund sowie vom deutschen Gustav-Adolf-Verein.[43] 1867 wurde neben der Kirche eine Schule eröffnet. Die deutschsprachigen Schweizer und die Deutschen integrierten sich langsam. Seeleuten stand ein eigenes Heim offen.

Zusätzliche Aufgaben brachten die Kriege: Marseille diente 1854/56 für den Krimkrieg und 1865 für den Bürgerkrieg in Mexiko als Sammelpunkt für angeworbene Fremdenlegionäre, von denen viele deutsch sprachen. 1859 wurden österreichische Kriegsgefangene aus den italienischen Kriegen in die Stadt gebracht, 1871 waren es verwundete preußische Soldaten, die bei Montbéliard von Franzosen gefangengenommen worden waren, jedesmal eine Herausforderung für die deutschen Pfarrer, präsent zu sein, menschlich zu helfen und geistlich zu trösten. Auch deutsche Auswanderer auf dem Weg nach oder von Nordafrika blieben in Marseille hängen und brauchten Hilfe, verarmt und gescheitert, von Cholera- und Typhusepidemien heimgesucht, wie sie waren.[44]

Das Jahr 1870 forderte die Entscheidung für die ansässigen Gemeindeglieder: entweder man beantragte die Naturalisierung, oder man floh. Auch in Marseille wurde die Kirche zum Objekt deutschfeindlicher Demonstrationen.

Trotzdem gab es 1881 wieder eine kleine deutsche Kolonie, 891 Personen waren offiziell gemeldet. Die soziale Zusammensetzung war weniger einheitlich als vor dem Krieg: neben den Kaufmannsfamilien gab es die Mädchen, die als Hauspersonal arbeiteten. Weiterhin galt die Kirche als »l'Église Suisse«, obwohl die Schweizer in der Minderzahl waren. Die Hälfte der Taufen wurde von deutschen Familien erfragt, ein weiteres Viertel von Elsässern. Daneben wurden Matrosen kirchlich betreut, für die offenbar der Vikar zuständig war, im Jahre 1907 H. von Wicht neben dem Hauptpastor Walter.

1914 passierte das, was überall geschah: Ausweisung und Flucht der Deutschen. Nur die Kirche wurde nicht beschlagnahmt, weil die Gemeinde auf den klugen Ausweg gekommen war, sie auch offiziell in »Schweizerische Kirche« umzubenennen.

In den Dreißiger Jahren erhielt sie jährlich Geld vom Deutschen Evangelischen Kirchenausschuß für ihre Bemühungen um die Deutschen in Marseille, bis mit Pfar-

---

42 Alle Informationen des Absatzes aus R. Théry-Lopez: Les suisses à Marseille. Thèse de 3e cycle 1988. Die Arbeit selber ist mir leider nicht zugänglich gewesen, die Hauptergebnisse aber sind veröffentlicht in R. Théry-Lopez, E. Temime: Migrance. Les immigrations à Marseille, Bd. 2: L'expansion marseillaise et l'invasion italienne (1830–1918), Marseille 1990.

43 Nach einer kurzgefaßten Geschichte der Marseiller Gemeinde von 1955 hat der GAV bis 1914 196 000 RM gezahlt, in Archiv Christuskirche 100.

44 Diese Seite der Arbeit betont ein kurzer Überblick über die Geschichte der Gemeinde, der im Gemeindeblatt der Christuskirche im November 1910 erschienen ist.

rer Hans-Helmut Peters 1933 eine Reisepredigerstelle in Nizza besetzt wurde, zu deren Versorgungsbereich auch Marseille gehörte.[45]

Als Schweizer Gemeinde bestand sie bis in die Fünfziger Jahre hinein, bis die Integration der Fremdenkolonie so weit gelungen war, daß heute eine rein französisch sprechende, reformierte Kirche daraus geworden ist.

---

45 Siehe Briefwechsel wegen Geldzahlungen an Marseille 1930–33 in BA Potsdam, Kulturpol. Abt. 69368.

Vorläufer in Paris im 17. und 18. Jahrhundert – Deutsche Gottesdienste in skandinavischen Gesandtschaften

Eine deutschsprachige lutherische Gemeinde gab es in Paris seit 1626. Trotzdem ist diese Gemeinde nicht als direkte Vorläuferin der Christuskirche anzusehen. In der Zeit Napoleons, der den Kirchen aller Konfessionen einen gesetzlichen Status verlieh, mündete sie in die französische lutherische Kirche ein, die die deutschsprachigen Gottesdienste weitergeführt hat. Janine Driancourt-Girod hat die Geschichte dieser Gemeinde der deutschsprachigen Fremden in Paris durch 180 Jahre verfolgt. Sie hat gezeigt, wie sie in der schwedischen Botschaftskapelle im Laufe der Zeit immer französischer wurde, und hat sie als ein Beispiel für die Integration einer Minderheit von Ausländern in die französische Gesellschaft dargestellt.[1]

Dennoch gehört ein kurzer Abriß der Geschichte dieser deutschsprachigen Gemeinde in Paris in dieses Buch, weil sie vor 300 Jahren dieselbe Funktion für Deutsche, die nach Paris kamen, erfüllt hat wie die Christuskirche heute – seien die Zeitumstände und die Lebensweisen auch noch so verschieden.

Eine Gemeinde für Diplomaten[2] (1626–1679)

Das Edikt von Nantes verbot protestantische Gottesdienste in der Hauptstadt Paris. Die Reformierten hatten deshalb ihre Gottesdienststätte – ihren »temple« – in Charenton, einige Kilometer seineaufwärts. Mitten im Dreißigjährigen Krieg wurde jedoch halb illegal, halb geduldet im Schutz der diplomatischen Immunität Gottesdienst für die Gesandten der lutherischen Mächte gehalten, die sich zu Verhandlungen in der französischen Hauptstadt aufhielten. Dies betraf zum Beispiel die skandinavischen Königreiche Dänemark und Schweden und deutsche Staaten wie das pfälzische Kurfürstentum, die Herzogtümer Württemberg, Holstein und Mecklenburg und eine Reihe von freien Reichsstädten. Im Jahre 1626 wurde dieser Gottesdienst zum ersten Mal öffentlich gemacht. Die dort miteinander betenden Adeligen luden alle lutherischen Christen der Hauptstadt ein, gemeinsam Gottesdienst und Abendmahl zu feiern. Von diesem Datum an kann man von einer lutherischen Gemeinde deutscher Sprache in Paris sprechen, denn – obwohl es die Gesandtschaft der Schweden war, die die Gläubigen aufnahm – war doch der größte Teil der Gemein-

---

1 J. Driancourt-Girod: Les Luthériens à Paris du début du XVIIe siècle au début du XIXe siècle, 1626–1809. Thèse d'Etat Paris-VI-Sorbonne 1990. Die Autorin hat ihre Ergebnisse in zwei Büchern veröffentlicht: J. D.-G.: L'insolite histoire des luthériens de Paris. De Louis XIII à Napoléon, Paris 1992 und: J. D.-G.: Ainsi priaient les luthériens de Paris. La vie religieuse, la pratique et la foi des luthériens de Paris au XVIIe et XVIIIe siècles, Paris 1992. Bis 1809 fußt dieses Kapitel auf diesen beiden Werken.
2 Die Periodisierung bis 1809 folgt derjenigen von J. Driancourt-Girod.

5 Jonas Hambraeus, schwedischer Pastor in Paris im 17. Jahrhundert

deglieder deutschsprachig und die Geistlichen wurden auch nach ihren Sprachfähigkeiten ausgewählt.

Der erste Pfarrer war Jonas Hambraeus, Professor für orientalische Sprachen am Collège de France und Hofprediger Gustav-Adolfs, der zunächst auf Anfrage hin, dann regelmäßig Gottesdienst hielt. Gemeindeglieder waren junge Adelige auf Kavalierstour (später berühmt gewordene Namen wie von Bismarck oder von der Schulenburg findet man darunter), außerdem Studenten und Söhne von Bankiers oder Großkaufleuten, die zur Ausbildung kamen dank der Verbindungen ihrer Eltern (auch hier bekannte Namen wie Fugger und Welser). Es kamen Gelehrte, Architekten, Musiker, Maler und Bildhauer aus Schweden und den deutschen Staaten. Die Namen wechselten schnell, denn diese Gemeindeglieder blieben einige Tage, Wochen oder Monate, aber selten für immer.

Die Zeit der kleinen Leute (1679–1711)

Nach 1640 tauchte eine ganz andere Gruppe von Ausländern auf: Auswanderer, die aus wirtschaftlicher Not aus ihrem vom Dreißigjährigen Krieg verwüsteten Land nach Paris kamen, um hier einen besseren Lebensunterhalt zu finden. So wurden die Schweden und die Aristokraten zurückgedrängt, und die Gesandtschaftskapelle wurde der Treffpunkt der neu eintreffenden Deutschen, die Rat und Hilfe nötig hatten und die gekommen waren, um zu bleiben. Erst jetzt wurde der Aufbau einer eigentlichen Kirchengemeinde nötig, deren Aufgaben über Gottesdienste und Amtshandlungen hinausgingen. So bekam die Gemeinde im Jahre 1679 einen offiziellen Status, der ihr ein eigenes Recht als Gemeinde der schwedischen Gesandtschaft verschaffte.

Von da an bestimmte das schriftliche Statut der Gemeinde, welche Rechte und Pflichten die Gemeindeglieder hatten und welche Einrichtungen ihnen zur Verfügung standen. Denn damals mußte die Kirchengemeinde drei soziale Probleme zu lösen versuchen, die heute Sache des Staates sind.

Sie mußte erstens die Armen unterhalten: dafür wurde die Armenkasse geschaffen samt den Regeln, wie sie zu verwalten sei. Aus den Abrechnungen dieser Armenkasse, die von den Lutheranern der Hauptstadt in Anspruch genommen wurde, kann man heute den oben erwähnten sozialen Wandel bei den Gemeindegliedern erschließen. Sie mußte zweitens für die Krankenpflege der Gemeindeglieder sorgen, denn im Ancien Régime hatte die katholische Kirche das gesamte Gesundheitswesen (wie auch die Schulen) unter sich. Oft war das erste, was man von einem Kranken verlangte, der sich ins Krankenhaus zur Behandlung begab, sein Bekenntnis zum katholischen Glauben. Ohne Bekenntnis keine Hilfe. Man kann sich unschwer vorstellen, daß es für die Lutheraner eine Horrorvorstellung war, ins Krankenhaus zu müssen. Deshalb richtete die Gemeinde Krankenzimmer ein: bei einigen Gemeindegliedern wurde in der Wohnung Raum für Betten geschaffen. Gegen Entgelt sorgten sie für die Pflege der Kranken.

Und drittens mußte die Gemeinde für die letzte Ruhestätte ihrer Toten sorgen. Es gab nur katholische Friedhöfe, die für andere Konfessionen nicht zugänglich waren. Bis zur Aufhebung des Edikts von Nantes war ein kleiner Friedhof in der Rue des Saints-Pères im heutigen 5. Arrondissement für Protestanten offen. Dieser wurde 1685 geschlossen, innerhalb der Stadt Paris gab es somit keine legale Möglichkeit mehr, einen protestantischen Toten zu beerdigen. Das Sterberegister der Kirche gibt als Friedhof »befreundete Gärten« an – nachts, heimlich, wurden die Toten dort begraben. Oder man mußte eine nächtliche Expedition in die Umgebung von Paris machen und dort draußen den Toten beerdigen.

Mit der Aufhebung des Edikts von Nantes 1685 änderte sich nicht viel für die Gemeinde. Das Verbot der Ausübung der protestantischen Religion betraf sie nicht, denn sie war durch diplomatische Immunität geschützt. Mit ihren geringen Mitteln versuchte sie, den verfolgten reformierten Glaubensbrüdern zu helfen. Man betreute z.B. einen Kranken, der aus dem Krankenhaus entlassen worden war, als man seine

33

Konfession entdeckte, oder man unterstützte die Frau und die Kinder eines wegen seines Bekenntnisses Inhaftierten.

Aber die Mittel reichten nicht weit: die Gemeinde war arm und klein und außerdem von den Botschaftsinteressen der Schweden abhängig. So blieb mehrmals der Posten des Pfarrers vakant, weil der schwedische Botschafter keinen Seelsorger mitgebracht hatte oder weil die diplomatischen Beziehungen (z.B. nach 1685) sehr gespannt waren. Fünfzehn verschiedene Pfarrer hat die Gemeinde in 32 Jahren gehabt.[3] Das Provisorium hörte nicht auf, bis endlich 1711 der Gesandte Cronström in einem persönlichen Gesuch an den schwedischen König die Initiative ergriff, um den Status der Gemeinde vollständig neu zu regeln.

Von den kleinen Leuten zu den Kunsthandwerkern (1711–1742)

Im Jahre 1711 erhielt die Gemeinde durch königliches Dekret eine neue Stellung, die ihr mehr Unabhängigkeit von der wechselnden Person des schwedischen Botschafters erlaubte. Bisher hatte der persönliche Seelsorger des schwedischen Gesandten gleichzeitig als Gemeindepfarrer gewirkt. Zu diesem Zeitpunkt wurde der Posten des »Pfarrers der schwedischen Gesandtschaftsgemeinde« geschaffen. Er war vom schwedischen König persönlich ernannt und bezahlt und als Glied der schwedischen Kirche anerkannt. Damit wurde der Weg frei für Pfarrer, die ihr volles berufliches Engagement dieser Gemeinde widmen konnten. So haben im 18. Jahrhundert drei außerordentliche Pfarrerpersönlichkeiten jeweils jahrzehntelang in Paris das Amt versehen: Daniel Mettenius (1711–1742), Friedrich Carl Baer (1742–1784) und Christian Carl Gambs (1784–1806).

Während der Amtszeit von Daniel Mettenius, einem Deutschen aus Zweibrücken, änderte sich wiederum die soziale Zusammensetzung der Gemeinde. Bereits ab 1685 zeigte sich eine paradoxe Folge der Hugenottenauswanderung: um die Vertriebenen zu ersetzen und den Mangel an spezialisierten Handwerkern in Frankreich zu beheben, wurden ausländische, vor allem deutsche Handwerker regelrecht angeworben. Diese Neuankömmlinge waren zu einem großen Teil Lutheraner. Eine weitere Welle deutscher Handwerker kam nach dem Tod Ludwigs XIV. (1715). Der Adel war von seiner Anwesenheitspflicht am Hof von Versailles befreit und begann, sich seine eigenen Stadtpalais in Paris einzurichten. Ein Markt für spezialisierte Handwerker entstand: für Schreiner, Drechsler, Maler, Tapezierer, Teppichmacher, die die Palais ausstatteten, für Köche, Dienstmädchen, Diener, Kutscher, die das gesellschaftliche Leben ermöglichten, für Schneider, Perückenmacher, Modisten, Hutmacher, die die Bedürfnisse nach prächtigen Garderoben mit kostbaren Accessoires befriedigten, für Kutschenbauer und Sesselmacher, die Kutschen und Wagen der Aristokraten anfertigen sollten. Daneben steigerte sich mit den gehobenen Bedürfnissen die Nachfrage nach Musikern, Druckern und Verlegern, sowie nach Übersetzern deutscher Literatur.

---

3 Eine Liste der Namen liefert J. Driancourt-Girod: L'insolite histoire in den »Annexes«. An der häufig wechselnden Adresse sieht man auch, daß die Gemeinde insgesamt 18mal umziehen mußte: immer zusammen mit der Botschaftsresidenz.

Dennoch war es nicht einfach für einen Neuankömmling, sich in Paris eine Existenz zu schaffen. Die Handwerkerzünfte waren geschlossen, es kostete viel Geld, sich einzukaufen (einfacher war es, eine Witwe samt Geschäft zu heiraten). Nach durchschnittlich zehn Jahren harter Arbeit war ein Handwerker etabliert und konnte daran denken, eine Familie zu gründen. Dies spiegelt sich in den Registern der Kirchengemeinde wider: nach 10 Jahren die Trauungen, dann in rascher Folge die Taufen, in angemessenem Abstand die Hochzeiten der zweiten Generation.

Nicht allen, wahrscheinlich nicht einmal der Mehrzahl der deutschen Handwerker gelang die Integration. Viele blieben ihr Leben lang arm und ledig, abhängig von Meistern und Außenseiter der Gesellschaft. Die Kirchengemeinde war ihr Halt und ihre Zuflucht.

Das Goldene Zeitalter (1742–1784)

Unter Friedrich Carl Baer wurde die Integration der Gemeindeglieder als Bürger in die französische Gesellschaft des Ancien Régime weiter verstärkt. Schon seine Person verkörperte dies durch Herkommen und Lebensstil: er war Elsässer, perfekt zweisprachig und hatte Zugang zu den literarischen Salons der Aufklärer. Hochgebildet, als Theologe und Historiker anerkannt, mit einer Adeligen verheiratet, mit besten Verbindungen zum Hof Ludwigs XV., wurde er selbst 1772 geadelt. Als »Charles de Baer« unterzeichnete er später die Amtsurkunden. Ein weiteres Zeichen der Assimilierung der Deutschstämmigen: ab 1743 wurde ein monatlicher Gottesdienst in französischer Sprache eingeführt.

Pfarrer de Baer konnte – dank des Klimas größerer Toleranz, das sich gegen Ende des Jahrhundert ausbreitete – das Problem der Krankenversorgung und das des Friedhofs lösen. Ein kleines lutherisches Krankenhaus stand ab 1743 den Gemeindegliedern zur Verfügung, eigentlich illegal, aber offenbar toleriert. Und ab 1747 hatte die Gemeinde Zugang zu dem »Protestantischen Fremdenfriedhof« an der Porte Saint Martin, der von Ludwig XV. 1724 zugestanden worden war.

Die deutsche Gemeinde in der dänischen Gesandtschaftskapelle (ab 1747)

Ab 1747 gibt es Zeugnisse dafür, daß sich auch in der dänischen Gesandtschaftskapelle Gemeindeglieder zum Gottesdienst versammelten, die nicht zur Botschaft gehörten. Eine kleine Gemeinde entwickelte sich parallel zur großen schwedischen Schwester.

Die soziale Zusammensetzung dieser Gemeinde unterschied sich erheblich von der schwedischen, so daß sich bis zur Französischen Revolution eine Arbeitsteilung ergab. Neben dänischen und anderen skandinavischen Studenten sammelten sich in der dänischen Kapelle die Angehörigen der einfachen, schlechtbezahlten und gering angesehenen Handwerke: das Dienstpersonal der deutschsprachigen Gesandtschaften, Gärtner, Friseure, Dienstboten, Köche sowie die Schmiede, Metzger, Kutscher, Schreiner usw. Diese Gemeinde blieb rein deutschsprachig und in sich geschlossen, ohne den Ehrgeiz oder die Möglichkeit, sich sozial zu integrieren. Diejenigen, die aufsteigen wollten und konnten, gingen zur schwedischen Gemeinde, wo man eine größer werdende Schicht von Notablen zählte.

So war der erste Pfarrer von 1747–1784 ein Deutscher: Matthias Schreiber, der allerdings auch dänisch und französisch sprach, aber seine Gottesdienste und Amtshandlungen immer auf deutsch hielt.

Die beiden lutherischen Gemeinden in der Französischen Revolution (1784–1806)

Christian Carl Gambs,[4] der letzte Pfarrer der schwedischen Gesandtschaftsgemeinde, war wie sein Vorgänger Elsässer und erbte von ihm eine nicht reiche, aber doch wohlhabende Gemeinde mit angesehenen Bürgern, die in der Adelsgesellschaft des ausgehenden Ancien Régime gut ihren Lebensunterhalt verdienen konnten.

In der dänischen Gesandtschaftskapelle wurde nach dem Tod Schreibers 1784 und einer Interimszeit unter einem unfähigen und uninteressierten Nachfolger 1789 der Däne Christian Georg Wilhelm Göricke ernannt, unter dem die Gemeinde bis 1810 lebte. Weiterhin war die dänische Kapelle ein Zufluchtsort für die Deutschen, vor allem für die zahlreich neuankommenden armen Leute.

Das unterschiedliche Schicksal der beiden Gemeinden während der Französischen Revolution hing deutlich von dem unterschiedlichen Grad ihrer Integration in französische Angelegenheiten ab. Die dänische Kapelle überstand als geschlossene Gruppe unbeachtet und fast ohne Verluste die Jahre der Dechristiansierung – von den Revolutionären vergessen.

Die schwedische Gemeinde dagegen war voll in die politischen Ereignisse verwickelt – auf beiden Seiten. Der schwedische König Gustav III. und sein Botschafter de Stael kämpften von Beginn an gegen die Revolution. Gemeindeglieder bezogen als französische Bürger für die Revolution Stellung.

Man findet Namen von Gemeindegliedern bei den Arbeiteraufständen im Faubourg Saint-Antoine im Frühjahr 1789,[5] bei der Erstürmung der Bastille am 14. Juli 1789, bei der Nationalgarde ab 1791. Der Fabrikant der Guillotine, Jean Tobias Schmidt – reich geworden bei steigender Nachfrage – war Gemeindeglied bei »den Schweden«.

Für alle Gemeindeglieder änderte sich 1789 mit der Erklärung der Menschenrechte der rechtliche Status: alle bisherigen administrativen Vorschriften, die Ausländer behinderten, wenn sie sich beruflich niederlassen oder über Konfessionsschranken hinweg heiraten wollten,[6] wurden aufgehoben. Ausländer konnten sich vom April 1790 an nach fünfjährigem Aufenthalt einbürgern lassen und erhielten das volle Bürgerrecht. Viele Gemeindeglieder nahmen diese Vorteile sofort in Anspruch, wie die Trauregister der Jahre 1789, 1790, 1791 zeigen.

---

4 Gambs war der Großvater von Emil Frommel, dem Theologen und Volksschriftsteller, der 1872 in Berlin Hofprediger wurde.
5 Es gab also nicht nur Wohlhabende in der schwedischen Gemeinde, sondern auch arme Arbeiter.
6 Vorher waren bei konfessionell gemischten Ehen königliche Ausnahmegenehmigungen nötig.

Eine wirkliche Gefährdung der Gemeinde entstand durch Gambs enge Verbindung – teils beruflich, teils persönlich bedingt – mit dem schwedischen Botschafter de Stael von Holstein und seiner Frau Germaine, der Tochter des früheren französischen Finanzministers Necker. König Gustav III. und der Graf Axel Fersen bildeten das Zentrum der Intrigen, die dem französischen Königspaar zur Flucht verhelfen wollten. So galt die schwedische Botschaft bis Februar 1792, als die diplomatischen Beziehungen abgebrochen wurden, den Revolutionären zu Recht als Hort der aristokratischen Gegner der Revolution, was auch den Pfarrer verdächtig machte.

Trotzdem überstand Christian Gambs mit seiner kleiner werdenden Gemeinde die Zeit des Terrors bis 1794 mit einem einzigen Zugeständnis, nämlich dem, den Sonntagsgottesdienst auf den Rhythmus des »Dekadi« zu verlegen, d.h. ihn alle zehn Tage zu feiern. Pfarrer Göricke paßte sich noch nicht einmal in diesem Detail an: seine kleine Gemeinde blieb unbehelligt.

Zur Zeit des Direktoriums kehrten die alten Gemeindeglieder wieder zurück und neue, bürgerliche kamen hinzu: die Jahre 1795–1800 waren schließlich die Zeit des »Bourgeois«. Man grenzte sich gegen die Unterschicht ab.

Von der Fremdengemeinde zur französische Staatskirche (1800–1809)

Im Jahre 1806 wurde Pfarrer Gambs von Napoleon ausgewiesen, da der schwedische König der Koalition gegen Frankreich beigetreten war. Zu diesem Zeitpunkt erreichten die Notabeln der Gemeinde – unter anderen Bankiers und Generäle Napoleons – das offizielle Kaiserliche Dekret, wodurch die beiden lutherischen, deutschsprachigen Gemeinden zur »Église de la Confession d'Augsbourg de Paris« wurden. Napoleon überließ ihr die aufgelassene Klosterkirche Les Billettes, die heute noch den einzigen historischen Kreuzgang in Paris besitzt. Sie liegt in der Rue des Archives im Marais, das damals ein übel beleumundetes, von engen Straßen durchzogenes Stadtviertel war.

In einer feierlichen, mit allen Insignien des bürgerlichen Selbstbewußtseins geschmückten Einweihungszeremonie am 27. November 1809 bestätigten die Lutheraner ihren Willen, sich als honette Bürger und zuverlässige Stützen des napoleonischen Kaiserreichs in die französische Gesellschaft vollständig zu integrieren.

»Paris – die dritte deutsche Großstadt«.
Deutschsprachige Seelsorge in Paris (1809–1870)

Der neue Status: Die lutherische Staatskirche

Der rechtliche Status der neugeschaffenen Französischen Kirche Augsburger Konfession war in den Articles Organiques niedergelegt. Die Pariser Lutheraner konnten nachweisen, daß mehr als 6000 Lutheraner in der Stadt wohnten, und somit für sich eine Konsistorialkirche fordern. Sie gehörte mit sechs weiteren Konsistorialkirchen im Elsaß zur Inspection »Temple neuf«, verwaltet vom Directoire de l'Inspection Générale in Straßburg. Hier war außerdem nicht nur die zentrale Verwaltung, sondern auch die intellektuelle Führung angesiedelt: die theologische Fakultät.

In der Kirche Les Billettes wurde neben dem französischen weiterhin deutscher Gottesdienst gehalten, einmal pro Monat zunächst, aber bereits ab 1821 jeden Sonntag nachmittag – ein Zeichen, daß der Anteil der deutschsprachigen Gemeindeglieder zunahm.[1] Es wäre sicher interessant, zu verfolgen, wie sich das soziale Gefüge zwischen armen Deutschen – das dänische Erbe – und reichen Franzosen – das schwedische Erbe – weiterentwickelt hat. Eine allgemeine Aufstellung der Gemeindeglieder von 1840 zeigt im wesentlichen kleinbürgerliche Handwerksberufe, am anderen Ende der sozialen Skala den lutherischen Adel aus ganz Europa, wobei nicht nach Sprachen oder Staatsangehörigkeiten unterschieden wird.[2]

Auf ihre Etablierung als Staatskirche folgte für die französischen Lutheraner ihre glanzvollste Epoche: das Zeitalter des Bürgerkönigs ab 1830. Das distanzierte Verhältnis Louis Philippes zur katholischen Kirche und seine religiöse Toleranz waren förderlich für die Protestanten, sie konnten sogar die Schwiegertochter des Königs, die Prinzessin Helene von Mecklenburg-Schwerin in ihre Gemeinde aufnehmen. In einer doppelten Zeremonie, von lutherischer Seite von Pastor Rodolphe Cuvier, Präsident des Konsistoriums in Paris, vollzogen, heiratete sie 1837 in Fontainebleau den Thronfolger, den Herzog von Orléans. Die Prinzessin nahm regelmäßig am Gottesdienst in der Billetteskirche teil und zog damit die Aufmerksamkeit der mondänen Pariser Gesellschaft auf die kleine Gemeinde. Die königliche Gemeindemitgliedschaft gab den Lutheranern im ganzen Land Auftrieb. Ihre Zahl stieg in Paris von 10 000 (1815) um die Hälfte auf 15 000 (1848), in ganz Frankreich um ein knappes Viertel: von 219 980 (1815) auf 267 530 (1840).[3] So konnten die Lutheraner eine zweite Kirche vom Staat verlangen: im Jahre 1843 wurde die Kirche La Rédemption in der

---

1 A. Joly: L'église de la confession d'Augsbourg à Paris 1815–1848, Straßburg 1990, S. 32. Dieses ist die einzige Arbeit, die den Zeitraum 1815 bis 1848 der Geschichte der Lutherischen Kirche Paris behandelt. Die Kapitelüberschrift nimmt eine gängige Redensart des vorigen Jahrhunderts auf.
2 A. Joly: L'église, S. 26–30.
3 A. Joly: L'église, S. 21.

6./7. Les Billettes, die älteste lutherische Kirche von Paris, Fassade und spätmittelalterlicher Kreuzgang

Rue Chauchat eingeweiht. Sie war ein ehemaliges Zollgebäude und bot der königlichen Hoheit einen repräsentativen Rahmen in einem besseren Viertel.

Das goldene Zeitalter dauerte indes nur 18 Jahre: 1842 verunglückte der Herzog von Orléans tödlich – eine Thronfolge der lutherischen Prinzessin, bzw. ihrer Kinder, war damit ausgeschlossen. In der Revolution 1848 wurde dann der Bürgerkönig abgesetzt und die zweite Republik ausgerufen. Mitte des 19. Jahrhunderts war also die lutherische Kirche in Frankreich etabliert, ihre Gemeindeglieder waren anerkannte, wohlhabende Bürger. Da entstanden völlig neue Bedingungen für kirchliche Arbeit in Paris: deutsche Arbeiter siedelten sich in der Stadt an.

Die Deutschen in Paris während des 19. Jahrhunderts

In der ersten Hälfte des 19. Jahrhunderts wurde Paris regelrecht zur Einwandererstadt für die Deutschen. Und nicht nur diese strömten in Massen nach Paris: zwischen 1801 und 1851 verdoppelte sich die Einwohnerschaft, von 547 756 auf über eine Million Personen. Jährlich kamen ca. 25 000 Neubürger hinzu.[4]

Im wesentlichen waren dies Franzosen aus der Provinz, die – ähnlich wie heute in den Ländern der Dritten Welt – ihre Dörfer verließen, um in der großen Stadt das

---

4 Über die Stadtentwicklung von Paris siehe B. Marchand: Paris, histoire d'une ville, Paris 1993. Über die Bevölkerungsentwicklung bis 1850 berichtet das 1. Kapitel, S. 9–68. Leider unterscheidet Marchand nicht ausländische und französische Migration, sondern gibt nur globale Zahlen.

Glück oder auch nur ein Auskommen zu suchen. Während das übrige Frankreich sich entvölkerte und die Bevölkerungszahl insgesamt stagnierte, explodierte die Hauptstadt.

Am bekanntesten unter den deutschen Einwanderern, wenn auch zahlenmäßig unerheblich, sind Intellektuelle wie Heinrich Heine, Ludwig Börne und Karl Marx geworden. Sie verließen aus politischen Gründen Deutschland, angezogen von der liberalen Weltstadt. Im Deutschland der Restaurationszeit herrschte Zensur, regierungskritische politische Meinungsäußerungen waren verboten. Zahlreicher waren die wandernden Handwerksburschen, die schon immer auf ihren traditionellen Wanderungen gerne in Paris Station gemacht hatten: Schneider, Schuster, Schreiner, Instrumentenmacher usw.

Aber über diese beiden Gruppen hinaus gab es eine wahre Einwandererwelle von besitzlosen Landarbeitern, vor allem aus oberhessischen Dörfern: sie kamen mit Kind und Kegel, um zu bleiben oder in der Hoffnung, eines Tages so viel erspart zu haben, um nach Hause zurückzukehren. In ihren Heimatdörfern fanden sie kein Auskommen mehr: die Bevölkerung vermehrte sich so rasch, daß sie in der noch wenig entwickelten Industrie nicht genügend Arbeitsstellen finden konnte. Durch Realteilung wurde der väterliche Besitz so reduziert, daß die Kinder nicht mehr als Bauern leben konnten. So wanderte man aus, viele nach Amerika, viele nach Paris. Hier übernahmen die Hessen die Straßenreinigung: sie gingen als Lumpensammler nachts durch die Straßen, um aus dem herumliegenden Kehricht noch Brauchbares herauszusammeln, oder sie wurden Straßenkehrer. Männer, Frauen und Kinder arbeiteten in mehreren Schichten von früh morgens bis weit in den Tag hinein.[5] Andere Deutsche arbeiteten in den Steinbrüchen, bei der Konstruktion von Eisenbahnlinien, beim Bau von Befestigungsanlagen oder bereits in Fabriken.

Nach offiziellen Zählungen stieg die Zahl von 6700 Deutschen im Jahr 1831 auf 62 500 im Jahr 1848. Dann gab es einen Einbruch: die Revolution zog viele wieder nach Deutschland: 1851 waren nur noch 13 584 in Paris.[6] Bis zum Krieg 1870/71 sollen annähernd 80 000 Deutsche fest in Paris ansässig gewesen sein. Die Reisenden, die ein paar Wochen oder Monate lang Station machten, sind dabei nicht berücksichtigt, die Schätzungen rechnen mit Hunderttausenden im Laufe der Jahre.

Die Stadt Paris, in der diese Deutschen eintrafen, hatte bis zu den großen Straßendurchbrüchen durch den Seinepräfekten Haussmann von 1855 an im wesentlichen ihren mittelalterlichen Charakter bewahrt. Enge, verwinkelte, ungepflasterte Gäßchen vielfach ohne Straßenbeleuchtung, ohne Kanalisation und Bürgersteige, überbelegte Wohnungen ohne die primitivsten hygienischen Einrichtungen nach heutigen Begriffen, ständig verstopfte Straßen (das Pariser Verkehrschaos hat Tradition!), weil jeder Lebensmittelhändler seine Ware aus dem Stadtmittelpunkt, aus den »Hallen« selber herbeischaffen mußte. In regelmäßigen Abständen brachen hier Epidemien aus wie die Cholera (1832, 1849, 1854) oder die Pocken (1825), die ihre Opfer vornehmlich in den übervölkerten Quartieren der armen Leute, den Faubourgs Saint-Jacques, Saint-Marcel und Saint-Antoine, Hotel de Ville und Cité fanden.[7] Der Pauperismus, das

---

5 Mehr über die Hessen unten S. 47 und im Aufsatz über die Frauen in der Gemeinde S. 317–351.
6 Über die Einwanderung und deren Gruppen siehe J. Grandjonc: Die deutschen Emigranten in Paris, in Heine-Studien 1972, S. 166–168.
7 Anschauliche Schilderungen aus zeitgenössischen Berichten in B. Marchand: Paris, S. 22–33.

neue städtische Elend der Arbeiterbevölkerung, entstand. Auch die arbeitssuchenden Deutschen siedelten sich in diesen volkreichen Stadtvierteln an.

Als eine Antwort auf die Misere erschienen Dutzende deutscher Zeitungen und Zeitschriften der politischen Emigranten – der »Vorwärts!« von Marx zum Beispiel – und zahlreiche politische Vereine wurden gegründet.[8] Die sozialistische Arbeiterbewegung entstand: aus Organisationen wie dem »Bund der Gerechten« entwickelte sich die sozialistische Partei. Der »Vorwärts!« veröffentlichte am 3. Februar 1844 auf der Titelseite einen Aufruf an alle Deutschen in Paris: »zur Bildung eines Hülfs- u. Unterstützungsvereins für nothleidende Deutsche in Paris«.[9] Der Deutsche Hilfsverein bestand bis 1914 und wurde 1928 – auch mit Hilfe des deutschen evangelischen Pfarrers der Christuskirche – wieder neu belebt. Das heutige Deutsche Sozialwerk wurde nach dem Zweiten Weltkrieg sein Nachfolger. Unter den ersten zahlenden Mitgliedern findet man die Namen von Heinrich Heine und Karl Marx.

Wie hätte sich nun die französisch-lutherische Kirche um die evangelischen Deutschen in Paris kümmern können? Mit den traditionellen Mitteln: Gottesdienst, individuelle Unterstützung für die Armen, Krankenversorgung in Einzelfällen, hätte man einige wenige Familien erreicht – verschwindend wenige im Vergleich zu den Zehntausenden von Deutschen in den Elendsquartieren. Man brauchte neue, wirksamere Formen der Seelsorge und Armenhilfe, die den geänderten Lebensverhältnissen angemessen waren. Die Erweckungsbewegung war der Boden, auf dem sie sich entwickeln konnten.

Die Erweckungsbewegung

Zu Anfang des 19. Jahrhunderts entstanden in Europa die Erweckungsbewegungen. Gegen die rationalistische Theologie der Aufklärung formierte sich Widerstand aus der Erneuerung des Pietismus, einer persönlichen gefühlsmäßigen Glaubensausübung. Die Vertreter der Erweckungsbewegung standen der institutionalisierten Kirche mißtrauisch gegenüber und entwickelten eigene Bereiche der freien christlichen Liebestätigkeit: Waisen- und Krankenhäuser, Jünglingsvereine, Armenanstalten und Schulen. Berühmt sind das Rauhe Haus von Johann Hinrich Wichern in Hamburg (1833) und die Krankenanstalten (1865) in Bethel geworden, die später Friedrich von Bodelschwingh zur Blüte führte. Gerade bürgerliche Frauen, denen vorher berufliche Aktivitäten versperrt gewesen waren, bekamen ein weites Betätigungsfeld, wie es Theodor Fliedner mit der Gründung der Diakonissenhäuser vorschwebte. So entstand parallel zu der verfaßten Kirche ein Bereich sozialer Arbeit als christliche Antwort auf die sozialen Probleme der beginnenden Industrialisierung.

Dabei sah man zwar durchaus das Problem als Ergebnis der wirtschaftlich-strukturellen Umwälzung der Zeit, wie aus den Schriften Wicherns hervorgeht. Für ihn waren die gesellschaftlichen Bedingungen Ursache für die individuelle Misere. Um

---

8 Einen Überblick findet man im Katalog der Ausstellung: Emigrés français en Allemagne – Emigrés allemands en France, 1685–1945, herausgegeben vom Goethe-Institut, Paris 1983, S. 82–115.
9 Faksimile im Katalog der Ausstellung, S. 103.

Abhilfe zu schaffen, setzte man aber doch bei dem Einzelnen an, dessen Lebenslos man verbessern wollte. Das System als Ganzes wurde nicht in Frage gestellt. Die soziale Frage wurde nicht als Arbeiterfrage gesehen, man wollte Einzelnen helfen, nicht Gruppen gerechtere Lebensbedingungen schaffen.

In diesem Sinne kann man verstehen, daß sich die Innere Mission mit Vorliebe um die Behinderten, die chronisch Kranken und verwaiste und verwahrloste Kinder kümmerte, Menschen, die nicht die Kraft zur Selbsthilfe im Sinne eines Kampfes um gerechtere Lebensbedingungen hatten wie die Industriearbeiter. Dementsprechend blieb die kirchliche Antwort paternalistisch-individuell und erreichte trotz großer Anstrengungen nur einen Teil der Armen. So kam es zur Abwendung der Arbeiter von der Kirche und zur Hinwendung zu sozialistischen Vorstellungen.[10]

Die neue Sozialarbeit wurde innerhalb der lutherischen Kirche von zwei französischen, stark von der Erweckung beeinflußten Pfarrern ins Werk gesetzt: von Louis Meyer (1809–1867) aus Montbéliard und Louis Vallette (1800–1872) aus Savoyen. Vallette hatte, bevor er nach Paris kam, bereits Erfahrungen als Prediger in der preußischen Gesandtschaftskapelle in Neapel sammeln können. Beide arbeiteten als Pastoren an der Billetteskirche und bekleideten später nacheinander das Amt des Konsistorialpräsidenten.

Louis Meyer war vom lutherischen Konsistorium, also von der Staatskirche, angestellt und betrieb seine Arbeit gleichzeitig über freie Vereine, die von Spenden finanziert wurden. 1845 wurde das Pariser Stadtgebiet in fünf Pfarrbezirke eingeteilt. Meyer begann seine Arbeit als Pfarrer des Quartier Saint-Marcel: die Gegend südöstlich des heutigen Pantheon, eines der oben skizzierten dicht bebauten und unhygienischen Armeleuteviertel. Hier wohnten auch viele Deutsche: aus Hessen, Preußen und der Pfalz,[11] als Straßenkehrer, Lumpensammler oder Gelegenheitsarbeiter tätig.

So drängte sich Meyer die Notwendigkeit auf, vor allem sozial zu helfen. Ausgangspunkt war für ihn die Erziehung der Kinder: so wurden gleichzeitig mit einem Gottesdienstraum Schulklassen für die Kinder des Quartiers eingerichtet.

Die von der lutherischen Kirche unterhaltenen Schulen stellten im 19. Jahrhundert überhaupt einen großen Teil ihrer Aktivität in Paris dar: 4000 Kinder gingen in zehn Jungen-, elf Mädchenschulen und 13 Kindergärten, die Stadt Paris subventionierte diese Arbeit mit bis zu 30 000 FF pro Jahr.[12]

In Saint-Marcel entwickelte sich in den nächsten Jahren ein regelrechtes Sozialzentrum, das »Oeuvre évangélique«[13]: Schulen, ein Waisenhaus, Lehrlingsausbildungsstätten und eine Kapelle wurden ab 1854 in der Rue Neuve-Sainte-Geneviève (heute: Rue Tournebout) gebaut. Auch an die Deutschen dachte man. Die Kinder erhielten spezielle Schulklassen (1867 ist von 150 deutschen Schülern die Rede), und für die Erwachsenen richtete man deutschsprachige Gottesdienste zweimal pro Woche ein.

---

10 Zur Haltung des Protestantismus zur »sozialen Frage« siehe Th. Nipperdey: Deutsche Geschichte 1800–1866, München 1983, S. 425–427 und Th. N.: 1866–1918, Band 1, München ²1991, S. 495–504.
11 Angabe für 1853 in Louis Meyer: Oeuvres évangéliques de St. Marcel, Paris 1853.
12 A. Weber: Un centenaire, S. 58.
13 Dazu siehe die jährlichen Rapports sur les Oeuvres évangéliques de Saint-Marcel 1850–1876 (Paris) und Louis Meyer: Oeuvres évangéliques de Saint-Marcel, Paris 1853.

Die Deutsche Mission[14]

In den »Oeuvres de Saint-Marcel« war die Arbeit für die Deutschen nur ein Nebenaspekt; daß man für die zahlreichen Deutschen in anderen Stadtvierteln von kirchlicher Seite noch in besonderer Weise sorgen mußte, ist Pfarrer Meyer wohl bald nach seiner Ankunft in Paris klargeworden. 1840 gründete er mit Vallette und dem Ministerpresident Rumpff, der als Gesandter die deutschen freien Städte vertrat, die »Evangelische Mission unter den Deutschen in Paris«, kurz »Deutsche Mission« genannt. Sie war ursprünglich dazu bestimmt, für die jungen deutschen Handwerksburschen, die nach Paris zogen, um Arbeit zu finden, Gottesdienste und einen Versammlungsort bereitzustellen.[15] Bald weitete sich die Arbeit auf die Arbeiterbevölkerung insgesamt aus.

Der erste deutsche Mitarbeiter, der Pionierarbeit leistete und zunächst vom Verein, ab 1845 vom Konsistorium als deutscher Hilfspfarrer der Billetteskirche angestellt wurde, war Erdmann Beyer von 1840–1850.[16] Seine Aufgabe war es, in Stadtvierteln, die bisher kirchlich nicht erschlossen waren, Sammlungspunkte zu schaffen, die Menschen anzuziehen, und sich dabei nach dem, was sie in ihrer Lebenssituation brauchten, zu richten. So gründete er 1844 den »Deutschen Jünglingsverein« – einen Verein für junge Männer, der bis 1914 im Rahmen der Christuskirche bestand.[17] In gewissem Sinne kann man ihn als Konkurrenzgründung zu den zur gleichen Zeit entstehenden sozialistischen Vereinen verstehen, in denen sich junge Handwerker trafen. Aus kleinen Anfängen wuchsen Gruppen, die als Gemeinden vom französisch-lutherischen Konsistorium übernommen, mit einem Pfarrer versehen und finanziert, also institutionalisiert wurden.[18]

Neben diesen Missionsposten gab es weiterhin und in sogar steigendem Maße deutschsprachige Gottesdienste in den lutherischen Hauptkirchen. In der Kirche Rédemption wurde zum Beispiel 1860 ein deutscher Abendgottesdienst eingerichtet. Dieser wird als einziger in unserem Zusammenhang erwähnt, weil aus der Sicht von Friedrich Bansa hier der Ursprung der Zentrumsgemeinde, d.h. der Christuskirche

---

14 Informationen über die Arbeit der Deutschen Mission sind im Prinzip aus deren Jahresberichten zu ersehen. Diese sind aber nur in einigen Exemplaren für die Arbeit an dieser Festschrift zugänglich gewesen, so daß der größte Teil der in diesem Abschnitt verarbeiteten Daten aus früheren Darstellungen zum Thema, insbesondere aus verschiedenen früheren Festschriften, entnommen ist. Selbst die »Berichte der Mission« aber sind bereits gedrucktes, sekundäres Material; die Akten, d.h. Schriftwechsel, Verträge, Protokolle etc. haben sich bisher weder in französischen, noch in deutschen Kirchenarchiven angefunden. Gelegentlich taucht die Mission – für Geldüberweisungen oder Entscheidungen – in den Protokollen (den procès-verbaux) des lutherischen Konsistoriums Paris auf, die von Steffen Mütterlein für diese Festschrift durchgearbeitet worden sind. Wenn in der folgenden Darstellung bis 1914 auf das Archiv des lutherischen Konsistoriums Paris verwiesen wird, ist seine Arbeit gemeint.
15 Zunächst hieß sie »Deutscher Verein«. Für die deutsche Erweckungsbewegung siehe Th. Nipperdey: Deutsche Geschichte 1800–1866, S. 425–427. Für den französischen »réveil« siehe: G. Cholvy/Y.M. Hilaire: Histoire religieuse de la France contemporaine, Paris 1985, Band 1, S. 51–54.
16 Siehe Wilfried Pabst: Die »Deutsche Mission« in Paris 1840–70, in Dokumente, 1981, S. 151–158. Im Gemeindeblatt der Christuskirche sind mehrere Folgen der Vor- und Frühgeschichte der Gemeinde erschienen, GBl Mai 1928 – Dez. 1928; GBl Okt. 1933 – Mai 1934
17 F. Bansa: Die deutsche Hügelgemeinde in Paris. 1858-1908. Ein Beitrag zur Geschichte der deutschen evangelischen Auslandsdiaspora, Berlin 1908, S. 21.
18 F. Bansa: Hügelgemeinde, S. 26.

zu finden ist.[19] 1857 – der Vollständigkeit halber sei dies hinzugefügt – wurde ein reformierter deutschsprachiger Gottesdienst in der Kirche Sainte-Marie in der Rue Saint-Antoine eingerichtet.

Diese deutschsprachigen Gottesdienste wurden von den Ortspfarrern selber gehalten, oder – wenn sie nicht genügend deutsch sprachen – verlangten sie einen Hilfspfarrer mit den erforderlichen Fähigkeiten, der vom Konsistorium angestellt wurde. So gab es zwei Kategorien von Pfarrern und Lehrern nebeneinander: von der Deutschen Mission angestellt und bezahlt oder vom Konsistorium selber.

Eine kuriose, aber sehr nützliche Vereinsgründung der protestantischen Kirchen muß noch erwähnt werden: eine »société de papiers de mariage« (Gesellschaft zum Ausstellen von Heiratspapieren). Sie versorgte Tausende deutscher Paare mit den nötigen Papieren zur Trauung, da ihnen in einigen deutschen Staaten aus sozialen Gründen das Recht auf Eheschließung verwehrt wurde. Dies konnten sie in Paris nachholen, da die Gesellschaft ihnen die behördlichen Formalitäten abnahm.[20] Pfarrer Theodor Schäfer verbrachte einen Teil seiner Arbeitszeit mit Übersetzungen in Heiratsangelegenheiten.[21]

Finanziert wurde die ganze Arbeit durch zahlreiche Spenden aus den deutschen Ländern an die lutherische Kirche, so vom Gustav-Adolf-Verein, von regierenden Fürsten, von einzelnen deutschen Kirchengemeinden, mit der festen Zweckbindung, für die Deutschen verwendet zu werden.[22]

Friedrich von Bodelschwingh: Die Gründung der Hügelkirche

Mit der Ankunft von Friedrich von Bodelschwingh in Paris begann eine neue Epoche in der kirchlichen Arbeit in Paris. Von 1858 bis 1864 arbeitete er im Auftrage der Deutschen Mission. Dieser Sohn eines alten westfälischen Adelsgeschlechts hatte sich erst in verschiedenen Studien und als Landwirtschaftseleve versucht, bevor er als 23jähriger seine Berufung zum Pfarrer erlebte und Theologie studierte.[23] Nach dem Studium in Tübingen war er in der Basler Mission tätig gewesen und stark von deren pietistischen Vorstellungen beeinflußt worden. Den Ruf nach Paris erhielt er durch Louis Meyer, der 1857 auf der Festwoche der Mission in Bremen den jungen Theologen bat, für ein halbes Jahr zu kommen. Noch vor Antritt seiner Stelle am 4. April 1858 unternahm er bereits die erste seiner später berühmt gewordenen Kollektenreisen für Paris.

Als er in Paris ankam, war die Stadt in vollem Umbau: die Nord-Süd-Achse über den Boulevard Saint-Michel und den Boulevard Sébastopol wurde am 5. April 1858

---

19 F. Bansa: Hügelgemeinde, S. 22. Die französische Darstellung von A. Weber gibt allerdings erst das Jahr 1868 als Beginn des deutschen Gottesdienstes in der Rédemptionsgemeinde an (Weber: Un centenaire, S. 124). Vielleicht erklärt sich der Unterschied dadurch, daß Bansa auch Abendgottesdienste meint, während Weber erst Sonntagvormittagsgottesdienste als »ordentliche« Gottesdienste rechnet.
20 A. Weber: Un centenaire, S. 81–82.
21 Th. Schäfer: Pariser Erinnerungen eines deutschen Pastors, Gütersloh 1897, S. 32.
22 Siehe z.B. das Protokoll der Sitzung vom 27.4.1855 oder vom 29.2.1856 (S. 258): 5000 FF vom GAV werden unter verschiedene deutsche Werke verteilt.
23 Über den Lebenslauf Friedrich von Bodelschwinghs siehe M. Gerhardt: Friedrich von Bodelschwingh, 2 Bände, Bethel bei Bielefeld 1950. Die Pariser Zeit ist im 1. Band behandelt.

8. Friedrich von Bodelschwingh, Pastor in Paris von 1858–1864

eingeweiht und damit der erste, wichtigste Abschnitt der Haussmannschen Vorstellungen realisiert. Eine der Folgen der großen Straßendurchbrüche im Zentrum war die Vertreibung der armen Bevölkerung, die die erhöhten Mieten nicht mehr zahlen konnte und an den Stadtrand ziehen mußte.[24]

Friedrich von Bodelschwingh bekam die Aufgabe, eine ähnliche Einrichtung wie die Oeuvres de Saint-Marcel im Norden der Stadt zu gründen, um dort die Deutschen zu erreichen. In dem großen Gebiet von der Place de l'Étoile bis zur Place de la Nation sollte er eine Gemeinde sammeln. Er wählte als Ausgangspunkt zwei gemietete Zimmer im 3. Stock einer Mietskaserne, dem »Château des brouillards« (Nebelschloß), auf dem Montmartre und suchte buchstäblich auf der Straße nach deutschen Kindern. Er hat selber durch seine ausführlichen Erzählungen die allerersten Anfänge seiner Arbeit zur Legende gemacht.[25]

Selbst mit heutigem Abstand bleibt es eindrucksvoll, wie er einzelne deutschsprachige Kinder von der Straße weg einlud, zum Religionsunterricht zu kommen, wie von Tag zu Tag mehr Kinder kamen, bis er nach einem Ersatz für seine zwei Zimmer suchen mußte – der Raum wurde zu klein. Bei der Suche nach einem angemessenen Ort für eine Schule merkte er auch, daß die Kinder gar nicht in der Gegend um den Montmartre wohnten, sondern aus den östlichen Vorstädten Belleville und La Villette kamen.

24 Siehe B. Marchand: Paris, S. 69–81.
25 Man kann sie in den Biographien über Bodelschwingh nachlesen: von seinem Sohn, Gustav von Bodelschwingh, und von M. Gerhardt, und in Artikeln im »Westfälischen Hausfreund« (wiederabgedruckt in F. v. Bodelschwingh: Ausgewählte Schriften, Band 1: 1859–1871, Bethel bei Bielefeld 1955.

Voller Unternehmungsgeist und Tatkraft ging Bodelschwingh nun weit über die bisherige Arbeit hinaus. Er begnügte sich nicht mit gemieteten Räumen, sondern gründete eine eigene Schule und eine Kirche für die Straßenkehrerfamilien im Viertel La Villette. Auf dem »Hügel«, in der Rue de Crimée neben dem Parc des Buttes-Chaumont, entdeckte er einen passenden Platz und begann hier – zunächst mit dem Geld der Kollektenreisen und auf eigenen Namen[26] – eine Schule und eine Kapelle zu bauen.[27]

Über die Grundsteinlegung der Hügelkirche am 18. August 1861 berichtet Friedrich Bansa anhand von zeitgenössischen Berichten:

»Innerhalb der bereits sich über die Erde erhebenden Grundmauern war ein kleiner Altar aufgerichtet, mit einer schönen Altardecke geschmückt, die eine Freundin für die neue Kapelle geschenkt; daneben war eine kleine Orgel aufgestellt, und die an einer Seite schon etwas höher aufgeführte Grundmauer diente zur Kanzel. Es mochten etwa 6–800 Personen versammelt sein, meist arme deutsche Fabrikarbeiter, Steinbrecher und Gassenkehrer. Die Kinder saßen um Altar und Orgel herum auf kleinen, aus Steinen und Brettern zugerichteten Bänken, die Erwachsenen standen im Kreise um sie herum. – Nachdem Pastor Vallette, der älteste Pfarrer der lutherischen Kirche in Paris, die Gemeinde mit dem Gnadens- und Friedensgruß des Dreieinigen Gottes begrüßt hatte, ward unter Orgelbegleitung angestimmt: ›Ein feste Burg ist unser Gott‹, und das gute deutsche Lutherlied klang kräftig und freudig in den französischen Himmel hinein. – Hierauf nahm der Pastor loci [Ortspfarrer], Missionsprediger v.B. [von Bodelschwingh], aus einem bleiernen Kästchen eine deutsche Bibel und, nachdem er angezeigt, daß diese Bibel dem Grund- und Eckstein solle eingefügt werden als das Wort Gottes, das da bleibet in Ewigkeit, las er aus derselben 1. Samuel 7, 12: ›Da nahm Samuel einen Stein und setzte ihn zwischen Mizpa und Sen und hieß ihn Eben-Ezer und sprach: bis hierher hat uns der Herr geholfen.‹ [Es folgt eine Zusammenfassung der Predigt v. Bodelschwinghs.] Nachdem nun ein Vers gesungen und der französischen Zuhörerschaft, die sich inzwischen zahlreich hinzugedrängt hatte, und die ja auch einmal teilnehmen soll an den Segnungen des lauteren Evangeliums, das nach Gottes Rat unsere armen deutschen Einwanderer helfen müssen nach Paris zu bringen, in französischer Sprache kurz wiederholt war, worum es sich handele, ward die Urkunde verlesen, die also lautete:

›Im Jahre des Heils 1861 am 18. August, am 12. Sonntage nach Trinitatis, ist im Namen des Dreieinigen Gottes dieser Grund- und Eckstein gelegt worden, auf welchem mit Seiner Hülfe und zu Seinem Preise eine Schule und Kapelle soll erbauet werden. Die Bibel, in welche diese Urkunde eingeschlossen ist, weiset uns, daß es der Wille Derer war, die diesen Grundstein legten, daß Gottes Wort unverfälscht in dieser Kirche und Schule soll geprediget und gelehrt werden, und daß die Gemeinde, die sich hier versammelt, soll erbauet werden allein auf den Grund der Apostel und der Propheten, da Jesus Christus der Eckstein ist. Daß es aber eine deutsche Lutherbibel ist, weiset uns, daß es vornehmlich deutsche Lutheraner waren, welche sich zu diesem Bau die Hände gereicht haben, und welche hier in dem fremden Lande bei dem Glauben und Bekenntnis ihrer Väter verharren wollen. Es ist eben die seit 20 Jahren im Schoße der Kirche Augsburgischer Konfession bestehende Missionsgesellschaft für die Deutschen in Paris, die diesen Bau unternimmt, deren Präsident im gegenwärtigen Augenblick Herr Pfarrer Meyer, dessen Komiteemitglieder die Pastoren Vallette, Berger, Hosemann und die Herren Kriegelstein und Wiese sind.‹ ... ›Es ist aber dieser Bau begonnen worden im dritten Jahre, nachdem der kleine Hügel, auf welchem er steht, von der evangelischen Mission zur Sammlung einer Gemeinde gemietet war. Bis dahin ward Gottesdienst und Schule in einem kleinen Bretterhause gehalten. Am 13. Dezember 1858 ward in demselben zum ersten Mal ein evangelischer Gottesdienst hier oben gehalten. Der erste Prediger, welcher von obiger Missionsgesellschaft an diese Gemeinde berufen ward, ist Friedrich von Bodelschwingh aus Tecklenburg in Westfalen, der erste Lehrer Heinrich Witt aus dem Herzogtum Holstein und die erste Lehrerin Maria tho Aspern, des Letzteren Frau, ebenfalls aus Holstein. Die ersten Diakonen waren der Kaufmann Decknatel und der Fabrikant Maywald.

---

26 Zu diesem ungewöhnlichen Vorgehen siehe unten S. 49.
27 Die Verhandlungen zwischen Bodelschwingh und dem Konsistorium sind Gegenstand mehrerer Sitzungen des Konsistoriums ab Dezember 1858. Siehe z.B. Protokoll vom 24.12.1858 (S. 391) in A Luth. Kons. Paris.

Die ersten Familien, welche sich bereits in der Erwartung der zu erbauenden Kirche hier angesiedelt haben, waren die Familien Decknatel aus Ostfriesland, Marhoff aus Württemberg, Kerbel, Rech, Müller, Jonge aus Bayern, Konrad, Götz, Spieß aus dem Elsaß.

Ausgeführt wurde der Bau nach den Plänen und unter der Leitung des Architekten E. Train, durch den Zimmermann Martin Marhoff.

Es waren gegenwärtig bei der Grundsteinlegung und haben die Urkunde unterschrieben: die Pfarrer Vallette, Findeisen, G. und A. Reichardt, von Bodelschwingh und die Herren Wiese und Kriegelstein.‹

Urkunde und Bibel wurden, in dem bleiernen Kästlein verschlossen, in eine Vertiefung des Fundamentes hineingelegt und der große Grundstein darübergewälzt. ...«[28]

Noch im selben Jahr, am Sonntag, den 4. Advent, 22. Dezember 1861, wurden die kleine Kapelle im ersten Stock und die darunterliegenden Schulräume eingeweiht.

Das Jahrzehnt von 1860 bis 1870 wird in allen Darstellungen als Zeit des Aufschwungs und der Blüte der lutherischen Einrichtungen bezeichnet.[29] 1862 wurde die »Deutsche Mission« in »Deutsch-Französische Mission« umbenannt, ein Zeichen der erweiterten Zielsetzung der Arbeit.

»Der Hügel« entwickelte sich zu einer blühenden zweisprachigen Arbeitergemeinde. Ein französischer Pfarrer, Gustave Reichardt, begann 1863 neben Bodelschwingh mit französischen Gottesdiensten. Die Schule[30] unterrichtete in einer deutschen und einer französischen Abteilung 300 Kinder, ca. 4–5000 Seelen umfaßte die Gemeinde, Deutsche und Franzosen derselben Stadtviertel.[31]

Den Kern der Gemeinde machten die hessischen Straßenkehrerfamilien aus. Ihre Mentalität wird immer wieder in den kirchlichen Berichten und Beschreibungen des 19. Jahrhunderts hervorgehoben. Die Bevölkerung ganzer Dörfer organisierte sich, im Turnus nach Paris zu gehen, dort durch harte Arbeit der ganzen Familie eine kleinen Geldbetrag zusammenzusparen und nach einigen Jahren wieder zurückzukehren. Ihnen wurde dabei nachgesagt, eine Art Berufsehrgeiz zu besitzen: niemand kehre die Straßen von Paris so gut wie die Hessen. Die Arbeitszeit begann um 4 Uhr morgens und ging für die Kinder bis 9 Uhr, für die Frauen bis vormittags und für die Männer bis in den Nachmittag hinein. Ihrem Zusammenhalt untereinander und ihrer Widerstandskraft gegen französische Sprache und Sitte, die eine Assimilation erschwerten, gehörte die Bewunderung der Pfarrer.[32] Friedrich Frisius, der Gründer der Christuskirchengemeinde, schreibt über ihre Mentalität:

»Unsere Hesssischen Gemeindeglieder wohnten damals in den großen Höfen der Vorstädte zu 10 – 20 Familien zusammen. Ja, später fand ich einen Hof, in dem 39 deutsche Familien wohnten mit mehr als 160 Seelen. Sie lebten ganz unter sich, kamen mit den Franzosen fast gar nicht in Berührung, lernten deshalb auch das Französische nicht. Die französischen Namen modelten sie um nach ihrem Verständnis. Die Boulevards waren für sie die Bullwagen, die berühmten Champs-Elysées die Schandliese, die Ecole de médecine die goldene Metze usw. Als Hessenpfarrer mußte man diese Ausdrücke kennen, sonst war man verraten und verkauft.«[33]

28 F. Bansa: Hügelgemeinde, S. 42 und 44.
29 Siehe die drei Jubiläumsbände von Bansa, Krause und Weber.
30 Zu den deutschen Schulen in Paris insgesamt siehe W. Pabst: Écoles allemandes à Paris, in Francia 1980, S. 667–679.
31 F. Bansa: Hügelgemeinde, S. 51–52.
32 Die Berichte der Pfarrer Th. Schäfer, Fr. v. Bodelschwingh und Fr. Bansa gleichen sich sehr und werden im Gemeindeblatt ab 1928 von Dahlgrün weitertradiert.
33 F. Frisius: In Paris während der Monate Juli und August 1870, in Evangelisches Gemeindeblatt für den Dekanatsbezirk München 9/1914, S. 136–140.

9. Die Hügelkirche im Jahr 1873, rechts davon das sog. Asile und das Schweizer Haus

Die große Zahl der Taufen, Eheschließungen, Konfirmationen und Beerdigungen zeugen von einer lebendigen Gemeinde mit vielen Familien.[34] Theodor Schäfer berichtet:

> »Die Amtshandlungen nahmen bei der großen Gemeinde viel Zeit in Anspruch, namentlich die Beerdigungen. Es wurde jede Leiche in die Kirche gebracht, und es fand ein feierlicher Gottesdienst dort statt mit Glockengeläut, Gesang unter Orgelbegleitung, Predigt von der Kanzel; nur bei ganz kleinen Kindern beschränkte man sich auf eine kurze Ansprache. Dann gings in langsamer, etwa eine Stunde dauernder Fahrt durch die Stadt auf den Friedhof Père-Lachaise. Um die kostbare Zeit gut anzuwenden, nahm ich mir stets einen Band von Bessers Bibelstunden in den Wagen und habe in dem Jahr ein gut Teil davon gelesen. Die letzte Wegstrecke zum Friedhof ist mit zahlreichen Blumen- und Grabkreuzverkäufern, sowie mit Weinschenken besetzt, deren starke Frequenz, sowie die aus ihnen hervordringenden Klänge die Redensart begreiflich machen: ›à Paris les enterrements sont des noces.‹ (In Paris sind die Beerdigungen Hochzeitsfeiern). Auf dem Kirchhofe selbst kümmern wir uns nicht um die zahlreichen stolzen Denkmäler, wir lassen Abälard und Heloise, Elisabeth Demidoff usw. beiseite und begeben uns zu der fosse commune, dem Grabe der Armen, die hier reihenweis' und übereinander bestattet werden. Eine höchst auffallende Gestalt hat hier ihren Sitz aufgeschlagen: ein römisch-katholischer Priester ist's, mit verwittertem Gesicht; ein Strohhut und ein mit dem Schaft in die Erde gesteckter gewaltiger Leinwandschirm zum Schutz gegen Sonne und Regen sind seine einzigen Bequemlichkeiten; ein großes Gefäß mit Wasser, in das er seinen Weihwedel taucht, steht neben ihm. Der Mann ›begräbt‹ vom Morgen bis zum Abend, d.h. er sprengt sein Weihwasser über den Sarg und murmelt seine lateinischen Worte. Der Verbrauch von Wasser ist stark, denn in den kürzesten Abständen folgen die Särge einander. Wenn die Leiche eines Protestanten kommt, ruht die Arbeit des Priesters. Hier ist dann die Stätte, wo auch ein französisches Wort des Trostes, der Mahnung, des Bekenntnisses für das meist zahlreiche Gefolge von französischen und katholischen Freunden und Nachbarn, von uns gesprochen, am Platz ist. Das wird meist sehr gut aufgenommen. Au moins, nous avons compris (wir haben es wenigstens verstanden) heißt's dann wohl mit einem Seitenblick auf den Vertreter der katholischen Kirche, der sehr mechanisch seines Amtes waltet, und von dessen Worten man nichts versteht.«[35]

Ein besonderes Ereignis wurde die Weltausstellung von 1867 für die Hügelbewohner. Friedrich Bansa berichtet:

> »Es sei hier noch nachgeholt, daß die Weltausstellung vom Jahre 1867 viel hohen Besuch auf den Hügel führte, manche Fürstlichkeiten auch zum Gottesdienst. Unter ihnen werden genannt: die Königin Augusta von Preußen, der König von Württemberg, die Großherzöge von Sachsen-Weimar und Mecklenburg. Besonders unerwartet und überraschend war der Besuch des Kronprinzen, nachmaligen Kaisers Friedrich, der in Begleitung des Seinepräfekten Haussmann die neuen großartigen Parkanlagen der Buttes Chaumont besichtigte und von da aus das freundliche deutsche Kirchlein aus den grünen Bäumen herübergrüßen sah. Da konnte er doch an der Gründung seines Jugendfreundes von Bodelschwingh nicht vorübergehen, ohne sie in Augenschein zu nehmen. Derselben Ausstellung verdankt, nebenbei bemerkt, die Hügelkirche auch ihren Taufstein, der ihr von einem damaligen Aussteller gestiftet wurde.«[36]

Finanziert wurde die Arbeit Bodelschwinghs und seiner Nachfolger zu einem großen Teil mit Spenden aus Deutschland, die von öffentlicher und privater Seite reichlich gegeben wurden. Bodelschwingh wurde als »genialer Bettler« (Theodor Heuss) berühmt, da er auf Kollektenreisen in Deutschland viel Geld zusammenbrachte.

1861 kam seine junge Frau nach Paris in das kleine Pfarrhaus auf dem Hügel, wo auch der älteste Sohn Ernst geboren wurde. Doch erwies sich, daß das Klima und die aufreibende Lebensweise in der französischen Hauptstadt die Gesundheit von Ida

---

34 Die Zahlen bei F. Bansa: Hügelgemeinde, S. 105.
35 Theodor Schäfer aus Friedberg in Hessen war vom Frühjahr 1869 bis zum Kriegsausbruch 1870 Pfarrer der Deutschen Mission in Paris, zunächst in Grenelle, dann an der Hügelkirche. Th. Schäfer: Pariser Erinnerungen, S. 56.
36 F. Bansa: Hügelgemeinde, S. 62–63.

von Bodelschwingh angriff, so daß die Familie im Frühjahr 1864 nach Dellwig bei Unna zog, wo Bodelschwingh die Pfarrstelle übernahm. Um seine Hügelgemeinde kümmerte er sich weiterhin intensiv bis zu seinem Tod 1910.

Die zweite Gründung Bodelschwinghs: Die Kirche »l'Ascension« in Batignolles

Bodelschwingh hatte mit der Hügelkirche den östlichen Teil seines Arbeitsgebietes abgedeckt, es blieben die Stadtteile westlich vom Montmartre. Auch hier in Batignolles bei den »carrières (Steinbrüchen) de Courcelles et Monceau« wurde 1860 unter Bodelschwinghs Leitung von der Deutschen Mission zunächst provisorisch an der Route d'Asnières in einem Fachwerkbau eine Schule und ein Gottesdienstraum untergebracht. Sie dienten derselben Arbeiterbevölkerung wie der Hügel, auch sie aus dem Stadtinneren durch Haussmannsche Abrisse vertrieben.[37]

Über die Entstehungsgeschichte der 1866 erbauten Kirche L'Ascension schreibt Friedrich Bansa:

> »Die kleine Hütte in der Route d'Asnières, die Schule und Kirche in sich vereinigen mußte, vermochte immer weniger den Ansprüchen der wachsenden deutschen Bevölkerung zu genügen. Pastor Müller [Bodelschwinghs Nachfolger von 1863 an] mußte lange auf Hülfe warten; dann aber kam sie doch wunderbar rasch. Etwa zu gleicher Zeit, als wegen Expropriierung des Geländes, auf dem die Hütte stand [da die Stadt Paris das Grundstück für den Straßenausbau benötigte], die Notwendigkeit eintrat, für ein neues Unterkommen für Gemeinde und Schulkinder zu sorgen, wurde auf besonderen Wunsch der ganze reiche Liebesertrag aus der preußischen Kirchen- und Hauskollekte, soweit er aus der Provinz Sachsen kam, der armen Gemeinde in Batignolles zugewiesen. Es kamen zu diesen 31 000 Franken die Entschädigung für die alte Hütte durch die Stadt, 5000 Franken, und die reiche Gabe eines Mitgliedes der französisch-lutherischen Kirche, eines Freundes der armen Deutschen. Mit diesen Mitteln war es möglich, ein Grundstück in der Rue Dulong zu erwerben und dort ein bescheidenes Kirchlein und darunter zwei geräumige Schulklassen zu erbauen – das zweite eigene Besitztum der deutschen Mission. Am 26. Januar 1866 ward die Kirche in schönem feierlichen Gottesdienst eingeweiht, bei dem Pastor Müller die Predigt über Psalm 118, 19–25 hielt. 200 Kinder besuchten die dortigen Schulen; die für die Kleinen war in der Nähe der Kirche mietweise untergebracht, während Knaben- und Mädchenschule unter der Kirche Platz fanden.«[38]

Nach 1871 ging die Kirche vollständig in französischen Besitz über. Sie spielte noch einmal eine Rolle in der Geschichte der Christuskirche, als sie zu Beginn der Zwanziger Jahre aus der beschlagnahmten Christuskirche die Orgel erhielt und nach dem Zweiten Weltkrieg der deutschen Gemeinde als Zufluchtsort diente.

Spannungen vor 1870: Die Stellung der deutschen Pfarrer und die Sprachenfrage

Aus heutiger Perspektive bildet der Deutsch-Französische Krieg 1870/71 den großen Einschnitt im Verhältnis zwischen Deutschen und Franzosen. Durch die Kriegsereignisse war die Zusammenarbeit so schwierig geworden, daß man sich trennte und nationale Gemeinden bildete.

---

37 F. Bansa: Hügelgemeinde, S. 48–50.
38 F. Bansa: Hügelgemeinde, S. 63.

Aus der Perspektive eines Berichterstatters des Jahres 1908 jedoch begannen Spannungen und Probleme in der Zusammenarbeit bereits vor dem Krieg 1870. Friedrich Bansa, Pfarrer der Hügelkirche von 1902–1910, vertritt die Meinung, daß die Trennung in nationale Gemeinden »notwendig und auf gutem göttlichen Rechte beruhend« und in jedem Fall gekommen sei – auch ohne den Krieg.[39]

Aber dies ist vielleicht überinterpretiert. Aus der nationalen Sichtweise von 1908 nämlich schien ein Zustand unhaltbar, der dazu diente, die evangelischen Deutschen zwar beim Glauben zu halten, nicht aber ihre Sprache und ihre Nationalität zu bewahren.

Eine deutsche Nationalität aber gab es vor 1871 gar nicht. Es gab eine Staatsangehörigkeit in einem deutschen Territorialstaat. Dem entsprach ein Heimatgefühl, man war Hamburger oder Preuße oder Württemberger.[40] Nach 1871 besaß man mit seiner Staatsangehörigkeit in einem Land gleichzeitig die Reichszugehörigkeit. Erst 1934, im Dritten Reich, wurde die einheitliche deutsche Nationalität gesetzlich festgelegt.

Die »Probleme« und »Spannungen«, die Bansa feststellt, haben unleugbar existiert[41] – die Frage ist nur, ob sie notwendigerweise »nach göttlichem Recht« zu national getrennten Gemeinden hätten führen müssen.

Sachlich gesehen ging es um ein juristisches und um ein kulturelles Problem: um die Stellung der Pfarrer und um die Gottesdienstsprache.

Grundsätzlich waren die deutschen Pfarrer und Lehrer Angestellte der Deutschen Mission oder der französisch-lutherischen Kirche.[42] Sie durften nur als Hilfspfarrer angestellt werden, weil die Amtsinhaber die französische Staatsangehörigkeit haben mußten – sie waren Beamte des Zweiten Kaiserreichs mit allen Rechten und Pflichten. Diese untergeordnete Stellung empfanden die deutschen Pfarrer auf die Dauer als degradierend und versuchten sich deshalb selbständig zu machen. Das französisch-lutherische Konsistorium dagegen wollte die Arbeit in eigener Regie behalten. Ähnliche Probleme beschäftigten die Gemeinden in Nizza und in Lyon.[43]

Das zweite Problem war die Sprache. Die Wahl der Sprache im Gottesdienst hatte in erster Linie pragmatische Gründe. Wenn die neu zugezogenen Lutheraner in Paris kein Französisch verstanden, mußten sie eben in ihrer eigenen, d.h. der deutschen Sprache erreicht werden. Für die Kinder jedoch war oft kein Deutschunterricht vorgesehen, da diese sich schneller assimilierten und auch in religiöser Hinsicht von Anfang an auf französisch angesprochen werden konnten. Bodelschwingh sah aber gerade in dieser Teilung in deutschen Erwachsenengottesdienst und französische religiöse Unterweisung für Kinder eine große Gefahr, sowohl für das Familienleben als

---

39 F. Bansa: Hügelgemeinde, S. 27–30.
40 Diesem Heimatgefühl versuchten die französischen Kirchenverantwortlichen übrigens gerecht zu werden, wenn sie bei der Auswahl der Pfarrer für die Deutsche Mission darauf achteten, daß diese einen deutschen Dialekt sprachen, wobei man keine bestimmte Gegend bevorzugte: es reichte für die Seelsorge, wenn die Menschen in der Sprechweise des Pfarrers überhaupt einen bodenständigen Deutschen wiedererkannten, in Archiv der lutherischen Kirche Paris, Protokoll der Sitzung vom 25.11.1859. Pfarrer Schäfer betont, wie hilfreich ihm sein hessischer Dialekt dabei war, den Menschen Vertrauen einzuflößen. Th. Schäfer: Erinnerungen, S. 25–27.
41 Auch W. Pabst bestätigt diese Sicht mit dem Hinweis auf die zeitgenössischen Berichte der »Mission«, in Wilfried Pabst: Die »Deutsche Mission« in Paris 1840–70, in Dokumente, 1981, S. 157.
42 Über die organisatorische Verknüpfung von Kircheninstitution und Mission siehe unten S. 362–363.
43 Siehe S. 20 und 23.

auch für den lutherischen Glauben.⁴⁴ Er meinte, die in Frankreich aufwachsende junge Generation müsse unbedingt noch zweisprachig sein, damit von den deutschen Eltern der Glaube in der eigenen Sprache an ihre bereits zweisprachigen Kinder vermittelt werden könne. Außerdem müsse man dafür sorgen, daß Eltern und Kinder sich noch miteinander verständigen könnten, was nicht der Fall war, wenn die Kinder zu schnell in die französische Umwelt eintauchten.

Die folgende Generation hätte dann zweisprachige Eltern, die ihren Glauben in beiden Sprachen erfahren hätten, ihn also auch auf französisch an ihre nun einsprachigen Kinder weitergeben könnten. Diese wiederum, die dritte Generation, hätte das lutherische Gedankengut auf französisch empfangen und gäbe es als Tradition in dieser Sprache an ihre Kinder weiter. So erstreckt sich die Übernahme von ursprünglich deutsch-lutherischen Traditionen in den französischen Kulturkreis über drei Generationen.

Bodelschwingh hatte für diese Überlegungen rein religiöse, keine nationalen Motive. Er war völlig damit einverstanden, daß die deutschen Einwanderer sich sprachlich assimilierten. Man müsse aber unbedingt dafür sorgen, daß sie den lutherischen Glauben, mit dem auch eine sittlich hochstehende Lebensweise verbunden sei, bewahrten. Bodelschwingh sah die Franzosen der Hauptstadt als »ein oberflächliches gutmütiges Völkchen«, gefährdet in ihrem geistlichen und sittlichen Wohl durch das »Sündenbabel« Paris. Diese Mentalität hielt er für ein Resultat der starken atheistischen Einflüsse der französischen revolutionären Bewegungen. Wenn überhaupt noch christliche Werte in Frankreich existierten, so waren es katholische.⁴⁵ Dabei sollte man nicht vergessen, daß die zweite Hälfte des 19. Jahrhunderts für die katholische Kirche eine Zeit des irrationalen Überschwangs gewesen ist, voll von Marienerscheinungen, Wunderheilungen und Ekstasen. Im selben Jahre 1858 zum Beispiel, als Bodelschwingh in Paris ankam, erlebte das französische Hirtenmädchen Bernadette in einer Höhle in der Nähe ihrer Heimatstadt Lourdes Marienerscheinungen.⁴⁶

Der große Einschnitt:
Der Deutsch-Französische Krieg 1870/71

Die Niederlage gegen die Deutschen in der Schlacht von Sedan Anfang September 1870 und die Gefangennahme des Kaisers war für die Franzosen ein Schock und eine Demütigung, die bis 1914 und darüber hinaus nachwirkten und grundsätzlich das französische Bild vom Deutschen beeinflußten. Es war nicht nur die militärische Niederlage, es war auch eine tiefe Enttäuschung, daß die Deutschen, die man bisher für ein Volk von hoher Kultur und untadeliger Moral gehalten hatte, zu solch' einem

---

44 F. Bansa: Hügelgemeinde, S. 26–28, er bezieht sich auf den Aufsatz von Bodelschwingh: Licht und Schatten der hessischen Einwanderung, in »Das Schifflein Christi« 1864, Nr. 9, wiederabgedruckt in F.v. Bodelschwingh: Ausgewählte Schriften I, S. 134–149.
45 Siehe die Schilderung der losen Sitten in Paris in seinem Aufsatz: Die evangelische Mission unter den Deutschen in Paris (Dezember 1858/Januar 1859 erschienen), wiederabgedruckt in F. v. Bodelschwingh: Ausgewählte Schriften I, S. 8.
46 G.Cholvy/Y.M.Hilaire: Histoire religieuse, Band 1, S. 153–196.

»Überfall« fähig waren. Die »Preußen« wurden jahrzehntelang gehaßt, aus dieser Erfahrung des Krieges im eigenen Land heraus. Das idealistisch-positive Bild vom Volk der »Dichter und Denker« verwandelte sich in das Negativklischee der brandschatzenden Soldateska.[47]

Ende August 1870 wurden die Deutschen ausgewiesen, nur ungefähr 5000 hessische Arbeiter blieben in Paris, weil sie nicht wußten wohin. Ein Bericht im »Schifflein Christi« schildert die Situation der Hügelkirche im Herbst 1870 anschaulich in den Kategorien der Zeit:

> »Die deutschen Schulen wurden geschlossen, die französischen bestanden nicht mehr lange fort, und der französische Lehrer, Wagner, blieb während einiger Zeit der alleinige Vertreter unserer Kirche auf dem Hügel. Mit ausgezeichneter Energie verteidigte dieser Lehrer unsere kirchlichen Anstalten gegen die durch Krieg und Unglück aufgeregte Bevölkerung, die um so feindseliger gegen uns auftrat, als sie in unseren Kirchen und Schulen nichts anderes als feindliche deutsche Anstalten und einen Herd preussischer Spionage sehen wollte. Eines Tages kam ein Trupp Nationalgardisten mit unfreundlicher Miene hereingestürzt; sie durchsuchten drohend alle Räume der Anstalt, ohne etwas Verdächtiges zu finden, und requirierten schließlich die zur Errichtung eines Lazaretts nötigen Räume. In die Schulsäle wurden Betten gebracht; in dem Pfarrhaus installierte sich ein Arzt mit seinen Gehülfen; und in der Kleinkinderschule und in einem anderen Saal schlug ein Oberst der Nationalgarde sein Hauptquartier auf, worein er Waffen und Pulver bringen ließ. Unser lieber, sonst so stiller und freundlicher Hügel war zum Kriegslager geworden, und die wenigen dort zurückgebliebenen Bewohner waren unzähligen Plackereien ausgesetzt, die es dem Lehrer nur mit größter Mühe zu verhindern gelang.«[48]

Gegen Ende des Jahres 1870 übernahm Pastor Auguste Weber, der spätere Präsident des lutherischen Konsistoriums, das Pfarramt auf dem Hügel und bot auch wieder Gottesdienste in beiden Sprachen an. In der Kirche La Rédemption wurde dagegen bis 1876 kein deutschsprachiger Gottesdienst mehr gehalten, während Martin Krause über die Verhältnisse in der Kirche Les Billettes folgendes berichtet:

> »Sichtlich hat Gottes Hand über dem deutschen Gottesdienste in der Billetteskirche während des Krieges gewaltet. Während der Feier blieb gewöhnlich der Haupteingang der Kirche geschlossen. Man ging durch die kleine Seitentür ein und aus. Einige Male hielt Vallette in den gefährlichsten Tagen vor Beginn des deutschen Gottesdienstes eine kurze französische Ermahnung zur Stille und Andacht, und wiederholt stand er draußen vor der Kirchentüre Wache, um aller etwa möglichen Störung und Unordnung vorzubeugen. [Pastor Eugen Ménégoz hielt die Predigt.] Drinnen verlebte die Gemeinde gesegnete Stunden. Der Krieg, die drohenden Gefahren, die Leiden und Entbehrungen der Belagerungszeit, die dunkle Zukunft, alles war geeignet, die Seelen zum Ernste zu stimmen. Oft zitterten die Kirchenfenster vom Kanonendonner, während sanfte Orgeltöne die Gebete der Gemeinde zu Gottes Thron emportrugen. Mitten im Kriege war die Kirche ein Ort des Friedens, wo sich Franzosen und Deutsche in heiliger Eintracht die Hand reichten.«[49]

Derselbe Pastor Ménégoz wurde auch zum Seelsorger für mehrere hundert gefangene preußische Soldaten: von Mitte September bis Weihnachten hielt er zwei Mal pro Woche Gottesdienste im Gefängnis La Roquette, später in La Santé.[50]

Bis zum Kriegsende und Friedensschluß im Januar 1871 wurde die materielle Situation der Bevölkerung im belagerten Paris immer schwieriger, der Mangel an Nah-

---

47 Allgemein über das Bild, das die Franzosen von den Deutschen hatten, und über den Bruch 1870/71, siehe W. Leinen: Das Deutschlandbild in der französischen Literatur, Darmstadt 1986.
48 Der Text ist abgedruckt in F. Bansa: Hügelgemeinde, S. 67. Dieser gibt als Quelle das »Schifflein Christi« ohne Verfassernamen oder Jahreszahl an.
49 M. Krause: Ein Brünnlein Gottes in Paris. Gedenkschrift zur Jahrhundertfeier des deutschen Gottesdienstes der Billetteskirche in Paris, 1809–1909, Paris 1909, S. 45.
50 M. Krause: Brünnlein Gottes in Paris, S. 47.

rungsmitteln und Heizmaterial wurde so stark, daß die Menschen hungerten und froren. Neugeborene Babys überlebten selten diesen Winter.

Im März 1871 brach der Kommuneaufstand aus. Damit drohte eine neue Gefahr, da die Kommunarden ausgesprochen antiklerikal dachten und handelten, wovon allerdings die katholische Kirche ungleich stärker betroffen war. In der »semaine sanglante«, der »blutigen Woche«, gerieten die Gemeinden mitten in die Kämpfe zwischen Regierungstruppen, die von Westen her die Stadt zurückeroberten, und Kommunarden. Vom 22. Mai an bekamen es die Bewohner des Hügels zu spüren, daß dieser an einer strategisch wichtigen Stelle der Kampfhandlungen lag: die Buttes-Chaumont direkt nebenan dienten als Ausgangslager, der Hügel war von Barrikaden eingeschlossen.

> »[Montag, 22. Mai] Wir waren wie Gefangene auf unserem Hügel, da Schanzen und Barrikaden uns von allen Seiten umgaben. Doch konnten wir vom Hügel aus den Kampf um die Anhöhe des Montmartre, dieser Feste der Aufrührer, beobachten. Und schon am Dienstag abend glaubten wir, die dreifarbige Fahne anstatt der roten Aufrührerfahne dort wehen zu sehen. Noch trauten wir unseren Augen nicht, aber am anderen Tage blieb uns kein Zweifel mehr.
>
> Die Batterien der Aufrührer im Park [Buttes-Chaumont] eröffneten ein gewaltiges Feuer gegen den Montmartre, und bald darauf wurden zwei kleine Kanonen auf die kleine, dicht an unserem Hügel gelegene Anhöhe gebracht, von wo aus man ebenfalls den Montmartre beschoß. Nun mußte auch der Montmartre das Feuer auf unseren Park eröffnen. Eine erste Bombe zerplatzt am Fuße des Hügels und schleudert ihre Stücke nach allen Seiten; eine zweite schlägt mit furchtbarem Donner in das Kirchlein; wir eilen dahin; eine schwarze Rauchwolke steigt auf; schon befürchten wir, die Flammen hervorschlagen zu sehen. Aber Gott wachte über uns! Die Bombe ist zerplatzt, ohne etwas anzuzünden und selbst ohne großen Schaden anzurichten.
>
> Von da an standen wir mitten im Feuer bis zur Einnahme des Hügels. Der Kanonenkampf zwischen dem Park und Montmartre fuhr ununterbrochen fort. Tag und Nacht kreuzten sich die Bomben über uns, und mehrere fielen auf den Hügel. Auch ein wahrer Regen von Flintenkugeln kam bald über uns her. Wir mußten uns in das kleine Pförtnerhäuschen am Fuße des Hügels flüchten, wo wir durch große feste, sechs Stock hohe Häuser etwas gegen die Bomben und Kugeln geschützt waren. Der Aufbau dieser Häuser, die den Hügel eines Teils seiner schönen Aussicht beraubten, hat zur Zeit den Hügelbewohnern manches Herzeleid gemacht, und nun sehen wir, wie eben diese Häuser unsere Anstalten schützen mußten, denn ohne sie wären diese Anstalten wohl nichts mehr als ein Trümmerhaufen. So muß auch das, was uns schädlich scheint, in Gottes weisem Ratschluß zu unserem Besten dienen. ...
>
> Mit dem Sonnabend brach der große Entscheidungstag an. Den ganzen Morgen hindurch behielten die Aufrührer ihre Position vor dem Hügel. Sie kochten in unserem Pförtnerhäuschen, und der Pastor mußte notgedrungen beständig mit ihnen verkehren; doch war ihr Benehmen voller Achtung und Zuvorkommenheit, und man konnte auch da erkennen, daß unter diesen aufrührerischen Massen bei gar manchem noch nicht alles bessere Gefühl erstickt war.
>
> Um 1 Uhr eröffneten die zwei Kanonen unserer Barrikade ihr Feuer gegen die heranrückenden Truppen. Eine halbe Stunde später ging das Gewehrfeuer los. Die Truppen griffen zur gleichen Zeit unseren Park und die Anhöhen von Belleville an, und nach drei Stunden waren die Anführer überall zurückgedrängt.
>
> Als wir uns wieder hinauswagen konnten, wehte die dreifarbige Fahne auf dem Park, und die Truppen lagerten vor dem Hügel. Die zahlreichen Leichname aber auf der Straße zeigten uns die Hitze des Kampfes und den teuren Preis unserer Befreiung. Die Gebäude des Hügels waren alle verschont geblieben, doch ward dem Besucher noch lange Zeit eine Kugel gezeigt, die, durch ein Fenster des Pfarrhauses hereingeschossen, in den Bücherschrank des Pastors gefahren ist.«[51]

---

51 Fortsetzung des zeitgenössischen Berichtes aus dem »Schifflein Christi«, siehe S.53 Anm. 48.

Vorgeschichte der Christuskirche (1870–1894)

Die Situation nach dem Deutsch-Französischen Krieg

Mit dem Datum 1870/71 beginnt ein neues Kapitel der Geschichte der deutschen Gemeinden in Frankreich,[1] und es beginnt die eigentliche Geschichte der Christuskirche. Es ist nur wenig übertrieben, wenn man behauptet, daß die Christuskirche ohne den Deutsch-Französischen Krieg und das neu gegründete Deutsche Kaiserreich nicht entstanden wäre. Diese politischen Ereignisse ließen die Trennung der deutschen von den französischen Gemeindeteilen unabänderlich werden, führten bei den Deutschen zu nationalen Unabhängigkeitsbedürfnissen und bei den Franzosen zum Wunsch nach Abgrenzung gegen die Deutschen.

Wie in Lyon oder in Nizza war das Verhältnis zwischen den Glaubensbrüdern in den Jahren nach dem Kriege auch in Paris von demselben öffentlich ausgetragenen Streit um das gemeinsame Eigentum und um die zukünftige Arbeit gekennzeichnet. Es erscheint zweifelhaft, ob man heute aus den Akten erschließen könnte, wer Recht gehabt hat, ob einer und wenn, wer den anderen übervorteilt hat. Deshalb soll auf die öffentlich ausgetragene Polemik von beiden Seiten, insbesondere bis 1880, nicht eingegangen werden.[2]

Um das Verhalten der französischen Lutheraner zu verstehen, sollte man sich allerdings daran erinnern, daß das Jahrzehnt 1870–1880 für sie eine Zeit der Krise und der völligen Neuorientierung war. Durch den Verlust des Elsasses hatten die Lutheraner ihr geistliches Zentrum und 7/8 ihrer Gemeindeglieder verloren. Die Pfarrerausbildung und die Kirchenverwaltung in Straßburg war in die Hand der Deutschen geraten. Es blieben nur die Bezirke Paris und Montbéliard übrig, aus denen eine völlig neue Kirchenorganisation aufgebaut und vom französischen Parlament gesetzlich bestätigt werden mußte, eine Prozedur, die aus vielerlei Gründen erst 1879 zum Abschluß gebracht worden war.

Außerdem hatte die öffentliche Meinung in Frankreich nicht vergessen, daß die Lutheraner zum Teil selber deutschen Ursprungs waren: sie wurden zur Zielscheibe des Deutschenhasses[3] und wehrten sich durch Abgrenzung gegen die deutschen Glaubensgenossen. Übrigens waren die Meinungen innerhalb des Leitungsgremiums, des Konsistoriums in Paris, durchaus geteilt. Auffällig ist, daß Abstimmungen

---

1 Siehe S. 14–15.
2 Einige Ausschnitte sind im Archiv der Christuskirche aufbewahrt: es ging u.a. um die Frage, wer den deutschen Gottesdienst während der Kriegs- und der Kommunezeit in Paris aufrechterhalten habe, und ob genügend Deutsche zur Gemeindebildung in Paris seien, siehe den Artikel in der Allgemeinen Evangelisch-Lutherischen Kirchenzeitung vom 24.10.1873 in Archiv Christuskirche 110–1.
3 J. Baubérot: L'Anti-protestantisme politique à la fin du XIXe siècle, in Revue d'Histoire et de Philosophie religieuses 1972, 1. Teil, S. 449–484, besonders S. 453–455.

zu umstrittenen Fragen oft verschoben, Anträge der Deutschen auf später vertagt wurden und insgesamt einem klaren Ja oder Nein aus dem Wege gegangen wurde.[4]

Die wichtigste Entscheidung auf dem weiteren Weg zu eigenen nationalen Gemeinden in Paris war die Neugründung eines rein deutschen Missionskomitees. Die Initiative ging von Bodelschwingh aus: Das von ihm gegründete »Bielefelder Komitee« nahm schon im Winter 1870/71 seine Arbeit auf. Der französische Missionszweig hatte sich inzwischen den programmatischen Namen »Mission intérieure« (Innere Mission) gegeben.

Mit diesen Beschlüssen war die Abgrenzung der Arbeitsgebiete klar. Bodelschwingh betonte, daß er keine nationalen Gründe gehabt habe, wenn er sich vom französischen Konsistorium unabhängig machen wollte, und dies scheint für die Zeit direkt nach 1870 für seine Person auch glaubhaft.[5] Trotzdem spürt man ein Mißtrauen heraus, wenn er sagt, daß er den »französischen Brüdern« im Konsistorium nicht zutraut, die richtigen Entscheidungen für die kirchliche Versorgung der Deutschen zu treffen.[6] Bodelschwingh wollte jedenfalls Entscheidungsfreiheit und deshalb weder unmittelbar noch mittelbar von einer Kirchenbehörde abhängig sein. Dies entsprach auch seinem grundsätzlichen Mißtrauen gegenüber der Kirche als Institution, in Frankreich wie in Deutschland. Die Männer der Inneren Mission liebten ihre Unabhängigkeit und betonten ihren eigenständigen Ansatz außerhalb der kirchlichen Bürokratie. In gewisser Weise findet man in dieser Haltung die Mentalität des freien Unternehmers des 19. Jahrhunderts wieder, der nur auf die eigene Kraft vertraut.

Ganz abgesehen von neuen Projekten, die das Bielefelder Komitee bald verfolgte, mußte es erst einmal die Verhältnisse zwischen den deutschen und den französischen Gemeindeteilen in Paris klären. Mehrere Probleme standen zur Lösung an.

Da war erstens die Frage der Nutzung und des Eigentums der von Bodelschwingh gegründeten Kirchen: L'Ascension in Batignolles und die Hügelkirche von La Villette, die bisher als gemeinsames Werk bestanden hatten. Zweitens wollte die neu entstehende Zentrumsgemeinde die Rédemptionskirche für deutsche Gottesdienste mitbenutzen, was nicht mehr selbstverständlich war. Drittens mußte geklärt werden, in welcher Form der deutsche Teil der Billettesgemeinde weiterexistieren sollte. Und überhaupt stritt man sich um die Frage, wie die kirchliche Betreuung der deutschen Luthcraner in Paris weitergehen sollte. Würden die Deutschen jetzt in allen Stadtteilen vom lutherischen Konsistorium unabhängige Gottesdienste feiern?

---

4 Dies geht aus den Protokollen der Konsistoriumssitzungen zu bestimmten Streitfragen hervor: in A. luth. Kons. Paris, z.B. vorläufige Ablehnung mit Verweis auf später auf die Bitte um deutsche Gottesdienste am 14.2.1873 (S. 191), ebenso zwei Jahre später (Sitzung vom 26.11.1875, S. 318, und vom 20.12.1875, S. 323). Erneute Verschiebung der Anfrage auf den Herbst 1876 in der Sitzung vom 2.6.1876 (S. 349).

5 Bodelschwingh hatte einen primär konfessionellen Ansatz, das Nationaldeutsche ist damit eng verbunden, aber deutlich von einem alldeutschen Nationalismus zu unterscheiden. Die evangelischen Kirchen waren Landeskirchen, traditionellerweise auf die deutschen Länder und deren Fürsten konzentriert. Nach 1871 mit der Gründung des Kaiserreiches folgte allmählich eine Umorientierung auf das Reich hin, bis von 1890 an die Protestanten zu den zuverlässigsten Stützen von »Kaiser und Nation« gehörten. Dazu siehe Th. Nipperdey: Deutsche Geschichte 1866–1918, Band 2, München ²1993, S. 250–265.

6 Er äußert sich zu dieser Frage in Artikeln im »Westfälischen Hausfreund«, z.B. im Februar 1873. Sonderdruck einer Art Rechenschaftsbericht über die Situation in Paris in Archiv Christuskirche 110–1.

Am schnellsten, noch zu Beginn der Siebziger Jahre, einigte man sich grundsätzlich in der ersten Frage. Die Kirche in Batignolles blieb in französischer Hand, und die Hügelkirche wurde deutsches Eigentum, mit Gastrecht für beide Seiten, soweit dafür Bedarf bestand.[7] Die Schulden wurden anteilig übernommen. 1876 konnte die Hügelschule wieder eröffnet werden. Gleichzeitig nahm ein vom Bielefelder Komitee eingestellter deutscher Pfarrer, von Zech, seine Arbeit auf – und löste damit einen Eklat aus: aus Protest zog der französische Gemeindeteil aus. Mit der grundsätzlichen bereits erreichten Einigung war also für das konkrete Zusammenleben noch nichts gewonnen: nicht nur das Eigentum, auch die Beziehungen mußten formal eindeutig neu geregelt werden.[8]

Alle diese Fragen blieben strittig, bis im Jahre 1879 in einem Gesamtvertrag eine vorläufig alle Beteiligten befriedigende Lösung ausgearbeitet war.

Die Anfänge der Zentrumsgemeinde, der späteren Christuskirche (1873–1879)

Das Bielefelder Komitee wartete nicht auf den Abschluß der schwebenden Verfahren, es setzte ein neues Projekt in die Tat um und gründete neben den zwei bereits bestehenden deutschen Gemeinden eine neue, die im »Zentrum« von Paris bis in den Westen hinein, d.h. in den gutbürgerlichen Stadtvierteln deutsche Gemeindeglieder sammeln sollte.

Sieht man sich die damalige Situation an, so leuchtet die Notwendigkeit einer dritten deutschen Kirche nicht unmittelbar ein. Die Zahl der Deutschen hatte sich erheblich verringert: nach den Ausweisungen von 1870 kamen nur zögernd die früheren Auslandsdeutschen wieder zurück.[9] Warum sollten nicht die bereits vorhandenen Gottesdienstorte genügen?

Soweit man dies aus den Äußerungen der Zeitgenossen erschließen kann, sind wohl folgende Gründe entscheidend gewesen.[10] Die beiden vorhandenen Kirchen erfüllten nicht den Zweck des neuen Projekts. Die Hügelkirche lag etwas abgelegen in einem Arbeiterviertel und diente zum größten Teil der umwohnenden Arbeiterbevölkerung. Sie ähnelte eher einem Sozialwerk mit Schule als einer Gemeinde. Der deutschsprachige Teil der Billettesgemeinde, die spätere Evangelisationsgemeinde, dagegen blieb auch unter dem neuen Leitungskomitee, auf das wir noch eingehen werden, eng mit der französischen Gemeinde verknüpft, der deutsche Prediger war Gehilfe des Billettespfarrers. Viele Gemeindeglieder waren Elsässer, für die eine kirchliche Gemeinschaft mit den Reichsdeutschen schwierig geworden war, woraufhin diese eine neue kirchliche Heimat suchten.[11] Und für die Bedürfnisse der wohl-

---

7 Siehe Artikel im »Westfälischen Hausfreund« (Anm. 6), Sp. 6.
8 Für die Neuordnung der Eigentümerschaft an der Hügelkirche, die ja noch Bodelschwinghs Privateigentum war, durch Gründung einer Société civile siehe die Darstellung S. 363–364.
9 Selbst für die Hügelkirche muß Bodelschwingh zugeben, daß 1871 die Mehrzahl der von ihr zu versorgenden Gemeindeglieder Franzosen sind, in Artikel im Westfälischen Hausfreund 1873.
10 Zum Beispiel weist ein Zeitungsartikel zur Einweihung der Christuskirche 1895 auf die Gemeindegliedschaft der »besseren Kreise, an ihrer Spitze die Gesandtschaft« hin in Archiv Christuskirche 110–1.
11 »Unter den veränderten Umständen nach dem Krieg« hätten es viele ehemalige Billettesgemeindeglieder vorgezogen, zur neuen Zentrumgemeinde zu gehen, so M. Krause: Brünnlein Gottes in Paris, S. 48.

habenden Kaufleute, Diplomaten und Adeligen gab es keine geeignete Kirche. Diese Bedürfnisse entwickelten sich in den Siebziger Jahren in Richtung einer repräsentativen Kirche, in der auch nationale Ereignisse kirchlich begangen werden konnten.[12]

So beauftragte das Bielefelder Komitee Pfarrer Friedrich Frisius mit der Sammlung der Deutschen im Stadtzentrum und im Westen zu einer Gemeinde. Zum Teil werden dies die früheren Besucher der deutschen Gottesdienste in der Rédemptionskirche gewesen sein, zum Teil kamen sie auch von der Billettesgemeinde.

In welcher Pariser Kirche konnte man für diese neue Gemeinde Gottesdienste abhalten? Die Rédemption lehnte es jedenfalls ab, ihre Kirche der neuen Zentrumsgemeinde zur Verfügung zu stellen.[13]

Vorläufig mußte man also Säle für den Gottesdienst anmieten, zunächst einen Konzertsaal in der Rue Clary, wo der erste Gottesdienst am 1. Sonntag nach Epiphanias 1873 stattfand, von Friedrich Frisius gehalten. Dieser war bis 1892 der Pfarrer der Zentrumsgemeinde und kann als ihr eigentlicher Gründer gelten.[14]

Der Vertrag von 1879

In einem Vertrag zwischen dem Bielefelder Komitee und dem lutherischen Konsistorium wurden 1879 alle schwebenden Fragen geregelt und die Beziehungen auf eine neue Grundlage gestellt.[15]

Hügelkirche und Zentrumsgemeinde wurden zu einer Gemeinde zusammengefaßt, die von einem gemeinsamen Komitee geleitet wurde. In diesem Komitee saßen zwei französische und zwei deutsche Pfarrer neben fünf Laienmitgliedern beider Gemeinden. Kirchenbehörde blieb das lutherische Konsistorium, das den Pfarrer, den das gemeinsame Komitee gewählt hatte, bestätigen mußte und auch bezahlte. Ebenso führte das Konsistorium die Dienstaufsicht: Änderungen in der Liturgie z.B. mußten von ihm genehmigt werden. Gottesdienste der Zentrumsgemeinde konnten in der Kirche Rédemption stattfinden, die im selben 9. Arrondissement liegt.[16]

Mit Erleichterung zog Pfarrer Frisius mit seiner Gemeinde wieder in ein richtiges Gotteshaus ein. Auf die Dauer war der Zustand unhaltbar, am Sonntagvormittag in einem Saal Gottesdienst zu halten, der bis in die Morgenstunden als Tanzsaal gedient hatte, vom Fehlen einer Orgel ganz zu schweigen. Amtshandlungen wie Taufen,

---

12 Ihr enges Verhältnis zur Botschaft wird in einem vermutlich von Pfarrer Georg Streng verfaßten Artikel in der Allgemeinen Evangelisch-lutherischen Kirchenzeitung vom 23.8.1907 betont.
13 In den Protokollen der Konsistoriumssitzungen stehen hinhaltende Bescheide auf Anfragen des Bielefelder Komitees nach Benutzung der Kirche neben der Beratung, selber eigene deutsche Gottesdienste durch französische Geistliche wieder einzurichten. Offenbar hat es zwischen 1876 und 1879 zeitweise deutsche Gottesdienste französischen Ursprungs in der Rédemptionskirche gegeben. Siehe Protokolle vom 28.4.1876, 2.6.1876, 29.12.1876, 7.12.1877, 29.11.1878 in A. Luth. Kons. Paris und M. Krause: Brünnlein Gottes in Paris, S. 49. A. Weber gibt Frisius als mit deutschen Gottesdiensten beauftragt an, in Un centenaire, S. 124.
14 Im fortlaufenden Text werden nur einige Pfarrer erwähnt, eine vollständige Liste im Anhang gibt Auskunft über alle Amtsinhaber.
15 Text bei F. Bansa: Hügelgemeinde, S. 75–77.
16 Aus französischer Sicht war der von den Pastoren Appia und Ménégoz von 1876 an gehaltene deutsche Gottesdienst in der Rédemption im Jahre 1879 Friedrich Frisius anvertraut worden, also ein früherer Zustand wiederhergestellt, nachdem es drei Jahre lang zwei parallele Gottesdienste gegeben hatte, in A. Weber: Un centenaire, S. 124.

Trauungen und Trauergottesdienste waren sowieso in der Rédemption begangen und in den dortigen Kirchenbüchern registriert worden.

Für den deutschen Teil der Billettesgemeinde, die »Evangelisationsgemeinde«, fand man die Lösung eines eigenen Leitungsgremiums, ein weiteres Komitee, das innerhalb der französischen Gemeinde für die Deutschen zuständig war. Von hier aus wurde auch der einzige deutschsprachige Gottesdienst und die dazugehörige Schule auf dem linken Seineufer, in Saint-Marcel, mitbetreut. Die Schule mußte einige Jahre später aus Mangel an Schülern geschlossen werden.

Mit den Entscheidungen von 1879 hatte das Bielefelder Komitee seinen Dienst getan und ging in dem vom Vertrag vorgesehenen »Komitee für die deutschen Kirchen Augsburger Konfession und Schulen« auf. Damit war der Status quo juristisch fixiert und eine weitere Ausbreitung der deutschen kirchlichen Arbeit ausgeschlossen. Man hatte eine Form der Selbständigkeit innerhalb des Rahmens der französisch-lutherischen Kirche gefunden.[17]

Zur Zeit des Vertragsabschlusses waren die allgemeinen Beziehungen zwischen Deutschen und Franzosen wieder normaler, die antideutsche Stimmung war abgeebbt. Nicht, daß man schon wieder von freundschaftlichen Beziehungen sprechen konnte, aber das Revanchebedürfnis hatte nachgelassen.

Die Hügelkirche (1872–1888)

Die Zeit von 1876 bis 1888 bezeichnet Friedrich Bansa, Hügelpfarrer von 1902 bis 1914, als die »zweite Blütezeit«. Infolge der besseren deutsch-französischen Beziehungen kehrten die Arbeiterfamilien des Hügels wieder zurück. 1880 sollen an die 2000 Deutsche wieder im Stadtviertel Villette gewohnt haben. Die Schule unterrichtete bis zu 360 Kinder.[18] Sie war die einzige deutsche Schule zwischen 1871 und 1914 in Paris und erhielt Zuschüsse vom Auswärtigen Amt.[19]

1884/85 schlug das Pendel wieder zurück: in Frankreich brach eine Wirtschaftskrise aus, in Deutschland dagegen herrschte Hochkonjunktur. Die Folge war die Entlassung von Arbeitern in Paris, die leichter wieder in ihrer Heimat Arbeit fanden und deshalb zurückkehrten.

Zu diesen wirtschaftlichen Bewegungen kamen außenpolitische Spannungen, die von innenpolitischen Auseinandersetzungen ausgelöst wurden. 1886 versuchte der französische Kriegsminister Boulanger nach dem Sturz des republikanischen Kabinetts Jules Ferry staatsstreichartig an die Macht zu kommen. Er benutzte das Bedürfnis nach »Revanche« für den Verlust Elsaß-Lothringens zur Mobilisierung von Anhängern. Kriegsgerüchte gegen Deutschland entstanden, von der Presse bereitwillig aufgenommen und verbreitet, dazu erregte die Affäre Schaebele – eine Agentengeschichte im deutsch-französischen Grenzgebiet – im April 1887 die französische Öffentlichkeit.

---

17 Siehe ZA, Best. 5 1371.
18 F. Bansa: Hügelgemeinde, S. 81–89.
19 Pol.AA, Botschaft Paris 1679 und 1680.

10. Die Rédemptionskirche in der Rue Chauchat Nr. 16, eingeweiht 1843

Boulanger scheiterte, die III. Republik überlebte, der Deutsch-Französische Krieg fand nicht statt, aber die deutsche Bevölkerung in Paris verringerte sich um ein Drittel: von 36 000 Deutschen im Jahre 1884 auf nur noch 24 000 vier Jahre später.[20]

Kirchenbaupläne für die Christuskirche

Entscheidend für die weitere Geschichte der Zentrumsgemeinde wurde das Jahr 1888. Weltpolitische und lokale Ereignisse trafen so zusammen, daß der Entschluß zum Kirchenbau für die Zentrumsgemeinde gefaßt wurde.[21]

Im März 1888 starb in Deutschland der Kaiser Wilhelm I. Pfarrer Frisius wollte in der Rédemptionskirche einen Trauergottesdienst für den Verstorbenen halten, den ersten nationalen Gottesdienst, soweit bekannt. Das französische Konsistorium wollte dies jedoch verhindern und fragte beim Außenministerium nach. Dieses erlaubte ausdrücklich die Gedenkfeier, worin man vielleicht die Bereitschaft der neuen republikanischen Regierung sehen kann, das gespannte Verhältnis zum Deutschen Reich zu normalisieren.[22] Der Trauergottesdienst fand statt.

Ein zweites, viel banaleres Ereignis löste einen folgenreichen Sachzwang aus, denn ebenfalls im Jahre 1888 änderte die Kirche Rédemption ihre Gottesdienstzeiten. Statt wie bisher um 12 Uhr sollte nach einer Umfrage unter den Gemeindegliedern ab April der Gottesdienst um 10 1/4 Uhr beginnen.[23] Das aber war die gewohnte Zeit des deutschen Gottesdienstes. Man mußte sich neu einigen. Die Zentrumsgemeinde zog – noch einmal – aus und fand in der Rue Royale einen halbwegs als Gottesdienstort geeigneten Saal.[24]

Gleichzeitig aber wurde von der deutschen Botschaft und vom Komitee der beiden deutschen Gemeinden ein Kirchenbaufonds gegründet: man war die Abhängigkeit leid und wollte endlich eine eigene Kirche!

Daß hier die Botschaft die Initiative ergriff, daß der neue Kaiser Wilhelm II. dem Baufonds 20 000 FF übergab – das sind Zeichen dafür, daß die Kirchengemeinde für deutsche staatliche Stellen interessant geworden war.[25] Der junge deutsche Kaiser wollte den Deutschen Weltgeltung verschaffen, was eine aktivere, wenn nicht sogar aggressivere Außenpolitik nach sich zog, auch auf kulturellem Gebiet. Die Auslandsgemeinden erhielten als Träger deutscher Kultur eine neue Funktion in Hinblick auf diese Weltgeltung.

Auch die bürgerliche deutsche Kolonie in Paris setzte sich für den Kirchenbau ein, so veranstaltete der deutsche »Quartettverein« beispielsweise in den Räumen der Gesandtschaft ein Konzert zugunsten des Kirchenbaus.[26]

20 F. Bansa: Hügelgemeinde, S. 83.
21 Die allerersten Pläne gehen allerdings wahrscheinlich bereits in das Jahr 1886 zurück: mit diesem Datum beginnt die Akte der deutschen Botschaft Paris zum Kirchbau, in Pol.AA, Botschaft Paris 1679 und 1680.
22 Sitzung vom 16.3.1888 (S. 446) in A Luth. Kons. Paris.
23 Sitzung vom 25.11.1887 (S. 422) in A Luth. Kons. Paris.
24 Sitzung vom 26.10.1888 (S. 474) in A Luth. Kons. Paris.
25 Siehe ZA, Bestand 5 1371.
26 Zeitungsartikel vom Februar 1895. Als Ausschnitt in Archiv Christuskirche 110–1.

11. Friedrich Frisius,
Pastor in Paris von 1872–1892

1893 war es soweit: man hatte ein Grundstück gefunden, dessen Vorderhaus zum Gemeindehaus umgebaut[27] und dessen Garten als Bauplatz für die Kirche genutzt werden konnte. Das Geld des Baufonds reichte für einen Grundstock, die verbleibenden Schulden wurden in den folgenden Jahren abbezahlt.

27 Das heutige Gemeindehaus ist erst 1911/12 als Neubau anstelle des ursprünglichen Wohnhauses gesetzt worden.

Christuskirche und Hügelkirche (1894–1914)

Die Einweihung der Christuskirche am 9. Dezember 1894

Am 9. Dezember 1894, dem zweiten Adventssonntag, fand die feierliche Eröffnung der Christuskirche statt. Kaiserin Auguste Viktoria schickte aus diesem Anlaß eine Altarbibel, die heute noch in der Christuskirche aufbewahrt wird.

Die Eröffnung scheint mehr oder weniger eine Angelegenheit unter Deutschen gewesen zu sein.[1] Zwar sind die Repräsentanten von etwa zwölf deutschen Landeskirchen eingeladen worden, vorwiegend der lutherischen, und Vereine der Diasporaarbeit wie der Lutherische Gotteskasten und der Gustav-Adolf-Verein, aber Vertreter der französischen Kirche fehlten fast vollständig: man hatte den Präsidenten des Lutherischen Konsistoriums, Pastor Auguste Weber eingeladen und die Pastoren Georges Appia und Eugène Ménégoz, zwei Förderer des deutschen Gottesdienstes,[2] als Privatpersonen – das war alles. Weber und Ménégoz sagten ab – krankheits- und arbeitshalber, wie man in ihren Briefen nachlesen kann.[3] Appia nahm teil und sprach ein paar Worte im Gottesdienst. Am selben Tage abends um 20 Uhr wurde in einem zweiten Gottesdienst der neue deutsche Pfarrer Petersen eingeführt. Er soll vorher in Genua gewirkt haben.

Überhaupt erhält man aus den Akten den Eindruck, als hätten sich die französischen Lutheraner ab dem Vertrag von 1879 bewußt nicht mehr für die deutschen Glaubensgenossen interessiert, im Sinne des vom Kirchenältesten August Klattenhoff zitierten Ausspruchs von Pastor Vallette nach 1870: ab jetzt müsse alles, was für die Deutschen in Paris geschähe, ausschließlich von Deutschen geleistet werden.[4] Der Bericht über die Einweihungsfeier in der französischen lutherischen Zeitung Le Témoignage geht so ausführlich und detailliert darauf ein, aus welchen deutschen Quellen das Geld zum Kirchbau stammt, daß überdeutlich wird: von Franzosen wurde kein Geld gespendet.[5]

Am juristischen Status der Gemeinde änderte der Kirchenbau nichts: sie blieb weiterhin als Doppelgemeinde unter der Dienstaufsicht des Französisch-lutherischen Konsistoriums.

---

1 Diesen Eindruck jedenfalls erhält man, wenn man die Einladungslisten und Korrespondenz zum Eröffnungsgottesdienst ansieht, in Archiv Christuskirche 110–1.
2 Ménégoz war 1866–1905 als Elsässer in der Billetteskirche für den deutschen Gottesdienst zuständig gewesen, bevor Pfarrer Krause das Amt als selbständiger Pfarrer der sich 1906 loslösenden Evangelisationsgemeinde übernahm. F. Bansa: Hügelkirche, S. 77.
3 Briefe vom November 1894 in Archiv Christuskirche 110–1.
4 Rede von A. Klattenhoff zur Neugründung der Gemeinde nach dem Trennungsgesetz von 1905 (GBl Sep. 1906). Siehe unten S. 70–74 ausführlicher zu dieser Rede. Als das Ministère des Cultes im Jahre 1894 beim französischen Konsistorium nachfragte, ob es Bedenken gegen die Eröffnung einer deutschen Kirche in der Rue Blanche gebe, antwortete man neutral: weder Zustimmung noch Ablehnung wolle man äußern. Protokoll vom 19.10.1894 (S. 219) in A Luth. Kons. Paris.
5 Siehe Le Témoignage vom 15.12.1894, S. 398.

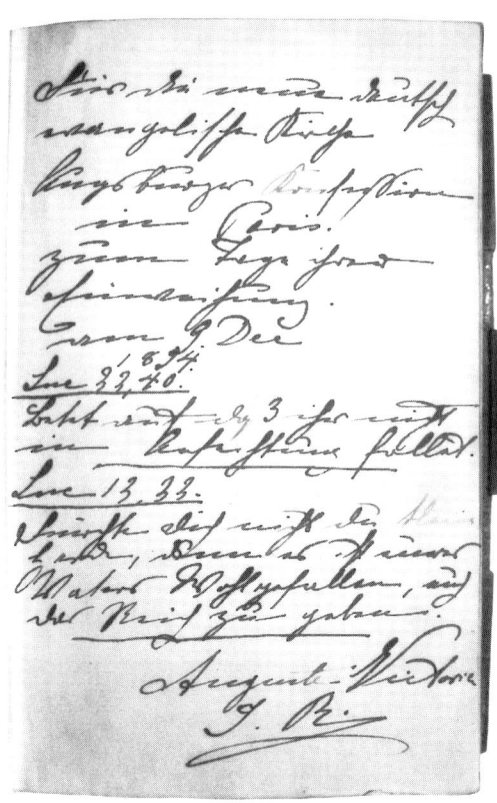

12. Lutherbibel in Prachteinband. Geschenk der deutschen Kaiserin Auguste-Victoria zur Einweihung der Christuskirche am 9. XII. 1894 mit persönlicher Widmung. »Für die neue deutsche evangelische Kirche Augsburger Konfession in Paris. Zum Tage ihrer Einweihung am 9. Dec. 1894. Luc. 22,40: Betet, auf daß ihr nicht in Anfechtung fallet. Luc. 12,32: Fürchte dich nicht, du kleine Herde, denn es ist eures Vaters Wohlgefallen, euch das Reich zu geben«

In denselben Tagen wie die Eröffnungsfeier der Christuskirche fand übrigens in Paris ein Prozeß statt: ein jüdischer Hauptmann namens Dreyfus wurde wegen Landesverrat zur Deportation verurteilt. »Die Affäre« wurde erst Jahre später daraus, als Zweifel an der Schuld des Offiziers aufkamen.

Die deutsche Kolonie um 1900: Eine Bestandsaufnahme

Was hätte ein junger Deutscher in Paris vorgefunden, wenn er zum Abschluß seiner – zum Beispiel kaufmännischen – Ausbildung um das Jahr 1900 herum in die französische Hauptstadt gereist wäre? Von solchen jungen Kaufleuten gab es viele.

Nach amtlichen Zählungen wohnten 24 568 Deutsche in Paris,[6] was als untere Grenze anzusehen ist; ein Zeitungsbericht von 1890 ging von 35 000 geschätzten

---

6 Diese Angaben entstammen der Volkszählung von 1901, wie sie Käthe Schirmacher: La spécialisation du travail par Nationalité, Paris 1908, S. 10 berichtet. In Paris lebten zur selben Zeit 157 600 Ausländer, sie machten also weniger als 10 Prozent der Einwohner aus. Die Autorin war übrigens Gemeindeglied, und die Ergebnisse ihrer Studie wurden im Gemeindeblatt referiert (GBl 1909). Zu ihrer Person und ihrem Lebenslauf siehe unten S. 329–330.

Deutschen aus.[7] Sie waren damit nach den Belgiern die zweitstärkste ausländische Gruppe in Paris, dicht gefolgt von Italienern und Schweizern.

Der junge Mann wäre sicher auf einem der Bahnhöfe für Züge aus Deutschland, der Gare de l'Est oder der Gare du Nord, angekommen, in deren Nähe er – nicht zufällig – eine ganze Reihe deutscher Restaurants und Hotels vorfand. Diese Gegend war seit dem Eisenbahnbau das Einfallstor von Norden und Osten her. Die von Deutschen bevorzugten Stadtviertel grenzten an: der Faubourg Montmartre, die Porte Saint-Denis, wo zahlreiche selbständige Kaufleute ihre Geschäfte hatten.

Aber diese Schicht war vergleichsweise dünn: in größerer Zahl wohnten die Deutschen als Arbeiter im Viertel La Villette (die protestantischen Hessen) und im Süden der Stadt: in Gentilly, Ivry, Montrouge (die katholischen Pfälzer) – da hatte sich seit dem Aufenthalt Bodelschwinghs nichts geändert.

Noch seltener als die Bürgerlichen waren die deutschen Adeligen in Paris, darunter die Familie des Grafen Kessler. Die Gräfin Kessler taucht in den Spendenlisten für den Kirchenbau auf.[8] Zu dieser Schicht[9] gehörte auch das diplomatische Personal: Fürst von Hohenlohe-Schillingsfürst vertrat das Deutsche Reich von 1874–1885, dann Graf von Münster zu Derneburg bis 1900, es folgte ihm Fürst Hugo von Radolin und ab 1910 Freiherr Wilhelm von Schoen. Auch einzelne Landesfürsten ließen sich in Paris vertreten, so spielte der bayerische Gesandte von Reiter als Vorsitzender des »Deutschen Hülfsvereins« um 1890 eine wichtige Rolle.

Der »Hülfsverein« gehörte zu den zahlreichen Vereinigungen, die den Deutschen offenstanden. Seine Anfänge 1844 wurden bereits dargestellt.[10] Man kann nur hoffen, daß unser junger Mann ihn nicht brauchte: er war der letzte Rettungsanker, um Gescheiterten aus der größten Not zu helfen, etwa, indem man ihnen die Rückreise nach Deutschland bezahlte. Er verstärkte das föderalistische Element: seit seiner Gründung übernahmen die Gesandten der deutschen Einzelstaaten den Vorsitz. 1867 trat Österreich aus dem Hilfsverein aus: ein Reflex der Niederlage gegen Preußen.[11] Die Summen, die von den ca. 350 Mitgliedern aufgebracht wurden, müssen beachtlich gewesen sein, es gab nach der Jahrhundertwende sogar den nicht ausgeführten Plan, ein deutsches Krankenhaus zu bauen, wozu die Botschaft Hilfestellung leistete.[12]

Als Kaufmann zur bürgerlichen Mittelschicht gehörend wird sich der junge Mann vermutlich nicht dem »Club de lecture« der sozialistischen deutschen Arbeiter angeschlossen haben, der seit 1877 von Charles Hirsch, einem linken Journalisten, geleitet wurde. Schon eher könnten wir ihn zum Deutschen Jünglingsverein stoßen sehen, wenn er kirchlich interessiert war. In erster Linie bot der Verein mit seinen Räumen eine Möglichkeit, abends und am Wochenende die Freizeit ohne zu große Kosten an-

---

7 Magazine pittoresque: L'Allemagne à Paris. Artikel in drei Folgen 1890, S. 371–72, 378–79 und 402–03. Die Angaben im folgenden zur deutschen Kolonie im wesentlichen nach dieser Artikelserie.
8 Im Jahre 1868 ist Harry Graf Kessler, der Mäzen und Diplomat, in der Kirche Rédemption getauft worden.
9 Bis 1918 war die Diplomatenkarriere den Söhnen von Adeligen vorbehalten, ein Bürgerlicher hatte nur in der Konsulatslaufbahn eine Chance.
10 Siehe S. 41.
11 Im Jahre 1932 beteiligte sich übrigens die österreichische Gesandtschaft in Paris finanziell am »Mädchenheim« der Christuskirche – zu dieser Zeit war die sachlich gebotene Zusammenarbeit wieder diplomatisch möglich geworden.
12 Siehe Pol.AA, Botschaft Paris 1680.

13. Innenansicht der Christuskirche aus dem Jahre 1895

genehm zu verbringen, an Vorträgen, Ausflügen und geselligem Zusammensein teilzunehmen. Der Verein war zwar an die Deutsche Evangelische Kirche Augsburger Konfession angeschlossen, aber organisatorisch selbständig, worauf er auch Wert legte.

Zur Freizeitgestaltung im deutschen Milieu standen dem jungen Deutschen außerdem zwei Chöre, der Deutsche Quartettverein und die Teutonia offen (wie offen für einen »normalen« Menschen bleibt fraglich, weil beide mit je 250 und 150 Mitgliedern und elitärem Bewußtsein relativ exklusive Gesellschaften darstellten). Da wird es schon eher möglich gewesen sein, sich im Deutschen Turnverein, der auch gleichzeitig eine Bibliothek und eine Laienbühne bot, zu engagieren. Nicht zufällig organisierten die Deutschen im Ausland Musik- und Sportvereine. Seit ihrer Gründung nach den Befreiungskriegen (zum Beispiel von Turnvater Jahn) verkörperten sie die nationale Idee.

Für eine junge Frau, die damals nach Paris kam, stellte sich die Situation ganz anders dar. Es gab verhältnismäßig viele: zwei Drittel – 16 000 von 24 000 – der Deutschen waren Frauen, von denen viele als mitreisende Ehefrauen nach Paris gekommen sein werden. Insgesamt sind 19 640 Deutsche als »population active«, also berufstätig, anzusehen, von denen allein 8000 als »domestiques allemandes« (deutsches Dienstpersonal) gezählt wurden.[13] Möglichkeiten, sich als Frau seinen Lebensunterhalt zu verdienen, gab es hauptsächlich in zwei Tätigkeitsfeldern: die jungen Mädchen, die als »bonne à tout faire« (Mädchen für alles), als Kinderfräulein oder als Hausmädchen in den reichen französischen Häusern arbeiteten, und die Lehrerinnen und Erzieherinnen, eine der ersten Möglichkeiten für bürgerliche Frauen, berufstätig zu sein.

Für beide Gruppen entstand 1886 für 180 000 FF ein kirchliches Wohnheim: das Eckhaus 21, rue Brochant/rue Nollet. Es stand unter der Schirmherrschaft der Kaiserin Friedrich, die nach deren Tod 1901 von der deutschen Kaiserin Auguste Viktoria übernommen wurde, und wurde selbstverständlich vom deutschen Botschafter, Graf Münster, unter Anteilnahme der deutschen Kolonie feierlich eingeweiht.[14]

Es diente als Übergangslösung, als erstes Quartier, als letzter Zufluchtsort, aber auch als fachkundige Beratungsstelle für deutsche Frauen und Mädchen, die in Paris Arbeit suchten. Manchmal scheinen sie recht blauäugig, ohne Sprachkenntnisse, ohne Geld, ohne Arbeitsstelle gekommen zu sein, so daß Stellenvermittlung und Aufklärung die Hauptaufgaben waren. Die Leiterinnen, meist Diakonissen, warnten: »Über die Möglichkeit, in den Stellen Französisch zu lernen, täuschen sich die Mädchen meist sehr. Und ob das bißchen, was dann erhascht wird, wirklich all der Arbeit und so mancher grausamen Enttäuschung und innerlichen Demütigung wert war?«[15]

Eine Berufsgruppe war ebenso wie im Süden von Frankreich besonders stark vertreten und brachte besondere Bedürfnisse mit sich: die Kellner. Durch ihre Arbeitszeiten von vielen geselligen Veranstaltungen ausgeschlossen, häufig die Arbeitsstelle wechselnd, war für sie eine Anlaufstelle wichtig. In Paris gab es den Christlichen Kellnerbund, der seit 1904 ein Wohnheim mit 20 Betten unterhielt (Avenue Beau-

---

13 K. Schirmacher: La Spécialisation, S. 85.
14 A. Klattenhoff: Bericht über die Gemeinde im GBl Feb. 1906.
15 GBl Aug./Sep. 1906. Näheres über das Mädchenheim siehe unten S. 113.

14. Das christliche Kellnerheim. Abbildung des Titelblattes und der Statistik der gemeinsamen Jahresberichte für die Jahre 1909–1911

cour). Es war organisatorisch von der Christuskirche getrennt, wurde aber im Gemeindeblatt angezeigt, Pfarrer und Kirchenvorsteher gehörten zum Vorstand. Man erhielt Informationen über die Lage auf dem Arbeitsmarkt, konnte Bücher kaufen oder ausleihen, abends Kollegen treffen und im Hause Bibelstunden und Abendandachten der Geistlichen der Christuskirche besuchen.

Der Bericht für die Jahre 1909–1911 zeigt, daß nicht nur Kellner, nicht nur Deutsche und nicht nur Männer Unterkunft gefunden haben. Die katholische Kirche hatte ihre eigenen Hilfsorganisationen: zum Beispiel gab es in der Rue Lafayette seit 1850 die »Josephsmission«, geführt vom Jesuitenorden, in der stellungslose Deutsche Hilfe fanden. Finanziell wurden sie vom Kaiserreich Österreich-Ungarn unterstützt, so wie sich die Evangelischen an den deutschen Kaiser wandten. Auch sie waren durch den Krieg 1871 nicht unbeeinträchtigt geblieben. Da die katholischen deutschsprachigen Auslandskirchen schon damals in die örtliche Amtskirche eingegliedert waren, unterstand die Mission dem Erzbischof von Paris. Nach 1871 entstand ein Streit über die Frage, ob die deutsche Sprache beibehalten werden sollte; nach der Jahrhundertwende überwog allmählich das französische Element.[16]

---

16 Dazu siehe Hermann Weber: Die »Mission de St. Joseph des Allemands« in Paris. 1850–1925, in Francia 1989/3, S. 1–13.

Die drei evangelischen Gemeinden hatten nicht nur einen unterschiedlichen geographischen Einzugsbereich, sondern sammelten schwerpunktmäßig unterschiedliche soziale Gruppen und folgten unterschiedlichen kirchlichen Richtungen. Die kleine Hügelkirche vereinigte die Arbeiterfamilien der Umgebung des 19./20. Arrondissements, die Evangelisationsgemeinde im Marais sprach vor allem junge Leute im Sinne der Gemeinschaftsbewegung mit missionarischen Zielen an, und die Christuskirche wollte offizielle Vertretung des »deutschen Elements« in Paris sein. Sie hatte ursprünglich viele bürgerliche Familien als Gemeindeglieder, dann überwogen 1896–1906 die jungen Leute, während in den folgenden Jahren wieder Familien das Bild bestimmten.[17]

Bei diesem Überblick über die deutsche Kolonie wird klar, daß die kirchlichen Vereine und Gruppen einen erheblichen Teil der deutschen Infrastruktur ausmachten. Dabei sind in dieser Zusammenstellung die Gemeindekreise im engeren Sinne noch nicht genannt: die Kirchenchöre der drei Gemeinden, die Nähkreise und Missionszirkel der Frauen, Bibelstunden und der Posaunenchor der Hügelkirche. An der Christuskirche gab es einen Deutschen evangelischen Jungfrauenverein, da es für ein junges Mädchen ohne viel Geld in Paris schwierig war, gesellschaftlichen Anschluß zu finden. Eine Armenkasse sprang dann ein, wenn der Deutsche Hilfsverein nicht mehr beansprucht werden konnte. Immerhin teilte sie etwa 5500 FF pro Jahr an Bedürftige aus.

Nachzutragen sind außerdem die deutsche Schule in der Hügelgemeinde, die immer ca. 360 Schüler unterrichtete, und die »Donnerstagskurse« im Pfarrhaus der Christuskirche. Hier trafen sich z.B. im Schuljahr 1905/06 23 Jungen und Mädchen an ihrem schulfreien Vormittag, um Religions-, Geschichts- und Deutschunterricht zu erhalten, während sie sonst in die französische Schule gingen.

Der französische Autor des oben genannten Artikels über die deutsche Kolonie sah die Deutschen als isolierte Gruppe, die unter sich blieb und sich nicht den französischen Gewohnheiten und der Pariser Lebensweise anpaßte. Dabei wird unterschwellig spürbar, daß er das so auch ganz gut fand – die Deutschen mußten beobachtet werden, damit man sie kontrollieren konnte. Die Isolierung war vielleicht nicht frei gewählt, sondern von der Umgebung aufgezwungen. Ein Zeitgenosse berichtet für die Zeit 1908/1914, in der Hügelgemeinde seien sonntags nach dem Gottesdienst, wenn die Gemeindeglieder vor der Kirche beisammenstanden, die Fenster der umliegenden Mietshäuser aufgegangen, um den Deutschen »sales boches« zuzurufen.[18] Der Krieg von 1870/71 wirkte in den Revanchegefühlen der Franzosen nach und bestimmte die Lebenssituation der Deutschen in Paris.[19]

---

17 Diese Charakteristik der drei Gemeinden stammt aus dem Jahre 1914 (GBl Jan./Mär. 1914), wird jedoch für die ganze Zeit gültig gewesen sein, wie sich aus gelegentlichen Andeutungen an anderer Stelle ergibt (z.B. GBl Dez. 1906).
18 Aussage von Generalkonsul a.D. Christian Zinsser, dem Sohn des letzten Hügelpfarrers Zinsser, VM 593/92 in Archiv Christuskirche 110-6, II.
19 Über das Gemeindeleben der Jahre 1894–1905 ist weniger bekannt als über andere Epochen. Das Gemeindeblatt existierte noch nicht, das Material im Gemeindearchiv ist spärlich. So kann man auch die Behauptung aus einer »Geschichte der Gemeinde«, geschrieben in den Sechziger Jahren, die ersten 10 Jahre seien die eigentliche Blütezeit gewesen, nicht überprüfen (Archiv Christuskirche 110-1: Gemeindechronik, vierseitige Darstellung ohne Autorenangabe).

Der neue Status nach 1905: Trennung von Kirche und Staat

Was heute wie eine Formalität aussieht, nämlich die Änderung des juristischen Status' der Gemeinde, war für die Zeitgenossen Wendepunkt der Gemeindegeschichte.[20]

Im Jahre 1905 fand die jahrzehntelange Auseinandersetzung zwischen Kirche und Staat in Frankreich mit dem Trennungsgesetz einen vorläufigen Abschluß. »Kirche« ist hier die katholische Kirche, »Staat« die 1871 eingeführte III. Republik. Der Kampf um Einfluß zwischen diesen beiden Mächten war auch der Kampf zwischen verschiedenen Staatsformen. Seitdem 1791 durch die »Zivilverfassung des Klerus« die katholische Kirche von den Revolutionären entmachtet wurde, gehörte sie zu den Gegnern der Republik.

Trennung von Kirche und Staat bedeutete: jede einzelne Gemeinde mußte eine »Association cultuelle« (Kultverein) bilden und sich von jetzt an von Mitgliedsbeiträgen finanzieren wie jede andere gesellschaftliche Organisation auch.

Bei diesen innerfranzösischen Auseinandersetzungen war die Christuskirche Zuschauerin und Mitbetroffene zugleich. Zuschauer waren die deutschen Protestanten, weil sie an den politischen Konflikten nicht beteiligt waren. Mitbetroffene waren sie, weil sie einen Kultverein gründen und ihre Gemeindeglieder zum ausdrücklichen Eintritt (samt Zahlung des Beitrages) veranlassen mußten. Auch sie mußten durch das Gesetz ihre Schulen von der Kirche trennen und einen gesonderten Trägerverein gründen. Die Kirche wurde Freiwilligengemeinde und entsprach ihrem Status nach einer Freikirche.

Exkurs: Das Selbstverständnis der Christuskirche

Im Kontext der Zeit schwangen aber noch ganz andere Töne mit: das Selbstverständnis der Gemeinde wurde ein anderes. Deshalb soll im folgenden August Klattenhoff, langjähriges Mitglied des Leitungskomitees der deutschen Gemeinde, zu Wort kommen. Er gab in einer Gemeindeversammlung am 20. Juni 1906 Rechenschaft über den Status der Gemeinde, in der alle Umbrüche der Zeit aus deutscher Sicht zusammengefaßt sind:

> »Unsere deutschen Gemeinden betrachten sich als Nachfolger des Pariser deutsch-französischen Missionswerkes, das in dem Rahmen der vor 100 Jahren vom französischen Staat anerkannten Kirche Augsburger Konfession ins Leben trat.«[21]

Missionsgemeinde zu sein bedeutet, daß die Kirche unselbständig, d.h. finanziell abhängig war, daß sie nicht einer normalen deutschen evangelischen Kirche entsprach. Dies sah man ihr nach, da sie unter schwierigeren Bedingungen lebte, als eine heimatliche Gemeinde mit langer Tradition.

> »Nach und nach, insonderheit nach 1872, nahmen unsere Gemeinden aber einen mehr nationaldeutschen Charakter an. Sie folgten dem Rat und Ausspruch des zu jener Zeit heimgegangenen trefflichen französischen Konsistorialpräsidenten Vallette, der lautete: ›Wenn nunmehr etwas für die deutsche Kirche in Paris geschieht, so muß es von Deutschland und von Deutschen für die Deutschen geschehen!‹«

---

20 Siehe die Artikel im GBl Dez. 1906 und Jan. 1907.
21 Abgedruckt im GBl Sep. 1906.

Die Nation ist als Richtschnur des Handelns neben die Konfession getreten. Mit der Gründung der Deutschen Mission im Jahre 1840 kümmerten sich französische Lutheraner um ihre deutschsprachigen Glaubensgenossen. Nach 1871 taten Angehörige der deutschen Nation etwas für ihre Landsleute, die im Ausland wohnten.

> »Auch konnte man wohl bisher unsere Gemeinden ›Diaspora-Gemeinden‹ nennen, d.h. in dem Sinne solche Gemeinden, die zerstreut zwischen den Evangelischen französischer Zunge für das Deutschtum und gegenüber dem Indifferentismus für das Evangelium einzutreten hatten, bauend auf die Kraft des Geistes von oben, kämpfend ohne Furcht für die Zucht, inmitten von Zügellosigkeit, die eine Weltstadt wie Paris in ihrem Gefolge hat, und wissend, daß die Liebe, die da nicht sucht das Ihre, das einzige Mittel sein konnte, die Herzen für Gott zu gewinnen, zueinander zu führen und zu erwärmen.«

Daß sich eine protestantische Gemeinde im katholischen Frankreich im konfessionellen Sinne als Diaspora verstand, überrascht nicht. Aber Klattenhoff nennt zwei weitere Fronten, an denen sich die evangelischen Deutschen zu behaupten hatten: die fremde Sprache und die Sitten der Weltstadt. Dieses dreifach begründete Diaspora-Bewußtsein zeigt eine kleine, sich verteidigende Gruppe inmitten von fremder oder sogar feindseliger Umwelt: sie unterschied sich durch ihre Sprache, durch ihren Glauben und durch ihre höhere Lebensart von den Einwohnern von Paris. Die Gegner, gegen die abgehoben wird, waren erstens die französischen Protestanten, zweitens die religiöse Gleichgültigkeit, die Säkularisierungstendenz und drittens die losen Sitten der Großstadt.[22]

Erstaunlicherweise werden zunächst zwei Widersacher nicht genannt, die für deutsche Protestanten auf der Hand liegen müßten: der republikanische Staat und die katholische Kirche.

Nach dem Dank an vielfältige finanzielle Unterstützung von Privatleuten, Landesfürsten, Kirchenregierungen, örtlichen Gustav-Adolf-Vereinen etc. geht Klattenhoff auf den Anlaß zur Gemeindeversammlung ein:

> »... an dem Wendepunkt, an dem wir angekommen sind, da aus einer deutschen Missionskirche, – die es freilich noch ein gewisse Zeit bleiben wird – eine Doppelgemeinde entstehen soll mit eigener Verfassung, zumal das bisherige Komitee, das sich immer durch Cooptation ergänzte, einem von einer späteren ›konstituierenden Gemeindeversammlung‹ zu erwählenden Komitee (Presbyterium, Kirchenvorstand, oder wie es sonst genannt werden soll) die Leitung künftighin überlassen soll.«

Nach dieser Darstellung entsprach also das sozusagen oligarchische Verfahren der Gemeindeleitung (der Kooptation) nicht den deutschen Vorschriften über gewählte Gemeindevorsteher, und nur der bisherige provisorische Zustand konnte dies entschuldigen.[23] Der Status quo war also veränderungsbedürftig – und zwar auch ohne die äußere Notwendigkeit, sich wegen des französischen Trennungsgesetzes neu organisieren zu müssen, sondern aus inneren Gründen, die in der Entwicklung der Gemeinde lagen.

Das ist der Hintergrund, wenn Klattenhoff zu der auf den ersten Blick für einen kirchlich engagierten Mann erstaunlichen Feststellung kommt:

---

22 Es ist dieser nationalprotestantische Diaspora-Begriff, den der Vizepräsident des Kirchlichen Außenamtes, Gerhard Stratenwerth, nach 1945 nicht mehr verwenden will und damit diese Tradition abbricht, siehe S. 213.
23 Über die kirchenrechtlichen Formen der inneren Gemeindeverfassung siehe S. 75, 364 ff.

»Man muß – soviel auch dagegen [gegen das Trennungsgesetz] gesagt werden kann und gesagt worden ist – ihm im Grunde Dank wissen, daß es Fragen aufgerollt, Interesse geweckt, kirchliches Leben erweckt hat, da wo nichts ferner lag, als sich eingehend um dieses alles zu bekümmern.«

Da kommt die Kehrseite der für die Kirche bisher so bequemen Staatsbindung zur Sprache: eine Kirche, deren Existenz gesichert und geschützt ist, erzeugt passive, träge Gemeindeglieder, während eine angegriffene Kirche sich verteidigen muß und deshalb lebendiger ist. So kam die kirchenfeindliche Absicht des Trennungsgesetzes psychologisch gesehen den Verantwortlichen in der Kirche entgegen: Druck erzeugt Gegendruck, Angriff mobilisiert die Verteidigungskräfte.

»Auf wen war und ist nun in erster Linie das Trennungsgesetz abgesehen? Doch unzweifelhaft auf die französischen Staatskirchen, vor allem auf diejenige Kirche, die durch ihre Autorität, die nicht angetastet werden sollte, und ihre Machtstellung in der Welt, so auch hier zu Lande namentlich durch das Konkordat, der republikanischen Regierungsform geheimen, wenn nicht offenen Widerstand entgegensetzte und allen Freiheitsbestrebungen hemmend in den Weg trat. So kann es nicht verwundern, daß die anderen Kirchen, die diesen systematischen Widerstand n i c h t boten, vornehmlich die protestantischen, wenn sie dem Gesetz auch nicht gerne zustimmten, es doch annahmen und sich ihm willig unterwarfen, ...«

Klattenhoff zeigt viel Verständnis für den französischen Staat, der sich legitimerweise gegen die staatsfeindliche Macht der katholischen Kirche wehre. Gegen die Protestanten wäre ein solches Gesetz nicht notwendig gewesen, man hätte ihre Kirchen ruhig weiter als Staatskirchen existieren lassen können, da sie die staatliche Macht und die Staatsform nicht in Frage stellten. Er betont also den politischen Charakter des Gesetzes, nicht seine allgemein antikirchliche Tendenz. Es sind zwei Merkmale der katholischen Kirche, die das friedliche Zusammenspiel von Staat und Kirche stören: die (päpstliche) Autorität, die im Unfehlbarkeitsdogma von 1870 auf dem Ersten Vatikanischen Konzil festgeschrieben worden ist, und die Tatsache an sich, daß mit dem Papsttum die Glieder der katholischen Kirche eine Konkurrenzautorität neben und über dem nationalen Staat anerkennen. Die katholische Kirche als Hindernis aller »Freiheitsbestrebungen« – dagegen wandte sich das Gesetz. Damit interpretiert Klattenhoff das Gesetz als »Kulturkampfmaßnahme« nach deutschem Denkmuster: gegen die »ultramontanen Reichsfeinde« mußte der Staat sich wehren.

Völlig außer Acht läßt er hier die Tatsache, daß er selber, bzw. die evangelischen Deutschen die republikanische Staatsform ebenfalls ablehnten und sich eigentlich in ihrer monarchischen Grundhaltung viel besser mit katholischen Franzosen verstanden haben müßten als mit protestantischen Republikanern. Offenbar ist der antikatholische, kulturkämpferische Impuls stärker als die Solidarität der Kirchen untereinander gegen Säkularisierungsmaßnahmen.

In diesen Zusammenhang gehört auch das Bewußtsein, selber treuer Bürger zu sein – sich der Obrigkeit gegenüber gehorsam zu zeigen, nicht aufrührerisch zu sein. In diesem Sinne kann man auch verstehen, wenn berichtet wird, daß man »stolz darauf« war, daß die protestantischen Pfarrer sich zu dieser Zeit – z.B. bei Beerdigungen – im Talar auf der Straße zeigen durften, während es den katholischen Priestern verboten war, sich im Meßgewand in der Öffentlichkeit zu bewegen: die deutschen Protestanten sind staatstreu, auch gegenüber dem republikanischen Staat.[24] Auch Glockengeläut sei von der evangelischen deutschen Gemeinde (d.h. von der Hügelkirche) toleriert worden, den katholischen Kirchen dagegen untersagt gewesen. Um dies richtig zu verstehen, sollte man mitbedenken, daß die Katholiken ihre Insignien auch deshalb öffentlich zeigten, um politisch gegen das Trennungsgesetz zu protestieren. Ein katholischer Priester im Meßgewand auf der Straße war eine politische Demonstration gegen die Republik.

Mit seiner Sicht der Situation trifft sich Klattenhoff mit einem Teil der französischen Protestanten, die meinten, das Trennungsgesetz gäbe den Kirchen mehr Freiheit zu kirchlicher Tätigkeit, und die den Vorteil, den die katholische Kirche mit ihrem traditionellen Gewicht und der Bindung an Rom bisher hatte, sich verringern sahen.[25] Dieser Haltung entgegen standen Befürchtungen, die über den konfessionell beschränkten Horizont hinausgingen. Dieser Schritt der französischen Regierung paßte in die langfristige europäische Tendenz der Säkularisierung, verstanden als Hinausdrängen der Kirchen aus dem öffentlichen Raum. Sie wurden in die Privatsphäre verbannt. So begriffen, müßten eigentlich alle Kirchen gemeinsam um das noch verbliebene Terrain öffentlicher Wirksamkeit kämpfen, da alle betroffen sind.[26]

Für die beiden deutschen Gemeinden ist die Umkonstituierung als Association cultuelle nun mit einer zweiten, aber nicht zweitrangigen Frage verbunden: mit dem Anschluß an eine deutsche Landeskirche.

> »Und nun werden Sie die Frage an uns richten, warum wir einen Anschluß an Deutschland einem solchen vorziehen, wie er bisher mit dem hiesigen französischen Konsistorium der Kirche Augsburger Konfession in Kraft war, dem wir doch immer zu großem Dank verpflichtet bleiben für das erzeigte langjährige Wohlwollen? Oder warum wir nicht lieber *ganz freie* Gemeinden begründen möchten?«

Das Trennungsgesetz erwies sich als gute Gelegenheit, das Verhältnis zum lutherischen Konsistorium zu klären. Im folgenden betont Klattenhoff, daß immer die Geldgeber in Deutschland – Gustav-Adolf-Verein, Gotteskasten usw. – darauf gedrängt haben, daß die Gemeinde »nicht in der Luft stehen bleiben«, sondern sich einer Kirchenregierung unterstellen soll. Gottesdienstordnung, Bekenntnis, Lehre, anerkannte Ausbildung der Geistlichen, Finanzen müssen von einer Kirchenbehörde überprüft werden können. Der Grund dieses Drängens wird darin gelegen haben, daß die kirchlichen Geldgeber fürchteten, daß ohne kirchliche Oberaufsicht in einer »freien« Gemeinde im Ausland einzelne Gruppen die Gemeinde dominieren könnten, daß der Pfarrer in seiner Amtsführung abhängig werden könnte, daß die Finanzen nicht kontrollierbar wären.

Klattenhoff begründet anschließend die Entscheidung zum Anschluß an eine deutsche Landeskirche:

> »Wir möchten diesen Anschluß fortan aber deshalb in der Heimat finden, weil eben ein solcher uns nunmehr größeren Schutz bieten würde als der an das französische Konsistorium, das die staatliche Anerkennung nicht mehr genießt.«

Der Gedanke der Staatskirche siegt: die Vorstellung, sozusagen als Anhängsel einer Freikirche zu existieren, befriedigt die deutschen Protestanten nicht. Sie wollen den Schutz, d.h. die Sicherheit und die Regeln der deutschen, vom Staat finanziell mitgetragenen Kirche.

---

24 Siehe Aussage von Generalkonsul a.D. Christian Zinsser. Vermerk 593/92 in Archiv Christuskirche 110–6, II.
25 Siehe G.Cholvy/Y.M. Hilaire: Histoire religieuse, Bd. II, S. 120.
26 R. Blanc: Garder le dépôt!, Paris 1992, S. 33–34.

> »Im übrigen würde ein deutsches Konsistorium neben dem inneren Halt auch äußere Vorteile bieten, ... [wie Pensionsberechtigung der Geistlichen etc.]. ... es würde nicht zum wenigsten den *deutschen* Charakter unserer Gemeinde fördern und, mehr als ein französisches Konsistorium selbst bei dem besten Willen es könnte, *sichern.*«

Neben praktischen Erwägungen scheint die Trennung vom französischen Konsistorium deshalb nötig zu sein, weil der nationaldeutsche Charakter besser hervortreten soll. Auch an anderen Stellen tritt die Furcht, nicht national genug zu sein im Gemeindeblatt hervor.[27] Finanziell gesehen würde sich mit dem Anschluß an die Kirche in Deutschland nicht viel ändern: im Prinzip mußte die Gemeinde von Mitgliedsbeiträgen leben, aber konnte doch mit großzügigen Zuschüssen aus Deutschland rechnen – wie bisher auch. Im Gegenteil konnte man allerdings erwarten, daß die lutherische Kirche in Frankreich in Zukunft sehr viel ärmer sein würde als vorher.

Und so verwundert der Schluß der Rede Klattenhoffs nicht:

> »Sollte, trotzdem ich am Anfang und zum Schluß von unserer geliebten deutschen Kaiserin und von unserem tüchtigen deutschen Reichskanzler gesprochen, es Sie aber dünken, als zöge ich die evangelische Sache auf Kosten der *nationaldeutschen* vor, so antworte ich, daß die Farben beider die gleichen sind. Unsere *deutsche* Fahne ist *schwarz, weiß, rot,* unsere *evangelische,* nur in anderer Reihenfolge, die gleiche. Aus der Nacht der Sünde, *schwarz,* durch das Blut des Erlösers, *rot,* können wir anlegen *weiß* das Kleid der Gerechtigkeit, wie es im Liede heißt: ›Christi Blut und Gerechtigkeit, das ist mein Schmuck und Ehrenkleid, damit will ich vor Gott bestehn, wenn ich zum Himmel werd eingehen‹!
>
> Möge diese Doppelfahne, die deutsche und die evangelische, das Panier sein auch der deutschen evangelischen Gemeinde in Paris. Das walte Gott!«

Das Gefühl, die Liebe, gehört dem weiblichen Element, der Kaiserin, die Bewunderung für Leistung dem Mann, dem Reichskanzler – so kommen beide Bedürfnisse zu ihrem Recht in der vollkommenen Identifikation mit den Personen, die den Staat verkörpern.

August Klattenhoff: Ein Porträt

An dieser Stelle der Gemeindegeschichte liegt es nahe, mit einigen Sätzen auf den engagierten Redner einzugehen, denn diese Rede ist eine Art Vermächtnis einer Zentralfigur dieser Epoche. 32 Jahre lang, mehr als die Hälfte seines Lebens, war August Klattenhoff an führender Stelle in der Zentrumsgemeinde tätig. Der Sohn eines deutschen Pfarrers hat als junger Kaufmann von 26 Jahren im Mai 1874 im »Komitee zur kirchlichen Versorgung der Deutschen in Paris« seine Arbeit für die entstehende Gemeinde begonnen und hat sie bis 1906 begleitet. Sein Ausscheiden aus der aktiven Arbeit, das er in seiner Rede ankündigte, war von schwerer Krankheit erzwungen, der er 1909 erlag. Die ersten zwei Jahrzehnte seiner Tätigkeit dienten dem Aufbau der Gemeinde und dem Bau der Christuskirche, für dessen Finanzierung er als Schatzmeister und Schriftführer verantwortlich war. Zwei Höhepunkte seines kirchlichen Lebens waren der 9. Dezember 1894, der Einweihungstag der Christuskirche, und der Tag, an dem er der Öffentlichkeit die Abschlußbilanz samt Schuldentilgung für

---

27 Georg Streng im GBl Feb. 1906 über die Kaisergeburtstagsfeier.

den Kirchbau vorlegen konnte. Übrigens kümmerte er sich auch um den Deutschen Hilfsverein und die deutsche Schule, war also eine Integrationsfigur der ganzen deutschen Kolonie.

Zur Einweihung der Christuskirche drückte man ihm den Dank der Allgemeinheit durch die Verleihung des preußischen Roten-Adler-Ordens IV. Klasse und des bayrischen Sankt-Michaels-Ordens aus, wozu später, zum 25jährigen Dienstjubiläum, noch das französische Ritterkreuz der Ehrenlegion kam. Ohne die Beharrlichkeit, die Phantasie und die Arbeitskraft solcher Persönlichkeiten könnten Kirchengemeinden wohl kaum leben.[28]

Die neue Gemeindeverfassung

So findet man natürlich August Klattenhoff im Ausschuß, der die Verfassung der Gemeinde ausarbeiten sollte, neben Graf von der Groeben und Generalkonsul von Jecklin. Auch diesen beiden Namen begegnet man immer wieder in den Dokumenten. Der Konsul hat sich besonders um den Verein junger Männer gekümmert, Graf von der Groeben war zeitweise Vorsitzender des Kirchenvorstandes.

In der Gemeindeversammlung am 2. Dezember 1906 wurde die neue Verfassung verabschiedet. Am 10. Dezember 1906 bestätigte der Präfekt des Département de la Seine die amtliche Registrierung der neuen Doppelgemeinde.[29] Die »Deutsche Evangelische Kirche Augsburger Konfession in Paris« war gegründet. Sie umfaßte zwei Gemeinden: die Christusgemeinde und die Hügelkirche, der Verwaltungssitz lag in der Rue Blanche. Der Bekenntnisstand war der der Augsburger Konfession (Art. 3), d.h. lutherisch, was andere protestantische Konfessionen wie die reformierte nicht ausschloß. Die Pfarrer mußten Reichsdeutsche sein, d.h. aus einem Gebietsstaat des Kaiserreiches stammen, und mindestens 25 Jahre alt sein. In Artikel 35 wird den weiblichen Mitgliedern der Gemeinde das Wahlrecht für den Kirchenvorstand und für die Pfarrer gegeben, damals eine Besonderheit, die auch die Anerkennung feministischer Kreise gefunden hat.[30]

Ende 1907 genehmigte der Kaiser den Anschluß an die Hannoversche Landeskirche, womit die Gemeinde mit allen Rechten und Pflichten ein Teil dieser deutschen Kirche geworden war.

Das Gemeindeleben in den Jahren 1906–1914

Im damaligen Bewußtsein war die Umwandlung der vom lutherischen Konsistorium abhängigen Pariser Stadtgemeinde zur Deutschen Evangelischen Kirche in Paris ein echter Neuanfang, in dem sich das Zusammengehörigkeitsgefühl der Gemeindeglieder neu bewähren mußte. Immerhin mußte man jetzt in den Verein eintreten und seinen Beitrag bezahlen. In gewissem Sinne war die Wohnsitzgemeinde zur Personal-

---

28 Diese Informationen sind dem Nachruf im GBl Dez. 1909 entnommen.
29 Bericht über die Gemeindeversammlung und der französische Wortlaut der Anmeldung im GBl Jan. 1907.
30 Näheres siehe unten S. 328–329.

gemeinde³¹ und damit die selbstverständliche, quasi natürliche Zugehörigkeit zur Kirche zu einem bewußten Akt der Entscheidung geworden. Dies entsprach nicht der Mentalität der deutschen evangelischen Kirchenmitglieder, und so ist es kein Wunder, daß nur eine Minderheit den Entschluß zum Beitritt faßte.

Bis 1912 traten 404 Mitglieder in die Association cultuelle beider Pfarreien ein (davon 126 Männer und 182 Frauen, d.h. 308, in die Christuskirche, und 43 Männer und 53 Frauen, d.h. 96, in die Hügelkirche).³² Natürlich gehörten sehr viel mehr Menschen – nach Angaben des Gemeindeblattes bis zu 4000 – zum Umkreis der Kirche, die am Gottesdienst, an Festen oder Vortragsabenden teilnahmen. Aber auf dem Papier waren es unzweifelhaft kleine Gemeinden.

Es gab eine Art Zweigstelle in Passy: dort fand im Winterhalbjahr etwa alle 4 Wochen ein Nachmittagsgottesdienst in deutscher Sprache statt, in der reformierten Kirche von den Vikaren gehalten.³³ Dieser wurde vor allem von den deutschen Dienstboten der vornehmen französischen Familien besucht, die im 8., 15. und 16. Arrondissement und in den westlich davon gelegenen Vororten wie Neuilly residierten.³⁴ 1912 hatte man den Plan, dort eine »Donnerstagsklasse« für Religion und Deutsch einzurichten, es muß also auch deutschsprachige Kinder in der Gegend gegeben haben.

Im Winter 1905/06 wurde ein Vortragszyklus mit hervorragenden, ja berühmten Rednern veranstaltet. Die Kosten wurden von einem Gemeindeglied übernommen, um die deutsche Kolonie, das heißt die in Paris ansässigen Kaufleute und Beamten mit Familien mehr für die Kirche zu interessieren.³⁵ Man kann sich gut vorstellen, daß die Kirche überfüllt war, als Hofprediger a.D. Adolf Stoecker am 7. Januar 1906 in Paris sprach. Der bereits 72jährige berühmte Kanzelredner und antisemitische Demagoge verkörperte in seiner Person das Konzept einer deutsch-nationalen evangelischen Volkskirche.

Auch die anderen Gastredner waren bekannt: Prof. Reinhold Seeberg, Kirchengeschichtler aus Berlin und 1914 profilierter Kriegstheologe, Hofprediger von Dryander, Prof. Eberhard Dennert, Naturwissenschaftler und »Apologet« (Verteidiger des Glaubens) aus Godesberg, Dekan Kahl aus München, der Alttestamentler Prof. Rudolf Kittel.³⁶ Alle sprachen zu aktuellen Streitfragen der Zeit: zum Beispiel über das Verhältnis von Naturwissenschaft und Offenbarungsglauben oder über die Leben-Jesu-Forschung.

Ab 1905 trafen sich einmal pro Jahr die Geistlichen der deutschen evangelischen Gemeinden aus ganz Frankreich zu Pfarrkonferenzen. Vielleicht war das drohende Trennungsgesetz Anlaß für das erste Treffen, da es sie alle vor dieselbe neue Situation

---

31 Zu einer Personalgemeinde gehören per Willenserklärung bestimmte soziale Gruppen, z.B. Studenten, zur Wohnsitzgemeinde gehört man automatisch aufgrund seines Wohnsitzes, wenn man Mitglied der evangelischen Kirche ist.
32 Amtsgerichtsrat Pätzold am 23.6.1926 an das Kirchenbundesamt in ZA, Best. 5 1374.
33 Leider ließ sich nicht feststellen, in welchem Jahr dieser Gottesdienst eingerichtet wurde, er bestand jedenfalls schon im Jahre 1902 (Bericht von Hermann Anthes über die Jahre 1902/03 in Pol.AA, Botschaft Paris 1679).
34 GBl Apr./Mai 1908 gibt eine detaillierte Darstellung dieses Gottesdienstes.
35 »Deutsch-Evangelisch im Ausland« 1906. Zeitungsausschnitt in Archiv Christuskirche 110–6.
36 Siehe Berichte im GBl Jan. bis Mai 1906.

stellte. Georg Streng aus Paris, Hermann Schmidt aus Cannes, Friedrich Mader aus Nizza, Albert Koerber aus Lyon, Alfred Conrad aus Bordeaux und Pfarrer Walter aus Marseille besprachen die juristischen Probleme, die sich aus dem Trennungsgesetz für sie ergaben, tauschten Neuigkeiten aus, machten Pläne zu einem gemeinsamen Gemeindeblatt (aus denen nichts wurde) kurz: Sie wirkten ihrer Vereinzelung entgegen.

Die Evangelisationsgemeinde

Die Evangelisationsgemeinde der Billetteskirche hatte sich ebenfalls 1906 als Association cultuelle selbständig gemacht, aber einen Anschluß an eine deutsche Landeskirche zunächst abgelehnt. Im April 1909 wurde sie als Dritte im Bunde in die Deutsche Evangelische Kirche Augsburger Konfession in Paris aufgenommen. Ein Vertrag legte die Arbeitsteilung fest und bestätigte die unterschiedlichen Schwerpunkte: Der Pfarrer der Christuskirche übernahm die Redaktion des gemeinsamen Gemeindeblattes und die Vertretung der »Gustav-Adolf-Vereinssache«, also der Diasporagemeinden, die Hügelkirche war für die Armen, Alten, Kranken und Kinder zuständig, und die Evangelisationsgemeinde vertrat die Mission und die Arbeit für die jungen Mädchen. Diese Arbeitsteilung bestätigte den oben angesprochenen unterschiedlichen Charakter der drei Gemeinden.[37] Gleichzeitig wurde das Stadtgebiet von Paris aufgeteilt: die Arrondissements 1, 2, 8, 9, 10 (westliche Hälfte), 16, 17, 18 (westliche Hälfte) und die westlichen, bzw. nordwestlichen Vororte wie Neuilly wurden als zur Christuskirche gehörig angesehen, die Arrondissements 3, 4, 5, 6, 7, 11–15 und die südlichen Vororte zur Evangelisationsgemeinde und die Arrondissements 10 (östliche Hälfte), 18 (östliche Hälfte), 19, 20 und die nord-östlichen Vororte wie Saint-Denis zur Hügelkirche geschlagen. Dies war ein Versuch, wieder mehr den Charakter von Wohnsitzgemeinden anzunehmen, obwohl natürlich die Entfernungen in Paris in jedem Fall zu weit sind, um von einer echten Nachbarschaftskirche zu sprechen.

Am 28. November 1909 feierte die Evangelisationsgemeinde in Anwesenheit des deutschen Botschafters Fürst von Radolin das hundertjährige Bestehen des deutschen Gottesdienstes, so wie die französisch-lutherische Kirche in diesem Jahr ihr hundertjähriges Jubiläum beging.[38] Der Festakt spiegelte die große Nähe dieser Gemeinde zur französischen »Mutter« wider, von der einstigen Kirchengemeinschaft waren hier noch engere Beziehungen geblieben als bei der Christuskirche. Die drei für die Deutschen wichtigsten französischen Pastoren nahmen teil: Pfarrer Georges Appia, Professor Eugène Ménégoz und Konsistorialpräsident Auguste Weber, die bereits 1871 unter Gefahren für die deutschen Gottesdienste eingetreten waren.[39] Vielleicht waren

---

37 Die Koexistenz von mehreren konkurrierenden Gemeinden im Pariser Stadtgebiet ist nicht unproblematisch, wie sich an den Schwierigkeiten gezeigt hat, die der Versuch einer »West-Filiale« in den Sechziger, Siebziger und Achtziger Jahren gemacht hat. Siehe unten S. 247–248. Daß es auch vor 1914 Reibungen gegeben hat, ahnt man hinter den Protesten von Hügelgemeindegliedern gegen die angeblich von den Christuskirchenpfarrern manipulierte Wahl von Ernst Zinsser 1909. Ob zu Recht oder Unrecht – der kleine Hügel fühlte sich übergangen. Unterlagen in Archiv Christuskirche 202.
38 Festbericht im GBl Dez. 1909.
39 Siehe S. 53 und 58.

15. In der Kopfleiste des gemeinsamen Gemeindeblattes Vignetten von den Gebäuden der drei Pariser Teilgemeinden (in dieser Form ab 1909)

auch einfach die früheren Konflikte um das Kircheneigentum verjährt, die zur Zeit der Einweihung der Christuskirche 1894 noch zu lebendig gewesen waren, um eine gemeinsame Feier zu ermöglichen.

Trotz der Harmonie jedoch strebte die Evangelisationsgemeinde aus der Hausgemeinschaft mit der Billetteskirche hinaus: gleichzeitig mit der 100-Jahrfeier wurde der Entschluß zum Kauf oder Bau eines eigenen Gebäudes gefaßt, der auch tatsächlich realisiert wurde.

Die Christuskirche als Botschaftskirche: Patriotismus als protestantische Pflicht

August Klattenhoff hatte es deutlich ausgesprochen: die jetzt an die Hannoversche Landeskirche angeschlossene Gemeinde wollte zeigen, daß sie patriotisch war.

Dazu bot sich jedes Jahr eine besondere Gelegenheit: der deutsche Nationalfeiertag, Kaisers Geburtstag, am 27. Januar. Ab 1902 wurde er in der Christuskirche für die ganze deutsche Kolonie begangen. Am Beispiel des Jahres 1909 kann man die Bedeutung ablesen, die ein solcher Feiertag für die Menschen damals hatte.

Der Kaisergeburtstag 1909 fiel in eine kritische Zeit. Im November 1908 war das Ansehen Wilhelms II. durch die »Daily-Telegraph-Affäre« ins Wanken geraten. Der Kaiser hatte der englischen Tageszeitung Daily Telegraph ein Interview gegeben, das der offiziellen Außenpolitik widersprach. Die öffentliche Empörung war groß, er selber spielte mit dem Gedanken an Abdankung. Das Ansehen der Monarchie war ernsthaft beeinträchtigt, und das parlamentarische System, der Reichstag und die verantwortlichen Minister gewannen an öffentlichem Ansehen.

Auf internationaler Ebene wurde das Verhalten Wilhelms II. als unmöglich empfunden – auch in Frankreich. So mußte in Berlin durch eine besonders prachtvolle Geburtstagsfeier, zu der alle deutschen Fürsten sich demonstrativ um den deutschen Kaiser scharten, der Schaden wieder repariert werden.[40] Ihre Loyalitätsbekundungen wurden als außenpolitisches Signal benutzt.

Es ist nicht zu entscheiden, ob man nur zufällig in der Märzausgabe des Gemeindeblattes 1909 den ausführlichsten Bericht über die beiden kirchlichen Geburtstagsfeiern – Festgottesdienst und Feier des CVJM – findet, der bis 1914 erschienen ist, oder ob man in Paris die Aufforderung, es dem Ausland zu zeigen, wie treu die Deutschen zusammenhalten, gehört und befolgt hat.

Aber Pfarrer Streng selber betonte in seinem Bericht die Bedeutung des Tages:

»Das Gotteshaus prangte im Festschmuck, und die Versammlung stand spürbar unter dem starken Eindrucke der besonderen Bedeutung gerade dieser Geburtstagsfeier. Es amtierten, wie bei dieser Gelegenheit gewohnt, die drei deutschen Geistlichen: Pfarrer Krause-Evangelisationsgemeinde hielt die Eingangsliturgie, Pfarrer Streng die Festpredigt über 1.Sam. 25, 6 ›Glück zu! Friede sei mit Dir und Deinem Hause und mit allem, was Du hast!‹ Past. Bansa die Schlußliturgie. Vor der Altarlektion, Psalm 21, 1–8, sang der Kirchenchor der Christuskirche den Chor aus Elias ›Siehe der Hüter Israels schläft noch schlummert nicht‹ mit vorangehendem Terzett ›Hebe Deine Augen auf‹. Die Harfenbegleitung zum Chorgesang hatte Frl. L. Laskine freundlichst übernommen. Nach der Predigt sang der deutsche Quartettverein das Lied von Beethoven ›Die Himmel rühmen des Ewigen Ehr'‹.«[41]

Die Gemeinde hatte alle liturgischen Mittel – Bibeltext, Musik, Gebete – zu Ehren des Kaisers aufgeboten. Die deutsche Kolonie stand geschlossen hinter dem angegriffenen Kaiser – von Kritik an seinem Verhalten oder von Machtbegrenzung, also Verstärkung der parlamentarischen Kontrolle, konnte keine Rede sein.

»Es ist erfreulich, auf Grund vieler geschehener Aeußerungen konstatieren zu können, wie sehr der jährliche Festgottesdienst dem allgemeinen Empfinden nach als würdige Einleitung der Kaisergeburtstagsfeier der deutschen Kolonie in Paris sich eingebürgert hat.«

Pfarrer Streng stellte befriedigt die zentrale Bedeutung der Christuskirche für die deutsche Kolonie fest.

Der Festgottesdienst scheint nur der Auftakt der Kaisergeburtstagsfeier gewesen zu sein, wie man dem Gemeindebericht 1909 zur gleichen Gelegenheit entnehmen kann. Nach dem Gottesdienst nahm der deutsche Botschafter (bis 1909 Fürst von Radolin, dann Freiherr von Schoen) mit seiner Frau die Glückwünsche der Mitglieder der deutschen Kolonie stellvertretend für den Kaiser entgegen. Ein Empfang in der Botschaft wird sich angeschlossen haben.[42]

Die folgenden Jahre boten vermehrt Gelegenheiten zum patriotischen Feiern: am 15. Juni 1913 wurde von der ganzen deutschen Kolonie in der Rue Blanche das 25jährige Regierungsjubiläum Kaiser Wilhelms II. gefeiert, am 18. Oktober desselben

---

40 F. Schellack: Nationalfeiertage in Deutschland 1871–1945, Frankfurt/Main 1990, S. 56–57.
41 GBl Mär. 1909.
42 Zeitungsartikel 1902, von Fritz von Buttlar geschrieben, ohne Quellenangabe in Archiv Christuskirche 110–1.

16. Eröffnung des Arbeitsheimes 1913. Angekreuzt sind Pfarrer Ernst Zinsser und seine Frau Käte. Links und rechts neben Zinsser sein Kollege Streng und sein Vorgänger Bansa

Jahres die »Jahrhundertfeier« 1813–1913 in der Kirche begangen. Wie in ganz Deutschland wurde der Befreiungskriege gedacht. Nach der Liturgie zu urteilen, folgte man in Paris der allgemeinen Tendenz innerhalb der evangelischen Kirche, den Krieg als ein legitimes, von Gott selbst eingesetztes Mittel der Konfliktbereinigung anzusehen. Von einem wehrhaften Gott, der selbstverständlich auf deutscher Seite steht, ist in den Lied- und Gebetstexten die Rede.[43] Im Kontext dieser Jahre vor 1914, die mit internationalen Spannungen, Balkankrisen, Aufrüstungen und Wehrzeitverlängerungen in allen Staaten auf den Ausbruch des Ersten Weltkrieges hinsteuerten, war die deutsche evangelische Kirche in Paris keine Ausnahme.

43 Siehe die gedruckte Einladung mit Liturgietexten in Archiv Christuskirche 110-1.

Expansion in den Jahren 1912–1914

Die letzten Jahre vor dem Krieg 1912 bis 1914 brachten eine erhebliche Ausweitung der Arbeit, die deutschen Kirchen expandierten. Der lange geplante[44] neue Gemeindesaal der Christuskirche wurde 1912 eingeweiht, die Hügelkirche erhielt im März 1914 eine neue Orgel, die Evangelisationsgemeinde erwarb im Juli 1913 ein Haus als Gemeindehaus in der Rue Geoffroy-l'Asnier und baute es zu einem großen Gemeindesaal um, der im Dezember 1913 eingeweiht wurde. Ebenfalls im gleichen Jahr wurde das Deutsche Arbeitsheim gegründet, eine Einrichtung der Hügelkirche mit Wohnhaus und Werkstätten, um arbeitslosen Handwerkern zu helfen.

Die Festgottesdienste, die zur Eröffnung aller dieser Einrichtungen gefeiert wurden, versammelten die ganze deutsche Kolonie einschließlich des Botschafterpaares. Besonders das Gemeindehaus der Christuskirche scheint als Treffpunkt der Deutschen konzipiert worden zu sein.[45]

Alles dies war mit einem Schlag im Sommer 1914 zu Ende: das deutsche Gemeindeleben brach von einem Tag zum anderen ab. Die Kirchen, Heime und Gemeindehäuser wurden geschlossen, und am 31.7.1914 übernahm Pastor Boury, der Präsident des französischen lutherischen Konsistoriums, von Georg Streng die liturgischen Gegenstände, die Kirchenbücher und das Archiv der Christuskirche. Die Pfarrer verließen Paris, wie die meisten Deutschen, die es irgendwie ermöglichen konnten. Oder sie blieben gleich in Deutschland, wo viele gerade ihren Sommerurlaub verbrachten. Internierung drohte jedem Angehörigen der Staaten, mit denen sich Frankreich im Krieg befand. Vom 21. Oktober an wurde in ganz Frankreich das Eigentum feindlicher, d.h. deutscher und österreichischer Ausländer beschlagnahmt – so wie die deutsche Regierung bereits im Sommer ihrerseits das Eigentum französischer Staatsbürger sequestriert hatte – internationaler Kriegsbrauch. In Paris wurden Hunderte von Geschäften, Produktionsstätten und Wohnungen unter Sequesterverwaltung gestellt. Der Handel mit Deutschland und Österreich war verboten, die Warenlager fielen unter dasselbe Gesetz. Am 4. November wurde das Eigentum der Société civile – die Christuskirche, die Hügelkirche und das Mädchenwohnheim – beschlagnahmt: ohne Eigentümerbezeichnung, sondern als »temples protestants allemands«.[46]

---

44 Wie lange vorher, war nicht zu ermitteln, jedoch erscheinen bereits 1905 Anzeigen für »Bausteine«, sprich für Spendenbeiträge im Gemeindeblatt.
45 Zum Gebäude siehe unten S. 85 und 90–91.
46 Die Angaben in den Akten der Archives Nationales (AN Paris F 12 7837) sind uneinheitlich: in einer »liste complète« der »maisons séquestrées« des Journal Officiel (1914) erscheinen zwar das Mädchenheim in der Rue Brochant unter dem Eigentümernamen Henriette Dueso (am 14.12.1914 beschlagnahmt) und das »Deutsche Arbeitsheim« (als »refuge«), aber keine der Kirchen. Auf einer Liste des »Bulletin de Chambre de Commerce« (51/52 1914) dagegen sind alle drei Grundstücke, die der »Société civile« der »Evangelischen deutschen Kirche Augsburger Konfession in Paris« gehörten, als »temples protestants« angegeben. Das Datum der Sequestrierung wird mit 4.11.1914 angegeben, was der Angabe des Journal Officiel für die Rue Brochant widerspricht.

Die Christuskirche nach dem Ersten Weltkrieg (1918–1932)

Eigentlich könnte man ein einziges Kapitel »Die Christuskirche zwischen den beiden Weltkriegen 1918–1939« schreiben, weil derselbe Pfarrer von 1927 bis 1939 in Paris seinen Dienst getan hat und weil im Bereich der Auslandsgemeinden der Einschnitt 1933 weniger durch Wechsel als durch Kontinuität geprägt war. Natürlich gab es neue Bedingungen, aber die leitenden Personen im Bereich der kirchlichen Auslandsarbeit blieben im Amt. Trotzdem folgt die Darstellung der eingebürgerten politischen Teilung in Weimarer Republik und Drittes Reich, um die Fülle der Einzelheiten dieser beiden sehr ausführlichen Kapitel für den Leser besser überschaubar zu machen.[1]

Ein neuer Anfang im Jahre 1927

Nach dem Waffenstillstand und dem Abschluß des Versailler Vertrags 1919 war eines der vielen Probleme, die zwischen den ehemaligen Feindstaaten geregelt werden mußten, das Schicksal der beschlagnahmten Gebäude, Fabriken und Waren im ehemaligen Besitz von deutschen Staatsbürgern. In Frankreich war inzwischen ein Gesetz verabschiedet worden, das die »Liquidation« dieser Güter, d.h. den Verkauf zugunsten der Staatskasse, vorsah, womit die früheren Besitzer entschädigungslos enteignet waren.

In Deutschland hatte sich die Deutsche Evangelische Kirche eine neue Verfassung geben müssen, nachdem durch den Sturz der Monarchien in allen deutschen Staaten die Allianz von Thron und Altar zerbrochen war. Die beiden großen Konfessionen erhielten denselben öffentlich-rechtlichen Status und mußten gleich behandelt werden. Nachdem sich vorher viele protestantische Kirchen einer privilegierten Stellung im Verhältnis zu ihrem »summus episcopus«, dem Landesherrn, sicher gewesen waren, fühlten sie sich nun vielfach alleingelassen und zurückgesetzt. Die evangelischen Landeskirchen konstituierten sich neu, und als eine Art gemeinsames Forum entstand 1922 der Deutsche Evangelische Kirchenausschuß mit gegenüber früher erweiterten Kompetenzen. Dieser übernahm alle Angelegenheiten, die mit den Auslandsgemeinden zusammenhingen, so daß sich die Hannoversche Landeskirche erleichtert aus der Verantwortung für die Kirchen in Paris zurückziehen konnte.[2]

---

1 Es ist das ausführlichste Kapitel der Gemeindegeschichte. Das liegt am Quellenreichtum im Archiv der Christuskirche, während für die Zeit vor 1914 wenige Originalquellen geblieben sind. Es liegt aber auch daran, daß aus heutiger Sicht ein größeres Interesse an Details besteht, da es sich um Zeitgeschichte handelt, deren Auswirkungen noch spürbar sind. Auch die Nachforschungen sind zur Zeit der Niederschrift nicht beendet, so daß hier ausdrücklich festgehalten sei, daß es sich um den Wissensstand vom Juni 1994 handelt.
2 ZA, Best. 5 1373.

Von 1920 an versuchten die kirchlichen Stellen, das beschlagnahmte Kirchengebäude in der Rue Blanche, die Hügelkirche und das Mädchenheim in kirchlichen Besitz zurückzubekommen.[3] Das Auswärtige Amt und die Deutsche Botschaft in Paris übernahmen die Verhandlungen. Sie standen ganz im Zeichen der politischen Situation zwischen Frankreich und Deutschland nach dem Ersten Weltkrieg. Die Regierung Poincaré und ihre Parlamentsmehrheit des Nationalen Blocks taten alles, um das französische Sicherheitsbedürfnis zu befriedigen. Die Bestimmungen des Versailler Vertrages wurden so eng wie möglich ausgelegt und kompromißlos durchgesetzt, bis hin zur militärischen Besetzung des Ruhrgebiets im Januar 1923.[4] Das Klima war eisig, nicht nur in diplomatischen Kreisen. Deutsche Wissenschaftler wurden z.B. nicht mehr zu internationalen Kongressen eingeladen.[5] Unter diesen politischen Umständen erschien eine Rückgabe der beschlagnahmten Kirche völlig ausgeschlossen, trotz intensiver Bemühungen im internationalen Rahmen. Der schwedische Erzbischof Nathan Söderblom z.B. schrieb an die französische Regierung, und der New Yorker Federation Council of the Church of America versuchte Einfluß zu nehmen.[6] Daneben engagierten sich einflußreiche Einzelpersonen wie Pfarrer Jules Rambaud[7] oder das frühere Kirchenvorstandsmitglied in Paris, August Blattmann.

Alles schien darauf hinauszulaufen, daß die Christuskirche öffentlich versteigert würde, wie man es bereits am 9.8.1921[8] mit dem Mobiliar getan hatte. Bei dieser Gelegenheit gelangten die Orgel in die Kirche L'Ascension in der Rue Dulong, die Bänke an die katholische Nachbarkirche Trinité und das übrige Mobiliar in andere lutherische Kirchen. Interessenten für das Gebäude in der Rue Blanche gab es ebenfalls genügend, in erster Linie in französischen Kirchenkreisen.[9] Bei der Fédération Protestante de France, der gemeinsamen Vertretung der protestantischen Kirchen in Frankreich, hatte man eine Zeitlang ein Auge auf die Christuskirche geworfen: im April 1922 suchte man intensiv nach einem Gebäude in Paris, das geeignet war, die Büro- und Tagungsräume der Fédération zu beherbergen, und überlegte, ob das

---

3 Nur diese drei Gebäude erscheinen durchgehend in den Akten, während ein Antrag von 1920 an die französischen Stellen auf Rückgabe auch den Gemeindesaal der Evangelisationsgemeinde, die katholische Liebfrauen- und die Elisabethmission nennt, in Pol.AA, Kulturpol. Abt. R 61889. Warum das Arbeitsheim nicht mitgenannt wurde, ist unklar. Die Spur der Evangelisationsgemeinde und der katholischen Missionsstellen verliert sich 1921.
4 R. Poidevin/J. Bariéty: Frankreich und Deutschland. Die Geschichte ihrer Beziehungen. 1815–1975, deutsche Ausgabe München 1976, S. 317–340.
5 H. Hagspiel: Verständigung zwischen Deutschland und Frankreich? Die deutsch-französische Außenpolitik der zwanziger Jahre im innerpolitischen Kräftefeld beider Länder, Bonn 1987, S. 243 und R. Poidevin/J. Bariéty: Frankreich und Deutschland, S. 341–343.
6 Die Korrespondenz über die Rückgabeverhandlungen befindet sich in ZA, Bestand 5, 1373, 1374 und 1388, und in Pol.AA, Kulturpol. Abt. R 61889 Bd. 3; R 61890 und R 61891. Über die juristische Argumentation, die Etappen der Verhandlungen und die Entschädigungsverhandlungen, die nicht nur die Christuskirche, sondern auch andere kirchliche Gebäude in Frankreich betrafen, siehe unten S. 368–371.
7 Pfarrer Jules Rambaud (1879–1949) gründete die »Evangelisch-christliche Einheit« zur Versöhnung zwischen deutschen und französischen Protestanten.
8 Anzeige im »Journal Officiel« Nr. 213, S. 9376.
9 Die Heilsarmee und der Elsässische Jungfrauenverein fragten an, aber auch ein großes Warenhaus. Die Vorstellung einer möglichen Entweihung alarmierte Pfarrer Friedrich von Bodelschwingh d. J. (1877–1946), der am 27.6.1924 beim Kirchenbundesamt nachfragte, ob nicht der deutsche Staat die Kirche kaufen könne, »damit sie nicht in katholische Hände falle oder gar in ein Vergnügungslokal verwandelt würde«. Beides in ZA, Bestand 5 1373.

83

deutsche Gemeindehaus geeignet sei. Man entschied sich aber dann doch für 47, rue de Clichy, wo sich noch heute der Verwaltungssitz des französischen Protestantismus befindet.[10] Für die Lutheraner stellte sich nach langen Verhandlungen mit der Sequesterbehörde der Kaufpreis als zu hoch und die Lage als nicht besonders günstig heraus.[11]

Die Hügelkirche dagegen wurde tatsächlich im April 1924 von Herrn Guiorguiewsky für 321 000 FF als neue Heimstätte der exilrussischen Gemeinde gekauft.[12] Das Geld hatte John Mott, der amerikanische Präsident des Christlichen Studentenweltbundes, zur Verfügung gestellt. Für die russisch-orthodoxe Kirche im Westen spielte sie dann in der Zwischenkriegszeit eine große Rolle als Kirche und Ausbildungsseminar ihrer Geistlichen.

Erst im Frühjahr 1924 änderte sich in Frankreich die öffentliche Meinung. Poincaré verlor im Mai die Parlamentswahlen, und eine Mitte-Links-Regierung unter Ministerpräsident Herriot begann, außenpolitisch eine etwas versöhnlichere Haltung gegenüber Deutschland zu zeigen.[13] So gab es jetzt eine neue Chance. Immer wieder machte der deutsche Botschafter von Hoesch in seinen persönlichen Gesprächen mit Herriot neben zahlreichen anderen Problemen auch die beschlagnahmte Christuskirche zum Thema. Diese Unterredungen zwischen dem Bevollmächtigten der deutschen Regierung und dem französischen Ministerpräsidenten bereiteten Schritt für Schritt das Terrain zwischen den ehemaligen Kriegsgegnern vor, damit die eigentlichen diplomatischen Verhandlungen zwischen Briand und Stresemann im Frühjahr 1925 beginnen konnten.[14]

Leopold von Hoesch (1881–1936) stammte aus einer reformierten[15] rheinischen Industriellenfamilie mit 1912 verliehenem Adelstitel. In Paris war er seit 1921, wo er nach dem Abzug des deutschen Botschafters aufgrund der Ruhrbesetzung im Januar 1923 die dornenvolle Aufgabe übernehmen mußte, die deutschen Interessen zu vertreten. Er tat dies mit »großer Energie und Entschiedenheit«[16] und so diplomatisch, daß er sich eine sehr gute persönliche Stellung bei Poincaré schuf. Dieser gab diskret zu verstehen, daß er ihn gerne als deutschen Botschafter in Paris sehen würde. Mit seiner Ernennung am 2. Februar 1924 begann für den damals 43jährigen Diplomaten sein Lebenswerk: die Versöhnungspolitik Stresemanns zu verwirklichen.

---

10 Protokolle der Sitzungen des »Conseil National de la Fédération Protestante de France« vom 12.4.1922 und vom 2.6.1922 in A d. Féd. Prot. Das Geld für den Kauf und den Umbau erhielten die französischen Protestanten übrigens von amerikanischen Kirchen, die auch zum Wiederaufbau der vielen protestantischen Kirchengebäuden, die bei den Kämpfen des Ersten Weltkriegs zerstört worden waren, beitrugen.
11 Nachdem die Fédération Protestante verzichtet hatte, beschäftigte die Frage der beiden deutschen Kirchen und des Mobiliars das lutherische Konsistorium fast drei Jahre lang. Siehe z.B. die Protokolle vom 17.11.1922, 22.12.1922, 31.1.1923, 2.3.1923, 26.10.1923 und 3.6.1924 in A Luth. Kons. Paris.
12 Bericht des Auswärtigen Amtes an den Kirchenausschuß vom 27.10.1924 in ZA, Best. 5 1373.
13 H. Hagspiel: Verständigung?, S. 208 und R. Poidevin/J. Bariéty: Frankreich und Deutschland, S. 341–343.
14 Zum Verlauf der Verhandlungen und zur Rolle Leopold von Hoeschs dabei siehe P. Krüger: Die Außenpolitik der Republik von Weimar, Darmstadt 1985, S. 269.
15 Er selber gab in seinem handgeschriebenen Lebenslauf diese Konfession an (Pol.AA, Botschaft Paris Pers. 289, Band 3). Dahlgrün hielt ihn für lutherisch (Brief an F. Großberg in Archiv Christuskirche 110–1), was als Kompliment gemeint war.
16 Lebenslauf und zitierte Charakteristik im Artikel von E. Verchau in Neue Deutsche Biographie, Bd. 9, S. 367–368.

Am 29.11.1924 teilte Ministerpräsident Herriot, »da er nunmehr einmal beim liquidieren von Konfliktstoffen sei«, von Hoesch mit, daß der Ministerrat auf seinen Druck hin die Kirche freigegeben habe, gemeinsam mit der katholischen Kirche in der Rue Lafayette. Dabei wollte Herriot jedoch der öffentlichen Meinung seines Landes eine freundlichere Haltung gegenüber den Deutschen noch nicht zumuten: die Nachricht sollte streng vertraulich bleiben und nicht an die Presse gegeben werden. Gerade zu dieser Zeit stand der radikale Ministerpräsident nämlich unter Beschuß der katholischen und protestantischen öffentlichen Meinung, da er die diplomatische Vertretung Frankreichs beim Vatikan und das Staatskirchenstatut in Elsaß-Lothringen aufheben wollte. Die drei Départements hatten nämlich die Napoleonische Kirchenverfassung von 1808 bewahrt, während im übrigen Frankreich 1905 Kirche und Staat getrennt worden waren.

Herriot begründete seine Entscheidung damit, daß er »dem katholischen Reichskanzler Marx [Zentrum] eine Freude machen« wolle.[17] Darin spiegelte sich die Hochachtung, die der deutsche Kanzler bei den Verhandlungen in London im Sommer 1924 international erworben hatte:[18] beim laizistischen Politiker Herriot konnte es sich nur um eine persönliche Geste der Aussöhnung gegenüber den deutschen Christen beider Konfessionen handeln. Der französische Rechtsstandpunkt nämlich hatte sich nicht geändert: »le gouvernement français a renoncé à son droit de liquider les églises de la rue Blanche et de la rue Lafayette.« Auch der schwedische Gesandte hatte sich für die Freigabe der Kirche eingesetzt, wie Herriot anerkennend bemerkte.

Bis zur Schlüsselübergabe allerdings vergingen noch 1 1/2 Jahre. Am 14. Juni 1926 war es soweit: der Vertreter der französischen Sequesterbehörde überreichte Direktor Heinzmann von der »Geschäftsstelle für deutsche Güter und Interessen« den Schlüssel.[19] Am selben Nachmittag übernahm ihn ein Botschaftsvertreter und besichtigte die Kirche. Sie war leer und dringend renovierungsbedürftig. Angeblich war der Gottesdienstraum als Militärlazarett benutzt worden (eine häufige Zweckentfremdung in diesem Krieg in Frankreich).[20] Außerdem soll der staatliche »Service des approvisionnements de siège« seine Dienststelle im Gebäude gehabt haben.[21]

In den folgenden Monaten versuchte man, die Inneneinrichtung von den französischen Lutheranern zurückzuerhalten – vergeblich. Diese bestanden darauf, die Einrichtung rechtmäßig erworben und auf diese Weise »artfremde Verwendung« oder sogar Zerstörung verhindert zu haben.[22]

Um die Kirche wirklich in Besitz nehmen zu können, war jetzt vor allem eine Menge Geld nötig. Allein die Sequesterkosten beliefen sich auf 143 673,26 FF, die bereits vor der Schlüsselübergabe zu entrichten waren. Außerdem brauchte man Geld für die Renovierungskosten. Am dringendsten war die Reparatur des Daches.

---

17 Telegramm vom 30.11.1924 in Pol.AA, Kulturpol. Abt. R 61889.
18 H. Hagspiel: Verständigung?, S. 243 und 255.
19 Die jetzt folgenden Angaben sind bis zum Eintreffen Pfarrer Dahlgrüns in Paris alle der Akte 1374 (ZA, Best. 5) entnommen.
20 Bericht des Evangelischen Oberkirchenrates vom 13.4.1915 in ZA, Best. 5 1372.
21 Botschaft an Auswärtiges Amt vom 4.12.1925 in Pol.AA, Kulturpol. Abt. R 61689.
22 Siehe den ablehnenden Bescheid des Französisch-lutherischen Konsistoriums (ohne Datum) auf einen entsprechenden Antrag auf Rückgabe von Amtsgerichtsrat Pätzold vom 10.11.1926 in ZA, Best. 5 1374.

Der Gustav-Adolf-Verein erklärte sich bereit, Zuschüsse zu geben, und im Januar 1927 wurden in allen deutschen protestantischen Kirchen Kollekten für Paris gesammelt.

Parallel zu den juristischen Verhandlungen begann das Kirchenbundesamt nach einem geeigneten Kandidaten zu suchen, der Pfarrer in Paris werden konnte. Er mußte lutherischer Konfession sein, durfte nicht der elsaß-lothringischen Kirche angehören, sollte diplomatisches Fingerspitzengefühl haben und »ruhig verheiratet sein«.[23]

Im Dezember 1926 fiel die Entscheidung zugunsten von Pfarrer Erich Dahlgrün. Er war Witwer, 32 Jahre alt und zu diesem Zeitpunkt in Schinkel bei Kiel tätig. Er sollte sich sechs Jahre auf seinem Auslandsposten bewähren, um danach eine Pfarrstelle im Inland bekommen zu können – eine übliche Regelung. Erich Dahlgrün stammte aus einer lutherischen Familie im sonst überwiegend reformierten Bremen, sein Vater war Kaufmann. Im April 1914 hatte er in Halle das Theologiestudium begonnen, das durch den Ausbruch des Ersten Weltkrieges unterbrochen wurde. Der Theologiestudent wurde gleich zu Beginn Kriegsfreiwilliger. Bis März 1920 mußte er in französischer Kriegsgefangenschaft bleiben und nahm anschließend sein Theologiestudium wieder in Kiel auf, wo er 1922 das Erste, im März 1923 das Zweite Examen ablegte. Unmittelbar danach wurde er ordiniert und mit seiner Frau, geb. Fischer, nach Turn Severin in Rumänien entsandt. Dort arbeitete er als Reiseprediger, d.h. er mußte eine ganze Region als Pfarrer versorgen und in weit voneinander entfernten Orten für die dort verstreut wohnenden Deutschen Gottesdienste halten und Amtshandlungen vornehmen. Seine Frau starb im Frühjahr 1926 an Krebs, und Dahlgrün kehrte im selben Sommer nach Deutschland zurück, weil er seine Tätigkeit nicht ohne sie weiterführen wollte.[24] Als man ihm im Herbst 1926 die Aufgabe vorschlug, Auslandspfarrer in Paris zu werden, hatte er gerade eine Stelle als Hilfsprediger in Schinkel angetreten. Für Paris sprachen wohl auch seine guten Französischkenntnisse. In seinen dienstlichen Beurteilungen werden seine Fähigkeiten als Prediger hervorgehoben.[25]

Die ersten Jahre: Zum Verhältnis von Kirche und Staat

Als Erich Dahlgrün am 6. März 1927 um 17.05 mit dem Zug in Paris ankam, hatte er nicht mehr in den Händen als ein Visum als »Beauftragter des Kirchenbundesamtes«[26] und das Recht auf den Schlüssel zur leeren Kirche in der Rue Blanche.

Zwölfeinhalb Jahre blieb Erich Dahlgrün als Pfarrer der lutherischen Gemeinde in Paris, bis er im August 1939 gezwungenermaßen Frankreich verließ und nach Genf ging, von dort nach Italien, wo er bis zu seiner Pensionierung als Auslandspfarrer und

---

23 Brief des Konsistoriums Hannover in ZA, Bestand 5 1374.
24 Diesen Grund für Dahlgrüns Heimkehr gibt jedenfalls Hans-Helmut Peters in seinen »Erinnerungen« an, in Archiv Christuskirche 110–6, II.
25 Angaben zum Lebenslauf Dahlgrüns nach seiner Personalakte in ZA, Best. 5 3259.
26 Die Botschaft wollte nicht, daß Dahlgrün bereits als Seelsorger der Pariser Gemeinde nach Frankreich einreiste (deshalb auch nur mit Reisegepäck!), selbst wenn das sein eigentlicher Auftrag war, da unklar war, wann die Gemeinde (wieder)gegründet werden konnte. Jede Art von »fait accompli« gegenüber den Franzosen sollte vermutlich vermieden werden. Brief vom Kirchenbundesamt an das Auswärtige Amt vom 27.2.1927 in Pol.AA, Kulturpol. Abt. R 61891.

Dekan arbeitete.[27] Er ist nie wieder nach Paris gekommen – abgesehen von kurzen Aufenthalten, um seinen Hausrat zu holen – auch nicht als Pensionär, obwohl er bis zu seinem Tod herzliche Beziehungen zu Gemeindegliedern gepflegt hat: zu Annemarie Uhde[28], zu Felicitas Großberg, zur Küsterfamilie Henner und zu anderen. In einem privaten Brief begründete er 1969 seine Scheu folgendermaßen:

> »... ein Wiedersehen der einstigen Stätte meines Wirkens, es würde mir unerträglich sein, weil ich nur eines zu wünschen vermag, dies, daß die Vergangenheit Erinnerung sei und bleibe – unverändert, unbeeinträchtigt von Eindrücken der Gegenwart. Es hängt diese Empfindung damit zusammen, daß die in Paris verbrachten 13 Jahre meine eigentliche Lebensleistung umschließen. Das Band der Seelen, das um Gemeinde und Seelsorger, um Seelsorger und Gemeinde zu schlingen mir damals aus Gnaden vergönnt gewesen ist, nie, weder in Rom, noch in Florenz vermochte es sich zu wiederholen. Kurz, auch ein Pastor ist Mensch, also ist es auch ihm gewiß vergönnt, daß er sein Herz nur ein Mal verliere an ein Werk.«[29]

An dieser Äußerung des 74jährigen gegenüber einer ehemaligen Konfirmandin wird vieles verklärende Erinnerung sein – daß auf den jungen Pfarrer ungewöhnliche Herausforderungen warteten, ist unmittelbar einsichtig. Weder das Auswärtige Amt, noch Privatleute konnten den kirchlichen Stellen in Deutschland verläßlich sagen, wieviele Deutsche es in Paris und Umgebung gab, geschweige denn, wieviele davon evangelischer Konfession und überdies an einer deutschsprachigen Gemeinde interessiert sein könnten. Die Zahlenangaben schwankten zwischen 893 Deutschen mit Wohnsitz in Paris und 64 597 in ganz Frankreich.[30] Es galt also, aus dem Nichts eine Gemeinde zu schaffen, die Erich Dahlgrün dann auch als »sein Werk« verstand.

Daß die Christuskirchengemeinde tatsächlich sein Lebenswerk werden konnte, war keineswegs selbstverständlich. Zunächst sah es vielmehr danach aus, als sei der junge Pfarrer seiner Aufgabe nicht gewachsen.

Kurz vor Weihnachten 1929, nach der Feier des zweijährigen Bestehens – gleichzeitig hatte man das 35jährige Jubiläum der Einweihung der Christuskirche gefeiert – zog er eine erste bittere Bilanz:

> »Wir gehen einen schweren Weg, wir gehen ihn gegen den Staat und seinen Machtbereich unter den hiesigen deutschen Christen, wir müssen uns hindurchkämpfen durch feindliche Strömungen. Mit Wehmut lese ich die Namen der Männer [vor 1914], die, hochgestellt, es gleichwohl für ihre Pflicht hielten, der Gemeinde beizustehen. Nicht dasselbe gilt von denen, die heute unser Vaterland hier vertreten. Mit wenigen Ausnahmen sind diese Männer und Frauen von einer starken und befremdlichen Gleichgültigkeit gegen Gott, den Heiland und seine Gemeinde erfüllt. Sie befürworten offen den [Deutschen] Hilfsverein, jenes Gebilde, das kein Bekenntnis zu dem voraussetzt, durch den die Nächstenliebe in die Welt gekommen ist. Unserem Werke wird auch nicht die geringste Beachtung geschenkt, ihm wird mit Kälte begegnet, es wird ignoriert. Der mit jeglicher Unterstützung der Botschaft versehene Hilfsverein will Alles an sich reißen, und ich muß kämpfen gegen Kreise, die klein an Zahl, aber sehr mächtig sind, denen meine Gemeinde ein Dorn im Auge ist. Die Geringachtung der Gemeinde geht so weit, daß man mir nicht einmal die Namen der hierher übersiedelnden Deutschen gibt.«[31]

---

27 Dahlgrün starb 1978 in Bremen, seine Frau 1981.
28 Zu A. Uhde siehe unten S. 109 und 338 f.
29 Brief vom 28.12.1969 an F. Großberg, die ihn dem Archiv Christuskirche zur Verfügung gestellt hat. In gleichem Sinne äußert er sich in Briefen an Fräulein Uhde, (11.12.1962) beide in Archiv Christuskirche 110–6, II.
30 »893 Deutsche«: Antwort der Pariser Botschaft auf eine Anfrage des Kirchenbundesamtes vom 30.12.1924 in Pol.AA R 61889. »64597 Deutsche«: Bericht der Pariser Botschaft an das Auswärtige Amt vom 4.12.1925 nach französischen Quellen in Pol.AA, Kulturpol. Abt. R 61890. Ausführlicher wird unten auf Zahlenangaben eingegangen, siehe S. 104–106.
31 Brief vom 12.12.1929 an Kirchenrat Frisius in Archiv Christuskirche 131.

In diesem Brief an den greisen Kirchenrat Friedrich Frisius, den Gründer der Gemeinde, klagte Erich Dahlgrün offen über seine schwierige Situation. Welche Ereignisse, welche Entscheidungen von Pfarrer und Kirchenvorstand hatten in diesen ersten zwei Jahren das Verhältnis zur Botschaft so beeinträchtigt, daß sich Pfarrer Dahlgrün wie von Feinden umzingelt fühlte?

Ungefähr zum selben Zeitpunkt, im Oktober 1929, kamen in Berlin im Kirchenbundesamt Konsistorialrat Heckel, Kirchenvorstandsmitglied Dr. Gustav Krukenberg[32] und Pfarrer Friedrich von Bodelschwingh, der Sohn des Gründers der Hügelkirche, zu einer für den jungen Pfarrer niederschmetternden Beurteilung: Erich Dahlgrün sei »weder persönlich, noch verwaltungsmäßig, noch organisatorisch für die Gemeinde in Paris geeignet«;[33] seine Ablösung wurde erwogen.

Was hatte der junge Pfarrer falsch gemacht? Oder lag der Fehler auf der Gegenseite, der Botschaft? Hatte Botschafter Leopold von Hoesch Ansprüche und Erwartungen geäußert, die die im Entstehen begriffene Gemeinde und ihr Pfarrer nicht einlösen konnten?[34] Verfolgt man den Gang der Ereignisse in den ersten zwei Jahren, so kommt man zu einer Antwort auf diese Fragen.[35]

Pfarrer Dahlgrün nahm sich im März 1927 ein Zimmer im Hotel Regina, 61, rue Blanche – das Gemeindehaus war unbewohnbar – und machte als erstes seinen Antrittsbesuch beim Botschafter in der Rue de Lille, um den Schlüssel für die Kirche abzuholen und um die ersten Kontakte zu knüpfen. Dort war man »überrascht und erfreut« über das Wiederaufleben der protestantischen Gemeinde, wie Dahlgrün nach Berlin berichtete. Die allerersten Gemeindeglieder und mögliche Kandidaten für den Kirchenvorstand fand Dahlgrün unter dem Botschaftspersonal – allerdings eher in den unteren und mittleren Rängen, wie er selber betonte, als unter den hohen Beamten. Botschafter von Hoesch, der ja bereits sein Engagement für die Kirche bei den Rückgabeverhandlungen bewiesen hatte, empfing ihn persönlich und entwickelte seine Vorstellungen. Zwar sagte er »wärmste Unterstützung« zu, wollte aber jeden Eindruck einer Botschaftskirche vermeiden. Die evangelische Gemeinde sollte vielmehr »aus der deutschen Kolonie heraus« gegründet werden, unabhängig von der diplomatischen Vertretung. Damit richtete sich von Hoesch nach dem Ort, den die

---

32 Dr. G. Krukenberg (1888–1980) war der deutsche Repräsentant des »Deutsch-Französischen Studienkomitees« (auch nach seinem Gründer »Mayrisch-Komitee« genannt) in Paris und von Anfang 1929 bis Sommer 1930 Mitglied im Kirchenvorstand. Zum »Studienkomitee« siehe Hans Manfred Bock: Emile Mayrisch und die Anfänge des deutsch-französischen Studienkomitees, in Galerie-Revue culturelle et pédagogique, Luxembourg 1992, Heft 4, S. 560–585.

33 Vermerk von Konsistorialrat Heckel vom 19.10.1929 nach einem Gespräch mit Dr. Krukenberg in ZA, Best. 5 1376.

34 Bedauerlicherweise finden sich praktisch keine Äußerungen aus der Sicht der Botschaft über das Verhältnis zur Kirchengemeinde. Aus den Akten der Kulturpolitischen Abteilung des Auswärtigen Amtes fehlt der entscheidende Zeitabschnitt Ende 1927 bis zum Herbst 1931 (Pol.AA, Kulturpol. Abt. R 61891). Auch in den Botschaftsakten klafft eine Lücke; der Band (Pol.AA, Botschaft Paris) 1020 b, III 12 n »Beschlagnahmtes Eigentum der Evangelischen Kirche Paris« fehlt, die anderen Akten (1021 III 12 r und t) beginnen erst 1931. Der Nachlaß des Botschafters von Hoesch gilt als verlorengegangen. Siehe W.A. Mommsen: Die Nachlässe in deutschen Archiven, Teil I, Schriften des Bundesarchivs, Boppard 1971 17/I, Nr. 1722, S. 231. Die wenigen offiziellen Äußerungen von Hoeschs sind uneingeschränkt positiv: die deutsche Gemeinde sei wichtig für die deutsche Kolonie.

35 Alle Angaben zu der folgenden Darstellung stammen aus den Akten in ZA, Bestand 5, 1375, 1376 und 1377; die entsprechenden Teile der Korrespondenz des Pfarramts mit dem Kirchenbundesamt in Berlin befinden sich in Archiv Christuskirche 100.

evangelischen Auslandsgemeinden nach 1919 in der neugeschaffenen »Kulturabteilung« des Auswärtigen Amtes bekommen hatten. Sie gehörten dort in das Referat A: »Deutschtum im Ausland«.[36]

Als frühestmöglichen Termin für den Eröffnungsgottesdienst nannte von Hoesch den erfolgreichen Abschluß der deutsch-französischen Wirtschaftsverhandlungen, was bedeutete: nicht vor dem 1. Juli. Seit drei Jahren nämlich verhandelten deutsche und französische Diplomaten über einen umfassenden Handelsvertrag – das »wirtschaftliche Locarno« genannt. Alles, was von den Franzosen als Provokation empfunden werden könnte, mußte absolut vermieden werden.

Überhaupt ging offenbar der Botschaft alles zu schnell. Als erstes sollte die Kirche renoviert und neu eingerichtet werden. Parallel dazu sollte die juristische Frage geklärt werden, wer denn nun Eigentümer der Gebäude in der Rue Blanche sei. Danach erst sollte ein Pfarrer seine Arbeit in Paris aufnehmen.

Betrachtet man die Situation von Hoeschs in diesem Frühjahr 1927, so wird klar: der Pfarrer kam zum falschen Zeitpunkt. Nicht nur die Wirtschaftsverhandlungen drohten zu scheitern, auch war sich von Hoesch nicht mit Außenminister Stresemann über das Vorgehen in der Frage der Räumung des Rheinlandes einig.[37] Ende April erlitt der Botschafter einen Herzanfall und verließ Paris zu einem Erholungsurlaub bis zum 9. August.

Das abwartende Verhalten von Seiten der Botschaft bremste jedoch in keiner Weise Pfarrer Dahlgrüns Energie und Entschlossenheit. Er betrachtete die Ratschläge des Botschafters nur als »pädagogisch gemeint«. Man fürchte lediglich einen zu forschen Pastor auf dem immer noch sehr glatten Parkett der deutsch-französischen Beziehungen. Das Kirchenbundesamt unterstützte ihn in dieser Interpretation.[38]

Was die Frage der Klärung der formalen Eigentumsfrage angeht, so hat die weitere Entwicklung den kirchlichen Stellen recht gegeben. Erst 57 Jahre später nämlich wurde diese Frage juristisch geklärt. Im Jahre 1984 erhielt die Association cultuelle der Christuskirche das Eigentumsrecht an ihren Gebäuden zurück.[39]

Auch andere Beobachter hatten Zweifel, ob die Zeit reif sei für eine deutsche evangelische Gemeinde.[40] Mit dem historischen Abstand kann man heute die Frage positiv beantworten. Die Gemeindegründung fügte sich nämlich in einen allgemeinen Trend ein. Der Abschluß des Vertrages von Locarno im Oktober 1925 entspannte die Lage zwischen den beiden Nationen so weit, daß wieder vorsichtige persönliche und institutionelle Kontakte möglich wurden. Zwischen 1927 und 1930 wurden der Deutsche Hilfsverein und die katholische Gemeinde wiedergegründet, die Deutsche Handelskammer entstand, der spätere sogenannte »Deutsche Akademische Austauschdienst« kam nach Paris. Daneben bildeten sich mehrere private Initiativen zur

---

36 K. Düwell: Deutschlands auswärtige Kulturpolitik 1918–1932, Köln 1976, S. 91.
37 Zu dieser Frage E. Geigenmüller: Botschafter von Hoesch und die Räumungsfrage, in Historische Zeitschrift 200, S. 606–614.
38 In einem Brief vom 18.3.1927 bestätigte Oberkonsistorialrat Besig Dahlgrüns Eindruck: »die amtlichen Stellen in Paris« förderten »nur mit halbem Herzen« die Wiedereröffnung einer deutschen evangelischen Gemeinde. Brief vom 18.3.1927 in Archiv Christuskirche 100.
39 Zur Geschichte der Eigentumsfrage siehe unten S. 368–371.
40 Geheimer Kirchenrat Frisius (an A. Blattmann am 25.11.1925) zweifelt, ob genügend Deutsche für eine Gemeinde in Paris seien, in ZA, Best. 5 1373, ebenso wie Legationssekretär Clodius noch am 27.10.1927 in Pol.AA, Kulturpol. Abt. R 61891.

deutsch-französischen Verständigung: das Deutsch-Französische Studienkomitee[41] und die Deutsch-Französische Gesellschaft. Diese brachten Wirtschaftskreise und bildungsbürgerliche Gruppen beider Länder zusammen, für die auch mehrere Zeitschriften bestimmt waren, so die Deutsch-französischen Monatshefte.[42] Besonders aktiv waren die Katholiken, die binationale Seminare, Jugendaustausch usw. organisierten. Abbé Franz Stock, der spätere Pfarrer der Pariser Katholischen Mission von 1934 bis 1944, machte zum Beispiel 1926 bei einem Treffen der Bewegung von Marc Sangnier in Bierville bei Etampes prägende Erfahrungen mit französischen katholischen Jugendlichen.[43]

Pfarrer Dahlgrün nahm also die Bedenken der Botschaft nicht ernst und leitete die ersten Schritte ein. Auf der Präfektur mußte die Wiederaufnahme der Association cultuelle beantragt werden, wozu er eine Liste von 25 Mitgliedern des Gottesdienstvereins vorweisen mußte.

Außerdem bemühte er sich von Anfang an um mögliche Kandidaten für die Gemeindeleitung, die er nun doch im Botschaftsmilieu suchte und fand. Der Leiter der Kassenstelle der Botschaft, Oswald Rieckmann, wurde für die nächsten Jahre der Finanzverwalter der Gemeinde, auch Dr. Walther Frölich, Kirchenvorstandsmitglied bis 1930 und deutscher Richter bei den gemischten Schiedsgerichten des Völkerbunds in Genf, war der Botschaft angegliedert. Zu allen diesen Kandidaten gab die Botschaft ihre Zustimmung oder Ablehnung bekannt. Bei Dr. Frölich hatte sie z.B. zunächst eine Kandidatur abgelehnt.[44] Und Dahlgrün erhielt vom Kirchenbundesamt in Berlin die nachdrückliche Anweisung, keine Rechtfertigungen zu verlangen, sondern solche Entscheidungen hinzunehmen.[45]

Einer der beständigsten Mitarbeiter, der Kaufmann Hermann Eberhardt, war auch der erste, den Pfarrer Dahlgrün ansprach. Der Journalist Frédéric von La Trobe, Baltendeutscher und Vertreter der Telegraphenunion in Paris, wurde bis 1930, als er Paris aus beruflichen Gründen verlassen mußte, Mitglied des Kirchenvorstandes.[46]

---

41 Dessen Vertreter, Dr. Krukenberg, wurde Mitglied im Kirchenvorstand (siehe Anm. 32).
42 Über das »Locarno intellectuell« (Der Ausdruck stammt von Heinrich Mann, der ihn in einem Aufsatz 1927 im ersten Band der Revue d'Allemagne verwendet.) siehe R. Bariety/J. Poidevin: Frankreich und Deutschland, S. 359–360. Ein Beispiel behandelt H. M. Bock: Die Deutsch-Französische Gesellschaft 1926–1934. Ein Beitrag zur Sozialgeschichte der deutsch-französischen Beziehungen der Zwischenkriegszeit, in Francia 17/3, 1990, S. 57. Einen Überblick über die Kulturbeziehungen zwischen beiden Ländern in der Zwischenkriegszeit insgesamt gibt H. M. Bock: Zwischen Locarno und Vichy. Die deutsch-französischen Kulturbeziehungen der dreißiger Jahre als Forschungsfeld, in H. M. Bock u.a.: Entre Locarno et Vichy. Les Relations culturelles franco-allemandes dans les années 1930, Paris 1993, S. 25–61.
43 E. Kock: L'Abbé Franz Stock, franz. Ausgabe: Paris 1966, S. 37–38.
44 Dies teilte Frölich Dahlgrün am 5.8.1927 mit (in Archiv Christuskirche 131). Da der Botschafter zu diesem Zeitpunkt noch nicht wieder nach Paris zurückgekehrt war, muß offen bleiben, ob es eine persönliche Entscheidung von Hoeschs oder die eines anderen Beamten war.
45 Briefwechsel von Dahlgrün mit dem Kirchenbundesamt im August 1927 in Archiv Christuskirche 131.
46 Die Angabe des Arbeitgebers erlaubt in diesem Fall den vorsichtigen Schluß auf politische Einstellungen eines Kirchenvorstandsmitglieds. Da die Telegraphenunion zum Hugenbergkonzern gehörte, dessen deutschnationale Einstellung bekannt war, könnte man daraus schließen, daß auch Frédéric von La Trobe politisch eher rechts, also gegen die Verständigungspolitik Stresemanns eingestellt war. Dahlgrün weist gegenüber dem Kirchenbundesamt darauf hin, daß von La Trobe »nach außen hin politisch parteilos« sei (Bericht vom 27.3.1927 in Archiv Christuskirche 100). Dies könnte wichtig für den Hintergrund der Stresemann-Affäre sein, siehe unten S. 101–103.

Man begann mit den Reparaturen der Gebäude in der Rue Blanche im Gemeindehaus. Geplant war, die Gottesdienste zunächst im Gemeindesaal stattfinden zu lassen, da die Kirchenrenovierung zeitlich und finanziell wesentlich aufwendiger war. So hielt Pfarrer Dahlgrün seinen ersten Gottesdienst am 26. Mai, dem Himmelfahrtstag, im frisch renovierten Gemeindesaal. Unmittelbar anschließend gründete er einen Arbeitsausschuß, der die Funktionen eines Kirchenvorstandes bis zur ordentlichen Wahl nach Gründung der Association cultuelle wahrnehmen sollte.

Der Gemeindesaal erwies sich schnell als zu klein, so daß bald nach dem Eröffnungsgottesdienst die Kirche für die Gottesdienste benutzt wurde, trotz unzureichender Einrichtung – es fehlten Orgel und Kanzel, und man behalf sich lange mit Stühlen aus dem Gemeindesaal. Für die Instandsetzung der Gebäude und die Wiederbeschaffung der Inneneinrichtung gab die Deutsche Evangelische Kirche eine Menge Geld aus: innerhalb des ersten Jahres wurden bis zum 16.4.1928 insgesamt 104 763 Reichsmark verbraucht.[47]

Dahlgrüns Hauptsorge im Frühjahr und Sommer 1927 mußte es sein, Adressen von Deutschen zu erfahren. Soweit er die Zeit dafür fand, besuchte er die Familien in ihren Wohnungen und warb für den Beitritt zur Gemeinde. Felicitas Großberg berichtet, wie er ihre Mutter und Großmutter besuchte und sie so zu einem Wechsel von der Rédemptionsgemeinde in der Rue Chauchat zur Christuskirche veranlaßte.[48] In der ehemaligen Muttergemeinde hatte es auch nach 1914 deutschsprachige Gottesdienste gegeben. Den Rahmen bot die »Union alsacienne d'activité chrétienne« unter der Leitung des elsässischen Pfarrers Georges Bronner, die zunächst in der Kirche Les Billettes, von Februar 1927 an in der Kirche Rédemption ihre Gottesdienste hielt.[49]

Trotz solcher persönlichen Erfolge ging es aber langsamer voran als erwartet. Als Mitte Juli die deutsch-französischen Wirtschaftsverhandlungen als vorläufig gescheitert angesehen werden mußten, wurde die Gemeindeeröffnung auf unabsehbare Zeit verschoben. Daran konnte auch das Kirchenbundesamt, das Pfarrer Dahlgrün um Aufklärung und Unterstützung gegen die diplomatischen Stellen bat, nichts ändern. »Abwarten und Vorsicht walten lassen« antwortete man ihm.[50]

Den ganzen Sommer über war Dahlgrün unermüdlich tätig: er beauftragte Tischlermeister Hermann Thaler mit dem Bau von Altar, Kanzel und Chorgestühl, überwachte die Reparaturen im Gemeindehaus und in der Kirche, stellte einen Küster und einen Organisten ein, arbeitete Arbeitsverträge für sie aus und änderte die Satzung der zukünftigen Association cultuelle in ständiger Rücksprache mit dem Kirchen-

---

47 Anfrage des Kirchenbundesamtes an Dahlgrün, da die Rechnungsbelege noch ausstanden, in ZA, Best. 5 1375.
48 Interview mit F. Großberg Teil I, S. 1 in Archiv Christuskirche 110–6, I.
49 Dies ist dem Tableau des Cultes (Kirchenzettel) von Le Témoignage zu entnehmen. Auch Rambaud berichtete am 1.11.1924 an das Kirchenbundesamt, daß der elsässische Pfarrer Bronner in der Kirche Billettes auf deutsch predigte, in ZA, Best. 5 1373.
50 Brief des Kirchenbundesamtes vom 23.8.1927 an Dahlgrün in ZA, Best. 5 1375. Bereits Ende Juni war er aus Berlin gewarnt worden, nicht die Botschaft zu verärgern, indem er zu sehr auf baldige Eröffnung dränge. Brief vom 30.6.1927 in Archiv Christuskirche 100.

17. Chor der Christuskirche um 1930

bundesamt: z.B. sollte der Botschafter ständiger Ehrenvorsitzender werden. Er ist in dieser Funktion im ersten Gemeindekirchenrat aufgeführt.[51]
Von 22. Mai an führte Dahlgrüns Tante Marie Telle den Haushalt, und am 9. Juni konnte er endlich in den 4. Stock des Gemeindehauses einziehen. Er lebte dort nicht lange alleine: Anfang Juli verlobte er sich mit der jüngeren Schwester seiner verstorbenen Frau, Emilie Fischer, und fuhr Anfang Oktober für 10 Tage nach Deutschland, um in Bremen Hochzeit zu feiern.

Im Gemeindehaus nahm das Ehepaar Singer, bereits vorher als Küster für die Rédemptionsgemeinde tätig, den Dienst auf. Der Schweizer Erich Jung wurde Organist

---

51 Er erscheint aber nur als Person im Kirchenvorstand; das Kirchenbundesamt fand eine Institutionalisierung des Vorsitzes durch den deutschen Botschafter unabhängig von dessen persönlicher Einstellung und Konfession nicht opportun. Damit wird korrekt das staatliche Paritätsprinzip eingehalten. Satzungstext und Briefwechsel zwischen Dahlgrün und dem Kirchenbundesamt im August 1927 in Archiv Christuskirche 100.

und nach einem tödlichen Unfall im Herbst 1928 von dem Holländer Jacques Beers abgelöst, der bis 1939 blieb. Ein schwer zu lösendes Problem – wegen der Kosten und der nötigen Bauzeit – war die Beschaffung einer Orgel. Ein Harmonium spielte stattdessen, was Dahlgrün immer als notdürftigen Ersatz empfand und deshalb weiter nach Mitteln und Wegen suchte, um zu einer schönen Orgel zu kommen. So fragte er zum Beispiel 1929 bei Albert Schweitzer an, der auch eine Disposition erarbeitete, die nicht zur Ausführung kam.[52]

Am 23. August endlich wurde das deutsch-französische Handelsabkommen unterzeichnet[53] und eine Woche später in einer Besprechung zwischen von Hoesch und Dahlgrün der Termin für die Eröffnung auf Anfang Oktober festgelegt.[54] Doch zwei Wochen später mußte der Pfarrer sich von neuem mit Botschaftswünschen auseinandersetzen. Von Hoesch wollte den Eröffnungsgottesdienst am 2. Oktober mit einer Feier zu Ehren von Reichspräsident Hindenburgs 80. Geburtstag verbinden.[55] Er nahm damit die Tradition der Festgottesdienste zu Kaisers Geburtstag wieder auf. In der Republik wurde eine solche Veranstaltung zu einer Mischung aus monarchischen und republikanischen Elementen. Der demokratisch gewählte Reichspräsident wurde wie ein Ersatzkaiser geehrt. Der Präsident des Deutschen Evangelischen Kirchenausschusses, des obersten Repräsentanten der Deutschen Evangelischen Kirche, hatte ebenfalls Anweisung gegeben, in der Gemeinde diesen Anlaß zu feiern.[56]

Die Gründe, die in der französischen Hauptstadt gegen eine Verbindung von Eröffnungsgottesdienst und Hindenburg-Ehrung sprachen, lagen auf der Hand – übrigens für beide, Pfarrer und Botschafter. Denn natürlich mußte man die Vertreter der protestantischen Kirchen in Paris zur Eröffnung einladen: neben den französischen auch die englischen, amerikanischen usw., das heißt: Vertreter der ehemaligen Kriegsgegner, für die Hindenburg in erster Linie noch der »Sieger von Tannenberg« war. Eine unvorstellbare Provokation! Da von Hoesch trotzdem gerne seinen Geburtstagsgottesdienst hätte, beschloß man einen Kompromiß. Pfarrer und Kirche standen zur Verfügung, aber zeitlich vor und getrennt von der eigentlichen Eröffnungsfeier. Die Botschaft »mietete«[57] Kirche und Pfarrer am 2. Oktober für eine interne Feier der deutschen Kolonie. Der Festgottesdienst wurde auf den 1. Adventssonntag, den 27. November 1927, in deutlichem Abstand zur Hindenburgfeier verschoben.[58] So kam

---

52 Der Kirchenvorstand beriet in seiner Sitzung vom 11.11.1929 über den Auftrag an Schweitzer für eine Orgeldisposition. Einladungsschreiben vom 7.11.1929 in Archiv Christuskirche 131. Siehe auch unten S. 113.
53 Über die näheren Umstände siehe P. Krüger: Außenpolitik, S. 368–371.
54 Über den Inhalt der Besprechung, an der auch Dr. Dietz, von La Trobe und Baerwanger teilnahmen, erfährt man aus einem Bericht Dahlgrüns vom 2.9.1927 an das Kirchenbundesamt in ZA, Best. 5 1375 und Archiv Christuskirche 100. Botschafter von Hoesch wird von Dahlgrün an dieser Stelle als wesentlich aufgeschlossener und entgegenkommender als im März geschildert. Er übernahm ausdrücklich das Protektorat über die Gemeinde und kündigte die Stiftung eines Kruzifixes an, das dann bis 1944 in der Kirche verwendet wurde und heute (1994) in der Sakristei aufbewahrt wird.
55 Bericht von Dahlgrün an das Kirchenbundesamt am 18.9.1927. Die Besprechung fand am 14.9. statt, die Beratung des Arbeitsausschusses am 17.9.1927, in Archiv Christuskirche 100.
56 Brief Kaplers vom 19.9.1927 an Dahlgrün (siehe auch Anm. 60). Auch in der Genfer deutschsprachigen Gemeinde wurde der 80. Geburtstag Hindenburgs gefeiert, siehe K. E. Geith: Ev. luth. Kirche in Genf, S. 52.
57 So wörtlich in Dahlgrüns Bericht an seine Behörde am 18.9.1927 in Archiv Christuskirche 100.
58 Am 5. Oktober 1927 wurde in der Präfektur von Paris die Wiederaufnahme der Association cultuelle von 1906 beantragt und am 22.10. genehmigt. An der Spitze der Liste der vorgeschriebenen 25 Mitglie-

es, daß fast auf den Tag genau 33 Jahre nach der Einweihung der Christuskirche am 2. Advent 1894 die Kirche wieder eine deutschsprachige Gemeinde aufnahm.

Die Kirche war mit 400 Besuchern gut gefüllt, die eingeladenen protestantischen Würdenträger – 23 protestantische Institutionen waren angeschrieben worden, von der Fédération Protestante de France bis zu den Pfarrämtern der skandinavischen Lutheraner in Paris[59] – waren zumeist gekommen: Dahlgrün konnte mit dem im ersten dreiviertel Jahr Erreichten zufrieden sein.

Nur vom Deutschen Evangelischen Kirchenausschuß sind weder Präsident Hermann Kapler[60] noch einer der Konsistorialräte angereist, »aus politischen Gründen«, um dem Wiederaufleben der Gemeinde keine demonstrative Signalwirkung zu geben.[61] Dahlgrün hätte gerne Oberkonsistorialrat Hans Besig empfangen, schon um seine Dienstvorgesetzten durch den Augenschein von der Qualität seiner Arbeit zu überzeugen.[62]

Der Predigt lag Johannes 6, 67–69 zugrunde: das Treuebekenntnis der Jünger zu Jesus, als dieser den Verrat des Judas voraussagte. In der Zeitung »Le christianisme au XXe siècle«, Organ der Reformierten Kirche Frankreichs, wurde anerkennend der »rein religiöse« Tenor der Predigt hervorgehoben, ohne daß die für die Deutschen schmerzliche Vergangenheit verdrängt worden sei.[63] Die Lutheraner hatten noch genauer zugehört: der junge Geistliche habe kein Wort geäußert, das französische Ohren schockieren könnte. Mit Befriedigung vermerkte man, daß die Gemeindesatzung jegliche Diskussion von politischen Gegenständen ausschließe und daß in das Fürbittengebet auch »das Land, in der man (wir) zu Gast ist (sind)« eingeschlossen worden war. Betont wurde, daß die neue Kirche für »die deutsche Kolonie«, die »Landsleute des Pfarrers« (»ses compatriotes«) da sei.[64] Indirekt bestätigte man damit, daß Elsässer nicht zu den Gemeindegliedern zu rechnen seien.

Zum 18. Dezember wurde die erste Gemeindeversammlung einberufen: 42 Gemeindeglieder, unter ihnen Legationssekretär Clodius als Vertreter des Botschafters, waren anwesend.[65] Die Satzung wurde verabschiedet, der Kirchenvorstand – dieselben Personen wie im Arbeitsausschuß, ergänzt um Robert Baerwanger als Ersatzmitglied – gewählt, der Anschluß an den Deutschen Evangelischen Kirchenausschuß beschlossen, und eine Armenkasse eingerichtet.

---

der stand Leopold von Hoesch als Präsident, gefolgt von Dr. Dietz (Brief vom 11.10.1993 der Préfecture de Police de Paris). Dieser trat kurz danach wieder von seinem Posten als »Sekretär« (gemeint ist vielleicht: Schriftführer) zurück, da er sich vor Gericht »wegen einer Fälscheraffäre« zu verantworten hatte. Nach den Bruchstücken in der Korrespondenz zu urteilen, war die Botschaft gerade mit Dr. Dietz als Kirchenvorstandsmitglied nicht einverstanden, Dahlgrün bestand jedoch darauf, bzw. hielt »den Platz für Dr. Dietz frei«, der ihn allerdings nie einnahm, in Archiv Christuskirche 131.

59 Liste der Eingeladenen und Bericht vom 2.12.1927 an das Kirchenbundesamt in Archiv Christuskirche 100.
60 Zu Hermann Kapler (1867–1941) siehe C. Wright: »Über den Parteien«. Die politische Haltung der evangelischen Kirchenführer 1918–1933, Göttingen 1977, Seite 35–36.
61 Am 16.11.1927 gab Kirchenvorsteher Frölich Dahlgrün die Absage des Kirchenbundesamtes bekannt in Archiv Christuskirche 131.
62 Brief an das Kirchenbundesamt vom 23.10.1927 in Archiv Christuskirche 100.
63 Le Christianisme au XXe siècle, 15. Dez. 1927.
64 Le Témoignage vom 29.11.1927, S. 381.
65 Siehe das Protokoll der ersten Gemeindeversammlung in Archiv Christuskirche 131.

Dies letztere hatte sich schon in den ersten Monaten als ganz dringend herausgestellt: die Sprechstunden des Pfarrers waren ständig überfüllt mit hilfsbedürftigen Deutschen, die Wohnungen, Arbeitsstellen, Adressen, ärztliche Hilfe, Geld oder einfach einen Gesprächspartner suchten.[66]

Der Anschluß an den Deutschen Evangelischen Kirchenbund ersetzte die Verbindung zur Hannoverschen Landeskirche, die vor dem Krieg die Gemeinde betreut hatte. Fast 100 Gemeinden in der ganzen Welt, von Südamerika über Asien bis Europa waren in derselben Art mit der evangelischen Kirche in Deutschland verbunden.

Die traditionelle Bindung an die Hannoversche Landeskirche blieb trotzdem inoffiziell erhalten. Geheimrat Lic. Julius Köhler, der schon als Festprediger zur Einweihung des Gemeindehauses 1912 nach Paris gekommen war, kümmerte sich weiterhin im Rahmen seiner Möglichkeiten um Hilfe für die Gemeinde.[67] Alle Vikare der Dreißiger Jahre wurden vom Landeskirchenamt Hannover entsandt und besoldet. Die Gemeinde erhielt auch mehrmals Besuch aus Hannover, und Lic. Köhler hielt am 13. November 1932 beim Festgottesdienst zum 300. Todestag Gustav-Adolfs die Predigt. Bischof Marahrens kam in den Dreißiger Jahren.[68]

Eine erste Bilanz zur Beantwortung der oben gestellten Fragen, gezogen nach den ersten neun Monaten Arbeit des Pfarrers, zeigt, daß die Gemeinde in ihrer Entstehung und in wesentlichen Entscheidungen von der Botschaft abhängig war. Sowohl der Zeitpunkt als auch die Art der Wiedereröffnung war von der Botschaft bestimmt. Wenn Botschaftsbeamte sich für den Kirchenvorstand aufstellen lassen wollten, bedurften sie der Zustimmung ihres Dienstherrn. Umgekehrt war allerdings auch den Mitarbeitern der Gemeinde daran gelegen, die Botschaft in die Pflicht zu nehmen und von ihr materielle Hilfe zu bekommen: Geld, Adressen von Deutschen und Postdienste. Die Korrespondenz mit den kirchlichen Stellen in Deutschland und alle Geldüberweisungen liefen über den Botschaftskurierdienst.[69] Nicht zuletzt erwartete die Kirche persönliche Mitarbeit. Folgt man Pfarrer Dahlgrüns oben zitierten Klagen, so hat er dies alles nicht im erwünschten Ausmaß erhalten. Die Gemeinde nahm keinen außerordentlichen Platz ein – sie war vielmehr eine von mehreren der »Pflege des Deutschtums« dienenden Institutionen, für die im Haushalt der Botschaft Geldmittel

---

66 Dies berichtete Dahlgrün am 31.10.1928 an den Gustav-Adolf-Verein bei der Bitte um finanzielle Unterstützung zum Bau einer Kanzel in Archiv Christuskirche 100. Auch in der Botschaft war man sich der sozialen Probleme bewußt. Deswegen wurde im Oktober 1927 der traditionsreiche »Deutsche Hilfsverein«, gegründet 1844 (siehe oben S. 41), wiederbelebt. Den Vorsitz führte der deutsche Botschafter, und die Pfarrer der beiden Kirchengemeinden gehörten satzungsgemäß zum Vorstand. Damit wurde ein Plan von Dahlgrün hinfällig, der im Sommer 1927 im Gemeindehaus einem holländischen Arzt einen Raum als Sprechzimmer zur Verfügung stellen wollte, zur kostenlosen ärztlichen Behandlung bedürftiger Deutscher. Brief vom 12.11.1927 an das Kirchenbundesamt in Archiv Christuskirche 100.

67 Nachrichten über Probleme Dahlgrüns gibt es vor allem durch erhaltene Briefe an Geheimrat Lic. Köhler, da dieser die Rolle eines väterlichen Freundes für den jungen Pfarrer spielte. Der Briefwechsel bricht mit dem Ende des Jahres 1932 ab. Daß es einmal Briefe aus dem Jahre 1933 gegeben hat, kann man vermuten. Lic. Köhler jedenfalls wurde im Rahmen der personellen Umgestaltung der Hannoverschen Landeskirche im Sommer 1933 in den vorzeitigen Ruhestand versetzt, er hätte erst 1934 die Altersgrenze erreicht. Dazu siehe E. Klügel: Die lutherische Landeskirche Hannover und ihr Bischof 1933–1945, Berlin/Wien 1964, S. 504.

68 GBl Dez. 1932. Bischof Marahrens besuchte die Gemeinde im Oktober 1935 aus Anlaß des Lutherischen Weltkonventes in Paris (GBl Okt. 1935).

69 ZA, Best. 5 1375.

18. Das Gemeindehaus in der Rue Blanche in den Dreißigerjahren

19. Am Eingang die zweisprachige Plakette

zur Verfügung standen, wie auch der Deutsche Hilfsverein, die katholische Mission etc.[70] Damit wurde sie durchaus korrekt im Rahmen der neuen republikanischen Außenpolitik behandelt.

Kirche und Staat: Die Praxis

Das Verhalten der Botschaft war allerdings nicht eindeutig. Urteilt man nach ihrem konkreten Verhalten, so forderte sie gewisse Gegendienste, für die sich die Kirche besonders eignete. Die Botschaft litt an Mangel an Räumen für Festveranstaltungen, und eine Kirche gab einen würdigen Rahmen ab für nationale Selbstdarstellungen wie der erwähnten Hindenburgfeier.

Gleiches galt für die jährliche Feier des Verfassungstages der Weimarer Republik am 11. August, die bis 1932 in der Kirche in einem besonderen Gottesdienst stattfand. Der deutsche Botschafter bekannte sich so zur Republik, was in monarchistischen Kreisen der Auslandsdeutschen in Paris auch Ablehnung erfuhr.[71]

Wieder zeigt sich in diesem Detail die prekäre Situation der Weimarer Republik. Bis zum Herbst 1928, als ein Gesetz den 11. August zum Nationalfeiertag erklärte, wurde in rechtskonservativen DNVP-Kreisen am 18. Januar die Gründung des 2. Kaiserreichs als Nationalfeiertag gefeiert. Je nach örtlichen Verhältnissen entschieden sich die Gemeinden für Beflaggung und Gottesdienst, es überwog aber das konservative Datum.

Als sich im Jahre 1928 die Frage auch für die Pariser Gemeinde stellte, hatte die Kirchenleitung zum ersten Mal den republikanischen 11. August »empfohlen« – ohne die Kirchenvorstände verpflichten zu wollen.[72] In Paris wurde von 1928 bis 1932 jedes Jahr eine kirchliche Verfassungsfeier veranstaltet, auch an Wochentagen. Sozusagen zum Ausgleich wurde am 18. Januar 1931 des 60. Geburtstages des Bismarckreiches im Hauptgottesdienst in Paris gedacht, jedoch ohne Großmachtgebärden, sondern als Gedenktag der Gefallenen des Einigungskrieges.[73] In bescheidenerem Maßstab folgte damit die Pariser Gemeinde dem Beispiel des Festgottesdienstes im Berliner Dom in Anwesenheit von Reichspräsident von Hindenburg.

Im ersten Jahr, beim Jahreswechsel 1927/28, wurde sogar zum Neujahrsempfang des Botschafters in die Kirche eingeladen;[74] und am Volkstrauertag, damals am Sonntag Reminiscere im März, trafen sich Botschaft und Gemeinde regelmäßig auf dem Friedhof Les Gonnards in Versailles zum kirchlichen Gedenken der Gefallenen.[75]

---

70 Anfrage der Botschaft an das Auswärtige Amt wegen Zuschüssen an deutsche Institutionen vom 7.3.1932 in Pol.AA, Kulturpol. Abt. R 61891.
71 Siehe die Angriffe des früheren Pfarrers in Lyon und damaligen Journalisten A. Koerber gegen von Hoesch aus dem Jahre 1932 in Pol.AA, Kulturpol. Abt. R 61891. Koerber wurde im November 1932 vom französischen Staat ausgewiesen (Pol.AA, Kulturpol. Abt. R 70771), die französische Polizei Sûreté Nationale beobachtete ihn schon vor 1933 als »hitlérien« (AN Paris F7/13429).
72 Kurt Nowak: Evangelische Kirche und Weimarer Republik, Berlin 1981, S. 177–179.
73 GBl Feb. 1931.
74 Siehe Bericht Dahlgrüns an das Kirchenbundesamt vom 2.1.1928 in Archiv Christuskirche 1120. Da diese Praxis von katholischer Seite (Artikel in der Kölner Volkszeitung) als eine Bevorzugung der evangelischen Kirche angesehen wurde, blieb es bei diesem einen Mal.
75 In den jährlichen Märznummern des Gemeindeblattes ab 1928 wird jeweils dazu eingeladen.

Auch bei der Botschaftsveranstaltung zum Totengedenktag am 1. November waren regelmäßig beide Pfarrer eingeladen.

Die tatsächliche Zusammenarbeit von Kirche und Staat auf der Ebene Christuskirche–Botschaft blieb nicht unwidersprochen. Offenbar kritisierten Katholiken die Reste der Staatskirchenpraxis, so daß sich folgendes Ritual entwickelte: die Botschaft »trat mit der Anregung, einen Festgottesdienst zu veranstalten, an die Gemeinde heran.« Der Kirchenvorstand entschied, ob er die Initiative übernahm (die ja in Wahrheit von der staatlichen Seite gekommen war).[76] Die Botschaft war dem Paritätsprinzip verpflichtet, denn die katholische Kirche hatte dieselbe öffentlich-rechtliche Stellung wie die evangelische. Theoretisch war ihr dies auch offenbar völlig bewußt, wie Leopold von Hoeschs Forderung, die Gemeinde müsse »aus der deutschen Kolonie heraus« gegründet werden, zeigt. In der Paxis blieb sie häufig in alten Denkschemata der »Botschaftskirche« befangen. Gerade in Paris hatte ja das Zusammenspiel von deutscher Kolonie, Botschaftsbeamten und Kirche reibungslos und zum Nutzen aller funktioniert.[77]

Aber nicht nur die Katholiken forderten ein Umdenken von der alten »Botschaftskirche«, auch Dahlgrün lehnte es ab, seine Kirche zur Bühne für Staatsakte benutzen zu lassen. Er befürwortete die Trennung von Kirche und Staat, so daß sich zwei unabhängige Partner gegenüberstünden.

Auf der anderen Seite beschwerte er sich immer wieder, daß »die Auslandsvertretungen unseres Staates aufgehört haben, für das Wachstum und Gedeihen der Kirchengemeinden sich mitverantwortlich zu wissen«.[78] Auch er wollte eigentlich Widersprüchliches: der Staat sollte für die Kirche sorgen, jedoch keine Gegenleistung erwarten. Dahlgrün wollte die Vorteile der Staatskirche bewahren, ihre problematische Nähe zum Staat aber umgehen. Zur Erklärung dieses Widerspruches soll kurz auf seine Vorstellung vom Verhältnis von Kirche und Staat eingegangen werden.

Kirche und Staat: Die Theorie

Dahlgrün nahm die Verfassungsfeier des 11. August 1929 zum Anlaß, seine Sicht des Staates ausführlich darzustellen.[79]

---

76 Dies steht nirgends expressis verbis geschrieben, wird aber aus einer Gesamtschau der Korrespondenz deutlich. Die evangelische Seite registrierte die Parität als Verlust an Einfluß, z.B. bedauerte Konsistorialrat Besig in einem Brief vom 24.8.1927 an Dahlgrün, daß »das Zentrum das Auswärtige Amt überwacht«, in Archiv Christuskirche 184. Die Vorstellung eines zu starken Einflusses der katholischen Kirche gehörte zu den Denkschemata der evangelischen Kirchenvertreter der Weimarer Zeit. K. Nowak: Evangelische Kirche, S. 93–96. Siehe dazu auch unten S. 117–120 das Porträt Pfarrer Dahlgrüns.
77 Siehe S. 78–80.
78 Brief an Lic. Julius Köhler vom 17.2.1930 in Archiv Christuskirche 103. Um das widerspruchsvolle Bild zu vervollständigen, sei hinzugefügt, daß Dahlgrün die Person des Botschafters von dieser Kritik ausdrücklich ausnahm, allerdings Jahrzehnte später. Aus Anlaß der Denkschrift der Christuskirche zum 75jährigen Jubiläum lobt Dahlgrün in einem Brief vom 28.12.1969 an F. Großberg den »lutherischen Christen Leopold v. Hoesch«, dessen »in Glauben gegründetes Wohlwollen, [seine] rege Ermutigung und Unterstützung« (Dahlgrün) erfreuten, in Archiv Christuskirche 110-6, II.
79 GBl Jul. 1929.

Als Lutheraner geht er von der »Zwei-Reiche-Lehre« aus: zwei Bereiche mit eigenen Gesetzen stehen nebeneinander, aber überspannend über beiden steht Gott als Herr und Schöpfer, wie es seiner Stellung im Universum gebührt. Die zwei Reiche, das geistliche, die Kirche, und das weltliche, der Staat, stehen nebeneinander: Gott als Erlöser im ersten mit dem Evangelium als Richtschnur, Gott als Schöpfer im zweiten mit dem Gesetz als Gottes Gebot.[80]

Dieser Trennung der »Reiche« entspricht, daß der Staat einen ausdrücklichen Platz in der Schöpfungsordnung Gottes erhält und damit eine zusätzliche Legitimation bekommt, die Gehorsam von den Christen erfordert.

Für Dahlgrüns Überzeugungen ist nun ein zusätzliches Moment dieser Zwei-Reiche-Lehre von Bedeutung: Er betont den eschatologischen Charakter des Reiches Gottes gegenüber dem zeitlich begrenzten des Reiches der Welt, so daß eine Überbewertung des Staates verhindert wird.

> »Sie [die Kirche] verliert nicht aus dem Auge, daß Christi Reich nicht von dieser Welt ist, und mit keinem Staatsgebilde noch Kirchengebilde zusammenfällt. Der Staat hat nicht die Verheißung der Ewigkeit – aber wir wollen und sollen Gott danken, daß er uns aus dem Schoße eines großen und starken Volkes hervorgehen ließ, das wir innig lieben.«

Dahlgrün versteht diese Definition als Sicherung gegen Grenzüberschreitungen von mehreren Seiten: gegen die weltliche Macht des Papstes und gegen die Identifikation von Nationalsozialismus und Reich Gottes. Das Reich Gottes ist mit keinem weltlichen, diesseitigen Gebilde gleichzusetzen. Die Kirche wird damit freigehalten von (partei)politischen Zielen. Dies ist eine der wichtigsten Grundsätze Dahlgrüns.

Aber – die Gretchenfrage liegt nah: Wie stand der Pfarrer zur Republik?

Erstaunlicherweise gibt es unter dem verfügbaren Material keine Äußerungen von Dahlgrün über seine persönliche Auffassung zur Frage der Staatsform. Sicher kann man nur sagen, daß er dieser Frage keine herausragende Bedeutung zumessen wollte, sonst hätte er die von ihm, dem Pfarrer, abverlangte politische Neutralität nicht selber leben können.[81] Man muß aus seinen allgemein-politischen Äußerungen herausinterpretieren, wie er zur Republik stand.

Und da gibt es doch eine Menge Distanzierung zwischen den Zeilen: von der Republik als »Übergangsform« ist die Rede, die Trennung von Kirche und Staat (die implizit ja den aktuellen, republikanischen Staat meint) und die »Neutralität« gegenüber der Staatsform wird betont, der »religionslose« Staat bedauert – alles dies weist auf ein grundsätzliches Mißtrauen hin. Ein solches Mißtrauen war unter den Pfarrern der Weimarer Republik weit verbreitet, Dahlgrün bildete keine Ausnahme.

Vielleicht kann man bei ihm am ehesten von einer Kompromißhaltung sprechen, die man als »Vernunftrepublikanismus« bezeichnet hat: sich mit der Republik als Gegebenheit realistisch abfinden und sich eine Sehnsucht nach der guten, alten Monar-

---

80 Dies ist eine vereinfachte Version der auch bei Luther selber nicht völlig stringent durchgeführten und unterschiedlich interpretierbaren Lehre, die jedoch für unsere Zwecke des Verständnisses der Pariser Problematik genügen sollte.
81 In einem Brief an seinen – politisch sehr engagierten – Vikar Hans-Helmut Peters betonte er die Pflicht des evangelischen Pfarrers, »über den Parteien« zu bleiben – eine Haltung, die in der politisierten Atmosphäre innerhalb der Kirche Anfang der Dreißiger Jahre Seltenheitswert hatte. Brief an Peters vom 5.10.1931 in LKA Hannover N 112.

chie als der besten Staatsform für Deutschland insgeheim bewahren.[82] Gegenüber seiner Gemeindeöffentlichkeit wollte er sich jedenfalls nicht persönlich exponieren. Für ihn gehörte dieses Schweigen zu der vom Pfarrer zu fordernden unpolitischen und überparteilichen Haltung, die in Deutschland selten geworden war, insbesondere nach 1930. Die evangelische Kirche war in die bürgerkriegsähnlichen politischen Auseinandersetzungen zwischen Rechts und Links voll verwickelt, Pfarrer nahmen von der Kanzel herunter offen politisch Stellung, meist für die Rechte.[83]

Trennung von Kirche und Staat hieß also: Übergriffe auf das geistliche Reich (und umgekehrt) müssen verhindert werden, einer Vermischung der Sphären muß vorgebeugt werden. Es ist der Staat, der sich zurückzuhalten und die Eigenständigkeit des geistlichen Reiches zu respektieren hat.

So gesehen erscheint es schon einleuchtender, daß Dahlgrün dann, wenn von der Botschaft »Anregungen« zum Abhalten von Gottesdiensten kamen, nicht einfach diesen folgte, sondern diskutierte, den Kirchenvorstand entscheiden ließ, ja Gottesdienste verweigerte. Er durfte nicht einfach »staatlichen Veranstaltungen einen kirchlichen Aspekt« verleihen.[84] Der Gottesdienst mußte immer Versammlung der Gläubigen und Raum Gottes bleiben. Als Ausschmückung von Staatsakten, als Dekoration und Bühne für Propagandaveranstaltungen durfte die Kirche nicht mißbraucht werden. Außerdem sollte die Kirche nicht politische Entscheidungen mit Gottes Segen versehen und sie »heiligen« und gleichzeitig andere Auffassungen als »profan« abwerten.

So könnte man gewisse Ungereimtheiten in Pfarrer Dahlgrüns Verhalten gegenüber den staatlichen Stellen erklären: Die lutherische Kirche hatte sich in Deutschland von Anfang an nur unter dem Schutz des jeweiligen Landesherrn, also des Staates, entwickeln können. Die persönliche Bindung des monarchischen Herrschers an die Kirche wurde nun von vielen lutherischen Theologen auch von den Vertretern der neuen Republik erwartet. So forderte Dahlgrün von den staatlichen Stellen ein kirchliches Engagement, was sich in der Schulfrage besonders stark äußerte wie auch in der Forderung nach einer konfessionell oder mindesten christlich bestimmten Sozialarbeit. Hier kam nun gerade im Verhalten Dahlgrüns gegenüber den deutschen Botschaftsangehörigen ein besonderes Moment in Luthers Zwei-Reiche-Lehre zum Tragen: Schon Luther betonte, daß zwar der Staat nicht in die Kirche eingreifen dürfe, daß aber der jeweilige Herrschaftsträger in seiner Person als Christ und Mitglied der christlichen Gemeinde durchaus für das Wohl der letzteren zu sorgen habe. Ein solches Verhalten forderte Dahlgrün in starkem Maß auch von den Angehörigen der Botschaft. Konnte er seine Forderungen nach entsprechendem Engagement nicht durchsetzen, fühlte er sich übergangen von »religiös indifferenten« Botschaftsbeamten. Er nahm dabei nicht wahr und konnte vermutlich in seiner durch das Kaiserreich

---

82 Die kirchlichen Persönlichkeiten, die Dahlgrün zustimmend zitierte, gehörten zu diesem Kreis: die Professoren Adolf von Harnack, Ernst Troeltsch, Karl Holl und Walter Simons als Vorsitzende des Evangelisch-sozialen Kongresses neben den lutherischen Landesbischöfen, die langsam »die neue Obrigkeit« akzeptierten. Siehe zu der allgemein positiveren Haltung nach 1925: K. Nowak: Evangelische Kirche, S. 168.
83 Klaus Scholder: Die Kirchen und das Dritte Reich, Band 1: Vorgeschichte und Zeit der Illusionen 1918–1934, Frankfurt/Berlin 1977, Zitate aus der Taschenbuchausgabe 1986: S. 182.
84 Brief an das Kirchenbundesamt vom 19.10.1929 anläßlich der Stresemann-Trauerfeier in Archiv Christuskirche 1530.

geprägten Vorstellung auch gar nicht wahrnehmen, daß es nicht um einzelne Personen ging, sondern um einen »Funktions- und Positionsverlust der Kirche in der modernen säkularisierten Massengesellschaft«, also um eine Strukturänderung.[85]

Wenn auf der Gegenseite der Staat, d.h. die Botschaft, seinerseits einen Dienst erbat, kam schnell der Punkt, wo der Staat sich in ein Gebiet einmischte, das ihn nichts anging, wo er sein Recht verloren hatte. Letztlich konnte sich die Kirche damit die vorteilhaftere Position sichern: selber sich jede Einmischung und Grenzüberschreitung verbitten, aber ihrerseits das Recht in Anspruch nehmen, im Sinne einer »Volkskirche« innerhalb der Gesellschaft ihren Einfluß geltend zu machen und »Gegenmacht« zu bilden.[86]

Eine mißglückte Zusammenarbeit: Die Trauerfeier für Außenminister Gustav Stresemann

Die Forderung nach Unabhängigkeit der Kirche, das mißtrauische Ablehnen einer dienenden Funktion, machte die Zusammenarbeit von Kirche und Botschaft schwierig. Später sollte Pfarrer Dahlgrün diese Haltung nach 1933 zwar mißtrauisch gegen die Gleichschaltungstendenzen der Nationalsozialisten machen. In der ungewissen Anfangssituation der Gemeinde jedoch führte sie zu Spannungen mit der Botschaft, die bei größerem Augenmaß hätten vermieden werden können. Das aufschlußreichste Beispiel ist der Konflikt, der um den Trauergottesdienst für Stresemann entstand.

In den frühen Morgenstunden des 3. Oktober 1929 starb völlig überraschend der deutsche Außenminister Gustav Stresemann. Harry Graf Kessler war zufällig in Paris und schrieb in seinem Tagebuch:

> »Er [Stresemann] ist heute früh um fünfeinhalb einem Schlaganfall erlegen. Es ist ein unersetzlicher Verlust, dessen Folgen nicht abzusehen sind. So empfindet man ihn auch hier. Alles spricht davon, die Friseure, die Kellner im Restaurant, die Chauffeure, die Zeitungsfrauen. ›Paris-Midi‹ hat eine große Überschrift: ›Un évenement d'une portée mondiale et un deuil pour la cause de la paix.‹ Auf die Botschaft, wo mich eingeschrieben. Der erste, dessen Unterschrift auf den Blättern steht, ist André Tardieu, Ministre de l'Intérieur. ... Nachmittags bei Rieth [Botschaftsrat]. Er sagt, der Eindruck, den Stresemanns Tod in Paris gemacht habe, sei ungeheuer; die Leute seien geradezu konsterniert. Briand sei schon um zehn Uhr früh bei ihm gewesen und habe sich mit sehr warmer menschlicher Teilnahme ausgedrückt. ... 4. Oktober Freitag. Alle Pariser Morgenzeitungen bringen die Nachricht vom Tode Stresemanns in größter Aufmachung. Es ist fast so, als ob der größte französische Staatsmann gestorben wäre. Die Trauer ist allgemein und echt. Man empfindet, daß es doch schon ein europäisches Vaterland gibt. Die Franzosen empfinden Stresemann wie eine Art europäischen Bismarck.«[87]

Selbst wenn man mitbedenkt, daß Kessler ein Verehrer Stresemanns und seiner Verständigungspolitik war, sprechen diese Zeilen für sich. Die Botschaft trat auch bereits am Sterbetag an Pfarrer Dahlgrün heran, um einen Trauergottesdienst für Stresemann anzuregen. Dieser rief eilig alle Herren des Kirchenvorstandes zusammen, soweit sie so kurzfristig erreichbar waren – nämlich Dr. Frölich, von La Trobe und Dr. Krukenberg –, und diese entschieden sich dagegen: im Gottesdienst des folgenden Sonntags, in dem die Einweihung der Kanzel vorgenommen werden sollte, sollte

---

85 K. Nowak: Evangelische Kirche, S. 76.
86 Zu diesem Aspekt der »Volkskirche« siehe K. Nowak: Evangelische Kirche, S. 76–81.
87 Harry Graf Kessler: Tagebücher 1918–1937, Darmstadt 1967, S. 595–596.

der Pfarrer auf das Ereignis Bezug nehmen. Ein besonderer Trauergottesdienst wurde abgelehnt.[88]

Welche Gründe wirklich ausschlaggebend gewesen sind, läßt sich nicht sagen. Pfarrer Dahlgrün berief sich im nachhinein auf den »zu rechten« Kirchenvorstand, auf mangelnde Anweisung aus Berlin und darauf, daß keine Staatstrauer in Deutschland angeordnet gewesen sei.[89] Von heute aus gesehen ist man geneigt, kritisch festzustellen, daß der junge Auslandspfarrer eine Gelegenheit verpaßt hat, diplomatisches Gespür zu zeigen und als Repräsentant der deutschen Protestanten an Profil zu gewinnen.

Das Begräbnis Stresemanns war jedoch stärker von einer politischen Richtung funktionalisiert, als es heute auf den ersten Blick wahrnehmbar ist.[90] Da zur selben Zeit in Deutschland der Wahlkampf für das von den Nationalsozialisten und von der Deutschnationalen Volkspartei angestrebte Volksbegehren gegen den Young-Plan tobte, geriet dort nämlich die Teilnahme an Stresemanns Staatsbegräbnis zum Politikum. Man bekundete damit seine Solidarität für die Republik, also für den Young-Plan. Vielleicht wirkte so auch für die Deutschen in Paris die Ehrung des Außenministers wie eine politische Stellungnahme zugunsten des Young-Plans.

Die eingangs zitierte Beurteilung im Berliner Kirchenbundesamt über Pfarrer Dahlgrün als »unfähig« stammte vom 19. Oktober 1929 und war auch von Dr. Krukenberg unterzeichnet – die »Stresemann-Affäre« wird einen entscheidenden Anteil daran gehabt haben. Der Kirchenvorstand, d.h. die drei oben erwähnten Mitglieder – so darf man vermuten – war sich nicht einig,[91] der Pfarrer selber muß den Ausschlag gegen einen Trauergottesdienst gegeben haben.

Bei gleicher Gelegenheit erhielt das Kirchenbundesamt übrigens die Beschwerde des Kirchenvorstandes darüber, daß die Finanzen der Gemeinde nicht ordnungsgemäß geführt würden. Auch seien zu viele Nicht-Reichsdeutsche in der Kirche Mitglied, also Balten, Russendeutsche, Schweizer, Österreicher etc. Aller Wahrscheinlichkeit nach war auch hierfür Dr. Krukenberg der Übermittler.

Dieser Vermerk hatte für Dahlgrün die Konsequenz, daß er das ganze nächste Jahr 1930 lang damit rechnen mußte, von seinem Posten in Paris abberufen zu werden – ein Damoklesschwert, von dem seine Gemeinde nichts ahnte. Erst durch persönliche Gespräche mit Oberkonsistorialrat Heckel und durch den Besuch des Direktors des Kirchenbundesamtes, Johannes Hosemann, in Paris im Februar 1931 wurde die Kirchenbehörde davon überzeugt, daß Dahlgrün für sein Amt geeignet war.

Auch das Verhältnis zur Botschaft hatte sich inzwischen entspannt: sei es, daß – wie Dahlgrün vermutete – der Kirchenvorstand mit dem Ausscheiden einiger Perso-

---

88 Unklar ist, warum die Botschaft nicht selber die Initiative ergriff, sondern in Form der »Anregung« die Gemeinde aufforderte, ihrerseits als Veranstalter aufzutreten.
89 Brief Dahlgrüns an das Kirchenbundesamt vom 19.10.1929 in ZA, Best. 5 1376.
90 Zu Einzelheiten siehe V. Ackermann: Nationale Totenfeiern in Deutschland, von Wilhelm I. bis F. J. Strauß. Eine Studie zur politischen Semiotik, Stuttgart 1990, S. 70–71.
91 Nur von Dr. Krukenberg gibt es eine eindeutige Sellungnahme. Er schickte Ende Oktober 1929 eine Zeitungsnotiz über einen Trauergottesdienst in der Genfer deutschen Gemeinde an Dahlgrün als »nachahmenswertes Beispiel«, außerdem beantragte er zur folgenden Kirchenvorstandssitzung am 11.11.1929 eine Diskussion zum Punkt Stresemanngottesdienst (Archiv Christuskirche 131).

nen politisch genehmer geworden sei,[92] sei es, daß beide Seiten ihre Erwartungen im Sinne eines Kompromisses korrigiert hatten, so daß direkte Zusammenstöße vermieden werden konnten. Die Schwierigkeiten des Beginns waren wohl letztlich darauf zurückzuführen, daß beide Seiten noch in alten Denk- und Handlungsmustern befangen blieben, die sich nicht mit einer neuen Vorschrift von einem Tag auf den anderen ändern ließen.

Die Christuskirche innerhalb der deutschen Kolonie: Zur gesellschaftlichen Rolle der Kirche

Wenn von »der deutschen Kolonie« gesprochen wurde, dann war damit nichts institutionell Umgrenztes gemeint, sondern es handelte sich um die Sammelbezeichnung der in Paris und in der Banlieue wohnenden Auslandsdeutschen. Inwieweit sich diese Deutschen als zur Kolonie gehörig fühlten, hing vom Selbstverständnis des Einzelnen ab. Es gab Kristallisationspunkte: die Botschaft mit allen dort Arbeitenden, dann die deutsche Schule und alle Kulturzentren, die die deutsche Sprache benutzten und verbreiteten. Als eines dieser Kulturzentren war auch die evangelische Gemeinde anzusehen.

Wie groß war nun die deutsche Kolonie? 1924 ist von 64 597 Deutschen in ganz Frankreich die Rede.[93] Diese Zahl stammte aus französischen Quellen und enthielt vermutlich nicht nur die im Lande ansässigen Deutschen, sondern auch polnische Bergarbeiter, die aus dem Ruhrgebiet eingewandert waren und als »Reichsdeutsche« gezählt wurden, da es einen Staat Polen ja erst ab 1919 wieder gab. Die Botschaft ging 1929 im Großraum Paris von 1000–2000 Reichsdeutschen aus, wozu noch Studenten und andere nur kurz in Paris bleibende Personen gezählt werden müssen.[94] Die NSDAP-Ortsgruppe nannte 1934 die Zahl von 4000 Deutschen, hinzu kamen 9000 Emigranten aus politischen oder »rassischen« Gründen. Die Ortsgruppe verwendete die Zahl als Argument für die Notwendigkeit eines von deutschen Stellen zu finanzierenden »Deutschen Hauses«.[95] Ein Zeitungsartikel vom November 1931 über die Situation der deutschen Kolonie in Paris zählte 4000 – 5000 Deutsche.[96] Damit ist die Größenordnung umrissen: eine ursprünglich sehr kleine Kolonie, die sich infolge der verbesserten deutsch-französischen Beziehungen nach Locarno etwa verdoppelte.

---

92 Da alle drei an der Stresemann-Affäre beteiligten KV-Mitglieder zu diesem selben Zeitpunkt aus beruflichen Gründen ausschieden, nützt diese Angabe nichts zur Identifizierung des »Schuldigen«. Trotzdem bleibt eigentlich als mit Sicherheit »rechtsstehend« nur von La Trobe übrig. Siehe Brief Dahlgrüns an den Kirchenvorstand vom 2.7.1929 in Archiv Christuskirche 131.
93 Pol.AA, Kulturpol. Abt. R 61890.
94 Archiv Christuskirche 100.
95 Bericht zu dem Plan der Schaffung eines Deutschen Hauses in Paris von »Pg Georg Schuster« in Pol.AA, Kulturpol. Abt. R 60055.
96 Pol.AA, Kulturpol. Abt. R 60055. In ähnlicher Größenordnung auch bei Rita Thalmann aus französischen Akten: 20 000 Deutsche für ganz Frankreich (1932/1933). Von diesen kann man durchschnittlich ein Viertel in Paris ansiedeln, also ca. 5000 (L'émigration allemande et l'opinion publique en France 1932–1936, in La France et l'Allemagne 1932–1936. Colloque franco-allemand 1977, Paris 1980, S. 149).

Diese Deutschen waren zum allergrößten Teil erst nach dem Ersten Weltkrieg eingewandert.[97] Es handelte sich um Botschafts- und Konsulatsangehörige und deren Familien, um Mitarbeiter großer deutscher Firmen, um selbständige Kaufleute, um Künstler und Studenten und um Vertreter deutscher Organisationen. Alle diese Berufe gehörten zur Mittel-, wenn nicht sogar zur Oberschicht. Arbeiter wie vor dem Krieg gab es nur in ganz beschränktem Maß, sieht man von denjenigen ab, die auf Baustellen von deutschen Firmen arbeiteten, die auf »Reparationskonto« Industrieanlagen und Gebäude errichteten. Dies bedeutete, daß die erbrachte Bauleistung als Reparationszahlung der Deutschen an Frankreich im Rahmen des Dawesplanes angerechnet wurde.

Gesellschaftliche Treffpunkte der deutschen Kolonie waren mehrere Vereine, so z.B. der Deutschnationale Handlungsgehilfenverband mit 100 Mitgliedern, der republikanische Deutsche Klub mit ebenfalls 100 Mitgliedern, der Deutsche Hilfsverein mit etwa 250, daneben als politische Partei ab 1932 die Ortsgruppe der NSDAP. Aber auch in deutsch-französischen Vereinen, wie dem »Mayrich-Komitee«, offiziell: »Deutsch-Französisches Studienkomitee«, oder der Deutsch-Französischen Gesellschaft traf man sich – in erster Linie führende Wirtschafts- und Diplomatenkreise beider Länder.[98]

Die Frage nach der Rolle der Gemeinde innerhalb dieser deutschen Kolonie ist eine dreifache: nach ihrer Größe, mit statistischem Material beantwortbar, nach ihrem Anspruch, eine inhaltliche Rolle spielen zu wollen, und danach, ob sie diesen Anspruch einlösen konnte, die Frage nach der Wirklichkeit.[99]

Gemeinde und deutsche Kolonie: Eine Gegenüberstellung in Zahlen

Alle erreichbaren statistischen Angaben zusammengestellt ergeben ein Bild darüber, wie sich die Gemeinde zahlenmäßig entwickelt hat und wie die Gemeindeglieder am kirchlichen Leben teilgenommen haben.

---

97 Siehe die Erläuterungen Botschafter von Hoeschs zum »Sanierungsplan« vom 15.4.1932 über den Charakter der deutschen Kolonie in Paris in Pol.AA, Kulturpol. Abt. R 61891. Daneben wird es deutschsprachige Frauen, die mit Franzosen verheiratet waren, gegeben haben, ihre Zahl ist jedoch schwierig abzuschätzen.

98 Siehe die Erinnerungen von Hans E. Riesser: Von Versailles zur UNO, Bonn 1962, S. 145: »Alles, was in Paris Rang und Namen hatte,« habe sich dort getroffen, es sei mehr eine gesellschaftliche als eine politische Zusammenführung der beiden Völker gewesen.

99 Es gibt im Archiv keine vollständige Liste der Mitglieder der Association cultuelle. Quelle für die statistischen Angaben sind die Jahresberichte Dahlgrüns, die zu erstellen und zu interpretieren zu seinen Dienstpflichten gehörte (Archiv Christuskirche 1121). Hier fehlende Angaben sind aus anderen Berichten Dahlgrüns über seine Arbeit (Archiv Christuskirche 381, Gustav-Adolf-Verein) und aus dem Sakristeibuch ab 1933, das für jeden Gottesdienst die Zahl der Besucher, der Abendmahlsgäste und die Kollektenhöhe enthalten muß, ergänzt worden (Für die Jahre 1927–1932 hat sich kein Sakristeibuch im Archiv gefunden). Zahlenangaben in Klammern folgen verbalen Angaben Dahlgrüns (z.B. Abnahme der Mitglieder der Ass. cult. von 1937 auf 1938). Es finden sich einige Übertragungs- und Rechenfehler in den Angaben, die korrigiert sind, soweit Kontrollmaterial vorhanden ist.

Tabelle 1: Kirchliches Verhalten in Paris

Jahr	Mitglieder Ass.cult.	Seelenzahl	Gottes-dienst-teilnehmer
1927[100]	60	300/600	120
1928	115	750	70
1929	161	1000	80
1930	(200)	(1200)	150
1931	215	(1500)	?
1932	240	1900	70
1933	249	1900	79
1934	240	1200	74
1935	182	1200	80
1936	307	800	60
1937	320	1000	65
1938	(250)	(600)	50

Zur Erläuterung der Zahlenwerte:
Die Mitglieder der Association cultuelle (Spalte 2) könnte man mit gewissen Einschränkungen mit der sog. Kerngemeinde in Deutschland vergleichen, da man hier von einer bewußten und aktiven Zugehörigkeit zur Kirchengemeinde ausgehen kann. Unter Seelenzahl (Spalte 3) versteht Dahlgrün in seinen Berichten die von ihm grob geschätzte Zahl aller Evangelischen, die »in Kontakt mit der Gemeinde« sind. Die in Deutschland übliche Angabe an dieser Stelle bezeichnet die Zahl aller nicht ausdrücklich aus der Kirche ausgetretenen evangelischen Taufchristen in einer Wohnsitzgemeinde. Dies gibt für die französischen Bedingungen unter dem Trennungsgesetz keinen Sinn.[101]

Vergleicht man die hier verzeichneten Zahlen mit den oben genannten der Mitglieder der deutschen Kolonie, dann erweist sich, daß die evangelische Gemeinde einen durchaus festen Platz innerhalb der deutschen Kolonie einnahm. Allerdings ist bei den verschiedenen sozialen Gruppen innerhalb der Kolonie (vor allem mit Beginn des Emigranten-Zuzuges) von einer sehr unterschiedlichen Bindung gegenüber der Kirchengemeinde auszugehen.

Betrachtet man die Zahlen der Gottesdienstbesucher, so kommt man – abgesehen von den Jahren 1927 und 1930 – auf eine durchschnittliche Teilnahme von etwa 70 Besuchern. Das Jahr 1927 ist zu vernachlässigen, da hier nur sieben Gottesdienste zugrundeliegen, darunter der die Durschnittszahl erheblich verfälschende Eröffnungsgottesdienst mit 400 Gästen. Auffällig bleibt die Besucherzahl für das Jahr 1930. Selbst wenn man bestimmte Festgottesdienste wie die 400-Jahrfeier der Augsburger Konfession mitrechnet, bleibt ein zu erklärender Sonderfall. Vielleicht spie-

---

100 Alle Angaben des Jahres 1927 haben nur sieben Gottesdienste zwischen dem 27.11. und 31.12.1927 zur Grundlage, darunter den Eröffnungsgottesdienst mit 400 Gästen, was die Statistik verfälscht.
101 Bei einer geschätzten Zweidrittelmehrheit der Protestanten (wie im Deutschen Reich) käme man auf ca. 2400 bis 3000 evangelisch getaufte Deutsche in Paris.

gelt sich hier der Schock der beginnenden Weltwirtschaftskrise ab November 1929 in einem erhöhten Kirchgang wider: die Menschen suchten Trost und Hoffnungszeichen. Allerdings sind die vorhandenen Zahlenangaben unsicher, eine solche Interpretation bleibt also Spekulation.

Ab 1935 nimmt die Zahl der Gottesdienstbesucher ab. Dahlgrün selbst erklärt dies mit einer wachsenden Zurückhaltung der »nicht-reichsdeutschen« Mitglieder im Interesse der Gemeinde, damit die inneren Spannungen zwischen nationalsozialistischen und anderen Gemeindegliedern nicht zu groß würden.[102]

Vergleicht man die geschätzten Seelenzahlen mit denen der Mitglieder der Association cultuelle, so fällt auf, daß die Gruppe der Personen mit enger Bindung an die Kirchengemeinde im Verhältnis zu der Gruppe derer mit loser Bindung ab 1935 größer wird. Offenbar hat hier eine Konsolidierung der Kerngemeinde stattgefunden, während die Randgemeinde schrumpfte. Dies ist vermutlich auf die geänderten politischen Bedingungen zurückzuführen.

Nach den Schätzungen Dahlgrüns war die Randgemeinde mit flüchtigen Kontakten am größten in den Jahren 1931–1933. Im Verhältnis dazu erscheint die Zahl der Gottesdienstbesucher in dieser Zeit eher klein, erreichte nur etwa 3–5 % der Randgemeinde. Anscheinend war in dieser Zeit die gesellschaftliche Bedeutung der Gemeinde am größten. »Man« traf sich in kirchlichen Veranstaltungen, jedoch nicht unbedingt zum Gottesdienst. Dieses Verhältnis der Gemeindemitglieder zu ihrer Kirche entspricht allerdings durchaus dem, das in dieser Zeit allgemein auch in deutschen Großstädten zu beobachten ist. Die Kirchlichkeit war in säkularisierten Großstädten des 20. Jahrhunderts allgemein sehr gering.[103]

Insgesamt war Pfarrer Dahlgrün mit dem Verhältnis zwischen zahlenden Mitgliedern und Seelenzahl nie zufrieden und wollte es – schon aus finanziellen Gründen – verbessern. Er verwies zur Begründung auf den »Wunsch nach Anonymität«, der traditionell in Paris herrsche und darauf, daß manche Evangelischen bereits Mitglieder einer französischen Gemeinde seien.[104] Daneben wird die Gewohnheit aus deutschen Kirchenverhältnissen, wo der Staat automatisch die Kirchensteuer einzieht, nachgewirkt haben: man kam nicht auf die Idee, selber aktiv werden zu müssen.

Ansprüche und Erwartungen

Welche Rolle wollte die Gemeinde – und das heißt ihre Repräsentanten, Pfarrer Dahlgrün und der Kirchenvorstand – innerhalb der Pariser deutschen Kolonie, von der sie etwa ein Drittel erreichte, spielen? In dieser Frage konnte und wollte der Pfarrer nicht an das Selbstverständnis der Christuskirchengemeinde von vor 1914 anknüpfen – so etwas wie »Botschaftskirche« war ausgeschlossen. Er mußte sie in der neuen Situation der Kirche nach dem verlorenen Ersten Weltkrieg, nach der Revolu-

---

102 Brief vom 28.1.1938 an Bischof Heckel in Archiv Christuskirche 100. Zu diesem Punkt siehe unten S. 162.
103 RGG, Artikel »Kirchlichkeit«, Sp. 1616.
104 Bericht vom 27.7.1938 an das Kirchliche Außenamt in Archiv Christuskirche 1120.

tion 1918, nach der Trennung von Kirche und Staat in der Weimarer Verfassung neu stellen und beantworten.

Die Frage stellte sich generell für alle Pfarrer und alle Kirchenleitungen in Deutschland. Eine neue Aufgabe wurde gesucht, nachdem die selbstverständliche enge Verbindung mit dem monarchischen Staat aufgelöst war. Dies erklärt den enormen Erfolg des Buches »Das Jahrhundert der Kirche«, verfaßt vom damaligen Generalsuperintendenten Otto Dibelius. Er gab eine eindeutige und dazu noch optimistische Antwort.[105] Aufgabe der Kirche sollte es sein, »im Leben der Nation als eine Macht der sozialen und nationalen Versöhnung zu stehen«,[106] die protestantische Sittlichkeit zum Wohle der ganzen Gesellschaft wirksam werden zu lassen, in »sittlich verbesserndem Sinne« auf die orientierungslosen Deutschen einzuwirken.[107]

Auch Pfarrer Dahlgrün gehörte zu Dibelius' Anhängern[108] und damit zu der Mehrheit der evangelischen Pfarrer in der Weimarer Republik, die hierin die wichtigste gesellschaftliche Rolle der Kirche sah: Eine Art Volkserzieher zu sein, die öffentliche Moral im Sinne der christlichen Grundsätze positiv zu beeinflussen.[109] »Volkskirche« statt »Staatskirche« sollte sie sein: die Kirche sollte im Volk und für das Volk wirken, seine Nöte aufnehmen und lindern. Dieser Begriff vom »Volk« ist nicht zu verwechseln mit »völkisch« oder gar »rassisch«. Es war der Gegenbegriff zum Konzept der »Staatskirche«, die sich eng an die Obrigkeit anlehnte und von ihr einen Teil ihrer Autorität bezog – wie natürlich auch umgekehrt der Monarch »von Gottes Gnaden« von ihr profitierte.

»Volkskirche« innerhalb der deutschen Kolonie in Paris zu sein: das war Pfarrer Dahlgrüns Ziel. Von daher leuchtet es ein, wenn er in jedem nur möglichen Sinne auf die deutsche Kolonie einwirken wollte, ja mußte. Sozialarbeit und Schulerziehung sollten nach seinen Vorstellungen im Rahmen der Gemeinde stattfinden. Seine intensiven Bemühungen zur Gründung einer deutschen Schule[110] und seine Reserve gegen den konfessionell ungebundenen Deutschen Hilfsverein finden hier ihre logische Begründung. Deshalb fanden zahlreiche Konzerte und Vortragsabende statt, die über den engeren Kreis der religiösen Themen hinausgingen. Sein Ideal war die evangelische Gemeinde als d a s deutsche Kultur- und Sozialzentrum in Paris.

Von diesem Ideal her fällt ein neues Licht auf das Verhältnis zur Botschaft. Der deutsche Botschafter vertrat den deutschen Staat in Frankreich. Wollte die Kirche ihre gesellschaftliche Rolle richtig spielen, mußte sie in kritischer Distanz zum Staat, und d.h. in kritischer Distanz zur Botschaft bleiben. Volkskirche sein hieß auch, Gegenmacht zm Staat zu sein.[111] »Um des Staates willen muß sie [die Kirche] neben dem Staat und innerhalb des Staates stehen als freie, souveräne Lebensgemeinschaft.

---

105 K. Scholder: Die Kirchen I, S. 42–44.
106 O. Dibelius: Das Jahrhundert der Kirche, Berlin 1927, S. 232–238, Zitat S. 237.
107 K. Scholder: Die Kirchen I, S. 42.
108 Dessen Name wird zwar nicht genannt, aber sowohl Dahlgrüns Äußerungen zum »Volkstum« (GBl Aug. 1929) als auch zur Unabhängigkeit der Kirche vom Staat stimmen bis in die Wortwahl hinein mit Dibelius' Ausführungen überein. Vergleiche O. Dibelius: Jahrhundert, S. 232–241.
109 K. Scholder: Die Kirchen I, S. 181.
110 Dazu siehe ausführlicher S. 113–114.
111 Diese Nuance betont K. Nowak: Evangelische Kirche, S. 76–81.

Ja, frei und souverän! Denn es geht im Leben des Glaubens um das Absolute, das sich fremden Zwecken nicht dienstbar machen kann.«[112] Dies sind Sätze von Otto Dibelius, sie hätten ebensogut von Dahlgrün dem deutschen Botschafter entgegengehalten werden können.

Da sich nun aber die Lebensbedingungen einer Auslandsgemeinde von denen einer normalen deutschen Kirchengemeinde unterscheiden, könnte es sein, daß die Gemeindeglieder (oder auch von solch strenger Auffassung abgeschreckte mögliche Gemeindeglieder) andere Erwartungen an den Pfarrer hatten. Die anschauliche Schilderung der Deutschen Gemeinde in Barcelona im Jahre 1928/29, als Dietrich Bonhoeffer dort Vikar war, zeigt das Gewicht, das das gesellige Leben offenbar in einer Auslandsgemeinde erhalten kann. Die Fähigkeit, Skat zu spielen, gehörte nach Bonhoeffers ironischer Erkenntnis zu den unabdingbaren Voraussetzungen eines Auslandspfarrers – eine Erwartungshaltung, die Pfarrer Dahlgrün selbstverständlich nur verachten konnte. [113]

Die Wirklichkeit: Gemeindeleben in den ersten Jahren

In den Jahren 1928 und 1929 entstanden alle Gruppen, die zu einer Gemeinde üblicherweise gehören und in denen sich auch außerhalb des Gottesdienstes die Gemeindeglieder trafen: im Frühjahr 1928 der Kirchenchor, im November der Evangelische Bund Junger Männer, im Februar 1929 der Wohlfahrtsausschuß der Frauen und im Oktober 1929 der Jungmädchenbund und eine Ortsgruppe des Vereins der Freundinnen Junger Mädchen[114], die das Mädchenheim in der Rue Gergovie gründete.[115]

Warum kamen die Pariser Deutschen in diese Gruppen? Was suchten und fanden sie in der Rue Blanche, so daß sich innerhalb der ersten Jahre bereits ein fester Kern von Gemeindegliedern bilden konnte?

Zu dieser Frage und um sich 60 Jahre später vorzustellen, wie im Alltag die Gemeinde gelebt hat, wurden damalige Gemeindeglieder befragt, was sie erlebt haben und welche Rolle die Christuskirche in ihrem Leben gespielt hat.

Felicitas Großberg, als Kind aus dem Baltikum nach Paris gekommen, erzählt:

> »Wie viele wir waren, weiß ich nicht genau. Es gab viele Emigranten. Es gab Deutsche aus dem Baltikum, und die, die herkamen, waren ansässig, nicht so wie heute, daß sie kommen und gehen und angestellt sind und wieder kommen und gehen. Die Familien waren eben hier ansässig und lebten eigentlich das Leben der Kirche: die Ausflüge, Gemeindeabende, Schule am Donnerstag, Kindergottesdienst, nachher Religionsunterricht, Konfirmandenunterricht. Für viele Mitglieder war die Kirche wirklich der Haupttreffpunkt, um den sich alles drehte. ... [Über die Gemeindeabende:] Es wurde gesungen, Tee getrunken, Kuchen gegessen, es gab einen Vortrag, oder Pastor Dahlgrün las etwas vor. Er liebte Albert Schweitzer sehr und zeigte uns Filme über Lambarene. Es wurde geschwatzt, man sah sich. Das ist eigentlich alles. ... Es war mehr gesellig, nicht streng, mit Bibellesen und so. Frau Pastor Dahlgrün war

---

112 O. Dibelius: Jahrhundert, S. 236.
113 E. Bethge: Dietrich Bonhoeffer. Eine Biographie, München 1967, S. 138–141.
114 Die Ortsgruppe gehörte zum Verband der Freundinnen Junger Mädchen, einem 1877 in Genf gegründeten evangelischen Verein für die Förderung junger Mädchen.
115 Alle Angaben dieses Kapitels über das Gemeindeleben stammen aus den Gemeindeblättern der Jahre 1928 bis 1938.

sehr freundschaftlich, freundlich, verstand es sehr gut, mit allen umzugehen. Pastor Dahlgrün war schon streng, aber solange er etwas vorlas oder vortrug, hörte man zu. ... Ich kannte auch besonders den Nähverein, wie er ursprünglich hieß, dann hieß er Frauenhilfe, also da wurden Deckchen umhäkelt, kleine nette Dinge hergestellt für den Basar. Der Basar war immer am 1. Advent, und da waren eben die Damen, die sich einmal in der Woche sehr gerne trafen: zum Arbeiten, zum Tee, zum Kuchenessen, zum Schwatzen. Ich weiß, daß es eine baltische Ecke gab, wo die Damen russisch sprachen. Es waren so viele da, daß sie russisch sprachen. Das gab dann einmal böses Blut, und sie wurden gebeten, doch deutsch zu sprechen, was sie natürlich auch sehr gut konnten. Meine Großmutter ging da immer hin. ... [Über den Kindergottesdienst:] Fräulein Uhde war sehr, sehr beliebt, hatte durchaus ein großes Talent, mit Kindern umzugehen. Die fürchterlichsten Jungens saßen da wie die Engel und hörten zu. Kindergottesdienst war parallel zum Hauptgottesdienst, die Eltern und Kinder kamen gleichzeitig. Die Eltern blieben unten, die Kinder kamen hinauf in den 5. Stock. Es gab auch keine gemeinsame Liturgie, wir hatten unsere eigene Liturgie. In dem kleinen Zimmer rechts im 5. Stock hatten wir einen kleinen Altar mit einer sehr schönen weißen gestärkten Decke drauf, und Fräulein Uhde hatte immer Blumen oder Zweige. Dann hatten wir ein Harmonium, das war immer sehr feierlich. Es waren ungefähr 15 Kinder, jüngere und ältere, Fräulein Uhde brachte es fertig, alle gleichzeitig zu interessieren. Ich war nachher Helferin, nachher habe ich ein wenig Harmonium gespielt, und dann sollten wir gleichzeitig herunterkommen, aber Pastor Dahlgrün hat immer viel länger gepredigt als angenommen, und das war dann immer furchtbar kompliziert, die ganzen Treppen herunterzukommen und leise zu bleiben, keinen Krach zu machen. ... Es war für Fräulein Uhde eine ganz selbständige ehrenamtliche Tätigkeit, bis 1939 hat sie es gemacht. Sie war die Schwester von Wilhelm Uhde, der ein sehr bekannter Kunstkritiker war. Er war der erste Käufer eines Picassos. ... Donnerstag Vormittag war Schule (d.h. Deutschunterricht bei Herrn Linser) und dann Religionsunterricht, und wir Konfirmanden aßen dann bei Pastors. Sie luden uns ein; wir waren drei oder vier, die weit wohnten, und dann sind wir direkt hier geblieben, und von 2 bis 5 gab es dann Konfirmandenunterricht. Wir waren den ganzen Tag da.«[116]

In dieser Schilderung werden einige Beweggründe von Gemeindegliedern greifbar. Für eine ganze Gruppe war die Rue Blanche Heimatersatz, vor allem für viele baltische Emigranten. Aber auch andere Deutsche, die freiwillig in Paris wohnten, hatten dieselben Gefühle: Eva Zippel berichtet von ihrer Mutter, die lange im Nähkreis tätig war, daß sie den Austausch in ihrer Muttersprache brauchte, da sie nicht genügend Französisch konnte.

Sie gehörte zu der großen Gruppe von deutschen Frauen, die sich ohne Berufstätigkeit und ohne gesellschaftliche Verbindungen, die sich zum Beispiel für die Gattinnen der hohen Botschaftsbeamten von selbst ergaben, isoliert und einsam in Paris fühlten.

Dabei haben wahrscheinlich Sprachprobleme im Vordergrund gestanden, weniger eine ausgesprochene Deutschenfeindlichkeit der Pariser. Viele Zeugen betonen die Deutschenfeindlichkeit in der öffentlichen Meinung, in Zeitungen, Filmen, auf Plakaten etwa,[117] schränken aber gleichzeitig ein, daß sie persönlich recht gute Erfahrungen gemacht hätten.[118] Im täglichen Umgang seien sie freundlich, ja freundschaftlich aufgenommen worden. Dies wird jeweils als Ausnahme gekennzeichnet, aber viele Ausnahmen zusammengenommen stellen die Regel doch in Frage. Auch die oben ge-

---

116 Interview mit Felicitas Großberg Teil I, S. 1–2, 4–7 und 11 in Archiv Christuskirche 110–6, I.
117 Eigentlich alle Zeugenaussagen aus Anlaß des 100jährigen Jubiläums sind sich darin einig (siehe die Liste im Anhang). Dazu auch Gustav von Bergmann: Rückschau. Geschehen und Erleben auf meiner Lebensbühne, München 1963, S. 218.
118 So Eva Zippel für ihre Eltern und sie selber als Kind mit Spielkameraden, Helene Lichtenstein für ihre Zimmerwirtin, die geradezu einen Ehrgeiz entwickelt habe, den jungen Deutschen französische Lebensart nahezubringen. Entgegengesetzte Erfahrungen berichtet Einar Riesser, der als Kind sehr unter deutschenfeindlichen Angriffen seiner Mitschüler gelitten hat.

20. Konfirmandinnen 1933. Von links nach rechts: Inge Lehrer, Ursula König, Marie Owen, Pastor Erich Dahlgrün, Yvonne Turner, Felicitas Großberg, Irene König, Helga Rehbinder

nannten deutsch-französischen Vereine haben an der Verständigung gearbeitet und werden Wirkungen erzielt haben.[119]

Studenten hatten trotzdem mit Isolierung zu kämpfen, schon weil sie nur wenige Monate in Paris blieben. Da boten sich die Treffen in der Kirche als Zufluchtsort an, als »réfuge« wie Helene Lichtenstein es nennt.[120]

Aber das Herz einer evangelischen Gemeinde ist der Gottesdienst.

Zu den Hauptgottesdiensten versammelten sich zwischen 60 und 80 Teilnehmer, an besonderen Feiertagen bis zu 300. Dazu kam von Oktober bis April alle 14 Tage sonntags ein zusätzlicher Abendgottesdienst, mit etwa 40 Teilnehmern. Man kann annehmen, daß die meisten bei den weiten Entfernungen nicht jeden Sonntag zur Kirche gingen.

Warum kamen diese Kirchgänger in die deutsche und nicht etwa in eine benachbarte evangelische französische Kirche? Damit ist die Frage berührt, was denn nun das Spezifische an dieser Auslandsgemeinde war. Abgesehen von den oben erwähnten Bedürfnissen nach »Heimat«, die auch von einer nichtkirchlichen Gruppe befrie-

---

[119] Zu den Verständigungsbemühungen auf privater Ebene siehe H. Hagspiel: Verständigung?, S. 350–377. Er vermutet, daß die Begegnungen der Zwanziger Jahre vor allem langfristig, d.h. nach dem Zweiten Weltkrieg ihre Wirkung entfaltet haben, so daß die schnelle Aussöhnung nach 1945 mit ein Ergebnis dieser Avantgarde war (Ebd., S. 526).

[120] Brief von H. Lichtenstein vom 12.11.1992 in Archiv Christuskirche 110–6, II. Die isolierte Situation deutscher Studenten betont auch D. Tiemann: Deutsch-französische Jugendbeziehungen der Zwischenkriegszeit, Bonn 1989, S. 225.

digt werden könnten, scheint es, daß religiöse Bedürfnisse in der Kindheit geweckt werden und unlösbar mit der Muttersprache verbunden sind. Sie sind nicht »übersetzbar«: der Gefühlswert des auf deutsch erfahrenen Evangeliums bleibt an die Sprache gebunden. So spüren Eltern mit heranwachsenden Kindern das Bedürfnis, die eigenen Kinder religiös so zu erziehen, wie sie selbst aufgewachsen sind, selbst wenn für das eigene Leben nicht viel vom Kinderglauben übriggeblieben ist. Nur die deutschsprachige Kirche konnte diese Aufgabe erfüllen. Schließlich gibt es das Phänomen, daß älter werdende Menschen zu ihrer Muttersprache zurückkehren, auch wenn sie ihr Erwachsenenleben im Ausland verbracht haben und sonst völlig heimisch sind in der fremden Sprache.

Und selbst wenn sich der Erwachsene von seinem Kinderglauben und von der deutschsprachigen Umgebung emanzipiert hat und in seinem Alltag als Franzose lebt – zur Zeit der großen christlichen Feste im Jahresablauf wird das Bedürfnis nach einem heimatlichen gesellschaftlichen Leben sehr stark. Zu Weihnachten, Ostern und Pfingsten war die Christuskirche bis zum letzten Platz besetzt: über 1000 Gottesdienstbesucher zählte man 1928 in den Weihnachtstagen – die kleine, gerade 120 eingeschriebene Mitglieder zählende Gemeinde war überwältigt. Für den Ansturm zur »geselligen« Weihnachtsfeier mit Nikolausauftritt, Lotterie und Geschenken am Ersten Weihnachtsfeiertag reichte der Gemeindesaal nicht aus: manch' einer mußte unverrichteter Dinge wieder nach Hause gehen, weil mehr als 500 Personen nicht (nacheinander im Laufe eines Nachmittags) im Gemeindesaal Platz fanden. In den nächsten Jahren wurden kostenlose Eintrittskarten ausgegeben, eine Weihnachtsfeier für die Kinder gesondert veranstaltet (zu der übrigens 1929 70 Kinder kamen) – so versuchte man, den ungewöhnlichen Andrang einmal im Jahr organisatorisch zu bewältigen.

Mit dem noch heute traditionellen Weihnachtsbasar wurde 1930 begonnen: in den ersten beiden Jahren 1930 und 1931 noch als Wohltätigkeitsverkauf für die Armenkasse im Rahmen eines Gemeindeabends, auf dem ein Vortrag zu kirchlichen oder kulturellen Fragen gehalten wurde. Er entwickelte sich schnell zu einem Treffpunkt auch für Deutsche, die der Kirche sonst fernerstanden, wie man am finanziellen Ergebnis sieht. Wenn man heute ehemalige Gemeindeglieder nach ihren intensivsten Erinnerungen befragt, so gehören die Weihnachtsgottesdienste und -feiern und der Basar in jedem Fall dazu.[121]

Der 400. Jahrestag der Augsburger Konfession im Juni 1930, der mit einem großen Festgottesdienst in der Christuskirche gefeiert wurde, zog auch die deutsche Kolonie an.[122] Alle deutschen Vereine in Paris, der Deutsche Hilfsverein, der Deutsche Klub, der Deutschnationale Handlungsgehilfenverband und der Deutsche Schulverein hatten ihre Vorsitzenden geschickt; auch Botschafter von Hoesch war anwesend. Pfarrer Dahlgrün hatte die Christuskirche zum Mittelpunkt eines gesellschaftlichen Ereignisses der deutschen Kolonie gemacht.

Auch der Festgottesdienst zum 300. Todestag Gustav Adolfs von Schweden am 13. November 1932 war als deutsche und als interkonfessionelle Feier gedacht: vier

---

121 So Emma Danguy, Otto Emans, Felicitas Großberg, Claire Lezius, Helene Lichtenstein, Dr. Robert Lorz.
122 Von der Rolle solcher Festgottesdienste als verbindende Gesten gegenüber den französischen Protestanten siehe unten S. 124–125.

Pfarrer aus der schwedischen, deutschen (Lic. Köhler) und französischen lutherischen Kirche zelebrierten gemeinsam einen Festgottesdienst. Die Deutschen in Paris nahmen ihn als gesellschaftliches Ereignis der Kolonie an, gleichgültig, ob sie formal Mitglied der Gemeinde waren oder nicht.

Die zahlenmäßige Diskrepanz zwischen den Beitrag zahlenden Mitgliedern und denen, die gelegentlich die Dienste der Kirche in Anspruch nahmen, ohne sich finanziell zu beteiligen, erbitterte Pfarrer Dahlgrün in wachsendem Maße. Immer wieder wies er im Gemeindeblatt auf die schlechte Zahlungsmoral hin – eines der Probleme, die sich bis heute durchgehalten haben.

Dabei sollte man mitbedenken, daß die Klage über den schlechten Gottesdienst- und Abendmahlsbesuch Tradition hat. Gleichgültig in welcher Zeit – vor 1870, vor 1914, vor 1939 – die Kirche schien in der Wahrnehmung der betroffenen Pfarrer immer auf dem Abstieg zu sein. Offenbar war immer nur eine Minderheit der getauften Christen bereit, sich regelmäßig im kirchlichen Rahmen zu engagieren, als Kerngemeinde, während viele Gelegenheitschristen vor allem aus Anlaß von Familienfeiern den Service der Kirche in Anspruch nahmen.[123]

Mit vielen Eingaben, amtlichen und persönlichen Briefen und Besuchen wurden die kirchlichen Stellen in Deutschland davon überzeugt, daß zur Entlastung des Pfarrers ein Vikar nötig war: mit über 1200 betreuten Menschen war eine Grenze erreicht. Trotz großen Pfarrermangels in Deutschland hatte Dahlgrün Erfolg: zwischen November 1929 und 1935 kamen jeweils für ein Jahr Vikare aus der Hannoverschen Landeskirche, um ihre Ausbildung zu vollenden. Sie kümmerten sich speziell um den Jungmännerbund, bis 1932 mit Rudolf Schwob ein ausgebildeter Jugendsekretär kam, und ermöglichten Pastoralreisen Dahlgrüns zu Gottesdiensten in der Provinz, indem sie ihn in Paris vertraten. Der Abendgottesdienst wurde häufig von ihnen gehalten. Die beiden ersten Vikare wohnten in der Nachbarschaft zur Untermiete, Gerhard Kleuker in der Cité Milton, Hans-Helmut Peters in der Rue de Calais, weil im 3. Stock des Gemeindehauses das Mädchenwohnheim untergebracht war. Als dieses 1931 in die Rue Gergovie im 14. Arrondissement auszog, gab es Platz, so daß die Vikare Erich Hessing (1931/32), W. Schramm (1932/33) und Wilfried Feldmann (1933/34) dort wohnen konnten. Im Juli 1935 kehrte das Mädchenwohnheim in die Rue Blanche zurück. Vom 1. Januar 1936 bis Ende September arbeitete der letzte Vikar der Zwischenkriegszeit in Paris, Helmuth Schultz. Wo er gewohnt hat, ließ sich nicht ermitteln. Von Herbst 1936 bis 1939 gab es dann keine Vikare mehr in der Christuskirche, der Wohnraum fehlte (und wohl auch das Geld).

Mit ihrer Sozialarbeit erreichte die Gemeinde einen Kreis von Menschen, der weit über die eingeschriebenen Mitglieder hinausging. Dies hatte sich bereits von Beginn an durch den Zulauf, den Dahlgrün in seinen Sprechstunden hatte, angedeutet. Die Armenkasse und der Wohltätigkeitsbasar waren notwendige Einrichtungen. Von der Kirche wurden vor allem die Menschen betreut, die vom Deutschen Hilfsverein keine Unterstützung bekommen konnten. Dieser durfte nur Reichsdeutschen helfen, während die Christuskirche feststellte, daß unter den baltischen Emigranten, besonders den Frauen, die Not besonders groß war.

---

123 L. Hölscher: Die Religion des Bürgers, in Historische Zeitschrift 1990, S. 595–629, bes. S. 607–610.

Auch das Mädchenwohnheim in der Rue Gergovie war eine Sozialstation, als Auffangbecken für deutsche junge Mädchen und Frauen, die in Paris plötzlich keine Bleibe mehr hatten. Durch die französische Besetzung des Rheinlandes, später des Ruhrgebietes, hatten sich zu Beginn der Zwanziger Jahre Beziehungen zwischen französischen Soldaten und deutschen jungen Mädchen ergeben. Bei Abzug der Truppen folgten die Mädchen ihren Freunden und fanden sich in Paris nicht selten eines Tages buchstäblich auf der Straße.[124]

Im November 1929 wurde im 3. Stock des Gemeindehauses das Heim mit 10 Betten eröffnet. Es war eine Gründung der Pariser Zweigstelle des obengenannten Vereins der Freundinnen junger Mädchen, der seit 1877 Wohnheime für berufstätige, alleinlebende junge Frauen unterhielt. Mira von Kühlmann und Gilda Riesser, beide Frauen von Diplomaten, gehörten zu den Gründungsmitgliedern. Die Leitung übernahm Eva Großberg, die Mutter von Felicitas Großberg. Zwei Jahre später konnte man in 29, rue Gergovie ein Haus mieten und damit Raum für die doppelte Anzahl Betten gemäß der großen Nachfrage schaffen. Die Einweihungsfeier am 28. November 1931 zeigt das Interesse, das die deutsche Kolonie an dieser Einrichtung hatte. Neben dem Vertreter des deutschen Botschafters war auch der Vorsitzende des Deutschen Hilfsvereins, Paul Block, erschienen und der Vertreter der österreichischen Gesandtschaft, da sie sich auch finanziell an der Unterhaltung des Heimes beteiligte. Die Leitung wurde von Bremer Diakonissen übernommen, von denen Schwester Marie Winkelmann am längsten in Paris war. Leider zwangen finanzielle Probleme das Heim vier Jahre später wieder ins Gemeindehaus, wo es bis 1939 mit einigen Betten geöffnet blieb.[125]

Mehrmals empfing die Gemeinde geistliche Besucher: Lic. Köhler, den Direktor des Kirchenbundesamtes Hosemann, mehrere Evangelisationsprediger wie Paul Le Seur und andere Kirchenvertreter wie Prof. Wilhelm Stählin. Eine besondere Beziehung verband die Gemeinde mit Albert Schweitzer.[126] Dahlgrün konnte hier an persönliche Bekanntschaft aus seiner Studienzeit anknüpfen. Schweitzers Arbeit in Lambarene wurde durch mehrere Besuche und regelmäßige Beiträge im Gemeindeblatt den Gemeindegliedern nahegebracht. 1930 hat er einen Plan für eine neue Orgel gemacht und versprochen, auf seinen Vortragsreisen in Deutschland auch für eine Orgel zu sammeln. Daraus ist leider nichts geworden.

Gemäß dem kulturell-sittlichen Auftrag der evangelischen Kirche, wie ihn Dahlgrün verstand, unternahm er einen Vorstoß zur Gründung einer deutschen Schule. Er rief mit interessierten Eltern einen Arbeitskreis ins Leben. Der Lehrer Emil Linser, vorher in Madrid, hatte sich 1928 beworben, er war der Gemeinde bereits von mehreren Geigenkonzerten her bekannt. Auch hier folgte Pfarrer Dahlgrün den politisch-sozialen Bewegungen seiner Kirche in Deutschland.[127] Zahlreiche Pfarrer und Eltern organisierten sich in einer »evangelischen Schulbewegung«, die in den Zwan-

---

124 M. v. Kühlmann: Erinnerungen, Berlin/Ost 1976, S. 54.
125 Mehr zu diesem Heim siehe unten S. 334–335.
126 Für die Besuche nach 1933 siehe S. 140, 234–235, da sie unter anderen Umständen zustandekamen als vor 1933.
127 Im Gemeindeblatt 7, April 1929 gab er dem »Evangelischen Reichselternbund« das Wort, der eine »evangelische Erziehung« als Programm verkündete und feststellte: »und das ist viel wert in dem kulturellen Chaos in Deutschland.«, S. 88.

ziger Jahren versuchte, für die Bekenntnisschule einen größeren Platz im staatlichen Erziehungssystem zu erreichen.[128]

Mit seinen Schulplänen scheiterte Dahlgrün.[129] Zunächst hatte er selbstbewußt gehofft, von der Gemeinde aus eine protestantische oder, wenn dies nicht gehen sollte, gemeinsam mit den deutschen Katholiken eine simultane deutsche Schule gründen zu können und dabei auf die mangelnde Begeisterung der Botschaft wenig gegeben.[130] Diese stand der Gründung einer konfessionellen Schule skeptisch bis ablehnend gegenüber.[131] An den Problemen, die Pfarrer Dahlgrün in den Jahren 1928 bis 1931 mit der Botschaft hatte, war die Schulfrage vermutlich nicht ganz unschuldig.

Zunächst wurde im Herbst 1929 mit Donnerstagskursen Deutsch- und Religionsunterricht für 15 Kinder begonnen, der schrittweise ausgeweitet werden sollte. Den Deutschunterricht hatte Emil Linser übernommen, die Religionsstunden gab Dahlgrün. Das Gemeindehaus erwies sich aber als ungeeignet – auf der Galerie des Gemeindesaales machten die Kinder zu viel Lärm. Außerdem wurde der Widerstand gegen eine konfessionelle Schule zu groß. Mit Gründung des Schulvereins verlagerte sich der Unterricht 1930 aus der Kirche heraus.[132] Was blieb, war ein Donnerstagskurs für die Kinder, die sonst in französische Schulen gingen, d.h. der baltischen Emigranten, die in Frankreich bleiben wollten und nicht den Anschluß ihrer Kinder an das deutsche Schulsystem zu sichern suchten.

Die Gemeindeglieder kann man sozial in drei Gruppen einteilen:[133] einmal eine schmale Schicht der »Elite« in Paris: Botschaftsräte und Leiter deutscher Institutionen mit ihren Familien, die auch aus gesellschaftlichen Gründen Gemeindeglieder waren.[134] Zweitens eine größere Zahl von Familien der unteren Mittelschicht: untere Beamte der Botschaft, bzw. des Konsulats wie Chauffeure, Hausmeister und Handwerker, ebenso kaufmännische Angestellte, kleine Ladenbesitzer etc.: eine kleinbürgerliche Schicht, die auch in Deutschland den größten Teil der Kerngemeinden stellte. Sozial gesehen zwischen diesen beiden müßte man wohl die baltendeutschen Emigranten ansiedeln, die in Estland und Lettland zur Oberschicht gehört hatten, aber durch die Emigration verarmt waren und nicht in ihren erlernten Berufen z.B. als Ärzte arbeiten konnten.

---

128 K. Nowak: Evangelische Kirche, S. 81–83.
129 Alle Briefe, die die Schulpläne betreffen, in Archiv Christuskirche 333.
130 Die Formulierungen Dahlgrüns in seinem Bericht vom 5.11.1928 an das Kirchenbundesamt lassen darauf schließen, daß er die Kräfteverhältnisse falsch einschätzte, wenn er schrieb: »Aber die Botschaft ist von sich selber aus so wenig in der Lage, diese Aufgabe [d.h. der Schulgründung] anzugreifen und durchzuführen, daß sie die Sache mehr oder weniger meinem Vorgehen überlassen wird«, in Archiv Christuskirche 333.
131 Brief Dahlgrüns vom 28.9.1928 an das Kirchenbundesamt und Aktenvermerk über die Aussage Dr. Krukenbergs unter demselben Datum, daß er eine »nichtkonfessionelle Schule besser findet«, beides in ZA, Bestand 5 1376.
132 Für das Schicksal der deutschen Schule ab 1930 siehe Wilfried Pabst: Die Deutsche Schule. Festschrift zum 50jährigen Bestehen der Deutschen Schule Paris, Paris 1980.
133 Diese Angaben kann man aus Dahlgrüns jährlichen Berichten an das Kirchenbundesamt (Archiv Christuskirche 1120), aus den Berufsangaben für Amtshandlungen der Kirchenbücher und aus den Angaben im »Braunen Besucherbuch« entnehmen.
134 Dies läßt sich daraus schließen, daß das Engagement in der Gemeinde mit dem Ende der beruflichen Funktion an der Botschaft beendet war, obwohl die Familie in Paris ansässig blieb, so bei Riesser und Forster. Näheres siehe unten S. 159–160.

Neben den Familien gab es eine große Gruppe von ständig wechselnden jungen Leuten: die jungen Frauen häufig als Dienstboten und Kindermädchen in Stellung, die jungen Männer zur Vollendung ihrer kaufmännischen Ausbildung, daneben Studenten beiderlei Geschlechts.

Nicht nur die aus dem Baltikum stammenden, auch die in Paris ansässigen Gemeindeglieder waren meist erst nach dem Krieg gekommen, nur wenige knüpften wieder an ihre Mitgliedschaft von vor 1914 an. Unter den Besitzern der 1914 vom französischen Staat beschlagnahmten deutschen Unternehmen und Läden erkennt man einige Namen von Gemeindegliedern wieder: Kaufmann Baerwanger, Tischlermeister Herrmann Thaler, Kaufmann Albert Blattmann (der sich um die beschlagnahmte Kirche bis 1924 kümmerte), Heinrich Pöhlmann, Vertreter der Firma Faber.[135] Letzterer hat als Kirchenvorsteher, ab 1935 als Vorsitzender eine große Rolle in der Gemeinde gespielt.[136] Noch 1941 begegnet er in den Akten, als er sich beim Kirchlichen Außenamt darüber beschwerte, daß er als Kirchenvorsteher übergangen worden sei. Er trat dann von seinem Amt zurück.[137]

Im Kirchenvorstand dominierte die Mittelschicht: die Mitglieder Eberhardt und Baerwanger waren selbständige Kaufleute, Dr. Frölich und Herr Rieckmann Botschaftsangehörige, von La Trobe Journalist bei der Telegraphen-Union, die Herren Pöhlmann, Richter und Durst Angestellte großer Firmen: Faber-Castell, Zeiss und Borsig. Mehrere Juristen arbeiteten für die Gemeinde: Dr. Marx, Dr. Dietz und Dr. Frölich. Dr. Krukenberg vertrat das Deutsch-Französische Studienkomitee in Paris.

Der Kirchenvorstand bestand zunächst aus sechs, von 1929 an, als die Gemeinde größer wurde, aus acht Mitgliedern. 1933 wurde er auf drei Mitglieder außer dem Pfarrer reduziert. Er traf sich am Sonntag zu Sitzungen in unregelmäßigen Abständen, manchmal zwei Mal innerhalb von vier Wochen, manchmal monatelang nicht, wohl dann, wenn Probleme besprochen werden mußten.[138] Bei Bedarf wurden die erreichbaren Herren zusammengerufen (siehe Beispiel Stresemanngottesdienst). Es gab eine Tagesordnung, mit der eingeladen wurde, und die Ämter des Vorsitzenden, des Kassenführers und des Schriftführers. Für bestimmte Sachgebiete erarbeiteten Ausschüsse Lösungsvorschläge. Ein Dauerproblem für die Besetzung des Kirchenvorstandes waren die nur schwach besuchten und damit häufig nicht beschlußfähigen Gemeindeversammlungen. Zusätzlich wurde durch das ständige Gehen und Kommen immer wieder die Nachwahl von ausscheidenden Kirchenältesten notwendig. Man versuchte diesen Mißständen zu begegnen, indem die Mitglieder »kooptiert« d.h. vom bereits bestehenden Vorstand dazugewählt und bei der nächsten Gemeindeversammlung bestätigt wurden. Auf diese Weise kamen z.B. zwei Frauen, Mira von Kühlmann und Margarete Stüssel, in den Kirchenvorstand.

Gesellschaftlicher Mittelpunkt war die Gemeinde nur sehr eingeschränkt: »die hohen Botschaftsbeamten und großen Kaufleute haben ihren eigenen geschlossenen ge-

---

135 AN Paris F 12/7837, F 12/7839 und F 12/7843: Sequesterverwaltung von Eigentum von Angehörigen der Feindnationen Deutschland und Österreich.
136 Der Lebenslauf H. Pöhlmanns im GBl Mai/Jun. 1935.
137 Brief Pöhlmanns an das Kirchliche Außenamt vom 29.9.1941 in ZA, Best. 5 1380. Auch F. Großberg berichtet dasselbe im Interview Teil II, S. 5 und 7 in Archiv Christuskirche 110–6, I.
138 Leider enthält die Akte 131 »Kirchenvorstand« in Archiv Christuskirche nur Material bis 1931, obendrein lückenhaft, so gibt es zum Beispiel keine Protokolle der Beschlüsse des Kirchenvorstandes.

sellschaftlichen Kreis, ebenso die Künstler und Studenten«, stellte Dahlgrün fest,[139] von individuellen Ausnahmen abgesehen.

Die Rolle, welche die Gemeinde über ihre eigenen Aktivitäten hinaus innerhalb der deutschen Kolonie spielte, läßt sich daran ablesen, welchen Gruppen sie Räume für deren Zusammenkünfte zur Verfügung stellte. Der Deutschnationale Handlungsgehilfenverband tagte regelmäßig in der Rue Blanche und führte seine Französisch-Sprachkurse im vorderen Sprechzimmer durch,[140] ebenso die Ortsgruppe des Gewerkschaftsbundes. Der Deutsche Hilfsverein benutzte für seine Sprechstunden, die mehrmals wöchentlich stattfanden, ebenfalls den kleinen unteren Gemeindesaal.

Der Deutsche Klub, seinem Selbstverständnis nach »republikanisch«, hatte weniger Erfolg mit seinen Anfragen nach Räumen: die Art der Veranstaltungen paßte nicht in die geistliche Umgebung des Gemeindehauses.[141] Es gab auch Reserven ihm gegenüber im Kirchenvorstand: »sehr wenig deutsch«, was wohl heißen soll: nicht national und konservativ genug.[142]

Auch eine Dienstleistung für alle Deutschen war die Leihbücherei der Rue Blanche, angeblich die einzige deutsche in Paris, wo man sonntags nach dem Gottesdienst für 50 Centimes pro Band Bücher ausleihen konnte.

Das Gemeindeblatt fungierte auch als Mitteilungsblatt für die deutsche Kolonie: seien es Einladungen zur Jahresfeier des Deutschen Hilfsvereins oder zu Botschaftsveranstaltungen, seien es Informationen über bürokratische Regelungen für Auslandsdeutsche. Zum Beispiel übernahm das Pfarramt die Verteilung von verbilligten Fahrtausweisen für Auslandsdeutsche zur Heimfahrt nach Deutschland, die von Reichsbahn und Deutschem Auslandsinstitut zur Verfügung gestellt wurden (März 1932).

Eine heute amüsante Lektüre mit kurzen Schlaglichtern auf den Alltag der Auslandsdeutschen bieten die Anzeigen im Gemeindeblatt. Da bot eine »Deutsche Automobil-Reparatur-Werkstatt« ihre Dienste an, eine dänische Feinbäckerei, eine Zweigstelle der Bahlsen-Keksfabrik, Niederlassungen deutscher Versicherungen (Victoria), Staubsaugervertretungen (»Auch fern der Heimat dient Protos der Hausfrau«), mehrere deutsche Metzgereien und Buchhandlungen annoncierten regelmäßig. Auch deutsche Zahnärzte, Hausärzte und Apotheker machten sich deutschen Patienten bekannt. Ein offensichtlich französisches Beerdigungsinstitut suchte deutsche Kunden. Ein deutscher »Turn- und Sportverein e.V.« gehörte zu den regelmäßigen Inserenten.[143]

---

139 Brief Dahlgrüns an Lic. Köhler vom 17.2.1930 in Archiv Christuskirche 103.
140 Brief des damaligen Handlungsgehilfen und späteren Pfarrers de Beaulieu, der einen Französischkurs 1934 in seinem Verband belegt hatte, an die Christuskirche vom 17.5.1991. Der Deutschnationale Handlungsgehilfenverband war inzwischen gleichgeschaltet worden und als Deutscher Handlungsgehilfenverband in die Deutsche Arbeitsfront aufgenommen worden, in Archiv Christuskirche 110–6.
141 Anfrage des Deutschen Klubs, d.h. dessen Vorsitzenden K. Lenz, ihm einen Raum zu überlassen, vom 22.4.1929 in Archiv Christuskirche 131.
142 Nachricht von H. Eberhardt an Dahlgrün vom 27.4.1929 in Archiv Christuskirche 131. Diese Aussage paßt in das Bild, das Eberhardt auch sonst vermittelt: zumindest rechtsstehend, wenn nicht mit Sympathien für die NSDAP. Siehe unten S. 145.
143 Ob eine Kontinuität zwischen dem Deutschen Turnverein um 1900 und diesem Verein besteht, ließ sich nicht feststellen.

Hat Erich Dahlgrün recht, wenn er beklagt, daß seine Wünsche nach einer Pariser »Volkskirche« und die Gemeindewirklichkeit so weit auseinanderklaffen? Es kommt wohl auf den Standpunkt an. Sieht man die Rolle der Gemeinde aus der Sicht der »Botschaftskirche« vor 1914, so ist die größere Distanz zwischen Kolonie und Kirche nicht zu leugnen. Betrachtet man sie jedoch von heute her, so erscheint die Verzahnung noch relativ eng. Wie auch in anderen Bereichen nimmt die Zwischenkriegszeit eine Übergangsstellung ein: das alte Verhältnis war nicht mehr akzeptiert, ein neues Verhältnis hatte sich noch nicht herausgebildet.

Pfarrer Erich Dahlgrün: Ein Porträt

Erich Dahlgrün war hochkirchlicher Lutheraner. Er bedauerte, daß keine Altarschranken mit Kniebänken vorhanden waren, so daß man leider nicht dem lutherische Ritus des Abendmahles folgen könne, bei dem die Kommunizierenden kniend das Abendmahl empfangen.[144] Überhaupt war ihm die Liturgie sehr wichtig. Hierbei mußte er seine Gemeinde regelrecht erziehen, da sie die von Pfarrer und Gemeinde gesungene lutherische Liturgie nicht kannte. Das Gemeindeblatt wiederholte immer wieder die Bitte an die Gottesdienstbesucher, doch die Liturgie kräftiger mitzusingen. Die Gemeinde mußte sich in der Rubrik »Aus Gemeinde und Pfarramt« auch gefallen lassen, gerügt zu werden, weil sie sich zur Schriftlesung nicht erhoben hatte und der Gemeindegesang nicht so kräftig ausgefallen war, wie er es wünschte.[145] »Daß der Pfarrer sang, war nicht üblich.« berichtet Felicitas Großberg, und Eva Zippel ist seine feierliche Baßstimme unvergeßlich geblieben.[146] Gelegentlich erklärte er die sich im Laufe des Kirchenjahres ändernden Liturgieteile. Und der Kirchenchor war ihm nicht nur angenehme Zutat, sondern geradezu Bedingung des korrekten lutherischen Gottesdienstes.[147]

Und natürlich war Dahlgrün als Lutheraner national eingestellt. Dies war in zweierlei Hinsicht »natürlich«. Erstens, weil »man« damals national dachte, national war der Zeitgeist. Zweitens aber, weil für die lutherischen Protestanten der Beitrag Luthers ein spezifisch deutscher Beitrag zum europäischen Christentum gewesen ist. Wie man an der Selbstdarstellung der Christuskirche vor 1914 gesehen hat, wurden deutsch und evangelisch fast als gleichbedeutend angesehen.

Aber immer blieb für Dahlgrün das christliche Bekenntnis dem Deutschtum übergeordnet. Dies ist wichtig zu betonen, da es bei den Vertretern der »Lutherrenaissance« nicht immer so war.[148] Im Rahmen seiner Zeit betrachtet war er weniger national als der Durchschnitt der evangelischen Pfarrer.[149] Man sprach geradezu von

---

144 Bericht an den Gustav-Adolf-Verein 1928 in Archiv Christuskirche 381.
145 Ausdrückliche Rüge der Gemeinde anläßlich des Festgottesdienstes zum Tode Gustav Adolfs im GBl Dez. 1932, S. 67
146 Brief von Eva Zippel über ihre Erinnerungen an die Christuskirche in Archiv Christuskirche 110-6 VM 110/92.
147 GBl Okt. 1929.
148 Karl Kupisch: Die Strömungen der evangelischen Kirche in der Weimarer Republik, in Archiv für Sozialgeschichte 11/1971, S. 373–415, bes. S. 380–382.
149 Man findet bei ihm keine der pathetischen, patriotisch-religiösen Predigttexte, wie sie für den »Pastorennationalismus« der Weimarer Republik typisch waren. Siehe K. W. Dahm: Pfarrer und Politik. So-

einem »Pastorennationalismus«.[150] Die ihm eigene Art, seine Konfession zu leben, könnte man einen »lutherischen Internationalismus« nennen, er sah seine Gemeinde als Teil der lutherischen Weltfamilie,[151] und betonte bei Gelegenheit (z.B. bei den Festgottesdiensten zu Ehren Gustav-Adolfs 1932 und zur Feier der 400 Jahre Augsburger Konfession 1930) die Verbundenheit der Lutheraner über die Nationengrenzen hinweg.

Dazu paßte seine Meinung zum Problem von Krieg und Frieden. Seine zahlreichen Äußerungen im Gemeindeblatt zur Kriegsproblematik und seine Stellungnahmen zum jährlichen »Gefallenentag« zeigen eine prinzipiell pazifistische Haltung, die realistisch abschätzen wollte, ob neue Organisationen wie der Völkerbund zur friedlichen Konfliktregelung zwischen den Staaten geeignet waren.[152]

Dahlgrüns Haltung zum Katholizismus war gemischt aus prinzipieller Ablehnung der Lehre und heimlicher Bewunderung für die effiziente Organisation der Kirche.[153] Beispiele zur Konkurrenzsituation zwischen den Konfessionen finden sich praktisch in jeder Ausgabe des Gemeindeblattes.[154] Entweder stellte er ausführliche Zahlenvergleiche zwischen Protestanten und Katholiken an (z.B. ob der Anteil der protestantischen Abgeordneten ihrem Prozentsatz in der Bevölkerung entsprach), oder das Verhalten der katholischen Kirche wurde kritisiert, in Vergangenheit und Gegenwart. Auffällig bei allen diesen Beispielen ist: Dahlgrüns Antikatholizismus war »ultramontan«. Kein einziges Mal kam die katholische Kirche Frankreichs vor. Die diplomatische Rücksicht siegte.

Mit dieser kulturkämpferischen Haltung war der Pfarrer keine Ausnahme in seiner Zeit. Innerhalb des deutschen Protestantismus nach 1919 lebten alte Ressentiments wieder auf, da durch die neue republikanische Verfassung die Katholiken gesellschaftlich gleichberechtigt wurden. Mit dem Zentrum verfügte die katholische Kirche außerdem über eine parlamentarische Interessenvertretung, die auch eine der die

---

ziale Position und politische Mentalität des deutschen evangelischen Pfarrerstandes zwischen 1918 und 1933, Köln/Opladen 1965, S. 11, mit Hinweis auf Veröffentlichungen von Karl Kupisch zu diesem Thema.
150 Ausdrücklich tat er dies in einem Artikel zum Reformationsfest 1928 im GBl Okt. 1928
151 Tatsächlich konnte er nach dem Krieg in Italien sogar organisatorisch diese Sichtweise verwirklichen: die deutschsprachigen lutherischen Gemeinden von Rom, Florenz, Venedig, Bozen und Genua schlossen sich zur »Lutherischen Kirche Italiens« zusammen (1948), eine Organisation italienischen Rechts, und waren dem Lutherischen Weltbund in Genf und nicht mehr der Deutschen Evangelischen Kirche angeschlossen. G. Stratenwerth: Die deutschen Auslandsgemeinden, in Kirchliches Jahrbuch 76/1950, S. 345. Diese betont konfessionellen, also lutherischen Zusammenschlüsse sahen sich in Gegensatz zu »unierten« oder »reformierten« Auslandsgemeinden. Dazu siehe die Stellungnahmen beider Seiten im Anschluß an das Referat von E. Bethge auf einer Auslandspfarrertagung 1956 in Die evangelische Diaspora 27/1956 und 28/1957. Ich danke Prof. Bethge sehr für die Hilfe bei der Beschaffung dieser Literatur.
152 Bei der Typologie von K. Nowak, die von den »Kriegstheologen« bis zu »schwärmerischen Pazifisten«, die die Bergpredigt zugrunde legen, über drei Mittelpositionen reicht, wäre er etwa in der Mitte einzuordnen K. Nowak: Evangelische Kirche, S. 188–193). Er betonte, »dass der moderne Krieg Formen angenommen hat, die ihn moralisch nicht mehr rechtfertigen. ...«. GBl Mär. 1930.
153 Das Moment der Bewunderung erscheint eher in nichtöffentlichen Äußerungen, z.B. in Berichten an seine Vorgesetzten über die katholische Kirche Frankreichs in Archiv Christuskirche 173.
154 Beispiele negativer Nachrichten über Katholiken: GBl Mai, Okt., Nov. 1928; GBl Mär., Jan., Feb., Mär., Mai, Jul. 1929 (Art. über Preußisches Konkordat). Indirekt gibt es zahlreiche Abgrenzungen gegen den Katholizismus in konfessionellen Schriften, z.B. GBl Mai 1929 zur Speyrer Protestationsschrift, Dez. 1930.

Weimarer Republik tragenden Parteien war, also über Einfluß verfügte.[155] Das Bewußtsein, in Konkurrenz zu stehen, führte bei Dahlgrün zu dem Gefühl, persönlich benachteiligt zu werden – selbst wenn wahrscheinlich sachliche Gründe für eine negative Entscheidung maßgebend waren.[156]

Ebenso kämpferisch schrieb er gegen den Kommunismus und die »Gottlosenbewegung«. Auch diese Haltung gehörte zur damaligen Mentalität der Mittelschicht, die durch die vehement geführten antichristlichen Kampagnen der linken Parteien nach 1918 in Deutschland und insbesondere durch die Entchristianisierungsmaßnahmen in der UdSSR bestätigt wurde.[157]

Dahlgrüns großes Vorbild für das soziale Engagement des Christen war Albert Schweitzer. »Das Ethische als Wesen des Religiösen«[158] war die Erkenntnis Schweitzers aus seinen Forschungen zum historischen Jesus. Dies sollte gegen alle Bibelkritik als unvergänglicher Wert vom Christentum bleiben: die Bergpredigt und die Nächstenliebe. So war er besonders darüber enttäuscht, daß die soziale Arbeit des Deutschen Hilfsvereins sich ausdrücklich als nicht-konfessionell und außerkirchlich definierte.[159] Sein Stolz und seine Liebe galten dem Mädchenheim und den sozialen Gruppen, die der Gemeinde angegliedert waren.

Insgesamt bekommt man den Eindruck eines ernsthaften und grüblerisch veranlagten Menschen, der den geselligen und repräsentativen Seiten des Auslandspfarrerdaseins keine positiven Seiten abgewinnen konnte. Dies verbaute ihm den ungezwungenen Zugang zu Teilen der deutschen Kolonie, was er zwar merkte und ihn mit Bitterkeit erfüllte, was er jedoch nicht ändern konnte. Trotz selbstkritischer Fragen, was er denn falsch mache, beharrte er selber auf seinem puritanischen Standpunkt. So durfte generell in der Rue Blanche keine weltliche Musik gespielt werden, oder gar getanzt oder Alkohol getrunken werden.[160] »Das gab es einfach nicht.« stellt Felicitas Großberg lapidar fest.[161] Und er reagierte zwar gekränkt, bei Einladungen zu Botschaftsempfängen übergangen zu werden, zeigte aber offen sein Desinteresse, ja seine Verachtung für »leichte Unterhaltung«.[162]

Dagegen liebte und kannte er die klassische Kunst und führte gerne Gäste der Gemeinde durch den Louvre. Auf Gemeindeabenden hielt er Diavorträge über Albrecht Dürer, Michelangelo oder Leonardo da Vinci.

Bei seinen Auseinandersetzungen mit seinen Vorgesetzten kommt ein weiterer Charakterzug zum Vorschein: er wich Konflikten lieber aus und zog sich ängstlich

---

155 Dazu siehe K. Nowak: Evangelische Kirche, S. 93–96.
156 Typisch seine Beschwerde über Gegner der Christuskirche, die er immer »im katholischen Lager« suchte und fand, das »ängstlich über die paritätische Haltung der Botschaft wacht«, Bericht vom 15.10.1928 über das Gemeindeleben in Archiv Christuskirche 1120; in die gleiche Richtung weist seine Verwechslung von persönlichen Motiven und allgemeinen Strukturen in seinen Konflikten mit der Botschaft.
157 Siehe dazu die Zusammenarbeit mit den französischen Kirchen ab 1930 unten S. 122–127.
158 So die Formulierung Schweitzers in seinen Erinnerungen: Aus meinem Leben und Denken, Frankfurt a.M. 1980, S. 47–48.
159 Im Mittelpunkt seiner Beschwerden über die Botschaft steht der »unchristliche« Deutsche Hilfsverein.
160 So den Begründungen zu entnehmen, mit denen er es ablehnt, bestimmten deutschen Gruppen Räume zur Verfügung zu stellen. Siehe S. 116 Anm. 141.
161 Interview Teil I, S. 15 in Archiv Christuskirche 110–6, I.
162 Brief an Lic. Köhler vom 17.2.1930 in Archiv Christuskirche 103.

zurück, als sie kämpferisch aufzunehmen und auszutragen. Diese Eigentümlichkeit trug vielleicht mehr zu seinem Verhalten im Dritten Reich bei als Überzeugungen und Programme.

Im Gemeindeblatt schlagen sich viele Züge seiner Persönlichkeit nieder. Es stand bewußt in der Nachfolge von Bodelschwinghs »Schifflein Christi« und des Gemeindeblattes der drei deutschen Gemeinden vor 1914. Recht umfangreich und im Inhalt ausgesprochen anspruchsvoll sollte es dem Zusammenwachsen der Gemeindeglieder dienen und weckte in jedem Heft die Erinnerung an die Geschichte der deutschen lutherischen Gemeinden im 19. Jahrhundert in Paris.[163]

Dabei war sich der Pfarrer bewußt, daß er unterschiedliche Zielgruppen befriedigen mußte. Vorträge von Adolf von Harnack über Goethe oder von Adolf Deißmann über die Ökumene waren einem Bildungsbürgertum zugedacht, das sich in diesen Repräsentanten des liberalen Kulturprotestantismus wiederfand. Daneben standen ausführliche Berichte über die Kirchenereignisse in Deutschland und der Welt, insbesondere die der lutherischen Kirchen und die Christenverfolgung in den von der Sowjetunion beherrschten Gebieten.[164] Nicht zu vergessen die Rückblicke auf die Gemeindeereignisse des vergangenen Monats, so daß sechs großformatige, zweispaltig bedruckte Seiten mindestens einmal im Monat, phasenweise sogar 14tägig erscheinen konnten.[165]

Deutsche Kirche in der Provinz (1)

In Lyon, Le Havre, Marseille, Nizza, Menton, Cannes und Bordeaux hatten bis zum Ersten Weltkrieg deutsche Gemeinden bestanden. Hat es nach 1918 in diesen Städten einen Neuanfang gegeben wie in Paris?

Erste Voraussetzung für ein kirchliches Leben war natürlich, daß es Deutsche in ausreichender Zahl gab, die eine Kirche brauchten. Und in dieser Beziehung sah es nach den Nachrichten, die Dahlgrün einzog, zumeist sehr schlecht aus.[166] Im Norden Frankreichs wohnten Arbeiter auf von deutschen Firmen betreuten Baustellen, z.B. in Dünkirchen und in Le Havre.

Nachdem Dahlgrün einen Vikar als Vertreter für die in der Rue Blanche zu haltenden Gottesdienste gefunden hatte, konnte er Ende Dezember 1929 nach Le Havre

---

163 Interessant ist ein Traditionsbruch, den Dahlgrün bewußt beging: er ließ den Spruch von Ernst Moritz Arndt: »Das ganze Deutschland muß es sein ...«, der eine Wand des 1912 eingeweihten Gemeindesaales schmückte, bei der Renovierung 1927 entfernen, da er hier einen möglichen Affront gegen die Franzosen befürchtete. Diese Handlungsweise brachte ihm dann den Vorwurf des nationalistischen Journalisten und ehemaligen Lyoner Pfarrers Albert Koerbers als »nicht national« ein. Die ganze Affäre, in der das Hauptziel A. Koerbers allerdings Botschafter von Hoesch war, ist dokumentiert in Pol.AA, Kulturpol. Abt. R 61891.
164 Dieses Thema wurde von der kirchlichen Presse in Deutschland regelmäßig behandelt: K. Nowak: Evangelische Kirche, S. 303.
165 Zur Person der Pfarrfrau, Emilie Dahlgrün, siehe unten S. 333–334.
166 Alle Nachrichten über außerpariserische Aktivitäten des Pfarramts stammen aus der nicht sehr umfangreichen Korrespondenz in Archiv Christuskirche 102. Weiter gab es gelegentlich Artikel im Gemeindeblatt, zum Beispiel über Le Havre zu Weihnachten 1929 und ab 1933 mehrmals über die neu eingerichtete Reisepredigerstelle in Nizza.

fahren, um dort Weihnachtsgottesdienste zu halten und Amtshandlungen vorzunehmen. Offenbar fand dies Anklang, denn zu Ostern wurde mit Unterstützung des dortigen Konsuls wieder ein Gottesdienst gehalten, obwohl die Zahl der Arbeiter recht gering war: 25 von der Firma Holzmann, weitere 40 von anderen deutschen Firmen.

So günstig lief es in Dünkirchen nicht. Nachdem Dahlgrün über die Botschaft die Zahl der zu betreuenden Arbeiter und Angestellten, die für deutsche Firmen arbeiteten, herausgefunden hatte – es waren etwa 60 –, knüpfte er Kontakte an, um ähnlich wie in Le Havre Gottesdienste an Festtagen abzuhalten. Aber hier führten eine Reihe von Gründen dazu, daß der eigentlich zu Weihnachten 1932 vorgesehene Gottesdienst dann doch nicht zustande kam. Viele Deutsche fuhren nämlich über Weihnachten nach Hause, so daß von den 60 Betroffenen wenige übrigblieben, und dazu kam, daß der Vertrauensmann Bedenken hatte, daß ein Gottesdienst von den »kommunistisch-religionsfeindlich gesonnenen Arbeitern nicht günstig aufgenommen« würde.[167]

In Lyon war, nachdem das Kirchengebäude 1911 endgültig durch Gerichtsbeschluß an die französische protestantische Gemeinde gefallen war, einiges Kircheneigentum übriggeblieben, das 1914 wie alles deutsche Eigentum sequestriert worden war. Es wurde nach dem Gesetz vom 5.10.1919 als feindliches Gut versteigert. Aber letztlich war es doch nicht verloren, denn die »Geschäftsstelle für deutsche Güter, Rechte und Interessen in Frankreich« erreichte von der französischen Liquidationsbehörde die Auszahlung des Erlöses der Versteigerung: 8500 FF. Dieses Geld sollte zur kirchlichen Versorgung der Deutschen in Lyon verwandt werden; da hierfür jedoch kein Bedarf bestand, weil zu wenige Deutsche in Lyon lebten, kam das Geld vorläufig der Christuskirche in Paris zugute. 1930 verfügte der Preußische Oberkirchenrat, an den die Lyoner Gemeinde angeschlossen gewesen war, daß auch die Entschädigungssumme von 10 000 RM, die das Deutsche Reich der evangelischen Lyoner Gemeinde für die Verluste durch Beschlagnahmung gezahlt hatte, für eine eventuell später nötig werdende Pfarrstelle dort verwendet werden sollte. Vorläufig übernahm der Gustav-Adolf-Verein das Geld treuhänderisch.[168]

Zwei Sonderprobleme ergaben sich aus der Überschneidung von Deutschsprachigkeit und Nationalität: da waren einmal die polnischen, zum Teil deutsch sprechenden Bergleute im Bergwerksgebiet. Und dann gab es die deutsch sprechenden Schweizer, in Paris und im Süden.

Die Bergleute waren polnischer Herkunft, aber aus dem Ruhrgebiet nach Frankreich eingewandert, also deutschsprachig. Dahlgrün wollte bei ihnen gerne regelmäßige Besuche machen wie in Le Havre, aber offenbar war auch die französische »Société centrale évangélique« hieran interessiert, so daß eine Konkurrenzsituation entstand. Diesen Bereich überließ er letztlich den Franzosen.

Einzelne Deutschschweizer kamen in Paris zum Gottesdienst und nahmen am Leben der Gemeinde teil, z.B. die Familie Urfer. Eine systematische »Werbung« in Schweizer Kreisen wurde vom Kirchenbundesamt jedoch abgelehnt. In Marseille lief

---

[167] Bericht Dahlgrüns an das Kirchenbundesamt vom 7.3.1932 in Archiv Christuskirche 102.
[168] Schreiben des Evangelischen Oberkirchenrates an das Pfarramt vom 6.2.1930 in Archiv Christuskirche 102.

es umgekehrt: es gab die schweizer Gemeinde, die auch Deutsche aufnahm. Dafür erhielt sie gelegentlich finanzielle Unterstützung aus deutschen Kirchenkreisen.[169]

Als das aussichtsreichste Gebiet erwies sich der Süden Frankreichs. Hier gab es noch – oder wieder – genügend Deutsche, auch als Wintergäste, so daß Dahlgrün sich dafür einsetzte, daß sie kirchlich versorgt würden. Sein früherer Vikar Hans-Helmut Peters bekam durch seine Vermittlung eine Reisepredigerstelle in Nizza und füllte sie von Weihnachten 1933 bis August 1939 aus.[170]

Kontakte zu französischen Protestanten

Als Vertreter einer deutschen Auslandsgemeinde hatte Pfarrer Dahlgrün auch eine Versöhnungsaufgabe zu erfüllen. Auf der Ortsebene wollte er die ökumenischen Beziehungen zwischen Deutschen und Franzosen pflegen. Deshalb stellte er sich bereits Ende März 1927 Pastor André Monod vom »Maison du protestantisme français« in der Rue de Clichy[171] vor, von dem er »äußerst liebenswürdig« empfangen wurde.[172] Dies muß als Erfolg gewertet werden. Beim französischen CVJM begegnete ihm nämlich eine »sehr deutschfeindliche« Haltung.[173]

Dahlgrüns Haltung zur deutsch-französischen Beziehung wird in einem liturgischen Detail anschaulich. Er schloß in das Fürbittengebet des Gottesdienstes immer auch »das Volk, bei dem wir zu Gast sind« ausdrücklich mit ein,[174] eine Formel, deren Bedeutung für die Zeitgenossen erst deutlich wird, wenn man die damalige Situation mitbedenkt.

Denn den ehemaligen Kriegsgegner und jetzigen Unterdrücker in die Fürbitte aufzunehmen, grenzte an Vaterlandsverrat. Die Kontakte zwischen deutschen und französischen Protestanten nach 1918 hatten beträchtlich unter der unterschiedlichen Sichtweise des Versailler Vertrages gelitten. Während die Franzosen von den Glaubensbrüdern eine Bestätigung des Kriegsschuldparagraphen 231 im Sinne eines Schuldbekenntnisses erwarteten, wollten die Deutschen eine explizite Verurteilung des »Siegfriedensvertrages« von den Franzosen haben.[175]

Diese wechselseitigen Erwartungen hegten natürlich alle Deutschen und alle Franzosen, aber im besonderen Maße doch die Protestanten, die sich in Deutschland nach 1871 als besonders eng mit der deutschen Nation verbunden gefühlt hatten. Bis zur Ökumenischen Konferenz in Stockholm 1925 gab es praktisch keine offiziellen Be-

---

169 Bis 1933 Peters in Nizza begann, wurde die Marseilller schweizer Gemeinde für Arbeit an den Reichsdeutschen mit Zuschüssen aus dem Auswärtigen Amt unterstützt. In BA Potsdam, Kulturpol. Abt. des AA 69368, Blatt Nr. 49, 94, 100, 107, 111 und 127.
170 Dazu siehe unten S. 167–173.
171 Hier hatte die Fédération protestante de France, die Interessenvertretung der französischen protestantischen Kirchen ihren Sitz, sowie die Église Réformée de France, die Reformierte Kirche, und eine ganze Reihe anderer protestantischer Werke.
172 Bericht vom 8.3. 1927 in ZA, Best. 5 1375.
173 Brief vom 20.3.1927 in ZA, Best. 5 1375.
174 Brief von Sonja Fischnaller an die Christuskirche in Archiv Christuskirche 110–6, I, Nr. 440/91. Siehe auch oben S. 94 die Reaktion der französischen Lutheraner auf die Wiedereröffnung der Christuskirche 1927.
175 Jean Baubérot: La mouvance protestante française du »Christianisme social« et l'Allemagne, de la première guerre mondiale à l'avènement du nazisme, in Revue d'Allemagne Okt./Nov. 1989, S. 525–526.

gegnungen zwischen den Protestanten beider Länder. Jeder Kontakt scheiterte an der Kriegsschuldfrage. Ein eklatantes Beispiel, wie es ja auch Dahlgrün erfuhr, war der CVJM, in dessen Rahmen bis in die Dreißiger Jahre hinein keine deutsch-französischen Begegnungen stattfanden. Pastor de Beaulieu berichtet, ihm sei noch 1934 eine Unterschrift abverlangt worden, durch die er die Schuld Deutschlands am Ersten Weltkrieg anerkannte, als er Mitglied des französischen CVJM in Paris werden wollte.[176]

Abseits von diesen großen institutionellen Bewegungen gab es jedoch Bemühungen von Einzelpersonen wie dem französischen Pastor Jules Rambaud um deutsch-französische Kontakte zwischen Protestanten.[177] Bereits 1920 gründete dieser die »Evangelisch-christliche Einheit zur Annäherung und Verständigung zwischen deutschen und französischen Christen«. Rambaud tauchte überall dort auf, wo Vermittlung, »Übersetzung« im weitesten Sinne gebraucht wurde. Er kannte die Mentalität seiner Landsleute und die kirchlichen Kreise, so berichtete er dem Kirchenbundesamt 1924 über die Aussichten, die beschlagnahmte Christuskirche wieder zu bekommen.[178] In der Christuskirche war er ein häufiger Gast zu Vorträgen über ökumenische Themen. Dahlgrün seinerseits war Mitglied der »Evangelisch-christlichen Einheit«.

Über die Frage, wie groß der Einfluß auf protestantische Kreise von Rambauds »Einheit« war, gehen die Meinungen auseinander.[179] War es nur eine »ganz kleine Gruppe«, von deren Aktivitäten die »Öffentlichkeit so gut wie nichts erfuhr«,[180] oder hatte sie eine gewisse Ausstrahlung auf Protestanten beider Länder im Sinne eines größeren Verständnisses füreinander? Wahrscheinlich muß man Zeitabschnitte unterscheiden. Erst nach 1925, mit Beginn des »rapprochements«, der Verständigungspolitik, spielte sie eine nennenswerte Rolle. 1926 hatte die »Einheit« 600, 1931 1630 Mitglieder (Zahlen vor 1926 waren nicht zugänglich), und Kirchenzeitungen in beiden Ländern berichteten in regelmäßigen Abständen über Konferenzen, Vorträge und Tagungen.[181] Der Widerhall könnte jedoch in Deutschland größer als in Frankreich gewesen sein: 1200 deutsche Mitglieder gegenüber nur 300 Franzosen (1928) deuten dieses Ungleichgewicht an.[182]

---

176 D. Tiemann: Deutsch-französische Jugendbeziehungen, S. 86. Ebenso ZA, Bestand 5 1375 und Brief de Beaulieus an die Verfasserin vom 9.3.1994.
177 Der Franzose J. Rambaud verkörperte in seiner Biographie das Leben zwischen den beiden Nationen: bereits vor dem Krieg in Deutschland als Pfarrer arbeitend, im Ersten Weltkrieg im belgischen Heer als Sanitäter und Pfarrer tätig, mit einer Deutschen verheiratet, siehe R. Lächele: Frankreich und französische Protestanten in der Zeit der Weimarer Republik. Perspektiven protestantischer Publizistik in deutschen Kirchenzeitungen und Zeitschriften, in Revue d'Allemagne, Okt.–Nov. 1989, S. 531, Anm. 1.
178 Brief vom 3.3.1924, Sachstandsbericht vom 25.6.1924, Empfehlungen vom 21.7.1924 in ZA, Best. 5 1373.
179 Dagegen: D. Robert: Les protestants français et la guerre de 1914–1918, in Francia 2/1974, S. 415–430. Dafür: R. Lächele: Frankreich, S. 549–551.
180 So D. Robert: Protestants français, S. 151, Anm 5, zitiert nach: R. Lächele: Frankreich, S. 550.
181 Für deutsche Kirchenzeitungen siehe R. Lächele: Frankreich, S. 550. Alle seine Belege entstammen aber dem Zeitabschnitt 1926–1932 und überwiegend aus den liberalen, kulturprotestantischen Blättern: die Christliche Welt und Die Eiche. Nach meinen eigenen – lückenhaften – Forschungen berichtete Le Témoignage erst ab 1926 von Tagungen der »Einheit« (z.B. 9.2.1926; 11.9.1928; 4.12.1928) in der Tendenz uneingeschränkt positiv.
182 So die Angaben in Le Témoignage vom 11.9.1928.

Jedenfalls stellte die Evangelisch-christliche Einheit mit dem Ende der Verständigungspolitik ihre Aktivitäten nicht ein. Noch im Juni 1938 fand eine deutsch-französische Tagung in Verdun statt, zu der Dahlgrün gemeindeöffentlich einlud und über die er ausführlich berichtete.[183]

Die offizielle »Außenpolitik« des Kirchenbundesamtes in Berlin, das für die ökumenischen Beziehungen zuständig war, war eng mit dem Auswärtigen Amt verbunden. Ja, die Kirchenbeziehungen wurden als diplomatisches Instrument eingesetzt. So zum Beispiel in den 1919 an Polen abgetretenen Gebieten: hier erhielten die evangelischen deutschen Gemeinden große Summen als Zuschüsse aus dem Auswärtigen Amt, »zur Förderung des Deutschtums« in Gebieten, wo eine offene Unterstützung deutscher Organisationen Proteste des Gaststaates hervorgerufen hätte.

Für die westlichen Nachbarn des Deutschen Reiches galt eine solche Verschmelzung außenpolitischer und kirchlicher Interessen allerdings in geringerem Maße. Mit dem Vertrag von Locarno war dann 1925 die Zeit der offiziellen Kontaktpflege gekommen. Vertreter der deutschen Kirchenleitung nahmen an der ökumenischen Konferenz in Stockholm teil, versehen mit genauen diplomatischen Anweisungen, bis hin zu dem Inhalt ihrer Ansprachen.[184]

Nach Stresemanns Tod 1929 bemühten sich die kirchlichen Stellen weniger um die Ökumene, die in den Gemeinden nie wirklich populär gewesen war. Die internationale Anerkennung wurde weniger wichtig, die Abgrenzung dominierte wieder wie in der Außenpolitik allgemein.[185]

Für die Pariser Gemeinde kann man von 1930 an eine gegenläufige Bewegung feststellen. Ihr gelang in diesem Frühjahr eine Art Durchbruch gegenüber den französischen Protestanten. Die Kontakte vervielfältigten sich. Das auslösende Ereignis für diese Entwicklung scheint der »Service solennel« der Fédération Protestante gewesen zu sein, der am 9. Februar 1930 in der Kirche L'Oratoire für die verfolgten Christen in der UdSSR stattfand.[186] Pfarrer und Kirchenvorstand wurden eingeladen und benutzten bereitwillig diese Gelegenheit, zumal das Thema ihnen am Herzen lag, wie zahlreiche Artikel im Gemeindeblatt beweisen.[187] Hier trafen sich Führungspersönlichkeiten aller Kirchen (mit Ausnahme der katholischen), selbst der Oberrabbiner von Paris kam, um gemeinsam ihren Protest vorzutragen. Angesichts der Bedrohung durch eine atheistische Weltanschauung schlossen sich die Kirchen enger zusammen – ein bekanntes Phänomen bei der Bildung von Gruppenidentitäten.

Daneben wird einfach eine gewisse Eingewöhnungszeit nach Wiedereröffnung der Gemeinde Ende 1927 anzunehmen sein, um zu erklären, warum erst nach zweijähriger Anwesenheit die Begegnungen sich mehren. Denn der Empfang 1927 war korrekt und abwartend gewesen, insbesondere bei den Lutheranern, wie sich bei der Eröffnung der Christuskirche gezeigt hatte.[188]

183 Siehe GBl Jun. und Aug. 1938.
184 C. Wright: »Über den Parteien«, S. 107–115.
185 C. Wright: »Über den Parteien«, S. 117–120.
186 Archiv Christuskirche 305, Protokoll des Conseil National der Fédération Protestante de France vom 4.2.30 in A Féd. Prot.
187 Beispiele bis 1933: Artikel gegen Kommunismus: GBl 16, Dez. 1929 (Art. zu Christenverfolgung in Rußland); 17, Dez. 1929 (Fortsetzung); 1, Jan. 1930; 2, Feb. 1930; 3, Mär. 1930; 4, Mai 1930; 6, Aug. 1930; 8, Sept. 1930; 10, Nov. 1930; 2, Feb. 1931; 5, Mai 1931; 7, Jul. 1931; 12, Dez. 1931; 1, Jan. 1932 und 6, Mai 1932.
188 Siehe oben S. 94.

Die deutschen Protestanten gehörten ab diesem Zeitpunkt zur Gemeinschaft der Pariser Protestanten dazu. Einzelbeobachtungen in der Folgezeit bestätigen dies. Im März 1930 wurde der sonntägliche Gottesdienst in der Rue Blanche auch in den Kirchenzetteln, den »Tableau des Cultes protestants«, der lutherischen Zeitung Le Témoignage aufgenommen,[189] während er im reformierten Mitteilungsblatt: »Le Christianisme au XXe siècle« bereits ab 26. Juni 1927 im Tableau regelmäßig angegeben wurde.[190]

Im Frühjahr 1930 litten die Protestanten in Nîmes unter schweren Überschwemmungen, und zur Linderung der entstandenen Notlage riefen die Kirchen zu Spenden auf. Die Christuskirche findet man auf der Spendenliste vom 25. März und vom 1. April in Le Témoignage.

So gab es gute Voraussetzungen, daß Pfarrer Dahlgrün seine Veranstaltung im Juni 1930 zur Feier des 400. Jahrestages der Augsburger Konfession zu einem diplomatischen Erfolg machen konnte.

Solche Feiern standen in diesem Jahr im Zentrum der ökumenischen Beziehungen. Die Christuskirche lud die in Paris ansässigen evangelischen Kirchen zur gemeinsamen Feier ein, eine wichtige verbindende Geste. Ähnlich verlief auch zwei Jahre später die Feier des 300. Todestages Gustav-Adolfs von Schweden.

Im Vorfeld der Feiern im Juni 1930 in Augsburg trat Dahlgrün auch als Vermittler und Dolmetscher auf, um die gegenseitigen Ängste abbauen zu helfen. Er informierte am 14. Februar 1930 das Kirchenbundesamt über Bedenken der französischen Protestanten, daß die geplante 400-Jahrfeier Augsburger Konfession nationalistisch mißbraucht werden könnte. Die Art und Weise, wie der Kontakt aufgenommen wurde, war wohl typisch für das deutsch-französische Verhältnis. Pfarrer Dahlgrün erhielt den Besuch – quasi privat – eines französischen Amtskollegen, der ihm die Bedenken der örtlichen Protestanten schilderte. An ihm war es nun, dies wiederum nach Berlin an das Kirchenbundesamt weiterzuleiten, ohne eigentlich sagen zu können, ob dieser private Besuch als gezielte Sondierung verstanden werden mußte.[191]

Tatsächlich hatte sich die Lutherische Kirche Frankreichs darüber beschwert, nicht gesondert – wie die Lutherische Kirche Elsaß-Lothringens – eingeladen worden zu sein, da das Kirchenbundesamt, in Unkenntnis der innerkirchlichen Verhältnisse, nur eine Einladung an die Spitze der Fédération Protestante gesandt hatte. Außerdem hielt man in Berlin fälschlicherweise die Elsässischen Lutheraner nicht für eine Gliedkirche des Kirchenbundes. Der französische Kirchenbund ist seiner Funktion nach nicht – wie das Kirchenbundesamt – als organisatorische Spitze einer föderalistischen Kirchenorganisation zu sehen, sondern eher als Interessenvertretung des Protestantismus gegenüber der französischen Gesellschaft. Die Mitgliedskirchen sind vollständig selbständig.

---

189 Le Témoignage vom 4.3.1930.
190 Le Christianisme au XXe siècle vom 26.6.1927. Dieser Unterschied könnte damit zusammenhängen, daß die Lutheraner traditionell eine innigere Verbindung zum deutschen Protestantismus hatten als die Reformierten und durch den Weltkrieg gegen die Deutschen innerlich getroffener waren (auch mehr unter der propagandistischen Identifizierung von »deutsch« und »lutherisch« gelitten hatten).
191 Briefwechsel zwischen 14.2.1930 und 9.4.1930 zwischen Dahlgrün und dem Kirchenbundesamt in Archiv Christuskirche 153. Nach den Protokollen des Conseil National hatte das Büro bereits im Vorfeld der offiziellen Behandlung bei Dahlgrün nachgefragt: erst am 4. März kam das Thema auf die Tagesordnung und wurde am 6. Mai als Mißverständnis geklärt.

Unabhängig von diesem Mißverständnis klingt der Bericht des französischen Vertreters, Louis Appia, über die Feierlichkeiten in Augsburg sehr positiv.[192]

Das eigentliche Forum für die deutsch-französischen Begegnungen aber bildeten die beiden Jugendgruppen: Jungmännerbund und Mädchenbund. Im Februar 1930 fand der erste gemeinsame Abend von Jungmännerbund und »Union de jeunes gens, groupe Grenelle« statt,[193] eine Gegeneinladung datierte vom 24. März. Der damalige Vikar Hans-Helmut Peters engagierte sich auf diesem Feld besonders. Weitere Treffen fanden im halbjährigen Rhythmus statt. Die Initiative war von einem jungen Franzosen, André Chanu, ausgegangen. Gegen Ende der Zwanziger Jahre hatte er auf einem Jugendtreffen in England die Bekanntschaft zweier junger Deutscher gemacht und daraus für sich den Schluß gezogen, daß Völkerverständigung bei jedem Einzelnen, bei der persönlichen Begegnung anfängt. Nach Paris zurückgekehrt schrieb er an den Pfarrer der deutschen Gemeinde mit der Bitte um Kontakte zu jungen Deutschen; er selber war Mitglied einer Gruppe der »Union Chrétienne de Jeunes Gens« im Stadtteil Grenelle. So begann ein regelmäßiger Austausch bis in die Dreißiger Jahre hinein. Irgendwann seien Treffen nicht mehr möglich gewesen wegen der geänderten politischen Umstände nach Hitlers Machtergreifung, berichtet André Chanu heute. Ihm persönlich habe man gesagt, daß er Einreiseverbot nach Deutschland habe. Man habe strikt vermieden, über Politik zu reden, anders wäre eine Begegnung nicht möglich gewesen. Von einer Vorbedingung, wie sie de Beaulieu beim CVJM in der Rue Trevise erlebt hat, war ihm nichts bekannt. Die einzelnen Stadtteilgruppen seien ziemlich unabhängig voneinander gewesen.[194]

Im November 1930 fand in der Kirche Saint-Marcel eine »Réunion internationale religieuse de Jeunesse« im Rahmen der »Semaine universelle de prières« statt, ein Jugendtreffen, zu dem der Jugendbund der Christuskirche von der »Union de Jeunes Gens et Jeunes Filles de la Seine« eingeladen wurde, und wo Pfarrer Dahlgrün einer der Vortragenden war.[195]

Die Tatsache an sich von solchen gemeinsamen Vortragsabenden war wohl bereits als Erfolg anzusehen. Ob sie bereits zu einem vertieften Verständnis geführt haben, bezweifelten die Zeitgenossen. Es fiel wohl beiden Seiten schwer zu verstehen, wie die Welt aus der Perspektive des Gegenübers aussah.[196] Nichtsdestoweniger kann man am Programm des Jungmännerbundes bis 1933 verfolgen, wie immer wieder französische Redner eingeladen wurden, z.B. der amtierende Pfarrer der Muttergemeinde Rédemption, Wheatcroft, mehrere junge Franzosen wie Horace Melon, der offenbar Lehrer war, und immer wieder Jules Rambaud. Das Bemühen um größere Kenntnis war jedenfalls vorhanden.

---

192 Le Témoignage vom 7.10.1930. L. Appia war ein Sohn des Förderers der Christuskirche vor 1914, Georges Appia, siehe oben S. 58, 63 und 77.
193 GBl Mär. 1930.
194 Gespräch mit André Chanu am 25.5.1994. Chanu wurde ein bekannter Radiosprecher bei Radio France, der insbesondere protestantische Sendungen moderierte.
195 Bericht Dahlgrüns im GBl Dez. 1930 und Le Témoignage vom 18.11.1930: hier wird die Veranstaltung »un commencement« (ein Anfang) genannt. Ein Einladungsschreiben findet sich auch in LKA Hannover N 112.
196 Dahlgrün betonte im Gemeindeblatt, daß der Redner des Jugendbundes versucht habe, die Rolle des Treffens auf dem Hohen Meißner von 1913 für die Jugendbewegung den Franzosen verständlich zu machen (April 1930). Insgesamt bleibt sein Bericht skeptisch in bezug auf »wirkliches Verstehen«.

Eine innerprotestantische Konferenz des »Comité National d'Études Politiques et Sociales« fand am 23. November 1931 statt, an der bekannte Franzosen wie Wilfried Monod vom »Christianisme social«, Jules Rambaud von der »Deutsch-Französischen Einheit«, Pastor A. N. Bertrand und Friedensritterführer Hauptmann Etienne Bach[197] teilnahmen. Von deutscher Seite sprachen Dahlgrün und zwei Pfarrer aus Deutschland, Goethe und Wallau.[198] Auch hier lag das Grundproblem – nach Dahlgrüns Aussage – darin, die eigene Mentalität der anderen Seite überhaupt begreiflich zu machen, zumindest die Deutschen schienen sich unverstanden zu fühlen.[199]

Als eine Art diplomatischer Vertreter wurde Pfarrer Dahlgrün von Oberkonsistorialrat Heckel Ende 1933 eingeschaltet, als er einen Brief Heckels an den Präsidenten der Fédération Protestante überbringen sollte. Es scheint zu diesem Zeitpunkt keine offiziellen Kanäle zwischen den Spitzen der beiden Kirchen gegeben zu haben. Die französischen Kirchen waren – irritiert von der positiven Haltung von Teilen der Evangelischen Kirche in Deutschland gegenüber dem Reichskanzler Hitler – auf Distanz gegangen. Den Inhalt des Briefes kann man an einer globalen Inhaltsangabe aus dem Protokoll des Conseil National de la Fédération Protestante de France (etwa: Vorstandssitzung des französischen Kirchenbundes) entnehmen: der neue Auslandsbischof Heckel wollte mit den Schwesterkirchen weiterhin gute ökumenische Beziehungen pflegen. Da der Conseil zu diesem Zeitpunkt (1. Mai 1934) eine Spaltung der Evangelischen Kirche Deutschlands erwartete, wurde beschlossen, höflich, aber nichtssagend zu antworten.

An diesen Einzelbeispielen kann man ablesen, daß die binationalen Beziehungen auf Kirchenebene von dem persönlichen Engagement einzelner Personen abhingen. So wies Dahlgrün selber im Gemeindeblatt auf Pfarrer Jules Rambaud und den elsässischen Pfarrer Georges Bronner hin, der ab 1921 in Paris deutschsprachige Gottesdienste im Rahmen der »Union alsacienne d'activité chrétienne« gehalten hat.[200]

Dahlgrün ging bei seinen Überlegungen zu französischen Kontakten übrigens davon aus, daß die französische protestantische Kirche die deutsche Gemeinde als Konkurrenz ansah, da sie auf den Zuzug von ausländischen Protestanten angewiesen sei – so, wie die französische Nation insgesamt aus demographischen Gründen Ausländer zur Naturalisierung einlud.[201] Als ein Beispiel kann man die Behandlung der Frage des deutschsprachigen Gottesdienstes für Elsässer in Paris nehmen. Verfolgt man die Diskussionen im lutherischen Konsistorium um den deutschsprachigen Gottesdienst für Elsässer in den Kirchen Les Billettes und La Rédemption von 1920 an, so kann man feststellen, daß Dahlgrün, was die Lutheraner betrifft, vermutlich recht hatte. Diese steckten in einem Zwiespalt. Die deutschsprachigen Elsässer in Paris sollten unbedingt innerhalb der französischen Kirche gehalten werden. Deshalb

---

197 Auch dieser Franzose war wie Rambaud ein engagierter Vertreter der deutsch-französischen Versöhnung. Siehe Le Témoignage vom 30.3.1929.
198 Friedrich Siegmund-Schultze (1885–1969), Professor für Sozialethik in Berlin und Herausgeber der Zeitschrift Die Eiche, ein bekannter Vertreter des ökumenischen Gedankens, hatte abgesagt, was Dahlgrün verständnisvoll kommentierte: die Tagung würde wohl sowieso ausfallen, und er sei »nicht traurig darüber.« Das öffentliche Klima war einer solchen Veranstaltung denkbar ungünstig. Brief Dahlgrüns vom 5.10.1931 an Peters in LKA Hannover, N 112.
199 Bericht von Dahlgrün an das Kirchenbundesamt vom 13.12.1931 in Archiv Christuskirche 385.
200 Dank drückt Dahlgrün dem aus Paris scheidenden Bronner im GBl Okt. 1928 aus.
201 Brief Dahlgrüns an das Kirchenbundesamt vom 15.6.1932 in Archiv Christuskirche 105.

mußte man für sie deutschsprachigen Gottesdienst anbieten. Andererseits rückten die Lutheraner in der französischen Öffentlichkeit gleich in die Nähe des verhaßten Kriegsgegners, wenn sie solche Gottesdienste öffentlich ankündigten.[202]

Die Gemeinde in der Weltwirtschaftskrise

Drei Wochen nach dem Tod Stresemanns, am 24. Oktober 1929, dem »Schwarzen Freitag«, brach mit dem Börsenkrach in New York die Weltwirtschaftskrise aus. Im Sommer 1930 gab es in Deutschland drei Millionen Arbeitslose. Frankreich blieb vorerst verschont. Wie auf einer »glücklichen Insel« herrschte weiter Vollbeschäftigung. Erst langsam machten sich die Folgen der Weltwirtschaftskrise bemerkbar: 1935 hat die Zahl der Arbeitslosen immerhin auch eine Million erreicht.

Bei den deutschen Reichstagswahlen am 14. September 1930 gewannen die Nationalsozialisten 107 Mandate gegenüber 12 zwei Jahre zuvor. Die öffentliche Meinung in Frankreich gegenüber Deutschland wurde merklich kritischer: die Zeit der Völkerverständigung war vorbei. Am Montag nach den Reichstagswahlen habe der Postbote Briefe an deutsche Adressaten in den Rinnstein geworfen, berichtet Pfarrer Peters, der ein paar Wochen später sein Vikariat in Paris begann.

Inwieweit Gemeindeglieder in Paris direkt von der Wirtschaftskrise betroffen waren, ist heute schwierig auszumachen. Vermutlich mußten einige nach Deutschland zurückkehren, da deutsche Firmenvertretungen aufgelöst wurden. Die Botschaftsangestellten waren wie alle Beamten von den Brüningschen Gehaltskürzungen betroffen. Selbständige Kaufleute in Frankreich werden zunehmend mehr Mühe gehabt haben, ihren Lebensunterhalt zu verdienen. Studenten kehrten nach Deutschland zurück, weil das Geld ausblieb.

Diese Einzelfälle summierten sich – die Gemeinde verlor Mitglieder, offenbar zunehmend im Laufe der Dreißiger Jahre, der Tiefstand bei den Mitgliederzahlen war 1934/35 erreicht.

Ihre Geldnot, die von Anfang an chronisch war, wurde derartig bedrohlich, daß die Botschaft sich des Problems annahm und 1932 auf Bitten des Pfarrers hin einen Sanierungsplan ausarbeitete.[203] Pfarrer Dahlgrün fürchtete wirklich den Bankrott seiner Gemeinde.[204] Die Gemeindeglieder hatten selber mit finanziellen Schwierigkeiten zu kämpfen und konnten weniger Geld beitragen.

Am stärksten wirkte die deutsche Wirtschaftskrise über das Kirchenbundesamt ein: es mußte seine Zuschüsse ganz erheblich reduzieren. Dahlgrün kürzte sein eigenes Gehalt um ein Drittel, nach dem Beispiel seiner Amtsbrüder in Deutschland.

Der Deutsche Evangelische Kirchenausschuß hatte seit 1928 ein jährliches Pfarrergehalt zwischen 69 600 und 62 617 FF (1931) bezahlt, dazu kamen 78 852 FF im Jahre

---

202 Siehe insbesondere die Protokolle der Sitzungen vom 28.5.1927 (S.139), 2.7.1926 (S.145), 29.10.1926 (S. 148) in A Luth. Kons. Paris.
203 Briefwechsel und Plan des Botschafters von Hoesch in Pol.AA, Kulturpol. Abt. R 61891 und ZA, Best. 5 1377.
204 Symptomatisch die geringeren Besucherzahlen für Weihnachten 1932: 600 zu den Gottesdiensten und 180 bei den Feiern.

1928 und jeweils ca. 35 000 FF in den übrigen Jahren als Zuschüsse für die Gemeindearbeit. Ende 1931 gab Berlin bekannt, daß es nicht mehr in der Lage sei, weitere Zahlungen zu leisten, wegen der katastrophalen wirtschaftlichen Situation in Deutschland. Die Gemeinde solle sich selber finanzieren. Der Sanierungsplan von Botschafter von Hoesch sah vor, daß er selber für die Begleichung der noch vorhandenen Schulden sorgte – immerhin 24 000 FF. Man kürzte drastisch die Gehälter und Ausgaben und verhandelte mit dem Kirchenbundesamt, damit es weiterhin das Pfarrergehalt übernahm. So entstand ein ungefähr ausgeglichener Haushalt, welcher der Gemeinde das Überleben ermöglichte.

Dies war der letzte Dienst, den Botschafter von Hoesch der Gemeinde tun konnte: im Herbst 1932 wurde er nach London berufen. Von der Gemeinde verabschiedete er sich ausdrücklich in einem Artikel im Gemeindeblatt. Die deutsche Politik befand sich seit dem Rücktritt des Zentrumspolitikers Brüning 1932 in einer Dauerkrise: drei verschiedene Kabinette lösten einander ab. Zwei Reichstagswahlen – Ende Juli und Anfang November – brachten den Nationalsozialisten 230 bzw. 197 Abgeordnetensitze.

Es war nur noch eine Frage von Wochen, bis es Hitler gelang, sich von Reichspräsident Hindenburg zum Reichskanzler ernennen zu lassen.

Die Christuskirche in der Zeit des Dritten Reiches (1933–1939)

Die Situation der evangelischen Kirche in Deutschland 1933

Nach seiner propagandistisch als »Machtergreifung« bezeichneten Regierungsübernahme ging Hitler daran, sich die Gefolgschaft der Deutschen zu sichern. Eine Zielgruppe waren dabei auch die Kirchen und die aktiven Protestanten, deren Zustimmung zum »nationalen Aufbruch« ihm wichtig sein mußte. Von daher sind die zahlreichen Beteuerungen des »positiven Christentums« und die Benutzung kirchlicher Traditionen, z.B. beim Staatsakt des »Tages von Potsdam«, zu erklären. Er hatte Erfolg: die Protestanten bekundeten mehr und mehr ihre Begeisterung für den »neuen Staat«.[1]

Innerhalb der evangelischen Kirche gab es – grob eingeteilt – zwei Gruppen, die den weiteren Weg bestimmten: die Minderheit der »Deutschen Christen« propagierte ein »deutsches« d.h. völkisch-rassisches Christentum in enger Bindung an die NSDAP. Die andere Gruppe nannte sich »Jungreformatorische Bewegung«. Aus ihr ging im Herbst 1933 der »Pfarrernotbund« und 1934 die »Bekennende Kirche« hervor. Zwischen diesen beiden stand die Mehrheit der Protestanten, die nicht wußte, welche Haltung ihre Kirche als Kirche gegenüber dem neuen Staat einnehmen sollte. Zur Entscheidung stand dabei nicht irgendeine Form von Widerstand gegen die nationalsozialistische Regierung, sondern vorerst nur die Frage, ob die Kirche von der »nationalen Revolution« Begriffe und Kriterien übernehmen oder auf ihrem eigenen Ursprung und ihren eigenen Kategorien bestehen sollte. Die beiden oben erwähnten Gruppen unterschieden sich nur in dieser Frage, nicht in der Zustimmung, ja Begeisterung für den »neuen Staat«. Daß Hitler die gefürchtete kommunistische Revolution verhindert habe, daß er derjenige sei, der den Deutschen ihr Selbstbewußtsein gegen den Versailler Vertrag wiedergeben würde, daß man dank seiner Führung endlich wieder die Zukunft optimistisch sehen konnte: darin waren sich die meisten einig. Bezeichnend hierfür ist der folgende Predigtausschnitt des Württembergischen Bischofs Theophil Wurm, den die Leser des Gemeindeblattes im Juli 1934 vorfanden. Die Württembergische Landeskirche wurde später zu den »intakten«, d.h. in ihrer Leitungsstruktur erhalten gebliebenen Kirchen gerechnet:

> »Es ist eine Lüge, daß man als evangelischer Christ ein weniger treuer Nationalsozialist sein könne als jeder andere. Es ist nicht wahr, daß der Kampf, den die bekennende Kirche heute um die reine Lehre, um tapferes Bekenntnis und um biblische Verkündigung gegen alle Irrlehre innerhalb und außerhalb der Kirche kämpft, nur Tarnung einer politischen Widerstandsorganisation sein müsse.«[2]

---

1 Die ausführlichste Geschichte der ersten beiden Jahre des Kirchenkampfes stammt von K. Scholder: Die Kirchen und das Dritte Reich, Band 1: Vorgeschichte und Zeit der Illusionen, 1918–1934, Berlin 1977; Band 2: Das Jahr der Ernüchterung 1934, Barmen und Rom, Berlin 1985 (Zitate aus der Taschenbuchausgabe 1988).
2 GBl Jul. 1934, S. 65.

Theophil Wurm gehörte mit dieser Haltung ab November 1933 zur »Bekenntnisfront«, die alle Kirchenglieder umfaßte, die die Kirche als Kirche frei von staatlichen Eingriffen halten wollten – gleichgültig, welche konkrete (partei)politische Haltung sie einnahmen.

Die Entscheidung, die Kirche unabhängig vom Staat zu bewahren und weiterhin nur Gottes Wort als Autorität anzuerkennen, führte – ohne daß die Pfarrer dies beabsichtigten – zu einer Verweigerungshaltung, die vom nationalsozialistischen Staat bereits als »Widerstand«, d.h. als Bedrohung aufgefaßt wurde. Diese theologische Aussage über das Wesen der Kirche entsprang der Theologie Karl Barths und kam am reinsten im »Barmer Bekenntnis« vom Mai 1934 zum Ausdruck, das die theologische Grundlage der Bekennenden Kirche bildete.

Als Erläuterung zur 1. These steht dort:

>»Wir verwerfen die falsche Lehre, als könne und müsse die Kirche als Quelle ihrer Verkündigung außer und neben diesem einen Wort Gottes [der Heiligen Schrift] auch noch andere Ereignisse und Mächte, Gestalten und Wahrheiten als Gottes Offenbarung anerkennen.«[3]

Hier ist unübersehbar dem Totalitätsanspruch der NSDAP eine Grenze gesetzt worden, denn niemand mußte damals erklären, daß mit den »Ereignissen« die nationalsozialistische Revolution, mit den »Mächten« Rasse, Blut und Boden, mit den »Gestalten« der Führer selbst und mit den »Wahrheiten« die neue Weltanschauung gemeint war.[4]

Die 3. These betrifft die »Gestalt«, d.h. die Organisation der Kirche in Deutschland.

>»Wir verwerfen die falsche Lehre, als dürfe die Kirche die Gestalt ihrer Botschaft und ihrer Ordnung ihrem Belieben oder dem Wechsel der jeweils herrschenden weltanschaulichen und politischen Überzeugung überlassen.«

Die Verfassung der Kirche, ihre äußere Form, ist also nicht unabhängig vom Bekenntnis, vom Inhalt der Verkündigung. So hat das »Führerprinzip« in kirchlichen Gremien nichts zu suchen, wie die 4. These konkretisiert.

Für die Kirchenleitungen wurde die Stellung der Kirche im und zum »neuen Staat« sofort nach den Reichstagswahlen im März 1933 aktuell, als die Nationalsozialisten forderten, aus den 28 Landeskirchen eine zentrale Reichskirche zu bilden. Eine solche Kirchenreform entsprach dem Wunsch vieler Protestanten, die traditionelle Zersplitterung des deutschen Protestantismus zu beenden, die nach dem Ende des »landesherrlichen Regimentes« 1918 von den Staatskirchen übriggeblieben war. Im Juli 1933 wurde deshalb eine neue Kirchenverfassung verabschiedet mit einem Reichsbischof an der Spitze, der das staatlicherseits gewünschte Führerprinzip in der Kirchenorganisation verwirklichen sollte.

Diese Verfassung ist von gesetzlichen Vertretern der Kirchen ausgearbeitet und verabschiedet worden, soweit also keine Gleichschaltung, sondern wirkliche Kirchenreform. Sie enthält das Führerprinzip nur in abgeschwächter Form und gesteht den Landeskirchen immer noch einen Gutteil ihrer traditionellen Selbständigkeit zu, vor allem in Bekenntnisfragen. Sie wurde aber in der Folgezeit vom Staat vielfach gebrochen und mißachtet, zum Beispiel, wenn Landeskirchen unmittelbar dem Reichsbischof unterstellt wurden.

---

3 Der vollständige Text ist abgedruckt in Karl Kupisch: Quellen zur Geschichte des deutschen Protestantismus 1871–1945, Göttingen 1980, S. 269–278.
4 K. Scholder: Die Kirchen II, S. 193.

Im Rahmen unseres Themas erübrigt sich eine detailliertere Darstellung der komplizierten Geschichte des Kirchenkampfs.

Hervorzuheben ist das Ergebnis, das sich ab 1934 abzeichnete. Die evangelische Kirche war gespalten in eine offizielle Kirche mit Reichsbischof Müller an der Spitze und die Bekennende Kirche. Zentralpunkt der Auseinandersetzungen war der »Arierparagraph«: parallel zum »Gesetz zur Wiederherstellung des Berufsbeamtentums« sollte ein aus einer jüdischen Familie stammender Christ in der neuen evangelischen Reichskirche nicht mehr Pfarrer werden können, in einer verschärften Fassung sogar kein Gemeindeglied mehr sein können. An dieser Frage schieden sich die Geister.

Unter staatliche Kontrolle gerieten im Laufe des Jahres 1934 fast alle Landeskirchen, außer der Württembergischen, Bayerischen und – teilweise – der Hannoverschen. Deren Bischöfe Wurm, Meiser und Marahrens konnten sich gegenüber dem Reichsbischof Müller und den Deutschen Christen als Repräsentanten »intakter« Kirchen behaupten.

Auch innerhalb der Bekennenden Kirche entwickelten sich verschiedene Fraktionen. Ein völliger Bruch mit dem Unrechtsstaat war vom lutherischen Obrigkeitsverständnis her schwierig zu vollziehen, so daß die Vertreter der lutherischen Landeskirchen gesprächsbereiter blieben als die Reformierten, für die die Konzeption der »Königsherrschaft Christi«, die Barth neu ins Bewußtsein gebracht hatte, leitend wurde. Das bedeutete die Verpflichtung des Christen, überall der Lehre Christi Geltung zu verschaffen, keinen gesellschaftlichen Bereich auszuklammern. Aus dieser umfassenden Verpflichtung zum Engagement ergab sich dann auch folgerichtig Dietrich Bonhoeffers Weg in den politischen Widerstand gegen ein Regime, in dem die Rechte anderer Menschen mit Füßen getreten wurden.[5]

Wie sah nun die Lage für einen durchschnittlichen Kirchgänger und für ein Gemeindeglied aus? Als Beispiel soll Berlin dienen.[6] Am Sonntag, den 26. Mai 1935 und am darauffolgenden Himmelfahrtstag fanden 615 Gottesdienste statt (einschließlich derjenigen der skandinavischen Kirchen). 599 wurden auf dem allgemeinen Kirchenzettel aufgeführt, davon 141 in einer Sonderrubrik: »Bekenntnis-Gottesdienste«. Es gab aber auch Bekenntnisgottesdienste, die nicht in Kirchen stattfanden, also nicht auf dem Kirchenzettel angekündigt wurden. Das war für 16 »Saalgemeinden« der Fall, bei denen dem Bekenntnispfarrer von den deutschchristlichen Gemeindekirchenräten der Zugang zur Kirche verboten worden war und die in Sälen anderer Organisationen zu Gast waren. Ein knappes Viertel also der Pfarrer erklärte sich in dieser Zufallsstichprobe ausdrücklich zur Bekennenden Kirche.

Erich Dahlgrüns theologische Position im Jahre 1933

Für die deutsche Gemeinde in Paris waren diese Vorgänge innerhalb der Kirche in Deutschland zunächst einfach verwirrend. Da sich die Verhältnisse ab März 1933 von

---

5 Bonhoeffer war allerdings Lutheraner und trat dem Antisemitismus nicht nur innerhalb der Kirche entgegen, sondern auch in Staat und Gesellschaft.
6 Untersuchung von F. Zipfel: Kirchenkampf in Deutschland. Religionsverfolgung und Selbstbehauptung der Kirchen in der nationalsozialistischen Zeit, Berlin 1965, S. 129.

Woche zu Woche änderten, manchmal von Tag zu Tag, herrschte Unklarheit über die tatsächlichen Fronten und über die Haltung, die man einnehmen sollte. So gab Pfarrer Dahlgrün, einem verbreiteten Bedürfnis nach Orientierung folgend, in mehreren Gemeindeblättern ausführliche Darstellungen zum jeweils neuesten Stand der Dinge. Im Mai 1933 druckte er das »Altonaer Bekenntnis« vom Januar 1933 ab, das Gedanken der »Jungreformatoren« formulierte. Es folgten im Juni 1933 die Richtlinien der »Deutschen Christen« und die Antwort der »Jungreformatorischen Bewegung« darauf, dazu eine persönliche Stellungnahme Dahlgrüns zugunsten der begonnenen Kirchenreform und des eben designierten Reichsbischofs Friedrich von Bodelschwingh. Im Juli/August 1933 stellte er den Rücktritt des Präsidenten des Kirchenausschusses Kaplers, den Amtsverzicht Bodelschwinghs und die neue Kirchenverfassung dar. Dabei nahm er selber im oben dargestellten Sinne der Jungreformatorischen Bewegung Stellung:

> »Wir Christen können mit diesem nationalsozialistischen Ethos, das von einer tiefen Freude am Volkstum getragen ist und in einer entschlossenen Hingabe gipfelt, eine weite Strecke zusammengehen. ... Nur hat diese Verpflichtung eine Grenze. Überschreiten wir diese, dann verlassen wir den Boden der Bibel. Die Kirche würde sich auflösen. Wir können als Christen nicht zugeben, daß die *Gemeinschaft*, in der wir stehen, sich beschränkt auf Rasse und Blut, so wenig, wie wir je die marxistische Einschränkung der Gemeinschaft auf die Klasse und den Klassenkampf als Weg zur Erzwingung dieser Gemeinschaft anerkannt haben. Für uns hat Jesus Christus den höheren Anspruch, von dem es heißt: ›Ist jemand in Christo, so ist er eine neue Kreatur.‹ ... Ferner: wir Christen dürfen und können uns von Staat und Volk nicht sagen lassen, was Recht oder Unrecht ist. Diese Weisung erhält unser *Gewissen* allein aus Gottes Wort.«

Die Kirche als Gemeinschaft der Gläubigen muß sich also frei halten vom Totalitätsanspruch des Staates, dem eine Grenze gesetzt wird. Insbesondere den geplanten »Arierparagraphen« greift er als unbiblisch an. Damit stimmte er mit Kernaussagen der Bekennenden Kirche überein. Es wurde bereits dargestellt, wie ernst er die Zwei-Reiche-Lehre nahm, wenn er jede Gleichsetzung von »Reich Gottes« mit irgendwelchen irdischen Institutionen ablehnte: damit war die Behauptung der Deutschen Christen, das »Dritte Reich« sei das »Reich Gottes«, als unbiblisch abgelehnt.

Wollte man Pfarrer Dahlgrün einer Gruppe zuordnen, so würde man ihn bei dem »gemäßigten« Kurs der intakten lutherischen Landeskirchen wiederfinden. Es ist wohl auch kein Zufall, daß er meistens auf Predigten und programmatische Aussagen gerade dieser drei Bischöfe zurückgriff, um die »Bekenntnisfront« zu charakterisieren.

Das Kirchliche Außenamt 1934

Aber das Problem der Haltung der evangelischen Gemeinde nach 1933 hatte nicht nur eine theologische, theoretische Seite, sondern eine sehr handfest praktische. Denn die Gemeinde hing in ihrer Existenz ja von der alten Kirchenorganisation des Kirchenbundesamtes ab. Hier saß der Dienstvorgesetzte des Pfarrers, von hier kam das Geld, hier fragte Pfarrer Dahlgrün um Rat und Hilfestellung bei allen Problemen der Gemeinde. Als das Kirchenbundesamt im Sommer 1933 aufgelöst wurde, schwebte die Christuskirche für ein paar Wochen im Nichts: was würde mit den Auslandsgemeinden geschehen? An welcher Stelle der neuen Kirchenverfassung fänden sie einen neuen Platz? Um diesen zu verstehen, wird im folgenden kurz die Entstehung des Kirchlichen Außenamtes dargestellt.[7]

Das Referat 8 des Kirchenbundesamtes war seit 1922 für alle Auslandsbeziehungen – Auslandsgemeinden und ökumenische Beziehungen – zuständig. Es wurde in der neuen Kirchenverfassung beibehalten und blieb personell und organisatorisch durch alle Umbauten und Veränderungen der Kirche während des Winters 1933/34 hindurch dasselbe. Im Februar 1934 wurde es dann aus der allgemeinen Verwaltung herausgelöst und erhielt seinen endgültigen Platz als Kirchliches Außenamt. Leiter wurde der seit 1928 dort tätige D. Theodor Heckel, als Auslandsbischof dem Reichsbischof Ludwig Müller unmittelbar zugeordnet.

Dennoch vereinfacht man seine Stellung in unzulässiger Weise, wenn man Bischof Heckel kurz als »deutschchristlichen Bischof« bezeichnet.[8] Er selber wollte sich in »einsamer, berechtigter Sonderstellung« innerhalb der Kirche und über ihren Fronten stehend verstanden wissen.[9] Ursprünglich der Jungreformatorischen Bewegung zugehörend hatte sich der Oberkonsistorialrat Heckel entschlossen, zugunsten seines Arbeitsbereiches, der Auslandsgemeinden, innerhalb der offiziellen Kirchenorganisation zu verbleiben, um dort seine Vorstellung von »bekennender Gemeinde« im Sinne einer missionierenden Gemeinde zu verwirklichen. Typisch hierfür ist sein »vertrauliches Rundschreiben« an alle Auslandsgemeinden vom 14. November 1933:

> »Das Kirchliche Außenamt hat bis zur Stunde in allen Auseinandersetzungen die Eigenständigkeit der deutschen kirchlichen Auslandsarbeit gegenüber gruppenkirchlichen Ansprüchen und Gesichtspunkten wahren können. Diese Eigenständigkeit und Geschlossenheit wird unter allen Umständen aufrechterhalten. Deshalb ist es auch nicht so, als wenn etwa die deutschen Gemeinden des Auslandes zwischen verschiedenen Gruppen in der Heimatkirche zu wählen und eine kirchenpolitische Entscheidung ihrerseits zu treffen hätten. ... Die kirchliche Auslandsarbeit steht ebenso wie das Kirchliche Außenamt selber oberhalb dieser Gegensätze.«[10]

Diese verharmlosende Interpretation der Kirchenspaltung in Deutschland als »Gruppenkonflikt« wurde von der Bekennenden Kirche nicht geteilt: für sie handelte es sich um die wahre, evangelische, d.h. biblisch begründete Kirche gegenüber einer unwahren, die mit weltlichen Mächten paktierte.

Heckel ging davon aus, daß er innerhalb einer vom nationalsozialistischen Staat aufgezwungenen Kirchenorganisation seinen kirchlichen Überzeugungen folgen könne. Daß er sich damit von Amts wegen zum Vertreter der gleichgeschalteten Kirche machte, mußte er in Kauf nehmen. Sein Hauptziel war zu verhindern, daß sich eine ähnliche Spaltung zwischen Deutschen Christen und Bekennender Kirche auch innerhalb der Auslandsgemeinden auftat. Allerdings ging eine solche Einigkeit letztlich auf Kosten der Glaubwürdigkeit innerhalb der ökumenischen Bewegung im

---

7 Ich folge hier Birger Maiwald: Eine biographische Notiz: Theodor Heckel, in Kirchengemeinschaft – Anspruch und Wirklichkeit. Festschrift für Georg Kretschmar zum 60. Geburtstag, Stuttgart 1986, S. 189–233. Über diesen sehr instruktiven Aufsatz hinaus habe ich Birger Maiwald für mehrere mündliche Hinweise zu danken, die mir geholfen haben, Akten und Zeugenaussagen besser zu verstehen.
8 K. Scholder ordnet ihn nach einer »Kehrtwendung« bei den »Deutschchristlichen« ein (K. Scholder: Die Kirchen I, S. 617). Dem widerspricht Maiwald, auch mit Berufung auf E. Gerstenmaier entschieden; ich folge hier Maiwalds Darstellung, da sie mit dem Briefwechsel zwischen Heckel und Dahlgrün übereinstimmt, der im Archiv der Christuskirche erhalten ist.
9 Brief Heckels vom 20. 12. 1934 an Dahlgrün in Archiv Christuskirche 1530.
10 Archiv Christuskirche 1530.

westlichen Ausland, wo die Entwicklung in Deutschland sehr kritisch beobachtet wurde und Bischof Heckel als kompromittiert galt.[11]

Die Stellungnahme der Pariser Gemeinde im Kirchenkampf

Faktisch gab es also seit dem Winter 1933/34 in Deutschland eine gespaltene evangelische Kirche. Nicht selten ging der Bruch mitten durch Gemeinden hindurch, so wenn der Gemeindekirchenrat eine andere Haltung einnahm als der Pfarrer.

Die Auslandsgemeinden – überall in der Welt zerstreut – waren nun in der besonderen Situation, daß sie die Lage aus der Entfernung beurteilen mußten. Bischof Heckel hatte große Sorge, daß der »deutsche Kirchenstreit ins Ausland übergreift«,[12] d.h. daß innerhalb der Gemeinden die Frage auftauchte, ob die neugegründete Deutsche Evangelische Kirche mit Reichsbischof Müller und dem Auslandsbischof Heckel die legitime, rechtmäßige Kirche sei. Dies sprach die Bekennende Kirche ihr nämlich ab und nahm es für sich selber in Anspruch.

Musterbeispiel für Auslandsgemeinden, die sich die Frage einer Entscheidung zwischen den Kirchenfronten tatsächlich stellten, waren die deutschen Gemeinden in Großbritannien. Am 5. November 1934 teilten neun englische Auslandsgemeinden dem Außenamt mit, daß ihre Kirchenvorsteher auf einer Versammlung beschlossen hätten, daß »die Bekenntniskirche ... die rechtmäßige Nachfolgekirche des Deutschen Evangelischen Kirchenbundes [sei] ..., dem sie sich im Jahre 1928 angeschlossen haben, um den Zusammenhang mit der Heimatkirche zu wahren.«[13] Daraus folgte die »Bitte um den Anschluß an die Bekenntniskirche«, gerichtet an deren Präses Koch, der gleichzeitig aufgefordert wurde, »möglichst umgehend eine Stelle zu schaffen, die dem Kirchlichen Außenamt in Berlin entspricht«.[14]

Einer der beteiligten Pfarrer war Dietrich Bonhoeffer, der vom Herbst 1933 bis zum Frühjahr 1935 in der Londoner Sydenham-Gemeinde arbeitete und mit Nachrichten aus erster Hand und einer entschiedenen Haltung gegen jeden Kompromiß mit der Staatsmacht aus Deutschland gekommen war. Hier lag der aktuelle Anlaß für Bischof Heckels Warnung vor einer Spaltung der Auslandsgemeinden. Bevor die Londoner Entscheidung Schule machte, mußte versucht werden, größeren Schaden zu verhüten.

Gab es in Paris eine Diskussion um diese Frage?

Pfarrer Dahlgrün neigte – wie dargestellt – politisch der Haltung der Bischöfe der intakten deutschen Landeskirchen, theologisch den Auffassungen der Bekennenden Kirche zu. Als jedoch das Kirchliche Außenamt im Februar 1934 gebildet wurde, schickte der Kirchenvorstand unter Dahlgrüns Federführung dem neuernannten Bischof Heckel einen Glückwunschbrief und versicherte seine treue Anhänglichkeit an

---

11 Die schwierige Stellung Bischof Heckels bei Tagungen der »Stockholm-Bewegung«, wo große Sympathie für die Bekennende Kirche herrschte, stellt Scholder dar: einerseits mußte er nützlich, d.h. loyal gegenüber der Staatsmacht bleiben, andererseits so kritisch, daß er bei den ausländischen Kirchen einen Rest von Glaubwürdigkeit behielt. K. Scholder: Die Kirchen I, S. 617.
12 Rundschreiben vom 14.11.1934 in Archiv Christuskirche 1530.
13 D. Bonhoeffer: Gesammelte Schriften (hrsg. von E. Bethge), Band 2: Kirchenkampf und Finkenwalde. Resolutionen – Aufsätze – Rundbriefe. 1933–1943, München 1959, S. 187.
14 D. Bonhoeffer: Band 2, S. 187.

die Heimatkirche.[15] Damit schlug sich die Pariser Gemeinde auf die Seite des von Hitler favorisierten Reichsbischofs Müller und machte Heckels ambivalente Haltung mit.

Warum? – Mehrere Gründe werden zusammengewirkt haben. Auf der Ebene der theologischen Überzeugungen hemmte Dahlgrün sein Staatsverständnis. Der Schritt aus einer staatlich anerkannten Kirche heraus war für ihn als Lutheraner viel schwerer zu tun als für reformierte Theologen. Zweitens scheint für ihn die angebliche kirchenpolitische Neutralität Hitlers ein entscheidender Faktor gewesen zu sein. Immer wieder proklamierte nämlich dieser, daß die Kirche sich selber regiere und er sich aus allem kirchenpolitischen Streit heraushalte. Die von Dahlgrün erstrebte Unabhängigkeit der Kirche vom Staat wurde von diesem nationalsozialistischen Staat ja offenbar respektiert.[16]

Und drittens spielte vermutlich ein pragmatischer Grund die entscheidende Rolle: seine Verantwortung für seine Gemeinde. Was wäre geschehen, wenn Dahlgrün dem Londoner Beipiel gefolgt wäre? Die erste Folge wäre gewesen, daß die Gemeinde keine finanziellen Zuschüsse mehr bekommen hätte, weder vom Kirchlichen Außenamt, noch aus den Fonds des Auswärtigen Amtes zur »Förderung des Deutschtums«. Überhaupt wäre jeder Geldtransfer von Deutschland nach Frankreich ungeheuer schwierig geworden, da man Genehmigungen der staatlichen Devisenbewirtschaftungsstelle benötigte, die auch das Kirchliche Außenamt nicht immer erhielt, geschweige denn ein Privatmann. Außerdem waren eine Reihe juristischer Fragen ungeklärt, die nur mit Hilfe der kirchlichen und staatlichen Behörden weiterbehandelt werden konnten: die Eigentumsfrage in erster Linie, aber auch das Entschädigungsverfahren war nicht abgeschlossen. Materielle Hilfen der Botschaft wären eingestellt worden, selbst wenn man bei Botschafter Roland Köster noch mit Wohlwollen und verdeckter Unterstützung hätte rechnen können. Für Erich Dahlgrün persönlich kam hinzu, daß alle beruflichen Sicherungen infragegestellt worden wären, vom Gehalt bis zum Pensionsanspruch, so daß eine solche Entscheidung eine gute Portion persönlichen Mutes und Entsagung erfordert hätte.

Und er stand alleine.[17] In London konnten sich mehrere Kirchenvorstände und Pfarrer miteinander verständigen, diskutieren, sich gegenseitig stützen – in Frankreich dagegen war er der einzige deutsche Pfarrer – abgesehen von Peters in Nizza ab Weihnachten 1933. Von diesem war allerdings kaum anzunehmen, daß er eine Loslösung vom Kirchlichen Außenamt mittragen würde.[18]

Im übrigen war der persönliche Druck auf Pfarrer Dahlgrün von Seiten seiner Berliner Vorgesetzten relativ gering: eine gemäßigte jungreformatorische Haltung war unter Bischof Heckel öffentlich vertretbar. Ausdrücklich bejahte dieser – in »ver-

---

15 Der Brief selber ließ sich weder im Archiv der Christuskirche noch im Zentralarchiv finden. Aber Heckels Brief vom 8.3.1934 an den Kirchenvorstand bezog sich ausdrücklich auf einen Glückwunsch zum neuen Amt vom 1.3.1934 in Archiv Christuskirche 1530. Außerdem wurde im GBl Apr. 1934 von der Initiative des Kirchenvorstandes berichtet.
16 Ein Beispiel für diese Auffassung steht im GBl Jan. 1934, S. 4.
17 Für Dahlgrüns persönliche Situation sollte man mitbedenken, daß er einem Vorgesetzten gegenüberstand, mit dem er vier Jahre vorher erhebliche Auseinandersetzungen gehabt hatte (siehe oben). Es war der damalige Oberkonsistorialrat Heckel, der 1929/30 auf seine Entlassung aus dem Pariser Pfarramt hingearbeitet hatte.
18 Zu Peters siehe unten S. 167–173.

nünftigen« Grenzen versteht sich –, daß »jedem einzelnen der Amtsbrüder seine persönliche innere Überzeugung und Haltung unbenommen« bliebe.[19] Auf diese Weise hielt Bischof Heckel in einem Schaukelkurs die Diasporagemeinden zusammen, um nach beiden Seiten tragbar zu bleiben. Für den Staat blieb er – vorläufig – akzeptabel, solange er die Auslandsgemeinden aus dem Kirchenstreit heraushielt, der in der kritischen öffentlichen Meinung im westlichen Ausland eine erhebliche Rolle spielte. Für die Gemeinden dagegen mußte er allein dem Evangelium folgen – sonst wäre er unglaubwürdig geworden, und man hätte ihm die Gefolgschaft verweigert.

Wie unterschiedlich auch immer seine Haltung nach 1945 innerhalb der Kirche beurteilt worden ist, unbestritten ist, daß er sich persönlich voll für »seine« Gemeinden engagiert und alles getan hat, was ihm möglich war, um die Gemeinden materiell zu versorgen.[20]

Zum Londoner »Musterbeispiel« bleibt nachzutragen, daß es eigentlich keines war: Es blieb letztlich bei der Deklaration, der juristische Schritt zur Loslösung von der Deutschen Evangelischen Kirche ist unterblieben. Außerdem wurde auch von der Bekennenden Kirche kein »bekennendes Kirchliches Außenamt« eingerichtet. So wie die Christuskirche haben sich praktisch alle Auslandsgemeinden verhalten.[21]

In Paris gab es eine Zeitlang eine Gruppe Deutscher Christen, die sich ohne Dahlgrüns Mitwirkung gebildet hatte und einen prominenten Vertreter dieser Richtung, Pfarrer Walter Grundmann aus Thüringen, zu einem Vortrag zum 17.11.1933 einlud.[22] Das Interesse daran ging in erster Linie vom CVJM aus, d.h. von dessen Vorsitzendem, dem Jugendsekretär Rudolf Schwob, und zwei weiteren Mitgliedern: Dr. Siegfried Horn und Otto Garbers. Im Monatsblatt des CVJM wurde bedauert, daß der Besuch ausfallen mußte,[23] er kam aus organisatorischen Gründen nicht zustande. Über das weitere Schicksal der Gruppe Deutscher Christen gibt es keine Dokumente im Archiv. Jedenfalls hat Dahlgrün eine Aufforderung von Oberkirchenrat Thom, der im Deutschen Evangelischen Kirchenausschuß für die Deutschen Christen zuständig war, persönlich Mitglied zu werden und die Führung der Pariser Deutsche-Christen-Gruppe zu übernehmen, höflich und mit »christlicher Begrüßung« abgelehnt.[24] Heckels persönlichem Eingreifen hatte es die Gemeinde zu verdanken, daß der Führer der Deutschen Christen, Pfarrer Joachim Hossenfelder, nicht, wie er es gerne getan hätte, in Paris im Juli 1933 zur Gemeinde sprach.[25] Ein solcher Besuch hätte vielleicht die Spaltung der Gemeinde und sicher ein sehr negatives Echo bei der französischen Umgebung zur Folge gehabt.

---

19 So ausdrücklich im Rundschreiben vom 14.11.1934 in Archiv Christuskirche 1530.
20 E. Gerstenmaier: Das Kirchliche Außenamt im Reiche Hitlers, in Festschrift für H. Kunst zum 70. Geburtstag, Göttingen 1977, S. 309. Die brasilianischen Gemeinden bestätigten dies, siehe Martin N. Dreher: Kirche und Deutschtum in Brasilien, Göttingen 1978, S. 202–203.
21 Zu London: E. Bethge: D. Bonhoeffer, S. 454–468. Die Informationen über die Auslandsgemeinden verdanke ich Birger Maiwald (Brief vom 15.2.1992 in Archiv Christuskirche 110–6).
22 Ankündigung im GBl Nov. 1933. Dahlgrün fragte am 6.10.1933 in Berlin an, ob W. Grundmann als Deutscher Christ bekannt sei, da Gemeindeglieder ihn als Redner einladen wollten, in ZA, Best. 5 1378.
23 Monatsblatt des CVJM in Paris, November 1933. Zum CVJM siehe ausführlicher unten S. 146–147.
24 Briefwechsel vom 12.11.1933 bzw. 20.11.1933 in Archiv Christuskirche 161.
25 Telegramm von Dahlgrün an das Kirchenbundesamt vom 11.7.1933 mit der Bitte um Suspendierung des Besuchs, da »mehrzahl gemeindeglieder abwesend«, in ZA, Best. 5 1378. Dazu auch Dahlgrüns erläuternder Brief an Heckel, nachdem die Gefahr gebannt war, in Archiv Christuskirche 161.

Pfarrer Dahlgrün schloß sich – so kann man zusammenfassen – implizit der großen Menge von »Neutralen« im Kirchenkampf an: 40% der Pfarrer sollen in diese Kategorie gehört haben.[26] »Neutral« hieß: nach außen treu und gehorsam der Kirchenleitung folgen, nach innen, in der Gemeindearbeit, still und ohne Aufsehen seinem christlichen Gewissen.

Die Christuskirche in Paris blieb der offiziellen Kirche angeschlossen. Das aber bedeutete: Lavieren zwischen den Fronten, denn die Probleme wurden Tag für Tag neu an Pfarrer und Gemeindeglieder herangetragen. Forderungen kamen von drei Seiten: einmal erwartete Bischof Heckel ein bestimmtes Verhalten der Auslandsgemeinden als Repräsentanten des »deutschen evangelischen Volkstums«. Dann veränderte sich das Leben in der deutschen Kolonie in Paris durch die Aktivitäten der NSDAP-Ortsgruppe, die auch die Gemeinde berührten. Und nicht zuletzt wurden Pfarrer und Gemeinde tagtäglich mit den Emigranten konfrontiert: wie sollten sie ihnen helfen? Jeder dieser drei Problemkreise verdient ein eigenes Kapitel.

Das Verhältnis zum Kirchlichen Außenamt (1933–1939)

Der erste der aufgezählten Faktoren, die für die Gemeinde bestimmend waren, – die Abhängigkeit vom Kirchlichen Außenamt – scheint auch der unproblematischste gewesen zu sein.

Der Kurs von Auslandsbischof Heckel »oberhalb der Fronten« kam den Auffassungen der Gemeindevertreter entgegen. In einem vertraulichen Rundschreiben vom Juli 1934[27] gab Bischof Heckel Anweisungen, wie die Gemeinden sich gegenüber den deutschen Kolonien zu verhalten hätten. Danach sollten sie selbständig bleiben und nicht »korporativ« den deutschen Kolonien beitreten. Außerdem sollten sie sich nicht in »Reichsdeutsche« und »Nicht-Reichsdeutsche« trennen lassen. Das hindere selbstverständlich nicht, daß Einzelne sich an Parteiveranstaltungen beteiligen und als Personen Funktionen übernehmen könnten. Dieser Brief fand volle Zustimmung beim Kirchenvorstand und bei Pfarrer Dahlgrün.[28] Flexibilität in der konkreten Zusammenarbeit mit Organisationen der deutschen Kolonie, aber äußere, formale Selbständigkeit – so könnte man die Richtschnur bezeichnen und darin eine Fortsetzung der Devise der evangelischen Kirche in der Weimarer Republik: »über den Parteien stehend« sehen.

In gleicher Weise konnte Pfarrer Dahlgrün, sozusagen »an langer Leine geführt«, die wiederholten Aufforderungen von Bischof Heckel, die nationalsozialistischen »Gedenktage« mit Gottesdiensten und »im Einvernehmen mit den Parteistellen« zu feiern, ignorieren. Er entschied letztlich nach seinen eigenen Überzeugungen und im Einvernehmen mit dem Kirchenvorstand. So gab es in Paris weder am 30. Januar (Tag der Machtergreifung), noch am 20. April (Hitlers Geburtstag), noch am 1. Mai (Na-

---

26 Siehe die Statistik bei F. Zipfel: Kirchenkampf, S. 129: im Jahre 1937 gehörten 43,2% der Pfarrer zur Bekennenden Kirche, 16,4% zu den Deutschen Christen.
27 Archiv Christuskirche 1530.
28 Zu erkennen an der handschriftlichen Bemerkung des Kirchenvorstandsvorsitzenden Pöhlmann vom 27.7.1934 auf dem Brief.

tionalfeiertag) einen Gottesdienst, trotz regelmäßiger Aufforderung aus dem Kirchlichen Außenamt.[29]

Zum 1. Mai begnügte sich das Pfarramt, im Gemeindeblatt die Einladung der Botschaft zur Feier abzudrucken, so 1934 und 1935. Auch zum 30. Januar 1938 wich Dahlgrün auf die schriftliche Mitteilung aus. Ein lobender Artikel über Hitlers Leistungen im Gemeindeblatt ersetzte den Gottesdienst. Dagegen fand in Paris ein von 335 Deutschen besuchter Dankgottesdienst nach der Saar-Abstimmung im Januar 1935 statt. Die Volksabstimmung vom 13. Januar über die Zugehörigkeit des Saarlandes zu Deutschland oder zu Frankreich war noch im Versailler Vertrag festgelegt worden. Daß die Saarländer zu Deutschland gehören wollten, wurde natürlich von Hitler für sich verbucht. In der Christuskirche fand ein nationaler, kein nationalsozialistischer Dankgottesdienst statt, wie übrigens auch in der katholischen Kirche. Botschafter Köster kam in die Rue Blanche, seine Frau ging in die Rue Lhomond.[30] Pfarrer Dahlgrün schrieb: »Darum war der 13. Januar ein Vaterlandstag in hohem Glanz, ein Gnadengeschenk Gottes an unser Volk und eine Freudenerquickung auch für uns Auslandsdeutsche.«[31]

Vor allzu starker und als unzumutbar empfundener staatlicher Bevormundung wurden die Gemeinden von Berlin geschützt. Als 1935 die Frage einer Vereidigung der Pfarrer als Religionslehrer auf den Führer – so wie die Lehrer allgemein auf Hitler einen Eid ablegten – ins Gespräch kam, versicherte Heckel den Auslandspfarrern, daß dies nicht infragekomme.[32]

Auf der anderen Seite war das Kirchliche Außenamt eng an staatliche und Parteistellen gebunden. Besonders zu Beginn – 1933/34 – wurden alle Auslandsgemeinden aufgefordert, im Rahmen ihrer Möglichkeiten auf die negative Reaktion der ausländischen Kirchen auf die Umgestaltung der evangelischen Kirche in Deutschland positiv und beruhigend zu antworten.[33] Die Kritik der englischen und französischen protestantischen Kirchen richtete sich vor allem gegen den Arierparagraphen. Die Auslandsgemeinden sollten ihre persönlichen Verbindungen nutzen, um vor Ort günstige Stimmung für Deutschland zu machen. Umgekehrt sollten sie als Informationsquelle über die Inhalte der Kritik dienen, damit man angemessen darauf reagieren könne. Die Reaktion des Auslandes auf die innerdeutschen Vorgänge wurde als wichtig betrachtet, und die Auslandsgemeinden waren eine der möglichen Kanäle. Für Aktivitäten Dahlgrüns in dieser Richtung fanden sich keine Belege im Gemeindearchiv. Das Kirchliche Außenamt veranstaltete regelmäßige »Führerlehrgänge« für Auslandspfarrer, zu denen auch Pfarrer Dahlgrün – obwohl er sichtbar immer wieder Unabkömmlichkeitsgründe erfand – mehrmals nach Berlin reiste. Referenten waren kirchliche Beamte, aber auch Parteischulungsleute. Die Pfarrer wurden mit »Sonder-

---

29 So in den Rundschreiben vom 13.4.1935, vom 25.1.1936 und vom 28.3.1936 in Archiv Christuskirche 1530. Daneben gehörte auch das Erntedankfest zu den von den Nationalsozialisten benutzten Tagen. Es hat – wie die Berichte Dahlgrüns bezeugen – kirchliche Erntedankfeste in Paris gegeben; ob sie allerdings unter Mitwirkung von Parteistellen, wie von Heckel gewünscht, stattgefunden haben, muß offen bleiben.
30 E. Kock: L'Abbé Franz Stock, S. 66.
31 GBl Mär. 1935, S. 25.
32 Rundschreiben vom 24. Oktober 1935 in Archiv Christuskirche 333.
33 Siehe die Rundschreiben aus der Kirchenkanzlei, bzw. von Oberkonsistorialrat Heckel persönlich in Archiv Christuskirche 161.

aufträgen« zu ihrem Arbeitsplatz zurückgeschickt, über deren Inhalt sich keine Akten ermitteln ließen.[34]

Die Liste der offiziellen Besucher der Gemeinde zeigte größtmögliche Offenheit und Gesprächsbereitschaft nach allen (kirchen)politischen Seiten hin: man stand über den Parteien.

Am 16. April 1934 predigte Karl Barth in der Christuskirche über den »Guten Hirten«, ein Thema, das er einige Wochen später auf der Barmer Synode, bei der die Bekennende Kirche eine theologische Grundlegung erhielt, wiederaufnahm.

Auf dem Basar des Jahres 1935 erschien dagegen Reichssportführer von Tschammer und Osten, der gerne Gelegenheiten zu öffentlichen Auftritten in Paris nutzte, und spendete 300 FF für die Kirchenreparatur.[35]

Zwischen diesen Extremen kann man die Hauptprediger zweier Evangelisationswochen einordnen, beide im Jahre 1934 (Anfang März und Ende Juni): Paul Le Seur, Prediger aus Potsdam, und B. Draeger von den Reichsschulgemeinden. Beide Redner sind der gemäßigten Bekenntnisfront zuzurechnen. Auch Wilhelm Stählin, Theologieprofessor in Münster, der im Januar 1934 über den »Dienst der Frau an der Gemeinde« sprach, war gewiß kein Deutscher Christ. Aus seiner lutherisch-konfessionellen Sicht betrachtete er rückblickend in seinen Erinnerungen jedoch das Bekenntnis von Barmen vom Mai 1934 recht kritisch.[36]

Bischof Marahrens benutzte die Gelegenheit der Tagung des Lutherischen Weltkonventes in Paris im Oktober 1935, um in der Christuskirche zu predigen. Seine Haltung blieb lange und immer wieder neu zwiespältig innerhalb der Bekennenden Kirche, so daß er nach dem Krieg eine der Personen war, deren Rücktritt gefordert wurde, insbesondere auch von den ausländischen Kirchen.[37]

Die Vorgesetzten aus Berlin erschienen nur, wenn ökumenische Konferenzen in Paris stattfanden (vielleicht aus Sparsamkeitsgründen): Oberkonsistorialrat Dr. Krummacher im April 1934 und im Juni 1936, Bischof Heckel persönlich erst 1937 zur westeuropäischen Pfarrkonferenz, bei der Pfarrer Dahlgrün Gastgeber sein durfte.

Der Trauergottesdienst für Reichspräsident von Hindenburg

Echte diplomatische Bedeutung über Kirchenkreise hinaus hatten die nationalen Trauergottesdienste, in denen der Pfarrer nicht nur seine Kirche, sondern auch sein Volk gegenüber der französischen Öffentlichkeit repräsentierte: beim Trauergottesdienst im August 1934 für Reichspräsident von Hindenburg etwa, oder bei der Trauerfeier für den ermordeten Diplomaten vom Rath im November 1938. Hier hatte Pfarrer Dahlgrün offenbar aus der »Stresemann-Affäre« gelernt.

---

34 ZA, Best. 5 136.
35 GBl Dez. 1935.
36 Wilhelm Stählin: Via Vitae. Lebenserinnerungen, Kassel 1968, S. 297.
37 Gerhard Besier/Gerhard Sauter: Wie Christen ihre Schuld bekennen. Die Stuttgarter Erklärung 1945, Göttingen 1985, S. 10–11 und 17–18.

21. Trauergottesdienst für Reichspräsident Paul von Hindenburg. Im Eingang zur Kirche von links: Marschall Pétain, Marineminister Pìetri, stellv. Militärattaché Hauptmann H. Speidel

Dahlgrün schrieb über den Trauergottesdienst an seine Dienstvorgesetzten:

»Die Beteiligung der Deutschen Kolonie in Paris an der Trauerfeier war eine ungewöhnlich zahlreiche, die der französischen Kreise eine auffallend starke und warme. Der französische Staat hatte neben dem Abgesandten des Präsidenten der Republik Le Bigot [Conteradmiral] dreissig Regierungsvertreter entsandt, unter diesen den Kriegsminister Marschall Pétain, den Marineminister und stellv. Minister des Äusseren Pietri und den Luftfahrtminister General Denain. Für den auf Urlaub weilenden, vom Pfarramt eingeladenen Präsidenten des Französischen evangelischen Kirchenbundes, Pastor M. Boegner, nahmen die Geistlichen Pastor A.N. Bertrand von der Kirche Oratoire du Louvre und Professor A. Lecerf von der Freien Protestantischen Theologischen Fakultät in Paris teil. Von den gleichfalls eingeladenen lutherischen Kirchen Schwedens und Dänemarks und den amerikanischen Kirchen war nur die amerikanische Bischofskirche vertreten, da die Geistlichen der anderen Kirchen beurlaubt waren. Das diplomatische Korps war vollzählig vertreten.

Die Trauerfeier, die liturgisch und kirchenmusikalisch nach der alten lutherischen Ordnung des Begräbnisgottesdienstes gestaltet war, hat mit ihrer Schlichtheit und Geschlossenheit einen sehr tiefen Eindruck hinterlassen. Sie wurde von der Presse Deutschlands und Frankreichs stark beachtet. In seiner Ansprache würdigte der Unterzeichnete den verewigten Reichspräsidenten als Deutschen, Menschen und Christen.

Der Pariser Gemeinde war Gelegenheit gegeben, ihren wertvollen Dienst am Auslandsdeutschtum und zugleich an Staat, Volk und Kirche der Heimat durch eine Trauerfeier eindrücklich zu machen, der als einem Zeugnis des Deutschtums und unserer Kirche in einem Lande wie Fankreich besondere Bedeutung zukommen mußte.«[38]

38 Bericht vom 10.8.1934 an das Kirchliche Außenamt in Archiv Christuskirche 305.

Der nationalsozialistische Einfluß in der deutschen Kolonie

Das Leben in der deutschen Kolonie in Paris änderte sich nicht von einem Tag auf den anderen nach dem 30. Januar 1933. Wenige Menschen glaubten an eine lange Dauer der Kanzlerschaft Hitlers – auch und gerade die Franzosen nicht.

So wie Hitler dann bis zum Sommer des Jahres 1933 Parteien, Verbände und unabhängige Organisationen in Deutschland gleichschaltete, so drangen allmählich die neuen Prinzipien in die Vereine der deutschen Kolonie in Paris ein. Die Auslandsorganisation der NSDAP suchte Wege in die bestehenden Vereine hinein, wobei man manches Mittel ausprobierte, als untauglich verwarf und zu anderem griff. Dabei spielten die Gebäude der Rue Blanche 1933–1935 als Versammlungsort eine Rolle, bis man mit der Eröffnung des »Deutschen Hauses« Anfang 1936 einen besseren Ort für »Deutsche Abende« gefunden hatte. So kann man eine Anfangsphase 1933–1935 von einer Konsolidierungsphase 1936–1939 unterscheiden, in der das Deutsche Haus zum eigentlichen NS-Zentrum wurde.[39]

Gleichschaltung der deutschen Vereine (1933–1935)

»Als erster Pariser Verein« – wie er selber stolz betont[40] – beschloß der Deutsche Hilfsverein mit seinen 212 Mitgliedern im Frühjahr 1934, seine Satzung nach dem Führerprinzip umzugestalten, und eine Reihe bisheriger Vorstandsmitglieder verließen ihre Ämter (z.B. auch das Gemeindeglied Dr. Marx). Als 2. stellvertretender Vorsitzender wurde Werner Spiecker, »Vertrauensmann der NSDAP in Paris« gewählt.[41] Hermann Eberhardt, zugleich Kirchenvorstandsvorsitzender, blieb im Amt.[42] Damit war der Deutsche Hilfsverein zunächst einmal auf Linie gebracht.[43] Im selben Gebäude wie das deutsche Konsulat, 2, rue Huysman, untergebracht galt er – wohl zu Recht – als eine der Überwachungsstellen des »neuen Staates«.[44]

---

39 Quellen für diese Zeit sind neben den Akten des Gemeindearchivs und der Deutschen Botschaft (Pol.AA, Botschaft Paris) vor allem die Überwachungsberichte der französischen politischen Polizei, der »Sûreté Nationale«, die Ausländer schon immer und Deutsche ab 1933 besonders mißtrauisch überwachte, in AN Paris F7/13433/13434.
40 Und sich damit irrt – der Deutschnationale Handlungsgehilfenverband wurde bereits am 1. Juli 1933 als Organisation der kaufmännischen Angestellten innerhalb der Deutschen Arbeitsfront gleichgeschaltet (parallel zum Vorgehen in Deutschland) (in Pol.AA, Botschaft Paris 1062/2) und der CVJM im November 1933: er führte das Führerprinzip ein.
41 Geschäftsbericht des Deutschen Hilfsvereins 1934 in Archiv Christuskirche 366.
42 Nach den sehr mißtrauischen französischen Überwachungsberichten zu urteilen, stand Hermann Eberhardt bereits vor 1933 mit dem deutschen rechtsextremen Milieu in Verbindung und wurde von der französischen Polizei als potentieller Nazi eingeschätzt, Bericht vom 13.1.1932 in AN Paris F 7/13429.
43 Wie eng Deutscher Hilfsverein und NS-Volkswohlfahrt zusammengehörten, macht ein Schreiben des Hilfsvereins vom 31.12.1937 deutlich, in dem den Vereinsmitgliedern beruhigend mitgeteilt wurde, daß sie durch ihre Mitgliedschaft im Hilfsverein automatisch Mitglieder der NSV seien, in Pol.AA, Botschaft Paris 1054a.
44 Dies vermutete nicht nur die französische Sûreté, die vielleicht manchmal übermißtrauisch war (AN Paris F7/13433, 13434), sondern es geht auch aus Akten des Auswärtigen Amtes hervor: So betonte die deutsche Botschaft als Verteidigung gegen Vorwürfe der Gestapo in Paris, daß der DHV grundsätzlich an »Emigranten und Kommunisten« keine Unterstützung gewähre und Geschäftsführer Robert

Ungefähr zur selben Zeit entstand Konkurrenz: ein »Winterhilfsausschuß« wurde gegründet. Die »Winterhilfe« wurde der Ansatzpunkt, mit dessen Hilfe Schritt für Schritt die Sozialarbeit der Gemeinde für nationalsozialistische Zwecke vereinnahmt wurde. Was das im Leben der Gemeinde konkret bedeutete, soll im folgenden nachgezeichnet werden.[45]

Das Winterhilfswerk in Deutschland

Die Idee einer großen nationalen Sammelinitiative gegen die wirtschaftliche Not in Deutschland war bereits von den großen freien Wohlfahrtsverbänden Caritas, Deutsches Rotes Kreuz und Innere Mission und anderen mit Hilfe des Staates in den Wintern 1931/32 und 1932/33 umgesetzt worden.[46] Das finanzielle Ergebnis – 97 und 91 Millionen Mark – war nicht schlecht, aber verglichen mit den späteren Summen und mit dem Bedarf unbedeutend. Die Nationalsozialisten erkannten die propagandistischen Möglichkeiten und bauten die vorhandenen Strukturen aus. Am 13. September 1933 wurde die neue Winterhilfe mit großem Werbe- und Organisationsaufwand gestartet. Sie entwickelte sich zu einer der bekanntesten Institutionen des Dritten Reiches, der jedermann ständig in Form von Sammelbüchsen, Abzeichen und Aufrufen begegnete. Die längst nicht mehr zeitgemäße Methode des Almosengebens hatte den propagandistischen Vorteil, »direkt« auszusehen und damit der verbreiteten Kritik an der Anonymität des Wohlfahrtsstaates entgegenzukommen. Der Appell an das Solidaritätsgefühl mit dem eigenen Volk kam an.

Organisatorisch war das Winterhilfswerk der Nationalsozialistischen Volkswohlfahrt (NSV) als eine der NSDAP angeschlossene Organisation angegliedert. Diese übernahm nach und nach die Arbeit der freien Wohltätigkeitsorganisationen, d.h. der Gewerkschaften und der Kirchen, und nicht zuletzt auch der Kommunen. Die »Arbeitsteilung« lief darauf hinaus, daß die Kommunen den Grundbedarf der Hilfsbedürftigen deckten, die Kirchen die Anstalten für Kranke und Behinderte weiterführen sollten und die NSV sich um »die erbgesunde leistungsfähige deutsche Familie« kümmerte.

Dabei sicherte sich die NSV die Führungsposition im Bereich der Wohlfahrtspflege, die sie zum Monopol auszubauen sich bemühte. Die Übernahme erfolgte in mehreren Schritten: die NSV wurde als erstes durch Sammelmonopole geschützt, den anderen Organisationen das Geldsammeln prinzipiell verboten. Caritas, Innere Mission oder Rotes Kreuz mußten Erlaubnisscheine bei den NSDAP-Stellen beantragen, die an einem bestimmten Tag im Jahr das Spendensammeln erlaubten. Von 1937 an war auch dies verboten, und die konfessionellen Verbände erhielten Ausgleichszahlungen aus Winterhilfsmitteln. Ab 1939 waren die Kirchen einzig auf Kollekten im Gottesdienst zur Finanzierung ihrer Sozialarbeit angewiesen.

Reinert schon Hilfesuchenden ihre Pässe abgenommen und an die Botschaft weitergeleitet habe, 6.3.1935 in Pol.AA, Kulturpol. Abt. R 70941: Deutsche im Ausland. Gleichzeitig wird an diesem Beispiel die mißtrauische Konkurrenz zwischen den deutschen Organisationen deutlich.

45 Quelle ist vor allem das Gemeindeblatt.
46 Siehe G. Schachße/F. Tennstedt: Geschichte der Armenfürsorge in Deutschland, Band 3: Der Wohlfahrtsstaat im Nationalsozialismus, Düsseldorf 1989, S. 120ff. und H. Vorländer: NS-Volkswohlfahrt und Winterhilfswerk des deutschen Volkes, in Vierteljahreshefte für Zeitgeschichte 34/1986, S. 341–380.

Inwieweit eine Gleichschaltung gelang, war abhängig von den lokalen Verhältnissen und muß jeweils konkret in den Kommunen nachgeprüft werden. Ein Beispiel: die Caritas des Gaus »Bayrische Ostmark« beschloß im Dezember 1935 eine »Zusammenarbeit« mit dem dortigen Winterhilfswerk.[47]

Das Winterhilfswerk leistete im allgemeinen Sachspenden: entweder wurden direkt Lebensmittel, Kleider oder Heizmaterial gesammelt, oder vom gesammelten Geld gekauft und dann an die Empfänger weitergegeben. Zur Verteilung wurde eine riesige Menge von ehrenamtlichen Helfern aus allen möglichen anderen Organisationen mobilisiert, wodurch sich der NSV eine gute Gelegenheit bot, in diese einzugreifen. Ab 1936/37 wurden große Teile der Gelder zur Finanzierung von Parteiorganisationen verwandt und nicht mehr direkt in Sachspenden für Einzelpersonen umgesetzt.

Dieser Überblick über Methoden des Winterhilfswerkes in Deutschland soll als Hintergrund dienen, um zu sehen, inwieweit in Paris dieselben Methoden angewandt wurden, bzw. sie aufgrund der örtlichen Verhältnisse modifiziert worden sind. Im Gemeindeblatt kann man Jahrgang für Jahrgang nachverfolgen, wie schrittweise das Winterhilfswerk einen größeren Platz in der Sozialarbeit beansprucht.

Das Winterhilfswerk tauchte in der evangelischen Gemeinde unmittelbar nach seiner Neugründung auf: Mitte September 1933 beschloß der Kirchenvorstand, eine Gottesdienstkollekte pro Monat der Winterhilfe zur Verfügung zu stellen, zum ersten Mal am 1. Oktober.[48] Diese Entscheidung könnte eine Antwort auf eine direkte Anfrage von seiten der Auslandsorganisation der NSDAP gewesen sein, sich am Sammeln zu beteiligen. Grob gerechnet könnten durch Gottesdienstkollekten ca. 800 FF pro Jahr für das Winterhilfswerk zusammengekommen sein.[49] Ob dasselbe Verfahren zu dieser Zeit in deutschen Kirchen üblich war, wäre nachzuprüfen.

Als Gegenleistung erhielt die Christuskirche im Juni 1934 5000 FF vom Winterhilfswerk für ihre Armenkasse. Die Sammelergebnisse insgesamt konnten nicht ermittelt werden, ebenso nicht, ob es Auflagen für die Kirche über die Mittelverwendung gegeben hat. Die evangelische Gemeinde wurde also als Verteilerorganisation benutzt und scheint damit zumindest finanziell nicht schlechter gestellt gewesen zu sein, als wenn sie das Sammeln und Verteilen in eigener Regie behalten hätte.

Außerdem blieben ihrer Armenkasse zusätzliche eigene Mittel: direkte Spenden und Gottesdienstkollekten für diesen Zweck.[50]

Zum nächsten Winter 1934/35 wurde die Werbung intensiver: im Oktober druckte das Gemeindeblatt den Spendenaufruf des Pariser Winterhilfsausschusses, und Dahlgrün ergänzte zustimmend mit einigen Zitaten aus Hitlers neuester Winterhilfsrede,

---

47 Siehe die »Vereinbarungen zwischen den Beauftragten des WHW und dem Präsidenten des Deutschen Caritas-Verbandes« vom 24. September 1935, aufgrund derer auf lokaler Ebene (hier in der Bayrischen Ostmark) die Caritas sich voll in den Dienst der Winterhilfssammlungen stellte. Deutschland-Berichte der Sozialdemokratischen Partei Deutschlands (SOPADE), neu hrsg. von K. Behnken, Frankfurt 1980, Dezember 1935, A 45, S. 1426.
48 Siehe GBl Sep. 1933.
49 Die Kirchenbücher weisen Kollektenbeträge pro Gottesdienst zwischen 60 und 200 FF (für Festgottesdienste) nach.
50 Das Prinzip, das ab 1937 in Deutschland eingeführt wurde, daß die kirchlichen Träger Zahlungen aus Winterhilfsergebnissen erhalten, klingt bei diesem Verfahren schon an.

da sie »einem Christen aus dem Herzen gesprochen ist«. Hier zeigt sich beispielhaft, wie gut die Methode des Sammelns und der Aufruf zur Solidarität in die Mentalität christlicher Nächstenliebe paßten. Über eine Beteiligung der Gemeinde behielt sich Dahlgrün die Entscheidung des Kirchenvorstandes vor. Der Wohltätigkeitsbasar am 1. Adventswochenende blieb offenbar unberührt. Am 24. Februar 1935 stellte die Gemeinde den großen Saal für ein Konzert zugunsten des Winterhilfswerkes zur Verfügung.

Im Mai 1935 konnte man aus dem Gemeindeblatt das Neueste von der Wintersammlung erfahren. Nach dem Bericht des Winterhilfsausschusses der Auslandsorganisation hatten die Deutschen in Frankreich (nicht nur in Paris) 181 246 FF gespendet, davon blieben 50 460 FF im Lande zum Verteilen unter die bedürftigen Deutschen, die übrigen 130 806 FF wurden an die Auslandsorganisation nach Deutschland überwiesen. Ein Verfahren, das der Vorsitzende des Hilfsvereins, Röhring, im Jahresbericht kritisierte: warum nicht mehr Geld zur eigenen Verfügung in Frankreich habe bleiben können?[51]

1934/35 hat laut Bericht die Christuskirche 5751,20 FF für eigene Wohltätigkeitszwecke erhalten und ausgegeben. Weitere Empfänger waren der Deutsche Hilfsverein mit 31 805 FF, die NSDAP-Ortsgruppe mit 6307 FF, die Deutsche Arbeitsfront mit 3500 FF, und die Katholische Gemeinde mit 3 097,25 FF. Der Löwenanteil ging also an den gleichgeschalteten Hilfsverein und ein Fünftel an politische Organisationen (Arbeitsfront und NS-Ortsgruppe), die gar keine Sozialarbeit leisteten. Was mit den 130 000 FF, die nach Deutschland überwiesen worden sein sollen, geschehen ist, war nicht zu ermitteln. Eventuell wurden hier schon früher als in Deutschland die Spenden für andere Zwecke als die direkte Hilfe verwendet.

Dieser Bericht ist mit vier Namen unterschrieben, von denen zwei aus dem Gemeindeleben bekannt sind: Eberhardt und Hohmuth. Hermann Eberhardt war seit 1927 Kirchenvorstandsmitglied, zu dieser Zeit Vorsitzender. Die französische Sûreté führte ihn seit 1932 als Mann mit guten Beziehungen zum »milieu hitlérien«,[52] nach 1933 erscheint er in den Überwachungsberichten als »animateur« der Parteigruppe in der Deutschen Handelskammer, der Räume für »deutsche Abende« suchte und die Gründung eines »deutschen Klubs« vorantrieb (gemeint war vermutlich die »Deutsche Gemeinschaft« siehe unten).[53] So erscheint es wahrscheinlich, daß er auch den Winterhilfsausschuß öffentlich unterstützte.

Der Name des Botschaftsangestellten[54] Hohmuth begegnet als Gemeindeglied in den Beitragslisten der Gemeinde.

Es entsteht natürlich sofort die Frage, wie ihre Tätigkeit in einer Parteiorganisation in Paris zu verstehen ist. Eine mögliche Erklärung wäre folgende. Setzt man eine deutschnationale politische Haltung voraus, wie man es bei Eberhardt wohl tun kann, so bot sich ein Engagement in den neuen Organisationen an. Praktisch kam auf

---

51 Geschäftsbericht des Hilfsvereins 1934 in Archiv Christuskirche 366.
52 Am 31.1.1932 wurde notiert, daß Eberhardt sich mit Alfred Rosenberg, dem Chefredakteur der NSDAP-Parteizeitung »Völkischer Beobachter« treffe und seit langem gute Beziehungen zum »milieu hitlérien« unterhalte, in AN Paris F7/13429.
53 »Notes« vom 14.12.1934, vom 29.12.1934, vom 4.1.1935 und vom 28.4.1935, indirekt erscheint er als Vorsitzender des Kirchenvorstandes bei dem Problem der Tagungen von Parteigruppen im Gemeindehaus, AN Paris F7/13433/13434.
54 Siehe Pol.AA, Botschaft Paris 1054a: Umlaufzettel.

jeden Deutschen in dieser Zeit einmal die Frage zu, ob er zur Sicherung der beruflichen Existenz oder einfach, um seine Ruhe zu haben, nicht in die Partei eintreten müsse oder solle. Viele haben diese Frage dahingehend gelöst, sich eine »sachliche« Organisation auszusuchen, die der NSDAP angeschlossen war, aber doch nicht als direkte Parteiorganisation verstanden wurde, so der Luftschutz oder eben auch die NS-Volkswohlfahrt. Jeder vierte Deutsche war dort Mitglied.[55] So könnte auch die Mitarbeit der aus Kirchenkreisen bekannten Männer zu verstehen sein. Taten sie damit nicht praktisch dasselbe wie vorher? Es waren also nicht unbedingt Personen von außen, die bestehende Vereine unterwanderten, sondern die bisher schon »für die gute Sache« Engagierten arbeiteten in den neuen Formen weiter.

Die Jugendarbeit

Am intensivsten und schnellsten sind nationalsozialistische Ideen in die Jungmännerarbeit der Gemeinde eingedrungen. Ob es nun an der Person des Jugendsekretärs Rudolf Schwob lag, der als überzeugter Nazi galt,[56] ob junge Männer im besonderen Maße für nationalsozialistische Ideen empfänglich waren,[57] ob sich die Ortsgruppe der NSDAP von der Übernahme der Jugendarbeit der Kirche viel versprochen hat – man kann jedenfalls feststellen, daß die Arbeit für junge Männer sich im Frühjahr 1933 von der Gemeinde trennte[58] und als solche bis Kriegsausbruch nicht mehr betrieben wurde. Der vormalige »Evangelische Bund Junger Männer« wurde durch Neu- bzw. Wiedergründung eines Christlichen Vereins Junger Männer von der Gemeinde unabhängig – aus »rein organisatorischen Gründen, um größere Kreise ansprechen zu können«, hieß es im Gemeindeblatt vom März 1933. Man sei zwar nicht antikirchlich, aber man könne auch außerhalb der Kirche Christ sein.[59] Dies war wohl – da länger vorbereitet – noch als innerkirchliche Umorganisation zu verstehen, nicht als Gleichschaltung. Es lag auch auf der traditionellen Linie der Bünde der Jugendbewegung, in Distanz zu den verfaßten Kirchen zu bleiben.

Das im Mitteilungsblatt des CVJM angekündigte Programm der wöchentlichen Treffen spricht für sich: am 5. März 1933 wurden zum Beispiel gemeinsam Wahlergebnisse im Radio gehört, Schwob zeigte am 1. November »Bilder aus dem Leben unseres Volkskanzlers« und L. Bredthauer erklärte eine Woche später »die Rassetheorie des Nationalsozialismus«.[60] So überrascht es nicht, wenn sich hier die einzige Spur

55 E. Aleff: Das Dritte Reich, Hannover 1970, S. 67.
56 Lebenslauf von Rudolf Schwob (geb. 1906) im Brief P. Dahlgrüns an das KAA vom 2.8.1932 in Archiv Christuskirche 3522. Interview mit F. Großberg Teil II, S. 9 in Archiv Christuskirche 110–6, I.
57 So die Erinnerung von Schwester M. Winkelmann: »Besonders jüngere Männer fühlten sich als Nationalsozialisten, und so gab es in den Familien Meinungsverschiedenheiten, Freundschaften zerbrachen.« Bericht in Archiv Christuskirche 110–6, II. Dies stimmt mit der Analyse der sozialen Zusammensetzung der NSDAP-Anhängerschaft überein: 97% der Parteimitglieder waren Männer, 42% zwischen 18 und 30 Jahren. Angaben nach D. Schoenbaum: Die braune Revolution, Köln/Berlin 1968, S. 67 und 68.
58 Der Gedanke einer Trennung wurde – wie aus dem Briefwechsel zur Bestellung eines Jugendsekretärs hervorgeht – schon 1931 und 1932 erwogen. Sie wurde mit dem Amtsantritt des Jugendsekretärs am 1. Oktober 1932 in die Wege geleitet, in Archiv Christuskirche 3522.
59 So unverblümt steht es allerdings nur im Monatsblatt des CVJM vom März 1933.
60 Siehe die wenigen erhaltenen Exemplare des Monatsblattes des CVJM (März, April, November, Dezember 1933, Januar 1934) in Archiv Christuskirche 3541.

deutschchristlichen Gedankenguts in den Publikationen der Gemeinde findet: der eingeladene Pfarrer Walter Grundmann von den Deutschen Christen Thüringens wird ausführlich zustimmend zitiert, und es wird bedauert, daß er nicht zu seinem angekündigten Vortrag anreisen konnte.[61]

Unter den Namen der Mitglieder des CVJM erscheint – unter einigen, die aus der Gemeinde bekannt sind wie dem Küster Georg Henner und den Brüdern Bredthauer, deren Mutter in der Frauenhilfe aktiv war – auch Werner Spiecker, der als »Vertrauensmann der NSDAP« im neuen Vorstand des Hilfsvereins vertreten war. Er war im Mai 1932 als neues Mitglied begrüßt worden. Die französische Ausländerüberwachung beobachtete ihn regelmäßig, am 24. Juli 1935 wurde er als unerwünschter Ausländer ausgewiesen und ging nach Berlin, wo er einen Posten bei der I.G. Farben übernahm – soweit die französische Polizei.[62] Im November 1933 wurde »gemäß des jetzt überall in der Heimat durchgeführten Führerprinzips« ein neuer Vorstand eingesetzt. Der frühere erste Vorsitzende Wilhelm Witt trat deshalb aus dem Verein aus.[63]

Vom weiteren Schicksal des CVJM sind nur noch Einzelfakten bekannt. Ab August 1934 wurden die Veranstaltungen des CVJM nicht mehr im Gemeindeblatt angekündigt, einen Monat später erschien auch Jugendsekretär Schwob nicht mehr unter den Mitarbeitern der Gemeinde. Im Januar 1935 heißt es in einem Brief Dahlgrüns, Schwob sei abgereist.[64] In einem Rückblick (1969) schreibt er: »Der Jungmännerbund, welcher der nationalsozialistischen Ortsgruppe ein Dorn im Auge war, zählte, als er von dieser gewaltsam aufgelöst wurde, 70 feste Mitglieder.«[65] Zu vermuten ist, daß 1934 der CVJM in die Hitler-Jugend »eingegliedert« wurde,[66] nicht unbedingt gewaltsam, wie auch die ganze evangelische Jugendarbeit im Winter 1933 von Reichsbischof Müller der staatlichen Jugendorganisation überlassen wurde.[67] Es gab jedoch Widerspruch bei den Betroffenen. Die evangelische Jugend war zwar begistert vom »neuen Staat«, viele Mitglieder hätten jedoch ihre organisatorische Selbständigkeit lieber bewahrt.

In Paris hat der CVJM jedenfalls gerade durch seine Trennung von der Christuskirche eine »Übernahme« durch die HJ erleichtert. Wäre er als ein kirchlicher Kreis ihr verbunden geblieben, hätte er vielleicht seine Auflösung verhindert, vorausgesetzt, er wollte sie überhaupt verhindern.

---

61 Monatsblatt des deutschen CVJM November 1933. F. Großberg deutet an, daß sich der nationalsozialistische Einfluß im CVJM konzentriert habe, in Interview, Teil I, S. 15 in Archiv Christuskirche 110–6, I.
62 Eine »Note« der Sûreté vom 4.9.1935 stellte das Ausweisungsverfahren dar. Vorher wurde er am 24.12.1934 erwähnt: er sei wegen »Indiskretionen« zur Berichterstattung in den Hauptsitz der A.O. NSDAP nach Hamburg gerufen worden, in AN Paris F7/13433.
63 So jedenfalls muß man wohl die Bekanntmachung im Monatsblatt vom Dezember 1933, S. 3 verstehen.
64 Brief Dahlgrüns an Eberhardt vom 3.1.1935 in Archiv Christuskirche 161.
65 Brief Dahlgrüns an F. Großberg vom 28.12.1969, S. 3 in Archiv Christuskirche 110–6, II.
66 Für diesen Zeitpunkt spricht auch ein Bericht von Dahlgrün über das Jahr 1934, der sich in Akten der Kulturpolitischen Abteilung des AA findet, und die Auflösung der Gruppe feststellt, in BA Potsdam, Kulturpol. Abt. des AA 69370, Bd. 6
67 K. Scholder: Die Kirchen I, S. 731.

Die jungen Mädchen

Das weibliche Pendant des Jungmännerbundes, der Evangelische Bund Junger Mädchen, blieb bis Januar 1938 im Rahmen der Gemeindegruppen erhalten. Die jungen Frauen trafen sich am Sonntagabend. Die Organisation scheint im Laufe der Jahre immer enger an das Mädchenwohnheim, das ab Sommer 1935 wieder ins Pfarrhaus zog, gebunden worden zu sein.[68]

Über Jugendarbeit, die nicht im Gemeindeblatt angekündigt wurde, berichtet Felicitas Großberg: Pfarrer Dahlgrün habe mit seinen früheren Konfirmanden Wochenendausflüge unternommen, sozusagen eine private Jugendarbeit mit ausgewählten Jugendlichen, die er alle gut kannte, gemacht.[69] Dieser Ausweg, Jugendarbeit im Schutz der Gemeinde zu betreiben, um sie so vor Vereinnahmung zu bewahren, wurde auch in Deutschland in Bekennenden Gemeinden gewählt. Sie erhielt zwangsläufig einen fast privaten Charakter.

Der Frauenkreis

Der »Nähnachmittag« des Frauenkreises wurde im Januar 1934 neu organisiert: eine Ortsgruppe der Deutschen Evangelischen Frauenhilfe[70] entstand. Nach Dahlgrüns Aussagen geschah dies, um die bisher lockeren Zusammenkünfte enger an die Gemeinde zu binden, weshalb die praktische Näharbeit von einer Andacht des Pfarrers unterbrochen wurde.[71] Darüberhinaus wurde die Bibelstunde des Jungmädchenkreises vom Dienstagabend ausdrücklich für die Frauen der Gemeinde geöffnet. »Von allen Versammlungen der Frauenhilfe wird jede Behandlung politischer Gegenstände und Streitfragen strengstens ausgeschlossen.« Offensichtlich war es also ein Problem: natürlich wurde politisch diskutiert auf den Versammlungen.[72] Vielleicht wurde diese Intensivierung der Frauenarbeit als Gegenmittel gegen eine befürchtete Vereinnahmung durch die NSDAP-Ortsgruppe eingesetzt. Wer dieses Programm akzeptierte, der wollte wirklich kirchlich arbeiten. In Deutschland jedenfalls waren die evangelischen Frauenverbände die einzigen Gruppen des Verbandsprotestantismus, die sich schon im Jahre 1933 eindeutig auf die Seite der »Bekenntnisfront« schlugen und Ende 1934 mit anderen zusammen die »Arbeitsgemeinschaft der diakonischen und missionarischen Werke« gründeten, um sich gegen die Vereinnahmung durch die NS-Volkswohlfahrt zu schützen.[73] So spricht einiges für diese Vermutung.

---

68 Siehe die abwechselnden Orte der Treffen 1935 bis 1938 in den Ankündigungen des Gemeindeblattes.
69 Interview mit F. Großberg Teil I, S. 10–11 in Archiv Christuskirche 110–6, I.
70 Unter dieser Bezeichnung arbeitete ein Frauenverein seit 1899 für die Ausbildung von Frauen für ihre spezifisch weiblichen Aufgaben innerhalb der Gemeinde. Die bisher gemeindeintern geleistete Frauenarbeit war damit offiziell gemacht.
71 Siehe die Programmfolge der Mittwochnachmittage (GBl Jan. 1934, S. 6): von 3–4 Uhr Handarbeiten, von 4–5 Uhr Andacht, von 5–6 Uhr Handarbeiten.
72 Nach Aussagen von Eva Zippel kehrte ihre Mutter immer voll Entsetzen über die Ansichten der anderen Damen von den Versammlungen heim. Gespräch der Verfasserin mit E. Zippel am 7.9.1992.
73 J.-Ch. Kaiser: Sozialer Protestantismus im 20. Jahrhundert. Beiträge zur Geschichte der Inneren Mission, München 1989, S. 287 Anm. 145 und S. 306.

Die Kinder

Der Kindergottesdienst blieb in Händen von Annemarie Uhde. Es kam allerdings eine neue Form der Kinderbetreuung dazu, die es vor 1933 nicht gegeben hatte. Bereits im Sommer 1933 und dann regelmäßig wurden Kindererholungsreisen nach Deutschland organisiert, begleitet von Frau Dahlgrün.[74] Eva Zippel war eines der mitfahrenden Kinder und erinnert sich, in einer überzeugt nationalsozialistischen Gastfamilie beherbergt gewesen zu sein, ebenso wie ihre ältere Schwester Herta.[75] Die Reisen hatten offenbar neben dem Erholungswert auch die propagandistische Zielsetzung, den Kindern der Auslandsdeutschen das schöne neue Deutschland zu zeigen.

Versammlungen der Deutschen Arbeitsfront im Gemeindehaus

Die Kirche hatte immer schon den Gemeindesaal an Gruppen der deutschen Kolonie vermietet,[76] insofern war es nichts Neues, wenn der Deutschnationale Handlungsgehilfenverein für seine Mitgliederversammlungen den Saal mietete. Er veranstaltete auch tagsüber Sprachkurse im Erdgeschoß. Inzwischen war er am 1.7.1933 der Deutschen Abeitsfront gleichgeschaltet worden.[77] So erhielten diese Zusammenkünfte in den Augen der französischen Sûreté einen ausgesprochen politischen Charakter, was gegen die Satzung der Gemeinde und gegen das Gesetz zur Bildung der Association cultuelle verstieß. Diese Treffen fanden regelmäßig statt, wahrscheinlich einmal im Monat, und es nahmen nach Erkenntnissen der Franzosen »Offizielle der Botschaft« und »als Beobachter« die Geheimagenten der Pariser Gestapostelle teil. Zwischen 200 und 300 Teilnehmer registrierte die französische Polizei, was sehr hochgegriffen erscheint, weil der Saal im ersten Stock zu klein war.[78]

Beide Seiten, Gäste und Gastgeber, waren mit diesem Zustand unzufrieden. Für die Veranstalter war der Kirchenraum nur eine Notlösung. Es war ausgesprochen schwierig, Räume in Paris zu mieten: französische Gastwirte waren nicht bereit, ihre Säle zur Verfügung zu stellen.[79] Pfarrer Dahlgrün dagegen war sich sehr wohl bewußt, daß unbedingt eine andere Lösung für das Raumproblem gefunden werden mußte. Am 5. Juli 1934 schlug er dem Kirchlichen Außenamt vor, die Gebäude der Christuskirche zum »exterritorialen Gebiet« erklären zu lassen, damit die Kirche unter diplomatischem Schutz stände. Dies war in erster Linie als Lösung für ein anderes Problem gedacht, für die Eigentumsfrage, die immer noch offen stand, hinter Dahlgrüns Argumentation jedoch wird klar sein Dilemmma erkennbar. Er wollte die Botschaft als Rückhalt gegen die Ansprüche der Deutschen Arbeitsfront, weiterhin

---

74 GBl Jul. 1933.
75 Gespräch mit Eva Zippel am 7.9.1992.
76 Siehe oben S. 116.
77 Pol.AA, Botschaft Paris 1062/2.
78 Dies nach der »Information confidentielle« vom 10. September 1934 der Sûreté an das Außenministerium Nr. P -10.166. Weitere Berichte vom 2.10.1934, Oktober 1934, 2.11.1934, 6.12.1934 in AN Paris F7/13433.
79 So begründete »Pg Georg Schuster« auch einen Antrag für das spätere »Deutsche Haus« (siehe unten), man habe nur einen Kirchenraum bekommen, mit der Auflage: keine Lieder und kein Alkohol, was ein unhaltbarer Zustand sei, in Pol.AA, Kulturpol. Abt. R 60055.

Versammlungen im Gemeindehaus abzuhalten, die von den Franzosen als »politisch« angesehen werden könnten (genau das war der Fall, wie die Sûreté-Berichte zeigen).[80] Der Kirchenvorstand habe nicht den Willen dagegen zu protestieren, nur die Botschaft habe die nötige Autorität. »Die Kirchenvorstandsmitglieder vermeiden aus persönlichen Gründen, in Gegensatz zu den genannten Kreisen zu geraten.«[81] – eine Umschreibung der Tatsache, daß zwei der drei damaligen Kirchenvorstandsmitgliedern die politisch aktiven Hermann Eberhardt und Otto Garbers waren.

Im Mai 1935 in Berlin wurde Bischof Heckel ins Auswärtige Amt bestellt, um Weisungen entgegenzunehmen. Botschaftsrat von Lange aus Paris war da: Pfarrer Dahlgrün habe der NSDAP-Ortsgruppe einen Raum in der Rue Blanche gegeben. Dies dürfe nicht wieder vorkommen, weil die französische Polizei Veranstaltungen im Gemeindehaus überwache.[82] Dieser Anweisung seines Vorgesetzten wird Dahlgrün mit Erleichterung gefolgt sein und die Versammlungen der Deutschen Arbeitsfront unterbunden haben.

Das Beispiel zeigt, daß das Verhältnis von Botschaft und Kirche grundsätzlich besser geworden war. Dahlgrün hatte gute Gründe, sich auf die Botschaft gegen die Vereinnahmung durch die NSDAP-Gruppen zu stützen. Botschafter Köster trat nämlich als Verteidiger der Kirche auf: ein von der Kirche geplantes Wohltätigkeitskonzert zu Pfingsten 1935 wurde von Parteistellen verboten und nur durch Kösters zähen Widerstand einigte man sich auf einen für die Kirche tragbaren Kompromiß.[83]

Die Trennung von »guten« und »schlechten« Deutschen: Nationalsozialistischer Einfluß (1936–1939)

Um die Jahreswende 1935/36 änderte sich das Leben der deutschen Kolonie: das »Deutsche Haus« in der Rue Roquépine wurde eröffnet. Bereits ab 1934 hatten Parteigenossen beim Auswärtigen Amt daraufhin gedrängt, daß eine solche Sammelstelle für die deutsche Kolonie nötig sei.[84] »Den Angehörigen der deutschen Kolonie in Paris fehlt eine Gelegenheit, wo sie ungestört und unbelästigt von Franzosen oder Emigranten zusammenkommen und wo sie im übrigen im Kreise von Landsleuten ihre freie Zeit an Abenden und Sonn- und Feiertagen verbringen können.«[85]

Dieses Haus war formell Eigentum eines Vereins, der sich »Deutsche Gemeinschaft« nannte und nach dem Modell des Deutschen Hilfsvereins in seinem Vorstand die Repräsentanten der deutschen Organisationen in Paris vereinte.[86] Ständige Mit-

---

80 Hinter einer anderen Versammlung in der Christuskirche am 10.9.1934, 20 Uhr bis 23.30 Uhr vermuteten die Beamten der Sûreté sogar eine Gestapo-Zusammenkunft. Die neu in Frankreich eingetroffenen Polizisten aus Berlin würden in ihre Arbeit eingewiesen. Ob in diesem Fall die Franzosen, die eigentlich in jedem einreisenden Deutschen einen Gestapo- oder zumindest einen Propagandaagenten witterten, übermißtrauisch waren, ließ sich leider nicht überprüfen, in AN Paris F7/13434.
81 Brief vom 5. Juli 1934 Dahlgrün an das KAA in Archiv Christuskirche 480.
82 Vermerk 7663/35, 20.5.1935, in ZA, Best. 5 1379.
83 »Note« vom 4.5.1935 und vom 7.5.1935 in AN Paris F7/13434. Näheres siehe unten S. 155
84 Antrag auf Bereitstellung von Mitteln für den Erwerb eines Deutschen Hauses in Paris vom 22. März 1934 vom Leiter der Auslandsabteilung der NSDAP, E.W. Bohle in Pol. AA, Kulturpol. Abt. R 60055.
85 Antrag Bohles, S. 1.
86 Siehe die gleichnamige Organisation in Nizza, unten S. 169.

glieder waren je ein Mitglied der Botschaft, der NSDAP, der Deutschen Handelskammer und die beiden Geistlichen der deutschen Kirchengemeinden. Nur Reichsdeutsche, die »auf dem Boden des neuen Staates« standen, waren willkommen.[87] Vermutlich hätten die Parteimitglieder auch gerne »Volksdeutsche«, die dieselbe Einstellung zeigten, aufgenommen, aber damit hätten sie ein Verbot durch den französischen Staat riskiert, der ihre Aktivitäten auf Personen deutscher Staatsangehörigkeit beschränkt hatte.

Dieses Kolonieheim war der Versuch der Auslandsorganisation der NSDAP, über die formelle Parteimitgliedschaft hinaus die deutsche Kolonie zu erfassen. Die A.O., wie sie genannt wurde, war die Zusammenfassung der Parteimitglieder, die im Ausland wohnten. Nur Reichsdeutsche durften Mitglieder werden. Etwa 5%, insgesamt 25 615 von 500 000 Auslandsdeutschen waren Parteimitglieder. Die Auslandsorganisation der NSDAP hatte Anweisung, sich nicht in Angelegenheiten des Gastlandes einzumischen, und wollte vor allem die »Gleichschaltung« der deutschen Kolonien erreichen. Dabei arbeitete sie oft mit den Botschaften zusammen, wenngleich es ständig Rivalitäten zwischen den verschiedenen, für das Ausland zuständigen Organisationen gab: zwischen dem Büro Ribbentrop, dem Auswärtigen Amt, der Volksdeutschen Mittelstelle, der SS und dem Propagandaministerium. Mit dem Amtsantritt Ribbentrops als Außenminister 1938 verlor die Auslandsorganisation zunehmend an Einfluß.[88]

Diese allgemeinen Züge findet man in Paris wieder. Botschafter Roland Köster hatte sich am Kauf des Deutschen Hauses beteiligt,[89] und Botschaftsbeamte wie Dr. Forster traten als Gastgeber für die auswärtigen Redner auf. Auch nach den Sûreté-Berichten arbeiteten in Paris Botschaft und Auslandsorganisation eng zusammen: viele Botschaftsangestellte wurden einer Doppelrolle verdächtigt. Unter dem Schutz der diplomatischen Immunität sollten sie Propaganda betrieben haben. Besonders interessierten die Polizei auch die internen Kämpfe. Sie scheint dabei durchaus feine Unterschiede gemacht zu haben, so zwischen dem Pfarrer Dahlgrün »dont les sentiments [Gefühle] sont plus nationalists qu'hitlériens« und seinem Vikar Feldmann, der ihn in dieser Beziehung überwache.[90]

Um die Zentralisierungs- und Kontrollfunktion dieses »Kolonieheimes«, wie es parteiintern genannt wurde, sicherzustellen, wurde eine »Terminstelle« unter der Leitung von »Pg. von Grote« eingerichtet, deren Aufgabe sein sollte, »Veranstaltungen der Verbände der deutschen Kolonie zu koordinieren«. Zu den betroffenen Verbänden gehörten nach Meinung des Landesgruppenleiters für Frankreich Rudolf Schleier: Botschaft, Ortsgruppe der NSDAP, Deutsche Gemeinschaft, die beiden Kirchengemeinden, die Deutsche Handelskammer, die Vereinigung deutscher Pressevertreter, der Deutsche Turnverein und der Deutsche Hilfsverein (in dieser Reihenfolge genannt). Alle diese Vereine sollten »zur Vermeidung von Überschneidungen«

---

87 In einem »Merkblatt« für neu ankommende Botschaftsbeamte wird 1937 die Mitgliedschaft in der Deutschen Gemeinschaft als selbstverständlich für jeden Reichsdeutschen erwartet, in Pol.AA, Botschaft Paris 1054a.
88 Die folgenden Informationen stammen aus: H.A. Jacobsen: Nationalsozialistische Außenpolitik, Frankfurt/Berlin 1968, S. 90–160.
89 Antrag Bohles, S. 3.
90 Bericht über die deutschen Vereine vom 5.3.1935 in AN Paris F7/13434.

ihre Veranstaltungen »rechtzeitig« anmelden und genehmigen lassen, zumal sie grundsätzlich alle im neuen Deutschen Haus stattzufinden hatten.[91] Zu Veranstaltungen mit bekannten Rednern oder an den nationalen Feiertagen sollte ein allgemeines Verbot von Konkurrenzveranstaltungen durchgesetzt werden.

Für das Thema Gemeinde und NS-Einfluß ist das Beispiel der Familie von Grote interessant: die Familie von Grote zahlte Gemeindebeiträge, gehörte also zu den eingeschriebenen Mitgliedern der Association cultuelle, ließ ihre Kinder taufen (1933 und 1936) und schickte sie in den Kindergottesdienst.[92] Bei offiziellen kirchlichen Anlässen vertrat von Grote die Partei,[93] wie er auch als besonders einflußreicher Journalist (Repräsentant des offiziellen Deutschen Nachrichten Büros mit direkten Verbindungen zu Goebbels) galt.[94]

Die Terminkoordination bedeutete Abhängigkeit. Abgesehen von Gottesdiensten wurde die Kirche verpflichtet, alle ihre Veranstaltungen »anzumelden« und sich genehmigen zu lassen, also eventuell »wegen Terminproblemen« ein Verbot hinnehmen zu sollen. Vielleicht hat sich in der Praxis die Nähe des Dienststellenleiters zur Gemeinde positiv bemerkbar gemacht, vielleicht aber auch den umgekehrten Effekt gehabt, daß Kontrolle noch besser möglich war.

Ein Beispiel dafür, daß die Kirche sich mit ihren Veranstaltungen nach den politischen Ereignissen richtete, d.h. der Kirchenvorstand dies entschied, war die Verlegung der Konfirmation des Jahres 1938 vom üblichen Palmsonntag auf Ostersonntag, »mit Rücksicht auf die von der Deutschen Kolonie veranstaltete Gemeinschaftsfahrt nach Saarbrücken zur Wahl«.[95] Es handelte sich um die Volksabstimmung zur Bestätigung des deutschen Einmarsches in Österreich vom 12. März 1938.

Aus der Sicht der Gemeindeschwester Marie Winkelmann sah das Verhältnis von Kirche und Deutschem Haus folgendermaßen aus:

> »[Das Haus der Deutschen Gemeinschaft] lag nicht weit vom [Bahnhof] Gare St. Lazare, also zentral. Es hatte neben kleineren Versammlungsräumen einen großen Saal. Zu jedem Staatsfeiertag, 1. Mai, Erntedankfest, 30. Januar [Tag der Machtergreifung] fanden dort große Versammlungen statt, zu denen alle Reichsdeutschen, deren Adressen der Botschaft bekannt waren, eingeladen wurden. Wenn die Botschaft einlud, bemühte sich jeder Reichsdeutsche, loyal zu sein, und kam. Es wurde stets ein Vortrag von einem hohen Parteimann gehalten.«[96]

Dahlgrün fand sich hier offenbar bei solchen Gelegenheiten ein, seiner Amtspflicht als deutscher Pfarrer folgend, gemeinsam mit weiteren Mitarbeitern der Gemeinde.[97]

Für die Kirche wirkte sich die ab 1936 durch das Deutsche Haus besser organisierte Auslandsorganisation der NSDAP offenbar in einem größeren Druck auf die Reichsdeutschen aus, sich enger an die Deutsche Gemeinschaft anzuschließen.

91 Die Verlautbarung an die Adresse der Christuskirche in Archiv Christuskirche 366.
92 So F. Großberg, die als Helferin im Kindergottesdienst mitwirkte.
93 Zum Beispiel beim Besuch des Auslandsbischofs Heckel im Oktober 1937 in Paris. GBl Jan. 1938.
94 Über von Grote gibt es zwei ausführliche Berichte der Sûreté: am 25.7.1934 und am 4.4.1935 in AN Paris F7/13433 und 13434.
95 GBl Apr. 1938, S. 7.
96 Bericht von Schwester M. Winkelmann in Archiv Christuskirche 110-6, II.
97 Schwester M. Winkelmann gehörte, gemeinsam mit dem Ehepaar Dahlgrün, zu den Besuchern, Bericht in Archiv Christuskirche 110-6, II, und Interview mit F. Großberg Teil I, S. 16 in Archiv Christuskirche 110-6, I.

Dies betraf in erster Linie die Frauenhilfe. Im Dezember 1935 beschloß die Vollversammlung der Frauenhilfe, etwa 40 Frauen, daß die reichsdeutschen Frauen alle 14 Tage den Nähnachmittag zugunsten der Winterhilfe abhalten sollten und nur noch dazwischen das gewohnte Arbeitstreffen mit allen Frauen stattfinden sollte. Ab Februar 1936 wurde auch räumlich getrennt: die Winterhilfsnachmittage fanden ab sofort im Deutschen Haus statt.[98]

Das gleiche Prinzip wurde zur selben Zeit für die Kleidersammlung eingeführt: nur Reichsdeutsche sollten ihre Altkleider ins Konsulat in die Rue Huysmans bringen. Die Nicht-Reichsdeutschen kamen weiterhin in die Rue Blanche, um Kleider zu spenden oder zu empfangen. So wurde das Geberprinzip dem Empfängerprinzip angeglichen: die Kirche kümmerte sich mit ihrem eigenen Fond nur noch um Nicht-Reichsdeutsche, an die Kleidungsstücke abgegeben wurden. Unter den Begriff »Nicht-Reichsdeutsche« fielen alle Flüchtlinge aus dem Dritten Reich, die keinen gültigen Paß mehr besaßen, bzw. ausgebürgert worden waren. Weiterhin wird man aber auch die baltischen Volksdeutschen, die schon seit Wiedereröffnung der Gemeinde eine große Gruppe darstellten, unter den Nicht-Reichsdeutschen finden. Sie waren z.T. staatenlos oder naturalisierte Franzosen, wenn sie nicht noch ihre ursprüngliche lettische oder russische Staatsangehörigkeit besaßen.

Man könnte sich vorstellen, daß diese beiden Neuregelungen ein Zugeständnis der Kirche waren, damit nicht ihre Sozialarbeit vollständig unter die Regie der Deutschen Gemeinschaft geriet. Aus deren Sicht wäre vermutlich ein vollständiges Aufgehen der Gemeinde im NS-Verein das Ideal gewesen.[99] Das hätte bedeutet, die Nicht-Reichsdeutschen mehr oder weniger deutlich aus der Kirche, bzw. aus deren Vereinen auszuschließen. Dies haben Pfarrer Dahlgrün und die Frauenhilfe verhindert, indem sie darauf bestanden haben, sich weiterhin mit allen Mitgliedern zu treffen, wenn auch nur alle 14 Tage.

Implizit tritt bei dieser Trennung nach Staatsangehörigkeit aber noch eine andere Vorstellung zutage. In gewissem Sinne wurde im damaligen Bewußtsein die Zustimmung zum Nationalsozialistischen Staat mit der deutschen Staatsbürgerschaft identifiziert. Wenn man gegen das Dritte Reich war, konnte man doch wohl kaum als Deutscher gelten wollen.[100] Alle Gegner der NSDAP waren damit automatisch keine Deutschen mehr. In einer neuen Anwendung könnte man das Integrationsprinzip des Deutschen Kaiserreichs von 1871 – »Reichsfeinde« (Sozialisten, Katholiken, Elsässer, Juden) gegen »Reichsfreunde« – hier wiederfinden.[101] Die Zugehörigkeit zur Nation wurde an der Zustimmung zu einer bestimmten Verfassung oder Weltanschauung ge-

---

98 GBl Dez. 1935, S. 107–108; GBl Feb./Mär. 1936, S. 14.
99 In einem Zeitungsartikel 1941 wird behauptet, ab 1936 habe es keine deutschen Vereine mehr außerhalb der Deutschen Gemeinschaft gegeben, abgesehen vom Deutschen Hilfsverein, dessen Vorstand aber personengleich gewesen sei, in Pariser Zeitung, 15.1.1941, S. 12.
100 In einer Nebenbemerkung erscheint diese begriffliche Trennung auch im Bericht von H.-H. Peters über die Gemeinde in den Dreißiger Jahren: Dahlgrün habe keine Parteiveranstaltung aus dem Trauergottesdienst für vom Rath machen wollen. »Das entsprach durchaus der Situation der Gemeinde, die ja nicht eine reichsdeutsche Gemeinde war, sondern eine Gemeinde deutscher Sprache, ...« Erinnerungen, S. 5 in Archiv Christuskirche 110–6, I.
101 H.U. Wehler: Das Deutsche Kaiserreich, Göttingen 1976, S. 96–100.

messen.[102] Die Ausbürgerungslisten von Gegnern der Nationalsozialisten verraten genau diese Haltung.

Neben dieser institutionalisierten Zusammenarbeit von Frauenhilfe und Winterhilfswerk gab es weiterhin ein punktuelles Engagement für die Winterhilfe. Zum Beispiel wurden 1935 zwei Konzerte in der Christuskirche zu ihren Gunsten von der Gemeinde veranstaltet, am 24. Februar und am 27. Oktober, das zweite Mal mit einem Erlös von 644 FF.

Aber auch Reibungspunkte gab es. Im Januar 1936 beschwerte sich die Auslandsorganisation der NSDAP nachdrücklich über das mangelnde Engagement der Nizzaer Gemeinde und ihres Pfarrers Peters für die Winterhilfe. Eine Spende von 115 FF könne »beim besten Willen nicht als Opfer« angesehen werden.[103] So unangenehm eine solche Auseinandersetzung für die Pfarrer gewesen sein muß (auch Pfarrer Dahlgrün wurde eingeschaltet) – so alltäglich und verbreitet war sie auf der anderen Seite, betrachtet man die ständigen Klagen über unwillige Spender von seiten der Winterhilfsammler. Denn die Sammelei hatte in Deutschland ihren Freiwilligkeitscharakter längst verloren, vielfältige Repressalien drohten jedem, der nichts spenden wollte oder konnte.[104]

Im November 1936 kündigte das Gemeindeblatt das »Eintopfessen« am 13.12. wie eine Gemeindeveranstaltung an und wies auf Spenderlisten hin, in die man sich eintragen sollte. Diese Form der politischen Kontrolle war aus Deutschland bekannt. Noch einmal wurde an die Regelung der getrennten Kleidersammlungen erinnert. Die letzte Erwähnung der Winterhilfe ist eine Aufforderung an die reichsdeutschen Gemeindeglieder vom April 1938, für »Mutter und Kind« zu spenden.

Ohne Zweifel mußte die Gemeinde ihre Sozialarbeit zu einem erheblichen Teil vom Winterhilfswerk bestimmen lassen. Auf der anderen Seite blieben ihr auch organisatorische und materielle Freiräume: ob und wie sie sie im Sinne einer »Bekennenden Kirche« genutzt hat, darauf wird unten eingegangen.

Öffentliche Veranstaltungen im Gemeindehaus

Darüber sollte man sich klar sein: sobald in der Rue Blanche öffentliche Veranstaltungen stattfanden, die sich auch an Kreise außerhalb der Gemeinde wandten und eine Hilfestellung von Stellen außerhalb der Gemeinde erforderten, standen sie unter Aufsicht des Auswärtigen Amtes und des Propagandaministeriums. Die Christuskirche war (auch) ein Ort der Goebbelschen Propaganda.

Aus der Sicht dieser Propaganda war gerade Paris ein wichtiger Ort. Hier sammelten sich die wichtigsten Gegner der Nationalsozialisten und betrieben eine intensive Kulturarbeit: Schriftstellerkongresse, eine »Bibliothek der Freiheit«, Theater, zahlreiche Zeitungen zeigten dem Pariser Publikum das »andere Deutschland«.[105] Dem

---

102 Umgekehrt könnte man sich vorstellen, daß sich hinter dieser Trennung auch die Gegnerschaft gegen die Nazis verbergen konnte, so wenn Dahlgrün sich gegenüber dem Oberkirchenrat Thom von den Deutschen Christen auf seine zu einem Drittel aus Nicht-Reichsdeutschen bestehende Gemeinde herausredet, um dessen Vortrag zu verhindern. Brief vom 12.11.1933 in Archiv Christuskirche 161.
103 Brief vom Januar 1936 der Auslandsorganisation der NSDAP in Archiv Christuskirche 366.
104 Siehe Berichte der Sopade über die Sammelmethoden Oktober 1936, A 22, S. 1263ff. und G. Schachße/F. Tennstedt: Armenfürsorge, S. 124–125.

mußte aus nationalsozialistischer Sicht eine systematische Sympathiewerbung für das »neue Deutschland« entgegengesetzt werden. Dabei benutzte man gerne bereits bestehende neutrale Träger, da sie Glaubwürdigkeit ausstrahlten und so die Öffentliche Meinung vom Friedenswillen des »Dritten Reiches« überzeugen konnten.[106]

Als Beispiel, wie dieses Konzept in die Tat umgesetzt wurde, sei die Organisation eines Kirchenkonzertes vom 19. Mai 1935 ausführlicher dargestellt.[107] Gleichzeitig kann man daran ablesen, welche Kämpfe um Einfluß sich zwischen den deutschen Organisationen in Paris abspielten.[108]

Die Botschaft wollte in der deutschen Kolonie ein Konzert zum Jubiläumsjahr 1935 veranstalten, das gleich drei deutsche Komponisten ehren sollte: Johann Sebastian Bach, Heinrich Schütz und Georg Friedrich Händel. Der »Kolonierat« der Auslandsorganisation (ein Vorläufer der oben genannten »Terminstelle«) hätte diese Initiative gerne übernommen und wehrte sich gegen die Christuskirche als Konzertsaal, indem er die Veranstaltung sozusagen boykottierte. Botschafter Köster »siegte«: das Konzert fand in der Christuskirche als Wohltätigkeitsveranstaltung zu ihren Gunsten statt.[109] Das Auswärtige Amt und das Reichspropagandaministerium, das die Zuständigkeit für deutsche Kunst im Ausland erreicht hatte, erklärten sich einverstanden, stritten sich aber noch Monate nach dem Konzert, wer die Kosten übernehmen solle, bis schließlich Goebbels' Ministerium den Betrag von 929 Reichsmark für die Gage der drei Künstler zahlte. Weitere Kosten für Botschafteraufwand sollten aber vom Auswärtigen Amt übernommen werden. In dem Hin und Her hat man wahrscheinlich ein Beispiel für die Konkurrenz zwischen den beiden Ministerien zu sehen. Die Künstler wurden in Deutschland ausgewählt und mit Visen versehen, das Programm wurde genehmigt – kurz: unter jedem Aspekt lief dieses Kirchenkonzert unter der Regie der deutschen staatlichen Stellen ab.

Für die tatsächliche Durchführung muß demgegenüber betont werden, daß Dahlgrün die Gelegenheit seiner kurzen Ansprache benutzte, um sowohl die Gemeinschaft mit den Pariser deutschen Katholiken als auch mit den Nicht-Reichsdeutschen zu betonen.[110] Im Lichte der Vorgeschichte gesehen erscheint eine solche schlichte Solidaritätsbekundung fast wie ein politisches Bekenntnis gegen die Pariser NS-Organisationen.

In derselben Form wurden vermutlich alle Kirchenkonzerte dieser Jahre von Deutschland aus organisiert. Im Mai 1935 beantragte die Pariser »Arbeitsfront« nämlich ein Konzert in der Rue Blanche, dem das Auswärtige Amt zustimmte: es »bestehen keine Bedenken gegen Dahlgrün«.[111] Das Winterhilfskonzert vom 27. Oktober

---

105 A. Betz: Exil und Engagement. Deutsche Schriftsteller im Frankreich der Dreißiger Jahre, München 1986, S. 50. Allgemein zur nationalsozialistischen Außenpolitik gegenüber Frankreich: F. Knipping: Frankreich in Hitlers Außenpolitik. 1933–1939, in M. Funke (Hg.): Hitler, Deutschland und die Mächte. Materialien zur Außenpolitik des Dritten Reiches, Düsseldorf 1978, S. 612–627.
106 H.A. Jacobsen: Zur Struktur der NS-Außenpolitik, in M. Funke (Hg.): Hitler, Deutschland und die Mächte, S. 137.
107 Für den ganzen Vorgang siehe die Akte BA Potsdam, Kulturpol. Abt. des AA 69370, Blatt 28–42. Da die folgenden Bände der Kulturpol. Abt. die Kirche betreffend für die Jahre 1936–1945 verlorengegangen sind, gibt es derartige Dokumente nur bis 1935.
108 Quelle für diesen Aspekt sind mehrere Überwachungsberichte der Sûreté, AN Paris F 7/13434.
109 Bericht der »Sûreté vom 7. Mai 1935, AN Paris F7/13334.
110 Programm des Konzertes in Archiv Christuskirche 3074.
111 Vermerk im Kirchlichen Außenamt vom 20.5.1935 in ZA, Best. 5 1379.

desselben Jahres (im Gemeindeblatt angekündigt) könnte das beantragte sein. Ein halbes Jahr später, am 22. April 1936, stand – wiederum unter dem Protektorat der Botschaft – »Musik am Hofe Friedrichs des Großen« auf dem Programm. Die Musiker für beide Konzerte kamen aus Deutschland (der Flötist Kollreuther schon das zweite Mal). So liegt die Vermutung nahe, daß hier dieselbe Prozedur ablief wie zum Bach-Schütz-Händel-Konzert.

Das Gefühl, überwacht zu werden, gehörte zum Alltag. Schwester Marie Winkelmann berichtet von der Gewißheit, von Spitzeln umgeben zu sein – von französischer und von Seite der Gestapo, die sozusagen den Pfarrer »austesten« wolle, wie er auf hilfesuchende Emigranten reagiere.[112]

Auch die Post der Rue Blanche scheint überwacht worden zu sein. Dahlgrün bat nämlich das Kirchliche Außenamt, Filme, die für die Gemeinde aus Deutschland geschickt wurden, doch über den Botschaftskurierdienst laufen zu lassen. In Frankreich herrsche für »deutsche Angelegenheiten« Zensur.[113]

Tatsächlich hatte die Gemeinde 1935 einen Filmvorführapparat von der Botschaft geschenkt bekommen und lud ab diesem Zeitpunkt häufiger zu Filmvorführungen am Sonntagabend ein. Am 2. Februar 1936 stand »Die Deutsche Olympiade 1936 im Film« auf dem Programm. Die Titel sprechen für sich: »Die Glocke ruft«, »Deutsche bauliche Vorbereitungen zur Olympiade«, »Die Winterolympiade 1936 in Garmisch-Partenkirchen«. Einen Monat später wurden »Großfilme der Deutschen Reichsbahn« gezeigt: »Fahrt an die Mosel« und »Der Rathausschatz von Lüneburg«, danach ein Naturfilm der UfA. Ausdrücklich wurden französische Bekannte der Gemeindeglieder mit eingeladen, die Filme waren z.T. synchronisiert. Propaganda?

Nicht als Propaganda, aber als Staatsakt lief der Trauergottesdienst zu Präsident Hindenburgs Tod im August 1934 ab, bei dem zahlreiche französische Prominenz – unter anderem Marschall Pétain, der gerade Regierungsmitglied war – die Kirche für einen Nachmittag zum diplomatischen Mittelpunkt von Paris machte.[114]

Flüchtlinge aus Deutschland

Zwischen März 1933 und Sommer 1939 kamen Zehntausende deutscher Flüchtlinge nach Paris: um zu bleiben oder um von hier aus weiter in die USA oder andere Länder zu reisen. Sie wurden aus Deutschland einmal wegen ihrer linken oder liberalen politischen Einstellung vertrieben, oder es waren Juden. Zu Beginn gingen eher die politischen Gegner der Nazis, später, mit zunehmenden antisemitischen Repressalien wie den »Nürnberger Gesetzen« 1935 die Deutschen jüdischer Abstammung.[115] Nach der Saar-Abstimmung 1935 kamen noch einmal einige Tausend, wie auch nach dem Anschluß Österreichs im Frühjahr 1938 und der Besetzung des Sudetenlandes.

---

112 Bericht von Schwester M. Winkelmann, S. 2 in Archiv Christuskirche 110–6, II. Die Berichte der Sûreté sind ziemlich ausführlich und, soweit nachprüfbar, oft auch korrekt.
113 Bericht von Dahlgrün vom 24.2.1936 in ZA, Best. 5 1379.
114 Dazu siehe S. 140–141.
115 Zum Leben der deutschen Emigranten in Paris siehe: A. Betz: Exil und Engagement, S. 43–46.

Es gab nun also in Paris zwei deutsche Kolonien: die ansässigen Deutschen und die zahlenmäßig sehr viel größere Gruppe der Emigranten. Über die Beziehungen zwischen diesen beiden Teilen gibt es bisher keine wissenschaftlichen Untersuchungen.

Die eine Auffassung ist die, daß beide Gruppen streng getrennt blieben, daß es keine Kontakte zwischen beiden gegeben hat. Man gehörte entweder zur einen oder zur anderen Gruppe. Eine andere Hypothese dagegen ist, daß es Einzelfälle gegeben hat, die sich nicht unter »schwarz« oder »weiß« einordnen lassen, daß die Zuordnung zu einem der beiden Lager nicht bruchlos und strikt gewesen ist.

Worüber man Bescheid weiß, das sind die zahlreichen deutschen Vereine und Organisationen in Paris. Die alten deutschen Vereine in Paris wählten ihr Lager: der Deutsche Klub stellte sich gemäß seiner republikanischen Tradition in den Dienst der Emigrantenhilfe, der Deutschnationale Handlungsgehilfenverein schaltete sich gleich, so, wie man es von seiner politischen Ausrichtung auch vorher erwarten konnte. Im Deutschen Hilfsverein wurde die Satzung geändert und im Vorstand Personen ausgetauscht.

Ihnen gegenüber schotteten sich die zahlreichen Hilfs- und Unterstützungsvereine für Emigranten vollständig ab. Die französischen Protestanten organisierten gemeinsam mit Menschenrechtsgruppen bereits Wochen nach der Machtergreifung Hilfskomitees: so das »Comité républicain allemand d'aide aux réfugiés politiques d'Outre Rhin« oder ein »Foyer d'Accueil aux Emigrés Allemands«.[116] Die Sozialdemokraten und die Kommunisten hatten ihre eigenen Organisationen zur gegenseitigen Hilfe, ebenso natürlich die Juden.

Und welches Lager wählte die Kirche? Hatte sie überhaupt eine Wahlmöglichkeit? Ist es nicht eine rhetorische Frage, nach allem, was bisher dargestellt wurde? Sie hatte eine juristisch festgeschriebene Bindung an das Kirchliche Außenamt in Berlin. Sie hatte eine offizielle und eine offiziöse Bindung an die Deutsche Botschaft. Sie war gezwungen, mit gleichgeschalteten Vereinen zusammenzuarbeiten.

Und trotzdem wird sich zeigen, daß die eindeutige Zuordnung zu einem Lager in ihrem Fall nicht durchführbar ist, das Raster ist zu grob. Gegen eine Gleichschaltung spricht nämlich ihr Selbstverständnis als evangelische Gemeinde, die keinem »Führer«, sondern nur dem Dreieinigen Gott und der Bibel folgt. Konnte sie den Spielraum – wie gering er auch gewesen sein mag – nutzen?

Anhänger und Gegner des Dritten Reiches innerhalb derselben Gemeinde

Als Institution in der deutschen Kolonie gehörte die Christuskirche zum offiziellen Deutschland des Dritten Reiches – ihrem Selbstverständnis nach verkündete sie das Evangelium für alle deutschsprachigen Evangelischen. In dieser Spannung stand das Zusammenleben der Deutschen innerhalb der Gemeinde.

Unter den Gemeindegliedern, die als Gegner des Dritten Reiches zu bezeichnen sind, muß man zwei Gruppen unterscheiden: Diejenigen, die nach 1933 aus Deutsch-

---

116 Dies waren zwei Organisationen, deren Aktivitäten die französische Ausländerüberwachung notierte, in AN Paris F 7/13430 und F 7/13431.

22. Gedenkfeier an den Gräbern deutscher Soldaten in Ivry.
Von links nach rechts: Ortsgruppenleiter von Kirsten und Gattin, ein Unbekannter, Botschaftsrat Forster, Abbé Stock, Botschafter Graf Welczeck, Pfarrer Dahlgrün und andere

land als Flüchtlinge kamen, und diejenigen, die bereits längere Zeit in Paris gelebt hatten, als Hitler an die Macht kam.

Es gab die Deutschen, die »eine jüdische Großmutter hatten und in Deutschland nichts mehr anfangen konnten« (wie Felicitas Großberg formuliert) und hier in Paris versuchten, sich eine neue Existenz als Geschäftsleute oder Handwerker zu gründen. Und wie in Deutschland suchten die aktiven Protestanten unter ihnen an ihrem neuen Wohnort die zuständige Gemeinde, die zum Heimatersatz wurde, wie auch für manche Baltendeutschen. Wie viele Gemeindeglieder in diese Kategorie gehörten, muß offen bleiben. Vermutlich wurden es im Verlaufe der Dreißiger Jahre immer weniger. Die Verdienstmöglichkeiten in Paris wurden immer schwieriger, so daß die dauernde Niederlassung immer weniger Flüchtlingen gelang.

Es war schwierig, heute etwas über diese Menschen herauszufinden, nur ohne Namensnennung aus Gesprächen wurden sie bekannt. Eine Zahlenangabe ist unmöglich zu machen. Für diese Schwierigkeit gibt es eine in der Situation selber liegende Ursache, welche die Ambivalenz der Situation der evangelischen Emigranten innerhalb der Gemeinde schlaglichtartig erhellt. Der wahre Grund, warum die neuen Gemeindeglieder aus Deutschland gekommen sind, wurde nur einem ganz engen Kreis von Vertrauten innerhalb der Gemeinde bekannt, »man wußte es, aber man sprach nicht darüber.«[117] Man schwieg: weil man Angst vor Denunziation hatte, weil es die

117 So F. Großberg in einem Gespräch der Verfasserin gegenüber. Daß dies stimmt, war an der Unkenntnis anderer Gemeindeglieder nachprüfbar, in Archiv Christuskirche 110–6, II.

Gesprächspartner in Verlegenheit gebracht hätte, weil es kein »anständiger« Lebenslauf war.

Neben diesen Neuankömmlingen aber gab es langjährige Gemeindeglieder jüdischer Abstammung, die bereits vor 1933 aktiv waren und dies offenbar völlig selbstverständlich auch nach 1933 blieben. Sie sind durch die neuen Verhältnisse zu Emigranten geworden, sie konnten nicht nach Deutschland heimkehren wie andere Auslandsdeutsche. Insbesondere mehrere Botschaftsbeamte gehörten in diese Kategorie. Die Familien Forster, Marx und Riesser seien als Beispiele genannt. Die Männer berieten die Gemeinde bei juristischen Fragen und nutzten für sie ihre beruflichen Verbindungen. Die Ehefrauen organisierten den Basar und die Nähnachmittage der Frauenhilfe, die Kinder gingen in den Kindergottesdienst und wurden konfirmiert.

Alle drei Familien hatten unter nationalsozialistischen Repressalien zu leiden.

Die Familie von Dr. Robert Marx emigrierte 1939 nach England. Wie Eugen Marsh, 1937 konfirmierter Sohn von Dr. Marx, betont, habe sein Vater von Pfarrer Dahlgrün jede mögliche Hilfe erhalten.[118] Dr. Marx wird nach 1945 wieder in beispielloser Treue die Beratung der Gemeinde in der schwierigen juristischen Frage des Kircheneigentums, die er schon in den Dreißiger Jahren vorgenommen hatte, aufnehmen.

Botschaftsrat Forster wurde Ende 1937 »in den Wartestand« versetzt, also aus dem aktiven Dienst entlassen. Übereinstimmend wird von mehreren Zeugen berichtet, Forster habe Hitler im Februar 1936 vor dem Einmarsch ins entmilitarisierte Rheinland gewarnt, da die Franzosen diesen Bruch bestehender Verträge mit Gewalt beantworten würden. Diese Voraussage war – kurzfristig gesehen – falsch und der vortragende Beamte Forster damit in Ungnade gefallen. Zusätzlich erschwerend war die jüdische Abkunft seiner Frau.[119]

Im Gemeindeblatt vom Januar 1938 wurde die Tatsache der Versetzung in den Wartestand – ohne weitere Hintergründe – dargestellt, und die Tätigkeit des Ehepaares für die Kirche gewürdigt,

> »ungeachtet des Verbleibens in unserer Mitte. Wir ... begleiten sie in die Stille des privaten Lebens mit der Fürbitte, Gott wolle an ihnen die Verheißung wahr machen, die Er durch Jesus Christus den Seinen in der Bergpredigt (Matthäus 6,6) gibt.«

Die Familie blieb also in Paris, nur das »amtliche Wirken« in der Botschaft hatte ein Ende. Offensichtlich bedeutete dies gleichzeitig ein Ende der ehrenamtlichen Tätigkeit in der Gemeinde, da sich Botschaftsrat Forster besonders in seiner Eigenschaft als Botschaftsmitglied für die Gemeinde engagiert hatte. So hat er über das Konzert mit »Musik am Hofe Friedrichs des Großen« das Protektorat übernommen. Dies meint aber kein Fallenlassen und Austreiben aus der Gemeinschaft der Gläubigen: so muß man wohl Pfarrer Dahlgrüns Hinweis auf die Bergpredigt verstehen. An Ostern 1938 wurde eine Tochter der Familie Forster konfirmiert. Ob es Zufall ist, daß der Basar des Jahres 1937 nicht wie früher von Frau Forster, sondern von Frau Pöhlmann organisiert wurde, können wir nicht entscheiden.

---

118 Brief von Eugen Marsh an die Christuskirche, 58/92, in Archiv Christuskirche 110–6, II.
119 H. E. Riesser: Von Versailles zur UNO, S. 174f.; Schwester M. Winkelmann: Bericht über die Jahre 1936–39 in Paris; M. von Kühlmann: Erinnerungen, S. 53; Dr. R. Lorz: Gespräch mit der Verfasserin; Vermerk 308/92 in Archiv Christuskirche 110–6, II.

So könnte man aus dem Gemeindeblatt entnehmen, daß hier doch – zwischen den Zeilen, wie es Pfarrer Dahlgrüns Charakter entspricht – die Gemeinde sich öffentlich solidarisierte, ohne das Unrecht als solches zu bezeichnen.

Gesandtschaftsrat Hans E. Riesser war einer der wenigen Diplomaten, die aus politischen Gründen bereits 1933 aus dem Dienst entlassen wurden.[120] Er war seit 1926 an der Pariser Botschaft tätig, so daß die Familie von Anfang an Mitglied in der Gemeinde war. Frau Riesser übernahm den Vorsitz der Frauenhilfe und die Initiative bei der Einrichtung des Mädchenheims. Außerhalb der Gemeinde ist ihr die Gründung eines Schulkomitees zu verdanken, aus dem dann die Deutsche Schule hervorging. Diese Aktivitäten unternahm sie – nach Darstellung ihres Mannes – sozusagen in Stellvertretung der in Paris fehlenden Botschaftergattin, da Botschafter von Hoesch Junggeselle war.[121]

Welche Rolle die Christuskirche für die Familie Riesser gespielt hat bis 1933 und vor allem nach der Entlassung des Gesandtschaftsrates aus dem Dienst (Riesser blieb als Kaufmann bis 1939 in Paris, kam auch nach knapp einjähriger Abwesenheit 1940–1943 wieder), wird leider in den Memoiren nicht dargestellt. Riesser äußert sich nur ganz allgemein über die evangelische Kirche, von der er enttäuscht worden sei. »Ein protestantischer Pfarrer« (ohne Namensnennung) habe ihm nach dem Kriege geschrieben, »er müsse bekennen, daß er meine Frau und mich im Stiche gelassen habe.«[122]

Soweit die Geschichte einzelner Gemeindeglieder, deren Leben wir ein Stück weit verfolgen können.

Ein Beispiel für einen Emigranten aus Deutschland, der gerne Gemeindeglied geworden wäre, wenn Dahlgrün ihm nicht indirekt zu verstehen gegeben hätte, daß er nicht willkommen sei, ist Dr. Walter Oppenheim.[123] Dieser kam im Frühjahr 1933 als Opfer des »Gesetzes zur Wiederherstellung des Berufsbeamtentums« nach Paris und ging als evangelischer Christ selbstverständlich zur evangelischen Gemeinde. Er berichtet:

> »Ich vermutete, daß die evangelischen Kirchen miteinander in Verbindung ständen und ich auf diesem Wege die Bekanntschaft französischer protestantischer Familien machen könnte. Pastor Dahlgrün empfing mich in seinem Amtszimmer in der Rue Blanche und erklärte mir immer wieder: ›Wir sind eine deutsche evangelische Kirche, Kontakte mit Franzosen kann ich Ihnen nicht vermitteln.‹ Aber er sprach auch nicht davon, daß vielleicht seiner Gemeinde beitreten könnte. Ich war damals sehr enttäuscht, und es dauerte lange, bis ich wieder meinen Platz in einer evangelischen Kirche eingenommen habe. Es war mir klar, daß D. meine Aufnahme in die Pariser Gemeinde als kompromittierend empfunden haben würde und er sie mir deshalb gar nicht erst vorgeschlagen hatte. Andererseits wußte ich, daß er mit Dr. Marx, dem Justitiar der internationalen Handelskammer in Paris, der meines Wissens seiner Gemeinde angehörte, aber auch nicht ›rasserein‹ war, befreundet war. Mein Vater und Dr. Marx kannten sich von ihrer gemeinsamen Militärdienstzeit (Anfang dieses Jahrhunderts). Ich habe mit Marx aber nicht über meinen Besuch bei D. gesprochen.«

---

120 Nach Angaben des Politischen Archivs des Auswärtigen Amtes wurde er nach Art. 6 des »Gesetzes zur Wiederherstellung des Berufsbeamtentums« entlassen. Riessers eigene Darstellung in seinen Memoiren: Hans E. Riesser: Von Versailles zur UNO, S. 178–179.
121 Riesser, S. 170–171.
122 Riesser, S. 184. Nach der Entstehungsgeschichte der Deutschen Schule zu urteilen, gab es auch hier Differenzen zwischen Pfarramt und Eltern, ob sie im Rahmen der Gemeinde oder unabhängig von ihr eingerichtet werden sollte (Siehe oben S. 114).
123 In einem Brief vom 30.11.1993 schildert Herr Oppenheim seine Begegnung mit Dahlgrün in Archiv Christuskirche, 110–6, II.

Betrachtet man die Gemeinde als Gruppe, so fällt auf, daß sie ab 1934 kleiner wurde, was sowohl die »Seelenzahl« als auch die eingeschriebenen Mitglieder betraf. Die Kerngemeinde jedoch schien enger als vorher zusammenzurücken, die Randgemeinde bröckelte ab. Vorher klafften die Zahlen zwischen den eingeschriebenen Gemeindegliedern und denjenigen mit den losen Kontakten weit auseinander, nur ca. 15% sind eingeschrieben. Ab 1935 sind es zwischen 32% und 40%, wobei die absoluten Zahlen fast wieder dieselbe Höhe wie zu Beginn der Dreißiger Jahre erreichten. Es scheint, als ob diejenigen, die 1930 aus gesellschaftlichen Gründen in die Kirche kamen, dies nun bleiben ließen. Die Verbindlichkeit nahm zwangsläufig zu, sobald sich der Kirchgänger entgegen den allgemeinen Gepflogenheiten verhalten mußte, und nicht einfach mit dem Strom schwamm. Bei einzelnen Ereignissen spiegelte sich in einer hohen Teilnahme am Abendmahl der punktuelle Zustand der Gemeinde: so nach dem Münchener Abkommen 1938.[124]

Zeugen berichten über eine Verschlechterung des Klimas, über Mißtrauen unter den Gemeindegliedern, unter denen es überzeugte Parteimitglieder und verfolgte Gegner gab.[125] Ein Anzeichen für Spannungen ist auch die Befürchtung von Pfarrer Dahlgrün, eine öffentliche Stellungnahme zugunsten von Emigranten würde »zur Zerstörung« der Gemeinde führen.[126]

Will man dies in den offiziellen Äußerungen des Pfarramts bestätigt oder widerlegt finden, muß man schon genau hinhören: der besondere Schreibstil Dahlgrüns und seine große Vorsicht fordern Interpretation. Nirgends gibt es klare Aussagen über nationalsozialistische Einflüsse, nur Umschreibungen, die entschlüsselt werden müssen.

Zum Beispiel läßt sich aus einem Bericht Pfarrer Dahlgrüns über das Gemeindeleben vom Juli 1935 einiges zwischen den Zeilen erahnen.

> »Es bleibt vor allem die Aufgabe, den Besuch des Gottesdienstes zu vermehren. Namentlich die Einflußreichen unter den Familien und Einzelpersonen enthalten sich mit wenigen Ausnahmen ganz der Beteiligung am Gottesdienst. Auch ist wahrzunehmen, daß diejenigen unter den Nicht-Reichsdeutschen, die kirchliche Bedürfnisse haben und bisher immer eine Stütze unserer gottesdienstlichen Tätigkeit gewesen sind, sich eine gewisse Zurückhaltung in der Beteiligung am kirchlichen Leben auferlegen und auch den Gottesdienst zaghafter besuchen.«[127]

Im Klartext heißt dies: die Personen mit Macht (d.h. aus Botschaft und Parteiorganisation) kamen sowieso nicht in die Kirche. Und die Nicht-Reichsdeutschen, d.h. die Emigranten aus Deutschland und die Volksdeutschen, hatten Angst, im gleichen Maße zu kommen. Die Atmosphäre hatte sich verschlechtert.

Pfarrer Dahlgrün ging auch auf Ursachen des Rückgangs ein: Neben Frankreich im ganzen und Paris im speziellen als »säkularisierten« Orten, wo man vor allem weltliche Vergnügen fördert, aber nicht zum Kirchgang ermuntert, sah er die Gründe »andererseits in dem Aufkommen neuerer Bestrebungen innerhalb des deutschen

---

124 Siehe S. 104–106.
125 Schwester M. Winkelmann, E. Zippel, F. Großberg und Claire Lezius sind sich darin einig, in Archiv Christuskirche 110–6, II.
126 Bericht über eine Emigrantengemeinde vom 28.1.1939, S. 2 verso in Archiv Christuskirche 100; in gleichem Sinne Schwester M. Winkelmann in ihrem Bericht, S. 4.
127 Dieser Bericht ist nicht nur an die Vorgesetzten in Berlin geschickt, sondern auch im GBl Jul. 1935 veröffentlicht worden (Zitat S. 59).

Kreises in Paris, die manche Aufgaben, die früher die Kirchengemeinde erfüllen mußte, ihrerseits in Angriff genommen haben«.[128]

Mit den genannten Aufgaben können nur die »geselligen« und die »wohltätigen« gemeint sein. Wie die »Wohltätigkeit« ihre Form gewechselt hat, wurde bereits berichtet.

Was das »gesellige Leben« betrifft, so versuchte das Pfarramt, den Gemeindegliedern die Möglichkeit zu bieten, außerhalb der festen Kreise zusammenzukommen. Ab Januar 1935 konnte man sich jeden Sonntagabend im Gemeindehaus mit anderen Deutschen treffen. Diese Gemeindeabende waren weniger organisiert, anspruchsloser im Programm, dafür in dichterer Folge, nämlich wöchentlich, angesetzt, im Gegensatz zu den nur 2–3 Mal im Jahr stattfindenden früheren großen Treffen. Sie waren möglicherweise als Alternative für diejenigen gedacht, die nicht ins Deutsche Haus gehen mochten oder durften.

Pfarrer Dahlgrün gab aber auch noch eine andere Erklärung für den sinkenden Kirchgang an, allerdings nicht-öffentlich, deshalb wohl nicht weniger glaubwürdig – im Gegenteil. Seinen Vorgesetzen in Berlin berichtete er im Januar 1939:

> »In der letzten Zeit ist mir mehr als einer dieser tragischen Fälle begegnet, in dem nicht-arische Christen, die immer zu unserer Kirche hielten, zur Zurückhaltung übergegangen sind, nicht als ob sie sich über Unbrüderlichkeit unsererseits beklagten, sondern aus Einsicht in unsere prekäre Lage und aus einer Rücksichtnahme, die uns nicht belasten will.«[129]

Oberstes Gebot für Pfarrer Dahlgrün war der Bestand seiner Gemeinde: er mußte alles vermeiden, was eine Spaltung zur Folge haben könnte. Dies war sozusagen die Prämisse seines Handelns, der sich alles andere unterzuordnen hatte. Daraus entstand zwangsläufig die prekäre Lage zwischen den politischen Fronten, die die Gemeinde auszuhalten hatte. Dem Seelsorger blieb nur die Einzelfallhilfe, der »Samariterdienst«, die Pflicht, sich um einzelne Menschen zu kümmern – aber unauffällig. Immerhin scheint Pfarrer Dahlgrün im Gottesdienst auf die prinzipielle Offenheit der Gemeinde für alle Christen hingewiesen zu haben, und er ließ sich vom Kirchenvorstand Rückendeckung für die Einzelfallhilfe geben. Aber der Kirchenvorstandsbeschluß wurde nicht im Gemeindeblatt veröffentlicht:[130] dies wäre bereits über den angenommenen Handlungsspielraum hinausgegangen. Auch gegenüber den französischen Protestanten ging Dahlgrün zur Zurückhaltung über: nach dem Besuch von Karl Barth im Mai 1934 gab es praktisch keine gemeinsamen Veranstaltungen mehr, sieht man von den Trauerfeiern ab. Der Grund lag – so könnte man sich vorstellen – darin, daß die französischen Protestanten eindeutig und engagiert auf Seiten der Bekennenden Kirche standen und den Kirchenkampf in Deutschland mit Sympathie begleiteten.[131] Kontakte zu diesen Kreisen hätten zwangsläufig eine Stellungnahme in diesem Sinne erfordert. So erklärt sich wohl auch Dahlgrüns Verhalten gegenüber Dr. Walter Oppenheim.

---

128 GBl Jul. 1935, S. 60.
129 Bericht über eine Emigrantengemeinde vom 28.1.1939, S. 3 in Archiv Christuskirche 100.
130 Bericht über eine Emigrantengemeinde, S. 3 verso.
131 Fortlaufende Berichterstattung ab dem Frühjahr 1933 findet man in allen kirchlichen Zeitungen; die Verhaftung Martin Niemöllers rief zahlreiche öffentliche Proteste hervor.

Ein anderer Gesichtspunkt war für ihn ebenfalls wichtig, den er einem Beobachter des Gustav-Adolf-Vereins mitteilte.[132] Realistischerweise müsse man – so Dahlgrün – davon ausgehen, daß die Emigranten aus Deutschland in ihrem bisherigen Leben der Kirche fremd gewesen seien – als Juden oder Sozialisten. Wenn also nun zu ihm ins Pfarramt Emigranten kämen, so werde nur »äußere Hilfe« erbeten, der Pfarrer müsse sich große Zurückhaltung auferlegen, aus politischen, aber auch aus diesen kirchlichen Gründen heraus. Diese Darstellung wird nur eine Seite der Problematik beleuchten (zumal man annehmen muß, daß die Zeitschrift des Gustav-Adolf-Vereins unter Zensur stand), paßt aber zu Dahlgrüns prinzipiell sehr kirchlichen Haltung. In anderem Zusammenhang[133] betonte er, daß die Auslandsgemeinde sich durch ihr Bekenntnis definiere, nicht durch Dienste und Tätigkeiten für andere Menschen, die ebensogut auch von anderen Stellen geleistet werden könnten.

Im Prinzip ähnlich muß die Lage der katholischen Gemeinde gewesen sein, deren Pfarrer, Rektor Franz Stock, ab 1934 in Paris arbeitete. Auf sozialem Gebiet arbeiteten die beiden Wohltätigkeitsvereine – evangelische Frauenhilfe und katholischer Elisabeth-Verein – freundschaftlich zusammen und luden sich gegenseitig zu ihren Basaren ein. Beide Pfarrer gaben Religionsunterricht in der Deutschen Schule, beide nahmen an der Botschaftsfeier zum 1. November auf dem Friedhof Ivry teil, sie begegneten sich bei Botschaftsempfängen.[134] Prinzipielle konfessionelle Rivalität hinderte also nicht pragmatisches Zusammenarbeiten im Alltag, es gibt sogar Zeugnisse von freundschaftlicher Verbundenheit wie die oben erwähnte Ansprache Dahlgrüns und Briefe.[135]

Hilfesuchende Emigranten

Nun suchten nur wenige Emigranten nach einer evangelischen Gemeinde, in der sie heimisch werden konnten, sondern der größte Teil brauchte Geld, Ausweispapiere, Arbeit, Unterkunft – also materielle Hilfe im weitesten Sinne.

Kam die evangelische Gemeinde als Adressat für humanitäre Hilfe überhaupt in Frage? Könnte man sich auch die Christuskirche als einen Anlaufpunkt für hilfesuchende Emigranten vorstellen? Sie stand ja – wie bereits dargestellt – zwischen den Fronten, und die Handlungsweise von Dahlgrün und seinen Mitarbeitern muß auf diesem Hintergrund gesehen werden. Von den Flüchtlingen aus gesehen wird vielleicht allein der Ruf, »Botschaftskirche« zu sein (was sie im juristischen Sinne nicht war), viele abgeschreckt haben, überhaupt in die Sprechstunde zu kommen.

---

132 Johannes Leipoldt: Die deutsche evangelische Gemeinde in Paris, in Die evangelische Diaspora 17/ 1935, S. 124–125.
133 Kirchenblatt für die evangelisch-lutherischen Gemeinden in Italien, Oktober 1956, S. 6–7.
134 Dies sind Auskünfte von Frau Savi, der Schwester Rektor Stocks, im Brief vom Franz-Stock-Komite für Deutschland vom 19.2.1992 (Nr.112/92) in Archiv Christuskirche 110–6, II. Auch F. Großberg berichtet, daß ihre Mutter als Heimleiterin mit dem katholischem Pfarramt gelegentlich wegen katholischer Mädchen Kontakt hatte (Interview Teil I, S. 10 in Archiv Christuskirche 110–6, II). Ausführlich über die Dreißiger Jahre E. Kock: L'Abbé Stock, S. 59–91.
135 E. Kock (L'Abbé Stock, S. 82) zitiert einen Brief Dahlgrüns an Stock, in dem dieser das gute Einvernehmen betont.

Für die Situation, wie sie sich für die Gemeinde darstellte, gibt es mehrere Zeitzeugen, die bestätigen, daß Emigranten Kontakte mit der Gemeinde gehabt haben.[136]

Franz Charles de Beaulieu, damals Handlungsgehilfenlehrling und später Pfarrer, erinnert sich für das Frühjahr 1934 an lange Reihen von Wartenden in der Eingangshalle in der Rue Blanche während der Sprechstunden des Pfarramtes. Pfarrer Dahlgrün habe häufig davon gesprochen, daß er »zwischen den Stühlen« säße, Mitleid mit dem Elend der aus Deutschland Geflohenen habe, aber so wenig helfen könne.[137]

Wie oben bereits bei der Darstellung des Winterhilfswerks klar wurde, waren die materiellen Möglichkeiten der Gemeinde tatsächlich begrenzt, aber doch vorhanden. Z.B. liest man im Gemeindeblatt im August/September 1936 unter der Rubrik: »Aus der Gemeinde«:

> »Auch sei in Erinnerung gebracht, daß im Laufe des Jahres zahlreiche Notleidende an die Kirchentüre pochen. Diese Fälle liegen oft so, daß sie an die hier bestehenden deutschen Unterstützungsorganisationen (Hilfsverein, Winterhilfe, Mutter und Kind) nicht weitergeleitet werden können, weil diese Stellen die Fälle anders behandeln müssen, als wir sie als Christen nach dem Gleichnis Jesu vom Barmherzigen Samariter anzugreifen verpflichtet sind. Daraus ergibt sich ein Gebot der Mildtätigkeit, dem unsere Kirche nur dann gehorchen kann, wenn die Gemeindeglieder diese Unterstützungspflicht auf ihr barmherziges Gewissen nehmen und über den an die genannten Hilfsorganisationen geleisteten Beiträgen die von der Kirche zu übende Nächstenliebe nicht vergessen.«[138]

Nur zwei Gruppen können mit den hier von der Kirche zu Unterstützenden gemeint sein: die Baltendeutschen und die Emigranten aus Deutschland ab 1933. Für eine Unterstützung aus dem Fonds der Winterhilfe (1936 gab es nur noch dem Namen nach den Deutschen Hilfsverein) mußte man einen gültigen reichsdeutschen Paß vorweisen.[139] Sich an offizielle deutsche Stellen zu wenden, werden im übrigen Emigranten kaum in Erwägung gezogen haben.

In diesem Artikel forderte also Dahlgrün die Emigranten indirekt auf, sich auch an die Kirche zu wenden, die nach ihren (begrenzten) Kräften helfen würde. Direkt aber sagte er seinen Gemeindegliedern, daß sie aus christlicher Nächstenliebe ihre finanziellen oder Sachbeiträge leisten müßten. Da bereits erhebliche Summen von den Deutschen an die »Winterhilfe« gezahlt werden mußten, bedeutete es gewiß ein Opfer, noch zusätzlich an die Armenkasse der Kirche direkt zu spenden.

Jegliche Unterstützung von Emigranten mußte nach Meinung von Dahlgrün unter Ausschluß der (Gemeinde)öffentlichkeit gewährt werden: »Wenn er [Dahlgrün] etwa in der Gemeinde eine große Sammlung für die Emigranten veranstaltet hätte, so wäre

---

136 Es gibt bis heute keine Darstellung der deutschen Kolonie dieser Zeit. So war man darauf angewiesen, heute noch lebende Gemeindeglieder, bzw. ihre Erben zu finden, um mehr über die Emigranten und ihre Kontakte zur Gemeinde zu erfahren. Dabei handelt es sich um Berichte über Einzelfälle, die keinen Schluß auf das Ausmaß dieser Kontakte erlauben.

137 Zur Person siehe unten S.203–204. Brief de Beaulieus an die Verfasserin vom 9.9.1991, Nr. 667/91 in Archiv Christuskirche 110–6, I.

138 Auch in einem Bericht über eine Emigrantengemeinde vom 28.1.1939 spricht Dahlgrün in ähnlichen Worten davon, daß er nur »in vereinzelten Fällen brutalster Not die Samariterhilfe ... gewähren« können, S. 2 (verso) in Archiv Christuskirche 100. Es ist die einzige Quelle im Gemeindearchiv über das Emigrantenproblem, gibt aber in seiner Ausführlichkeit einen guten Einblick in Dahlgrüns Sichtweise.

139 Die enge Zusammenarbeit zwischen Wohltätigkeitsorganisation und Botschaft illustriert die Untersuchung, die von der Gestapo gegen den Geschäftsführer des DHV, Robert Reinert, im Juni 1935 eingeleitet wurde. Siehe S. 143 Anm. 44.

diese wahrscheinlich daran zerbrochen«.[140] Schwester Marie Winkelmann wohnte als Gemeindeschwester und Heimleiterin im 3. Stock des Gemeindehauses der Rue Blanche und nahm gelegentlich einzelne Flüchtlingsfrauen im Mädchenheim auf.

Dies entsprach – nach ihren Angaben – nicht der Erwartungshaltung mancher Emigranten, die öffentliche Hilfe erwarteten, da sie sich im freien Frankreich befänden, sozusagen Hilfe als öffentlichen Widerstandsakt. Aber die Gemeinde durfte die rechte Hand nicht wissen lassen, was die linke tat: das Dilemma blieb bestehen. Eine mögliche Lösung des Problems sah Dahlgrün darin, Emigranten an seine französischen Amtskollegen zu verweisen, die sich wesentlich besser um diese Menschen kümmern konnten.

Tatsächlich haben die französischen Protestanten, gemeinsam mit der englischen, schwedischen und jugoslawischen Kirche eine internationale Hilfsorganisation aufgebaut: das »Comité des Églises chrétiennes pour les Chrétiens non-aryens«. Präsident für Frankreich war der Präsident der Fédération Protestante de France Marc Boegner.[141] Er setzte als Leiter der französischen Sektion den Pfarrer Friedrich Forell ein, einen Bekannten Karl Barths.[142] Dieser stammte aus Schlesien und war als Mitglied des Pfarrernotbundes 1933 seines Amtes enthoben worden. Er emigrierte zunächst nach Österreich, nach dem »Anschluß« 1938 nach Paris, wo er zwei Jahre lang Emigrantenhilfe organisierte. Man versuchte unter anderem, Juden dadurch zu retten, daß man sie taufte und mit vordatierten Taufscheinen versah.[143] Nach seiner Internierung im September 1939 im Lager von Gurs floh er 1940 in die USA.

Eine andere protestantische Hilfstelle war in der Rue Liancourt von der baptistischen Kirche aufgebaut worden. Ab 1934/35 konnten sich dort geflohene Juden und Christen jüdischer Abstammung treffen, die Pastoren André Frankl und Vincent hatten die Betreuung übernommen. Der »American Board of Missions to the Jews«, der Missionsstationen überall in der Welt unterhielt, finanzierte diese Hilfsstelle.[144] Beide Pfarrer führten auch im besetzten Paris ihre Arbeit im Untergrund weiter.[145]

Ab Herbst 1938 griffen emigrierte evangelische Christen zur »Selbsthilfe«: sie gründeten eine »Freie deutsche evangelische Kirche«, die Gottesdienste in der Baptistenkirche 48, rue de Lille hielt und vermutlich von französischen protestantischen Amtsträgern unterstützt wurde.[146] Möglicherweise besteht eine organisatorische

---

140 Bericht von Schwester M. Winkelmann, S. 3 in Archiv Christuskirche 110–6, II. Im gleichen Sinne auch Dahlgrün selber in seinem Bericht über die Emigrantengemeinde vom 28.1.1939, S. 2 (Rückseite). Im folgenden alle Informationen aus diesen beiden Texten.
141 Zu Boegner siehe ausführlicher unten S. 187–189.
142 Diese Informationen verdanke ich J. Poujol, dem früheren Generalsekretär der »Société de l'Histoire du Protestantisme Français«. Er bestätigt damit die Darstellung Dahlgrüns, der die Namen Forell und Boegner nennt. Siehe auch: Handbuch der deutschsprachigen Emigration. Hg. Röder. München, S. 183 und Protokoll der Sitzungen vom 11.10.38 und 10.01.39 des Conseil National der FPF, in A Féd. Prot.
143 Er selber gibt in einem Bericht von 1946 72 Taufen für seine Arbeit an. Bulletin Intérieur, 1/1 August 1946.
144 Gespräch der Verfasserin mit Pfarrer Guggenheim am 15.4.1994 und Notizen in der Zeitung: »Le Berger d'Israël«, die seit 1936 erscheint; z.B. im Januar 1938 berichtete Frankl über das Weihnachtsfest unter den deutschen Emigranten.
145 Zu Frankl nach 1945 siehe unten S. 212.
146 Siehe den S. 164 Anm. 138 erwähnten Bericht Dahlgrüns. Nach einem Bericht der Deutschen Botschaft vom 29.3.1939 an das AA wurden in dieser Kirche auch politische und jüdische Flüchtlinge verpflegt, in ZA 176 Frankreich generalia.

Verbindung zwischen der Hilfstelle Frankls und dieser Neugründung. Pfarrer Dahlgrün kannte die »Konkurrenz«, wie auch das Kirchliche Außenamt,[147] gab ihr aber keine Chance auf Dauer. Tatsächlich kann sie nur wenige Monate existiert haben: mit Kriegsausbruch Anfang September 1939 verschwanden vorläufig alle deutschen Institutionen aus Paris.

Deutsche Kirche in der Provinz (2): Pfarrer Hans-Helmut Peters und die Gemeinde in Nizza (1933–1939)

Von wievielen verschiedenen Faktoren in dieser Zeit eine Auslandsgemeinde abhing, wird beispielhaft an der zweiten deutschen Gemeinde deutlich, an der Reisepredigerstelle Nizza, die von Pfarrer Hans-Helmut Peters im Dezember 1933 übernommen wurde und die er bis September 1939 innehatte. Der Vergleich soll deshalb angestellt werden, weil Hans-Helmut Peters im Jahre 1940 in Paris die Pfarrstelle übernahm und es interessant ist zu sehen, wie er in den Dreißiger Jahren in Nizza gearbeitet hat.

Von Beginn seiner Tätigkeit 1927 an bemühte sich Pfarrer Dahlgrün, herauszufinden, an welchen Orten in Frankreich Bedarf an deutschsprachigem Gottesdienst, oder sogar an einer Gemeinde bestehen könnte. Vor dem Ersten Weltkrieg gab es in Le Havre, Cannes, Bordeaux, Nizza, Lyon, Menton und Marseille deutsche Auslandsgemeinden,[148] da hier überall relativ große stabile deutsche Kolonien bestanden.

Die Vorgeschichte: Entstehung der Reisepredigerstelle Nizza

In den Zwanziger Jahren fand Dahlgrün nur an wenigen Orten in Frankreich Voraussetzungen für eine Gemeindearbeit, nämlich in Le Havre, Dünkirchen, Castellane und Nizza mit Umgebung.[149] In Le Havre waren ab 1931/32 die Bauarbeiten beendet, wie auch in Dünkirchen ab 1934. Castellane, ebenfalls eine zeitlich begrenzte deutsche Bauarbeitersiedlung, wurde von Italien aus versorgt. Für die Deutschen in Nizza und Umgebung bot ab 1930 Pfarrer Matthiesen, Auslandspfarrer in Genua, später sein Vertreter Ernst Matthis, in größeren Zeitabständen Gottesdienste an.[150] Dahlgrün versuchte, die französischen Lutheraner und seine Dienstbehörde in Berlin für ein neues Modell der Zusammenarbeit zu gewinnen: eine deutsche Pfarrerstelle innerhalb der französischen Gemeinde, mit Vertretern im Kirchenvorstand. Beide Seiten lehnten ab. Ersatzweise schlug er 1933 vor, zweimal monatlich einen deutschsprachigen Gottesdienst in der französisch-lutherischen Kirche de la Transfiguration

---

147 Ebenda. In Genf interpretierte man die Neugründung als »Spaltung«: Pfarrer Wyler von der Schweizerischen Reformierten Kirche hatte die Nachricht über eine »scission« (Spaltung) der Christuskirchengemeinde erhalten, da einige Gemeindeglieder sich weigerten, weiterhin die Fürbitte für Staat und Führer mitzutragen. Sitzung der »Commission des Églises étrangers 1928–1944« vom 2.3.1939, Brief der deutschen evang. Gemeinde in Genf vom 21.4.1994 an die Christuskirche in Archiv Christuskirche.
148 Siehe oben S. 16–30 und 120–122.
149 Bericht der Wirtschafts- und Konsulatsabteilung der Deutschen Botschaft in Paris über die Zahl evangelischer Deutscher in Frankreich vom 7.2.1931 in Archiv Christuskirche 102.
150 Alle Informationen über Nizza aus ZA, Best. 5 1366 bis 1370 und aus Archiv Christuskirche 102.

in Nizza vom deutschen Pfarrer in San Remo/Italien anbieten zu lassen. Auch dies wurde vom französischen lutherischen Konsistorium in Paris, das Eigentümer der Kirche in der Rue Melchior de Vogue war (die früher der deutschen Gemeinde gehörte), abgelehnt. Zur Begründung berief sich der Präsident, Pastor Boury, auf die Ablehnung des Conseil presbyterial, des Kirchenvorstandes, in Nizza, auf zahlreiche »inconvénients« (Nachteile), die für die lokale lutherische Kirche entstünden und auf mangelnden Bedarf: die vorhandenen Deutschen könnten gut in den französischsprachigen Gottesdienst gehen.[151]

Die ablehnende Haltung der französischen Lutheraner erklärt sich aus der Vorgeschichte der Nizzaer Gemeinde. In der ohnehin schwierigen Situation nach 1871 war die Gemeinde von den persönlichen Unzulänglichkeiten des Amtsvertreters stark belastet gewesen.[152] Dazu kam der Prozeß, den die Gemeinde nach mehreren Berufungsverfahren 1911 endgültig verloren hatte. Jedenfalls sprach 1932 Pfarrer Henri Ramette von der lutherischen Gemeinde in Nizza unverhüllt davon, daß das frühere Verhalten Friedrich Maders jedes Entgegenkommen verbiete.[153] Außerdem fürchtete er – so nahm Pfarrer Matthis an – die deutsche Konkurrenz, da die lutherische Gemeinde klein war und gerne ausländische Glaubensgenossen aufnahm.

So suchte die deutsche Seite eine Lösung, bei der man auf die unmittelbare Zusammenarbeit mit den örtlichen Lutheranern verzichten konnte, und schuf die »Reisepredigerstelle Nizza«. Ganz Südfrankreich sollte damit abgedeckt werden. In einem Gebiet, das von Lyon im Norden, Bordeaux im Westen und Menton im Osten begrenzt wurde, hatte der Pfarrer alle evangelischen Deutschen zu betreuen, die sich hier vorübergehend oder dauernd aufhielten. Geographischer Ausgangspunkt sollte in Nizza sein, wo eine Association cultuelle gegründet wurde. Von hier aus hatte der Pfarrer die Küstenstädte zu besuchen: Cannes, Menton, St Raphael, Juan les Pins, Monte-Carlo, Toulon usw. und die Großstädte des Südens: Bordeaux, Montpellier, Lyon und Marseille. Dahlgrün sollte von Paris aus als »Berater« die Arbeit unterstützen. Geplant war auch die Versorgung von deutschsprachigen entlassenen Fremdenlegionären, für die Friedrich von Bodelschwingh in Marseille ein Arbeitsheim gründen wollte.

Pfarrer Hans-Helmut Peters als Reiseprediger in Südfrankreich

Zunächst wurde Hans-Helmut Peters versuchsweise für ein halbes Jahr entsandt, um zu sehen, ob sich die Arbeit für eine feste Stelle lohne, was positiv entschieden wurde. Es war das erste Pfarramt für den 25jährigen Pfarrer, der für die Gemeindearbeit nur auf die Erfahrungen seines Vikariats 1930/31 in Paris zurückgreifen konnte.[154] Wie er diese Arbeit verstanden und durchgeführt hat, war abhängig von seiner Persönlich-

---

151 Brief vom 24.4.1933.
152 Einzelheiten siehe S. 23–25.
153 Bericht Dahlgrüns an den Kirchenausschuß vom 27.6. 1932 in ZA, Best. 5 1366. Ramette war von 1927–1943 Seelsorger in Nizza, er gehörte zu den protestantischen Pfarrern, die 1942 im Rahmen ihrer Arbeit versuchten, Juden durch vordatierte Taufscheine vor der Deportation zu retten, in C. Delormeau: Nizza II, S. 35–36.
154 Siehe die Korrespondenz Nizza betreffend in Archiv Christuskirche 102.

23. Hans-Helmut Peters – Reiseprediger in Südfrankreich 1933–1939, Pastor in Paris 1940–1944

keit und seinen theologisch-politischen Ansichten. Deshalb soll einleitend seine Person charakterisiert werden. [155]

Hans-Helmut Peters kam aus der christlichen Jugendbewegung, in der er als Student an führender Stelle tätig war.[156] 1908 geboren, gehörte er der Dahlgrün folgenden Pfarrergeneration an, die in der 2. Hälfte der Zwanziger Jahre studierte. Konfessionell gesehen war er Lutheraner, vermutlich mit dem stärkeren nationalen Akzent der »Lutherrenaissance« als der traditionellere Dahlgrün. Er interessierte sich als Vikar insbesondere für die Betreuung der polnischen Bergarbeiter in Nordfrankreich, die dann von den Franzosen übernommen wurde. Daraus und aus Nebenbemerkungen in seinem Briefwechsel kann man schließen, daß er sich durchaus sozial engagierte und die Arbeiterklasse für die Kirche gewinnen wollte.

Politisch stand er dem Nationalsozialismus nach 1933 positiv gegenüber, ohne vermutlich Parteimitglied gewesen zu sein.[157] Von den Deutschen Christen distanzierte er sich deutlich, da die Kirche sich nicht für politische Zwecke mißbrauchen lassen dürfe. Seine Stellungnahme im Dritten Reich muß immer zusammen mit seiner Rolle als Seelsorger gesehen werden, denn als solcher fühlte er sich verpflichtet, für die

---

155 Hauptquelle hierfür sind Dokumente in LKA Hannover N 112 und sein Briefwechsel mit Dahlgrün aus den Dreißiger Jahren in Archiv Christuskirche 102.
156 Auf sein Engagement verweist eine Veröffentlichung von 1929/30: »Schwerterkreuz – vom Wollen deutscher evangelischer Jungenschaft im Bund deutscher Bibelkreise.« (Hannover). Direkt politische Stellungnahmen aus dieser Zeit enthält der Nachlaß nicht, aber die Weimarer Jugend, insbesondere auch die studentische, stand überwiegend politisch rechts, siehe P. Gay: Die Republik der Außenseiter, dt. Frankfurt 1970, S. 182–189.
157 Diese Frage ließ sich aus den widersprüchlichen Zeugenaussagen nicht klären, die formale Mitgliedschaft sagt auch nur bedingt etwas über die dahinterstehenden Motive aus.

Menschen ohne Ansehen der politischen Einstellung oder der Nationalität offen zu sein. Daraus ergibt sich eine kritische Haltung gegenüber dem radikalen Flügel der Bekennenden Kirche, den »Dahlemiten« mit Martin Niemöller als Repräsentanten, die »das Gespräch mit dem weltanschaulichen Gegner«[158] ablehnten. Er bezog damit Stellung in einer Auseinandersetzung innerhalb der Bekennenden Kirche.

Die »gemäßigte« Richtung, zu der z.B. Friedrich von Bodelschwingh und die lutherischen Landesbischöfe Theophil Wurm und Hans Meiser gehörten, warf den Dahlemiten vor, doktrinär und rechthaberisch zu werden, nämlich vor lauter Bemühen, die reine Lehre und die rechtmäßige Kirche zu bewahren, zu vergessen, daß es um die Menschen, um die Gemeinden, um die Verkündigung des Evangeliums gehe. Nur noch mit demjenigen zu sprechen, der die richtige, d.h. die eigene Auffassung vertrete, sei selbstgerecht und zeuge nicht von dem Geist der Liebe und Versöhnung, der eigentlich das Verhalten von Christen bestimmen sollte.

Bejahte man nun grundsätzlich eine offene Gesprächshaltung als dem Evangelium entsprechend, tauchte das Problem auf, in jeder Situation neu zu entscheiden, wo die »Grenze zwischen dem Ja zu dem noch Möglichen und dem Nein zu dem nicht mehr Möglichen«[159] verläuft. Von welchem Punkt an würde die Kommunikationsbereitschaft zur Komplizenschaft, wo war nur noch ein kompromißloses Nein akzeptabel? Peters hat diese Grenze sehr viel weniger strikt gesehen als Dahlgrün.

Eine solche Haltung entsprach seiner Persönlichkeit. Er wird als offen und gesprächsbereit geschildert, den angenehmen Seiten des Lebens zugewandt, frankophil, bereit, Neues zu probieren, auch ehrgeizig. In seinem Vikariat hat er sich erfolgreich um die Gruppe der jungen Männer gekümmert, intensiv französisch gelernt und Beziehungen aufgebaut, die ihn sein Leben lang an Frankreich gebunden haben.

Aus dieser grundsätzlich positiven Einstellung gegenüber dem Dritten Reich und aus seiner Persönlichkeit erklärt sich, wie er seine Aufgabe als Reiseprediger erfüllte. Er nutzte alle Wege, Kontakte zu Deutschen oder Deutschsprachigen herzustellen, auch wenn es sich um offizielle Parteivertreter handelte. Mit anderen ansässigen Deutschen gründete er eine Deutsche Gemeinschaft, die ähnlich wie die Pariser Organisation gleichen Namens aufgebaut war.[160] Nach eigenen Aussagen hatte diese Initiative taktische Gründe, da »ein unvernünftiger junger Mann glaubte, die Interessen der NSDAP vertreten zu müssen«.[161] Um dies zu verhindern, organisierte er den überparteilichen Zusammenschluß von Reichsdeutschen, der von der französischen Polizei im Rahmen ihrer Ausländerüberwachung als getarnte Parteigruppe eingeschätzt wurde.[162] Im Februar 1938 bestätigte Peters Dahlgrün gegenüber, daß er durch die aktive Mitarbeit in der »Deutschen Gemeinschaft« an viele deutsche Kontakte komme, die nützlich für die Gemeinde sein könnten. Der Ortsgruppenleiter der

---

158 So Peters in einem Brief an Dahlgrün vom 7.10.1937 in Archiv Christuskirche 102.
159 Zitat von Paul Gerhardt Braune, nach: M. Hellmann: Friedrich von Bodelschwingh d.J. Widerstand für das Kreuz Christi, Wuppertal/Zürich 1988, S. 144.
160 Zur Deutschen Gemeinschaft in Paris siehe oben S. 150–151.
161 Brief von Peters an Dahlgrün vom 21. November 1934 in Archiv Christuskirche 102.
162 J. L. Panicacci: La colonie allemande dans les Alpes-Maritimes de 1933 à 1945, in J. Grandjonc/Th. Grundtner (Hg.): Zone d'Ombres. Exil et internement d'Allemands et d'Autrichiens dans le sud-est de la France, Paris 1991, S. 81. Siehe auch Brief von Panicacci an die Christuskirche, in dem er seine Quellengrundlage präzisiert. Die Polizei durchsuchte am 24.9.1939, also nach Kriegsausbruch, Peters Wohnung, in Archiv Christuskirche 110–6,I. 831/91.

NSDAP, der auf seine Veranlassung nach Nizza gewechselt habe, stehe der Gemeinde wohlwollend gegenüber.[163]

Seine persönlichen Beziehungen zu Parteivertretern ersparten ihm allerdings nicht Beschwerden der NSDAP-Auslandsorganisation über mangelndes Engagement der Nizzaer Gemeinde beim Sammeln für das Winterhilfswerk. Auch Dahlgrün wurde eingeschaltet und versuchte, gegenüber der Auslandsorganisation die schwierige Situation der Deutschen in Nizza begreiflich zu machen.[164] Die Parteistelle erklärte sich zufrieden mit dem Versprechen der Pfarrer, zukünftig offensiver für das Winterhilfswerk zu werben.[165]

Als eher hinderlich für seine Arbeit sah er offensichtlich »zahllose ehemals deutsche Emigranten« an, die »ein Interesse an der Aufrechterhaltung des gegenwärtigen [spannungsreichen] Zustandes« zwischen Deutschen und Franzosen hätten.[166] Über Gesprächsversuche von Peters Seite aus ist nichts bekannt. Das Mißtrauen wird auf beiden Seiten groß gewesen sein, da sich politische Emigranten nicht mit Auslandsdeutschen einlassen konnten, die zu eng mit Parteistellen zusammenarbeiteten. An der Côte d'Azur lebten zahlreiche deutsche Schriftsteller wie Thomas und Heinrich Mann und Bert Brecht, Politiker wie Rudolf Hilferding und Rudolf Breitscheid, Journalisten wie Theodor Wolff, Künstlerinnen wie Lotte Lenya in der Emigration, um nur einige bekannte Namen zu nennen. Viele versuchten, über Marseille nach Amerika weiterzukommen.

Alle Deutschen wurden polizeilich überwacht und beobachtet, auch wegen der nahen Grenze zum faschistischen Italien. Die Polizeistellen im Süden registrierten genau die verschiedenen Zeitungen, Deutschen Klubs etc. auf nationalsozialistische Einflüsse hin.[167] Peters wurde in den Polizeiakten als »agent du gouvernement nazi« geführt und mehrmals zu Verhören zur Polizei vorgeladen, so am 18. September 1935.[168]

Bei dieser Gelegenheit wurden ihm auch seine guten Beziehungen zur deutschen Military-Mannschaft zum Vorwurf gemacht. Seine Bekanntschaft mit dem späteren General Hans Speidel, der 1933–1935 an der deutschen Botschaft stellvertretender Militärattaché und während des Zweiten Weltkriegs zeitweise in Paris stationiert war, datierte aus dieser Zeit. Jedes Jahr fanden die »Internationalen Militär-Reitturniere« in Nizza statt. »Die Reiter luden mich ein abends zu gemeinsamem Zusammensein. Und da das Reitturnier jedes Jahr stattfand, hieß es später: Ach, da kommt ja der Pastor wieder.« So stellt Peters die Situation in seinen Erinnerungen 1987

---

163 Brief von Peters an Dahlgrün vom 10.2.1938 in Archiv Christuskirche 102.
164 Brief Dahlgrüns an Landesgruppenleiter Schleier vom Januar 1936. Es ist der einzige Brief von Dahlgrün im Archiv, der mit »Heil Hitler!« unterschrieben ist.
165 Antwortbrief Schleiers in Archiv Christuskirche 102.
166 Bericht über das Jahr 1934 in Archiv Christuskirche 102.
167 In den Akten der Sûreté »Rapports sur l'Allemagne« finden sich Abschriften von Berichten aus anderen Städten: Nizza, San Remo, Bordeaux, die von der Angst der Franzosen vor deutschen Verschwörungen zeugen, in AN Paris F 7/13427–13434.
168 Bericht vom 2.10.1935 an das Kirchliche Außenamt in ZA, Best. 5 1368. Ob seine Schwierigkeiten, 1933 ein Einreisevisum nach Frankreich zu erhalten (er mußte fast sechs Wochen warten), damit zusammenhängen, konnte nicht geklärt werden. Er selber vermutete, daß die Verzögerung kein Zufall war, ebenso wie die Verweigerung für Gottesdienste in Monaco. Brief an Dahlgrün vom 9.3.1938 in Archiv Christuskirche 102.

dar.[169] Man kann sich gut vorstellen, wie also der Pfarrer überall auftauchte, wo Deutsche waren, das Gespräch suchte, alles mitmachte: »Peters hatte mit allen gute Beziehungen, er verstand sich richtig zu nehmen.«[170]

Nicht gerade beruhigend im Sinne einer Bewältigung der Vergangenheit wirkte auf die Franzosen sein tatenlustiger Versuch, den Streit um das verlorene Kirchengebäude wiederaufzunehmen und zumindest eine Mitbenutzung zu erreichen. Ansatzpunkt war für ihn, daß das Nießbrauchrecht, das im endgültigen Urteil von 1911 den deutschen Lutheranern zugestanden worden war, nicht beschlagnahmt worden war, wie die »Geschäftsstelle für deutsche Güter, Rechte und Interessen in Frankreich« herausgefunden hatte. Er schaltete den Präsidenten der französischen Fédération Protestante, Marc Boegner, als Vermittler ein, erreichte jedoch letztlich nichts.[171]

In Nizza lag das Zentrum seiner Gemeinde, hier wohnte Familie Peters. Er hatte 1934 seine Frau Hildegard geheiratet, der älteste Sohn Burkhard wurde 1935 geboren. Ihr Leben war nicht einfach: gesundheitliche Probleme, Geldsorgen, Rückschläge in der Arbeit ließen Peters mehr als einmal zweifeln, ob er der Aufgabe gewachsen sei.[172] Da die Devisenbewirtschaftungsstelle manchmal monatelang die Überweisung des Gehaltes zurückhielt, mußte er sich von den Konsulaten und von der Pariser Gemeinde Geld zum täglichen Leben leihen. Frau Peters war nach der Geburt monatelang krank und erholte sich nur langsam. Die Zahl der Menschen, die Peters betreuen konnte, war entmutigend klein: in Nizza lernte er zu Beginn etwa 110 mögliche Gemeindeglieder kennen, deren Zahl bis 1938 auf 30 sank, in Marseille erreichte er über die »Deutsche Gemeinschaft« 25–30 Personen, in Lyon waren 11 Evangelische bekannt, von denen 1937 sieben zu einem Erntedankgottesdienst ins Konsulat kamen. In Montpellier, Nîmes und Toulouse erreichte er jeweils drei oder vier Deutsche, ein paar mehr in Cannes; in Bordeaux nahmen 30 Personen am Gottesdienst zum »Tag der Machtergreifung« am 30. Januar teil, davon waren mehrere zu diesem Zweck aus Pau und Dax angereist.[173]

Zunächst vorübergehend, dann auf Dauer hatte er die Kurpredigerstelle in San Remo und Bordighere im nahen Italien mitzuübernehmen. Vier Tage pro Monat verbrachte er dort mit Gottesdiensten und Besuchen.

Er muß dauernd unterwegs gewesen sein. Mit einem Motorrad besuchte er Evangelische, deren Adressen ihm mitgeteilt wurden, und benutzte jede Gelegenheit, Deutsche zu einem Gottesdienst einzuladen. So veranstaltete er Trauerfeiern: im August 1934 im Generalkonsulat in Marseille für Reichspräsident Hindenburg, im Januar 1936 in Cannes für den deutschen Botschafter Roland Köster. Auch an nationalen Gedenktagen wie dem »Tag der Machtergreifung« am 30. Januar und am Erntedank-

---

169 Bericht von Peters im August 1987 über seine Zeit in Paris in Archiv Christuskirche 110–6, I.
170 Interview mit F. Großberg Teil II, S. 8 und 10 in Archiv Christuskirche 110–6, I.
171 Heckel warnte Peters vor zu forschem Vorgehen in ZA, Best. 5 1367.
172 Alle Informationen über die Gemeindearbeit in Nizza und Umgebung aus Briefen und Gemeindeberichten in Archiv Christuskirche 102.
173 Zum Vergleich die offiziellen Zahlen der gemeldeten Deutschen im Département Alpes-Maritimes (Cannes, Nizza, Menton): 1931 2018 Personen, 1936 1059 Personen, in J. L. Panicacci: La colonie allemande dans les Alpes maritimes de 1933 à 1945, in Grandjonc/Grundtner: Zones d'Ombres, S. 79–81.

fest[174] ebenso wie an rein kirchlichen Festtagen ergriff er die Möglichkeit für Gottesdienste.

Bei allen Aktivitäten benötigte er die Mitarbeit der deutschen Konsulate in Marseille, Nizza und Lyon und die Gastfreundschaft anderer protestantischer Kirchen, um einen Gottesdienstraum zu finden. Offenbar dienten mehr als einmal die Konsulatsgebäude als Gottesdienststätten.

In Nizza baute er eine »normale« Gemeinde auf mit Gottesdiensten, Bibelstunden, Konfirmanden- und Religionsunterricht am schulfreien Donnerstag, mit Jungmädchenkreis und Frauenhilfe, die die Domäne seiner Frau wurden, ebenso wie der jährliche Verkauf. Die Teilnehmerzahlen waren denkbar gering: für ein Kind gab er Konfirmandenunterricht, für zwei Religionsunterricht, zum Jungmädchenkreis kamen sechs Mädchen, den Gottesdienst besuchten etwa 25, an Festtagen 45 Menschen. Der Gottesdienstort mußte mehrmals gewechselt werden. 1934 und 1935 waren die deutschen Lutheraner bei der französischen Baptistengemeinde zu Gast. Da diese aber ihre Räume am Sonntag selber brauchte, fand der Gottesdienst vierzehntäglich am Montag abend um 20 Uhr 45 statt – eine ungewöhnliche Zeit, die allen heimischen Gewohnheiten widersprach. Ebenso spielte die für Lutheraner ungewöhnliche Kirchenarchitektur der Baptisten, die einen halbrunden Saalbau hatten, eine abschreckende Rolle. Später gewährte die Schottische Presbyterianergemeinde Gastfreundschaft am Sonntag nachmittag.

Zur Gemeinde in Nizza gehörten Mitglieder aus 13 Nationen: von 115 Personen waren 62 Reichsdeutsche, an zweiter Stelle standen mit je 13 Schweizer und Franzosen, es folgten 10 Balten, die übrigen waren Österreicher, Amerikaner, Skandinavier und Russen. Der Kirchenvorstand bestand aus drei Männern außer dem Pfarrer, unter denen aber kein Reichsdeutscher war: ein Finne, ein Schweizer und ein Franzose. Zur Illustration dieser bunten Mischung sei ein Gemeindeglied in Cannes genannt: Frau von Marck, verheiratete Gazon, die 1921 als Kind mit einer schweizerischen Mutter und einem estländischen Vater aus Riga nach Cannes in die Emigration kam, wo eine Tante lebte, die die Flüchtlinge bei sich aufnahm.[175]

Die Jungmännerarbeit, die Peters in Paris besonders am Herzen gelegen hatte, fand in Nizza eine ungewöhnliche, auf die Arbeitsbedingungen der Zielgruppe zugeschnittene Form. Junge Kellner und Hotelierssöhne in der Ausbildung trafen sich vierzehntäglich abends von 21 Uhr 30 bis 24 Uhr beim Pfarrer, der ihnen in erster Linie einen Ersatz für die vermißte Familie bieten wollte. Solche Einladungen wurden insbesondere für Festtage wie Weihnachten ausgesprochen.

Einen Höhepunkt seines Wirkens an der Côte d'Azur erlebte Peters im Januar 1939: einen ökumenischen Betgottesdienst, der im Rundfunk übertragen wurde. Dazu hatte der ansässige reformierte Pfarrer, Ch. Monod, sechs am Ort lebende

---

174 Über den 30.1.1938 (Gottesdienst in Bordeaux), die Trauergottesdienste und das Erntedankfest gemeinsam mit Parteistellen (1937) schrieb Peters an Dahlgrün in Archiv Christuskirche 102. Anzunehmen ist also, daß er regelmäßig die nationalen Gedenktage zum Anlaß nahm, Deutsche zu versammeln.
175 Siehe Interview mit Frau Gazon in Archiv Christuskirche 110,6 II. Sie sei immer mit Peters befreundet geblieben, in Paris 1940–44 und auch nach dem Krieg, wenn Peters sie bei seinen häufigen Besuchen in Paris besucht habe.

Geistliche eingeladen. Ein russisch-orthodoxer Priester, ein anglikanischer und ein schottischer Reverend, ein elsässischer Pastor (zu Besuch in Cannes), Peters und der reformierte Pfarrer selber zelebrierten gemeinsam einen liturgischen Gottesdienst ohne Predigt, wobei sich jeder seiner Muttersprache bediente. Die Choräle konnten von der Gemeinde als gemeinsamer Kulturbesitz zusammen gesungen werden.

Während der Sommermonate, wenn die Kirche, wie viele Kirchen im Süden, vorübergehend geschlossen wurde, arbeitete Peters auch als Kirchenhistoriker. Im Jahrbuch: »Auslandsdeutschtum und Evangelische Kirche« von 1939, das vom Kirchlichen Außenamt herausgegeben wurde, erschien ein Aufsatz von ihm: »Luthers Einfluß und deutsche Lutheraner in Frankreich während des 16. Jahrhunderts. Studien zur Geschichte des Luthertums und des Deutschtums in Frankreich.« Hierzu muß er in französischen Kirchenarchiven und Bibliotheken gearbeitet haben, insbesondere in der Bibliothek der »Société de l'Histoire du Protestantisme Français«, der Gesellschaft für die Geschichte des französischen Protestantismus, in Paris.

Bei Kriegsausbruch im September 1939 befand sich Hans-Helmut Peters in Deutschland auf Urlaub, seine Familie war schon im Frühjahr nach Deutschland umgezogen. Seine Habe wurde beschlagnahmt. Mit Südfrankreich fühlte er sich weiterhin verbunden, so war es ihm wichtig, nach 1940 von Paris aus zwei-, dreimal pro Jahr Seelsorgereisen in die unbesetzte Zone unternehmen zu können, um ehemalige Gemeindeglieder wiederzutreffen.

Das Jahr 1938: Fast schon der Ernstfall

Bis zum Jahre 1938 ist von den politischen Ereignissen, die Deutschland und Frankreich betrafen, also mittelbar auch unsere Gemeinde, recht wenig in den Dokumenten der Christuskirche zu spüren. Daß Hitler Anfang März 1936 ins entmilitarisierte Rheinland einmarschierte und damit die Verträge von Versailles und Locarno verletzte, daß im Mai darauf in Frankreich zum 1. Mal die »Volksfront« an die Macht kam, daß im Juli 1936 in Spanien der Bürgerkrieg ausbrach, der außenpolitisch neue Fronten in Europa schuf: Italien und Deutschland kämpften auf der Seite Francos, Frankreich auf Seite der Republikaner (wie auch zahlreiche linke Emigranten) – davon stand nichts im Gemeindeblatt.

Mit dem Jahr 1938 wird das anders: das Gemeindeblatt wurde politischer. Immer mehr Hinweise auf das weltpolitische Geschehen konnte man lesen, so wie es vom Pfarramt wahrgenommen wurde. Schon im Januar erschien die bereits erwähnte Lobeshymne auf Hitler, die vorher nicht üblich war. Nach dem »Anschluß« im März 1938 wünschte das Gemeindeblatt Gottes Segen für die Österreichische Kirche, die nunmehr ins deutsche Volk zurückgeführt sei. Auf der organisatorischen Ebene fiel ab jetzt die Österreichische Kirche nicht mehr unter das Auslandsamt der Kirche, sondern wurde als neue Landeskirche willkommen geheißen.

Gleich nach den Ferien im September 1938 sah es wochenlang nach Krieg zwischen Deutschland und Frankreich aus: Hitler forderte die Sudetendeutschen Gebiete. In München verhandelten Chamberlain, Daladier und Mussolini über diese Frage.

Im Pfarrhaus in der Rue Blanche bereitete man die Evakuierung vor: Frau Dahlgrün und die beiden Diakonissen fuhren nach Deutschland, und das Mädchenheim im Gemeindehaus wurde geschlossen. Auch andere Gemeindeglieder entschlossen sich zur Abreise. Am 26. September übergab Pfarrer Dahlgrün das Archiv und die Kirchengeräte der deutschen Botschaft. Um zu verhindern, daß die Christuskirche wiederum beschlagnahmt werden würde, erreichte die Botschaft, daß die holländische Gesandtschaft ihren Schutz übernahm. Alles sah nach Wiederholung des Weltkrieges aus.

Die Erleichterung nach dem Münchner Abkommen war groß. Es schien, als sei der Zweite Weltkrieg vermieden worden. Die Sudetenkrise hatte nach Dahlgrüns Worten die Gemeinde enger zusammengeschlossen, was sich auch an erhöhter Opferbereitschaft bei den Spenden für die dringende Dachreparatur ausdrücke.[176] Was er damals wohl nicht wußte: der relativ hohe Spendenbetrag war unter anderem dadurch zustandegekommen, daß in der Botschaft von jedem Beamten mit Namen und Betrag – zur Bequemlichkeit gleich mit Gehaltsabzug – eine Spende gefordert wurde – eine Praxis, die man von der Winterhilfssammlung her kannte.[177]

Der Trauergottesdienst für Ernst vom Rath am 12. November 1938

Ein paar Wochen später stand die Christuskirche in gewissem Sinn inmitten von weltpolitischen Ereignissen. Hier fand nämlich die kirchliche Trauerfeier für den in Paris von dem jungen Juden Herschel Grynszpan ermordeten Legationssekretär Ernst Eduard vom Rath statt, dessen Tod zum Anlaß für die Pogrome des 9. November im nationalsozialistischen Deutschland genommen wurde, die als »Reichskristallnacht« bezeichnet wurden.[178]

Bereits im Laufe seines Vorbereitungsdienstes 1935/36 war Ernst vom Rath an der Pariser Botschaft als persönlicher Sekretär seines Onkels Roland Köster tätig gewesen. Aus dieser Zeit datierte seine Gemeindemitgliedschaft.[179] Im Juli 1938 wurde er wieder an die Botschaft versetzt und am 18. Oktober zum Legationssekretär ernannt. Am 7. November wurde er von dem 17jährigen Herschel Grynszpan mit mehreren Revolverschüssen so schwer verletzt, daß er am 9. November um 16 Uhr 30 starb. Der junge Attentäter gab als Motiv an, sich für die Vertreibung seiner Familie aus Deutschland nach Polen rächen zu wollen. Der 29jährige Legationssekretär scheint zufällig zum Opfer geworden zu sein, da er es war, der den Täter in der Botschaft empfing.[180]

---

176 Jahresbericht für 1938 in Archiv Christuskirche 1120.
177 Die Liste der Spender mit allen Angaben in Pol.AA, Botschaft Paris 1021 III 12 t.
178 Die folgende gedrängte Darstellung beschränkt sich auf die Vorgänge, soweit sie die Gemeinde betreffen. Wenn die Zeugenaussagen nicht übereinstimmen, ist die in sich stimmigste Darstellung benutzt worden.
179 GBl Jul. 1936 mit Aufzählung der ihren Beitrag bezahlenden Gemeindegliedern.
180 Weiter soll auf das Geschehen nicht eingegangen werden. Ausführliche Darstellung bei: H. Heiber: Der Fall Grünspan, in Vierteljahrshefte für Zeitgeschichte 5/1957, S. 134–172, und bei H. J. Döscher: Reichskristallnacht, Frankfurt 1988.

In der nächsten Nacht wurde die Leiche vom Raths vom Krankenhaus in die Botschaft überführt, von französischer Polizei eskortiert.[181] Nachdem der Mord als Vorwand für die Pogrome in Deutschland benutzt worden war, mußte nun natürlich die Trauerfeier propagandistisch ausgestaltet werden. Es haben insgesamt fünf Trauerfeiern stattgefunden: in der Botschaft als interne Feier der Dienststelle, im Deutschen Haus als Feier der deutschen Kolonie, in der Kirche, als einziger Feier, zu der Franzosen eingeladen waren, in Düsseldorf als Staatsbegräbnis und in Berlin im Auswärtigen Amt. Für den unbekannten jungen Beamten wurden alle Register gezogen, die dem Staat zur Verfügung standen, um seinen Tod im kollektiven Gedächtnis als Opfer jüdischer Verschwörung und Blutzeugnis der NS-Bewegung aufzubewahren. In einer Untersuchung über die Rolle von Staatsbegräbnissen im NS-Staat wird die Beerdigung vom Raths mit der von Hindenburgs, Heydrichs und Gustloffs in eine Reihe gestellt.[182] Staatsbegräbnisse mit allem Pomp waren Gelegenheiten, die Bevölkerung für den NS-Staat zu mobilisieren und sie sich als von Attentätern bedrohte Volksgemeinschaft zusammenschließen zu lassen. Gerade im Fall der »Reichskristallnacht« dienten die Staatsakte dazu, den Deutschen zu helfen, die Judenverfolgung hinzunehmen.

Nach einigem Hin und Her über Zuständigkeiten wurde die Leiche in einem Trauerzug von der Botschaft in der Rue de Lille durch die abgesperrten Straßen von Paris feierlich in die Rue Blanche geleitet. Hier fand auf Wunsch der Eltern vom Rath am Samstag, den 12. November mittags um 12 Uhr der Trauergottesdienst statt.[183] Da er evangelisch und obendrein eingeschriebenes Gemeindeglied war, war dies völlig normal.

Es nahmen teil: Mitglieder der französischen Regierung wie Außenminister Bonnet, Vertreter des französischen Staatspräsidenten, der deutsche Botschafter Graf Welczeck, das Diplomatische Corps der in Paris vertretenen Staaten, das Personal der Deutschen Botschaft und die Vertreter der NSDAP; aus Deutschland reiste als Vertreter des Führers eigens der Staatssekretär des Auswärtigen Amtes, Ernst von Weizsäcker, an, der Vater des ehemaligen Bundespräsidenten Richard von Weizsäcker.

---

181 Quellen zum Ablauf der Trauerfeier: Pol.AA, Botschaft Paris Pers. 503; Ernst von Weizsäcker: Erinnerungen, München/Leipzig/Freiburg 1950, S. 174–176; Otto Bräutigam: So hat es sich zugetragen, Würzburg 1968, S. 258–263; Aussage von Schwester M. Winkelmann, S. Fischnaller und F. Großberg (Gemeindegliedern); GBl Okt./Nov. 1938; Zeitungsberichte (der Daten von 7. bis 15. November 1938) des Berliner Lokalanzeigers, des Völkischen Beobachters und der Oberhessischen Presse (Marburg) wurden als Stichproben über die deutsche Berichterstattung herangezogen, für die französische Berichterstattung Le Temps.
182 Wilhelm Gustloff wurde 1936 als Landesgruppenleiter der Auslandsorganisation der NSDAP in der Schweiz von einem Juden ermordet. Ausführlich zu Staatsbegräbnissen: V. Ackermann: Nationale Totenfeiern, 1990. Zu vom Rath: S. 59, 107, 116, 172–75, 211 und 218–220.
183 Botschaftsrat Bräuer war mit der Organisation der Trauerfeierlichkeiten beauftragt und hat die Meinung der Eltern berücksichtigt, in Bericht Dahlgrüns an das KAA in ZA , Best. 5 1380. Gleichlautend Schwester M. Winkelmann, in Leserbrief von Pastor von der Recke vom 25.9.1987 an die Redaktion »Unsere Kirche« in Archiv Christuskirche 110–6, II. Daß vom Rath aus einer christlich orientierten Familie stammte und gegen den Nationalsozialismus eingestellt war, betont Otto Abetz in seinen Memoiren (Das offene Problem, Köln 1951, S. 91).

Der offizielle Programmablauf sah so aus:

»Programm der Feier am Sonnabend, dem 12. November 1938 um 12 Uhr in der Lutherischen Christuskirche, 25, rue Blanche.

1. Orgelvorspiel	2 Minuten
2. Eingangsliturgie	5 Minuten
3. Wendling Quartett (Adagio von Rosenmüller)	5 Minuten
4. Ansprache des Pastors Dahlgrün	10 Minuten
5. Chor einstimmig mit Wendling-Quartett ›Wenn ich einmal soll scheiden‹ – 2 Verse	6 Minuten
6. Ansprache des Chefs der Delegation aus Deutschland	8 Minuten
7. Im Anschluß daran Kranzniederlegung	2 Minuten
a) des Führers durch Staatssekretär von Weizsäcker	
b) des Reichsaußenministers durch Botschafter Graf Welczeck	
c) des Chefs der A.O. durch Landesgruppenleiter Ehrich	
8. Einsegnung der Leiche	4 Minuten
9. Wendling-Quartett: Adagio von Beethoven	5 Minuten
10. Segen – Ausgang bei Orgelspiel	1 Minute
	48 Minuten«[184]

Nach dem Gottesdienst blieb der Sarg mehrere Tage in der Kirche aufgebahrt, so daß zahlreiche Trauergäste, Franzosen und Deutsche, dem Toten die letzte Ehre erweisen konnten. Danach wurde der Sarg zur Gare du Nord geleitet und in einem Sonderzug, ab der Grenze von SA eskortiert, nach Düsseldorf gebracht, wo am 17. November das Staatsbegräbnis stattfand.[185] Soweit der äußere Ablauf.

Gottesdienst oder Parteiveranstaltung?

In den üblichen Darstellungen wird der Trauergottesdienst in der Rue Blanche entweder nicht erwähnt oder mit einem Satz gestreift. Er war von der Botschaft als offizielle Trauerfeier in Frankreich vorgesehen, zu der die französische Regierung eingeladen wurde. Damit folgte man den diplomatischen Gepflogenheiten. Da Staatsbegräbnisse im diplomatischen Leben der Staaten untereinander Gelegenheit geben, den aktuellen Stand der Beziehungen zu überprüfen, werden Kondolenzlisten und Teilnahme an Trauerfeiern zu Stimmungsbarometern.[186] So bot eine kirchliche, also unverdächtige Feier eine Möglichkeit, an der Teilnahme von Regierungsvertretern zu sehen, wie deutschfreundlich augenblicklich die französische Regierung war. Beiden Seiten, der deutschen und der französischen, war damals daran gelegen, dieses Attentat nicht zum Streitfall zwischen den Nationen werden zu lassen. Der Botschafter berichtete über »bemerkenswerte Aufmerksamkeit und Hilfsbereitschaft« der französischen Regierung.[187] Umgekehrt stellten die deutschen Zeitungen das Mitgefühl der französischen Bevölkerung mit dem Opfer heraus.

---

184 Pol.AA, Botschaft Paris Pers. 503, Band 2.
185 Schilderung des Zuges bei O. Bräutigam, S. 262.
186 V. Ackermann: Totenfeiern, S. 70–71.
187 Bericht des Botschafters von Welczek an das Auswärtige Amt in Pol.AA, Botschaft Paris Pers. 503, S. 5.

24. Die Christuskirche im Jahre 1934 für eine offizielle Trauerfeier hergerichtet

Für Pfarrer Dahlgrün war damals die Frage wichtig, inwieweit sich die Kirche hat vereinnahmen lassen. Hat sie durch ihren Gottesdienst andere als kirchlich-christliche Werte transportiert?

Zur Untersuchung dieser Frage eignet sich seine eigene kurze Ansprache, die im Gemeindeblatt vom November 1938 abgedruckt wurde.

> »Liebe Trauergemeinde! Auf dem Schlachtfelde von Langemarck, unweit des Friedhofs, in dem die Blüte der deutschen Mannesjugend von 1914 ruht, steht eine kleine Kapelle. Über ihrem Eingang liest der Wanderer die Worte: ›Not sucht Trost‹.
>
> Ein wahres, an jener Stätte allzu wahres Wort, und dasselbe an dieser Bahre, inmitten unserer Erschütterung und Not. Zwar ist es nicht ganz dasselbe, was erlitten wurde einst von den Kämpfern von Langemarck und jetzt von dem Kämpfer Ernst Eduard vom Rath. Grausamer ist sein Todeslos, unfaßbar wirr. Dort die offene Schlacht, hier das, was der Mund des Predigers auszusprechen sich scheut. Aber es ist *dieselbe Not* eines frühe gefällten Mannestums, die wir tragen, hier wie dort, und auch der Trost, den wir suchen und finden, ist *ganz derselbe* an dieser Bahre wie auf dem Felde der Ehre, ist die *reine Flamme* des Opfers, die aus dem Sterben leuchtet und es verklärt. Mag ein Grauen diesen Tod umnachten, – wir bekennen: Ernst vom Rath, Du Deutscher, du hast vollbringen dürfen, was dem deutschen Manne köstlich ist, die Lebenshingabe für das geliebte Vaterland! Ernst vom Rath, du Christ, du hast vollbringen dürfen, was dem Jünger Jesu Christi einziger Ruhm ist, und seliger Gewinn, das stellvertretende Leiden für deine Brüder im Dienst. Sterbend hast du besiegelt, was du gelebt. Dir ist es Lohn, uns ist es Trost. Gesenkten Hauptes betten wir dich zur Ruhe, aber erhobenen Herzens reihen wir dich der Schar der gekrönten Kämpfer ein...«

Bis hierher bleibt Dahlgrün in den üblichen Bildern des gefallenen Soldaten, des Todes für das Vaterland, des freiwilligen Opfers. »Langemarck« steht für den tausendfachen Tod von jungen, begeisterten deutschen Soldaten in dieser Schlacht bei Ypern in Belgien im Herbst 1914. Daß der Vergleich zwischen einem Attentat und dem Tod in der Schlacht hinkt, gibt Dahlgrün zu, ihm kommt es auf eine andere Parallele an: die Jugend des Toten und daß er in seiner Eigenschaft als Staatsdiener in einem weiten Sinn gestorben ist.

> »Ich spreche es aus, weil ihr es doch nicht in euch verschließen könnt, weil Not Trost sucht und Schmerz nach Gemeinschaft drängt. Aber sagt nicht unser Textwort: ›Ich will schweigen und meinen Mund nicht auftun‹? Ach, warum schweigen? Warum nicht reden? Ist nicht, wenn je, die Stunde gekommen zum Reden, zum lauten Klagen, ja, zum stahlharten Anklagen und richtenden Zürnen? Nein, nicht für uns. Wir sind Christen und wollen, wenn je, dann in solchen Stunden wie dieser beweisen, dass wir es sind und gedenken zu bleiben, Christen, die wissen: Gott ist da. Er ist der Richter. Sein alleiniges Majestätsrecht ist es, in die Hölle zu stossen, wen Er verstossen will. Wir aber schweigen und tun unseren Mund nicht auf, nicht aus Schwachheit, sondern in der Kraft der Stille und des Harrens, mit der wir bekennen: ›Du, Herr, hast es getan‹, und Du weisst, wozu...«

Der Wunsch nach Rache, die nach einem Gewaltakt gefühlsmäßig so nah liegt, ist dem Christen versperrt, Gott allein ist Richter. Wenn man will, kann man hier einen Vorbehalt gegen die Pogrome des 9. November heraushören, die als »kollektive Rache« des deutschen Volkes für den erlittenen Mord an einem Deutschen dargestellt worden sind.

Ernst von Weizsäcker sprach nach einem Zeitungsbericht über den »ersten Gefallenen der Diplomatie für das Dritte Reich«.[188] Dahlgrün betonte, daß er sich dem kirchlichen Rahmen angepaßt habe.[189] Einen zeremoniellen Fauxpas beging übrigens

---

188 Faksimile eines Zeitungsberichts des Berliner Lokalanzeigers vom 13.11.1938 in F.K. Kaul: Der Fall des Herschel Grynszpan, S. 48. Inwieweit dieses Zitat durch die Zensur verfälscht worden ist, muß offen bleiben. Der Wortlaut der Rede ließ sich nicht ausfindig machen.
189 Bericht Dahlgrüns vom 14.11.1938, S. 1.

Dahlgrün, als er den Staatssekretär fälschlicherweise mit dem Titel »Admiral« – wohl wegen der dunkelblauen Uniform – ansprach.[190]

Nach dem offiziellen Bericht von Dahlgrün über die Feier an das Kirchliche Außenamt zu urteilen, war die Botschaft in Paris zufrieden, wie auch er selber, da »christliches übergeordnet blieb.«[191] Die »schlichte Feier« nach dem in der Christuskirche üblichen lutherischen Beerdigungsritus sei lediglich durch eine kurze Ansprache des Staatssekretärs Ernst von Weizsäcker erweitert worden. Dahlgrün sah genau, daß der deutsche Staat daran interessiert war, diesen Mord propagandistisch auszuschlachten, meinte aber, ein Gegengewicht dagegen gebildet zu haben. Er schrieb befriedigt an Bischof Heckel, daß die Kirche für die Teilnahme der Franzosen die gegebene Stätte gewesen sei, gerade weil sie als frei von nationalistischer Vereinnahmung gelten konnte.

Von Berlin aus scheint er sich allerdings unter Druck gefühlt zu haben: er habe das Beileidstelegramm von Heckel, das vor der Trauerfeier eintraf, als »die Direktiven für meine Rede in der Trauerfeier« bezeichnet – eine Interpretation, die auf ein gespanntes Verhältnis zum Auslandsbischof hinweist.[192] Tatsächlich benutzte Heckel genau die »Sprachregelung« des Propagandaministeriums: »ein feiger Meuchelmord«.

Einige Zeugen gehen davon aus, daß der kirchliche Charakter der Trauerfeier Hitler geärgert und er dem verantwortlichen Pfarrer Repressalien angedroht habe.[193] Er habe deshalb nicht gewagt, im August 1939 nach Deutschland zurückzukehren, sondern sei nach Genf gegangen, von wo aus er direkt nach Rom entsandt worden sei, um die Pfarrstelle des plötzlich verstorbenen Pfarrers Walker zu übernehmen.

Für diese Version spricht, daß Hitler prinzipiell gegen kirchliche Trauerfeiern war und die Anwesenheit von Pfarrern ablehnte. Ab 1937 war das Propagandaministerium für den Ablauf von Begräbnissen zuständig.[194]

Dahlgrün selber gab allerdings in einem Privatbrief vom 1. Januar 1947, also kurz nach den Ereignissen, eine einfachere Erklärung dafür, daß er bei Kriegsausbruch nicht nach Deutschland zurückgekehrt sei. Er sei froh gewesen, daß er nicht zum Wehrdienst eingezogen oder als Heerespfarrer eingesetzt werden konnte, da er sich weiterhin im Auslandspfarrdienst befand.[195]

Das Ende: September 1939

Die Entspannung der internationalen Lage nach dem Münchner Abkommen war nicht von langer Dauer. Kurz nach der Trauerfeier für vom Rath traf Außenminister Ribbentrop zu einem Besuch in Paris ein, was den Anlaß zu ersten Internierungen

---

190 O. Bräutigam: So hat es sich zugetragen, S. 262.
191 Bericht vom 14.11.1938 an das KAA in ZA, Best. 5 1380 und Archiv Christuskirche 184.
192 Siehe Leserbrief von Pfarrer v.d. Recke in »Unsere Kirche« 43/1987 nach Angaben von Schwester M. Winkelmann. Text des Telegramms: »Ich bitte Sie, der deutschen Botschaft zu dem feigen Meuchelmord mein Beileid auszusprechen.«
193 Interview mit Hans-Helmut Peters: S. 5, Schwester M. Winkelmann: Bericht, S. 4. Die Information hatte sie allerding nicht zum Zeitpunkt des Geschehens, 1938/39, erhalten, sondern von Dahlgrün lange nach dem Krieg (Gespräch mit der Verfasserin am 10.8.1992).
194 V. Ackermann: Totenfeiern, S. 42–43.
195 Brief an Annemarie Uhde vom 1.1.1947, freundlicherweise von F. Großberg dem Archiv der Christuskirche zugänglich gemacht.

von mißliebigen Deutschen gab. In Frankreich wurde teilmobilgemacht, so daß Pfarrer Peters seine Familie bereits aus Frankreich ausreisen ließ.[196] Die Lage für die Deutschen in Paris wurde zunehmend schwieriger, auch Dahlgrün empfand die Situation als gespannt und sah sich in seiner deutschen Kirche wachsender Kritik von Seiten der Franzosen ausgesetzt.[197] Von der deutschen Botschaft wurde die Kirche als »wichtig für das Deutschtum« und von daher unterstützungswürdig und -bedürftig angesehen.[198] Die Gemeinde wurde rasch kleiner, weil viele Deutsche versuchten, noch vor dem Ausbruch eines Krieges aus Frankreich wegzugehen. Zu diesem Zeitpunkt haben zum Beispiel die Familien Zippel und Marx das Land verlassen.[199]

Am 15. März marschierten deutsche Truppen in die »Rest-Tschechei« ein, die deutsche Drohung gegenüber Polen wurde immer schärfer. Am 23. August wurden im Hitler-Stalin-Pakt die Interessensphären im Osten Europas abgegrenzt. Am 1. September 1939 überfiel die Wehrmacht Polen. Zwei Tage später antworteten England und Frankreich mit der Kriegserklärung an Deutschland.

Zu diesem Zeitpunkt befanden sich Erich Dahlgrün und seine Frau bereits in Genf. Auf Anraten der Botschaft hatte er die Kirche Ende August geschlossen. Die Fédération Protestante de France sollte den Schutz der Christuskirche übernehmen, damit sie nicht wie 1914 vom französischen Staat sequestriert werden würde.[200]

Welches Schicksal die Gemeindeglieder bei Kriegsausbruch erlitten haben, ist nur in Einzelfällen überliefert. Deutsche wurden bei Kriegsausbruch verhaftet und in Internierungslager gebracht, gleichgültig, ob es sich um Emigranten, um langjährige Auslandsdeutsche oder um Parteigenossen handelte.[201] Im September 1939 traf dieses Schicksal zunächst nur Männer zwischen 18 und 65 Jahren und politisch in linken Organisationen tätige Frauen. Im Mai 1940 wurden auch die Frauen und die Kinder interniert.[202]

Annemarie Uhde, die über ein Jahrzehnt lang den Kindergottesdienst leitete, wurde nach Aussagen von Felicitas Großberg in Gurs interniert, ihr Bruder, der Kunstkritiker Wilhelm Uhde, war aus Altersgründen verschont worden.[203] Allerdings ist sie aller Wahrscheinlichkeit nicht im September 1939, sondern erst im Mai 1940 verhaftet worden, da sie nicht politisch organisiert war.

Die Geschichte hatte sich wiederholt: Von einem Tag auf den anderen war die Kirche zu.

---

196 Peters: Erinnerungen, S. 2–3.
197 Bericht vom 13. April an das Kirchliche Außenamt in ZA, Best. 5 1380.
198 Bericht ohne Datum, vermutlich Ende 1938, in ZA, Best. 5 1380.
199 Statistischer Bericht vom 31.7.1939 in ZA, Best. 5 1380.
200 Siehe den Briefwechsel zwischen Dahlgrün und dem KAA ab 27.8.1939 in ZA, Best. 5 1380.
201 Über die Internierungen J. Grandjonc/Th. Grundtner (Hg.): Zones d' ombres. Exil et internement d'Allemands et d'Autrichiens dans le sud-est de la France, Paris 1991.
202 Diese Informationen verdanke ich Christian Eggers, der mir stets hilfsbereit aus seinem enormen Wissen wichtige Details mitteilte.
203 Siehe Interview mit F. Großberg Teil I, S. 16–17 in Archiv Christuskirche 110–6, I.

Die Gemeinde während der Zeit der deutschen Besetzung – August 1940 bis August 1944

Die Geschichte der Christuskirche der Jahre 1940 bis 1944 ist die Geschichte einer Kirche als Teil der Besatzungsmacht im fremden Land. Es war eine grundsätzlich andere Lage für die Gemeinde als vorher.

Wie hat sich der Pfarrer in dieser Situation verhalten? Welche Motive bewegten ihn bei seiner Arbeit? Welche Spielräume blieben ihm? Dies sind einige Fragen von heute, denen – soweit die noch unzulänglich ausgewerteten Quellen dies zulassen[1] – nachgegangen werden soll.

Es war nicht Pfarrer Dahlgrün, der im Juli 1940 ins besetzte Paris zurückkehrte. Nach eigenen Angaben hat er nach seiner Flucht im August 1939 bis zu seinem Tod 1978 Paris nie wiedergesehen,[2] zunächst gezwungenermaßen – man wollte ihn nicht im besetzten Paris[3]-, dann in bewußter Entscheidung, die Wunden nicht wieder aufzureißen. Es kam Pfarrer Hans-Helmut Peters, der als Vikar in Paris 1930/31 Frankreich kennen- und liebengelernt und die Dreißiger Jahre als Reiseprediger in Nizza verbracht hatte.

Die Wiedereröffnung der Gemeinde Juli/August 1940

Die Gebäude in der Rue Blanche blieben unter dem Schutz des Präsidenten der Fédération Protestante, Marc Boegner[4], während der Herbst- und Wintermonate 1939/40 geschlossen.

Im Osten Europas eroberte Hitlers Armee Polen, im Westen blieb es, trotz Kriegserklärung und Mobilmachung, ruhig – »la drôle de guerre« (ein merkwürdiger Krieg) hat man diese Situation benannt.

Bis auf einen Einbruch, der offenbar im Mai stattfand und über die französische Polizei und die schwedische Botschaft (die mittlerweile mit der Wahrnehmung der kirchlichen Interessen beauftragt worden war) nach Berlin ans Kirchliche Außenamt gemeldet wurde, blieb die Kirche unversehrt, sie wurde auch nicht beschlagnahmt. Auf Pläne, nach denen vielleicht ein Schweizer Pfarrer wieder eine deutschsprachige Gemeinde eröffnen könnte, ließ sich Bischof Heckel nicht ein. Lieber sollte die Kirche vorläufig geschlossen bleiben.[5]

---

1 Dieses ganze Kapitel muß unter dem Vorbehalt gelesen werden, daß es sich um den im Frühjahr 1994 verfügbaren Wissensstand handelt. Die Quellenbasis ist unvollständig.
2 Dabei rechnete er wohl einen heimlichen Kurzbesuch im Jahre 1943, um sein Eigentum zu holen, nicht mit.
3 ZA, Best. 5 1380.
4 Marc Boegner (1881–1970), Président de la Fédération Protestante de France 1929 bis 1961.
5 Siehe Briefwechsel die Christuskirche betreffend in ZA, Best. 5 1380.

Am 10. Mai 1940 hatte »la drôle de guerre« ein Ende: die deutsche Armee griff an und überrollte die französischen Linien innerhalb von fünf Wochen: am 14.6. wurde Paris eingenommen. Die III. Republik war am Ende – am 16.6. übernahm Marschall Pétain die Regierung und machte den Deutschen ein Waffenstillstandsangebot. Die Einwohner der Stadt flohen in Panik Richtung Süden, in die unbesetzte Zone, halb Frankreich war auf der Flucht. Eine Woche später, am 23. Juni, zog Hitler in Paris ein.

Anfang Juli richtete sich die deutsche Militärverwaltung in der Stadt ein. Die Deutschen begannen das Leben zu organisieren, deutsche Dienststellen entstanden. Eine der ersten Zivilpersonen war Otto Abetz, der mit dem Fall von Paris am 14. Juni in die ehemalige Deutsche Botschaft in der Rue de Lille als Vertreter Ribbentrops einzog. Er wurde am 3. August zum Botschafter ernannt und entfaltete eine intensive Tätigkeit im kulturellen Bereich.

Diese Arbeit wurde überwiegend von Intellektuellen getragen, allesamt frankophil und schon in den Dreißiger Jahren oder noch früher auf dem Felde der Verständigung tätig. Romanisten und Journalisten wie Karl Epting, Friedrich Sieburg, Otto Abetz, Karl Heinz Bremer wollten diese Arbeit in der Besatzungszeit fortsetzen, d.h. die Franzosen davon überzeugen, daß der deutsche Sieg endgültig sei und Frankreich am besten in dem von den Deutschen beherrschten »neuen Europa« leben könne, wenn es »kollaboriere«, also mit den deutschen Stellen zusammenarbeite. Objektiv gesehen bot diese Gruppe eine ideale Ergänzung zur Ausbeutung durch das Dritte Reich, das die französische Wirtschaftskraft benutzte, um Material zur Kriegführung im Osten zu gewinnen: die Frankophilen wurden als Zuckerbrot zur Peitsche benutzt.[6] – Zu diesem Kreis gehörte Pfarrer Peters.

Für Hans-Helmut Peters wurde am 27. Juni 1940 vom Kirchlichen Außenamt beim Auswärtigen Amt eine Einreiseerlaubnis beantragt, damit er sich persönlich über den Zustand der Kirche informieren konnte.

Über diesen ersten Aufenthalt und die Art, wie Peters nach Paris kam, gibt es unterschiedliche, sich widersprechende Quellen.[7] Es wurde versucht, die stimmigste Fassung aus den Briefen und »Erinnerungen« von Hans-Helmut Peters selber und aus anderen Dokumenten zusammenzustellen, die im nächsten Abschnitt folgt. Da dies zu einer Version des Ablaufs auf der Hypothese zweier falsch datierter Briefe führt, wird in den Anmerkungen ausführlich Rechenschaft über die Grundlagen gegeben.

---

6 Zu dieser Rolle den Aufsatz von Eckard Michels: Das Deutsche Institut 1940–44, in: Revue d'Allemagne 1991 und die Dissertation desselben Autors: Das Deutsche Institut in Paris 1940–44. Ein Beitrag zu den deutsch-französischen Kulturbeziehungen und zur auswärtigen Kulturpolitik des Dritten Reiches, Stuttgart 1993. Ich danke Eckard Michels für die Einsichtnahme in seine Arbeit vor ihrer Veröffentlichung.

7 Es gibt erstens die »Erinnerungen« von Peters, d.h. die schriftliche Fassung eines Tonbandinterviews, von Pfarrer von der Recke und seiner Frau im August 1987, also drei Monate vor Peters Tod, aufgenommen (Archiv Christuskirche 110–6, I). Zweitens gibt es den amtlichen Briefwechsel in ZA, Best. 5 1380 und 1385 (Sonderakte Peters). Drittens findet sich im Politischen Archiv des AA in Bonn Material über Peters Arbeit im »Deutschen Institut« (Pol.AA, Botschaft Paris 1368/1372) und ein Brief eines Gemeindegliedes aus Nizza, das Peters auf der Reise getroffen hat (R XII Zv; Kult E/NF Band 192). Auch unter Pol.AA, Kulturpol. Abt. R 98802/98803 gibt es einzelne Hinweise auf Peters. Viertens findet sich eine Akte in BA Potsdam, Kulturpol. Abt. des AA 69368. Bei der Auswertung dieses letzten Fundortes habe ich Pfarrer Heinrich Immel, Berlin, für seine Sondierungstätigkeit zu danken.

Am 8.7.1940 schrieb Peters von Aachen aus, daß er von Militärs nach Paris mitgenommen werden würde. Den Bericht für die Kundt-Kommission werde er direkt dorthin schicken. Er habe ein Gemeindeglied (aus Nizza und Paris) auf dem Bahnhof getroffen.[8]

Am 12.7. berichtete Peters nach Berlin, daß er glücklich, wenn auch umständlich in Paris gelandet sei. Er wohne im Hotel d'Orsay und habe einen Sonderausweis, der ihn den Dienststelleninhabern in Paris gleichstelle.[9]

Über seinen Parisaufenthalt berichtet er im Jahre 1987 in seinen »Erinnerungen«, daß er damals etwa acht Tage geblieben sei und dabei auch bei den deutschen Dienststellen, bei dem Militärbefehlshaber von Paris und im Büro Ribbentrop seinen Antrittsbesuch gemacht habe. Dabei habe er alte Bekannte wiedergetroffen: zwei Legationsräte der früheren Botschaft und Oberst i.G. Hans Speidel. Dieser habe ihm Hilfe angeboten, für den Fall, daß er je Schwierigkeiten mit der Partei haben sollte. Die Kirche habe er unversehrt vorgefunden, bis auf ein paar undichte Fenster,[10] und er sei freundschaftlich von Pastor Maurice Rohr[11], dem Stellvertreter Boegners in dessen Eigenschaft als Präsident der Reformierten Kirche Frankreichs, empfangen worden. Danach habe er bis Oktober seine Arbeit in Berlin beim Kirchlichen Außenamt weitergetan.[12]

Die zeitgleich geschriebene Darstellung seiner Tätigkeit in Paris sieht folgendermaßen aus: in einem Brief vom 17.7.1940[13] schrieb Peters an Heckel, daß er ein letztes

---

8 Ich verdanke Christian Eggers den Hinweis auf den Bericht einer Frau Hedwig Rybarski aus Nizza, die von der Kundt-Kommission aus dem Internierungslager befreit wurde und von dieser Begegnung berichtete. Ihr Bericht an Peters, für die Kundt-Kommission bestimmt, ist am 11.7.1940 geschrieben. Die Kundt-Kommission besuchte nach der Niederlage Frankreichs alle Internierungslager, um die Deutschen, die es wünschten, d.h. die dem Dritten Reich positiv gegenüberstanden, herauszuholen. Siehe C. Eggers: La Commission Kundt: une commission allemande de contrôle dans les camps d'internement français juillet- août 1940. Mémoire de Maîtrise, Université de Provence, Centre Aix 1986, S. 258–261: Rapport Hedwig Rybaski. Zum Problem der Internierungslager siehe die Dissertation von C. Eggers: Im Vorzimmer von Auschwitz. Juden aus Deutschland und Mitteleuropa in französischen Internierungslagern 1940–1942 (1992). Die Begegnung von Pfarrer und Gemeindeglied muß also zwei bis drei Tage vorher in Aachen stattgefunden haben. Der Brief Peters aus Aachen ist vom 8.8.1940 datiert, aber ich nehme an, daß er aller Wahrscheinlichkeit nach am 8. Juli und nicht im August geschrieben wurde. Er erwähnt den Bericht für die Kundt-Kommission, das Treffen mit einem Nizzaer Gemeindeglied und daß Fräulein Uhde noch in Gurs interniert sei – alle diese Einzelheiten weisen auf das Datum im Juli hin.
Nimmt dagegen man hypothetisch an, daß der Brief korrekt datiert ist, käme man zur Annahme einer zweiten Reise Peters nach Paris in der ersten Augusthälfte. Dies erscheint aber extrem unwahrscheinlich, da (1) von ihm Vermerke über seine Erkenntnisse in Paris desselben Datums in den Berliner Akten erscheinen (VM vom 6.8. und 8.8. Az 1380), die auf seine Anwesenheit deuten, und (2) sowohl die Paris-Reise vom Juli als auch die endgültige Einreise von Anfang September mit erheblichen bürokratischen Einreisehindernissen verbunden gewesen war – eine zusätzliche 3. Reise wäre nicht so einfach zu bewerkstelligen gewesen.
9 Siehe ZA, Best. 5 1380: Brief vom 12.7.1940.
10 Der zeitgenössische Bericht aus seiner Feder ist weniger positiv, er berichtet, bei der Besichtigung am 12.7. zerschlagene Fenster und aufgebrochene Türen vorgefunden zu haben. Vermerk von Peters vom 8.8.1940, der in den Angaben des Kirchlichen Außenamtes vom 12.8. an den Schweizer Pfarrer Keller verwendet wird, in ZA, Best. 5 1380.
11 Maurice Rohr (1882–1967).
12 Siehe Peters: Erinnerungen, S. 4–5.
13 Dieser Brief ist vom 17.8. datiert – aber er ist meiner Meinung nach einen Monat vorher geschrieben: (1) gilt dasselbe Argument gegen eine zweite Reise Peters Mitte August wie bei S. 183 Anm. 8; (2) weist der Inhalt auf eine erste »Erkundungsreise« hin, wo er den Zustand der Kirche untersuchen sollte; (3)

Mal den Gesandten[14] am »Sonnabend, den 20.7. sprechen werde«, und »Mittwoch wieder in Berlin« sei. Die Kirche sei leicht beschädigt, die Reparaturen würden unter Aufsicht des schwedischen Architekten ausgeführt.

Am 21.7., also einen Tag nach der angekündigten »letzten Unterredung«, wandte sich die deutsche Botschaft in Paris an das Auswärtige Amt: Peters sei im Auftrage des Kirchlichen Außenamtes augenblicklich in Paris, um den Zustand der Kirche zu untersuchen. Er solle als Beauftragter von Bischof Heckel ganz nach Paris kommen, um (1) die deutsche Gemeinde wiederzubeleben und um (2) sich um deutschsprechende Evangelische zu kümmern, die Angehörige anderer Nationen seien, und (3) zur

> »laufenden Fühlungsnahme und Einflussnahme auf die Führung der französischen protestantischen Kirche. Nach dem Abtreten des bisherigen 1. Pastors Boegner muß die Leitung der protestantischen Kirche Frankreichs zum mindesten für das besetzte Gebiet in neue Hände gelegt werden. Es scheint dringend erforderlich, von vornherein Einfluss auf diese neuen Kreise zu gewinnen. Das ist nur möglich durch einen ständig in Paris anwesenden Vertreter des Auslandsbischofs, der zur Verhinderung von Misstrauen gleichzeitig Geistlicher der deutschen evangelischen Kirchengemeinde Paris sein müsste. Vorgesehen wird ... Pastor Peters, der für diese Aufgabe weltanschaulich und auch wegen seiner guten Kenntnisse der französischen Kirchenverhältnisse besonders geeignet erscheint. Eine Rückkehr Dahlgrüns ist nach hiesiger Auffassung unerwünscht...« Mit Peters sei auch die SS einverstanden.[15]

Aus diesem Schreiben der Botschaft und dem sich anschließenden Briefwechsel ergibt sich, daß Peters in erster Linie als Beauftragter der staatlichen Stellen nach Paris ging und seine kirchliche Tätigkeit als Gemeindepfarrer als Tarnung für seine eigentliche Aufgabe, die französischen Protestanten zur Zusammenarbeit mit den Deutschen zu bewegen, anzusehen ist. Zumindestens wird seine Entsendung offiziell so begründet.

Könnte man sich vorstellen, daß Peters seine Entsendung selber angeregt hat, als er »den Gesandten zum letzten Mal am Sonnabend 20.7.« sah? Dafür spricht, daß er offenbar gleich an Ort und Stelle bewiesen hat, daß er sich in den Angelegenheiten der französischen Protestanten gut auskannte. Vom 22.7.1940 datiert eine Stellungnahme von Peters, in der er die »Dienststelle des Auswärtigen Amtes«, also die spätere Botschaft, auf die reiche Bibliothek der Gesellschaft für die Geschichte des Protestantismus in Frankreich aufmerksam machte und sie unter deren Schutz stellte. Dabei verwandte er sich besonders für den Leiter der Bibliothek, Pastor Jacques Pannier, dem er ein Empfehlungsschreiben von der Botschaft zur Sicherung gegen andere deutsche Stellen, die ihm eventuell Schwierigkeiten machen könnten, mitgab.[16] Am nächsten Tag, dem 23. Juli, diente er dem Heeresoberpfarrer[17] als Dolmetscher für Jacques Pannier. Die Deutschen suchten eine der protestantischen Pariser Kirchen für Gottesdienste der Soldaten.[18] Die Franzosen Pannier und Bertrand schlugen die Christuskirche vor, die allerdings dem Oberpfarrer zu abgelegen, zu klein und nicht repräsentativ genug war. Man entschied sich für die reformierte Kirche L'Étoile.

aber ist der 20.8.1940 ein Dienstag, was den Angaben Peters widerspricht; jedoch der 20.7. ein Sonnabend, was mit seinen Angaben übereinstimmt.

14 Es war wahrscheinlich der frühere Pariser NS-Ortsgruppenführer Rudolf Schleier.
15 Siehe Abschriften in BA Potsdam, Kulturpol. Abt. des AA 69368. Auch in Pol.AA, Botschaft Paris 1372.
16 Pol.AA, Botschaft Paris 1372. Jacques Pannier (1869–1945) wurde ab 3. Juli 1940 mit der Betreuung der französischen protestantischen Kriegsgefangenen beauftragt.
17 Es müßte sich eigentlich um Oberpfarrer Walter Trepte handeln.

In Paris zu leben und zu arbeiten: dies war sicher eine verlockende Aussicht für Peters.[19] Und unter den gegebenen Umständen war ein solcher staatlicher Auftrag die einzige Möglichkeit, nach Paris zu kommen.

Am 12.8.1940 stimmte Bischof Heckel dem Antrag auf »Abordnung« im Auftrage des Auswärtigen Amtes zu. »Es ist dem Kirchlichen Außenamte eine selbstverständliche Pflicht, bei dem Wiederaufbau und der Neuordnung der kirchlichen Verhältnisse in den besetzten Gebieten seine Kräfte zur Verfügung zu stellen.«[20] Ein solcher Auftrag Pfarrer Peters' paßte recht gut zu den von Bischof Heckel selber ausgearbeiteten Plänen für eine »Neuordnung« der protestantischen Kirche Europas – für das, was man früher »Ökumene« nannte. Heckel schrieb:

> »Die Vorherrschaft des anglikanischen Einflusses in diesen Kirchen [d.h. den europäischen] muß mit kirchlichen Mitteln gebrochen und eine geistige Neuorientierung auf das Reich hin durchgesetzt werden. Es wird deshalb mein Bestreben sein, mit Aufgebot aller mir zur Verfügung stehenden Mittel ... die protestantischen Kirchen der Schweiz, Hollands, Belgiens und Frankreichs aus ihrer gegnerischen Haltung herauszuführen ...«[21]

Am 22.8. räumte das Auswärtige Amt bürokratische Hindernisse bei der Ausstellung des Passierscheins für Peters nach Paris aus dem Weg mit dem Hinweis, daß Peters »nicht im Auftrage des Kirchlichen Außenamtes, sondern auf Geheiß des Auswärtigen Amtes« reise. Am 27.8. war der Passierschein für Peters fertig,[22] und am 7.9. berichtete er in einem Schreiben nach Berlin, daß er im Haus des »Deutschen Akademischen Austauschdienstes« wohne. Es liegt nahe, anzunehmen, daß er Anfang September mit seinem neuen Auftrag nach Paris übergesiedelt war, zunächst alleine, während seine Frau im Frühjahr 1941 mit den beiden Kindern nach Paris zog (im Oktober 1940 war Tochter Heidrun geboren worden).

Die Wiedereröffnung der Christuskirche erweist sich im Lichte dieser Vorgeschichte als von mehreren Faktoren bedingt: das Auswärtige Amt unter Ribbentrop brauchte Kirchenbeamte zur Durchführung seiner Pläne im besetzten Europa; das Kirchliche Außenamt war selber an der Etablierung einer Machtstellung innerhalb der Protestanten Europas interessiert und wußte sich vollständig abhängig von den staatlichen außenpolitischen Stellen.[23] Drittens war ein Pfarrer mit Sprach- und Landeskenntnissen und »weltanschaulicher Eignung« zur Stelle.

18 So dargestellt im »Journal de ma solitude« des Pastors A.N. Bertrand (1876–1946), Seelsorger der Kirche L'Oratoire in Paris, der Tag für Tag vom 10. Juni 1940 bis 18. August 1940 die Ereignisse im besetzten Paris notiert hat, abgedruckt in Bulletin de la Société de l'Histoire du Protestantisme Français 127/1981, S. 457–496, hrsg. von P. Bolle. Ich habe Herrn Jacques Poujol für den Hinweis auf diesen Text und für sein intensives Interesse am Thema »deutsche und französische Protestanten während der Okkupationszeit« zu danken.
19 Verschiedene Zeugen (de Beaulieu z.B., nur andeutungsweise F. Großberg) machen darauf aufmerksam, daß Dahlgrün sich von Peters »verdrängt« fühlte, daß Peters das Pfarramt in Paris angestrebt habe. Der Briefwechsel zwischen de Beaulieu und Dahlgrün in den Jahren 1947 bis 1949, der in Abschrift von F.Ch. de Beaulieu dem Archiv der Christuskirche (110–1) zugänglich gemacht wurde, zeigt ein intensives Interesse Dahlgrüns an einer Rückkehr nach Paris.
20 Brief von Heckel an das Auswärtige Amt vom 12.8.1940 in BA Potsdam, Kulturpol. Abt. des AA 69368.
21 »Arbeitsplan« Bischof Heckels an das Auswärtige Amt vom 10.7.1940. Zitiert nach: A. Boyens: Kirchenkampf und Ökumene. Darstellung und Dokumentation, Band 2: 1939–1945, München 1969, S. 83.
22 Diese Aktenstücke finden sich in BA Potsdam, Kulturpol. Abt. des AA 69368.
23 Auf diesen wichtigen Punkt weist Birger Maiwald hin: Bischof Heckel war sich seiner immer brenzlicher werdenden Stellung zwischen staatlichen und Parteistellen wohl bewußt: er brauchte finanzielle

Daß er auch von seiner Persönlichkeit her geeignet war, erwies sich im Laufe der Zeit. Über die Haltung Peters' zu den verschiedenene Gruppen im besetzten Paris berichtet F. Großberg:

»Er verstand, sich richtig zu nehmen. Er hatte mit allen gute Beziehungen. Er dachte praktisch, und wenn er etwas dachte, dann passierte das auch.«[24] Ein Organisator, ein Kommunikationsgenie, ein Mensch, der viele kannte und den viele mochten, immer gesprächsbereit, frankophil und lebensneugierig – so war er auch schon in Nizza begegnet.

Er habe seine Pläne, die Geschichte der deutschen Gemeinde zu schreiben, nie verwirklicht, weil er lebendiger Pastor bleiben wollte, berichtet sein Sohn Burkhard.[25] Sein Element war die menschliche Beziehung, das Gespräch, die Gruppe und die Begegnung von Mensch zu Mensch. Briefe aus dem Frühjahr und Sommer 1944, die er an seine bereits nach Deutschland zurückgekehrte Frau schrieb, sind voll von Gelegenheiten der Anerkennung »in der schweren Zeit«. Es wird fühlbar, wie er es genoß, für andere da zu sein, anerkannt zu sein, wichtig zu sein. Dieses Bedürfnis scheint weniger Eitelkeit, Ehrgeiz und Streben nach Nähe zu den Großen und Mächtigen auszudrücken als vielmehr soziale Anerkennung als Lebenselement, wobei auch die Anerkennung eines Arbeiters, eines sozial unwichtigen Menschen viel wiegt. Doktrinen, Überzeugungen, Weltanschauungen kamen erst weit nach der menschlichen Beziehung, die für ihn möglich war mit sehr unterschiedlichen Menschen: mit dem französischen Widerstandskämpfer, mit dem SS-Mann, mit dem Botschaftsrat, mit dem Arbeiter und mit dem General.

Der 1944 absehbare Untergang des Dritten Reiches war ihm das »Gottesgericht«, das man als Schicksal ertragen mußte, als Glied seines Volkes. Seine Aufgabe in der Welt war es, den anderen zu helfen, wo er es kraft seines Amtes konnte. So nahm er die Beichte des SS-Mannes entgegen und schmuggelte Lebensmittel für den Widerstandskämpfer – »als Mensch«.

So hatte das Kirchliche Außenamt die geeignete Persönlichkeit gewählt, die die prekäre Situation meistern konnte und das Beste für die Menschen herausholte.

Peters hatte neben seiner Arbeit als Pfarrer der Gemeinde in der Rue Blanche noch weitere Aufgaben: er arbeitete als Experte für französischen Protestantismus im Deutschen Institut und für andere staatliche Dienststellen und ging als Seelsorger ins Militärgefängnis nach Fresnes, um französischen protestantischen Zivilgefangenen beizustehen. Zusätzlich verbrachte er jeden Monat eine Woche in Berlin als Leiter des Evangelischen Hilfswerkes für Internierte und Kriegsgefangene und unternahm außerdem mehrmals pro Jahr Seelsorgereisen in den Süden Frankreichs. Die Arbeitswoche in Paris mußte er zwischen Gefängnisseelsorge in Fresnes, seinem Büro im

---

Unterstützung, und er brauchte die Wehrdienstausnahmeregelungen für die Mitarbeiter des Kirchlichen Außenamtes. Daß er aus der Sicht des SD-Führeres Reinhard Heydrich für eine konsequente NS-Politik nicht brauchbar war, weist ebenfalls auf seine Zwischenstellung hin: »Als deutscher evangelischer Bischof verfolgt er lediglich das Ziel, die Stellung der evangelischen Kirche gegenüber dem Nationalsozialismus mit Hilfe seiner Auslandsbeziehungen zu festigen.« So Heydrich an Ribbentrop am 13.4.1942, zitiert nach B. Maiwald: Eine biographische Notiz, S. 227.

24 Interview mit F. Großberg Teil II, S. 8, in Archiv Christuskirche 110–6, I.
25 Mündliche Mitteilung an die Verfasserin.

Deutschen Institut und der Kirche teilen. Seine Ernennung zum »Standortpfarrer im Nebenamt« im September 1941 brachte zusätzliche Arbeit für die deutschen Soldaten.[26] In den letzten Monaten wurde er zum Wehrdienst eingezogen, mit Freistellungen zum Sonntagsgottesdienst.

Hans-Helmut Peters als Experte für französischen Protestantismus

Am wenigsten ist über die zweite der genannten Tätigkeiten bekannt, da sie sich naturgemäß im halböffentlichen Raum abspielte und Peters nichts aus seinen eigenen Arbeitsunterlagen schriftlich hinterlassen hat – soweit bisher bekannt. Der öffentliche Teil war eng verknüpft mit dem Deutschen Institut. Dieses war in den Vierziger Jahren das Kulturpropagandainstrument, um den Franzosen die deutsche Kultur nahezubringen und auf diese »sanfte« Art an der Konsolidierung der deutschen Herrschaft in Paris mitzuwirken.[27] Gründer und Leiter war Karl Epting, seit 1934 Leiter des Pariser Deutschen Akademischen Austauschdienstes, Romanist und leidenschaftlicher Frankreichliebhaber und -kenner. Peters und er kannten sich vermutlich von früher, Peters wird als »sein Seelsorger« bezeichnet.[28] Er hatte im Gebäude des Instituts, das in der Rue St. Dominique in der ehemaligen polnischen Botschaft seinen Sitz hatte, ein Büro mit Sekretärin und gehörte so als »Beauftragter für Protestantismus« zur Equipe Eptings.[29] Finanziert wurde dieses Büro allerdings vom Kirchlichen Außenamt, nicht aus dem Etat des Auswärtigen Amtes.

Das Institut bot vor allem Sprachkurse an, die von der französischen Bevölkerung aus verständlichen Gründen gerne in Anspruch genommen wurden, bis ab 1943/44 – aus ebenso verständlichen Gründen – die Nachfrage rapide sank. Aber womit das Institut vor allem Erfolge hatte, war sein Vortragsprogramm: die geistige Elite Deutschlands – soweit sie in Deutschland noch arbeiten konnte – kam und hielt gutbesuchte Vorträge: die Philosophen Hans-Georg Gadamer und Martin Heidegger, der Romanist Hugo Friedrichs, der Historiker Heinrich von Sbrik und andere. Auch Pfarrer Peters stand auf dem Programm: am 6. Februar 1941 sprach er – auf französisch! – über den »Deutschen Protestantismus in der Welt«. Das Büro erledigte auch die amtliche Post für die Gemeinde.[30]

Der Kontakt mit den französischen Protestanten mußte über die Person Pastor Marc Boegners hergestellt werden. Als Präsident der Fédération Protestante de France von 1929 bis 1961 und später Mitglied des Präsidiums des Ökumenischen

---

26 ZA, Best. 5 1381.
27 Siehe oben S. 182 Anm. 6.
28 Viele Angaben über das Verhältnis der beiden Männer verdanke ich Wilhelm Epting, dem Neffen und Nachlaßverwalter Karl Eptings, der sehr bereitwillig Auskünfte gegeben hat. Siehe Vermerk Nr. 593/92 in Archiv Christuskirche 110–6, II.
29 Siehe den Geschäftsverteilungsplan des Instituts vom 22.2.1941 in Pol.AA, Botschaft Paris 1368.
30 Peters hat auch Aufträge zu Archivstudien erhalten, so daß er Zugang zu Archiven gehabt haben muß, die zu normalen Zeiten jedem Deutschen verschlossen geblieben wären. Er berichtete 1941 an das Kirchliche Außenamt über die Tätigkeit des protestantischen französischen Pfarrers Jules Rambaud im besetzten Rheinland 1921ff. – Informationen, die dazu dienten, die Tätigkeit Rambauds während des Zweiten Weltkrieges besser einschätzen zu können, VM 730/41 und Anlagen. Die Tätigkeit Rambauds wurde seit 1933 aufmerksam von Auswärtigem Amt und Gestapo mit Hilfe des Kirchlichen Außenamtes beobachtet. Siehe den Briefwechsel in BA Potsdam, Kulturpol. Abt. des AA 69368.

Rates verkörperte er in den Augen der Öffentlichkeit (nicht nur Frankreichs, sondern der ökumenischen Welt) »den« Protestantismus. Er folgte im Juni 1940 bei der Besetzung Nordfrankreichs Marschall Pétain in den Südteil des Landes, um gegenüber der Vichy-Regierung die Interessen der Protestanten zu vertreten. Bereits in den Dreißiger Jahren hatte er als Sprecher der Fédération Protestante wiederholt gegenüber dem deutschen Botschafter in Paris gegen die Judenverfolgung protestiert und tat dies auch während der Besatzungszeit.[31] Er war deshalb eine öffentliche Persönlichkeit, die der Gestapo als besonders überwachungswürdig erschien: sie durchsuchte zweimal seine Wohnung, am 11.7.1940 und 15.1.1941, abgesehen von der Beschlagnahmung von Material im Büro der Fédération Protestante und beim »Comité des Réfugiés« am 16.7.1940.[32]

Im Auftrage des Kirchlichen Außenamtes versuchte Peters bei einem Treffen am 30. Oktober 1940 in Montpellier, Marc Boegner zur »ökumenischen« Zusammenarbeit mit dem Kirchlichen Außenamt zu bewegen.

Aus Boegners Sicht sah das Treffen folgendermaßen aus:[33] Er habe Peters definitiv mitgeteilt, daß er auf keinen Fall gegen die englischen und die amerikanischen Kirchen arbeiten werde. Und er habe ihm zwei Fragen gestellt: 1. wer der wirkliche Autor eines unter einem Pseudonym erschienenen Pamphlets gegen die protestantische Kirche in Frankreich sei, und 2. wer seine Wohnung durchsucht habe. Beide Fragen hätten Peters in Verlegenheit gebracht. Boegner vermutete, daß er selber Autor der Broschüre sei.[34] Es schloß sich – laut Boegner – eine Meinungsverschiedenheit über das Schweigen der evangelischen Kirche in Deutschland gegenüber den Rassegesetzen an, in der Peters versucht habe, um Verständnis für die »besonderen Umstände« in Deutschland zu werben.

Von Peters' Seite aus liest sich eine Denkschrift, die er im November 1940 verfaßte, wie ein Résumée dieses erfolglosen Gesprächs.[35] Er betonte, wie schwierig es sein würde, die französischen Protestanten für eine Zusammenarbeit zu gewinnen, da sie sich als Minderheit gegen den Vorwurf, »5. Kolonne« zu sein, absichern müßten und sich seit dem Ersten Weltkrieg an die Anglikanische Kirche anlehnten. Jedenfalls erhielt er von Heckel die Anweisung, sich an andere Persönlichkeiten zu halten, die vielleicht leichter zugänglich seien.[36]

Einen solchen Zugang zu protestantischen Kreisen suchte Peters vorläufig in einer gemeinsamen Betreuung von protestantischen französischen Kriegsgefangenen in Deutschland. Diesen Ansatz scheint er in der folgenden Zeit weiterverfolgt zu haben.[37] Als Leiter des Evangelischen Hilfswerkes für Internierte und Kriegsgefangene ließ er für deutsche Gefangene Predigten und zu Festtagen Grußworte drucken. Für die französischen protestantischen Gefangenen in Deutschland arbeitete er mit Maurice Rohr zusammen: etwa 20 Predigten – so Peters – seien entstanden und verteilt

---

31 Siehe Einleitung von Philippe Boegner zu den »Carnets«, S. 8–21. Zu der Hilfe für Emigranten in Paris siehe oben S. 157.
32 M. Boegner: Carnets, S. 38.
33 Ebenda, Eintragung vom 30.10.1940, S. 55.
34 Ein Exemplar kann in der Bibliothek IDC in Nanterre eingesehen werden.
35 E. Michels: Das Deutsche Institut, S. 78–79.
36 A. Boyens: Kirchenkampf und Ökumene II, S. 90–91.
37 E. Michels: Das Deutsche Institut, S. 79.

worden. Die französischen Protestanten hätten so ihre Offiziere und Mannschaften in den Gefangenenlagern erreichen können.[38]

Peters soll sich dafür eingesetzt haben, daß Pastor Boegner 1943 nach Paris zurückkehren konnte.[39] Ebenso pflegte er Kontakte zur russisch-orthodoxen Akademie in Paris und unterstützte sie mit Bücherspenden. Dies wurde ihm im Juni 1943 verboten.[40]

Zu diesem Zeitpunkt war es aber sowieso mit seiner Sondertätigkeit vorbei: am 12. Mai 1943 teilte die Parteikanzlei der NSDAP dem Auswärtigen Amt mit, daß Peters seine Tätigkeit in Zukunft auf das Amt als Pfarrer der deutschen evangelischen Kirche in Paris zu beschränken habe. Bischof Heckel habe dem zugestimmt.[41] Es ist möglich, daß diese Einschränkung Peters größere Freiheiten gab, in seinen anderen Tätigkeitsfeldern nach eigenem Gewissen zu arbeiten.

Gemeindeleben im besetzten Paris: Die Zivilgemeinde in der Rue Blanche

In Paris wurde nicht nur für deren deutschsprechende Einwohner eine Gemeinde in der Rue Blanche eröffnet, sondern für die vielen deutschen Soldaten entstand eine Wehrmachtsgemeinde. Beide haben in enger Zusammenarbeit nebeneinander existiert. Gleiches gilt für die katholische Gemeinde, die am gleichen Ort, in der Rue Lhomond, mit Abbé Stock wiedereröffnet und ebenfalls durch eine katholische Wehrmachtsgemeinde ergänzt wurde.

Das Gemeindeleben in der Rue Blanche wurde am 20. Oktober 1940 mit einem Eröffnungsgottesdienst wiederaufgenommen.[42] Die Gemeindearbeit enthielt alle Zweige, sogar Kindergottesdienst, obwohl es nur wenige deutschsprachige Kinder und Jugendliche in Paris gab. Pfarrer Peters schreibt von insgesamt 50 in den Religionsstunden in der im September 1941 eröffneten Deutschen Schule. Der Kindergottesdienst wurde von vier Nachrichtenhelferinnen übernommen. Am Mittwoch nachmittag von 3 bis 6 Uhr hielt Peters Sprechstunde, abends danach Bibelstunde, von 30–40 Menschen, meist Soldaten, besucht, am Freitag war Chor- und Orchesterprobe.

Ab Dezember 1941 wohnte Familie Peters in einem Haus in Ville d'Avray, in der Rue du Côte de l'argent, Weihnachten 1943 kam die Tochter Christine zur Welt. Das Gemeindehaus sei für eine Mutter mit mehreren kleinen Kindern recht umständlich gewesen, und die Lage außerhalb der Stadt böte größere Sicherheit, falls es in Paris zu Kämpfen kommen sollte, so die Begründung.

---

38 H.-H. Peters: Erinnerungen, S. 7.
39 Aussage von Karl Epting am 11.6.1947 vor der Sûreté. Zitiert nach E. Michels: Das Deutsche Institut, S. 80, Anm. 219.
40 Pol.AA, Kulturpol. Abt. R 98802.
41 Wie Anm. 40.
42 Alle Informationen über das Gemeindeleben aus den Erinnerungen von H.-H. Peters.

Das Haus in Ville d'Avray hatte einen großen Garten, wo man sich am Sonntag nachmittag zum Tee traf. Bis zu 100 Besucher kamen, Gemeindeglieder und Wehrmachtsangehörige. Damit verbunden war eine theologische Arbeitsgemeinschaft mit einberufenen Theologenkollegen. Von 14 bis 15 Uhr, vor den allgemeinen Treffen, traf man sich zu theologischen Diskussionen, wobei meist einer der Teilnehmer ein Referat hielt. Der damalige Theologiestudent Anton Lüpkes habe diese Treffen sehr positiv in Erinnerung behalten, berichtet seine Witwe.[43] Er sei ein überzeugter Anhänger der Bekennenden Kirche gewesen, habe deshalb auch jede weitere Beförderung in der Offizierslaufbahn abgelehnt. Peters habe diese Haltung vollständig akzeptiert.

Zum Gottesdienst kamen etwa 35–50 Personen, davon ein guter Teil Soldaten, und ca. 100 Gemeindeglieder waren von neuem in der Association cultuelle eingeschrieben.[44] Für die soziale Zusammensetzung der Gemeinde war der Kirchenvorstand repräsentativ: der Konsul Hugo Gumtau war Präsident des Kirchenvorstandes, Rechnungsführer Reinhold Weishuhn hatte beim Deutschen Institut dieselbe Funktion inne, Herr Pötzscher vertrat die alteingesessenen Familien (seit 1912 in Paris und jetzt in der »Verwaltung des deutschen Arbeitseinsatzes tätig«, also vermutlich in der Militärverwaltung), Dr. Paul Zinsel, Diplomvolkswirt und kaufmännischer Leiter der französischen Junkersbetriebe, Unteroffizier Anton Lüpkes sprach für die Soldaten unter den Gemeindegliedern und Felicitas Großberg kann ebenfalls als Moment der Kontinuität angesehen werden: sie war seit 1927 Gemeindeglied. Damit waren sehr unterschiedliche Gruppen in der Gemeinde vertreten, und es spiegelte sich die deutsche Bevölkerung in der Besatzungszeit darin. Im besetzten Paris gab es offenbar einige alteingesessene Familien, die zurückgekommen waren und weiterlebten, wie sie vor 1939 hier gelebt hatten, z.B. die Familien Pöhlmann, Richter, Jonas und Naumann, wobei einige Pfarrer Dahlgrün treu geblieben waren und sich aus der Gemeinde zurückzogen, als sie merkten, daß mit dessen Rückkehr nicht zu rechnen war.[45]

Peters fand die Lage der Kirche in der Rue Blanche ungünstig, weil zu abgelegen vom repräsentativen Zentrum von Paris, und er unternahm ernsthafte Versuche, einen anderen Standort zu finden. Er organisierte außerdem eine neue Orgel – wozu er über gute Beziehungen verfügt haben muß.[46] Solche Details zeigen, daß er längerfristig dachte, und daß diese vier Jahre, die aus heutiger Perspektive als Übergangszeit erscheinen, von ihm als Beginn einer längeren Berufstätigkeit angesehen wurden.

Die Gemeindearbeit blieb von den Umständen der Zeit nicht unbeeinflußt: häufige Fliegeralarme unterbrachen den Gottesdienst, die Fahrten zwischen dem Pfarrhaus in der Banlieue, Deutschem Institut, Rue Blanche und Fresnes müssen viel Zeit gekostet haben.

---

43 Telephongespräch mit Frau Lüpkes am 13.5.1993, VM 361/93.
44 Bericht über die Gemeindearbeit von 1943 in LKA Hannover N112.
45 Am 27.1.1941 weist das Kirchliche Außenamt eine Eingabe von den Familien Zippel, Jonas und Naumann in diesem Sinne zurück, in ZA, Best. 5 1380.
46 Es handelte sich um eine damals modische elektrische Orgel, einem Harmonium vergleichbar.

Die Wehrmachtsgemeinde in der Amerikanischen Kathedrale

Zur Organisation der Wehrmacht gehörte automatisch pro Division je ein katholischer und ein evangelischer Militärseelsorger zur Betreuung der Soldaten. Blieb das Heer längere Zeit an einem Ort, erhielten diese Geistlichen die Aufgaben der Standortpfarrer: die Dienstaufsicht, Schulung und der Einsatz der Kriegspfarrer, die Seelsorge für Dienststellen in Paris und zusammen mit der Botschaft die Wahrnehmung der Belange der deutschen Zivilgemeinden.[47] Peters wie auch Abbé Stock, der ab Oktober 1940 in Paris war,[48] wurden beide Standortpfarrer im Nebenamt. Peters wollte dies vermutlich, um offiziell Soldaten mitbetreuen zu können. Der Gottesdienst der Christuskirche wurde in den Tagesbefehlen der Wehrmacht mitveröffentlicht.[49]

Den Soldaten war der Besuch von französischen Gottesdiensten und Messen verboten, für Gottesdienste sollten die Feldgeistlichen sorgen.[50] So war es die erste Aufgabe der Standortpfarrer, in Paris dafür geeignete Kirchen zu requirieren.[51] Für katholische Gottesdienste wurde die Sankt Josephskirche, Avenue Hoche, ausgewählt, wo am 12. Jui 1940 zum ersten Mal, ab Ende August regelmäßig Sonntagsgottesdienste von Wehrmachtsgeistlichen gehalten wurden. Später kamen Bibelstunden, Chorproben etc. hinzu. Evangelische Gottesdienste wurden am 4. August in der Kirche l'Étoile aufgenommen, dieser als Gedenkgottesdienst zum Ausbruch des Ersten Weltkriegs im August 1914. L'Étoile wurde die übliche Gottesdienststätte (ab Oktober 1940), daneben wurden bei besonderen Gelegenheiten die Kathedrale Notre Dame (auch für protestantische Gottesdienste), der Invalidendom und die reformierte Kirche Saint-Esprit in der Rue Roquépine benutzt. Die Christuskirche in der Rue Blanche tauchte zum ersten Mal Weihnachten 1940 auf dem Gottesdienstzettel auf, der im übrigen für die Jahre 1942[52] im Pariser Stadtgebiet regelmäßig fünf evangelische und neun katholische Sonntagsgottesdienste enthielt, wobei in mehreren Lazaretten und in den »Zivilkirchen« Rue Blanche und Rue Lhomond gepredigt wurde.

Mit der Ankunft von Kriegspfarrer Kurt Raeder im Juni 1942 und Wehrmachtsoberpfarrer Rudolf Damrath im September 1942 wurde die Deutsche Evangelische Wehrmachtskirche in Paris in der amerikanischen Kathedrale in der Avenue Georges V. eröffnet und damit das bereits lebhafte kirchenmusikalische und gottesdienstliche Leben der Deutschen in Paris intensiviert. In bester kulturprotestantischer Tradition wurden die Gottesdienste zu Kirchenkonzerten mit Vortrag, zu denen schriftlich mit flott formuliertem Predigtthema, zugrundeliegender Bibelstelle und musikalischem Programm eingeladen wurde.

---

47 AN Paris AJ 40, 441: Schaubild der Militärverwaltung vom 27.7.1941.
48 Für Abbé Stock gibt E. Kock (Abbé Stock, S.95) das Datum 10.6.1941.
49 Am 12.9.1941 fragte der evangelische Feldbischof beim Kirchlichen Außenamt wegen der Ernennung als Standortpfarrer an, vom 16.9.1941 datiert die Verfügung dazu, in ZA, Best. 5, 1380.
50 Siehe Tagesbefehl Nr.15/40, vom 21.7.1940 mit Berufung auf den Oberbefehlshaber des Heeres, in AN Paris AJ 40, 439.
51 Näheres darüber für die evangelische Kirche im nächsten Kapitel, da hier Peters eine Rolle gespielt hat. Ob es Probleme für die Requirierung der Kirche Saint-Joseph gegeben hat, konnte nicht festgestellt werden.
52 Es fehlen Stabsbefehle für das Jahr 1941, der Beginn der Gottesdienstliste läßt sich daher nicht feststellen.

25. Theologentreffen am 5. Juli 1942: Eingezogene Pfarrer treffen sich regelmäßig am Sonntagnachmittag im Pfarrgarten in Ville d'Avray (im schwarzen Anzug P. Peters)

26. Der Wehrmachtschor singt in Notre-Dame de Paris, es dirigiert Heinz Böger

Die bemerkenswerteste Schöpfung der Wehrmachtsgemeinde war der Chor und das Orchester unter der Leitung des Organisten Kurt Rienecker. Der Chor wurde am 21. April 1941 gegründet und hatte immer jeweils etwa 200 Mitglieder, von denen viele wechselten, weil sie in andere Teile der Welt als Soldaten oder Rotkreuzhelferinnen versetzt wurden. Dieser Chor wurde eine Gemeinschaft von fast 1000 jungen Menschen, die im besetzten Paris unvergeßliche Tage im gemeinsamen Musizieren erlebten und von denen viele den Kontakt untereinander im Krieg und noch Jahrzehnte danach bewahrten. Das Mittel waren Rundbriefe, deren erster Ende Dezember 1943 verschickt wurde und die bis heute (1994) die noch lebenden Chormitglieder verbinden. Der folgende Textauschnitt aus dem ersten Brief gibt eine Ahnung vom Lebensgefühl dieser jungen Leute.[53]

»... Wer unter Euch Empfängern dieses Briefes schon lange von Paris fort ist, erinnert sich nur noch der Anfänge unserer Chor- und Orchesterarbeit im Gemeindesaal der Christuskirche der Deutschen Evangelischen Zivilgemeinde, wo wir immer herzlich aufgenommen wurden. Für Gottesdienste der Wehrmachtsgemeinde diente uns damals die französisch-evangelische Kirche in der Av. de la Grande Armee. Die Noten und Instrumente mussten noch zu jeder Übungsstunde hin- und hergetragen werden. Die Verhältnisse verbesserten sich erheblich, als unsere Wehrmachtsgemeinde im September 1942 in der früheren amerikanischen Kathedrale ›George V.‹ auf der Avenue George V. Nr. 23 (unweit vom Triumphbogen) eine eigene, räumlich schöne und dem Ansehen der Deutschen Wehrmachtsgemeinde würdige Heimstatt fand. Zur Kirche gehören zwei grosse Gemeindesäle, in denen die Bibelstunden, die Chorproben und Orchesterproben und dann und wann auch Stunden froher Kameradschaft stattfinden. ... Die Zahl der Gottesdienstbesucher an Sonntagen beträgt selten unter 300, zu den Bibelstunden kommen über 100 Kameraden und Kameradinnen. Und in dieser lebendigen Gemeinde dürfen wir nun arbeiten. War es früher so, dass der Chor nur etwa einmal im Monat zum Gottesdienst sang, so gehört er seit dem Einzug in die neue Kirche zu dem festen Bestandteil jedes Sonntagsgottesdienstes – häufig zusammen mit dem Orchester – und erfreut des öfteren auch noch Verwundete in den Lazaretten. Durch das ständige Zusammenarbeiten mit dem einen Ziel, nämlich durch das gesungene Wort das Evangelium zu verkünden, sind wir nicht nur ein Chor wie viele, sondern sind eine *singende Gemeinde* geworden, deren Glieder wie eine grosse Familie zusammenhalten. ...

Zur Festigung dieser Kameradschaft und Gemeinschaft tragen nicht zuletzt die gelegentlichen Ausflüge in die Umgebung von Paris bei, mit ihren Stunden fröhlichen Singens und zwanglosen Beisammenseins.

Nicht vergessen wollen wir hier der früheren Chormitglieder, die inzwischen vor dem Feinde ihr Leben gelassen haben. Begreiflicherweise erfahren wir nur selten ihre Namen. Wir bitten deshalb: wenn jemand vom Tode eines früheren Mitgliedes Kenntnis hat, möge er uns den Namen mitteilen.

Und nun noch einen kleinen Sonderbericht über unsere Abendmusiken in der Kathedrale ›Notre Dame‹.

Erinnert Ihr Euch noch der Vorbereitungen zu unserer ersten, zweiten und dritten Abendmusik? Wochen und Monate hindurch mussten die Proben laufen. So war auch seit der 3. Abendmusik zu Weihnachten 1942 viel Zeit ins Land gegangen, und unser Blick richtete sich auf eine neue Veranstaltung für den Spätsommer 1943. Man kann schon sagen, wir haben fleissig geübt, bis am 18. September die 4. Abendmusik stattfand, deren Durchführung der Kammerchor übernommen hatte mit Heinz Böger an der Orgel und als Dirigent. ...

Die Musikfolge dieses Abends umfasste zwei Orgelwerke von Brahms und Pachelbel, die Sopran- bzw. Tenorsoli mit Orgel und Streichern von Neumark, Ahle und Händel, sowie einen fünfstimmigen Chor von Buxtehude und die achtstimmige Motette »Pater noster« von Gallus, mit der der Abend ausklang. In die Werke der alten Meister waren eingefügt zwei vier- und fünfstimmige Chöre unseres Chorleiters Kurt Rienecker und ein achtstimmiger Chorsatz seiner Schwester Maria Rienecker ›Es ist so still geworden‹. ...

---

53 Diese Informationen aus dem Rundbrief des Chores zu Weihnachten 1943, der zu den Dokumenten gehört, die dem Archiv der Christuskirche von Heinz Herbert Binz zur Verfügung gestellt worden sind, in Archiv Christuskirche 110: Material zur Geschichte der Gemeinde.

> Und nun staunt: dreizehn Wochen sind seit der eben geschilderten Abendmusik vergangen – und dreizehn weitere Abendmusiken liegen hinter uns. Rückschauend fragen wir uns selbst, wie diese Leistung möglich war und woher wir die Kraft dazu nahmen. Nur eine Antwort gibt es: Gott der Herr gab sie uns. ...
>
> Zu einem eindrucksvollen Abschluß unserer Abendmusiken wurde die Aufführung des Weihnachtsoratoriums (1. und 2. Teil) von Bach am Sonnabend, dem 18. Dezember. Mehr als 6000 Personen füllten dichtgedrängt die Kathedrale bis auf den letzten Platz. Feierliche Stille lag über dem Raum, als die Orgel anhub und Heinz Böger das »Präludium in D-Dur« vortrug. Und dann klangen unter Kurt Riezlers Stabführung die einzelnen Sätze des Weihnachtsoratoriums auf. ›Jauchzet, frohlocket!‹ war der Jubelruf, der über dem Ganzen lag und die grosse Zuhörerschar hinführte zu dem einmaligen und doch ewigen Geschehen ›Euch ist heute der Heiland geboren!‹ ...
>
> Zu diesem Schlusskonzert hatte sich auch die »Wochenschau« eingefunden. ... Die Klangaufnahmen gingen in den Weihnachtstagen mehrmals über den Rundfunk, u.a. auch mit Richtstrahler nach Amerika.«

Sechs Monate später landeten die alliierten Truppen in der Normandie. Am 24. August verließ der letzte deutsche Soldat Paris.

Hans-Helmut Peters als Gefängnisseelsorger

Das dritte Tätigkeitsfeld Pfarrer Peters, über das er selber in seinen Erinnerungen ausführlich berichtet hat, muß die am schwersten zu ertragende Arbeit gewesen sein, für die der Pfarrer am meisten Kraft brauchte. Sie war ihm die wichtigste, wie sie auch für das Verhältnis von deutschen und französischen Protestanten nach 1945 die alles entscheidende wurde.

Pfarrer Peters wurde vom Militärbefehlshaber in Frankreich mit der geistlichen Betreuung der protestantischen französischen Zivilgefangenen beauftragt, da er mit der Materie schon als Leiter des Evangelischen Hilfswerks für Internierte und Kriegsgefangene vertraut war. Wie oben beschrieben, ging es dabei vor allem darum, deutsche und französische Gefangene nicht ohne geistlichen Beistand zu lassen.

Im Gefängnis in Fresnes saßen zahlreiche französische Résistancekämpfer, die von der deutschen Polizei festgenommen worden waren, gefangen. Es war ein Untersuchungsgefängnis, also eine Durchgangsstation, in der man auf das Urteil wartete. Ein Militärgericht entschied über das Schicksal: Hinrichtung oder Gefängnisstrafe oder Deportation.

Auf katholischer Seite sorgte Rektor Franz Stock als Seelsorger für die katholischen Gefangenen. Er arbeitete bereits seit Herbst 1940 in den drei Gefängnissen Cherche-Midi, La Santé und Fresnes, wurde im September 1941 vom Militärbefehlshaber von Frankreich, Otto von Stülpnagel, offiziel zum Gefängnisgeistlichen für Fresnes ernannt und hat bis August 1944 hier ohne Unterbrechung Dienst getan. Mehrere Tausend zum Tode Verurteilte, von denen viele als Geiseln, also willkürlich als Vergeltung für französische Anschläge gegen deutsche Einrichtungen herausgegriffen worden waren, hat Abbé Stock zur Hinrichtung auf dem Mont Valérien begleitet und den Familien beigestanden.[54]

---

54 Siehe die Biographie Abbé Stocks von Réné Closset: L'Aumônier de l'Enfer, 1965.

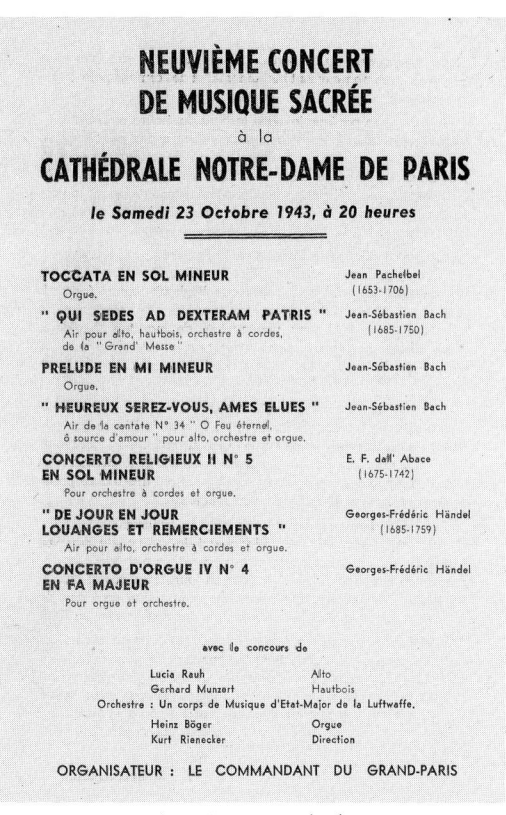

27. Programm für ein Konzert des Wehrmachtschores in Notre-Dame de Paris am 23. Oktober 1943

Für die viel kleinere Zahl der protestantischen Gefangenen wurde Peters Seelsorger. Er besuchte sie in den Zellen und begleitete die zum Tode Verurteilten zur Hinrichtung.

Über diese Tätigkeit und über seine Motive sagt Felicitas Großberg 1989:

»Pastor Peters war überall bekannt. Er war kein Widerstandskämpfer, er hat in seinem Pastorenamt alles gemacht, was er zu machen hatte, gewissensmäßig. Er hat französische Gefangene besucht. Na ja, er hat viel mehr gemacht, als er eigentlich machen durfte. Aber man liess ihn, weil er war; und in der Botschaft, wenn es irgendwelche Vorschriften gegeben hätte, hätte er es sofort gewußt und hätte das Nötige gemacht, um sie lebensmöglich zu machen. Aber ich habe nie etwas besonderes gehört. ... (Frage: Unter der SS hatten Sie nicht zu leiden?) F.G.: Nein, mit der hatten wir nichts zu tun. Aber Peters sagte manchmal, er hätte immer arretiert werden können, weil er an der Grenze sei. Er machte, was zu machen war, pastorenmäßig gesehen, und er hat natürlich vielen geholfen, die er nicht hätte kennen müssen. Er hat es immer gemacht, aber es ist nichts passiert.«[55]

---

55 Interview mit F. Großberg Teil II, S. 10 in Archiv Christuskirche 110–6, I.

Im selben Sinne berichtet Pfarrer Peters:

»Bei den Besuchen in den Zellen stellte ich fest, daß die Gefangenen großes Verlangen hatten, von ihren Familien etwas zu erfahren. Mir war ganz deutlich, daß ein Kontakt über mich zu den Familien nicht hergestellt werden durfte. Zugleich übersah ich ja nicht, welche Informationen durch mich unwissentlich den Gefangenen übermittelt werden konnten. Auf der anderen Seite war mir klar, daß dieses ein Brückendienst des Friedens sein könnte und daß die Angehörigen seelisch eine unwahrscheinliche Entlastung haben würden, wenn sie wüßten, hier können wir mit einem Menschen sprechen, der unsere Inhaftierten besucht hat. Dadurch entstand diese Sprechstunde am Mittwochnachmittag, die zeitweilig von 30–40 Menschen besucht wurde. Im Stillen hielt ich mir immer wieder vor, unter diesen Besuchern ist irgendein Spitzel der Gestapo, der hier nur gekommen ist, um am Ende zu sagen, was Sie hier machen, ist illegal und wir müssen Sie verhaften. Während meiner ganzen Zeit in Paris habe ich damit gerechnet, verhaftet zu werden; denn einiges ist auch im Gefängnis geschehen, was am Rande und wahrscheinlich auch außerhalb der Legalität war. ... Meist beschränkten sich die Gespräche darauf, daß gefragt wurde: Wie geht es ihm? In welcher Verfassung ist er? Und dann waren auch Wünsche da. Und in meinem relativ kleinen Koffer waren jedesmal, wenn ich Besuche machte, eine Reihe von kleinen Päckchen mit Unterwäsche oder Eßsachen, denen ich dann etwas zum Lesen beifügte. Wenn mein Koffer geöffnet worden wäre beim Eingang, wäre wahrscheinlich ein Verfahren gegen mich eröffnet worden. Aber ich habe mich immer damit getröstet, daß ich sagte: Wenn Gott will, daß dieser Dienst, den ich als Dienst eines Friedens von morgen oder übermorgen ansah, – wenn Gott will, daß dieser Dienst zu Ende geht, dann soll es geschehen; und wenn er Seine Hand darüber hält, dann will ich weiter den Menschen dienen, so gut es geht.«[56]

Zwei Beispiele

Gabrielle Ferrières, die Schwester des Philosophen und Widerstandskämpfers Jean Cavaillès, berichtet über ihre Begegnungen mit Peters:

Sie selbst, Marcel Ferrières, ihr Mann, und Jean Cavaillès seien im August 1943 in Paris verhaftet worden. Ihr Grund, sich in der Résistance zu engagieren, sei Patriotismus gewesen: solange der Feind auf französischem Boden stehe, müsse man ihn bekämpfen. Résistance sei eine Sache der Familie gewesen, deshalb hätten sie auch alle drei zusammen gearbeitet. Sie seien alle nach Fresnes gebracht worden, ihr Bruder und ihr Mann zusammen, sie zunächst allein in eine Einzelzelle, ohne Kontakte, wo sie etwa 4 Monate geblieben sei. Danach sei sie in eine Zelle mit drei Frauen gekommen, zwei Katholikinnen und ein junge Jüdin, die sich konvertiert habe. Durch die Heißluftheizung in Fresnes habe sie von anderen Gefangenen die Nachricht empfangen, man solle sich vor Peters hüten, er sei ein Spion der Gestapo. Eines Tages sei Abbé Stock in Uniform gekommen, für die Katholikinnen, aber auch sie sei sehr beeindruckt gewesen von seiner Persönlichkeit.

Im Dezember sei der protestantische Pfarrer gekommen, ohne daß sie nach ihm gefragt habe. Sie sei aus der Zelle herausgeholt worden, so daß er allein mit ihr gesprochen habe, und habe ihr Grüße von ihrem Bruder und ihrem Mann gebracht, auch einen Predigttext, den Jean Cavaillès ihr überbringen ließ. Dies seien die ersten Nachrichten seit ihrer Verhaftung gewesen, worüber sie sehr froh gewesen sei.[57]

Marcel Ferrières wurde im Januar 1944 nach Buchenwald deportiert, von wo er 1 1/2 Jahre später zurückkehrte. Gabrielles Ferrières wurde freigelassen und erhielt erst durch amtliche Nachforschungen nach dem Krieg die Nachricht, daß ihr Bruder ent-

---

56 Erinnerungen, S. 10–11.
57 Diesen Bericht gab sie bei einem Gespräch mit der Verfasserin am 6.12.1993, der sich ungefähr deckt mit ihrer Darstellung in der Biographie ihres Bruders: Jean Cavaillès, un philosophe dans la guerre, 1903–1944, Paris 1982, S. 195–196.

gegen ihren Vermutungen nicht nach Buchenwald deportiert, sondern noch im Februar 1944 in Arras von einem Militärgericht verurteilt und sofort erschossen worden war.

Nach dem Krieg habe sie mit ihrem Mann den Namen des protestantischen Gefängnisgeistlichen ausfindig gemacht, um ihn nach dem Namen des Gestapobeamten zu fragen, der sie alle drei verhört habe und dabei sehr fair und menschlich gewesen sei. So sei sie Peters wiederbegegnet und habe ihn in sehr positiver Erinnerung behalten.

Madame Girardet, damals Verlobte des gefangenen Studenten Raoul Girardet, berichtet:[58]

Sie sei im Frühjahr 1944 mehrere Wochen lang alle 14 Tage am Mittwoch nachmittag mit ihrer Schwiegermutter in die Rue Blanche gegangen, um von Pfarrer Peters Neuigkeiten über ihren Verlobten Raoul Girardet zu erfahren. Er sei als »Boîte aux Lettres«, also als Verbindungsmann einer Widerstandsgruppe im März 1944 verhaftet worden, 23 Jahre alt und Geschichtsstudent. Im Eingangsflur in der Rue Blanche sei es wie im Wartezimmer eines Arztes gewesen, von dem man hofft, nicht allzu Unangenehmes zu erfahren. Einmal sei eine junge Frau weinend aus dem Sprechzimmer gekommen und habe gesagt, daß ihr Mann heute morgen erschossen worden sei. Ihre Schwiegermutter und sie hätten jedesmal nur kurz mit Peters gesprochen, er habe ihnen gesagt, daß es ihm gut ginge. Zweimal habe sie ein Buch – eine Bibel und beim 2. Mal einen deutschsprachigen Roman – mitbringen dürfen, damit Peters es an den Gefangenen weitergeben könne. Wie sie heute wisse, habe ihr Verlobter den deutschen Roman nie erhalten.

Die Erinnerungen des Gefangenen und der Angehörigen stimmen in Details nicht überein: Ihr Mann habe nur zwei Mal einen viertelstündigen Besuch von Peters erhalten (der übrigens nichtssagend und nur durch seine pure Tatsache tröstend gewesen sei); ihre Schwiegermutter und sie seien aber implizit davon ausgegangen, daß Peters ihn in den 2 Wochen zwischen den Sprechstunden jedes Mal persönlich gesehen habe.

Ihre Schwiegermutter und sie seien ihm sehr dankbar gewesen, daß er die Nachrichten übermittele, aber sie hätten keinen wirklich persönlichen Kontakt mit Peters gehabt. Zwei Dinge beschäftigten sie bis heute als ungeklärt: 1. Pfarrer Peters habe nach der Nachricht, ihr Verlobter würde nach Deutschland ins KZ Buchenwald transportiert, ihnen beruhigend gesagt, daß das sicher besser sei als das ungesunde Gefängnis: frische Luft und Bewegung. Hat er es selber nicht besser gewußt, oder hat er bewußt gelogen, um Frau und Mutter nicht zu beunruhigen?[59] 2. Im Juni 1944 habe sie an einem Gedenkgottesdienst für die Deportierten im Temple von Passy teilgenommen und dabei auch Pfarrer Peters gesehen, der mit den Franzosen gemeinsam

---

58 Madame Girardet sei besonders für ihre spontane Bereitschaft gedankt, über ihre Erfahrungen zu berichten, gerade weil es sich um eine für sie sehr schwere Zeit handelt. Gespräch mit der Verfasserin am 4.12.1992, VM 799/92. Raoul Girardet wurde Professor für Geschichte am Institut d'Études Politiques.
59 Nach Aussage von Madame Girardet konnte Raoul Girardet nur durch Zufall in Belgien aus dem Eisenbahnwaggon fliehen, so daß er nicht, wie alle anderen Mitgefangenen dieses Transportes, im KZ umgekommen sei.

das Abendmahl genommen habe. Diese Teilnahme eines Deutschen habe sie schokkiert.

Diesem 2. Punkt kann man die Aussage von Peters gegenüberstellen:

>»Damals ist noch ein Gottesdienst gehalten worden für Angehörige von Internierten in der Rue de Passy. Und dazu hatten Boegner und Pierre Maury mich auch eingeladen. Sie hatten auch gebeten, daß ich in diesem Gottesdienst ein paar Worte sagte, weil sie meinten, ich gehörte mit zu denen, die an den Angehörigen der Widerstandskämpfer einen Dienst täten. Das habe ich auch gerne getan.«

Der unterschiedliche Blickwinkel drückt sich in der Bezeichnung: »Gottesdienst für Angehörige von Internierten« oder »Gedenkgottesdienst für die Deportierten« aus. Die »Internierten« waren Opfer zwischen kriegführenden Staaten, die, wenn sie Glück hatten, die Gefangenschaft überleben konnten. »Die Deportierten« waren für die Franzosen Opfer eines verbrecherischen System.

Wie man an dieser Einladung gegen Ende seiner Seelsorgetätigkeit ablesen kann, hatte sich Peters Verhältnis zu Marc Boegner zwischen Herbst 1940 und Frühjahr 1944 erheblich verbessert. Boegners Tagebuch erwähnt Peters am 12. Juni 1943[60] im Zusammenhang mit seiner Tätigkeit in Paris zugunsten der französischen Zivilgefangenen. Hier wird Peters nicht weiter gekennzeichnet, die Tagebucheintragung läßt auf sachliche Zusammenarbeit in bezug auf das Gefängnis in Fresnes schließen.

Charakteristisch für die Zusammenarbeit zwischen den Pariser Pastoren Pierre Maury, A.N. Bertrand und Boegner mit Peters scheint folgender Rat Bertrands an die Großmutter einer gefangenen Widerstandskämpferin, Marie Médard, zu sein:

>»Man muß auf jeden Fall vermeiden, ihm [Peters] die vorgeschobenen Gründe für die Verhaftung zu nennen, und man darf ihn auch nicht fragen, wessen sie angeklagt sei, denn er dringt darauf, strikt im Bereich der Seelsorge zu bleiben und sich nicht in den strafrechtlichen Bereich zu begeben, womit er Recht hat. ... Ich hatte während mehrerer Jahre einen Widerwillen dagegen, diesen Weg einzuschlagen; aber Monsieur Peters handelt als Pastor und ich habe keinen Grund, anders zu handeln.«[61]

Wie die Zusammenarbeit z.B. mit Boegner konkret aussah, schildert Peters in seinen »Erinnerungen«:

>»Ich hatte eine Besucherin, die zu mir kam und sehr energisch forderte: ›Mein Mann ist verschwunden, Sie müssen ihn finden.‹ Und ich sagte: ›Ich weiß gar nicht, ob ich ihn finden kann.‹ ›Doch, ich habe so den Eindruck, er ist im Gefängnis.‹ Und dann erzählte sie mir noch Näheres über das Verschwinden ihres Mannes. Und ich antwortete ihr nur: ›Ich will versuchen, ob ich etwas herausfinde. Ich weiß aber nicht, ob ich es Ihnen sagen kann.‹ Und dann stellte ich im Gefängnis fest, er befand sich nicht auf der Abteilung, in der meine Protestanten inhaftiert waren. Aber man gab mir den Rat, ich sollte nochmal in der ›Geheimen‹ Abteilung nachfragen; und da wurde er tatsächlich geführt unter der ›N.u.N.‹ Nr X. ›N.u.N.‹ bedeutete ›Nacht und Nebel‹, und das hieß, die Betreffenden durften nicht mehr mit ihrem zivilen Namen geführt werden. Die N.u.N.-Gefangenen durften keinen Besuch empfangen. Trotzdem fragte ich den wachhabenden Unteroffizier: ›Kann ich den Mann kurz sprechen?‹ Und er stimmte zu. Und dann stand ich in der Zelle und mir gegenüber ein hochgewachsener Mann; er war Ingenieur. Ich stellte mich vor und sagte, ›ich bin gekommen, um Ihnen als ein Christ zu begegnen‹. Ich habe die Schrift gelesen – wir haben zusammen gebetet, wie ich es allemal tat bei den Besuchen, weil mir nicht daran lag, ein menschliches Gespräch über irgendwelche Alltäglichkeiten zu beginnen, bei denen sich

---

60 M. Boegner: Carnets, S. 252.
61 Aus einem (undatierten) Brief Bertrands an Madame Herrmann, zitiert von Jacques Poujol: Documents et pistes de recherche pur les protestants de zone occupée, in Bulletin de la Société de l'Histoire du Protestantisme Français 139/Juillet-Août-Septembre 1993, S. 475, Anm. 14 (eigene Übersetzung). Siehe S. 199 Anm. 64.

der Gefangene u.U. hinterher fragen würde: Weswegen hat er mich nach diesem oder jenem gefragt? So war das Gespräch gekennzeichnet durch Schriftlesung und Gebet. Und als ich mich verabschiedete, brach er in Tränen aus, und ich sagte ihm nur: ›Soyez aussi courageux que votre femme‹ – Seien Sie so tapfer wie Ihre Frau –. Und dann habe ich ihm noch die Hand aufgelegt und allein gelassen.

Nun kommt das Dramatische. 2 Wochen später ruft Präsident Boegner mich an. Er war inzwischen in das besetzte Frankreich zurückgekehrt, und wir waren uns gelegentlich begegnet. ›Ich muß Sie sofort sprechen.‹ Dann kam er herüber von der Rue de Clichy, sah die vielen Wartenden. Ich nahm ihn sofort in mein Sprechzimmer. Er sagte mir in kurzen dürren Worten: Wir müssen Sie verschwinden lassen. Wir müssen Sie retten, denn folgendes ist passiert: Frau Soundso hat ihren Mann sehen können. Sie ist direkt zur Rue de Saussaies gegangen – wo die Gestapo ihre Büros hatte – und hat eine Sprecherlaubnis erwirkt. Sie hat ihren Mann im Gefängnis gesprochen. – Mir ist nach wie vor unklar, wie das hat möglich werden können, denn er war ja in N.u.N. und wurde unter verschärften Bedingungen gefangen gehalten. Die Energie dieser Frau hat sich offenbar selbst bei der Gestapo durchgesetzt. Nach dem Wiedersehen mit ihrem Mann ist sie sofort zu Boegner gegangen und hat ihm erzählt, was passiert wäre: Sie sitzt ihrem Mann in der Sprechzelle gegenüber; nach den ersten Worten dankt er ihr für die Grüße, ›die Du mir durch den deutschen Pfarrer geschickt hast‹. Und da hat sie gemeint, der Boden versinkt ihr unter den Füßen, und sie hatte sofort völlig andere Dinge gesprochen. und sei dann auf diesem Besuch sofort zu ihm, Boegner, gegangen. – Und Boegner sagte: ›Sie werden jetzt auf Grund dieses Vorfalls sicherlich verhaftet werden. Wir müssen Sie verschwinden lassen.‹ Und dann habe ich einen Augenblick nachgedacht und ihm geantwortet: Wenn Gott wolle, daß mein Dienst beendet würde, dann wollte ich lieber von meinen Landsleuten verhaftet werden, als in die Illegalität zu gehen. Ich dankte ihm für seine Bereitschaft, mir zu helfen. Und dann haben wir noch die Hände zusammen gefaltet, und er ist gegangen. – Ich ging am nächsten Tag sofort ins Gefängnis und war auf den verschiedenen Abteilungen und stellte nur fest: hier ist kein Alarmzustand im Blick auf meine Person. Was passiert ist, weiß nach wie vor nicht, ist wahrscheinlich auch nicht wichtig. Aber dieser Zwischenfall schuf ein Vertrauensverhältnis zwischen der französischen Kirche und mir, und speziell zwischen Boegner und mir. Das ist auch nie abgerissen.«[62]

Die französischen Pastoren schalteten ihn ein, um den Aufenthaltsort von verschwundenen Protestanten zu erfahren oder Nachrichten über die Familien zu übermitteln. Im Archiv der Fédération Protestante ließen sich 13 Briefe von Boegner an Peters ausfindig machen:[63] drei vom September/Oktober 1943, zehn aus den Monaten Januar bis Juli 1944. Zwei Antwortbriefe Peters' vom 7. und 20. März 1944 mit den erbetenen Informationen sind erhalten. In diesen Briefen sind insgesamt 22 verhaftete Personen erwähnt, zwei davon erscheinen auch in der Zusammenstellung von Jacques Poujol.[64] Es sind protestantische Pastoren und deren Angehörige im Widerstand, aber auch einzelne Fälle, wo Protestanten mit jüdischen Vorfahren die erforderlichen Papiere zu liefern versuchten, um der Deportation zu entgehen. Peters wurde um Vermittlung von Adressen, um Fürsprache bei Militärbehörden und ähnliche Dienste gebeten.

Versucht man die Zeitdauer der Gefängnisseelsorgetätigkeit Peters' zu bestimmen, ist man auf Annäherungen angewiesen. Ein Bericht von ihm selbst aus dem Jahre 1944 gibt 1942 als Beginn seiner Tätigkeit an. Als Initiator nennt er den ihm bekannten General Hans Speidel. Dies könnte eine genauere Datierung seiner Tätigkeit erlauben: Speidel war von August 1940 bis März 1942 Chef des Generalstabes beim

---

62 Erinnerungen, S. 12–13.
63 Correspondance Boegner 1943 und 1944, jeweils unter »P« in der alphabetischen Ordnung. Briefe Boegners im Rahmen der Fédération Protestante aus den Jahren 1941 und 1942 sind nicht erhalten.
64 J. Poujol hat 7 Dokumente (Erinnerungen, Zeugenaussagen) von französischen Protestanten in der Résistance zusammengestellt (Documents et pistes, S. 391–498).

Militärbefehlshaber Frankreich.[65] Dies hieße: Beginn seiner Tätigkeit zwischen Januar und März 1942. Alle Zeugnisse von Gefangenen- mit Ausnahme des »Journals« von Freddy Durrlemann[66] – stammen aus der Zeit Sommer 1943 bis August 1944. Derselbe Zeitraum wird durch Boegners Briefe an Peters abgedeckt. So kommt man zu der Annahme, daß Peters bereits 1942 seine Besuchstätigkeit begann, diese jedoch erst in den Jahren 1943/44 ihre eigentliche Bedeutung gewann. Noch für den Herbst 1943 berichtet Gabrielle Ferrières von den Warnungen ihrer Mitgefangenen vor Peters.

Madeleine Barot, nach dem Krieg Präsidentin der CIMADE, der protestantischen Hilfsorganisation für Internierte und Flüchtlinge, berichtet über Peters:[67] In der ersten Nacht, die sie in der Rue Blanche verbracht habe,[68] seien aus dem Keller der Rue Blanche Juden gekommen, die hier von Pfarrer Peters versteckt worden seien. Dasselbe berichtete M. Barot gegenüber J. Poujol.[69] Eine weitere Quelle zur Bestätigung oder Widerlegung dieser Aussage ließ sich nicht ausfindig machen.

Im französischen Protestantismus – so meint Madeleine Barot – habe es unterschiedliche Einstellungen gegenüber Peters gegeben: entweder habe man ihn gerade wegen seiner freundlichen, hilfsbereiten Attitüde gehaßt, weil er nämlich die eigentlichen Grenzlinien zwischen Freund und Feind verwischt habe. Oder – dies sei ihre eigene Auffassung – man meinte, es sei gut gewesen, daß an dieser verantwortlichen Stelle ein Pfarrer gestanden habe, der als Seelsorger gehandelt habe und damit den Menschen geholfen habe. – Im übrigen hielt sie das Risiko, das Peters durch die illegale Schmuggelei von Lesestoff oder Kleidung eingegangen sei, für denkbar gering. Ihm wäre bei Entdeckung sicher nichts passiert.

Marc Boegner ließ in der Sitzung des Conseil National der Fédération Protestante vom 7. August 1944 ausdrücklich seine Anerkennung und seinen Dank an Peters für dessen Arbeit als Gefängnisseelsorger festhalten. Dieselbe Haltung spricht sich auch im weiteren Briefwechsel nach dem Krieg aus und in der Sorgfalt, mit der die französischen Protestanten sich um Peters Eigentum, das in Paris geblieben war, kümmerten.[70]

Von einer grundsätzlichen Widerstandshaltung gegenüber dem Dritten Reich kann man bei Peters sicher nicht sprechen. Folgt man den verschiedenen Zeugen-

---

65 Peters: Erinnerungen, S. 10 (siehe Hans Speidel: Aus unserer Zeit. Erinnerungen, Frankfurt/Main 1977, S. 92ff., 119, 160). Boegners Tagebucheintrag, der auf Zusammenarbeit hindeutet, stammt vom Juni 1943 (siehe S. 198 Anm. 60). Alle sonstigen Nachrichten, die wir besitzen, verweisen auf Mitte 1943 bis August 1944. Möglich ist auch die Ernennung durch General O.v. Stülpnagel zur gleichen Zeit wie Abbé Stock: September 1941. Dann wäre General Speidel nicht beteiligt gewesen.

66 Pastor Freddy Durrleman (1881–1944) war von Januar 1941 (Verhaftung durch die Gestapo) bis 20. Juli 1942 (Entlassung nach der Verbüßung einer Haftstrafe) zunächst in Fresnes und darauf im Gefängnis Cherche-Midi inhaftiert. Er berichtet am 3.2.1941 vom Besuch des katholischen Gefängnispfarrers Abbé Stock, gleichzeitig notiert er, daß der protestantische Pfarrer, der auch in der Rue Blanche Gemeindepfarrer sei, noch nicht gekommen sei. Im weiteren Verlauf seines Gefängnistagebuches wird ein solcher Besuch Peters' nicht mehr erwähnt. »Document Nr. 5: Le ›Journal de Prison‹ du Pasteur Freddy Durrleman«, in: J. Poujoul: Documents, S. 437–461. Auch in nicht veröffentlichten Teil des »Journals« sei Peters nicht mehr erwähnt, so die Auskunft J. Poujols am 14.12.1993, des Herausgebers des Textes.

67 VM 800/92: Gespräch mit der Verfasserin am 7.12.1992 in Archiv Christuskirche 110–6, II.
68 Dazu näheres S. 202.
69 J. Poujol: Documents et pistes, S. 402.
70 Briefwechsel in Archiv Féd. Prot.

aussagen, so war es eher seine Antwort auf eine Herausforderung, die das Leben, d.h. der General Hans Speidel in diesem Fall, ihm stellte. Eine Antwort, die seinem offenen, neugierigen und mitfühlenden Charakter entsprach: vor die Aufgabe gestellt, Gefangene zu besuchen, entdeckte er die Bedürfnisse dieser Menschen nach Nachrichten von ihren Angehörigen und versuchte, diese Bedürfnisse, die er als rein menschliche sehen konnte, zu erfüllen. Mit dieser Haltung wurde er – nach eigenen Aussagen – gegen Ende seiner Tätigkeit der Gestapo doch noch verdächtig, so daß er nach seiner Rückkehr nach Deutschland im August 1944 nicht weiter im Evangelischen Hilfswerk für Internierte und Kriegsgefangene habe arbeiten können.[71] – Möchte man in irgendeiner Form eine übergeordnete Motivation finden, so fällt ein Halbsatz in seinen Erinnerungen auf: »dieser Dienst, den ich als Dienst eines Friedens von morgen oder übermorgen ansah«. Menschliche Hilfe als Brücke zwischen kriegführenden Nationen für den Friedensschluß nachher, als eine Art Kapital, um wieder zu einem Vertrauensverhältnis kommen zu können. Den Franzosen zeigen, daß nicht alle Deutschen ihren Mitmenschen Böses antun, daß es Menschlichkeit über alle trennenden Unterschiede hinweg gibt. Damit blieb Peters seiner Haltung der Dreißiger Jahre treu, wo er mit dem SS-Mann ebenso wie mit dem Vertreter der Bekennenden Kirche zu reden verstand.

---

71 Brief an Marc Boegner vom 3. Februar 1946 in Archiv Féd. Prot. Gleiches berichtet er in seinen Erinnerungen von 1987: »... ich erhielt Tätigkeits- und Aufenthaltsverbot der Gestapo für Berlin.« (S. 18).

Deutsche Kirche ohne Deutsche – Die Christuskirche in den Jahren nach dem Krieg

Der Weg aus dem Nachkriegschaos zu einer erneut selbständigen Auslandsgemeinde führte über drei Stufen. Nach dem Abzug der Deutschen aus Paris im August 1944 bezogen zunächst französische und schwedische kirchliche Hilfsorganisationen das Gebäude in der Rue Blanche, die für Flüchtlinge, Aussiedler und entlassene Kriegsgefangene sorgten. 1948 wurde dann mit Hilfe des Lutherischen Weltbundes in Genf die Flüchtlingsarbeit speziell für Deutsche in Frankreich eingerichtet. Das »Comité Luthérien d'Aide aux Réfugiés«, kurz CLAIR genannt, entstand. Im Jahre 1954 schließlich wurde ein Pfarrer aus Deutschland entsandt: zehn Jahre nach dem Krieg begann wieder »normale« Gemeindearbeit.[1]

Von der CIMADE zur CLAIR (1944–1948)

Mitte August 1944 flüchtete Hans-Helmut Peters mit dem letzten Wagen der Botschaft nach Deutschland. Die Kirche in der Rue Blanche hatte er der Fédération Protestante de France anvertraut, damit diese sich um das Gebäude kümmerte. Deren Präsident Marc Boegner ging einige Tage nach dem Einmarsch der Amerikaner an der Kirche vorbei und erblickte zu seinem Schrecken ein großes Schild: »Cinéma américain«. Er alarmierte sofort Madeleine Barot, die am selben Tag einzog, um zu verhindern, daß andere sich des Gebäudes bemächtigten.[2]

Die CIMADE, französisch: »Comité Inter-Mouvements Auprès Des Evacués« ist eine protestantische französische Hilfsorganisation für Internierte und Flüchtlinge, die sich seit 1939 für die in den französischen Lagern im Süden Frankreichs internierten Menschen, für die verfolgten Juden und für Widerstandskämpfer einsetzte.[3]

Bei der Befreiung von Paris im August 1944 kamen neue Aufgaben auf sie zu: es war damit zu rechnen, daß viele Flüchtlinge in Paris strandeten, entlassene Kriegsgefangene nicht weiterwußten, heimatlose Menschen Wohnung und Arbeit suchten usw. Die CIMADE richtete ihr Büro und ein Kleiderlager in der Kirche und im Gemeindehaus ein.

---

1 Mit der Wiederaufnahme der Auslandsgemeinde nach dem Zweiten Weltkrieg endet die historische Darstellung. Die Zeit zwischen 1945 und 1993 ist Gegenwart, weil viele Beteiligte noch leben und weil personenbezogenes Archivmaterial erst 30 Jahre nach Ableben der Betroffenen einzusehen ist. Schon für alle Daten nach 1945 muß einschränkend gesagt sein, daß weder Akten aus staatlichen, noch aus kirchlichen Archiven benutzt worden sind, sondern alleine das in der Rue Blanche vorhandene Material zugrundeliegt. Eine erschöpfende historische Darstellung bleibt späteren Generationen vorbehalten.
2 Gespräch mit Madeleine Barot über ihre Eindrücke von Pfarrer Peters (VM 800/92) in Archiv Christuskirche 110–6 II.
3 Heute entspricht sie in ihren Tätigkeitsfeldern etwa der deutschen Hilfsorganisation »Brot für die Welt«, setzt sich aber stärker für Menschenrechtsfragen im eigenen Land ein.

28. Harmonium auf der Orgelempore. Die übrige Empore dient noch als Warenlager der CIMADE und ist deshalb verhängt (vor 1958)

Ungefähr zur gleichen Zeit zog die »Svenska Israelsmissionen«, die schwedische Judenmission, in die Rue Blanche. Ihre Hauptaufgabe, gestellt von der schwedischen lutherischen Kirche, sollte die Betreuung von jüdischen Einwanderern in Frankreich sein. In der turbulenten Nachkriegssituation allerdings kam sie nicht umhin, sich um alle Hilfsbedürftigen, also auch um nichtjüdische Deutsche, zu kümmern. Die dritte protestantische Organisation in der Rue Blanche war die »Aumônerie des Étrangers Protestants«, deren Arbeit die protestantischen Flüchtlinge in Frankreich betraf. Zeitweise arbeiteten auch die Quäker im Haus, verschiedene Chöre probten und Armeepfarrer hielten Gottesdienste.

In diesem Rahmen begann Pfarrer de Beaulieu seine soziale und seelsorgerische Tätigkeit.[4] Er ist einer der Zentralpersonen der ersten Nachkriegsjahre, und deshalb soll sein Lebenslauf zwischen den Nationen an dieser Stelle skizziert werden.

Franz Charles de Beaulieu

Der Nachfahre hugenottischer Flüchtlinge wurde 1913 in Bremen geboren und wuchs in einer reformierten Kaufmannsfamilie auf. Der Familientradition entsprechend wurde er zunächst Kaufmannslehrling und kam als solcher von Mai bis Juni 1934 nach Paris. Da er über Verwandte die Familien Dahlgrün und Fischer gut kannte, verkehrte er in diesen drei Monaten häufig in der Rue Blanche. Er kam zum Got-

---

4 Er ist auch die Hauptquelle für die verwirrende und ungeregelte Situation nach 1944, siehe Pfarrerbericht de Beaulieu in Archiv Christuskirche 110–1. Soweit nicht anders angegeben, stammen alle Angaben dieses Kapitels aus diesem Bericht und aus Briefen de Beaulieus.

tesdienst, nahm an einem französischen Sprachkurs teil, der jeden Vormittag im »Pastorale« vom »Deutschen Handlungsgehilfenverband« abgehalten wurde, und besuchte privat das Pfarrerehepaar. Schon bei einem ähnlichen Sprachaufenthalt in London im Herbst 1933 war er von den Predigten Dietrich Bonhoeffers so beeindruckt worden, daß er nach dem Parisaufenthalt beschloß, den Beruf zu wechseln, das Abitur nachzumachen und Pfarrer zu werden. Er konnte das Studium gerade beenden, als der Krieg ausbrach und er eingezogen wurde. In Österreich geriet er in amerikanische Kriegsgefangenschaft und wurde aufgrund seines französischen Namens an die Franzosen ausgeliefert. Um in Frankreich arbeiten zu können, mußte er die Naturalisierung beantragen und wurde im Dezember 1945 von der Schwedischen Mission und von der Aumônerie protestante als Vikar für die Seelsorgearbeit für Deutsche in der Rue Blanche angestellt. 1947 heiratete er in der Rue Blanche eine Französin, seine beiden Söhne wurden hier getauft. 1948 ordinierte ihn das Lutherische Konsistorium zum Pfarrer. 1949 sollte er von CLAIR als deutscher Pfarrer übernommen werden, aber trotz vollzogener Naturalisierung[5] lehnte ihn der Conseil National de la Fédération Protestante als Deutschen ab und folgte damit den Anweisungen der französischen Regierung, die grundsätzlich keine Deutschen als Pfarrer für die Immigranten akzeptierte.[6] Von 1951 an arbeitete er hauptamtlich für die »Deutsche Kriegsgräberfürsorge«. Als 1954 wieder offiziell ein Pfarrer vom Kirchlichen Außenamt nach Paris entsandt werden sollte, wurde de Beaulieus Bewerbung um die Stelle zu seinem großen Bedauern nicht berücksichtigt.[7] Er gründete stattdessen eine Buchhandlung in Paris, konnte jedoch Ende der Fünfziger Jahre eine Pfarrstelle der Reformierten Kirche von Elsaß-Lothringen erhalten, wo er bis zu seiner Pensionierung 1969 arbeitete.

Seelsorge an Deutschen in Paris (1945–1948)

Ob man schon von einer deutschen Gemeinde für die ersten drei Jahre nach dem Krieg sprechen kann, ist zweifelhaft. Aber sicher kann man von einem protestantischen Hilfszentrum in der Rue Blanche sprechen, da das ganze Haus im Dienst der Flüchtlingshilfe stand. Hier befand sich die einzige Stelle in Paris, an der Deutsche Hilfe in ihrer Sprache erhalten konnten, weil alle anderen normalen Hilfsorganisationen, einschließlich Botschaft und Konsulat, nicht mehr und noch nicht wieder existierten.

Der schwedische Pfarrer Arne Forsberg leitete die Svenska Isrealsmissionen, die Hilfsgüter, Lebensmittel, Kleidung usw. aus Schweden an Bedürftige verteilte und natürlich auch schwedische und deutsche Gottesdienste in der Christuskirche hielt. De Beaulieu war für Paris, Forsberg für das übrige Frankreich zuständig, d.h. viel unterwegs, um Gottesdienste zu halten.

Die CIMADE hatte ein Kleider- und Wäschelager auf den Galerien der Kirche eingerichtet, wo man an bestimmten Wochentagen Kleidung und Lebensmittel erhalten konnte. Sie zahlte auch Hilfsgelder vom »Comité Intergouvernemental« an Aus-

---

5 Nach eigenen Angaben wurde er am 1.7.1947 naturalisiert. Brief vom 3.4.1992 an Pfarrer von der Recke.
6 Procès-verbaux vom 18.10.1949 und vom 6.12.1949 in Archiv Féd. Prot.
7 Über die Pläne de Beaulieus und Dahlgrüns für die Neugründung der Gemeinde siehe S. 233–234.

29. Die Pfarrer Martin Wilhelm und Franz de Beaulieu am Schreibtisch (um 1950)

gebürgerte aus, z.B. an Spanier aus dem Bürgerkrieg, und hielt zweimal pro Woche Sprechstunden in ihren Büros im 4. Stock ab. Außerdem unterhielt sie am Stadtrand von Paris mehrere Flüchtlingsheime.

Eine Zeitung, das »Bulletin Intérieur d'Information et d'Evangélisation«, herausgegeben von der »Aumônerie«, sorgte für die Bekanntmachung von Veranstaltungen der drei Organisationen, für wichtige Informationen für Flüchtlinge und für ein wieder aufblühendes geistliches Leben der evangelischen Gemeinde.

Diese allererste Gemeinde soll nach Angaben de Beaulieus etwa 2000 Personen umfaßt haben, 500 in Paris, 1500 im übrigen Frankreich verstreut.

Über ein außergewöhnliches Gemeindeglied berichtet de Beaulieu:

»Am 31.7.1946 fand in der Christuskirche die Trauerfeier für Frau Schwartz statt, eine jüdische Dame, die im Internierungslager in Gurs 1940 den Heiland gefunden hatte und getauft worden war. Sie war damals 82 Jahre alt gewesen und erzählte uns an einem Nachmittag, wie sie in der Ferne die schneeweißen Pyrenäen gesehen hätte und in der Nähe den Stacheldraht des Lagers. Und nun wurde sie, 88 Jahre alt, in Paris zu Grabe getragen nach der Trauerfeier in der Christuskirche, mit dem Bibelwort: Herr, nun lässest du deinen Diener in Frieden fahren, denn meine Augen haben den Heiland gesehen.«

Finanziert wurde die Arbeit zum größten Teil von der Flüchtlingskommission des Ökumenischen Rates in Genf, von der Fédération Protestante de France und von der Schwedischen Kirche.

Erste selbständige Schritte zu einer neuen Gemeinde (1948–1954)

Mit der Gründung von CLAIR im Mai 1948 erhielt die seelsorgerische und soziale Tätigkeit in der Rue Blanche eine andere Struktur. Die Betreuung der Deutschen wurde von CLAIR übernommen, und die Schwedische Mission widmete sich wieder mehr ihrer eigentlichen Aufgabe, der Judenmission. Die sich bildende deutsche Gemeinde zog aus der Rue Blanche in die Kirche L'Ascension in der Rue Dulong um, die ihre Ursprünge im 19. Jahrhundert Friedrich von Bodelschwingh verdankt.[8] De Beaulieu begründet diesen Umzug damit, daß die Schweden den ehemals verfolgten Juden die unmittelbare Nachbarschaft einer deutschen Gemeinde nicht zumuten wollten. Pfarrer Brunnarius von der Ascensionsgemeinde habe sie freundlich empfangen und jede mögliche Hilfe gewährt. Zeitweise fanden Gottesdienste auch in der Trinitatiskirche und in Saint-Marcel statt.[9]

Es war in den ersten zwei Jahren weiter de Beaulieu, der die Gemeinde sammelte. Er charakterisiert seine Arbeit als »zu 1/3 kirchliche Arbeit und Seelsorge, zu 2/3 soziale Arbeit.«

Die Gemeindeglieder waren naturalisierte Deutsche, die in Paris geblieben waren, auch viele junge Mädchen, die als Dienstmädchen oder Kindermädchen in französischen Häusern arbeiteten, unter den Männern gab es ehemalige Kriegsgefangene, Hausdiener, Lagerverwalter, Arbeiter, die bleiben wollten und ihre Familien dann nach Paris nachkommen ließen. Allmählich kamen wieder Angestellte der deutschen Dienststellen für den Marshallplan, Handelskammer, Konsulat, Botschaft – eine ganz andere Bevölkerung. Man kann sich diese Gemeinde wohl kaum bunt genug vorstellen. An die zweitausend Namen enthielt das Adressenheft, das die Unterlage für die Gemeindegliedschaft war, zweitausend Deutsche, die ganz unterschiedlich lange blieben: einige Tage, Wochen, Monate oder Jahre.

Ein »ganz normales« Gemeindeleben begann. Der Gottesdienst fand Sonntag nachmittag um 15 Uhr statt, eine Zeit, die den Gemeindegliedern, die als Hausangestellte wie Dienstmädchen, Chauffeur, Gärtner, Gouvernante arbeiteten, besser paßte als der Vormittag. Außerdem benutzte die französische Ascensionsgemeinde am Vormittag ihr Gotteshaus selber. Danach blieb man zusammen, trank Tee und genoß die Gemeinschaft von Menschen der eigenen Sprache.

Die Bibelstunde fand am Montag, Kleiderverteilung dreimal pro Woche, Konfirmandenunterricht am Donnerstag vormittag statt, der Französisch-Kurs für Anfänger (bald auch für Fortgeschrittene) am Dienstag nachmittag. Das geistige Leben muß sehr rege gewesen sein: jeden Samstag gab es Vorträge und Konzerte, von Gemeindegliedern selber gegeben. Die Talente waren vielfältig: Wissenschaftler, Musiker, Sänger, Schauspieler und Kunsthistoriker hielten Vorträge, zeigten Lichtbilder, gaben Konzerte und veranstalteten Rezitationen. Eine Leihbibliothek lieh deutsche Bücher aus.

Die Amtshandlungen begannen: die erste Trauung im Januar 1949, die ersten Taufen im April 1949, im Mai 1950 wurden die ersten Konfirmanden eingesegnet.

---

8 Siehe oben S. 50.
9 Das Hauptarbeitsgebiet von CLAIR aber wurden die verstreuten Siedlungen von eingewanderten Deutschen außerhalb von Paris. Darüber siehe unten S. 216–230.

Kindergottesdienst – von Christa Colditz gehalten – fand parallel zum Hauptgottesdienst statt, und am schulfreien Donnerstag gab es deutschen Religionsunterricht.

Die Jugendgruppe bildete von Anfang an einen Pfeiler der Gemeindearbeit, und ihr Gründer und langjähriger Organisator, Jean Krentz, gehört damit zu den Zentralfiguren der Nachkriegsgemeinde. Für ihn wurde die später so genannte »Junge Gemeinde« zu seinem Lebenswerk. 1917 in Posen geboren, wuchs er unter neun Geschwistern in einer Bauernfamilie in der Gemeinschaft der deutschen lutherischen Kirche Polens auf. Er wollte Missionar in China werden und hatte bereits die Missionsschule durchlaufen, als der Kriegsausbruch dieses Berufsziel zunichte machte. Der junge Missionar wurde Soldat in der deutschen Wehrmacht, geriet in amerikanische Kriegsgefangenschaft und fand sich schließlich über mehrere Lageraufenthalte, wo er auch als Prediger wirkte, Ende des Jahres 1947 in Paris wieder. Hier schlug er sich mit Gelegenheitsjobs, z.B. als Autoverkäufer, durch, bis er eine Stelle als Bankangestellter bekam. Seine eigentliche Lebensaufgabe aber wurde die »Junge Gemeinde«. Hier konnte sich sein Talent, Menschen zusammenzubringen und zu begeistern, entfalten. Bereits der Beginn dieser Gruppe war typisch: mit einigen jungen Leuten übte Krentz ein großes Krippenspiel ein, das zu Weihnachten 1950 mit großem Erfolg aufgeführt wurde und zum Mitmachen einlud. Dies war der Kern der »Jungen Gemeinde«. Vielfältige Aktivitäten führten die jungen Leute zusammen: weitere Theaterstücke wurden aufgeführt, Ausflüge in die nähere und weitere Umgebung von Paris unternommen, Vorträge gehalten, ein Besuchsdienst für Alte und Kranke organisiert. Mehr als eine Ehe verdankt ihre Entstehung dieser Gruppe. Auch der Kirchenchor wurde von Krentz ins Leben gerufen und geleitet.

Die Gemeinde in der Rue Dulong gewann rasch institutionelle Formen. 1950 beschloß man, sich unabhängig als Gemeinde zu konstituieren.[10] Auf der ersten Gemeindeversammlung im Januar 1951 wurde ein Kirchenvorstand gewählt: Fünf Männer und zwei Frauen. De Beaulieu wurde Präsident, Kurt von Einem kam als Vizepräsident, Dorothea Hippel als Sonntagsschulhelferin, Gräfin von Hardenberg als Organistin, Jean Krentz für den Jugendbund und für den Chor, Wladimir Gebauer als Kassenführer und Herr Stolz als Protokollführer dazu.

De Beaulieu berichtet von einer Reihe zeitraubender Nebentätigkeiten. Er war gemeinsam mit Gemeindegliedern für die Betreuung von deutschen Auswanderern nach Übersee zuständig, die über Paris reisen mußten, weil in Deutschland noch keine südamerikanischen Konsulate für das Visum existierten. Die alten Leute – nur Alten wurde die Einreise erlaubt – kamen am Nord- oder Ostbahnhof an, ohne Geld, Orts- und Sprachkenntnisse und mußten am Zug abgeholt werden. Dann ging es durch die halbe Stadt zum südamerikanischen Konsulat, wo es meistens bürokratische Schwierigkeiten zu bewältigen gab – das Visum war bereits abgelaufen etc. Gelegentlich mußte der Pfarrer wohl auch Auswanderer bei sich beherbergen, bis ihr Sonderzug nach Bordeaux oder Le Havre fuhr.

---

10 Das Datum ist nicht ganz klar: entweder 1950, da eine Weiterarbeit von de Beaulieu im Rahmen von CLAIR endgültig abgelehnt worden war (siehe S. 204 Anm. 6), De Beaulieu selber gibt 1950 an. Für die erste Gemeindeversammlung im Januar 1951 spricht Krentz' Aussage, daß nach dem erfolgreichen Weihnachtsspiel 1950 die Gemeindeversammlung stattfand.

Auch bearbeitete der deutsche Pfarrer Tausende von Grabnachforschungsanträgen für Kriegsgräber und fuhr dabei persönlich in Bussen mit Witwen und Müttern auf die Schlachtfelder in der Normandie und Ostfrankreich, wo die Frauen die Gräber ihrer Männer und Söhne suchten. Die Nachlässe der Gefallenen mußten durchgesehen und von eventuell für Witwen und Mütter belastenden Dingen befreit werden: Bordellkarten, Sanitätsbescheinigungen usw. Diese Tätigkeit nahm schließlich einen solchen Umfang an, daß de Beaulieu von 1951/52 an hauptamtlich für die Kriegsgräberfürsorge arbeitete. Die deutsche Gemeinde wurde dann 1951 bis 1954 von schwedischen Pastoren betreut, die jeweils einige Monate bis ein Jahr blieben. Die Namen Olson, Jonson und Nyström sind dabei besonders bei Gemeindegliedern im Gedächtnis geblieben.

Der Neuanfang der Gemeinde (1954–1963)

Dieses Kapitel bildet das Scharnier zwischen Vergangenheit und Gegenwart. So beschränkt es sich auf die Schilderung der unmittelbaren Entstehungsgeschichte der Gemeinde und verzichtet auf eine detaillierte Darstellung des Gemeindelebens. Dieses wird gemeinsam mit den nachfolgenden Jahren 1963 bis 1993 im zweiten Teil des Buches von Wilhelm von der Recke thematisiert.

Die evangelische Kirche in Deutschland nach dem Krieg

»Paris ist in der gegenwärtigen Lage der wichtigste Platz, den wir zu vergeben haben. Damit stehen wir vor der verantwortungsvollsten Personalentscheidung für den Wiederbeginn unserer Auslandsarbeit.«[1] Diese Schlußfolgerung zog der Vizepräsident des Kirchlichen Außenamtes Gerhard Stratenwerth zu Beginn des Jahres 1953 am Schluß eines zwölfseitigen Berichts über die Lage der Pariser Gemeinde. Die Geschichte hatte sich wiederholt: eine beschlagnahmte Kirche, eine zerstreute Gemeinde, geflohene Pfarrer und ein verlorener Krieg für die Deutschen. Nur – dieses Mal waren sich die deutschen Betroffenen einig, daß es galt, die Schuld an diesem Krieg und – noch wichtiger – der in ihm von Deutschen begangenen Verbrechen anzuerkennen und wiedergutzumachen – soweit es das überhaupt geben kann. Die Niederlage war akzeptiert, ganz im Gegensatz zur Haltung nach dem Ersten Weltkrieg.

Im Stuttgarter Schuldbekenntnis vom 18./19. Oktober 1945 gestanden führende Persönlichkeiten das eigene Versagen stellvertretend für die evangelische Kirche und in gewissem Sinne für das deutsche Volk ein.

> »Wohl haben wir lange Jahre hindurch im Namen Jesu Christi gegen den Geist gekämpft, der im nationalsozialistischen Gewaltregiment seinen furchtbaren Ausdruck gefunden hat; aber wir klagen uns an, daß wir nicht mutiger bekannt, nicht treuer gebetet, nicht fröhlicher geglaubt und nicht brennender geliebt haben.«[2]

Dieses Schuldbekenntnis war von seiten der Ökumene eine unabdingbare Voraussetzung, daß die ausländischen Kirchen wieder brüderliche Kontakte mit der deutschen Kirche aufnehmen konnten. Es blieb übrigens weder in seinen Motiven, noch im Wortlaut, noch in seinen Konsequenzen für die öffentliche politische Diskussion in Deutschland unumstritten.[3]

---

1 Vermerk 243/53 vom Vizepräsidenten des Kirchlichen Außenamtes Stratenwerths vom 10.1.1953. Als Kopie in Archiv Christuskirche 100: Geschichte der Gemeinde 1948–59.
2 Text in G. Besier/G. Sauter: Wie Christen ihre Schuld bekennen. Die Stuttgarter Erklärung 1945, Göttingen 1985, S. 62.
3 Über diese drei Punkte siehe: G. Besier/G. Sauter: Stuttgarter Erklärung, S. 9–61.

Daß es in der Folgezeit innerhalb der Kirche schwierig war, sich konkret mit der eigenen Schuld auseinanderzusetzen und Konsequenzen zu ziehen, unterscheidet sie nicht von anderen Bereichen der deutschen Gesellschaft. In den Ämtern tauschte man Personen aus: Martin Niemöller z.B. ersetzte Theodor Heckel im Kirchlichen Außenamt, aber eine wissenschaftliche Untersuchung über die Tätigkeit des Kirchlichen Außenamtes wurde erst Jahrzehnte nach dem Krieg begonnen und ist bis heute nicht abgeschlossen.[4]

Für das Schicksal der Christuskirche war natürlich die Entwicklung des deutsch-französischen Verhältnisses entscheidend. Nach der Gründung der Bundesrepublik im Jahre 1949 verhandelten die deutsche und die französische Regierung auf drei Ebenen miteinander, um einen Weg des Zusammenlebens zu finden. Man sprach über eine Zusammenarbeit in der Stahlproduktion, die mit dem Pariser Montanvertrag im April 1951 institutionalisiert wurde. Man sprach zweitens über das Projekt einer gemeinsamen Armee, die Europäische Verteidigungsgemeinschaft, die im August 1954 vom französischen Parlament abgelehnt wurde. Die sehr wichtige Saarfrage endlich wurde durch die Saarlandabstimmung 1954 geregelt: die Saar kam 1956 zu Deutschland. Bundeskanzler Konrad Adenauer erreichte im Herbst 1954 die Aufnahme der Bundesrepublik in die NATO und 1955 eine Teilsouveränität.

Im Kirchlichen Außenamt in Frankfurt wartete man ab. Man wollte zwei Dinge in Paris erreichen: eine deutsche evangelische Gemeinde wiedererrichten und das Gebäude in der Rue Blanche zurückbekommen. Für beide Ziele mußte man sich vorsichtig den politischen Gegebenheiten anpassen und günstige Situationen nutzen.[5]

Auch in Frankreich mußte »Vergangenheit bewältigt« werden: das Parlament überprüfte alle Vichy-Gesetze. So wurde auch das Dekret der Übereignung der Christuskirche an ihre Association cultuelle vom 4. Dezember 1942 aufgehoben. Sobald 1950 diese Entscheidung gefallen war, wurde der Evangelischen Kirche im Elsaß das Gebäude angeboten. Diese lehnte ab. Vorläufiger Eigentümer war der französische Staat, und der Präsident der Fédération Protestante, Marc Boegner, blieb Verwalter.

Im Jahre 1952 bot sich dann eine Gelegenheit, die Wiedererrichtung der Gemeinde in der Rue Blanche voranzutreiben: die Katholiken waren einen Schritt voraus.[6] Sobald man erfuhr, daß die katholische Kirche 1952 bereits die Unterstützung diplomatischer Stellen zur Errichtung von drei Pfarreien in Frankreich erhalten hatte, reiste Stratenwerth nach Paris, um die Lage zu erkunden. Die wichtigsten Ansprechpartner waren die Lutherische Kirche, die Fédération Protestante, die CIMADE und die anglikanischen Kirchenvertreter. Es stellte sich heraus, daß das »Paritätsprinzip« der geeignete Hebel war, um die Unterstützung der französischen Protestanten zu

---

4 Beispielsweise begnügt sich 1959 G. Niemöller (»Die deutschen evangelischen Gemeinden in London und der Kirchenkampf«) bei seiner Darstellung des Verhältnisses der Londoner Gemeinden zum Kirchlichen Außenamt mit vorsichtigen Fragen, ohne Personen zu nennen: Evangelische Theologie 19/1959, S. 131–146. Bereits 1950 hatte Stratenwerth, Vizepräsident des Kirchlichen Außenamtes, im Rahmen allgemeiner Reflexionen, wie kirchliche Auslandsarbeit weiterhin aussehen sollte, eine historische Aufarbeitung der Geschichte des Kirchlichen Außenamtes gefordert, die m.W. bis jetzt nur durch Armin Boyens: Kirchenkampf und Ökumene, 2 Bände, 1964/66 und in der biographischen Skizze Birger Maiwalds über Theodor Heckel und das Kirchliche Außenamt begonnen worden ist.
5 Im folgenden alle Informationen aus Archiv Christuskirche 100.
6 Siehe Aktenvermerk Stratenwerths vom 10.1.1953, Nr. 243/53 als Kopie aus der Akte von Dr. Marx in Archiv Christuskirche 100.

bekommen, d.h. der Fédération Protestante.[7] Die französischen Protestanten hielten eine Wiedererrichtung der Gemeinde für »normal«, sie stellten aber – einleuchtende – Bedingungen. Der zukünftige Pfarrer solle gut französisch sprechen, angesichts der zu führenden juristischen Verhandlungen um das Eigentum an der Kirche eine Selbstverständlichkeit. Die Gemeinde selber solle eine »nationale« deutsche Gemeinde sein, d.h. sich nicht um Elsässer kümmern. Dies war besonders den Lutheranern wichtig. Und sie wollten einen jungen, unbelasteten Pfarrer, der in keiner Weise mit dem Kriegsgeschehen in Verbindung gebracht werden konnte[8] und »le protestantisme allemand« würdig vertreten könne.

Pfarrer Christoph-Wilken Dahlkötter erfüllte diese Voraussetzungen: er wurde als Beauftragter des Kirchlichen Außenamtes, der die »deutschen evangelischen Gemeindeglieder in Paris kirchlich betreuen und die Wiedererrichtung einer deutschen evangelischen Gemeinde in die Wege leiten«[9] sollte, nach Paris gerufen. Sein Auftrag war zunächst auf ein Jahr begrenzt, wurde dann auf drei Jahre, bis zur Neueinweihung der Kirche 1957 verlängert. Da daraufhin die Gemeinde Dahlkötter als Pfarrer wählte, blieb er weitere fünf Jahre, bis Ende August 1963.

Die Ausgangssituation der Gemeinde im Jahr 1954

Grundlage jedes Gemeindeaufbaus mußte die Zahl der »nominell evangelischen« Deutschen in Paris und in der Banlieue sein. Man rechnete mit insgesamt ca. 12 000 Deutschen (einschließlich Schwarzarbeitern, staatenlosen Volksdeutschen etc.), von denen die Hälfte als evangelisch konfirmiert anzunehmen war: 6000 Deutsche kamen also für eine evangelische Kirchengemeinde in Frage.

Kern einer »nationalen« Gemeinde waren die zunächst von Pfarrer de Beaulieu, dann von den schwedischen Pastoren im Rahmen der CLAIR betreuten Deutschen: die Gemeinde, deren Aktivitäten im letzten Kapitel beschrieben worden sind. Von CLAIR wurde betont, daß sie nur vertretungsweise in Paris die Deutschen der deutschen Kolonie betreut hätte, ihre eigentliche Aufgabe läge bei den deutschsprachigen Arbeitern in Frankreich, die als potentielle Franzosen gälten.

Daneben gab es etwa 10–15 Personen, die noch von der Vorkriegs- und Kriegsgemeinde übriggeblieben waren, unter ihnen als wichtigste Geheimrat Dr. Robert Marx, dessen juristische Beratung und Verbindungen zu französischen Ämtern unverzichtbar waren. Auch bei der Schwedischen Judenmission gab es mögliche Gemeindeglieder, die allerdings nach Stratenwerths Einschätzung noch voller Miß-

---

7 Bei seinen Besprechungen in Paris im Herbst 1952 hatte Stratenwerth den Eindruck, daß »die Lutherische Kirche und CLAIR am Problem Christuskirche sich desinteressiert zeigten« – ob dies im formalen Sinne einer »Zuständigkeit« gemeint war, oder ob sich dadurch eine Ablehnung der Wiedererrichtung der deutschen Gemeinde des eigenen Bekenntnisses ausdrückte, kann man ohne weitere Informationen nicht entscheiden. Zumindest der spätere Inspecteur ecclésiastique der lutherischen Kirche, Albert Greiner, war jedenfalls ein steter Helfer und Freund der Christuskirche.
8 So die Aussage von Madeleine Barot: Pfarrer Peters, der ja über viel Erfahrung, Sprachkenntnisse und auch guten Willen verfügte, sei nicht in Frage gekommen. Siehe VM 800/92 Gespräch mit M. Barot in Archiv Christuskirche 110-6, II.
9 Zitiert aus seinem Dienstauftrag vom 1. September 1954. Fotokopie von Herrn Pfarrer Dahlkötter dem Archiv der Christuskirche zur Verfügung gestellt.

trauen gegenüber Deutschen waren. Günstiger war das Klima in der baptistischen Gemeinde des ehemaligen Rabbiners Frankl, der seit den Dreißiger Jahren für die verfolgten deutschsprachigen Juden und Christen in Paris arbeitete.[10] Er wünschte ausdrücklich eine Wiedererrichtung der Gemeinde. Um die CIMADE sammelten sich ebenfalls einige evangelische Deutsche, ohne daß man von einer »Kirche« sprechen kann. Die CIMADE war der EKD positiv gegenüber eingestellt und befürwortete die Rückgabe des Kirchengebäudes.

Die Aufgaben des zukünftigen Pfarrers waren neben seiner pastoralen Tätigkeit vor allem sozialer und ökumenischer Natur: die Fürsorge für zahlreiche Deutsche in Not, in den Gefängnissen und Krankenhäusern, für Auswanderer, Wohnungslose, Arbeitslose und Ostflüchtlinge. In Paris arbeitete bereits der wiedergegründete »Deutsche Hilfsverein«, jetzt unter dem Namen: »Deutsches Sozialwerk«, der von den deutschen Gewerkschaften unterhalten und geleitet wurde. Die ökumenische Seite umfaßte alle deutsch-französischen Kontakte: mit den Protestanten, aber auch mit anderen französischen Gruppen. Hier sei viel Takt und Einfühlungsvermögen nötig, betonte Stratenwerth, um allmählich wieder eine Vertrauensbasis gegenüber Deutschen zu schaffen. Der Vertreter der Gemeinde sei »der Repräsentant des deutschen Protestantismus« – eine diplomatische Mission.

Als ein Detail eines solchen Taktes ist die minütiöse Bestimmung des Gehaltes des Pfarrers zu werten. Einerseits mußte er genug zum Leben haben: die Lebenshaltungskosten in Paris sind hoch. Auch sollte er gegenüber Pfarrern in Deutschland nicht deutlich schlechter gestellt sein. Andererseits sind die französischen protestantischen Kirchen arm und ihre Pfarrergehälter niedrig. Der deutsche Kollege sollte nicht als der reiche Verwandte (als der er sowieso mit einem gewissen Recht angesehen wurde) mit viel mehr Geld herausragen. So kam man auf einen Betrag von 100 000 FF, was 1300–1400 DM entsprach.

Am 1. September 1954 trat Pfarrer Dahlkötter seinen Dienst in Paris an. 30 Jahre später hat er für das Archiv der Christuskirche einen mehrseitigen Bericht über seine Tätigkeit verfaßt, der sich in charakteristischer Weise von den Schwerpunkten seiner Nachfolger unterscheidet. Denn zu Beginn war nichts selbstverständlich, sondern alles mußte erarbeitet werden. Dahlkötter leitet deshalb seinen Bericht mit langen Überlegungen zum Sinn einer Auslandsgemeinde ein. Vordringlich war, »als Christen Deutsche zu sein« (S. 2), das »andere Deutschland zu repräsentieren«.[11] Mit dieser Formel schließt sich Dahlkötter an die Ausführungen Eberhard Bethges auf einer Tagung der Auslandspfarrer im August 1956 an, der aus seiner Erfahrung als Pfarrer in London über das »Selbstverständnis einer Auslandsgemeinde« referierte. Bethge stellte dies als eine der zeitlich begrenzten Aufgaben der Auslandsgemeinden vor:

> »... es handelt sich darum, daß man als Christ auch deutsch zu sein lernt. D.h.: Einer, der gerade als Christ frei und fähig ist, nicht mehr zu entfliehen – auch der Schuld und Schande des deutschen Namens nicht. ... Je mehr Du ein Christ bist, d.h., einer, der unter Schuld- und Heilserkenntnis etwas von Heilung weiß, um so eher wirst Du einer sein, der sich Schicksal und Fama des heutigen deutschen Namens nicht entzieht und der nicht einem vergangenen, einem geträumten, sondern diesem tatsächlichen Deutschland zugehört – und das erst recht im Ausland.«[12]

10 Siehe S. 165.
11 Text Dahlkötters als »Pfarrerbericht« in Archiv Christuskirche; Zitat S. 1.

Praktisch schlug Bethge vor, sich gründlich mit den historischen Fakten und Zusammenhängen vertraut zu machen und Formen des Gedenkens und der Denkmäler zu den symbolträchtigen Daten zu entwickeln: 23.7.1933 (Kirchenwahl), 30.6.1934 (Röhm-Putsch), 9.11.1938 (Kristallnacht), 20. Juli 1944, die die Erinnerung aufrechterhalten und auf diese Weise helfen, sich der Situation zu stellen und sich nicht zu entziehen.

Auch auf institutioneller Ebene machte man sich in der EKD Gedanken, wie die Auslandsgemeinden sich nach dem Zweiten Weltkrieg neu verstehen könnten. Kurz gesagt: man gab ihnen die Freiheit, ihre Handlungsweise jeweils den Bedingungen, unter denen sie lebten, anpassen zu können.

Die EKD hatte in ihrer Verfassung (Artikel 17) die Verantwortung für die kirchliche Versorgung der im Ausland lebenden Deutschen übernommen. Das Verhältnis zu ihnen wurde aber auf eine neue, unabhängigere rechtliche Grundlage gestellt. Im Kirchengesetz von 1954[13] wurde das frühere »Anschlußverhältnis« (d.h. daß das Kirchliche Außenamt Dienstbehörde war und zur Gemeinde im Verhältnis der »Fürsorge« stand) in ein »Vertragsverhältnis« umgewandelt. Die Evangelische Kirche in Deutschland übernahm dabei immer noch Pfarrerentsendung und einen Teil seiner materiellen Sicherung. Aber die Gemeinde wurde wesentlich freier in der inhaltlichen Gestaltung ihres Lebens, sie war nicht mehr den Verfügungen und Dienstanweisungen des Kirchlichen Außenamtes unterworfen.

In dieser rechtlichen Neuregelung spiegelte sich das gewandelte Verständnis der »Diaspora«. Vizepräsident Stratenwerth lehnte diesen Begriff als »unverwendbar« ab wegen seiner engen Verknüpfung von nationalen und religiösen Gehalten im Begriff: »deutsch-evangelisch«. Er sprach dagegen von »deutschsprachigen evangelischen Auslandsgemeinden« und verwendete damit eine sprachlich-kulturelle Definition von Kirchenzugehörigkeit, die sichtbar Distanz zum Staat gewinnen wollte und sich nationalistischer Vereinnahmung widersetzte.[14] Darin spiegelte sich eine Konsequenz der Kirche aus der Vergangenheit: der zu engen Anlehnung an den Staat entgegenzuwirken. Stratenwerth stellte die Schuld der Auslandsgemeinden fest, sich nicht von Parteiorganisationen distanziert zu haben und nicht für die Emigranten dagewesen zu sein. Die Londoner Gemeinden nahm er ausdrücklich aus. Nach den Nachforschungen über die Verhaltensweise in Paris könnte man vielleicht diesen Vorwurf für die Christuskirchengemeinde abschwächen. Offiziell hat sie sich allerdings nie vom »gleichgeschalteten« Kirchlichen Außenamt distanziert.

Gegen die deutsch-evangelische Konzeption setzte man ein neues Konzept von Auslandsarbeit, in dem die deutschsprachigen evangelischen Kirchengemeinden eng mit der ökumenischen Arbeit der Evangelischen Kirche in Deutschland verbunden wurden. Das Kirchliche Außenamt sollte beide Aufgabenfelder gemeinsam weiterentwickeln.[15] Die Neuorganisation der EKD war von vornherein nach Kriegsende in

---

12 E. Bethge: Das Selbstverständnis einer Auslandsgemeinde. Vortrag auf der Auslandspfarrertagung vom August 1956 in Arnoldshain, in Die Evangelische Diaspora 1956/3, S. 154–170; Zitat S. 167, 168. Ich danke Ottilie Saur sehr für ihre beharrlichen Bemühungen, diesen Text zu beschaffen.
13 Verabschiedet am 18.3.1954, Amtsblatt (ABl) EKD, S. 110. Änderungsverordnung vom 20.12.1975, ABl 1976 EKD, S. 81.
14 G. Stratenwerth: Evangelische Deutsche im Ausland, in Kirchliches Jahrbuch 22/1950, S. 333–371.
15 Damit setzte man allerdings rein formal die Aufgabenstellung des Amtes unter Bischof Heckel fort.

enger Zusammenarbeit mit den protestantischen Bruderkirchen geschehen.[16] Wie im Detail eine Verknüpfung von Auslandsgemeinde und ökumenischem Kontakt aussehen könnte, war nicht theoretisch abzusehen, sondern in der Praxis Schritt für Schritt je nach den örtlichen Bedingungen zu entwickeln. So betonte der Präsident des Kirchlichen Außenamtes, Adolf Wischmann, 1965 die »Brückenfunktion der Auslandsgemeinden«. »Die Auslandsgemeinden in ihrem neuen Verständnis sind ein Brückenschlag der Evangelischen Kirche in Deutschland in die Welt der anderen Kirchen hinein.«[17] Als eine Illustration eines solchen Brückenschlages in einer konkreten Situation kann man die Kontaktaufnahme 1952 in Paris ansehen. Das Kirchliche Außenamt wandte sich zunächst an die französischen Protestanten, um gemeinsam mit ihnen das Paritätsprinzip zugunsten der protestantischen Sache zu nutzen. Ein anderer, »nationaler« Weg wäre das Vorgehen über die deutsche Botschaft gewesen, wodurch man die französischen Protestanten vor vollendete Tatsachen gestellt hätte.

So kann man allgemein sagen, daß sich die konkreten Formen vor Ort in enger Zusammenarbeit mit den anderen Kirchen entwickeln mußten, so daß Schritt für Schritt neue Gemeinschaftsformen entstanden.[18] Für die Pariser Gemeinde wurde vereinbart, daß der Pfarrer automatisch Mitglied der französisch-lutherischen Pfarrkonferenz war, an deren Sitzungen teilnahm und durch den jeweiligen Inspecteur ecclésiastique der Lutherischen Kirche Paris in sein Amt eingeführt wurde.

In neuer juristischer Form kehrte die Gemeinde in die Gemeinschaft der französisch-lutherischen Kirche Frankreichs zurück, aus der sie 1905 bewußt aus nationalen Gründen ausgeschieden war.[19] Aus heutiger Perspektive gesehen könnte man sagen, daß sich im Zusammenarbeiten französischer und deutscher Lutheraner im 19. Jahrhundert ein Stück Ökumene »avant la lettre« (bevor es den Begriff gab) verwirklicht hatte, die zu Beginn des 20. Jahrhunderts durch den Nationalismus auf beiden Seiten und die politische Geschichte unmöglich geworden war.

Auf die Situation in Paris übertragen hieß die Versöhnungsarbeit für den neu ankommenden Pfarrer ganz praktisch, mit der Situation im Haus der Rue Blanche fertigzuwerden. Es war vom Keller bis zum Speicher belegt. Dahlkötter weitete behutsam das Benutzungsrecht der Gemeinde im Hause der Rue Blanche aus: zuerst durfte sie die Kirche für Gottesdienste benutzen und das »Cabinet Pastoral« im Erdgeschoß für den Tee danach. Der Pfarrer wohnte zunächst in der Banlieue, dann im gleichen Arrondissement in der Rue Lafayette. Die Rücksicht auf die CIMADE, mit der man täglich zusammenlebte und -arbeitete, erforderte viel Takt. So wurde beispielsweise ein Raum für Zusammenkünfte der Jugendgruppe gebraucht und von Marc Boegner, dem Verwalter des Hauses, zugestanden. Raum für Raum erbat sich die Gemeinde zurück, während Verhandlungen über das Eigentumsrecht parallel zwischen Präsident Boegner, Dahlkötter, dem Kirchlichen Außenamt, der Deutschen Botschaft und dem französischen Innenministerium liefen. Das Ziel war klar: das Kirchengebäude zurückzuerhalten, aber ohne neue Wunden zu schlagen.

---

16 Siehe die Umstände der »Stuttgarter Schulderklärung«, dargestellt bei Besier/Sauter (S. 209 Anm 3).
17 Vortrag von A. Wischmann am 5.5.1965 auf der Arbeitstagung der Ökumenischen Zentrale in Iserlohn. Abgedruckt in Kirchliches Jahrbuch für die evang. Kirche in Deutschland 1984, S. 93–102; Zitat S. 96.
18 Dies betonte der Präsident des Kirchlichen Außenamtes Dr. H.J. Held: Auslandsarbeit der EKD in ökumenischer Gemeinschaft, in Kirchliches Jahrbuch 1984, S. 103–108.
19 Siehe oben S. 70–74.

Dabei half letztlich der Ablauf der Zeit selber. Aus dem Briefwechsel und den Vermerken wird Ende der Fünfziger Jahre ein zunehmendes Selbstbewußtsein der deutschen Kirchenbeamten spürbar: über 10 Jahre nach dem Krieg verweigerten sie sich zunehmend der Rolle des demütigen Bittstellers. So wurde der Höhepunkt der Verhandlungen gleichzeitig ihr Wendepunkt: Marc Boegner forderte 1958 von der EKD 100 000 DM für die CIMADE, eine merkwürdige Art »Wiedergutmachung«, nachdem die CIMADE das Haus der Rue Blanche 14 Jahre lang benutzen konnte. Die deutschen Verhandlungspartner weigerten sich kategorisch. Aber das Verhalten Boegners wird verständlicher, wenn man weiß, daß die Fédération Protestante 670 000 DM Schulden hatte und nur geringe Möglichkeiten, zu Geld zu kommen. Für die CIMADE mußten auch neue Räume gefunden und bezahlt werden. Dafür half man aus Deutschland mit Kollekten.

Der zweite Auftrag Pfarrer Dahlkötters war die Wiedergründung der Gemeinde. Am 3. Juli 1957 war die juristische Etappe geschafft: der Vertrag mit der EKD auf 12 Jahre geschlossen. Pfarrer Dahlkötter wurde von der Gemeinde satzungsgemäß gewählt und arbeitete jetzt mit einem ordentlichen Vertrag als Geistlicher der Gemeinde weiter.

Ab Frühjahr 1958 endlich konnte man von einem normalen Zustand sprechen. Die CIMADE war ausgezogen, der Pfarrer hatte die Dienstwohnung bezogen: das Benutzungsrecht schien so weit gesichert, daß das Kirchliche Außenamt bereit war, Geld für die dringenden Bauarbeiten zu gewähren. Die Kirche wurde völlig neu gestaltet: die Holzvertäfelung und Stuckornamente wurden entfernt, die Fenster herausgebrochen und neue eingesetzt. Diese Art der Renovierung spiegelte den Geschmack der Zeit wider: alles glatt, weiß gestrichen und ohne Zierat. 1961/62 waren die letzten Arbeiten beendet.

Als Pfarrer Dahlkötter am 30. August 1963 nach Deutschland zurückkehren mußte – die Gemeinde hätte ihn gerne behalten[20] – war die Aufbauarbeit getan: die Gemeinde hatte einen Vertrag mit der EKD, die Kirche war renoviert, die Orgel wurde für das nächste Jahr erwartet, ein positives Ende der Verhandlungen zur Eigentumsübernahme schien absehbar zu sein. Für dies alles hat das Kirchliche Außenamt ca. 300 000 DM als Starthilfe investiert,[21] die Arbeitszeit der mit den Pariser Problemen befaßten Beamten nicht gerechnet.

In den gleichen Jahren 1962/63 erlebte die Deutsch-Französische Annäherung einen Höhepunkt mit dem Staatsbesuch von Präsident De Gaulles im August 1962 und dem Abschluß des sogenannten Élysseevertrages im Januar 1963. So erscheint das Resumee Dahlkötters verständlich: von Jahr zu Jahr habe man die wachsende Entspannung bis ins private Leben hinein spüren können: die Lösung der Saarfrage und die Europäischen Verträge hätten psychologische Auswirkungen gehabt, so daß sie als Ausdruck eigenen Willens empfunden worden seien.

---

20 Dies geht aus dem Protokoll der Gemeindeversammlung 1963 hervor: Redebeitrag von Dr. Kutscher in Archiv Christuskirche 110–6.
21 Diese Summe nennt Dahlkötter in seinem Bericht.

Deutsche Protestanten in Frankreich zwischen 1945 und 1960 (außerhalb von Paris)[1]

Deutsche Freiarbeiter in Frankreich

Zerstörung, Verzweiflung, Hoffnungslosigkeit, Flucht und Vertreibung – das waren Folgen des Zweiten Weltkrieges auch für die Deutschen. Nicht wenige waren in andere europäische Länder zerstreut. Auch nach Frankreich waren viele Flüchtlinge gekommen. Hier waren es zunächst diejenigen, die vor dem Nationalsozialismus dorthin geflohen waren und denen es nicht gelungen war, Frankreich zu verlassen, als es von deutschen Truppen besetzt wurde. Später waren es Immigranten, die die trostlose Situation im zerstörten Deutschland nicht mehr ertrugen und in der Hoffnung nach Frankreich kamen, hier Arbeit und Wohnung zu finden oder von hier aus nach Übersee auszuwandern. Eine Statistik der CIMADE vom März 1947 teilt mit, daß sich in Frankreich 25 600 deutsche und österreichische Flüchtlinge aufhielten.[2] Schließlich darf die große Zahl von deutschen Kriegsgefangenen nicht vergessen werden, die seit 1947 in zunehmenden Maße entlassen wurden. Viele von ihnen machten sich nicht auf den Weg zurück in das zerstörte Deutschland, sondern sie suchten und erhielten Arbeit in Frankreich. In manchen Berufszweigen (z.B. für Handwerker, Arbeiter, Ingenieure) bestand ein akuter Arbeitskräftemangel, dem durch ehemalige Kriegsgefangene teilweise abgeholfen werden konnte. Sie wurden »travailleurs civils« (T.C.) oder Freiarbeiter genannt. Einer von ihnen war Günter Musmann. Er berichtete im Jahre 1948:

> »Mein neuer Patron setzt mit schwungvoller Schrift seine Unterschrift unter meinen Arbeitsvertrag. Mit leichtem Herzklopfen schreibe ich bescheiden meinen Namen rechts daneben. Dieser Augenblick des Unterzeichnens läßt für mich einen neuen Lebensabschnitt beginnen. – Wie bin ich glücklich, nun zu wissen: ich bin frei! Doch gleichzeitig mit der Freude über die wiedergewonnene Freiheit kommen mir auch kleine Sorgen und die vielen, für einen prisonnier nicht unwesentlichen Fragen: ›Wie wird die Stelle sein, wie mein Arbeitgeber, Unterkunft und Verpflegung?‹ Aber eines stand fest, daß ich Lust zur Arbeit, Mut für einen neuen Lebensabschnitt und auch ein wenig Optimismus mitbrachte. ›On verra bien!‹ Im Auto (welches Ereignis!) fuhr mich mein Chef zu meinem Arbeitsplatz. Erfreulicherweise erwarteten mich angenehme Überraschungen, von denen die schönste der vierjährige Sohn war, den ich recht bald in mein Herz geschlossen hatte. Am kommenden Tag wurden mir Harken, Hacken und Blumenbeete anvertraut, und mein kleiner Freund Fanfan wich seitdem nicht von meiner Seite. Trotz der verschiedenen Sprachen verstehen wir uns ausgezeichnet. Wenn wir beiden ›travailleurs‹ beim Frühstück sind, dann flüstere ich ihm leise ins Ohr: ›Da kennen wir nichts!‹, und stolz ergänzt er: ›Da gehn

---

1 Dieses Kapitel ist in recht kurzer Zeit nach Vorarbeiten im Januar 1994 entstanden. Als Quellen dienten vor allem die Exemplare der im Artikel erwähnten drei kirchlichen Zeitungen, soweit sie im Archiv der Christuskirche vorhanden sind (Fraternité évangélique, Bulletin intérieur, Die neue Brücke), ferner Auszüge aus Protokollen des Conseil de la Fédération protestante de France, die sich mit CLAIR/CLERATE beschäftigten. Hinzu kamen drei Interviews mit Frau Trude David, Frau Christa Herrmann, geb. Colditz, und Gérard Ruckwied. Außerdem waren einige hilfreiche Hinweise im Pfarrerbericht von Franz Charles de Beaulieu zu finden. In diesem Artikel geht es darum, die Arbeit von CLAIR/CLERATE im Überblick darzustellen, nicht um deren umfassende Erarbeitung und kritische Würdigung. Zu der kirchlichen Arbeit in Paris in dieser Zeit vgl. die beiden vorhergehenden Kapitel und S. 288–291.
2 Bulletin intérieur 20, 1948, pass.

wir ran!«. Meinem kleinen Fanfan habe ich es zu verdanken, daß man mich, allerdings nach etlichen Wochen, mit meinem richtigen Namen rief. Man hatte mich nämlich kurzerhand vom Günter zum Robert umgetauft, eben weil man sich den deutschen Vornamen als ungewohnt nicht merken konnte. Doch mein treuer Freund brachte es Papa und Mama erstaunlich schnell bei.«[3]

Nicht allen entlassenen Kriegsgefangenen ging es so gut wie Günter Musmann. Viele wohnten weiterhin in großen Barackenlagern, wenn sie bei einem Bergwerk oder in einem großen Industriebetrieb beschäftigt waren. Aber nicht nur die äußeren Wohn- und Lebensverhältnisse waren schlecht. Es fehlte ihnen oft auch die Kenntnis der französischen Sprache, so daß viele von dem, was in ihrer Umgebung geschah, abgeschnitten waren, und sie die für sie als Ausländer wichtigen Erlasse des französischen Staates nicht verstanden.

Hilfsorganisationen und Mitteilungsblätter

Es war Pastor Martin Wilhelm, der im Oktober 1947 die Synode der Lutherischen Kirche Frankreichs über die Situation der protestantischen Ausländer, bei denen es sich hauptsächlich um Deutsche handelte, informierte. Ihre Zahl wurde immer größer. Die deutschen Kirchen hatten sich an die französische gewandt und sie gebeten, ihren Glaubensbrüdern beizustehen. Auch der Lutherische Weltbund, der im Sommer 1947 in Lund gegründet worden war, hatte seine Mitgliedskirchen zu einer solchen Hilfeleistung aufgefordert. In dieser Lage konnte die Lutherische Kirche Frankreichs schlecht nein sagen, wie auf einer Sitzung des Rates der Fédération protestante betont wurde. Die lutherische Kirche entschloß sich als erste, den Ausländern zu helfen. Denn damit verband sich die Hoffnung und das Ziel, die ausländischen Lutheraner in die französische Kirche zu integrieren, neue lutherische Gemeinden zu gründen und durch die Steigerung der Mitgliedszahlen den lutherischen Einfluß in Frankreich zu erhöhen. Das kam dem Anliegen der öffentlichen Stellen Frankreichs insofern entgegen, als sie unter allen Umständen die Bildung von deutschen Minderheiten vermeiden wollten. Für eine Übergangszeit erwog die Féderation protestante, deutsche kriegsgefangene Pastoren mit der Betreuung ihrer Landsleute zu beauftragen. Doch langfristig sollten es keine deutschen, sondern nur deutschsprachige Pfarrer sein. Um die Hilfe zu ermöglichen, wurde im November 1947 das »Comité luthérien d'aide aux immigrants et aux réfugiés« gegründet, das sich abgekürzt CLAIR nannte. Im Januar 1948 erschien die erste deutsche Ausgabe der »Fraternité évangélique«, herausgegeben von diesem Komitee, das sich in der ersten Ausgabe vorstellte. Mit der Leitung wurde Pfarrer Franck Gueutal beauftragt. Sitz der Organisation wurde zunächst das Haus der »Young Men Christian Association« (YMCA) in der Avenue Raymond-Poincaré Nr. 13, später dann in der Rue de Poissy Nr. 13. Finanziert wurde die Arbeit von CLAIR überwiegend vom Lutherischen Weltbund. Es handelte sich also faktisch um eine lutherische Organisation. Das löste in der Fédération protestante einige Auseinandersetzungen aus, da sich die anderen protestantischen Kirchen übergangen fühlten und das Hilfskomitee als ein

---

3 Der Text ist ein Ausschnitt aus einem Artikel in der YMCA-Zeitung »Die neue Brücke« vom 7.8.1948. Hier wie auch bei allen folgenden Zitaten ist nicht kenntlich gemacht, an welchen Stellen Text ausgelassen wurde.

30. Vor dem Eingang des Gemeindehauses. Von links: die Pfarrer Martin Wilhelm, Jacques Delpech, Frank Wheatcroft (damals luth. Bischof von Paris) und Arne Forsberg von der Schwedischen Israelmission im Jahre 1947. Zu beachten das alte Eingangsgitter

ökumenisches verstehen wollten. Nach mehreren Diskussionen wurde im März 1948 beschlossen, das Komitee zu erweitern. Es bestand nun aus sieben lutherischen und drei reformierten Mitgliedern und änderte seinen Namen in »Comité luthérien et réformé d'aide aux travailleurs étrangers« (CLERATE). Seine vornehmste Aufgabe sah das Comité in der seelsorgerlichen Betreuung der deutschen Zivilarbeiter und deren Familien, die aus Deutschland nachgeholt wurden. Das bedeutete: Gottesdienste mit Verkündigung des Evangeliums und Feier des Heiligen Abendmahls überall, wo es größere Gruppen gab; Religionsunterricht für die Kinder mit einem zweisprachigen Katechismus (um so die französischen Sprachkennntnisse zu verbessern) und Kasualgottesdienste (Taufen, Hochzeiten, Beerdigungen). Darüberhinaus war ein kulturelles Programm geplant (Vorträge, Wanderbibliothek, Ferienlager). Schließlich sollten durch individuelle Briefseelsorge alle weit von anderen Deutschen entfernt lebenden Arbeiter erreicht werden.

Als verbindendes Band aller Gruppen und Einzelpersonen wurde die deutschsprachige Ausgabe der Zeitung »Fraternité évangélique«[4] betrachtet, die als Pendant zur französischsprachigen »Fraternité évangélique« auch eine Verbindung zu den französischen Lutheranern herstellen sollte. Ihre Aufgabe sah sie darin, den Zivilarbeitern und ihren Familien das Evangelium zu verkünden und die Kenntnis vom Christentum durch Predigten und Aufsätze zu vertiefen. Ferner enthielt die Zeitung Berichte über Christen aus anderen Ländern. Eine dritte Rubrik war der Beantwortung prak-

---

4 Die Fraternité évangélique (édition du comité lutherien d'aide aux immigrants et aux réfugiés) erschien zum ersten Mal in deutscher Sprache im Januar 1948, herausgegeben von CLAIR (directeur Franck Gueutal). Die Zeitung erschien monatlich und hatte in der Regel einen Umfang von vier Seiten.

tischer Fragen nach Arbeitserlaubnis und Aufenthaltsgenehmigung gewidmet. Den breitesten Raum aber nahm die Rubrik »Aus dem Gemeindeleben« ein, die manchmal mehr als die Hälfte der gesamten Zeitung ausmachte. Hier wurde über die Veranstaltungen der einzelnen Gemeindegruppen aus den vergangenen Wochen berichtet und die zukünftigen bekannt gegeben. Außerdem wurden jedes Mal die Namen derer genannt, die im vergangenen Monat getauft, getraut oder beerdigt worden waren. Durch diese ausführlichen Berichte sollten die verstreuten Gruppen voneinander wissen und diejenigen, die aus verschiedenen Gründen nicht regelmäßig teilnehmen konnten, sollten sich so mit den anderen Christen verbunden fühlen.

Die »Fraternité évangélique« war in dieser Zeit nicht das einzige deutschsprachige Organ von kirchlicher Seite in Frankreich. Ein Jahr zuvor, also 1947, war die Zeitung »Die neue Brücke« in deutscher Sprache erschienen.[5] Sie wurde von der YMCA wöchentlich herausgegeben, und ihr Leserkreis war mit dem der Fraternité évangelique fast identisch. Beide Zeitungen verwiesen gelegentlich aufeinander. Die neue Brücke war in der Regel umfangreicher als die Fraternité évangelique und hatte an religiösen Artikeln nur ein geringes Interesse. Sie brachte Meldungen aus dem politischen Weltgeschehen, stets eine Sportseite und eine Spalte mit Informationen für den Briefmarkensammler. Artikel über kulturelle Ereignisse und belehrende Texte sollten die Bildung heben. Auch die Unterhaltung durch allerlei Anekdoten und Witze kam nicht zu kurz. Ferner wurden viele Gesetzestexte veröffentlicht, z.B. zu der Frage »Wie heirate ich in Frankreich?«. Daneben wurden Briefe mit praktischen Fragen, die Zivilarbeiter an die Redaktion gerichtet hatten, beantwortet. Aus dem Leben der YMCA fand sich fast nie ein Bericht. Es wurden lediglich Veranstaltungen angekündigt, aus denen zu entnehmen ist, daß es in folgenden Orten deutschsprachige YMCA-Gruppen gegeben hat: Annecy, Belfort, Bordeaux, Douai, Fort-de-Scarpe, Gap, Libercourt, Lyon, Montauban, Mulhouse, Nîmes, Orange, Paris, Valence, Vitry-sur-Seine und Vuillemin.

Noch älter als »Die neue Brücke« war die zweisprachige Zeitung »Bulletin intérieur d'information et d'évangélisation de l'aumônerie des étrangers protestants en France«.[6] Es war eine Monatszeitung, die kostenlos an alle Interessierten verschickt wurde. Ihr Hauptanliegen war die Verkündigung des Evangeliums. So wurden fast ausschließlich Predigten, Meditationen, erbauliche Artikel und Auszüge aus religiösen Schriften abgedruckt. Auf der letzten Seite war stets die Ankündigung von kirchlichen Veranstaltungen, Gottesdiensten u.ä. zu lesen. Herausgeberin der Zeitung war die »Aumônerie des étrangers protestants en France«, die zusammen mit der Schwedischen Israelmission und der CIMADE ihren Sitz in der Rue Blanche Nr. 25 hatte.

Die CIMADE und die Aumônerie waren organisatorisch und finanziell miteinander verbunden. In der Praxis überschnitt sich häufig ihre Arbeit mit der der CLERATE, so daß man im Juli 1948 im Conseil de la Fédération protestante erwog, die drei

---

5 »Die neue Brücke« (Deutsche Wochenzeitung der YMCA in Europa) erschien zum ersten Mal im Sommer 1947. Sitz der Zeitung in Frankreich war in der Avenue Raymond-Poincaré Nr. 13 (Paris, 16. Arrondissement). Verantwortlicher Herausgeber war Pierre A. Moser.
6 Der »Bulletin intérieur d'information et d'évangélisation de l'aumônerie des étrangers protestants en France« erschien zum ersten Mal im August 1946, herausgegeben von der Aumônerie des étrangers protestants (directeur: J. Delpech, rédacteur: A. Forsberg, siehe auch Bild 30, S. 218). Sitz der Zeitung war in der Rue de Rome Nr. 155 (Paris, 17. Arrondissement).

Organisationen zu vereinigen. Man nahm davon aber Abstand und beschloß lediglich, die Arbeit besser zu koordinieren. Es bestanden vermutlich doch zu große Unterschiede zwischen den jeweils betreuten Personenkreisen.[7] Von der Rue Blanche aus wurden vor allem Flüchtlinge und »displaced persons«, die durch die Kriegsereignisse aus Deutschland oder Osteuropa nach Frankreich gekommen waren, betreut. Unter ihnen waren zahlreiche Juden, die die Schwedische Israelmission – nicht ganz erfolglos – zum christlichen Glauben führen wollte. Pfarrer de Beaulieu, der unter anderem für die Israelmission tätig war, teilte mit, daß zu der Gemeinde, die in der Rue Blanche ihr Zentrum hatte, insgesamt ca. 2000 Personen, d.h. Juden, Judenchristen und vor allem Flüchtlinge aus verschiedenen europäischen Ländern gehörten, von denen lediglich 500 in Paris und Umgebung lebten. Nach dem »Bulletin intérieur« gab es zwischen 1946 und 1949 in Agen, Albi, Annecy, Auch, Avignon, Bordeaux, Chambon-sur-Lignon, Clermont-Ferrand, Fleurance, Grenoble, Le Puy, Lyon, Marseille, Masseube, Nîmes, Nizza, Périgueux und Toulouse Gruppen, die regelmäßig von den Pfarrern Forsberg, Molander und Delpech aus der Rue Blanche besucht wurden. Wenn diese Gruppen aus verschiedenen Völkern überhaupt eine gemeinsame Sprache hatten, dann war es deutsch. So fanden schon 1946 wieder deutschsprachige protestantische Gottesdienste in der Rue Blanche statt, und es entwickelte sich ein reiches Kulturleben. Als dann ein Jahr später verstärkt deutsche Kriegsgefangene entlassen wurden, war es offenbar nicht möglich, diese in die schon bestehende Gemeinde zu integrieren. Die »Reichsdeutschen« oder – wie eine Zeitzeugin sagte[8] – die »richtigen Deutschen« bildeten eine eigene Gemeinde, die ab Januar 1948 zunächst in der lutherischen Kirche La Trinité und dann lange Zeit in der Kirche L'Ascension zusammenkam. Zwischen dieser Gemeinde und unserer heutigen in der Rue Blanche besteht eine direkte Kontinuität. Diese Gemeinde stand unter der Obhut der CLERATE. Es ist wahrscheinlich, daß hier die Pfarrer Franck Gueutal, Martin Wilhelm und später ab Juni 1949 auch Pfarrer Charles de Beaulieu wirkten, der von der CLERATE für diese Gemeinde angestellt war.

Die Regionen

Die Gemeindearbeit in Paris war jedoch nur ein geringer Teil der Aufgaben der CLERATE. Denn ihr Hauptarbeitsbereich waren die vielen kleinen oder größeren Gemeinden in der Provinz. Als die CLERATE ihre Arbeit aufnahm, lagen ihr Adressen von ca. 30 000 Zivilarbeitern vor. Frankreich wurde von der CLERATE in acht Regionen aufgeteilt. Jede Region wurde von einem Geistlichen betreut. Die französische Regierung drängte darauf, daß keine deutschen Pfarrer eingestellt wurden. CLERATE kam diesem Wunsch nach, hatte aber verständlicherweise Schwierigkeiten, geeignete Pfarrer zu finden. Sie mußten deutsch sprechen und von ihrer Heimatkirche freigestellt werden können, die oft auch für den Unterhalt des Pfarrers aufkam. Die Geistlichen kamen aus der Schweiz, aus Dänemark, Schweden, Frankreich und anderen Ländern. Sie führten ein sehr bescheidenes Leben, denn sie verdienten meistens

---

7 Das wurde durch Trude David bestätigt, die damals für die CIMADE arbeitete.
8 So Frau Trude David in einem Interview am 7. Februar 1994.

nur den staatlich vorgeschriebenen Mindestlohn. Die Pfarrer Gueutal, Wilhelm und de Beaulieu arbeiteten vor allem in der Region Paris und Mittelfrankreich.[9] Die Pfarrer Gueutal und Wilhelm unternahmen als Mitglieder der Leitung der CLERATE auch Reisen in die anderen Regionen. Für Nordfrankreich war zunächst Pfarrer Lienhard, dann sehr bald danach Pfarrer Hans Schaffert zuständig.[10] In Nordostfrankreich – eine Region, von der in der Fraternité évangélique nur sehr selten die Rede ist – wirkte Pfarrer Griesbeck.[11] Ostfrankreich wurde von Pfarrer Soelling versorgt, der aber schon Ende 1948 in seine dänische Heimatkirche zurückkehren mußte. Seine Nachfolger waren Pfarrer Sulzberger (ab Pfingsten 1949) und Pfarrer Link (ab Oktober 1950).[12] Pfarrer Fritz Johner aus der Schweiz hatte die Stelle in Südostfrankreich übernommen.[13] Der Arbeitsbereich von Pfarrer Wagenknecht war Südfrankreich.[14] In Südwestfrankreich arbeitete Pfarrer Andreas Brassel.[15] Er war dort bis Februar 1950 tätig und kehrte dann in die Schweiz zurück. Nach einer Vakanz von einigen Monaten nahm im November 1950 Pfarrer Hjerman aus Norwegen seinen Dienst in dieser Region auf. Pastor der Region Westfrankreich war Pfarrer Otto Nothacksberger, der Österreicher war, aber schon seit vielen Jahren in Schweden lebte. Er arbeitete später in Paris, wo er auch starb. In der Provinz war er bis November 1949 tätig.[16] Außer den in den Anmerkungen genannten Orten gab es noch viele andere, an denen Deutsche lebten und die von den CLERATE-Pfarrern besucht wurden.

Einer der Pfarrer, Hans Schaffert, schrieb für die Fraternité évangélique besonders eindrucksvolle Artikel über seine Arbeit. Um einen kleinen Eindruck von den Schwierigkeiten und Freuden seiner Tätigkeit zu vermitteln, folgen nun Auszüge aus einem Brief, den er 1950 veröffentlichte:

> »Lieber Freund. Meine Gemeinde ist zerstreut über ein Gebiet, das etwas mehr als die Hälfte der [Größe der] Schweiz umfaßt: 300 km in der einen Richtung, 100 km in der anderen. Am dichtesten ist das Kohlebecken von Nordfrankreich besiedelt, wo viele deutschsprechende Arbeiter und Familien wohnen. Du kannst dir vorstellen, wie oft ich da auf Fahrt bin, um die Gemeindeglieder zu besuchen. Es gibt Monate, da fahre ich mit meinem Wagen 3000 km. Ohne diesen treuen Gehilfen wäre die ganze Arbeit überhaupt unmöglich. Wie kann man denn in einem so ausgedehnten Gebiet fruchtbare Arbeit leisten? Sieh, dieses Problem beschäftigt mich immer wieder sehr ernstlich, und ich sehe nicht immer klar darin: Aber oft, wenn menschlich gesprochen all dieser Kraftaufwand als sinnloser Kraftverschleiß erscheint, zeigt sich da und dort wieder eine Frucht der Arbeit, die es mir verbietet, diesen Dienst einfach aufzugeben.

9 Zu dieser Region gehörten Gruppen in Les Ancizes, Brioude, Clermont-Ferrand, Le Creusot, Decize, Saint-Etienne, Fontainebleau, Lyon, Montceau-les-Mines, Montluçon, Riom, Vernon u.a.
10 Zu dieser Region gehörten Gruppen in Amiens, Arras, Douai, Dunkerque, Lille, Lens, Loos, Oignies, Valenciennes, Vieux-Condé u.a.
11 Zu dieser Region gehörten Gruppen in Auberive, Chaumont, Saint-Dizier, Epinal, Langres, Metz, Montigny-le-Roi, Nancy, Pompey, Toul, Vecqueville u.a.
12 Zu dieser Region gehörten Gruppen in Belfort, Besançon, Dijon, Montbéliard, Selancourt, Sochaux u.a.
13 Zu dieser Region gehörten Gruppen in Annecy, Avignon, Cannes, Gigondas, Grenoble, Hyères, Marseille, Nizza, Orange, Valbonne, Valence, Vence u.a.
14 Zu dieser Region gehörten Gruppen in Béziers, Carcassonne, Montpellier, Toulouse, ferner Orte im Dept. Averyon und Hérault u.a.
15 Zu dieser Region gehörten Gruppen in Angoulême, Bordeaux, Cognac, Pauillac, Pau, La Rochelle u.a.
16 Zu dieser Region gehörten Gruppen in Caen, Cherbourg, Rouen, Vimoutiers, Decize, Vernon u.a. Die beiden zuletzt genannten Orte gehörten zeitweise zur Region Paris/Mittelfrankreich.
Die in den letzten Anmerkungen genannten Orte sind diejenigen, die in der Fraternité évangélique am häufigsten erwähnt werden.

Im Mittelpunkt meines Dienstes steht natürlich die Wortverkündigung. An zehn Orten finden alle 1–2 Monate Gottesdienste statt. Aber wie verschieden sind die Gemeinden, die da zusammenkommen. Hier in der Gegend von Lille sind es Industrie- und Bergarbeiter. Ein Großteil von ihnen kommt überhaupt nicht zur Kirche. Sie kennen den Pfarrer nicht, und der Pfarrer kennt sie nicht. Wieviele unter ihnen gibt es wohl, die vielleicht doch irgendwie auf die Kirche warten. Glaub mir, es bewegt mich oft schwer, wenn ich so durch die Barackendörfer gehe und daran denke, daß sie in der Kirche eine Heimat haben sollten und könnten und heute doch gar nichts mehr davon wissen. Man verlernt da das Richten, denn es ist gar nicht immer ihre eigene Schuld. Die Jüngeren unter ihnen haben ja nur den Nationalsozialismus, den Krieg und die Gefangenschaft erlebt, haben schon sehr früh kein Familienleben mehr gehabt. Und die Älteren haben zum Teil daheim so grausige Dinge erlebt und gesehen, daß ihnen Glauben und Vertrauen wie zugeschüttet worden sind. Ein kleiner Teil von ihnen kommt zum Gottesdienst. Mit ihnen und um ihretwillen mußte ich lernen, ganz einfach zu predigen, in ihrer Sprache zu reden, ihnen nahe zu sein, nicht nur von Mensch zu Mensch, sondern auch von der Kanzel der Gemeinde. Ich mußte da manche Hemmungen über Bord werfen; und ich bin noch lange nicht zu Ende damit. Wir haben alle ein wenig Angst vor der fröhlichen Unmittelbarkeit. Es hängt für diese Menschen viel daran, daß die Kirche ihnen wieder nahe kommt. Ganz einfach muß ich predigen, weil ja die Menschen nur noch einen verschwindend kleinen evangelischen Grundstock haben.

Wenn Besuche irgendwo wichtig sind, dann ganz sicher in meiner Diaspora. Diaspora des Glaubens, der Sprache und der sozialen Schichten. Meine Gemeindeglieder sind absolut verschiedenartig und kommen von den mannigfaltigsten Orten der menschlichen Gesellschaft her. Ein Dr. phil. ist Bauernknecht und bringt so seine Familie durch. Unter den Grubenarbeitern sind so ziemlich alle Berufe vertreten. Du solltest einmal sehen, wie dankbar all diese Zerstreuten sind, wenn der Pfarrer endlich wieder einmal in ihr Haus tritt. Oft stehe ich dann in einem bösen Zwiespalt: soll ich nun zwei andere Besuche einfach nicht machen und bei dieser Familie länger bleiben, damit das Vertrauen wachse und die Fragen zur Sprache kommen, die sie eben wirklich bedrücken? Wirklich, es ist sehr schwer zu entscheiden. Meine französischen Kollegen helfen mir da, soviel sie können. Aber da ist das große Hindernis der Sprache, das die Menschen trennt. Wäre das nicht, so dürfte ich wohl viel getroster und ruhiger an meine Rückkehr denken. So aber habe ich immer das Gefühl: gehe ich weg, so werden sie ganz alleine bleiben. – Es war ja vor einigen Jahren nicht selbstverständlich, daß die französischen Gemeinden die deutschen Arbeiter und Familien in der Kirche wirklich als Brüder anerkannten. Und doch haben sie es alle ausnahmslos getan. Dies ist auch das Ziel meiner Arbeit: die deutschen Gemeindeglieder in die französischen evangelischen Gemeinden hineinzuführen, damit sie sich dort einwurzeln. –

Neben all dieser eigentlich kirchlichen Arbeit steht die soziale Aufgabe. Meine Gemeindeglieder sind oft vollständig verloren vor gewissen Schwierigkeiten, die die Bürokratie heraufbeschwört. Wieviele Männer sind wegen dieses Papierkriegs schon ins Gefängnis gewandert, für drei Monate sogar! Kaum jemals habe ich so deutlich erkannt wie hier, daß die Kirche hier eine Aufgabe hat, und zwar nicht nur eine zweitrangige. Meinen Leuten aus all diesen Klemmen zu helfen, bedeutet für sie: ›die Kirche hat mir geholfen‹. Es ist unglaublich, wie solche Hilfen manchmal das Wort der Verkündigung unterstreichen, ohne daß man es sucht!

Nun, ich schließe. Nur noch eines: Pfarrer und Gemeindeglieder, wir erleben hier etwas ganz Großes, daß wir in der Kirche wirklich eine Heimat haben, daß in dieser Kirche Christen von hüben und drüben sich wirklich als Brüder in Christus erkennen und begegnen. Das ist auch ein Beitrag zum Frieden. Dein H. Schaffert.«[17]

In diesem Artikel wird deutlich, wie wichtig es war, daß die Kirche sich bemühte, die Isolierung zu durchbrechen und die Menschen in Gemeinden zu sammeln, in denen sie sich in ihrer Muttersprache verständigen konnten. Aber auch für diejenigen, die in Barackenlagern, also mit vielen anderen Deutschen zusammen, wohnten, war das Leben nicht einfach, denn die Atmosphäre in diesen Lagern war oft schlecht. Es gab da »Lager der verschlossenen Türen« – wie Pfarrer Schaffert an anderer Stelle sagt [18] –, d.h. Lager, in denen sich die einzelnen Familien gegeneinander abschotteten und sich – wie Staaten – hinter »eisernen Vorhängen« verschanzten. Daneben gab es »Lager

---

17 Fraternité évangélique Nr. 35, 1950.
18 Vgl. Fraternité évangélique Nr. 31/32, 1950.

der offenen Türen«, d.h. Lager, wo jeder über jeden alles wissen wollte und wo es zu Gerede und Gerüchten kam. Auch hier war die Präsenz der Kirche wichtig, die die Atmosphäre des Zusammenlebens zu verbessern suchte.

»So sind wir!« Aus einem Brief von Freiarbeitern

Ein Jahr nach der Entlassung aus der Kriegsgefangenschaft blickte eine Gruppe von Zivilarbeitern auf die letzten Monate zurück und veröffentlichte ein interessantes und für das Jahr 1948 erstaunliches Selbstzeugnis, aus dem einige Abschnitte zitiert seien:

»Hier im Süden Frankreichs leben Arbeiter aus allen Teilen Deutschlands. Wir wollen sagen, warum wir hiergeblieben sind und was aus uns geworden ist, nun ein Jahr nach unserer Entlassung aus der Kriegsgefangenschaft. Wir haben vor einem guten Jahr unseren Arbeitsvertrag unterschrieben, weil wir zunächst frei sein wollten. Zum anderen war ja nun wirklich zu Hause nichts mehr zu wollen. Wir nahmen das reale Angebot hier an, ohne daß wir uns nun damit für oder gegen jemanden entschieden. Zum dritten schien es uns gut, im Ausland wieder Vertrauen zu erwerben. Wir wollten hier nach all dem, was zwischen unsern beiden Völkern gewesen war, Freunde finden. So sind wir hier geblieben. Es war nicht leicht! Die Last einer langen Vergangenheit, der Schatten unverantwortlicher Handlungen deutscher Soldaten auch in diesem Land lag auf unsern Schultern. Wir haben vieles eingesteckt. Aber wir ließen uns nicht verbittern. Wir lernten, daß es Unsinn ist, hier nach typisch deutscher Manier auf ein Recht zu pochen. Wir haben Arbeitsschwierigkeiten in persönlichem Gespräch mit unsern Patronen oder mit Hilfe des Arbeitsamtes überwunden. Einer half dem anderen. Die staatlichen Gesetze schützten uns.

Jetzt arbeiten 80 Prozent von uns in der Landwirtschaft, 9 Prozent in den Minen, 11 Prozent in freien Berufen. Die Arbeitsplätze wurden uns nach genauer Prüfung jedes Einzelfalles zugewiesen. Wir haben keinem Einheimischen etwas weggenommen! Inzwischen sind unter uns deutschen Arbeitern 34 Familien eingetroffen. Fast 40 deutsche Kinder sind hier, viele gehen schon in die französische Schule. Wir selbst bemühen uns, fleißig französisch zu lernen. Und nun wollen wir ruhig zugeben, daß wir Christen sein möchten. Wir waren lange der Kirche fern. Und nur langsam beginnen wir wieder, Gottesdienste zu besuchen und die Bibel zu lesen. Das mag man uns zugute halten, wenn wir nun ehrlich sagen wollen, wie wir zur Kirche, zur Welt um uns und zu Deutschland stehen.

Ob es unsere Schuld ist oder unser Schicksal, wir wissen's noch nicht: Aber wir haben ein Grauen vor jeder moralischen Predigt oder vor jedem theoretischen Ideal, das uns christliche Zeitungen verkünden. Diese Rede ist so fern von uns. Wir sind gewiß durch viel Schlamm gegangen, wir kennen den tödlichen Ernst der Sünde besser als unsere Moralisten. Wenn wir wieder Menschen zuhören könnten, die selbst vom Leben gerüttelt worden sind: Das wäre gut. Die sollten mit uns die Bibel aufschlagen und GOTT reden lassen! Und dann wollen wir dankbar Gott dienen, als mündige Christen, als solche, die vom Herrn der Kirche wieder gewürdigt wurden, noch einmal Christen zu werden. Daß uns zuletzt die französischen Kirchen durch sichtbare Aufnahme in ihre Gemeinden und Familien dazu helfen mögen: Das ist unsere herzliche Bitte!

Es wäre nicht nur vom christlichen, sondern auch vom menschlichen Standpunkt aus dumm, wenn wir uns als Ausländer in Frankreich politisch abstempeln ließen. Wir sind alt genug, um zunächst nicht zu vergessen, daß wir alle keine ganz saubere Weste den Menschen der Länder gegenüber haben, die wir einst besetzt hielten. Wir können aber als Christen auch nur davor warnen, den Westen gegen den Osten auszuspielen. Für uns sind *alle* menschlichen Ideologien und Parteien gleicherweise fragwürdig. Müssen wir nicht immer daran denken, daß, wenn Jesus Christus der Herr der Welt ist, seine Herrschaft und sein kommendes Reich all diese Ideologien gleicherweise reinigt und richtet?! Christen schützen den *Menschen* in allen Parteien. Die Partei der Christen aber ist die christliche Gemeinde in *allen* Völkern. – Wenn nämlich ein französischer Patron zu einem von uns sagte: ›Hans, wenn mir ›mal etwas passiert, dann würdest Du mich retten, und umgekehrt würde ich Dir genauso beistehen, wenn Du in Not wärst‹, dann scheint uns das eine politisch wichtigere Entscheidung gewesen zu sein, als viele Reden großer Minister. Denn hier war endlich einmal der Völkerhaß überwunden worden!

Und nun zuletzt: Deutschland! Wer vor den Trümmern des Goethehauses in Frankfurt gestanden hat, weiß, daß damit nicht nur der deutsche Geist, sondern auch jedes Pathos eines deutschen Nationalismus einen Sturz ohnegleichen erlitten hat, aber wir haben über alle augenblicklichen materiellen Nöte hinweg nur eine Sorge: Ob dieser engstirnige deutsche Nationalismus, der alle anderen Völker nur als untergeordnet und minderwertig ansah, neugeboren werden oder ob man dort endlich zu einer gesunden, vernünftigen, bescheidenen deutschen Menschlichkeit zurückfinden wird?! Der Sender München hat uns Arbeiter im Ausland ›das Fallobst des deutschen Volkes‹ genannt. Und ein Hamburger Senator hat gemeint, durch unser Verbleiben in der Fremde verlängerten wir nur das deutsche Elend. Beide Urteile sind aus der alten nationalen Froschperspektive geboren. *Wir* wissen hier wahrhaftig, wie entsetzlich schwer es ist, heute ein Deutscher zu sein! Aber wir haben Brücken gefunden zu den Menschen dieses Landes, im offenen, vorurteilslosen Gespräch und in der praktischen treuen Tat. Wir können nur sagen, daß wir vor solchen Äußerungen heutiger deutscher Menschen völlig verständnislos und darum ablehnend dastehen. In brennender Sorge um unsere Heimat können wir nur bitten, daß man dort in Begegnung mit dem wahren Gott, dem Vater Jesu Christi, und also mit dem Menschen Jesus Christus durch Dienen, und nicht durch Herrschen, durch Glauben, und nicht durch Anklagen, den gesunden, deutschen Menschen formen möge, der mit den Menschen anderer Völker Frieden findet! Dies war alles, was wir euch schreiben wollten: So sind wir!«[19]

Aus der Tätigkeit der Pfarrer

Eine Gruppe innerhalb der Gemeinden, die den Pfarrern besondere Sorgen bereitete, waren die Konfirmanden. Aufgrund der großen Entfernungen und der letztlich bescheidenen Zahl von Jugendlichen war es schwierig, regelmäßigen Konfirmandenunterricht zu halten. Die Pfarrer empfahlen daher den Eltern, ihre Kinder zum Unterricht in französische protestantische Gemeinden zu schicken. Wo eine solche nicht in der Nähe war, wurde der Unterricht vielfach per Brief erteilt. Auch die Fraternité évangélique beteiligte sich am Konfirmandenunterricht, indem sie Artikel über die biblischen Schriften veröffentlichte. Die Jugendlichen sollten diese ausschneiden und die Ausführungen beherzigen. Schließlich wurden Konfirmandenlager veranstaltet. 1950 fand ein solches unter Leitung von Pfarrer Schaffert und seiner Frau in Le Nouvion statt. Er versäumte es nicht, in der Fraternité évangélique ausführlich darüber zu berichten:

»Es waren unsere schönsten Tage, die wir bisher in Frankreich erlebt hatten; o, wenn doch dieser letzte Tag der erste wäre. – So hats getönt, als wir schweren Herzens nach 14 prächtigen Tagen der Gemeinschaft von einander Abschied nehmen mußten. Wochenlang haben die Jungens und Mädchen daheim noch erzählt. 15 Jungens und Mädchen waren wir, und waren furchtbar gespannt, wie es wohl werden würde. Am Sonntagnachmittag kamen wir an, die einen ganz vornehm im Auto ihres Patrons und in Begleitung der Eltern, andere mit dem Zug: die erste größere Reise in Frankreich – allein! Aber gleich wie wir ankamen, etwas beklommen und ängstlich und vor allem neugierig, mußten wir schon feste ran und beim Saubermachen helfen. Mit einem Riesenappetit setzten wir uns an den Tisch an jenem ersten Abend. Aber welche Überraschung! Gar nichts stand drauf ausser den Tassen. Dafür wurden wir eingeladen, allen Proviant, Kuchen von Mutter, in die Küche zu bringen, damit nicht alles eintrockne. Hm, das ist so eine Sache. Alle Vorräte hergeben? Weiß man denn, ob man wirklich in den kommenden 14 Tagen genug zu essen bekommt. Vorsicht ist die Mutter der Weisheit. Wir bringen einen Teil, den andern verstecken wir in unseren Koffern für einige Tage. Dann wird man ja weitersehen. Endlich durften wir essen. Wir waren noch sehr scheu und wagten noch nicht so recht zuzugreifen und mit dem Nachbarn zu sprechen. Aber das hat nicht lange so gedauert! Schon am dritten Tag waren wir nicht mehr wiederzuerkennen: fröhlich und munter, aber immer erst, wenn Frau Pfarrer sich endlich hinsitzen konnte und nach dem Danklied, haben wir zu essen begonnen.

›Ob wir wohl jeden Tag Unterricht haben würden?‹, so fragten wir uns heimlich am Tag der Ankunft. Um 9 Uhr am andern Morgen gings los in der Chapelle. Aber schon, daß Herr Pfarrer alles auf deutsch machte, daß er in Hemdärmeln und ohne Krawatte war, daß wir zunächst einmal tüchtig gemeinsam

---

19 Fraternité évangélique Nr. 9/10, 1948. Wer der Verfasser dieses Berichtes ist, wird von der Fraternité évangélique leider nicht angegeben.

singen durften, bewirkte, daß unsere Beklommenheit rasch verflog. Und erst als wir dann unser Lieblingslied entdeckten – eines von den mehr als 30 neu gelernten Liedern – da war schon keine Spur mehr von Zaghaftigkeit. Die güldne Sonne voll Freud und Wonne... immer wieder haben wir diesen Choral von Paul Gerhardt vorgeschlagen. Wir haben jeden Tag am Morgen und am Nachmittag zwei Stunden Unterricht gehabt. Aber vorher wurde immer eine halbe Stunde lang gesungen. Es war, als ob wir alle Brüder und Schwestern wären. Deshalb kamen wir auch immer so gern zum Unterricht. Sogar einen Bibelstellen-Suchwettbewerb haben wir starten können, da wir alle Bücher der Bibel auswendig der Reihe nach hersagen lernten. So findet man sich in der Bibel nämlich viel schneller zurecht. Das hat sich schwer gelohnt. Am Morgen besprachen wir immer Altes Testament. Am Nachmittag hatten wir Neues Testament. Da verstanden wir plötzlich, daß das keine alten, überlebten Geschichten sind, sondern daß uns das auch heute noch etwas angeht. Am Abend hatten wir oft noch eine Filmvorführung, gerade über den Stoff, den wir am Tag besprochen hatten. Unser kleines Schloss stand am Rand eines großen herrlichen Laubwaldes: das ganze Gebiet war unser Reich. Wir haben viel Freude gemeinsam gehabt und sangen unser Abschiedslied: »Il n'est qu'un au-revoir, mes frères...«[20]

Eine andere Aufgabe, der die Pfarrer offenbar gerne nachkamen, war die Betreuung der noch in französischen Gefängnissen festgehaltenen Deutschen, d.h. Kriegsgefangene und als Kriegsverbrecher Verteilte. Denn hier empfanden sie besonders deutlich, wie Gott ihre Arbeit segnete. Im Zentralgefängnis von Loos bei Lille gab es zwischen 150 und 300 deutsche Gefangene, von denen viele zu hohen Strafen, manche zu lebenslanger Zwangsarbeit verurteilt worden waren. Über einige war sogar die Todesstrafe verhängt worden. Pfarrer Schaffert schreibt über einen Weihnachtsgottesdienst 1950 :

»Da war der unvergeßliche Gottesdienst in einem Zellengefängnis. Es warteten in ihren Einzelzellen acht zum Tode verurteilte Häftlinge. Ausnahmsweise hatte ich vom Gericht die Erlaubnis bekommen, sie zum Weihnachtsgottesdienst in einer einzigen Zelle zu versammeln: ein noch nie dagewesenes Ereignis. So waren wir nun versammelt in einer der kleinen, kahlen Zellen: Acht Männer in ihren braunen Kleidern, Fesseln an den Füßen, drei Mann Bewachung, bewaffnet, zwei katholische Pfarrer, die mit uns einige Weihnachtslieder singen wollten und ich. Wir alle standen vor dem kleinen Tischchen: drei Kerzlein verbreiteten einen freundlichen warmen Schein von Weihnachten, ein Tannenzweig und der Wein und das Brot des Abendmahls. – Ja, und dann begann der Gottesdienst. ›O, du fröhliche, o, du selige‹, haben wir gesungen und manche andere frohe vertraute Weihnachtslieder. Und wie freudig und getrost klang es, wie wunderten sich die Wärter, als sie ihre Häftlinge so innig und überzeugt singen hörten. Und wie vereint haben wir beten können – alle diese Männer in jener Zelle des Todesschattens, wie ganz besonders hell hat die Weihnachtsfreude und das Licht aus Bethlehem geleuchtet dort drinnen, und waren wir uns bewußt der Gegenwart unseres Heilandes – gerade dort in jener Zelle. Und welche Kraft hat uns Gott an jenem traurigen Ort im Abendmahl geschenkt. Ein unvergeßlicher, tief ergreifender Gottesdienst.«[21]

Aus der »Neuen Brücke« erfahren wir, daß Ende 1951 alle Kriegsgefangenen entlassen waren, bis auf 150 als Kriegsverbrecher Verurteilte.[22]

Schließlich sei noch eine dritte Aufgabe erwähnt, die für die Pfarrer eine besondere Herausforderung war. Es ging um Deutsche, die neu nach Frankreich kamen. Bei ihnen handelte es sich meist um Flüchtlinge und Vertriebene aus den deutschen Ostgebieten. Es sind hier zwei Gruppen zu unterscheiden. Die einen wollten nach Übersee emigrieren. Sie kamen auf den Pariser Bahnhöfen an ohne Kenntnis der Stadt, der Sprache und der Aus- und Einreisebedingungen. Die Mitarbeiter und Mitarbeiterinnen der CLERATE nahmen sich dieser Menschen an. Oft mußten sie lange Zeit in Paris untergebracht werden, bis alle Papiere von den verschiedenen Behörden besorgt

20 Fraternité évangélique Nr. 33, 1950.
21 Fraternité évangélique Nr. 25, Januar 1950.
22 Neue Brücke 3.11.1951.

waren. Manchmal aber reisten sie auch nur durch und wurden gleich in einen Zug, der in eine französische Hafenstadt fuhr, gesetzt, z.B. nach Bordeaux. Für diese Stadt und damit auch für die Ausreisewilligen war Pfarrer Andreas Brassel zuständig. Er berichtete zusätzlich von »Leuten ohne Papiere«, die hofften, daß er sie als blinde Passagiere auf ein Schiff schleusen könnte.[23] Pfarrer Brassel warnte ausdrücklich vor solchen Vorhaben und auch vor solchen Leuten selbst, die sich nicht selten als Diebe entpuppten.

Zu der anderen Gruppe gehörten Menschen, die in Frankreich bleiben wollten. Von Zeit zu Zeit berichteten die Pfarrer von neu eingetroffenen Flüchtlingsfamilien.[24] Es ergingen gelegentlich auch Aufrufe, freie Wohnungen und Arbeitsplätze zu melden.[25] 1952/53 startete CLAIR[26] ein Unternehmen zur Ansiedlung deutscher Flüchtlinge im Département Landes um Mont-de-Marsan. Es waren Menschen, die vielfach aus Flüchtlingslagern kamen. Sie hatten meistens viele Kinder und mit Hilfe des gezahlten Kindergeldes sollten sie sich eine neue Existenz aufbauen. Ihnen wurden verlassene Bauernhöfe übergeben. Doch diese Höfe waren nicht umsonst verlassen. Der Boden konnte die Menschen nicht ernähren, so daß das Unternehmen scheiterte.

Die Pfarrer berichteten nicht nur von Schwierigkeiten, sondern auch oft von vielen erfreulichen Ereignissen. Sie erzählten von Taufen und Hochzeiten, vom Wachsen der Gemeinden, von der aktiven Mitarbeit der Gemeindeglieder und von gelungenen Zusammenkünften. Dazu gehörten die für das Zusammenwachsen der Gemeinden äußerst förderlichen Ausflüge, die Gemeindetage und Regionaltreffen. Als Beispiel sei ein kurzer Bericht über den Gemeindetag im Département Hérault angefügt:

> »Am 10. Oktober fand in Montpellier der erste Gemeindetag der deutschen Arbeiter im Département Hérault statt. Schon am Abend vorher waren, teils 120 km weit her, Familien mit ihren Kindern, aber auch Unverheiratete gekommen, zu denen sich die T.C. (travailleurs civils) gesellten. Ein geselliges Beisammensein am Sonnabendabend sollte uns alle einander menschlich näher bringen, insonderheit in der Absicht, daß man sich, wie einige sagten, ›so richtig wieder einmal ausquatschen‹ könnte. 250 Personen blieben so einige Stunden fröhlich zusammen.
> Am Sonntag fand im Temple am Bahnhof in Montpellier der Festgottesdienst statt. Im vorangehenden französischen Gottesdienst hatte Herr Pfarrer Wilhelm die Predigt gehalten und dadurch, daß er in unserm Gottesdienst Anfangs- und Schlußliturgie hielt, in unübersehbarer Weise die brüderliche Verbindung zwischen der französischen und der deutschen Gemeinde, die beide nur *einen* Herrn haben, versinnbildlicht. 187 Gemeindeglieder nahmen am Festgottesdienst teil. Die Kollekte, die für die Pflege der deutschen Gräber hier erbeten wurde, erbrachte 2944 Francs! Nach gemeinsamem Essen fand in dem Vereinshaus der ›Unions Chrétiennes de Jeunes Gens‹ das von den Kindern sehnsüchtig erwartete Kinderfest statt. Zahlreiche französische Gäste waren vertreten und erfreuten sich mit uns am fröhlichen Spiel der 18 Kinder. Unsere Patrone hatten Preise im Gesamtwert von 10.000 Francs gestiftet. Ein Abendsingen deutscher Volkslieder auf Wunsch der französischen YMCA beschloß das Fest.«[27]

Das vielfältige Leben der deutschen Protestanten in den ersten Jahren nach dem Krieg und die Schwierigkeiten der Arbeit ihrer Pfarrer wird durch solche Berichte deutlich.

---

23 Fraternité évangélique Nr. 21, 1949.
24 Fraternité évangélique Nr. 17, 1949: »In Südfrankreich sind deutsche Flüchtlinge aus Jugoslawien eingetroffen.«
25 Bulletin Intérieur Nr. 37, 1949.
26 Der Name war im April 1951 wieder in CLAIR geändert worden, dazu siehe unten S. 228.
27 Fraternité évangélique Nr. 9/10, 1948.

Kirchliche Räume und Gebäude

Ein Problem, dem sich die Gemeinden gegenübersahen, wurde bisher nicht erwähnt: Es fehlte ihnen an eigenen Räumen. Ziel der CLERATE war es, die Deutschen möglichst eng an die lutherische Kirche zu binden, bzw. neue lutherische Gemeinden in der Provinz zu gründen. So ist es nicht erstaunlich, daß viele Gottesdienste in französischen Kirchen stattfanden. Oft traf man sich aber auch in einem Versammlungsraum der Barackenlager oder in Privatwohnungen. Nur hie und da gelang es einzelnen Gruppen, zu eigenen Räumen zu kommen. Schon sehr bald nach der Gründung der CLERATE hatte die Gemeinde in Fontainebleau das Glück, eine eigene kleine Kirche zu erhalten. Stifter war ein lutherischer Franzose, der Besitzer der Firma Pic, der die Einrichtung der Kapelle übernahm. Am 7. November 1948 wurde sie ihrer Bestimmung übergeben und erhielt den Namen Thomas-Kirche. Welche Bedeutung die CLERATE diesem Ereignis beimaß, läßt sich daran erkennen, daß die Fraternité évangélique ausführlich über den Einweihungstag berichtete und sogar zwei Fotos veröffentlichte.[28]

Und noch ein weiteres Beispiel sei erwähnt. In der Region Südfrankreich entschlossen sich einige Gemeindeglieder dazu, in Montpellier ein Pfarrhaus zu bauen. Die Fraternité évangélique berichtete zweimal darüber. Auszüge aus einem der Artikel geben einen interessanten Einblick in das dortige Gemeindeleben:

»›Monsieur le Pasteur?‹ – ›Déménagé!‹ Das war die Auskunft, die ich in seiner ehemaligen Wohnung in Montpellier erhielt. Pastor Wagenknecht ist umgezogen. Die neue Anschrift ist am Briefkasten befestigt. Nein, war befestigt. Jemand hat sie abgerissen. Also fragen und nicht verzweifeln. Rue Flahault weiß einer, und das Haus liegt im Garten. Aber alle Häuser liegen in Gärten. Ein alter Arzt putzt nachdenklich seine Brillengläser: ›Ein deutscher Pasteur auf der Rue Flahault? Seit zwanzig Jahren wohne ich hier. Ich kenne alle Nachbarn, das müßte ich doch wissen.‹ – Aber das Journalistenglück steht mir bei. Ein Eisentor öffnet sich und ein etwa zweijähriger Bursche mit langen Hosen, einen Maurerhut tief über die Ohren gezogen, strolcht auf mich zu. Der Maurer läuft hinterher: ›Hé, chéri, Gewitter, bringst du wohl den chapeau zurück!‹ Ich bin auf dem Pfarrhof. Ein ebenerdiges Häuschen im Entstehen, Ziegel, Zementtüten, Mörtel, Baugerüste, Waschbecken, eine provisorische Telefonleitung und rechts in der Gartenecke zwei Autos. Ein Maurergehilfe, ein Wollkäppchen aufgestülpt, begrüßt mich auf französisch und stellt sich vor: Wagenknecht. Das ist also der Mann, der hier im weitesten Süden Frankreichs etwa 250 deutsche Arbeiter und ihre Familien betreut. Zwei Kinder, ein Junge und ein Mädel, spielen Ball. Ich höre, sie sprechen französisch miteinander. Als Pastor Wagenknecht sie heranruft, antworten sie ebenso gut in deutsch. Und da sind wir schon mitten im Erzählen. Stühle werden geholt, von denen sicher einige gute Tage gesehen haben, ehe sie über den Salle de Vente (Versteigerungshalle) ins Pastorenhaus gewandert sind. Denn hier ist alles noch ganz in den Anfängen. Die Türen werden eben eingesetzt. Im Nebenraum stehen zwei Mann unter der Decke und verputzen. ›Alles Deutsche?‹, frage ich. ›Ja, und alle tun es nach ihrer Arbeitszeit oder am Sonntag. Wir sind hier wie eine große Familie und jeder hilft, wo es nottut.‹ Ich sehe mir die Gesichter an. Sie erinnern an alle deutschen Landschaften. Wahrhaftig bunt hat sie das Schicksal hier zusammengewürfelt. Aus Ostpreußen, aus Hamburg, aus Schlesien und Pommern, aus der Eifel und vom Rhein. Die einen kamen als freiwillige Arbeiter hierhin, die andern ließen sich als Kriegsgefangene hier entlassen. Die meisten arbeiten im Weinbau, wenige in der Industrie. Sie sind fleißig, sie wollen zu etwas kommen. Viele haben keine Heimat mehr in Deutschland, sie bauen eine neue hier. Die Kirche ist ihr Rückhalt, das Pfarrhaus der Treffpunkt. Einige sind mit Französinnen verheiratet, andere haben ihre Familie aus Deutschland nachkommen lassen. ›Ich wünschte, es würden sich mehr deutsche Mädchen hier eine Arbeit suchen. Sie würden gute Stellen finden und so mancher Arbeiter eine Frau fürs Leben. Aber es ist sehr schwer, jemand in Deutschland zu bewegen, es hier und mit uns zu versuchen!‹, sagt der Pastor.

Noch 10 km bis zum Mittelmeer. Und hier sitzen nun deutsche Arbeiterfamilien. Fallobst des Krieges?

---

28 Fotos waren in der Fraternité évangélique äußerst selten und die von der Einweihungsfeier waren die ersten überhaupt (Fraternité évangélique Nr. 11/12, 1948).

Nein, Keimzellen eines wirklichen Miteinanders der Völker. Gemeinsame Arbeit bringt gemeinsamen Frieden. Respektiert wird, wer gute Arbeit leistet. Die deutschen Kinder gehen auf die französische Schule. Zuhause sprechen sie deutsch, wachsen zweisprachig auf. Manche der französischen Patrons behandeln ihre deutschen Arbeiter als Familienzugehörige.
Als ich mich verabschiedete, sagt mir Pastor Wagenknecht noch: ›Vergessen Sie nicht, in Deutschland über das, was Sie hier gesehen haben, zu berichten. Man kennt uns hier zu wenig.‹ Aber das Haus in der Rue Flahault ist mir zum Begriff geworden, zu einem Symbol dessen, was der Mensch mit Gottes Hilfe vermag.«[29]

Im Jahre 1951 wurde das Pfarrhaus am Pfingstfest mit einem großen Fest eingeweiht. Die meisten Gruppen in der Provinz blieben jedoch ohne eigene Gebäude. Selbst die Gemeinde in Paris war lange Zeit Gast in der französischen Ascension-Kirche. Das änderte sich erst, als 1954 Pfarrer Christoph Wilken Dahlkötter aus Westfalen in Paris eintraf und nach und nach die Gebäude in der Rue Blanche zurückgewinnen konnte. Da Pfarrer Dahlkötter nicht von der CLAIR angestellt war, stand die Gemeinde nicht mehr unter der unmittelbaren Obhut dieses Komitees. Aber in der Region ging die Arbeit von CLAIR weiter. Es kam zum Teil noch zu Pfarrerwechseln. In Fontainebleau und Mittelfrankreich war Pfarrer Gérard Ruckwied, in Nordfrankreich Pfarrer Thorning, in Südwestfrankreich Vikar Hieronimus und Pfarrer Alfred Rosenstiehl aus dem Elsaß tätig.[30]

Das Ende der Arbeit

Doch allmählich zeichnete sich ab, daß die Arbeit von CLAIR nicht weitergeführt werden würde. Das hatte verschiedene Gründe. Eine nicht entscheidende, aber sicher nicht ganz unwesentliche Ursache waren vermutlich finanzielle Schwierigkeiten. Am 31. März 1951 zog sich die reformierte Kirche aus der Arbeit des Komitees zurück.[31] Diese Entscheidung war wohl in dem konfessionellen Gegensatz begründet, der von Anfang an Schwierigkeiten bereitet hatte. Die reformierte Kirche wollte die überwiegend lutherisch geprägte Arbeit nicht mehr mittragen. Ferner hegte sie Zweifel, ob die Arbeit überhaupt notwendig sei. Denn die erwarteten Flüchtlingsströme waren ausgeblieben und die Zahl der zu betreuenden Deutschen war doch kleiner als zunächst angenommen. Und schließlich hatte die reformierte Kirche den Eindruck, daß die zur Verfügung stehenden Gelder zu großzügig ausgegeben wurden. Da sich trotz der Ermahnungen von Seiten der Reformierten an dieser Situation nichts änderte, trat die Reformierte Kirche aus dem Komitee aus. Das Fehlen ihres finanziellen Beitrags bedeutete eine große Einbuße. Die Hilfsorganisation hieß nun wieder »Comité luthérien d'aide aux immigrants et aux réfugiés« (CLAIR). Eine weitere wichtige Ursache war, daß die einzelnen Gruppen mit der Zeit immer kleiner wurden, obwohl noch neue Flüchtlinge ankamen. Viele Deutsche blieben nicht in Frankreich, sondern kehrten nach einigen Jahren in ihre Heimat zurück. Hinweise darauf finden sich immer wieder in der Fraternité évangélique.[32] Die deutschsprachigen kirchlichen Zei-

---

29 Fraternité évangélique Nr. 41, 1951.
30 Über die Zeit ab etwa 1952 sind Exemplare der Fraternité évangélique nur noch spärlich im Archiv der Christus-Kirche vorhanden, manche Jahrgänge fehlen ganz.
31 Vgl. Fraternité évangélique Nr. 40, 1951.
32 Z.B. Fraternité évangélique Nr. 11/12, 1948.

31. Einführung von Militärpfarrer Hanns von Seggern in Fontainebleau 1959.
Von links nach rechts: v. Seggern, Kirchenrat Kiausch, Pfarrer Dahlköller, Aumônier Général Hugues de Cabrol, Generaldekan Albrecht v. Mutius, unbekannt, Militärbischof D. Hermann Kunst, unbekannt, General Hans Speidel

tungen warnten vor der Rückkehr in das zerstörte Deutschland. Die Warnungen wurden unterstützt durch Briefe von Rückwanderern. Diese schilderten, wie sie durch ganz Deutschland von Lager zu Lager geschickt worden seien und ein kärgliches Dasein führen mußten. Aber die Warnungen wurden offenbar nur selten beachtet. Gründe für die Rückkehr mögen Heimweh, aber auch die sich ändernden Verhältnisse in Frankreich gewesen sein. In einigen Regionen kam es zu Arbeitsmangel, und die Ausländer waren die ersten, die entlassen wurden. Derweil stabilisierte sich die Lage in Deutschland. Gerade um 1954, dem Jahr der Ankunft Pfarrer Dahlkötters in Paris, kehrten sehr viele zurück, angezogen vom Neuaufbau aufgrund des Marshallplans und des sogenannten Wirtschaftswunders.

Auch vor Auswanderung nach Übersee wurde gewarnt. Das Bulletin Intérieur, die Fraternité évangélique und Die neue Brücke[33] wiesen auf die Schwierigkeiten der Auswanderung hin. Sie veröffentlichten z.T. verzweifelte Briefe von Auswanderern, die weder mit dem Klima noch mit den Arbeits- und Lebensverhältnissen zurechtkamen. Dennoch kam es zu einer neuen Auswanderungswelle. Die Gemeinden schrumpften. Die Gruppe in Pau – um ein Beispiel zu nennen – ging von 130 Ingenieurfamilien auf 25 im Jahr 1951 zurück.[34] Die Deutschen, die im Lande blieben, ließen sich mehr und mehr in die französische Gesellschaft integrieren. Alleinstehende Zivilarbeiter heirateten oft Französinnen. Ihre und die Kinder der deutschen Familien gingen in französische Schulen und nahmen am französischen Konfirmandenunterricht teil. Sie bekamen die französische Staatsangehörigkeit, die auch ihre Eltern nach und nach annahmen. Aufgrund der seltenen Gottesdienste suchten viele zunehmend Anschluß an französische Gemeinden. So lösten sich die deutschen Gemeindegruppen allmählich auf. Damit war ein Ziel von CLAIR erreicht, dessen Existenzberechtigung zunehmend fraglich wurde. Der Lutherische Weltbund sah keine Notwendigkeit zu finanziellen Leistungen mehr. Infolgedessen stellte das Comité Luthérien d'Aide aux Immigrants et Réfugiés im Jahre 1960 seine Arbeit ein.[35]

---

33 Vgl. Bulletin Intérieur Nr. 33, 1949; Fraternité évangélique Nr. 45, 1951; Die neue Brücke vom 9.2.1952
34 Fraternité évangélique Nr. 42, 1951.
35 Das ergibt sich aus den Angaben den »Annuaires de la France protestante«. Nur vereinzelt wurden noch nach 1960 deutsche Gottesdienste in der Provinz abgehalten, so z.B. in Nizza und Vence, wo Pfarrer Alfred Rosenstiehl bis 1978 tätig war.

TEIL II
DIE CHRISTUSKIRCHE HEUTE – QUERSCHNITTE

Konfession: evangelisch, Sprache: deutsch[1]

»Deutsche Evangelische Kirche in Frankreich« – so bezeichnet sich die Gemeinde in der heutigen Satzung aus dem Jahre 1985. Mit diesem Namen ist ein Programm verbunden:

Diese Gemeinde ist evangelisch. Sie kommt aus einer lutherischen Tradition, und sie pflegt nach wie vor bevorzugte Kontakte zu der Lutherischen Kirche in Frankreich, ihrer Mutterkirche. Doch heute versteht sie sich in einem ganz allgemeinen Sinne als »evangelisch«. Artikel 4 der Gemeindesatzung nimmt ausdrücklich Bezug auf alle »in den Gliedkirchen der Evangelischen Kirche in Deutschland geltenden Bekenntnisse der Reformation«. Tatsächlich ist der Rahmen noch weiter gespannt: Soweit sie es wünschen, hat die Gemeinde immer auch Angehörige von evangelischen Freikirchen aufgenommen, z.B. Methodisten, Baptisten und Mennoniten.[2]

Tatsächlich ist die Gemeinde schon vor dem Krieg die Kirche für alle Protestanten deutscher Sprache gewesen. Allerdings war der Pfarrer damals, Erich Dahlgrün, ein entschiedener Lutheraner, der dieses auch im Gottesdienst mit einer reichhaltigen Liturgie unterstrich. Er hat sich nach dem Krieg – als er schon Dekan der Evangelisch-lutherischen Kirche in Italien war – dafür eingesetzt, das lutherische Bekenntnis für die deutsche Kirche in Paris festzuschreiben. Dafür versuchte er den Lutherischen Weltbund und seinen Generalsekretär, Dr. Sylvester Michelfelder, sowie den Landesbischof von Hannover, Hanns Lilje, zu gewinnen. Als Gegner sah er vor allem Martin Niemöller an, damals Präsident des Kirchlichen Außenamtes der EKD, mit seinen

1 Bis zur Eröffnung der Gemeinde nach dem Zweiten Weltkrieg wurde mehr oder weniger in der Reihenfolge der Ereignisse berichtet. Natürlich wurde ausgewählt. Jede Auswahl ist subjektiv. Die Autoren mußten entscheiden, was aus diesem langen Zeitraum von 350 Jahren – oder auch nur aus den 50 Jahren nach dem ersten Krieg – für heute wichtig hielten. Gerade die Zeit vor und während des Zweiten Weltkrieges bewegt uns heute noch viel zu sehr, als daß eine wertungsfreie Darstellung möglich wäre.
Das Gesagte gilt erst recht für den folgenden Teil des Buches, der sich ausschließlich mit den letzten Jahrzehnten beschäftigt – wie das bei diesem Beitrag der Fall ist, oder der doch die Gegenwart berührt – wie es die folgenden Beiträge tun. Die Autoren schreiben aus der Arbeit heraus; sie haben keinen Abstand zum Geschehen, auch wenn sie um ein nüchternes Urteil bemüht sind. Viele handelnde Personen aus diesem Zeitraum leben im übrigen noch; das gilt namentlich für die Pfarrer der Nachkriegszeit.
Im Unterschied zum Vorhergehenden wird in diesem Beitrag nicht chronologisch vorgegangen, sondern es werden Querschnitte gezogen: Die Gemeinde wird unter wechselnden Gesichtspunkten betrachtet: Was ist typisch für die deutsche Gemeinde in Paris nach dem Krieg, wie setzt sie sich zusammen, was für Aktivitäten entfaltet sie, mit welchen Fragen muß sie sich auseinandersetzen, was für Akzente setzt dieser oder jener Pfarrer? Zusätzlich zu den Archivalien und Dokumenten, die sich in den vergangenen Jahrzehnten in der Gemeinde angesammelt haben, kann zurückgegriffen werden auf die Berichte früherer Pfarrer über ihre Arbeit, die zum Teil sehr detailliert das Leben in der Gemeinde schildern.
2 Der Vertrag mit der EKD aus dem Jahre 1957 nennt im Titel noch als Vertragspartner die »Deutsche Evangelische Christuskirche Augsburger Konfession [= lutherisch] in Paris«. Im folgenden nimmt der Vertrag keinen Bezug mehr auf den lutherischen Konfessionsstand. Offensichtlich wird er als traditionelle Bezeichnung übernommen, ohne daß damit ein Konfessionsstand festgeschrieben werden soll. Ähnlich wie auf dem Vertragskopf lautet der Name der Gemeinde heute noch auf der Metallplakette neben dem Hauseingang, die aus der Nachkriegszeit stammt.

»antikonfessionellen Gesichtspunkten«. Dahlgrün selbst wäre in jenen Jahren gerne nach Paris zurückgekehrt, um eine lutherische Kirche zu gründen, die international sein sollte, unabhängig von der deutschen und der französischen Kirche. Als dritte Sprache für diese Gemeinde schwebte ihm neben dem Deutschen und dem Französischen das Englische vor, um den amerikanischen Lutheranern in Paris eine Heimat zu geben.[3]

Wenn die Nachkriegsgemeinde in der Rue Blanche sich als »deutsch« bezeichnet, ist eindeutig *deutschsprachig* gemeint. Alle Beteiligten – wie Martin Niemöller von der EKD oder Marc Boegner von der Fédération Protestante de France (FPF), auch die zu ihrem Leidwesen Unbeteiligten, zum Beispiel Dahlgrün, waren sich darin einig, daß eine Nationalkirche nicht erwünscht sei. Letzterer hatte eher die Befürchtung, die Gemeinde könnte in die französische Kirche überführt werden; das Kirchliche Außenamt sehe schließlich als Ziel an, daß die »Auslandsgemeinden in den Nationalkirchen aufgingen«. Damit hatte er nicht ganz unrecht.[4]

Die deutsche Gemeinde ist keine Nationalgemeinde. Sie ist es von ihren Ursprüngen her nicht gewesen und war es die längste Zeit ihres Bestehens über nicht.[5] Der Vertrag mit der EKD (Paragraph 5,1) verpflichtet sie ausdrücklich zur Versorgung »aller in ihrem Bereich lebenden evangelischen Christen deutscher Sprache«. In der Vorkriegszeit war die Frage nach dem nationalen Charakter der Gemeinde noch ein belastendes Problem, zunächst im Verkehr mit der deutschen Botschaft, später und

---

3 Diese englischsprachigen Lutheraner hatten nur die Möglichkeit, sich der American Church am Quai d'Orsay anzuschließen, die zwar protestantisch, aber nicht ausdrücklich lutherisch ist, oder der lutherischen Freikirche in Paris. Diese wurde von Pfarrer Fred Kreiss geleitet und durch die sehr konservative Missouri-Synode unterstützt. – Zu dem Ganzen siehe den Briefwechsel Dahlgrün-de Beaulieu aus den Jahren 1947–1951 im Archiv der Christuskirche.
4 Dieses ist die Interpretation von Dahlgrün, die er so oder ähnlich immer wieder im Briefwechsel mit Pfarrer de Beaulieu gibt. Einige Verantwortliche der Eglise Evangélique Luthérienne de France, z.B. Pfarrer Gueutal, haben wohl tatsächlich gehofft, das deutschsprachige Versorgungsnetz der CLAIR über ganz Frankreich eines Tages mehr oder weniger in ihre Kirche überführen zu können. Diese verfügte außer in Paris und im Pays-de-Montbéliard nur noch in Lyon und in Nizza über eigene Gemeinden. Näheres zur CLAIR siehe S. 217 ff.
5 Eindrucksvoll und ausführlich nimmt Friedrich von Bodelschwingh zu der Frage von Sprache und Nationalität Stellung. Er beklagt zunächst, wie schnell die Deutschen in Paris dabei seien, »Moden und Sitten dort pünktlich nachzuäffen« und sich »ihrer Muttersprache zu schämen«. Doch dieses ist nicht sein eigentliches Anliegen: »übrigens kommt es uns, die wir am Reiche Gottes bauen, gar nicht auf die Erhaltung der deutschen Sprache und Volksthümlichkeit an sich an. Stolz ist vom Teufel, auch der Nationalstolz. Der Apostel Paulus schreibt: ›Wir kennen Niemand nach dem Fleisch,‹ und Pastor Harms hat recht, wenn er sagt: ›ein gläubiger Franzose steht mir näher, als ein ungläubiger Deutscher.‹«
Aus zwei Gründen geht es Bodelschwingh um den – vorläufigen – Erhalt der deutschen Sprache in den lutherischen Gemeinden von Paris: Erstens gebe es in französischer Sprache keine vergleichbar guten Bibelübersetzungen, Kirchenlieder, Katechismen, Gebets- und Erbauungsbücher. Ohne gute deutsche Sprachkenntnisse erschließe sich die reformatorische Glaubenstradition nur schwer. Noch stärker pädagogisch ausgerichtet ist sein zweiter Grund. Er weiß, daß es unsinnig wäre, eine stabile deutschsprachige Kolonie in Paris anzustreben. Auf die Dauer werden die Nachkommen französisch sein, und die dritte Generation soll das auch wirklich werden. Ihm geht es um die zweite Generation, die Kinder deutscher Eltern, die in Paris geboren sind und spielend in die französische Sprache hineinwachsen. Die müssen befähigt werden, das Bindeglied zu werden. Auf deutsch sollen sie sich den evangelischen Glauben aneignen und ihn dann auf französisch ihren eigenen Kindern weitergeben. Sonst gehe mit der Sprache auch der Glaube verloren. Die Einwanderergeneration selbst lerne die Sprache des Landes nicht wirklich und werde nie in französischen Gemeinden ganz zu Hause sein. – In Das Schifflein Christi in Paris, Nr. 9, August 1864, F.v.B., Licht und Schatten der hessischen Einwanderung in Paris, Seite 139 ff. – Dazu siehe auch oben S. 51–52.

erst recht im Umgang mit den Nationalsozialisten am Ort. Immerhin sei ein großer Teil der Gemeindeglieder – so behauptete es jedenfalls Dahlgrün – nicht reichsdeutsch gewesen.[6] Wenn man bedenkt, daß auch zwischen 1944 und 1954 fast ununterbrochen Gottesdienst, Unterricht und Gemeindeveranstaltungen in der Rue Blanche auf deutsch weitergeführt wurden, daß aber die große Mehrheit der Teilnehmer staatenlos war, zum Beispiel Juden und Osteuropäer, dann wäre es in der Tat schwer vorstellbar gewesen, am selben Ort über Nacht eine deutsche Nationalgemeinde zu gründen. So wurde es von kirchlicher Seite hüben und drüben gesehen. Allerdings hat der französische Staat bei den sehr komplizierten Rückgabeverhandlungen, die die Gebäude betreffen, ab 1956 die Bundesrepublik Deutschland als Interessenvertreterin der Gemeinde angesprochen. Gerade weil diese zwischenstaatlichen Verhandlungen so schwierig waren, hat sich die Rückgabe bis 1984 hingezogen – und erfolgte dann allerdings an die Gemeinde selbst, nämlich an die »Association cultuelle«.[7]

Die Gemeinde ist natürlich mit der Evangelischen Kirche in Deutschland durch einen Vertrag verbunden. Vertraglich aber heißt partnerschaftlich.[8] Sie ist nicht Organ der EKD, sondern genau genommen eine französische Kirche deutscher Sprache, d.h. eine Kirche im Rahmen der Kultgesetze von 1905. Daß die EKD als Seniorpartnerin der Gemeinde bei der Pfarrersuche hilft und sie auch finanziell unterstützt – ohne sie vereinnahmen zu wollen, kann nur mit Dank registriert werden. Sie tut es, weil die Mehrheit der Gemeindeglieder aus Deutschland kommt.[9]

Wenn gemeinhin in der Umgangssprache trotzdem von der »Deutschen Kirche« gesprochen wird, hat das andere Gründe: Sie vertritt immer mehr als nur ihre wenigen Mitglieder. Sie steht für eine ganze kirchliche Kultur, für den deutschsprachigen Protestantismus, manchmal sogar für die EKD. Dazu wird unten mehr gesagt werden.[10]

»Evangelisch und deutschsprachig« – durch diese Merkmale unterscheidet sich die Gemeinde der Christuskirche von anderen Pariser Kirchen. Was aber ist »Gemeinde«? Wie weit entspricht diese Gemeinde anderen Gemeinden, die uns vertraut sind? Wodurch unterscheidet sie sich? Woran denken Menschen, wenn sie von »Gemeinde« sprechen? Offensichtlich ist Gemeinde nicht gleich Gemeinde. Wie sie biblisch

---

6 Siehe einen undatierten Brief um das Jahr 1950: »Grundstock [der Gemeinde] bildeten genau genommen nicht die Deutschen, sondern die staatenlosen Deutsch-Russen und Balten; dann waren da Rumänen (Siebenbürger), Ungarn, Dänen, Holländer, allerhand Franzosen, Amerikaner, sogar Leute aus Ägypten, Australien, Kanada – neben den Deutschen u. Schweizern. Von den beiden Letzteren aber waren so und so viele im Begriff, sich als Franzosen naturalisieren zu lassen« (Archiv der Christuskirche).
7 Siehe dazu S. 368–S. 371.
8 »Verantwortliche Partnerschaft« ist ein Leitmotiv für die Auslandsarbeit der EKD nach dem Kriege. Siehe dazu: Das Kirchengesetz über das Verhältnis der Evangelischen Kirche in Deutschland und ihrer Gliedkirchen zu den evangelischen Kirchengemeinschaften und Gemeinden, Pfarrern und Gemeindegliedern deutscher Herkunft außerhalb Deutschlands vom 18. März 1954, z.B. Paragraph 8ff. Weiter: Die Programmschrift »Die Auslandsarbeit der Evangelischen Kirche in Deutschland – Aufgaben und Ziele – Kriterien für die Besetzung von Pfarrstellen«. Dieses Papier war das Ergebnis einer zweijährigen Konsultation und wurde vom Rat der EKD am 28. Februar 1976 gebilligt. Schließlich: Die Brüsseler Erklärung der 9. Konferenz der Leiter der Auslandsarbeit Europäischer Kirchen: Fremdsprachige und/oder Ausländergemeinden. Ihre Rolle und Verantwortung; vom 3. Oktober 1973.
9 Im Kirchenvorstand hat es immer auch nicht-deutsche Vertreter gegeben, z.B. aus der Schweiz und Österreich, ganz abgesehen von Franzosen.
10 Siehe S. 288 ff.

begründet oder rechtlich verfaßt wird, wie sie von außen oder von innen her wahrgenommen und erlebt wird, das kann sehr unterschiedlich sein, auch wenn es sich nicht widersprechen muß. Im folgenden werde ich die Gemeinde unter verschiedenen Gesichtspunkten beschreiben.[11]

32. Bischof Moritz Mitzenheim aus Thüringen predigt in der Christuskirche anläßlich des hundertjährigen Jubiläums des CVJM 1955

11 Zu der Frage, warum in der Satzung von der Deutschen Evangelischen Kirche in F r a n k r e i c h gesprochen wird, siehe unten auf S. 288 f., 364–368.

Die Vereinsgemeinde

Zwischen Volkskirche und Freikirche

In Deutschland[12] tritt man aus der Kirche aus, in Paris tritt man ein. Dort wird man ungefragt in die Kirche hineingeboren und -getauft, hier häufig ohne ausdrückliche Willenserklärung aus dem Gemeindeverzeichnis gestrichen – schlicht deswegen, weil diese Gemeindeglieder nicht mehr existieren: Sie haben sich stillschweigend abgesetzt, oder sie sind ohne Abschied zu nehmen weggezogen. Die meisten Gemeindeglieder stammen aus einer großen mitteleuropäischen Volkskirche und stoßen hier auf eine kleine Freikirche. Sie gehörten zu einer flächendeckenden Körperschaft öffentlichen Rechtes, die auf vielfache Weise mit staatlichen Organen zusammenarbeitet (z.B. im Bereich der Kirchensteuer oder des Religionsunterrichtes). Hier finden sie sich wieder als Vereinsmitglieder einer privaten »Association cultuelle«, die genauso organisiert ist wie jeder Brieftauben- oder Sportverein.

Das sind erhebliche Unterschiede, aber sie sind für Neuankömmlinge nicht auf den ersten Blick erkennbar. Eine der Hauptschwierigkeiten für unsere Gemeinde: wir sind eine vereinsmäßig verfaßte Freikirche, die meisten Gemeindeangehörigen aber haben weiterhin eine volkskirchliche Einstellung. Und das trifft nicht nur für sie zu, sondern auch für einen großen Teil der Deutschen, Schweizer und Österreicher in Paris, die gar nicht daran denken, sich der Gemeinde offiziell anzuschließen, aber die sich doch irgendwie dazugehörig fühlen.[13] Man erwartet, daß die Kirche da ist; man fragt nicht danach, wer sie trägt und erhält. Die Kirche als weltweite Versorgungskirche mit ihrer Außenstelle Paris – das ist das Bild, das man sich von ihr macht. Das heißt, die tatsächliche Situation unserer Gemeinde und die Art und Weise, wie sie von außen eingeschätzt und wahrgenommen wird, fallen weit auseinander. Das läßt sich bei der im Durchschnitt nur kurzen Verweildauer der meisten Deutschen in Paris kaum ändern.[14]

Das ist die gegebene Situation, die man nicht beklagen sondern nüchtern in Rechnung stellen muß. Im folgenden frage ich zunächst: Aus was für Menschen setzt sich

---

12 Häufig ist abgekürzt von Deutschland die Rede, obwohl das Gesagte auch für andere Länder gilt, etwa die Schweiz und Österreich.
13 Wenn es um eine Taufe, Trauung oder Konfirmation geht, läßt sich die Frage in der Regel in Ruhe besprechen. Bei Patenbriefen ist dies schwieriger. Bei Beerdigungen hingegen wird das Thema meistens nicht berührt.
14 Deshalb eignet sich eine solche Auslandsgemeinde nicht als Experimentierfeld für Freikirchen. Die meisten Gemeindeglieder sind zu kurz in Paris, um sich wirklich auf die neue Situation einzulassen. Ernüchternd ist die Beobachtung, daß die französischen Kirchen – voran die katholische – seit fast 90 Jahren unter einem vereinsrechtlichen, d.h. freikirchlichen Status leben, es aber immer noch mit der eher passiven Verbraucherhaltung der Gläubigen zu tun haben. Rein zahlenmäßig allerdings ist die katholische Kirche in Frankreich immer noch Volkskirche.

die Gemeinde zusammen? Welches sind ihre Besonderheiten? Wie ist sie verfaßt? Was für Mitarbeiter hat sie? Wie finanziert sie sich?

Gemeindeglieder und Besucher

Es ist müßig, nach der Zahl der von Hause aus deutschsprechenden Protestanten im Pariser Raum zu fragen. Gesicherte Zahlen sind schwer zu erhalten und wenn, sind sie wenig aussagekräftig: Für wie lange Zeit ist jemand in Paris? Steht er vielleicht noch in regelmäßigem Kontakt mit seiner Heimatgemeinde? Gehört er möglicherweise zu einer französischen Kirche? Hat er überhaupt je kirchliche Bindungen gehabt? Tatsächlich finden sich in jeder evangelischen Gemeinde in Paris auch deutsche Mitglieder.

Trotz mehrerer Anläufe hat die Gemeinde die Zahl der eingeschriebenen Mitglieder nicht wesentlich erhöhen können. Ungefähr 350 Mitgliedskarten enthält die Kartei, die jeweils für eine ganze Familie oder ein Einzelmitglied stehen, zusammen etwa 800 Personen.

Aber auch diese Zahl ist eher theoretisch. Nicht wenige Mitchristen nehmen regelmäßig am Gottesdienst oder an Gruppen teil, sind aber aus unterschiedlichen Gründen nicht eingetragene Mitglieder.[15] Andere zahlen treu ihre Mitgliedsbeiträge, lassen sich aber so gut wie nie sehen. Manche tun es sogar aus Überzeugung. Persönlich bezeichnen sie sich als Agnostiker, aber sie halten es für wichtig, daß es eine solche Gemeinde in Paris gibt.

Am leichtesten sind die Gemeindeglieder[16] aufgrund ihrer Verweildauer in Paris zu charakterisieren. Ich unterscheide fünf Personengruppen:

1. Einige wenige sind schon »*seit ewigen Zeiten*« hier. Das heißt nicht, daß sie hier geboren wären. Unter den älteren Gemeindegliedern gibt es meines Wissens keinen einzigen, bei dem das der Fall ist. Vielmehr sind sie irgendwann nach Paris gekommen und dann hängen geblieben. In den letzten Jahrzehnten traf man noch eine ganze Generation, die die zeitgeschichtlichen Ereignisse zwischen den Kriegen hierher verschlagen hatten. Sie ist heute fast ausgestorben: Rußlanddeutsche, Balten und Sudetendeutsche – früher sprach man von »Volksdeutschen«, Menschen, die nach der russischen Revolution oder vor dem sich ausbreitenden Kommunismus geflohen waren; getaufte Juden und ihre nicht immer jüdischen Ehepartner sowie Sozialisten, die in den dreißiger Jahren hierher gekommen sind. Andere hat es nach dem Kriege nach Paris gezogen, vielfach entwurzelte und arbeitsuchende Menschen, darunter nicht wenige deutsche Kriegsgefangene.

Viele haben hier ein neues Leben aufgebaut, andere sind dabei gescheitert oder zerbrochen. Den meisten haftet es an, daß sie nicht ganz freiwillig gekommen sind. Sehr

---

15 Zum Beispiel, weil sie nur vorübergehend hier sind (etwa Au-Pair-Mädchen, Studenten) oder weil sie in Deutschland oder in Paris gleichzeitig zu einer anderen Gemeinde gehören.
16 Der traditionelle Ausdruck »Gemeindeglieder« geht heute manchem schwer über die Lippen. Ein Verein hat Mitglieder, ein Leib aber hat Glieder. Juristisch gesehen ist die Gemeinde ein Verein, theologisch gesprochen ein Leib. Seine Glieder üben unterschiedliche Funktionen aus und sind aufeinander angewiesen, gleichgültig ob sie ansehnlich oder unansehnlich sind – wie es Paulus in den Briefen an die Römer und in dem ersten an die Korinther, jeweils im 12. Kapitel, unterstreicht.

viel mehr als zwei Dutzend von ihnen gibt es heute in der Gemeinde nicht mehr. Das heißt auch, es gibt – im Unterschied zu Gemeinden in Deutschland – nur wenige alte Menschen.

2. Die »*Langzeitdeutschen*«, das sind die heute etwa 40- bis 60jährigen, die mindestens 10 bis 30 Jahre im Lande sind und zum größten Teil wohl bleiben werden. Zu unterscheiden sind diejenigen, die hier oder hierher geheiratet haben, vielfach sind es Frauen, deren Kinder schon außer Haus sind. Andere sind aus beruflichen Gründen hier geblieben; sie haben sich selbständig gemacht oder sind für ihre deutsche Firma bzw. Dienststelle unentbehrlich geworden.

Bezogen auf alle Deutschen im Pariser Raum ist dieses nur ein kleiner Teil. In der Gemeinde aber spielen sie eine wichtige Rolle – sie für die Gemeinde, aber die Gemeinde auch für sie. Sie brauchen die Gemeinde als geistliche, sprachliche, kulturelle Heimat oder Heimatersatz. Häufig sind sie es, die sich ehrenamtlich engagieren. Auch wenn sie sonst wenig Zeit haben mögen – sie kennen Paris, sie müssen nicht jede freie Minute für eine Besichtigung oder fürs Theater aufwenden. Sie bilden gewissermaßen das Rückgrat der Gemeinde.

3. Zahlreicher sind sicherlich die »*Kurzzeitdeutschen*«. Sie sind eine halbe oder ganze Generation jünger als die eben genannten, und sie bleiben in der Regel nicht länger als 3–6 Jahre in Paris. Das ist die Zeit, für die sie von ihrer Firma, vom diplomatischen Dienst oder von einer Behörde – als Lehrer etwa – nach Frankreich entsandt worden sind. Sie haben schulpflichtige Kinder und wohnen bevorzugt in der Nähe der Deutschen Schule in Saint-Cloud oder der anderen Schulen mit deutschsprachigen Zweigen in der westlichen Banlieue. In diesem Lebensalter, d.h. zwischen 30 und 50 Jahren, läßt man sich auch in Deutschland nicht zu häufig in der Kirche sehen, und hier tut man es noch weniger, weil die Anfahrtswege ungewöhnlich lang sind und weil man in der begrenzten Zeit möglichst viel vom Gastland mitnehmen will. Nicht wenige hoffen, in dieser Zeit dank der Auslandszuschläge Geld zu sparen. Deshalb möchten sie die wegfallenden Kirchensteuern nicht durch einen freiwilligen Gemeindebeitrag abgelöst sehen. Mit anderen Worten, bezogen auf die große Zahl dieser Kurzzeitdeutschen ist ihr Anteil an der Gemeinde gering. Sie kommen, wenn sie wirklich ein kirchliches Interesse haben. Natürlich wird diese allgemeine Charakterisierung nicht jedem einzelnen Fall gerecht. Erfreulich ist, daß diese Altersgruppe trotzdem in unseren Gottesdiensten besser vertreten ist als in Deutschland.[17]

4. Relativ häufig haben wir es mit *Jungen Erwachsenen* zu tun. In den fünfziger Jahren war der Anteil von Dienstmädchen und Berufsanfängern in handwerklichen Berufen größer. Heute sind es eher junge Kaufleute und Ingenieure, Studenten und junge Berufstätige, die für eine weiterführende Ausbildung nach Paris gekommen sind. Und natürlich sind es Au-Pair-Mädchen. Sie kommen für 6 oder 12 Monate, manchmal auch für ein paar Jahre. Sie wohnen nach Möglichkeit dicht am Zentrum im Einzugsbereich der Metro, mindestens aber in der Nähe der Schnellbahn RER.

Regelrecht in die Gemeinde treten nur die wenigsten von ihnen ein. Aber sie kommen, sei es aus einer Art Heimweh (»oh wie tut das gut, alle sprechen deutsch«); sei

---

17 Das ist kein Widerspruch. Relativ gesehen gehen sie weniger in die Kirche als in Deutschland. Aber zahlenmäßig sind sie so stark in Paris vertreten, daß sich das auch im Gottesdienst niederschlägt. Siehe auch unten S. 253–257.

es, weil sie Gleichaltrige und Gleichgesinnte suchen; sei es, daß ihre Erfahrungen im Ausland sie zu einer neuen Auseinandersetzung mit religiösen Fragen anregt. Häufig kommen mehrere dieser Gründe zusammen. Dabei kann es vorkommen, daß junge Leute regelmäßig zur Kirche gehen, die es in Deutschland kaum taten – so wie umgekehrt andere den Kontakt zur Kirche in Paris verlieren.

5. Schließlich haben wir es mit *Besuchern* zu tun, also Menschen, die für ein paar Tage oder Wochen in Paris sind. Sie tauchen vielleicht nur einmal im Gottesdienst auf. Doch nicht zuletzt wegen der Touristen wird während der Sommerpause der Gottesdienst fortgesetzt, im Gegensatz zu manchen anderen deutschen Auslandsgemeinden. Wenn sie während der Woche kommen, dann häufig als Ratsuchende oder als Bettler. Manchmal hält ein ganzer Reisebus vor dem Gemeindehaus: Dann steigen Jugendliche mit ihrem Diakon oder Angehörige einer Kirchengemeinde in Deutschland aus, wollen etwas über unsere Gemeinde hören und vielleicht eine Andacht halten. Zahlenmäßig lassen sich die Besucher am schwersten erfassen, aber auch sie gehören dazu. Sie suchen eine deutsche Gemeinde als Anlaufstelle, nicht selten in letzter Not.

Fünf Kennzeichen der Pariser Gemeinde

Aus fünf Personengruppen setzt sich die Gemeinde zusammen. Fünf Merkmale sind es auch, die sie von anderen französischen und deutschen Gemeinden unterscheidet.

1. Die Gemeinde hat eine ungewöhnliche *Alters- und Sozialstruktur.* Sie zählt verhältnismäßig wenig alte Menschen. Es gibt zwar zahlreiche Kinder und Jugendliche, aber sie treten wenig in Erscheinung. Ungewöhnlich stark vertreten bei den Gemeindeveranstaltungen sind dagegen junge Erwachsene und die sogenannte mittlere Generation, übrigens – im Vergleich zu Deutschland – auch auf Seiten der Männer. Sozial gesehen bietet die Gemeinde eine sehr breite Palette. Es kann geschehen, daß neben einem Diplomaten in der Kirche ein Mann sitzt, der sich am Rande des Asozialen bewegt, daß ein dynamischer Unternehmer ins Gespräch kommt mit einer verarmten und alleinstehenden Frau, die zutiefst verunsichert ist und sich nur mühsam durchs Leben schlägt. Allerdings besteht immer die Gefahr, daß der herrschende Ton angeschlagen wird von denen, die über eine Hochschulausbildung verfügen und überdurchschnittlich gut situiert sind. Nicht selten suchen gesellschaftliche Einzelgänger und Außenseiter aller Art hier ein Stück Heimat. Der Anteil etwa von Homosexuellen ist sicher höher als in einer Durchschnittsgemeinde. Man findet ungewöhnlich viele farbige Persönlichkeiten und Originale, darunter nicht wenige Künstler.

Zu der besonderen Zusammensetzung der Gemeinde gehört auch die *nationale und konfessionelle* Herkunft derer, die am Gemeindeleben teilnehmen. Natürlich kommen die meisten aus den alten Bundesländern Deutschlands, unter den jüngeren Leuten überdurchschnittlich viele aus den neuen Ländern; sie haben Nachholbedarf. Daneben gehören immer auch Österreicher, Schweizer, vereinzelt auch andere Europäer zu der Gemeinde, z.B. Holländer oder Ostmitteleuropäer, aber weniger als in früheren Zeiten. Selbstverständlich auch Franzosen: Die meisten von ihnen sind von Haus aus Deutsche und haben sich naturalisieren lassen. Einige stammen aus dem Elsaß, andere wollen das Deutsche hören und sprechen, sie interessieren sich für unsere Kultur.

Dabei verwischen auch die konfessionellen Grenzen: Reformierte aus der Schweiz, Lutheraner aus dem Ravensberger Land, Pietisten aus Württemberg, Baptisten aus einer norddeutschen Großstadt sitzen auf derselben Kirchenbank. Bis zu 15 % der Gottesdienstteilnehmer sind Katholiken, manche von ihnen schreiben sich als Gemeindeglieder ein, ohne zu konvertieren.

2. Die Gemeinde ist *Durchgangsgemeinde.* Es gibt praktisch keine zweite Generation, wenn man von Täuflingen, Konfirmanden und vereinzelt von Brautpaaren absieht. Man kann an einer Hand abzählen, wer schon vor dem Zweiten Weltkrieg zur Gemeinde gehört hat. Diese Situation ist durchaus gewollt: die einen kehren irgendwann in ihre Heimatländer zurück, die anderen, und insbesondere ihre französischsprachigen Kinder, finden hoffentlich Anschluß an eine protestantische Kirche des Landes. Ohnehin sind viele nur sehr kurz in Paris. Manche fahren regelmäßig nach Deutschland, einige sogar übers Wochenende.

Diese Mobilität hat sich durch die politisch bedingten Brüche in den letzten 120 Jahren noch verstärkt. Nach jedem Krieg mußte die Gemeinde neu gegründet werden, und jedesmal hatte sie ein anderes Gesicht. Selbst wenn man die Ursprünge der Gemeinde bis in die Zeit des 30jährigen Krieges zurückverfolgen kann, eine Tradition konnte sich unter diesen Umständen nicht bilden – so wie es sie einmal in Bordeaux und in Barcelona, in London, Kopenhagen oder in Sankt Petersburg gegeben hat, und wie es sie vielerorts in deutschen Gemeinden in Südamerika noch gibt. Es besteht kaum Kontinuität.

3. Die Gemeinde ist in der *Diaspora* und dies in mehrfacher Hinsicht: Sie ist die einzige Gemeinde dieser Art in einem Einzugsgebiet von 12 Millionen Menschen! Sie ist Diaspora in sprachlicher Hinsicht. Sie ist – wie alle Kirchen – Diaspora in religiöser Hinsicht. Frankreich gilt neben Holland als das am stärksten säkularisierte Land Europas. Und Paris ist noch unkirchlicher als die Provinz. Schließlich ist die Gemeinde Diaspora in konfessioneller Hinsicht. In Frankreich gibt es etwa 2–3 % Protestanten. Wer durch das antiklerikal geprägte französische Schulsystem gegangen ist, weiß nicht unbedingt, ob die Evangelischen auch Christen sind und wenn, so wird vielleicht gemutmaßt, gehören sie zu einer dieser verrückten amerikanischen Sekten.

Ein praktizierender deutscher Protestant in Paris gleicht einem weißen Raben. Wer ist das schon gerne? Aber Diaspora heißt immer, gegen den Strom zu schwimmen. Nicht unbedingt gegen äußeren Widerstand, niemand muß hier Glaubensheld oder gar Märtyrer sein. Es geht eher um die Atmosphäre, um ein vorherrschendes Lebensgefühl, das sich stillschweigend der Menschen bemächtigt: »Kirche und Paris, das paßt irgendwie nicht zusammen?«[18]

4. Die weiten *Entfernungen zur Kirche.* Dieses hängt mit der Diasporasituation zusammen, ist aber ein eigenes Thema: Es kostet viel Zeit, zur Kirche zu fahren. Wenn man mit dem Auto im Stau steckt, in einem überfüllten Zug fährt oder abends alleine an der Haltestelle wartet, kostet es auch moralische Kräfte, sich das nächste Mal

---

18 Vor 60 Jahren hat der Soziologe Gabriel LeBras untersucht, warum fromme Bretonen nach Paris kommen und von einem Tag zum anderen ihr religiöses Verhalten ändern. Ironisch bemerkt er, es müsse wohl am Bahnhof Montparnasse ein magisches Straßenpflaster geben, daß aus guten Katholiken so plötzlich Agnostiker würden. – Nach Peter L. Berger, Der Zwang zur Häresie, Freiburg 1992, S. 113.

trotzdem wieder auf den Weg zu machen. Es kostet Durchhaltevermögen. Wer sein kirchliches Verhalten nur von momentanen Bedürfnissen abhängig macht, wird bald ganz zu Hause bleiben. Vielleicht ein Dutzend Gemeindeglieder wohnt in Fußentfernung zur Kirche, ein Drittel schafft es in einer halben Stunde, die anderen brauchen mehr Zeit. Dann überlegt man es sich natürlich, wann und wie oft man in der Kirche dabei ist. Unser Veranstaltungskalender und Stundenplan muß dies berücksichtigen.

5. Schließlich: die Gemeinde ist eine *Freikirche*, eine Vereinskirche. Dazu ist oben einiges gesagt worden. Das hat aber weitere Konsequenzen: In Deutschland sind es evangelische oder katholische Christen gewohnt, daß sie umziehen und ihre Kirchenzugehörigkeit mit umzieht. Das Einwohnermeldeamt vermerkt ihre Konfession, die neue Gemeinde weiß bald von dem Zuzug und meldet sich vielleicht mit einem Gruß oder dem Gemeindeblatt. Im übrigen läßt sich der in Frage kommende Kirchturm schwer übersehen, irgendein Nachbar gehört schon zur neuen Gemeinde, und in dem wöchentlichen Verteilblatt steht neben Reklamen und Sonderangeboten etwas über das Kirchenprogramm zu lesen. Nichts davon in Paris. Kein Ausweis hält die Religion fest, keine Behörde gibt Hinweis auf eine Kirchengemeinde. Es besteht absolute Trennung zwischen Staat und Kirche.

Darauf sind viele Landsleute nicht eingestellt. Natürlich gibt es das Telefonbuch, es gibt den Minitel, das Konsulat könnte schnell eine Antwort geben. Aber nur wer sucht, der findet. Viele rechnen gar nicht damit, daß es eine deutsche evangelische Kirche geben könne. Sie stoßen erst nach Jahren oder Jahrzehnten überrascht auf uns. Das hat natürlich für die Gemeinde Konsequenzen, gerade weil die durchschnittliche Verweildauer so kurz ist. Sie muß auf sich aufmerksam machen. Die Gemeindeglieder werden zur Mund-zu-Mund-Werbung aufgefordert. In deutschen Behörden, in Schulen und Kulturinstituten liegen Gemeindeblätter aus, oder die Gottesdienstzeiten sind am Schwarzen Brett angeschlagen.[19] Aber auch das hängt häufig vom guten Willen der Mitarbeiter des Hauses ab. In deutschsprachigen Publikationen findet man Hinweise. Gelegentlich stößt man auf ein vergilbtes Plakat hinter dem Fenster einer Bar und liest von einem Konzert, das in der »Eglise Evangélique Allemande« gegeben werde; aber das kann inzwischen schon Wochen her sein. Im übrigen wohnen wir an einer Straße, durch die viele Touristen kommen. Immer wieder sieht man sie erstaunt von draußen hereinspähen. Doch: gewußt wo, heißt noch nicht hingegangen; und wer hingeht, begreift oft erst nach einiger Zeit, daß er nicht nur als Besucher, sondern auch als Mitglied erwünscht ist.

Gemeindeversammlung und Kirchenvorstand

Wie es das französische Vereinsgesetz fordert, hat die Gemeinde als Association cultuelle eine Mitgliederversammlung, einen Vorstand und einen geschäftsführenden Ausschuß. Zu der Gemeindeversammlung gehören alle eingetragenen Gemeindeglie-

---

19 Im Jahr 1985 haben wir zum Beispiel ein Plakat mit der Überschrift herausgebracht: »Auch in Paris gibt es eine deutsche Kirche«. Darauf sah man in der Manier der naiven Malerei einen Pfarrer dargestellt, der auf der Straße vor unserem Gemeindehaus im Talar steht und einlädt.

33. Der Kirchenvorstand im Sommer 1994. Von oben her im Uhrzeigersinn: Stefanie Anquetin, Helga Ferry, Dr. Friederike Vuagnat, Dr. Hartmut Atsma (gegenwärtig der Präsident), Heinz Höbert, Hans Speidel, Dr. Michael Stadler, Hans-Günter Behrendt (der vorhergehende Präsident). In der Mitte Elisabeth Langlais und Dr. Jürgen Meier-Greve. Nicht abgebildet sind Jean Krentz und der Ehrenkirchenvorsteher William Luther sowie das Pastorenehepaar. Bilder von ihnen finden sich an anderen Stellen im Buch

der, die konfirmiert, 18 Jahre alt und mit ihren Beiträgen nicht im Rückstand sind.[20] Sie tritt wenigstens einmal im Jahr zusammen, nimmt die Jahresberichte von Vorstand, Schatzmeister und Pfarrern entgegen, erörtert aktuelle Fragen und beschließt den neuen Haushalt. Alle zwei Jahre wählt sie die Hälfte des Kirchenvorstandes neu und – wenn es so weit ist – einen neuen Pfarrer.

Der Kirchenvorstand tagt in der Regel monatlich und berät und beschließt die laufenden Geschäfte: die finanzielle Situation, Bauangelegenheiten, Personaleinstellungen, die Terminplanung. Außerdem denkt er über inhaltliche Fragen des Gemeindelebens und über den Gottesdienst nach. Das tut er ausgesprochen gerne, aber gerade solche Tagesordnungspunkte fallen häufig als erste unter den Tisch, wenn die Zeit knapp wird. Aus der Mitte des Kirchenvorstandes wird der geschäftsführende Ausschuß gewählt, das Bureau. Dazu gehören der Gemeindepräsident und sein Stellvertreter – immer ein Pfarrer, der Schatzmeister, der Schriftführer sowie ihre Stellvertreter. Ihre Kompetenzen gehen wahrlich über die eines landeskirchlichen Vorstandes, eines Presbyteriums oder Ältestenrates hinaus. Sie sind – alle Organe zusammen genommen – schließlich verantwortlich für eine unabhängige, vollständige Kirche, und sei sie noch so klein. Sie haben keine Synode über sich und kein hilfreiches Landeskirchenamt an ihrer Seite.

Unter den gegebenen Umständen ist es nicht immer einfach, geeignete Kandidaten für das Kirchenvorsteheramt zu finden. Wer verfügt über Führungsqualitäten und hat Ahnung von kirchlichen Angelegenheiten? Wer kann die dafür nötige Zeit frei machen? Wer ist überhaupt für eine ganze Wahlperiode von vier Jahren in Paris? Mindestens bei dem letzten Punkt werden gelegentlich Abstriche gemacht, schon deswegen, weil es sich bei der Wahl nicht absehen läßt, wie lange die Dame, der Herr »uns noch erhalten bleiben werden«. Ein weiteres Handicap schon im Vorfeld: Wer kann überhaupt einigermaßen übersehen, wer alles für den Kirchenvorstand in Frage kommt? Bei aller Vernetzung im Kleinen, die beste Übersicht haben in der Regel die Pfarrer. Meistens hängt es letztlich an ihnen, wer tatsächlich auf eine Kandidatur angesprochen und wer vielleicht einfach übersehen wird.

In der Regel lassen sich durchaus mehr Interessenten finden, als Vorsteher zu wählen sind. Die dann erkorenen Frauen und Männer haben nach kurzer Einarbeitungszeit meistens Selbstbewußtsein genug, um nicht nur Ja und Amen zu dem zu sagen, was die schon länger Amtierenden und die Pfarrer vortragen. Die meisten sind es gewohnt, Verantwortung zu tragen. Allerdings hat es sich – mindestens in dem Zeitraum, den ich überblicke – als ein großes Erschwernis erwiesen, daß wohl einige wenige Kirchenvorsteher diesem Gremium sehr lange angehören, der größere Teil

---

20 Gemeindeglied wird man, indem man ein postkartengroßes Anmeldeblatt ausfüllt und sich zusammen mit den Familiengliedern, die dafür in Frage kommen, einträgt. Diese Anmeldung wird durch den Pfarrer mit einem Gruß und einigen Informationen bestätigt. 1906 – und ähnlich nach 1927 – trug man sich in öffentlich ausliegende Gemeindelisten ein und verpflichtete sich nicht nur zu einem regelmäßigen Beitrag, sondern auch zur Teilnahme am kirchlichen Leben.

im Durchschnitt aber weniger als vier Jahre. Das reicht nicht für eine wirklich kontinuierliche Arbeit, denn alle zwei Jahre ist sowieso Stafettenwechsel.[21]

Der erste und der zweite Pfarrer

»Wie wird man denn Pfarrer in Paris?« So wird gelegentlich beim Kirchenkaffee mit leicht verklärtem Blick gefragt. Die Antwort ist aber prosaisch: »Indem man sich bewirbt und wählen läßt.« Die Stelle wird in der überregionalen Kirchenpresse in Deutschland ausgeschrieben. Das Kirchenamt der EKD (früher das Außenamt) trifft eine Vorauswahl. Der Pariser Kirchenvorstand entscheidet über das weitere Verfahren. Die Wahl geschieht nach einer Probepredigt durch die Gemeinde.

Mehr als in Deutschland spielt der Pfarrer in der Pariser Situation eine Sonderrolle. Erstens hat er mehr Ansehen, als ihm zusteht. Nach reformatorischer Erkenntnis übt er nur einen bürgerlichen Beruf aus, als Pastor ist er nicht mehr oder nicht besser als andere Christen. Er empfängt keine besonderen Weihen, sondern übernimmt einen klar definierten Auftrag: die Verkündigung des Evangeliums, den verantwortlichen Umgang mit den Sakramenten und die pastorale Leitung der Gemeinde. Dafür ist er ausgebildet und gewählt worden. Tatsächlich wird auch der evangelische Pfarrer immer wieder als etwas Besonderes angesehen, ohne daß er das will: Die Kirche, das ist der Pfarrer. Diese Gleichsetzung ist sicher entlastend für den Laien, aber sie entspricht nicht der protestantischen Vorstellung vom »Priestertum aller Gläubigen«.[22]

Zweitens hat der Pfarrer in Paris tatsächlich einen Sonderstatus: Er ist nur ausgeliehen; für 6, vielleicht für 9, maximal für 12 Jahre wird er von seiner Landeskirche freigestellt.[23] Er selbst – nicht die Gemeinde – untersteht der geistlichen Aufsicht

---

21 Zum Kirchenvorstand: Eine Untersuchung über die Zusammensetzung in den letzten 40 Jahren, über die Verteilung der Geschlechter, über die vertretenen Berufe, das Alter und die längerfristigen Veränderungen gibt es leider nicht. Natürlich besteht meistens der Wunsch, daß möglichst viele relevante soziale Gruppen vertreten sind: In Paris gehört dazu klassisch die Botschaft, vor dem Ersten Weltkrieg der Botschafter selbst, der sich jedoch meistens vertreten ließ. Zwischen den Kriegen sollte er nach der Vorstellung von Pastor Dahlgrün »ständiger Ehrenvorsitzender« sein. Gerade das Auswärtige Amt versetzt aber seine Beamten sehr häufig. Botschaftsrat Dr. Kutscher war der ständige Vertreter von Botschafter Herbert Blankenhorn, der in den Kirchenvorstand gewählt worden war. Die Gesandten E. Mühlen und Blomeier-Bartenstein haben später zum Kirchenvorstand gehört – wie übrigens auch Albrecht Krause, damals Leiter des Deutsch-Französischen Jugendwerkes. Danach über viele Jahre niemand, z.Zt. ist der Verteidigungsattaché General Hans Speidel Mitglied. Im übrigen hat es durchaus Zeiten stetiger Arbeit gegeben: Der Präsident Hans-Joachim Stöver und der Schatzmeister Willi Lutz haben mehr als 10 Jahre lang gemeinsam das Geschick der Gemeinde geleitet – beide bis 1987. Die Herren Jean Krentz und William Luther gehören dem Kirchenvorstand seit mehr als 40 Jahren an. Der Dritte im Bunde, Georges Ananoff, starb im Dezember 1984.
22 In einem katholisch geprägten Land färben katholische Vorstellungen ab. Deutsche, die lange im Lande sind, sprechen vielfach von der »Messe« und meinen unseren Gottesdienst. Franzosen wissen oft gar nicht, wie sie uns anreden sollen; sie wissen nicht, daß evangelische Pfarrer als »Pasteur« bezeichnet werden. Man begegnet ihnen zu selten.
23 Die zeitliche Begrenzung der Aussendung hat viele Gründe. Sie liegt im Interesse der Heimatkirche, des Pfarrers und seiner Familie, oft auch in dem der Gemeinde. Gerade weil der Pfarrer in Paris eine so starke Stellung hat, drückt er der Gemeinde auch mehr als sonst seinen Stempel auf. Allerdings eher in Bezug auf Gottesdienst und Gemeindekonzeption als in theologischer oder politischer Beziehung, wie häufig geargwöhnt wird. Viele Kontakte - gerade zu anderen Pariser Kirchen – laufen fast nur über den Pfarrer. Er hat ein bedenkliches Monopol an Informationen. Andererseits ist bei dem relativ häufigen

34. Pfarrer Helmut Leser und Frau Anne (um 1965)

in Deutschland. Immerhin trägt die EKD seine Altersversorgung und zahlt den größten Teil seiner Bezüge. Er spielt in Paris nur eine Gastrolle.

Drittens hat der Pfarrer in der gegebenen Situation oft ein stärkeres Gewicht – um nicht zu sagen mehr Macht –, als er anstrebt. Selbst wenn er aus guten Gründen nicht Präsident der Gemeinde ist, übt er seine Tätigkeit im Gegensatz zu den Laien vollzeitig aus und oft über einen längeren Zeitraum. Kein Superintendent schaut ihm ständig über die Schulter. Das hat für ihn auch Nachteile: man erwartet, daß er über alles Bescheid weiß und für alles zuständig ist. Im Notfall muß er sich um alles kümmern und bei allem selbst Hand anlegen: er muß noch schnell vor dem Gottesdienst den gröbsten Schmutz in der Kirche beseitigen, die ausgefallene Heizung wieder in Gang bringen oder aufs Dach klettern und die verstopfte Regenrinne frei machen. Denn auch die angestellten Mitarbeiter sind nur vorübergehend da und haben eine begrenzte Aufgabe wahrzunehmen.[24]

Der zweite Pfarrer. Ausgenommen die Zeit zwischen den beiden Weltkriegen hat es in Paris fast immer mehr als einen deutschen Pfarrer gegeben. 1954 schickte die

---

Wechsel der Gemeindeglieder das Moment der Kontinuität wenigstens im Pfarramt wichtig, nicht zuletzt aus seelsorgerlichen Gründen für die Menschen, die sehr lange oder für immer in Paris bleiben.

24 Dieses mag an dieser Stelle über die Pfarrer genügen. Die Vorgänger sollen aus den oben genannten Gründen nicht einzeln vorgestellt und gewürdigt werden. Sie werden, wo es der Zusammenhang nahelegt, erwähnt und zitiert. Im Anhang sind sie mit allen notwendigen Daten aufgeführt. Genannt sei noch der Name von Christian Semler, der 1954 ein Vierteljahr lang in Paris war, um die Voraussetzungen für eine Neugründung der deutschen Gemeinde zu sondieren. Aus familiären Gründen hat er sich dann dafür entschieden, die Pfarrstelle nicht zu übernehmen. Er kehrte nach Mainz in sein altes Studentenpfarramt zurück. Statt seiner kam Chritoph Dahlkötter. Über seine Erfahrungen in Paris hat Pfarrer Semler 1990 ausführlich in einem Tonbandinterview berichtet, aus dem unten (S. 283 und S. 303) auch zitiert werden wird. Der Text des Interviews befindet sich im Archiv der Christuskirche.

35. Die Pfarrer Joachim Kusch (1978) und Martin Berger (1970)

EKD erstmals nach dem Zweiten Weltkrieg wieder einen Pfarrer nach Paris. Aber dieser eine reichte auf die Dauer nicht aus. Immer mehr Deutsche siedelten sich in Frankreich an und zunehmend auch im Umfeld von Paris, der näheren und ferneren Banlieue. Seit Mitte der sechziger Jahre forderte die Gemeinde deswegen in Deutschland Vikare an. Sie kamen aus dem Rheinland, und häufig arbeiteten mehrere gleichzeitig in Paris. Schwerpunktmäßig wurden sie im Religions- und Konfirmandenunterricht sowie in der Seelsorge in den Außenbezirken eingesetzt. Ein ständiges Kommen und Gehen war die Folge. Dies konnte nur eine Übergangslösung sein. Am 1. September 1973 wurde deshalb eine zweite Pfarrstelle eingerichtet mit dem Schwerpunkt im Westen. Die Pfarrer wohnten in angemieteten Wohnungen in Garches, Vaucresson und schließlich in Bailly. Zu ihrer Tätigkeit im Pariser Raum kam die Betreuung der Deutschen in Nordfrankreich, die sich in gemieteten reformierten Kirchen in Sin-le-Noble und schließlich in Douai zum Gottesdienst versammelten.

Zunächst war die zweite Pfarrstelle wirklich die zweite, der Juniorpartner. Der Pfarrer in der Christuskirche hatte das Sagen, er war der stellvertretende Vorsitzende des Kirchenvorstandes. Rüdiger Frey (1973–1976) und Monika Buth (1977–1980) waren im Grunde Berufsanfänger und kamen jeweils nur für drei Jahre nach Paris. Aber die Entwicklung ging weiter und endete – aus heutiger Sicht – in der Sackgasse. Sie lief auf eine volle Pfarrstelle hinaus und der Tendenz nach auf eine unabhängige Gemeinde. 1980 wurde Dr. Georg Eichholz – nun, wie Auslandspfarrer im allgemeinen – für volle 6 Jahre gewählt. Er war kein Anfänger, er war ein gestandener Pastor. Doch wie sollten klare Grenzen zwischen den Verantwortungsbereichen der beiden Pfarrer gezogen werden? Das war nur schwer möglich, und daran ist dieses Projekt wohl schließlich gescheitert:

1. Die Gemeinde wurde eingeteilt in den Westen einerseits und Paris-Mitte sowie die übrige Banlieue andererseits. Diese Abgrenzung war willkürlich. Im Westen wohnen tatsächlich viele Deutsche relativ dicht beieinander. Aber es ist keineswegs ein geschlossenes Gebiet, es gibt kein natürliches Zentrum. Auch im Westen führen alle Wege nach Paris.

2. Die Aufgabenstellung und die Ausstattung für die beiden Pfarrstellen waren sehr ungleich. Der Pfarrer im Westen saß zwar in der Nähe seiner Leute, er hatte eine relativ klar definierte Aufgabe, aber er hatte nichts als eine bescheidene Wohnung ohne ein angemessenes Amtszimmer, von Gemeinderäumen oder gar einer Kirche ganz zu schweigen. Hier und dort mußte er kirchliche Räume anmieten. Bei dem Pariser Pfarrer sah es in jeder Hinsicht umgekehrt aus: Er hatte das große Gemeindehaus und die Kirche; er hatte den Apparat, das Büro; bei ihm liefen alle Fäden zusammen. Aber auf ihm lastete auch der alltägliche Kleinkram. Schließlich war – von den Entfernungen her – sein Gemeindebereich nicht kleiner geworden, im Westen war nur ein großes Loch ausgespart worden.

3. Aus unserer Perspektive heute kommt ein weiteres Ungleichgewicht hinzu. Der Westen ist soziologisch gesehen homogener. Dort wohnen zwar viele potentielle Gemeindeglieder, die meisten von ihnen aber sind sogenannte Kurzzeitdeutsche. Sie suchen und sie brauchen den Pfarrer und die Gemeinde nicht im gleichen Maße wie die anderen, die in Paris und verstreut in der übrigen Banlieue wohnen.

Die EKD hat 1986 diese zweite Stelle aufgehoben. Die Restgemeinde in Douai wurde dem Pfarrer in Südbelgien zugewiesen, der einige ähnlich strukturierte Gemeinden betreut. Gleichzeitig wurde ausdrücklich anerkannt, daß die Arbeit im Pariser Raum von einem Pfarrer allein nicht zu bewältigen sei. Seit dem Herbst 1987 hat Frau von der Recke einen persönlichen Auftrag, der mit einer halben Stelle verbunden ist. Im Lauf der Jahre hat sich zwischen den Ehepartnern eine funktionale Arbeitsaufteilung herausgebildet, die die jeweiligen Fähigkeiten und Erfahrungen berücksichtigt. Der Rest wird morgens am Frühstückstisch abgesprochen. Ob dieses ein Modell für die Zukunft sein kann, mögen andere beurteilen.

Schwierig sind mitunter Vertretungen zu regeln. Nicht immer gab es einen Kollegen oder einen Vikar, und Pfarrerehepaare wollen auch gemeinsam Urlaub machen. Wer vertritt in diesem Fall? In Deutschland springt der Pfarrer aus der Nachbargemeinde ein. Aus Sprachgründen kommt das hier meistens nicht in Frage. Die Suche mag daher mühsamer sein, aber Lösungen gibt es auch in Paris. Zunächst einmal hat es häufig in der Gemeinde selbst Frauen und Männer gegeben, die einen Gottesdienst leiten konnten und es auch taten – zum Beispiel die Kirchenvorsteher Dr. Hans Baritsch, Jean Krentz und Wilhelm Beckedorf oder andere Mitglieder wie Detlev Lutz, Dr. Freimut Marschner und Heike Vennemann. Nicht selten gehören vorübergehend junge deutsche Theologen zur Gemeinde, die in Paris promovieren oder in einer französischen Einrichtung ein Sondervikariat machen.

In einer Stadt wie Paris findet man im übrigen immer Pfarrer, die fließend deutsch sprechen: zu nennen sind etwa die Lutheraner Martin Wilhelm, Albert Greiner, Gérard Ruckwied und Heinz Winkler oder die Baptisten Madeleine und Jeremy Hodoroaba. Allerdings sind die meisten französischen Gemeinden klein und werden nur von einem einzigen Pfarrer versehen. So ist dieser auch nur begrenzt für Vertretungen verfügbar. Schließlich gibt es Pfarrer in Deutschland, die im Urlaub oder im Ruhestand gerne nach Paris kommen und aushelfen: ein früherer Pfarrer der Christuskirche, ein Freund, ein Verwandter, ein Frankreichliebhaber. Zu erwähnen ist insbesondere Georg Rohde aus Langenhagen bei Hannover. Er hat seit 1986 in jedem Sommer drei bis vier Wochen lang die Pfarrer in der Rue Blanche vertreten und nicht nur auf der Kanzel. Seine Frau und er wohnten in der Pfarrerwohnung. So mußten im Sommer weder die Gemeinde noch die Balkonblumen darben.

Andere Mitarbeiter

Der Pfarrer, der Küster, der Organist, sie bilden von alters her ein Trio. Gemeinsam prägen sie das Bild der Kirche. Der Organist ist verantwortlich für die angemessene musikalische Begleitung und Umrahmung des Gottesdienstes, der Küster (Mesner, Sigrist) sorgt für die äußeren, die materiellen Voraussetzungen: Er legt die richtigen Paramente für Kanzel und Altar auf. Er stellt frische Blumen ein und steckt die Kerzen an. Er achet darauf, daß die Gesangbücher an ihrem Platz liegen und daß die Lieder richtig angetafelt werden. Die Kirche soll empfangsbereit sein.

Manche kleine Auslandsgemeinde muß sich behelfen, sie kann sich keinen fest angestellten Küster oder Organisten leisten. In der Christuskirche ginge es nicht ohne die beiden. Sie hat fast immer herausragende *Kirchenmusiker* gehabt, in früheren Jahren manchmal in rascher Folge.[25] Schwieriger steht es mit dem *Küster*. Die Menschen, die normalerweise dafür in Frage kommen, gibt es in Paris nicht, schon gar nicht in unmittelbarer Nachbarschaft zur Kirche: der freundliche, zuverlässige, handwerklich geschickte ältere Arbeiter oder die Frau, die eine stundenweise Beschäftigung sucht, und die je nach dem »die Seele vom Ganzen« sind oder »der Besen«, der unersetzlich ist.

Tatsächlich hat es in der Christuskirche solche Küster gegeben – in der Gestalt der Concierge. Schon vor dem Krieg und später wieder bis 1972 hat das Ehepaar Henner diesen Dienst versehen. Er amtierte am Sonntag – sich seiner Würde voll bewußt - im Gehrock und mit Eckenkragen und empfing die Besucher. Sie überwachte die Haustür und das Telefon; sie entschied, wer zum Pfarrer durchgelassen wurde und wer nicht. Ein nicht unwesentlicher Teil der Leib- und Seelsorge geschah in der Loge der Concierge. Henners waren Küster, Hausmeister und Empfangsbüro in einem. Er kam aus dem Elsaß, sie aus der Schweiz, beide waren zweisprachig und begnügten sich mit der sehr bescheidenen Wohnung. Wo heute das Büro ist, waren Loge, Küche und Badezimmer, das Schlafzimmer lag im dritten Stock.

Die Zeit der Conciergen ging damals zu Ende. Unter den neuen Voraussetzungen mußte improvisiert werden. Dieser oder jener fand vorübergehend im Hause Wohnung – inzwischen war es die dritte Etage –, und versah dafür den Küster- und Hausmeisterdienst. Darunter waren viele junge Leute, engagierte Gemeindeglieder, wie z.B. Hans-Joachim Witte, der aus der DDR geflohen war und einen Neuanfang suchte. Darunter gab es aber auch abenteuerliche Gestalten, für die diese Arbeit und Wohnmöglichkeit der erste Schritt zur Resozialisierung waren. Einer von diesen war

---

25 Nur in den Aufbaujahren nach dem Zweiten Weltkrieg mußte man sich zunächst behelfen. Die beiden Pfarrfrauen Ursula Dahlkötter und Anne Leser sprangen ein. Beide waren sehr musikalisch, die zweite sogar vom Fach. – Im übrigen siehe den Beitrag von Frau Schauerte über die Kirchenmusik, S. 352 f.

36. Küsterehepaar
Georg und Elsa Henner

zum Beispiel alleine eingezogen, hatte hier geheiratet und hauste schließlich mit seiner Familie, Frau und zwei Kinder, auf engstem Raum. Da er inzwischen einen echten Broterwerb gefunden hatte, vernachlässigte er seinen Dienst in der Kirche. Der Kirchenvorstand dachte darüber nach, wie man ihn auf anständige Weise loswerden könne. Der Küster überlegte offensichtlich in ähnliche Richtung und wußte nicht recht, wie er es anstellen sollte. Jedenfalls war er eines morgens verschwunden, über Nacht mit Kind und Kegel ausgezogen, »clam nocte fugit«. Der besorgte Blick nach dem silbernen Abendmahlskelch war ungerechtfertigt. Zwei Tage später überbrachte er die Schlüssel und gab noch einige Küstergeheimnisse preis: Wenn er uns nicht gezeigt hätte, wo die Weihnachtskrippe aufgehoben wird, wir hätten sie bis heute nicht gefunden.

Seit dieser Zeit wird die Küster- und Hausmeistertätigkeit auf der Basis »Zimmer gegen Arbeit« vergeben. Meistens sind es zwei junge Leute, die sich die Arbeit teilen. Selten sind sie länger als ein Jahr da, gelegentlich leider auch kürzer. Junge Menschen, frisch von der Schulbank, Studenten und Praktikanten, mehrmals angehende Mimen, arbeitslose junge Tischler und Theologen, die auf die Übernahme in den Vikarsdienst warten müssen. Wir haben alles gehabt – sehr geschickte und zuverlässige und andere, die wir kurz vor dem Gottesdienst aus dem Bett holen mußten. Meistens waren es sehr anregende junge Hausgenossen, die oft einen Schwarm von Altersgefährten nach sich zogen, nicht immer zur Freude der nachts ruhebedürftigen Pfarrerfamilie. Der Nachteil dieser Art, die Küsterstelle zu besetzen, liegt auf der Hand: In kurzen Abständen müssen immer wieder neue Mitarbeiter mit ihrer Tätigkeit vertraut gemacht werden, und die ist vielfältig in einem großen Gebäudekomplex, in dem ständig etwas los ist – in jedem Sinn des Wortes.

In der ehemaligen Loge der Concierge neben der Haustür ist nach dem Umbau das *Gemeindebüro* untergebracht worden – mit einer großen Glastür. Vom Schreibtisch aus läßt sich übersehen, was sich im Eingang tut. Das war vorher von der dritten Etage aus nicht möglich. Jeder, der das Haus betritt, stößt so zuerst auf das Büro, wenigstens während der Öffnungszeiten: die Besucher, die Ratsuchenden und Bettler, ebenso wie der Paketbriefträger, der Kontrolleur des Fahrstuhls, die Techniker für die neueste Schallplattenaufnahme und die Orgelschüler. Hier kommen alle Telefonate an, und natürlich wird im Büro auch die Gemeindepost geöffnet und bearbeitet.

Die Arbeit im Büro ist mit der Zeit vielseitiger und umfangreicher geworden. Kirche und kleiner Saal werden häufiger vermietet als früher. Das bedeutet auch einen Mehraufwand an Arbeit. Der Einsatz von gedruckten Materialien in der Gemeinde ist gestiegen, und das Schreiben und Kopieren kostet Zeit. Dies gilt namentlich für das Gemeindeblatt, das im heutigen Umfang und Turnus seit 1977 erscheint. In den letzten Jahren wird es im Haus selbst vervielfältigt und postfertig gemacht. Gehälter und Sozialabgaben müssen berechnet werden. Vor allem aber: die Gemeindebeiträge müssen jedes Jahr neu erbeten, erklärt und oft auch angemahnt werden. Anschließend dürfen die deutsche oder französische Spendenbescheinigung keineswegs vergessen werden.

Davon können die Mitarbeiter im Büro ein Lied singen, zum Beispiel Ursula Raß, Ingrid Ganzevoort und Magali von Brentano, um nur einige zu nennen. 1989 kam Steffen Mütterlein aus Ost-Berlin zu uns, der einschlägige Kenntnisse in der Kirchenverwaltung mitbrachte. Seit Herbst 1993 ist es Gisela Beschon.

Der Haushalt

Alle diese Mitarbeiter müssen von der Gemeinde selbst bezahlt werden. Nur zu den Pfarrergehältern gibt die EKD einen Zuschuß. Gemeindehaus und Kirche müssen unterhalten werden, ab und zu stehen größere Arbeiten an. Unter Pfarrer Dahlkötter ist die Kirche ganz neu gestaltet worden. In den letzten 20 Jahren sind das Büro, die Küche und der Toilettentrakt umgebaut worden, der große und der kleine Gemeindesaal wurden gründlich renoviert, die Kirche neu gestrichen und nach erheblichen Wasserschäden schon kurze Zeit später in manchen Teilen wieder hergerichtet. Das gesamte Elektronetz ist inzwischen erneuerungsbedürftig und im Erdgeschoß sowie in der Kirche schon ersetzt worden. 1974 wurde ein Fahrstuhl eingebaut. Zehn Jahre später fiel im Winter die alte Dampfheizung aus. Eine moderne Gasheizung mit neuen Heizkörpern mußte in kurzer Zeit eingebaut werden. Zehn Jahre lang hat die Gemeinde allein dafür jährlich weit über 100 000 Francs Schuldendienst geleistet.

Die Fassade ist – auch auf Drängen der Stadt Paris – im Herbst 1993 gereinigt und aufgefrischt worden. Die Rückfassade von Haus und Kirche hätten es nötiger gehabt, aber dafür fehlte das Geld (und sie fallen weniger ins Auge). Für die meisten dieser Arbeiten hat die EKD großzügige Zuschüsse gegeben, trotzdem liegt die finanzielle Hauptlast bei der Gemeinde. Zu den Kosten für Gebäudeunterhaltung und Personal kommen die übrigen Betriebskosten: Gemeindearbeit, Sachaufwand, Steuern, Versicherungen usw. Der für 1993 veranschlagte Haushalt erreichte ein Volumen von fast 1 700 000 Francs (ca. 500 000 DM). Die wollen erwirtschaftet werden.

Die Einnahmenseite – wieder exemplarisch für 1993 und beschränkt auf die größten Posten: knapp 400 000 Francs kamen von seiten der EKD (mit zusätzlichen Beiträgen für besondere Sozialleistungen waren es über 500 000 Francs). Weitere 500 000 Francs waren als Gemeindebeiträge veranschlagt, gingen aber in dieser Höhe nicht ein. Nach Jahren kräftiger Steigerungsraten hatte uns die allgemeine Wirtschaftsflaute eine Baisse von fast 15 % beschert. Dagegen konnten die veranschlagten Einnahmen aus Kollekten, aus dem Adventsbasar und aus Mieteingängen von jeweils rund 100 000 Francs tatsächlich verbucht werden. Dazu kamen eine spezielle Bauzuweisung von 100 000 Francs von der EKD, 80 000 Francs als einmaliger Zuschuß von der Stadt Paris und Spenden in der Höhe von 400 000 Francs, die wir so keineswegs erwarten durften. Sie führten dazu, daß wir die Zweimillionengrenze sogar überschritten haben. Soweit die größeren Posten. Von diesen Einnahmen hat die Gemeinde rund zwei Drittel im eigenen Umfeld erwirtschaftet. Das kostet jedes Jahr den Kirchenvorstand, nicht zuletzt die Pfarrer und den Schatzmeister viel Zeit und Kraft, Anstrengung und Phantasie.

In unserer Pariser Kirche wird viel vom Geld geredet und zwar für eigene Zwecke. Glücklich der landeskirchliche Pfarrer, der das nicht muß, der statt dessen großzügig Kollekten für andere gute Zwecke sammeln kann (bei uns im Jahr ca. 50 000 Francs). Aber wenn wir nicht reden, schreiben, erinnern, drängeln und manchmal auch telefonisch mahnen, wenn wir nicht von Zeit zu Zeit Katastrophenalarm geben, bewegt sich nur wenig.[26] Viele Menschen, die in der Gemeinde ein- und ausgehen, können tatsächlich finanziell nur wenig beisteuern. Andererseits gehören zu der Gemeinde wirklich gut verdienende Familien. Wenn diese so viel Gemeindebeiträge zahlten, wie sie in Deutschland an Kirchensteuern entrichten würden, – mehr noch, wenn alle die, die in Deutschland zur Kirche gehören, die sich aber während ihres Frankreichaufenthaltes selbst von kirchlichen Beiträgen dispensiert haben, – wenn diese alle auch hier in gleicher Höhe wie in Deutschland Beiträge entrichteten, die Gemeinde könnte vermutlich mehrere Pfarrer und mehrere Gemeindezentren aus eigener Tasche finanzieren.[27]

Psychologisch gesehen ist es offensichtlich einfacher, sich von vornherein 2 000 DM an Kirchensteuern abziehen zu lassen, als sich hinzusetzen und einen Scheck über 2 000 Francs auszufüllen. Von wirklich freikirchlichen Verhältnissen sind wir weit entfernt. Das ist – nach dem was weiter oben ausgeführt worden ist – auch nicht weiter verwunderlich.[28]

---

26 Am Anfang des Jahres werden alle Gemeindeglieder angeschrieben mit der Bitte, uns auf einem beigelegten Formblatt mitzuteilen, wieviel sie wann und in welchen Raten beitragen werden. Als Richtsatz wird 1,5 % des bereinigten Einkommens vorgeschlagen.
27 Bemerkt sei immerhin, daß ein Teil der Gemeindeglieder aus verschiedenen Gründen weiterhin in ihrem Heimatland steuerpflichtig ist und deshalb dort auch zu Kirchensteuern herangezogen wird. Das ist eine der Begründungen dafür, daß die EKD die Gemeinde bezuschußt. Dies gilt auch im Blick auf Touristen und die Eltern der jungen Leute, die bei uns verkehren. Auffallend ist, daß viele Frauen, die mit Franzosen verheiratet sind, finanziell gesehen nur wenig beitragen können. Sie müssen oder müßten es von dem meist eng bemessenen Haushaltsgeld abzwacken. »Geld für Deine Kirche – wie komme ich dazu?« Manche dieser Frauen versuchen, es durch Naturalleistungen wieder gut zu machen, und setzen sich in bewundernswerter Weise auf dem Basar ein. Im übrigen besteht – jedenfalls in der Gemeinde – ein Einkommensgefälle zwischen deutschen und französischen Gehaltsempfängern.
28 Wie häufig ist der Sprachgebrauch ein Indiz. Selbst langjährige Mitarbeiter sprechen mitunter von »Kirchensteuern« statt von Gemeindebeiträgen, langjährige Gemeindeglieder dagegen immer noch von »Spenden«.

Die Gottesdienstgemeinde

Der Sonntagsgottesdienst

Daß der Gottesdienst das Herzstück ihrer Gemeindearbeit sei, behaupten die meisten Pfarrer. Zurecht, selbst wenn andere regelmäßige Veranstaltungen mehr Teilnehmer sammeln sollten, was sicherlich die Ausnahme ist. Im Gottesdienst ist die ganze Gemeinde vor Gott versammelt. Auch die Abwesenden sind einbezogen, zum Beispiel im Gebet. Bei Gelegenheit fassen sie das selbst dankbar in Worte. Der Gottesdienst ist das Herz, das den Kreislauf mit regelmäßigen Impulsen in Bewegung hält und das Blut mit dem frischen Atem des Heiligen Geistes reinigt.

Dies gilt verstärkt für eine Auslandsgemeinde, und in allen Pfarrerberichten wird es hervorgehoben. Zwei Gründe werden insbesondere genannt. Zunächst: dieser eine Gottesdienst in Paris wird in der Muttersprache gehalten. Zählen und beten, das tun die meisten Menschen in der Sprache, in der sie groß geworden sind, in der sie zu ihrer religiösen Heimat gefunden haben. Mancher lebt seit Jahrzehnten in Paris und spricht französisch wie ein Franzose. Eines Tages kommt er in die deutsche Gemeinde und beim Klang der alten Melodien, beim Singen von Liedstrophen, die er einmal auswendig konnte, bei der vertrauten Sprache der Lutherbibel treten ihm die Tränen in die Augen. Das ist mehr als Nostalgie, das ist wirklich Heimweh. Im Gottesdienst werden Tiefenschichten berührt, die sonst kaum angesprochen werden. Seelische Bedürfnisse werden bewußt, die sonst unterdrückt werden. Der Gottesdienst ist für viele Menschen eine elementare Notwendigkeit, die in der fremdsprachigen Umgebung häufig deutlicher empfunden und ausgesprochen wird als zu Hause. Schon bei jungen Erwachsenen ist das der Fall. Gottesdienste, die sich in ihrer Gestalt kaum von den gewohnten unterscheiden, werden als etwas Besonderes erlebt. Die geprägten und vertrauten Worte der Lieder und Lesungen werden anders gehört als zu Hause, wo man vielleicht eher einer neuen Übersetzung oder einer leichtfüßigen Melodie den Vorzug gäbe.

Die großen räumlichen Entfernungen sind ein weiterer Grund dafür, daß der Gottesdienst in Paris *die* Hauptveranstaltung der Gemeinde ist. Nur ganz wenige Gemeindeglieder können zu Fuß die Kirche erreichen. Mancher überlegt sich, ob sich der Weg lohnt, in der Woche noch mehr als am Sonntag. Am Sonntag sind die Straßen leerer, die öffentlichen Transportmittel allerdings verkehren seltener. Doch wer sich auf den Weg zur Kirche gemacht hat, den zieht es nach einer Stunde nicht unbedingt nach Hause, der möchte noch ein bißchen mehr erleben, wenigstens möchte er sich mit dem einen oder anderen unterhalten. So setzt sich der Gottesdienst für viele außerhalb der Kirche bei einer Tasse Tee oder Kaffee fort.

»Im Zentrum des Gemeindelebens stand und steht der Gottesdienst. Darüber gab es in der Kirchenvorsteherschaft keine Diskussion.« So formuliert es Pfarrer Leser (1963–1969) im Rückblick, und so bestätigen es die anderen Pfarrer. Im gleichen

37. Kelch und Patene: Christus umgeben von den 12 Aposteln. Auf der Unterseite eingraviert: »Ein Geschenk aus Kurland für die Kirche zu Menton 1876«

Atemzug aber schreibt Leser, daß Zeit und Ort für den Gottesdienst wieder zur Diskussion stünden. Sein Vorgänger, Dahlkötter (1954–1963), hatte noch betont, daß sich die wechselnden Gottesdienstzeiten sehr bewährt hätten: jeweils am 2. und 4. Sonntag im Monat um 16.00 Uhr, sonst um 10.30 Uhr. Offensichtlich hatte sich die Zusammensetzung der Teilnehmer geändert. In der Zeit vor Dahlkötter, als man noch zu Gast in anderen Pariser Gemeinden war, standen diese Kirchen nur am Nachmittag zur Verfügung, und die Gemeinde hatte sich daran gewöhnt. Zehn Jahre später, zur Zeit von Leser, hatte sich der Kreis der Teilnehmer erweitert, man kannte sich nicht mehr so gut. Außerdem mußte man mit Touristen rechnen. So waren feste, regelmäßige Gottesdienstzeiten erwünscht, damit Besucher nicht »vor verschlossenen Türen stünden«.[29] Zunächst wurden die beiden Nachmittagsgottesdienste noch beibehalten, sie waren offensichtlich besonders beliebt bei der Jungen Gemeinde, die gerne noch zum gemeinsamen Abendessen zusammenbleiben wollte (und die vermutlich am Vorabend erst spät ins Bett gekommen war).

Diese nachmittäglichen Gottesdienste sind offenbar unter Pfarrer Leser ausgelaufen. Die Diskussion um die besten Zeiten war beendet. Dagegen stellte sich neu die

---

29 10.30 Uhr ist übrigens die auch in anderen protestantischen Gemeinden in Paris übliche Gottesdienstzeit. Schon vor dem Ersten Weltkrieg feierte man um diese Zeit in der Christuskirche den Gottesdienst.

Frage nach dem Ort. Die deutsche Kolonie, die sich in der westlichen Banlieue, in der Nähe der Deutschen Schule in Saint-Cloud, angesiedelt hatte, wünschte einen eigenen Gottesdienst. Am 27. November 1966 wurde erstmals in der kleinen Holzkapelle in Ville d'Avray, die der reformierten Gemeinde gehört, ein deutscher Gottesdienst gefeiert. Zunächst an jedem dritten Sonntag im Monat und zur selben Zeit wie in Paris. Also war ein zweiter Prediger notwendig, und er stand zur Verfügung. Zur Zeit von Leser und von Berger (1970–1976) gab es regelmäßig Vikare, oft mehrere gleichzeitig. Später war sogar ein eigener Pfarrer für den Westen da. So konnte mit der Zeit ein weiterer Gottesdienst im Monat angeboten werden. Neben dem traditionellen Hauptgottesdienst in Paris entwickelte sich sozusagen ein zweites Programm: ein Gottesdienst in freier Form, mit vielen neuen Liedern, häufig als Familiengottesdienst gestaltet. Das entsprach auch dem Bedürfnis der vielfach jungen Familien im Westen.

Da die Kapelle in Ville d'Avray sehr klein ist und die deutsche Kolonie sich immer mehr in die weiteren westlichen Vororte hinausschob, wechselte man den Ort und war nun zu Gast in der reformierten Kirche in La-Celle-Saint-Cloud. Zur Zeit von Dr. Eichholz (1980–1986) wurden die Gottesdienste am Samstagnachmittag gefeiert. Damit wurde auch eine zeitliche Alternative zum Gottesdienst in Paris geboten. Er verknüpfte den Gottesdienst mit dem Konfirmandenunterricht, der am selben Ort alle 14 Tage erteilt wurde. Die Konfirmanden wurden aktiv einbezogen, neben den Jugendlichen kam ein Teil der Eltern. Als der Konfirmandenunterricht ab 1986 wieder völlig in das Gemeindehaus der Christuskirche zurückgekehrt war, ließ das Interesse an den Gottesdiensten in La-Celle-Saint-Cloud spürbar nach, obwohl sie nach wie vor – sowohl vom Zeitpunkt wie auch von der Gestalt her – eine Alternative zum Hauptgottesdienst in Paris anboten. Einzelne Gemeindeglieder, wie z.B. die Familie Göttling, haben sich sehr für diesen Gottesdienst im Westen eingesetzt und dafür rührig geworben. Sie konnten die Entwicklung nicht aufhalten. Der Gottesdienst wurde zunächst auf einen monatlichen, später auf einen zwei- und sogar dreimonatlichen Rhythmus reduziert. Im Augenblick hat dieser Gottesdienst keine Zukunft mehr, abgesehen von der Christvesper am Heiligen Abend.

Diese Probleme stellen sich für den Gottesdienst in Paris nicht. Die Zahl der Teilnehmer hat im Laufe der Jahre vielleicht geschwankt, ist aber nicht gesunken, sondern hat eher zugenommen.[30] Und dies, obwohl die Wege lang sind und der Ablauf in der Regel mehr oder weniger von der vorgegebenen Agende bestimmt ist. Gesucht wird der normale Gottesdienst in »unserer Kirche«. Diese ist sicherlich nicht die

---

30 Derzeit liegt die Zahl der Gottesdienstteilnehmer im Jahresdurchschnitt – die Feiertage sowie die Sommerferien nicht einbezogen – bei 80 Teilnehmern. Im übrigen ist die Zählung in mehrfacher Weise ein Problem (siehe dazu schon 2. Samuel 24). Jeder Pfarrer sieht nur zu gerne die kleinsten Hinweise auf eine Zunahme der Besucher oder ist erschrocken fixiert auf die leeren Plätze in den ersten Reihen. Selbst die regelmäßige Zählung, die im Sakristeibuch festgehalten wird, ist oft nicht frei von subjektiven Einschätzungen. Ist Herr Krentz, der sich seit Jahrzehnten dafür verantwortlich weiß, im Urlaub, wird die Zählung manchmal vergessen, und die nachträglichen Schätzungen variieren um 100 % oder mehr. Deshalb wird hier auf alle Zahlenvergleiche verzichtet.
Woran man sich aus Deutschland kommend allerdings erst gewöhnen muß, ist die Tatsache, daß zur Gottesdienstzeit um 10.30 Uhr vielleicht erst die Hälfte der zu Erwartenden tatsächlich eingetroffen ist. Nach dem ersten Lied sind dann die meisten da. Aber das Kommen hält an bis zur Predigt und darüberhinaus. Pfarrer Dahlgrün hatte schon zu seiner Zeit erwogen, die Kirche um 10.30 Uhr einfach abzuschließen. Aus erzieherischen Gründen und um den liturgischen Ablauf nicht stören zu lassen – wie

schönste in Paris, sie ist weder mittelalterlich noch wirklich modern, sie ist eher schlicht, hat aber gute Raumproportionen. Die Ausstattung und die Fenster entsprechen dem Geschmack der Nachkriegszeit. Die Akustik ist hervorragend, die Orgel und in der Regel die Organisten leisten Überdurchschnittliches, und der Pfarrer weiß, daß er aufmerksame und anspruchsvolle Hörer vor sich hat, und bereitet sich sorgfältig auf den Gottesdienst vor. Eine Kirche, in der sich deutschsprachige Protestanten wohlfühlen können. Erst recht, wenn sie dazu sagen können: das ist unsere Kirche. Wir können sie zum Erntedankfest oder zum Advent, zu Weihnachten mit dem Weihnachtsbaum oder zu Pfingsten mit dem Maibaum so ausgestalten, wie wir das schön finden. Und nach dem Gottesdienst können wir uns so im Hause bewegen, wie man das in den vier eigenen Wänden tut.

Bei der Frage nach Ort und Zeit ist immer wieder intensiv über Alternativen nachgedacht worden. Schließlich ist die Gemeinde beim Hergebrachten geblieben – jedenfalls bis jetzt. Erstaunlich ist, daß die Frage nach der *Gottesdienstordnung*, soweit es sich erkennen läßt, nicht eine ähnliche Unruhe erzeugt hat. Erstaunlich nicht zuletzt deswegen, weil ja Pfarrer und Gemeindeglieder aus sehr unterschiedlichen Traditionen des deutschsprachigen Protestantismus kommen und in liturgisch sehr reichen oder im Gegenteil sehr schlichten Gottesdiensten zu Hause sind. Nach ausführlicher Beratung hat der Kirchenvorstand 1960 eine unierte Gottesdienstordnung beschlossen, die dann in vieltausendfacher Auflage gedruckt worden ist – offenbar für alle Ewigkeiten. Und die Pfarrer und Kirchenvorstände haben sich mehr oder weniger daran gehalten, auch wenn der eine Pfarrer die Liturgie nicht gesungen oder der andere ein größeres Gewicht auf Gesten und feste Formeln gelegt hat als sein Vorgänger. Das Wahren von Kontinuität in diesem empfindlichen Bereich hat der Gemeinde bei allem Kommen und Gehen sicher gut getan.

Seit Jahrzehnten ist charakteristisch für den Gottesdienst in der Christuskirche das Danach. Ein großer Teil der Teilnehmer bleibt zum »*Kirchenkaffee*« – zu einer Tasse Kaffee oder auch Tee. In La-Celle-Saint-Cloud wurde meist ein Glas Wein oder Saft angeboten. So lernt man sich kennen, man tauscht sich aus und stellt fest, daß andere Au-Pairs ähnliche Anfangsschwierigkeiten haben, daß andere Frauen – die hier verheiratet sind – ähnliche Erfahrungen mit ihren französischen Schwiegermüttern machen oder daß es gemeinsame Bekannte vom Studium oder vom letzten Wohnort her gibt. Vielleicht verabredet man sich zum Kino, man gestaltet den Sonntagnachmittag gemeinsam, man schließt Freundschaften. Beim Kirchenkaffee wächst Gemeinschaft, eine Fortsetzung des Gottesdienstes, könnte man sagen. Da wird Gemeinde faßbar und lebendig. Was mich immer wieder beeindruckt: über soziale und Altersgrenzen hinweg kommen Menschen miteinander ins Gespräch, die sich auf keinem Empfang, in keiner Stammkneipe oder bei keinem Damenzirkel je treffen würden. Der Botschaftssekretär neben einem Clochard – wo gibt es das sonst?

Dieses »après« hat zu verschiedenen Zeiten jeweils seine typische Gestalt gehabt. Nach dem Krieg, als sich die Deutschen wieder zaghaft in Paris einfanden und sich scheuten, in der Öffentlichkeit ihre Identität preiszugeben, war das Treffen mit

---

er schreibt. Gleichzeitig bekundet er Verständnis für Zuspätkommende: Die Wege waren schon damals für viele sehr weit und die Verkehrsmittel nicht immer zuverlässig. Deshalb sollten sie eine zusätzliche Chance bekommen, die Kirche sollte beim Glorialied noch einmal kurz geöffnet werden. So 1932 im Gemeindeblatt zu lesen.

Landsleuten ein soziales Ereignis. Adressen von billigen Hotels, Arbeitsplätzen und sozialen Einrichtungen wurden ausgetauscht, mancher hoffte auf ein warmes Essen oder ein Stück Kuchen nach dem Gottesdienst, man verbrachte die Freizeit gemeinsam. In den fünfziger Jahren wurde der Sonntag häufig auf dem kirchlichen Freizeitgelände von Bellevue in Clamart verbracht, im Sommer manchmal vierzehntäglich, und oft kam die ganze Gemeinde mit Pfarrer dazu. In den sechziger Jahren waren es wohl immer noch überwiegend die jungen Leute, die sich inzwischen als »Junge Gemeinde« verbanden. Mindestens einmal im Monat wurde gemeinsam gekocht und gegessen, anschließend gestaltete man den Sonntagnachmittag zusammen. Das war die Zeit der Kurz- und Kulturfilme, Theaterstücke wurden vorgeführt, Vorträge gehalten und diskutiert, Volkslieder miteinander gesungen, so wie das heute noch gerne getan wird.

Heute gibt es Gemeindeessen in der Regel einmal im Quartal. Dann ist der große Saal voll besetzt. Etwa einmal monatlich wird darüber hinaus zum Gespräch nach dem Gottesdienst eingeladen. Einmal stellt sich ein kirchliches Werk des Gastlandes vor, ein andermal ein prominenter Besucher aus Deutschland, wieder ein andermal steht ein aktuelles Thema zur Diskussion. Bewährt haben sich auch musikalische Matineen nach dem Gottesdienst, die einen sind noch da, die anderen kommen von der Straße dazu. Gelgentlich bricht man auch zu einer gemeinsamen Stadtführung auf, wie dieses auch früher geschehen ist. Übrigens nutzen viele Menschen die Gelegenheit nach dem Gottesdienst, um mit den Pfarrern ein Wort zu wechseln; sei es, um eine Auskunft zu erhalten; sei es, um persönliche Nöte loszuwerden; oder sei es, um ein Gespräch anzubahnen und ein »Rendez-vous« zu verabreden.

Besondere Gottesdienste

Gottesdienst ist nicht gleich Gottesdienst. Das Kirchenjahr spielt eine wichtige Rolle, aber auch dieses hat in Paris seinen eigenen Rhythmus. Es beginnt mit der Rentrée, also nach der großen Sommerpause. Dann kehren langsam die alten Gemeindeglieder zurück, und die ersten neuen tauchen auf. In den letzten Jahren ist der Gemeindeausflug mit dem Gottesdienst im Grünen bewußt in die zweite Septemberhälfte gelegt worden, um die Gemeinde neu zu sammeln. Man trifft sich auf einer Waldlichtung, alle schwärmen aus, um Blumen, Äste, Pilze, Farnkräuter, originelle Steine oder anderes zu suchen und damit den Altar zu schmücken. Dann folgt der Gottesdienst in schlichter Form. Man lagert sich rings um den Altar herum. Es wird viel gesungen und sogar getanzt. Anschließend gibt es ein Picknick, ein Geländespiel mit Schatzsuche, einen Spaziergang, schließlich eine Besichtigung – das führt zusammen.

Erntedank und 1. Advent, Ostern und Pfingsten, das sind die großen Festgottesdienste der Gemeinde. Am Heiligen Abend und zur Konfirmation ist die Kirche brechend voll. Aber das ist im Grunde genommen eine andere Gemeinde, die sich dann versammelt. Am 1. Weihnachtstag und in der übrigen Weihnachtszeit finden nur wenige den Weg zur Kirche. Buß- und Bettag und Karfreitag sind Arbeitstage in Frankreich, das erschwert vielen die Teilnahme, selbst wenn die Gottesdienste am Abend angesetzt sind. Im übrigen ist die Kirche im Winterhalbjahr spürbar besser besucht als in der warmen Jahreszeit, obwohl gerade dann mit Touristen zu rechnen ist.

38. Gottesdienst im Wald von Ermenonville 1990: »Vom Aufgang der Sonne bis zu ihrem Niedergang ...«

Touristen und Besucher bereichern nicht selten den Gottesdienst musikalisch. Das kann langfristig verabredet sein. Oft wird es erst unmittelbar vor Beginn abgesprochen. Dann singt eine durchreisende Pfadfindergruppe Gospels, ein Posaunenchor läßt eine Intrade erklingen, eine Oboe oder eine Geige begleiten das Vorspiel, oder eine Solistin singt während der Abendmahlsausteilung. Natürlich kommen diese musikalischen Beiträge auch aus der Gemeinde selbst und aus ihrem Umfeld. Wolfgang Röthig vertritt an der Orgel und begeistert die Gemeinde mit seinen hinreißenden Improvisationen. Hervé Noël bläst auf der Trompete und verscheucht die nächtlichen Alpträume. Bei den silbrigen Klängen der Querflöte von Nicola Schieß fängt das Herz an zu singen, längst ehe sich der Mund geöffnet hat. Häufig geben Sänger oder Instrumentalisten vor ihrer Matinée schon eine Kostprobe im Gottesdienst. Wie gesagt, das ist Bereicherung und nicht Ersatz für eigene Anstrengungen: Wie beim sonntäglichen Gemeindegesang zu hören ist, wird in unserer Kirche gut und gerne gesungen.[31]

»*Paris ist eine Predigt wert*« mag mancher vielbeschäftigte Bischof oder kirchliche Publizist denken. So hat die Pariser Gemeinde in den letzten Jahrzehnten nicht selten das Vergnügen gehabt, einen der großen Namen des deutschen Nachkriegsprotestantismus auf dem Kirchenzettel angekündigt zu finden. Die Bischöfe Hanns Lilje und Horst Hirschler aus der Landeskirche von Hannover, zu der vor und nach dem Er-

---

31 Siehe auch S. 352–361.

sten Weltkrieg besondere Beziehungen bestanden haben, haben bei uns gepredigt. Auf unserer Kanzel haben aber auch ihre Amtsbrüder Otto Dibelius aus Berlin, Hans-Wolfgang Heidland aus Baden, Gerhard Heintze aus Braunschweig, Hans-Otto Wölber aus Hamburg, Hans-Heinrich Harms aus Oldenburg, Helmut Claß aus Württemberg, Moritz Mitzenheim und Ingo Brecklein aus Thüringen, Erich Velber aus Hessen, Hermann Dietzfelbinger aus Bayern und die Kirchenpräsidenten Ebricht, Immer und Stempel gestanden. Sogar die Bischöfe Kiekbusch und Maltusch aus den beiden kleinsten deutschen Landeskirchen, Eutin und Bückeburg, waren zu Gast, beide 1972. Auch andere bekannte Männer aus der Kirche haben gepredigt wie Johannes Kuhn, Albrecht Goes, Theodor Schober, Eberhard Stammler und Ernst Lange.[32]

Einige dieser Prediger wirkten im Rahmen der Rundfunkgottesdienste mit, die in der Zeit von 1965–1972 jährlich vom Saarländischen Rundfunk ausgestrahlt wurden, und zwar aus Anlaß der regelmäßigen Treffen des Deutsch-Französischen Bruderrates. In der Regel waren es abwechselnd ein deutscher und ein französischer Prediger. Mehrmals stand Professor Georges Casalis auf der Kanzel, einer der theologischen Vorreiter der internationalen Versöhnungs- und Friedensarbeit, nicht nur zwischen Deutschen und Franzosen. 1985 ist noch einmal ein Rundfunkgottesdienst aus unserer Kirche nach Deutschland übertragen worden, da stand Almuth von der Recke auf der Kanzel, damals noch als »Gastpredigerin«.

Manchmal waren es historische Ereignisse, die Anlaß gaben für einen besonderen Gottesdienst. Zum 40. Jahrestag des Kriegsendes am 8. Mai 1985 wurde zu einer Gedenkfeier in die Christuskirche eingeladen, an der der deutsche Botschafter teilnahm und die von den beiden Pfarrern Dr. Georg Eichholz und Pater Albert Seyler gestaltet wurde. Im November 1988 wurde der Opfer der Reichskristallnacht[33] am 9. November 1938 gedacht. Der vorgebliche Anlaß für diesen Pogrom war die Ermordung des Legationsrates vom Rath in der Deutschen Botschaft Paris. Die kirchliche Trauerfeier war in unserer Kirche begangen worden, so fühlten wir uns besonders in der Pflicht. Am 6. November 1988 hielt Pastorin von der Recke die Predigt im Gottesdienst; im Anschluß daran sang der Chor Mizmor von der großen Synagoge Paris unter der Leitung von Maurice Benhamou jüdische liturgische Musik.[34]

Am Tag der deutschen Wiedervereinigung – am 3. Oktober 1990, ein Jahr nach dem Fall der Berliner Mauer – luden die beiden deutschsprachigen Gemeinden zu einem ökumenischen Gottesdienst in die Christuskirche ein. Neben den Deutschen und ihren Repräsentanten in Paris nahmen zahlreiche Franzosen teil. Die höheren

---

32 Der Hannoversche Landesbischof A. Marahrens ließ es sich im Oktober 1935 nicht nehmen, trotz seines vollen Terminkalenders – wie es hieß – in der Christuskirche in Paris zu predigen, als er anläßlich des Lutherischen Weltkonventes in Paris weilte. Natürlich haben die leitenden Herren des Kirchlichen Außenamtes fast alle auf unserer Kanzel gestanden, z.B. Gerhard Stratenwerth, Adolf Wischmann, Heinz-Joachim Held, Otto Berendts, Klaus Kremkau und Hermann Göckenjan. Diese Aufzählung sowie die obrige im Text ist keineswegs vollständig. Siehe auch Bild 32, S. 286 und Bild 39, S. 260.
33 Manche sprechen heute lieber von »Reichspogromnacht«. Ich halte dieses für einen Fehler, man wechselt nicht 50 Jahre nach dem Ereignis einen eingeführten Namen, sonst gehen die alte und die neue Bezeichnung verloren. Die Herkunft des Ausdrucks »Reichskristallnacht« ist anrüchig, gleichwohl ist er anschaulich und unverwechselbar. Das ist für die bleibende Erinnerung wichtig.
34 Die Predigten von Almuth von der Recke und Stephan Steinlein sind unter den Dokumenten abgedruckt. Siehe S. 400–404.

39. Bischof Otto Dibelius, Berlin und Pfarrer Christoph Dahlkötter beim Verlassen der Christuskirche im Jahre 1960

Vertreter der protestantischen Kirche waren fast alle anwesend, Kardinal Lustiger schickte von Rom aus ein Telegramm. Die Predigt hielt – das war besonders beziehungsreich – der letzte Botschafter der DDR in Frankreich: Stefan Steinlein, ein Theologe von damals 29 Jahren, der erst im Spätsommer seinen Posten angetreten hatte, um dann allerdings nur noch sein Amt »abzuwickeln«, wie es damals hieß. Den Predigttext hatte er aus dem Propheten Jesaja, Kapitel 57, Vers 15–19 gewählt. Dort wird den Zerschlagenen und Bedrückten, die aus dem Exil in Babylon zurückkehren, Trost und Heil zugesprochen. Die Gebetsmeditation hielt der Jesuit Guido Reiner, der das nationalsozialistische Deutschland vor dem Krieg verlassen hatte und nach Paris gekommen war. Als Nachspiel hatte Frau Schauerte die Fuge »On the Austrian Hymn« von John K. Paine gewählt, in der die Melodie des Deutschlandliedes deutlich aber unaufdringlich anklingt. Die Kollekte war bestimmt für die »Stiftung Kreisau [bei Breslau] für Europäische Verständigung«. Bei aller Freude über die Wiedervereinigung legten wir Wert auf diese Zeichen der Freundschaft und der Verständigung zu den Nachbarn im Osten und im Westen.

Zum 50. Jahrestag der Landung der Alliierten in der Normandie am 6. Juni 1994 waren die offiziellen Vertreter der Bundesrepublik nicht eingeladen worden. Das war auch für viele Franzosen unverständlich und hatte Verstimmungen gegeben. Damit gewannen die Einladungen auf kirchlicher Ebene an Bedeutung. Am Vortag des 6. Juni, einem Sonntag, wirkten die Vertreter der beiden großen Kirchen Deutschlands an mehreren Gedenkfeiern mit – vormittags getrennt in einem katholischen und einem evangelischen Gottesdienst in Caen, abends gemeinsam bei der »Ökumenischen Vigil für Frieden und Freiheit« in der Kathedrale von Bayeux. Die Stadt liegt nur wenige Kilometer von der Küste entfernt und war als erste Stadt befreit worden und völlig unzerstört in die Hände der Briten gefallen. Auf dem Boden Frankreichs war es wohl die wichtigste kirchliche Feier aus Anlaß der Befreiung. Der Herzog von York sowie hohe französische und alliierte Teilnehmer waren anwesend bei dieser Vigil.[35]

Andachten, Taufen, Trauungen und Trauerfeiern

Andachten nennt man kurze, häufig freigestaltete Gottesdienste zu anderen Zeiten als am Sonntagmorgen, die keineswegs auf die Kirche beschränkt sind. Regelmäßig, über einen längeren Zeitraum hat es sie in der Christuskirche nach dem Krieg nicht gegeben, jedenfalls nicht als offenes Angebot für die ganze Gemeinde. Natürlich beginnt der Kirchenvorstand seine Sitzungen mit einer Andacht, und ähnlich tun es manche Kreise, wenn sie mit Lied, Lesung und Gebet beginnen. Die Junge Gemeinde hat jahrelang Andachten gehalten. Der Konfirmandennachmittag wird zum Beispiel mit einer schlichten und kurzen Feier um den Altar in der Kirche beendet.

Auch allgemein zugängliche Andachten sind gelegentlich erprobt worden. So hat das »Geistliche Gespräch für junge Erwachsene« im Frühjahr 1991 gründlich vorbereitete Passionsandachten in der Kirche gestaltet. Zwei Jahre vorher wurde – ebenfalls in der Passionszeit – jeden Freitag zur »Gebetskirche am Mittag« eingeladen. Texte zur Besinnung waren ausgelegt, Kniebänke aufgestellt, die Orgel spielte meditative Musik, und am Schluß folgte ein gemeinsames Vaterunser. Natürlich stellte sich die bekannte Frage: Wer kommt in Paris zu einer Andacht extra in die deutsche Kirche? Nicht viele. Umgekehrt – weil nicht viele Teilnehmer zu erwarten waren – ist häufig der Gottesdienst am Neujahrsmorgen oder am Gründonnerstagabend in Andachtsform gestaltet worden. Dann saßen meistens alle Teilnehmer im Halbkreis um den

---

35 Mit diesem Wort wird eine gottesdienstliche »Nachtwache« vor einem großen Tag bezeichnet. Fast der gesamte nordfranzösische Episkopat wirkte mit einschließlich des Kurienkardinals Etchegaray; ebenso: hohe britische Kirchenvertreter, meistens Militärgeistliche, Vertreter von evangelischen und orthodoxen Kirchen aus Frankreich, dem übrigen Europa und Nordamerika sowie der Vorsitzende der katholischen Bischofskonferenz in Deutschland, Bischof Karl Lehmann. Seine Teilnahme ist erst sehr spät bekannt geworden, sonst hätte die EKD möglicherweise nicht ihren Vertreter in Paris, sondern einen Bischof entsandt. Da die reformierte Kirche Frankreichs auf allen Ebenen immer nur durch Pastoren repräsentiert wird, hat es kein Aufsehen erregt, daß auch deutscherseits ein Pfarrer mitwirkte.
Nach dem protestantischen Ortspfarrer Gilbert Beaume, der zu den Initiatoren gehörte, nach je einem britischen, französischen und deutschen Bischof kam Pastor von der Recke als letzter zu Wort. Als Thema war ihm aufgegeben, Bemerkungen zu Martin Luthers Auslegung des Magnificats der Maria zu machen. Er ist dann als einziger Redner auch auf die innere Situation von Deutschen damals und heute eingegangen. Der 6. Juni 1944 sei für sie ein Tag der Befreiung und der Niederlage gewesen. Sie könnten den Dank der anderen, aber nicht ihre Freude teilen. Dieser Tag erinnere sie auch an deutsche Schuld und an sinnloses Sterben. In den Mitternachtsnachrichten des Rundfunksenders France-Inter wurden diese Worte als der bewegendste Beitrag bezeichnet.

Altar. Statt der Predigt wurde ein gemeinsames Gespräch geführt, etwa über die Jahreslosung, oder es wurde miteinander ein Bild betrachtet.

Amtshandlungen oder Kasualien nennt man sie im Fachjargon. Für viele Christen bilden sie das wichtigste Band zu ihrer Kirche. In Paris führt der Wunsch nach einer Taufe, Konfirmation oder Trauung häufig zu dem ersten Kontakt mit der Christuskirche. Die Anzahl der verschiedenen Amtshandlungen ist aufschlußreich für die Zusammensetzung des deutschen Gemeindeumfeldes.

Zahlenmäßig am stärksten gefragt ist die *Konfirmation*, im Durchschnitt sind es zur Zeit 20–30 Konfirmanden pro Jahrgang; darüber wird im folgenden Kapitel ausführlich berichtet. An zweiter Stelle stehen die *Taufen*. Der größere Teil betrifft Kinder aus deutsch-französischen, meist zugleich evangelisch-katholischen Familien. Vielfach wird im Hauptgottesdienst getauft. Mit einem Grußwort, einem Gebet, einer Lesung, manchmal auch mit einem Lied in französischer Sprache werden die einbezogen, denen das Deutsche fremd ist. An dritter Stelle rangieren die *Trauungen*, wobei – wie schon Pfarrer Berger festhielt – in 3/4 aller Fälle die Partner sich auf beide Nationen und auf beide Konfessionen verteilen. Nicht immer, aber vielfach, werden deshalb ökumenische Trauungen gewünscht. Diese werden meistens in einer katholischen Kirche irgendwo in der Ile-de-France gefeiert, oft in pittoresken, etwas verstaubten Dorfkirchen, unter großer Teilnahme der weitverzweigten Familien und der Dorfgemeinschaft. Die Kinder aus diesen Ehen werden allerdings häufig evangelisch getauft, soweit sich dieses überhaupt übersehen läßt.

Am geringsten ist die Zahl der *Trauerfeiern*, zwischen 3 und 5 im Durchschnitt pro Jahr. Die meisten Verstorbenen gehören der mittleren oder jüngeren Generation an und sind Opfer von Unfall oder Krankheit. Wenn alte Menschen zu Grabe getragen werden, begleiten häufig außer dem Pfarrer nur ein oder zwei alte Bekannte den Sarg. Auf den Friedhöfen gibt es keine Kapelle. Auch ein paar letzte Worte am Grabe sind nicht unbedingt vorgesehen,[36] manchmal stehen die Totengräber in Arbeitskleidung daneben und rauchen verstohlen eine Zigarette. Häufig gibt es eine kleine Trauerfeier im Krematorium, die Urne wird anschließend nach Deutschland gebracht. Wahrscheinlich wird ohnehin ein Teil der in Paris verstorbenen Deutschen direkt ins Heimatland überführt, ohne daß irgendein Kontakt zu unserer Kirche aufgenommen wird.

---

36 Katholische Priester begleiten in der Regel den Sarg nicht zum Friedhof. Dazu oben S. 49.

Die Gemeinde der Gruppen und Kreise

Der Gottesdienst am Sonntag ist für die ganze Gemeinde gedacht. Die Gruppen, die sich im Laufe der Woche sammeln, sprechen gezielt bestimmte Altersgruppen oder bestimmte Interessen an. Es sind vielfach – aber keineswegs immer – dieselben Menschen, die am Sonntag und die in der Woche dabei sind. Manche regelmäßigen Gottesdienstteilnehmer kommen allerdings zu keiner anderen Veranstaltung. Umgekehrt gibt es treue Gruppenmitglieder, die sich so gut wie nie im Gottesdienst sehen lassen. Sonntags und alltags handelt es sich nicht unbedingt um dieselbe Gemeinde.

In Paris ruht die Gemeindearbeit seit Jahrzehnten vor allem auf zwei Säulen: auf den Gruppen der Frauen und auf den Gruppen der jungen Erwachsenen. Offensichtlich ist bei ihnen das Bedürfnis nach Austausch und konkreter Gemeinschaft am größten. Vielleicht sind sie es auch, die es – zeitlich gesehen und von der Anfahrt her – am ehesten einrichten können. Am Sonntag ist die mittlere Altersgruppe der Männer durchaus vertreten, nur wenig schwächer als die der gleichaltrigen Frauen. Eine ausgesprochene Männerarbeit hat es in den letzten 50 Jahren wohl nie gegeben.[37] Erstaunlicher noch – wenn man von deutschen Verhältnissen ausgeht: die regelmäßige Kinder-, Jugend- und Altenarbeit spielte und spielt meist eine untergeordnete Rolle. Die Hauptgründe dafür sind bei der altersmäßigen Zusammensetzung der Gemeinde und bei den großen Entfernungen zu suchen.

Kinder, Jugendliche und Alte

Kinderarbeit. Kein Kind kann in Paris alleine zur Kirche kommen. Es ist auf die Begleitung Erwachsener angewiesen.[38] Zwei Arbeitsformen haben sich unter diesen Umständen mehr oder weniger bewährt. Einmal der Kindergottesdienst: Die Kinder kommen mit ihren Eltern und werden zu Anfang gesondert gesammelt, oder sie verlassen die Kirche vor der Predigt. Wie groß der Andrang zum Kindergottesdienst ist, hängt sicher stark ab von der Eignung der Mitarbeiter: Ob sie zu einer kindgemäßen Katechese befähigt sind, ob es zu einer lebhaften Kinderstunde mit Spielen, Basteln, Malen und Singen kommt oder ob es beim bloßen Kinderaufbewahren bleibt. Immer wieder stellten sich gelernte Pädagogen aus der Gemeinde zur Verfügung, oder es waren Mitglieder der Jungen Gemeinde, gelegentlich auch die Pfarrerkinder. Hohe Zahlen sind in den letzten Jahren wohl nie erreicht worden.[39]

---

37 Den Kreis für junge Ehepaare, den es vor 25 Jahren eine Zeitlang gegeben hat, kann man sicherlich nicht dazu rechnen.
38 Kinder, die in Paris selbst wohnen, kommen häufig aus deutsch-französischen Ehen und gehen meist mit drei Jahren zu der Ecole Maternelle, ja schon vorher in die Crèche (Kindergarten bzw. Krippe). Kinder aus deutschen Ehen sind vorwiegend in der Banlieue zu finden, also außerhalb von Paris.
39 Erinnert sei an den Kindergottesdienst, den Fräulein Annemarie Uhde vor dem Zweiten Weltkrieg 10 Jahre lang alle vierzehn Tage sonntags völlig selbständig gehalten hat in einem eigenen Raum inner-

Daneben spielten besondere Angebote und Einzelveranstaltungen eine wichtige Rolle, z.B. das Fest des Kindergottesdienstes, bei schönem Wetter in einem der großen Gärten, über die manche Gemeindeglieder im Westen verfügen. Noch immer lassen sich die Kinder gerne am Martinstag in die Rue Blanche einladen. Dann wird gebacken, gesungen, gespielt und viel gebastelt, und am Schluß ziehen alle mit ihren Laternen in der Hand und den deutschen Martinsliedern auf den Lippen hinauf auf den Montmartre zur Kirche Sacré-Coeur. Der Kinderfasching versammelt seit ein paar Jahren Kinder aus den beiden deutschen Gemeinden in unserem Gemeindehaus. Mehrfach war ein Kinderzirkus zu Gast. Gelegentlich sind Kinderbibelwochen versucht worden. Über den Erfolg schweigt die Chronik.

Jugendarbeit. Bei jeder Konfirmation wird die Frage gestellt: »Wie geht es weiter? Wir würden uns gerne wieder treffen.« Das ist im Juni. Nach der langen Sommerpause ist ein Teil des Elans verflogen, und der Rest reicht kaum aus, um die organisatorischen Schwierigkeiten zu überwinden: Wie findet man gemeinsam einen Termin, wie möglichst regelmäßig wiederkehrende Gruppenzeiten? Daran scheitert es meist schon im Vorfeld. Der Tagesrhythmus deutscher und französischer Schulen ist zu verschieden. Die Entfernungen sind zu groß. Jeder hat noch seine zusätzlichen Freizeitverpflichtungen und Hobbys.

Im Laufe der Jahre ist mit wechselndem Erfolg manches versucht worden, insbesondere wohl in den Siebziger- und Achtzigerjahren – in der Rue Blanche, in den Räumen der Schule in Saint-Cloud, in privater Umgebung. Manche Gruppen und Grüppchen sind über ein Jahr zusammengeblieben, selten länger. Und das, obwohl sich dafür vielfach sehr willige und erfahrene Mitarbeiter engagierten. Der häufige Namenswechsel zeigt die Unstetigkeit. Von 1974 an tauchen folgende Bezeichnungen auf: Neuer Jugendgesprächskreis, Jugendklub, mehrmals Jugendtreff, auch Konfi-Klub, Gruppe Umwelt, Jugendgruppe 1 und 2, Teestube für Schüler und anderes mehr. Erfolgreicher dagegen waren auch hier die Einzelunternehmen: ein Krippenspiel, ein Jugendgottesdienst, ein gemeinsames Wochenende im CVJM-Heim in Melun oder eine Fahrt nach Taizé – so häufig zu der Zeit der beiden Pfarrer Kusch und Eichholz, aber auch später.

Schließlich die *Arbeit mit alten Menschen.* Die »Junggebliebenen« nennt sich heute ihr Kreis, der sich in vierzehntägigem Rhythmus trifft. Die »Unsterblichen« sagt ein Herr, der mit den anderen zusammen alt geworden ist. Manche sprechen noch heute vom »Damenkreis«, denn so hat er vor Jahrzehnten geheißen, als alle noch jünger waren. Damit ist einiges über die Zusammensetzung gesagt. Die meisten gehören seit langem zur Gemeinde, nur sind sie im Laufe der Jahre weniger geworden. Die einen sind nach Deutschland zurückgekehrt, und die anderen leben nicht mehr. Neue stoßen kaum dazu. Woher auch? Soviele Ältere gibt es nicht, die dafür in Frage kämen. Das Deutsche Sozialwerk erreicht mit seiner eigenen Altenarbeit einige Menschen mehr. Doch insgesamt gibt es nicht allzu viele Senioren.

---

halb der Pfarrerwohnung, mit einem kleinen Altar, eigener Liturgie, mit einer jedesmal sorgfältig schriftlich ausgearbeiteten Katechese. In den letzten Jahrzehnten gab es meistens einen festen Stamm von Mitarbeitern, die um 1980 gelegentlich sogar im Gemeindeblatt als »Kinderkirch-Helferkreis« angekündigt wurden.

Insbesondere die Generation derer ist im Aussterben begriffen, die als junge Leute vor dem Krieg aus politischen oder rassischen Gründen nach Frankreich geflohen sind, oder die nach dem Krieg auf der Suche nach Arbeit hierher kamen. Darunter waren unverhältnismäßig viele deutschsprachige Ostmitteleuropäer und Volksdeutsche, vielfach Menschen, die vom Schicksal gebeutelt und zu kantigen und verschrobenen Originalen geworden waren. Jeder Pfarrer kann lange, bedrückende, manchmal auch heitere Geschichten von solchen Frauen und Männern erzählen. Viele waren von Haus aus gar nicht evangelisch und kamen trotzdem, auch zum Gottesdienst. Doch eines Tages blieben sie weg, weil sie die langen Wege zur Kirche und die hohen Treppen in der Metro nicht mehr schafften. Über Jahre hat es einen Besuchsdienst gegeben, und es gibt ihn in einzelnen Fällen noch heute. Fast immer waren es Frauen, die sich ihre Fürsorglichkeit viel Zeit, viel Geduld, oft auch viel eigenes Geld kosten ließen, ohne es an die große Glocke zu hängen.[40]

Die beiden Säulen: Frauen und junge Erwachsene

Zurück zu den obengenannten Säulen der Gemeindearbeit, den Gruppen der jungen Erwachsenen und – zunächst – zu den *Frauen*. Ich kann mich kurz fassen, weil Almuth von der Recke darüber ausführlich im nächsten Beitrag berichtet. Auch in Deutschland bilden die Frauen vielfach das Rückgrat der Gemeinde, in Paris ist das verstärkt der Fall. Frauen suchen die Gemeinde, weil ihre Männer für ein paar Jahre nach Frankreich versetzt werden und die Frauen keine Chance haben, in dieser Zeit selbst berufstätig zu werden. Die Männer stehen auf kräftezehrenden, verantwortlichen Posten, die Kinder haben weite Wege zur Schule, zum Reiten und zum Zahnarzt. Die Frauen müssen das Ganze managen. Sie wohnen weit draußen auf der grünen Wiese, haben oft kaum die Chance französisch zu lernen, und bekommen darüber nicht selten Depressionen.

Anders steht es bei den Frauen, die seit Jahrzehnten im Lande verheiratet und mehr oder weniger in die französische Gesellschaft integriert sind. Oft fällt es in Zeiten, wenn die Kinder aus dem Haus gehen oder die Ehe in die Krise gerät, daß sich diese Frauen auf die Suche nach den eigenen Wurzeln begeben und auf die deutsche Kirche stoßen. Aber es können auch ganz andere Gründe dazu führen, daß sie sich in der Kirche engagieren und zwar langfristig, im Gegensatz zu den erstgenannten Frauen, die nur vorübergehend in Frankreich sind.

Die Namen wechselten, man sprach von »Frauenkreis«, »Teestube«, »Damenkreis« oder »Freundeskreis«. Sie tagten wöchentlich, vierzehntäglich oder monatlich, sie hatten ein festes Programm oder bevorzugten das offene Gespräch. Sie übernahmen praktische Aufgaben oder unternahmen gemeinsame Besichtigungen. Dieser Zweig der Gemeindearbeit spielte immer eine wichtige Rolle. Vor 30 Jahren arbeiteten – natürlich – »Frau Botschafter Klaiber und Frau Gesandte Knocke« verantwort-

---

40 Eine regelmäßige Altenarbeit scheint es erst seit den Siebzigerjahren zu geben unter maßgeblicher Beteiligung von Anna Magdalena Rohrbach, Heidi Magdalena, Ruth Guthman und Ursula Strobel. Dazu gehörten Ausflüge, Adventsfeiern sowie der Besuchsdienst – lange Zeit zusammen mit der katholischen Kirche. Über viele Jahre gab es die Einladung für Alleinstehende am Heiligen Abend, die oft – wie Pfarrer Kusch seufzend eingesteht – auf Kosten der eigenen Familie ging.

40. Junge Gemeinde 1957.
Von links: Ernst Haberland,
Guido Vogelgesang,
Jean Krentz, unbekannt,
Wilhelm Reisinger

lich mit. Oft fiel die Verantwortung selbstverständlich der Pfarrfrau zu.[41] Heute sind z.B. der Literatur- und der Museumskreis fast reine Frauengruppen, die sich tagsüber treffen, wenn Kinder und Männer außer Haus sind. Bei allen praktischen Aufgaben in der Gemeinde fällt den Frauen die Hauptlast zu, ob es um das Vorbereiten des Gemeindeessens geht, um Besuche bei Bettlägerigen, um die kunsthandwerklichen Vorarbeiten für den Basar oder das Kränzebinden.[42]

Die jungen Erwachsenen. Besonders zahlreich waren in Paris fast zu allen Zeiten junge Leute, die ihren Horizont erweitern wollten oder Arbeit suchten. Schon vor dem 1. Weltkrieg gab es spezielle evangelische Heime für junge berufstätige Deutsche, etwa das Doppelheim für Erzieherinnen und Mägde, das Arbeits- und das Kellnerheim. Nach dem Zweiten Weltkrieg blieben viele entlassene Kriegsgefangene in Frankreich. Hier gab es Arbeit. Andere junge Menschen kamen direkt aus Deutschland, häufig Vertriebene oder Zonenflüchtlinge. Sie kamen mit dem Gesellenbrief in

---

41 Vor Jahren ist ein Bewerber um die Pfarrstelle aus Deutschland abgelehnt worden, weil seine Frau Französin war. Die Frauen der Gemeinde fürchteten, diese könne ihre Situation zu wenig nachempfinden und würde sich nicht genug für sie einsetzen. Auch von meiner Frau – obwohl Theologin – erwartete man zunächst, daß sie sich praktisch als Pfarrfrau bewähre.

42 Siehe dazu das nächste Kapitel. Neben den Gruppen, die oft ganzjährig den Weihnachtsbasar und den Verkauf von Osterschmuck vorbereiten, gab es vor fünf Jahren einen sehr beliebten Blumensteckkurs mit dem Zivildienstleistenden Andreas Korte.

der Hand, sie waren bereit, jede Arbeit zu tun. Auch Dienstmädchen waren wieder gefragt. Später kamen die ersten Studenten und akademischen Berufsanfänger.[43]

In einer aus verständlichen Gründen mißtrauischen, gar feindseligen Umgebung suchten sie untereinander Kontakt. Sie fanden ihn im Haus der CLAIR in der Rue de Poissy, in den Gemeindehäusern von L'Ascension, Saint-Marcel und später der Christuskirche, wo immer die Gemeinde gerade zu Hause war. Und sie waren wirklich offen für kirchliche Fragen, nachdem die nationalsozialistische Ideologie wie eine Seifenblase zerplatzt war. Im Abschnitt über die Gottesdienste ist einiges dazu vorweggenommen worden.

Damals war die große Zeit der »Jugendarbeit«, wie man sagte, obwohl es sich in Paris ausnahmslos um junge Erwachsene handelte. Und es war wieder die große Zeit der Bünde, z.B. des CVJM, aber da man den Pariser UCJG oder kurz »Y« für zu weltlich hielt, gründete man den eigenen CVJM unter dem maßgeblichen Einfluß von Jean Krentz.[44] Jeden Mittwoch um 21.00 Uhr kam der »Jugendkreis« zusammen. Die gemeinsame Bibelarbeit stand im Zentrum. Im übrigen schätzte man praktische und gesellige Aktivitäten. So machte man sich nützlich bei der Instandsetzung des Ausflugheimes von Bellevue. Viele Jahre lang wurden Weihnachtsspiele liebevoll vorbereitet und dargeboten, teilweise waren bis zu vierzig junge Leute beteiligt. Sogar auswärts gastierte man, z.B. in Douai. Daneben wurde Theater gespielt. Eines der Schauspiele hieß das »Bauernfrühstück«, ein anderes »Die heiratslustige Witwe oder Christopherus«. Auch im Kirchenchor, den Herr Krentz leitete, versammelten sich überwiegend junge Leute. Und im Anschluß traf man sich im »Palmier« an der Place Blanche zu einem Bier.

Ende der Fünfzigerjahre änderte sich die Zusammensetzung der Gruppe. Man nannte sich jetzt »Junge Gemeinde«. Der neue Name deutete auf einen neuen Stil.[45] Man traf sich jeden Donnerstag abend unter der Leitung von Pastor Dahlkötter zu anspruchsvollen Themen, etwa: »Die Bibel als Buch, das Geschichte macht«, »Das zweite vatikanische Konzil«, »Freiheit und Überlieferung«. Dazu kamen gelegentlich bekannte Referenten, wie General Graf Baudissin, der Jesuit Professor Marlet, Legationsrat Dr. Mertes oder Albert Preuß, der Leiter des Deutschen Sozialwerks, der über die Gewerkschaftsbewegung sprach. Pastor Leser setzte diesen Stil fort. Als Karl Barth nach Paris kam, lud Leser seinen ehemaligen theologischen Lehrer aus Basel in die Junge Gemeinde ein, damit er seine Theologie vorstelle. Père Cocagnac, O.P., trug seine Chansons Bibliques vor. Für das Jahr 1967 wird u.a. der damalige Justizminister Gustav Heinemann als Referent genannt. Darüberhinaus wurden gemeinsame Sonntagsausflüge und Theaterbesuche gemacht, mehrere Fahrten führten nach Taizé.

---

43 Auch Pfarrer Leser war in den Jahren 1951/52 für zwei Gastsemester nach Paris gekommen.
44 Der »Christliche Verein Junger Männer« (heute: »junger Menschen«) ist 1855 in Paris gegründet worden und ist weltweit der größte christliche Jugendbund protestantischer Prägung. Auf französisch heißt er: »Union Chrétienne des Jeunes Gens« (UCJG); auf englisch: »Young Men Christian Association« (YMCA).
45 Der Name wurde bewußt aus der kirchlichen Arbeit der damals jungen DDR übernommen. Nicht wenige junge Leute kamen von dort und empfanden die Diasporasituation auch in Paris. Näheres in der deutschsprachigen Festschrift zum 10-jährigen Jubiläum des CVJM 1961.

Die Mai-Ereignisse in Paris von 1968 haben keine Spuren in den erhaltenen Gemeindedokumenten hinterlassen.[46] Erkennbar ist nur, daß die Junge Gemeinde in die Krise geriet. Das Konzept, das mit diesem Namen verbunden war, paßte nicht mehr. Im Herbst des Jahres ist – vorübergehend – ein neuer Name im Gespräch: »Offener Abend für junge Menschen«. In einem Brief klagt Pfarrer Leser, daß es keine Equipe mehr gebe, die sich für diese Arbeit verantwortlich wisse. Im Jahr darauf stand der ganze Arbeitsbereich zur Diskussion, weil die Teilnahme zu wünschen übrig ließ. Aber es ging weiter, zum Teil im Foyer le Pont, doch auch in der Rue Blanche, wieder unter dem alten Namen Junge Gemeinde. Jetzt traf man sich am Sonntagnachmittag. Ab 1973 ist allerdings in den Jahresberichten keine Rede mehr davon. Studenten, Praktikanten, Au-Pair-Mädchen gab es sicher weiter in der Gemeinde, z.B. im Gottesdienst. Die Bemühungen aber konzentrierten sich in der Rue Blanche wie im Westen stärker auf die Jüngeren, die Jugendlichen.

Von der Mitte der Achtzigerjahre an gibt es wieder regelmäßig einen Kreis für Au-Pairs und junge Erwachsene – jeden Dienstagabend, immer vom Oktober bis zum frühen Sommer.[47] Jedes Jahr wird der Kreis sozusagen neu gegründet, weil nach den Sommerferien oft niemand von der alten Garde mehr in Paris ist. Erstaunlicherweise gibt es im Herbst wieder einen neuen, vollständigen Kreis, der sich aber meist in Größe und Zusammensetzung stark verändert hat. Einmal sind eher biblische Themen gefragt, ein andermal mehr die praktischen; einmal wird Wert gelegt auf ein festes Programm, ein andermal auf unverbindliche Treffen. Verantwortlich für diesen Kreis ist Almuth von der Recke, oft gemeinsam mit Praktikanten oder Vikaren. Seit dem Sommer 1990 macht sich gerade in dieser Altersgruppe der Zustrom aus den neuen Bundesländern bemerkbar. Es kommen junge Leute, von denen die meisten ein viel ausgeprägteres Selbstbewußtsein als Christen haben. Sie kommen ja aus einer Gesellschaft, wo es eine bewußte Entscheidung voraussetzte, zur Kirche zu gehören.

In demselben Jahr 1990 sammelte sich selbständig eine weitere Gruppe, die sich »Geistliches Gespräch für junge Erwachsene » nannte (heute: »Gespräch für junge Erwachsene«). Sie unterscheidet sich von der oben dargestellten Gruppe dadurch, daß die meisten Teilnehmer etwas älter sind (25–30 Jahre), daß sie – wenigstens zum Teil – länger als ein Jahr in Paris bleiben und daß es sich vielfach um junge Berufstätige und Doktoranden handelt. Sie konzentrieren sich eindeutig auf biblische, spirituelle und sozialethische Themen, zu denen sie gelegentlich Referenten ins Haus bitten. Mehrfach hat sich dieser Kreis in gesellschaftspolitischen Fragen engagiert. Unterschriftenaktionen für Gefangene in Ländern der Dritten Welt oder gegen die Fremdenfeindlichkeit in Europa wurden gestartet.[48] Die Suche nach Formen geistlichen Lebens spielt eine wesentliche Rolle. Wie es für junge Leute typisch ist, wird

---

46 Nach Aussagen von Ernst-H. Wirths, damals Vikar, bestand eine gewisse Scheu, die akuten politischen Unruhen zum Thema zu machen. Als Deutsche war man doppelt zurückhaltend. Einer der Wortführer der Pariser Ereignisse war immerhin Daniel Cohn-Bendit, und die Berliner Studentenunruhen waren vorausgegangen. Im übrigen ruhte die Gemeindearbeit weitgehend, weil der öffentliche Verkehr wochenlang lahm gelegt war. Wirths berichtet, wie er als Schaulustiger in eine Polizeisperre geriet, festgenommen und übel malträtiert wurde. Zeugen behaupten allerdings, daß er eine gewisse äußere Ähnlichkeit mit Cohn-Bendit gehabt habe.
47 Der erste ausgesprochene Au-pair-Kreis nach dem Krieg wurde 1959 gegründet.
48 Die Erklärung gegen die Fremdenfeindlichkeit 1992 wurde in Zusammenarbeit mit dem Kirchenvorstand zu einer Erklärung der ganzen Gemeinde.

ein solcher Kreis schnell zum Freundeskreis, die Freizeit wird gemeinsam gestaltet, Partnerschaften bilden sich und gehen unter Schmerzen auseinander. Immer gehören auch Franzosen und katholische Christen dazu.

Bibel, Gebet und Geistliches Gespräch

Bei der Pariser Gemeindearbeit könnte man noch von einer dritten Säule sprechen, den Gruppen und Kreisen, die sich auf die Fragen des christlichen Glaubens konzentrieren. Sie lesen zusammen die Bibel, ihnen ist ein Stück gemeinsamen geistlichen Lebens wichtig, z.B. das Gebet, oder sie versuchen, sich miteinander Rechenschaft über ihren Glauben zu geben. Größtenteils – wenn auch nicht ausschließlich – sind es natürlich dieselben wie oben, die sich da treffen, nämlich die jungen Erwachsenen und die Frauen. Wenn ich jetzt diese dritte Säule charakterisiere, dann ändere ich gleichzeitig die Fragestellung. Bisher wurde gefragt: *Wer* trifft sich? Jetzt lautet die Frage: *Was* beschäftigt sie gemeinsam? In diesem Fall ist es der christliche Glaube.

Eine klassische Form für die theologische Information ist der *Vortrag*. Ein kompetenter Redner, der möglichst einen illustren, also attraktiven Namen hat, wird eingeladen. Er trägt vor. Nachher können Fragen gestellt werden und vielleicht wird sogar diskutiert. Dieses kann sich mit einer gewissen Regelmäßigkeit wiederholen, aber es setzt keinen geschlossenen Kreis voraus. In den Sechziger- und Siebzigerjahren war diese Form in der Christuskirche offensichtlich beliebt, und viele der eingeladenen Referenten hatten damals Rang und Namen. Pfarrer Leser hatte auch die französische Öffentlichkeit im Blick, er arbeitete gelegentlich mit der Kulturabteilung der Deutschen Botschaft zusammen. Als er 1964 zu einer Evangelischen Woche einlud, lautete das Thema »Das ewige Leben«. Der Rundfunkpfarrer aus Baden-Baden, Rudolf Bösinger, sprach an drei Abenden über die Themen »Tod und Leben, Gericht und Gnade, die Welt und ihr Vollender«. 1966 wurde, unter Mithilfe von Professor Alfred Grosser, Landesbischof Hanns Lilje in die Aula der Sorbonne eingeladen und sprach über »Chancen der Kirche«. Zum Reformationsfest 1967 kam Dr. Gustav Heinemann, zu jener Zeit Bundesminister für Justiz. Sein Thema: »Die gesellschaftliche Bedeutung der Reformation«. Martin Niemöller, damals einer der Präsidenten des Ökumenischen Rates, sprach im März 1968 über die Aufgaben der »Weltchristenheit heute«. Der Verfassungsrichter und spätere Kirchentagspräsident Helmut Simon berichtete im selben Jahr über die Tagung des Weltkirchenrates in Uppsala. Andere Referenten waren die Theologen Jürgen Moltmann aus Tübingen, Gerhard Gloege aus Bonn und André Dumas aus Paris. In dieser Tradition standen auch die Vorträge und Podiumsgespräche, die eine Zeitlang zum Reformationsfest veranstaltet wurden, zum Beispiel 1979 mit Professor Krause aus Bonn über »Reformation und Weltverantwortung« und 1981 zum Thema: »Jugend zwischen Anspruch und Zukunftsangst«. Zur Zeit von Pfarrer Berger kamen häufig deutsche Landesbischöfe, predigten und standen nach dem Gottesdienst der Gemeinde zu aktuellen Fragen Rede und Antwort.[49]

---

49 Siehe dazu oben unter Besondere Gottesdienste S. 257–261.

41. Pfarrerehepaar Dr. Georg Eichholz und Frau Miriam (1984)

Informationen sind auch gefragt, spielen aber nur eine Neben- oder gar untergeordnete Rolle bei der Form von Veranstaltungen, die als *Bibelstunde, Theologischer Arbeitskreis* oder als *Gesprächskreis* angekündigt werden. Der Austausch von Meinungen und Erfahrungen, die Diskussion, die gegenseitige Bereicherung stehen im Vordergrund. Gleichzeitig wird die menschliche Nähe gesucht, andere Christen, denen man sich anvertrauen, ja mit denen man Freundschaft schließen kann. Dieses Bedürfnis ist gerade im Umkreis einer Millionenstadt stark. Tee und Gebäck werden angeboten, zum Geburtstag wird vielleicht eine Flasche Champagner mitgebracht, viele, manchmal alle, gehen zum *Du* über. Einen besonderen Charme kann eine solche Zusammenkunft als Hauskreis bekommen. Das war meistens im Westen der Fall, weil andere Räume kaum zur Verfügung standen, etwa in der Pfarrerwohnung von Dr. Eichholz in Bailly. Allerdings – je persönlicher es wird, um so schwerer wird es für einen neugierigen Interessenten, sich unverbindlich ein Bild zu machen.

»Brunnenstube« der Gemeinde nannte Pastor Berger die Bibelstunde, die er sieben Jahre lang donnerstags um 21.00 Uhr hielt. Er hat in dieser Zeit die Bibel vom 1. bis zum 5. Buch Mose Kapitel um Kapitel durchgearbeitet, zusammen mit 10–15 regelmäßigen Teilnehmern. Ein anderes Konzept hat Dr. Eichholz mit seinen »Gesprächsabenden im Pfarrhaus Bailly« verfolgt. Jeder Abend stand unter einem eigenen, vorher angekündigten Thema, das oft – wenn auch nicht immer – zu Auseinandersetzungen mit christlichen Fragen einlud: »Islam und Christentum – der Gott Abrahams und der gekreuzigte Jesus«, so hieß ein Thema, ein anderes »Unser Verhältnis zu den Juden – vom Prozeß Jesu zum Holocaust« oder »Glaube und schlechtes Gewissen – der Christ zu der Friedensfrage«. Und noch ein Beispiel: »Gemeinde im Ausland – Volkskirche auf Missionsposten?«. Im Haus der Familie von Dr. Marschner in Buc oder ab 1991 bei dem Ehepaar Dr. Babel ist dieser Kreis als »ökumenischer Hauskreis« fortgesetzt worden. Hier waren und sind übergreifende Themen die Regel, etwa die Lektüre biblischer Schriften oder auch die Beschäftigung mit interkonfessionellen und interreligiösen Fragen.

Seit 1985 trifft sich zweimal im Monat in der Rue Blanche ein theologischer Gesprächskreis, der lange den Namen »*ABC des Glaubens*« führte. Aus dem Kreis der Teilnehmer berichten Erlgard Gaume und Dr. Friederike Vuagnat:

»Zu diesem theologischen Gesprächskreis sind alle eingeladen, gleich welcher Nationalität oder Glaubensgemeinschaft, wenn sie nur einigermaßen deutsch sprechen. Der Name hört sich etwas schulmäßig an, aber die Teilnehmer dürfen nicht als ABC-Schützen angesehen werden, die hier die Möglichkeit wahrnehmen, den Religionsunterricht aus der Schule oder den Konfirmandenunterricht fortzusetzen oder nachzuholen.

Meist ist es ein gutes Dutzend Teilnehmer, die sich um den großen Tisch im unteren Gemeindesaal versammeln. Einige sind von Anfang mit Eifer und Begeisterung dabei, manche kommen nur vorübergehend, was oft durch ihren begrenzten Aufenthalt in Paris bedingt ist. Dieses Kommen und Gehen ist ja für uns als Auslandsgemeinde typisch.

Alle Mitglieder nehmen an der Wahl der Themen teil. Neben altvertrauten Texten der Bibel, mit denen man wieder neu Bekanntschaft machen will, wie den Zehn Geboten oder den Geschichten der Erzväter, werden oft Bücher vorgeschlagen, zu denen ein allein auf sich gestellter Leser nicht so leicht Zugang findet, wie Hiob, der Prophet Amos oder die Offenbarung des Johannes.

Bei der Behandlung der Themen gibt es keine vorgezeichnete Linie, auf die man festgelegt wird. Es erweist sich auch nicht immer als notwendig, jeden Text vollständig zu lesen, sondern es genügt, sich auf die wesentlichen, Stellen zu konzentrieren. Pfarrer von der Recke leitet nach sorgfältiger Vorbereitung und mit vielen neuen, interessanten Gedanken das gewählte Thema ein. Nun ist es jedoch nicht so, daß die Anwesenden nur interessierte Zuhörer des vortragenden Pfarrers wären. Im Gegenteil, alle sind eingeladen, sich aktiv zu beteiligen. Es herrscht volle Freiheit für jeden, persönliche Gedanken einzubringen, und so kommt es fast immer zu einem sehr lebendigen Austausch. Von der biblischen Botschaft ausgehend, kommen konkrete Lebensfragen und Persönliches zur Sprache. Im Mittelpunkt steht die Erfahrung mit dem Glauben, mit Menschen, mit Ereignissen. Das, was wir in der Bibel lesen, soll auf unser tägliches Leben ausstrahlen. Da kann es schon vorkommen, daß Teilnehmer immer mehr abschweifen und das eigentliche Thema aus den Augen verlieren, aber durch eine behutsame Gesprächsführung wird die Gruppe wieder auf den ›richtigen‹ Weg zurückgeführt: die verschiedenen Gesichtspunkte, die beim Gespräch entstehen können, werden untermauert, erweitert oder auch widerlegt.

Einige der gewählten Themen sind besonders zu erwähnen. Von den Evangelien wurde das älteste, das Markusevangelium, behandelt, allerdings mit vergleichenden Blicken auf die anderen Evangelien, wobei die Synopse nicht nur als aufschlußreich, sondern auch als sehr anregend erwies. Von den Apostelbriefen kam auch der älteste, der 1. Brief des Paulus an die Thessalonicher, zur Sprache. Dieses Vorgehen erwies sich als fruchtbar und belebend, geht es doch bei den angeführten Beispielen meistens um die gleichen Fragen, die in jedem Zeitalter neu gestellt werden. Die Texte konnten auf diese Weise besser in ihrem historischen und religiösen Umfeld verstanden werden, nicht ohne Ausblicke auf unsere heutige Welt. So wurde manche Aussage aus der Bibel neu erlebt.

Das gab dann Anlaß, auf andere Themen überzugehen und die Sakramente sowie die Zehn Gebote unter neuen, bereichernden und vertiefenden Gesichtspunkten zu studieren. Aber nicht nur biblische Themen stehen auf dem Programm. Wir wollen uns auch mit der Welt auseinandersetzen, in der wir hier und heute leben, mit unserer pluralistischen Gesellschaft. So wurde beschlossen, sich über den Islam zu informieren. Dabei wurde versucht, möglichst viele Aspekte dieser wichtigen Weltreligion zu beleuchten, auch Moslems kamen zu Wort. Und da hat die Gruppe auch einmal die schützenden Mauern der Rue Blanche verlassen, um zum Abschluß des Themas den Islam in der Pariser Moschee sozusagen ›aus erster Hand‹ zu erleben.

Es werden auch aktuelle Themen aufgegriffen, die uns dann einen Abend lang beschäftigen, wie jüngst die Enzyklika des Papstes ›Splendor Veritatis‹ oder ein Vortrag vor der Synode der EKD im November 1993 von Prof. Peter Berger aus den USA zum Thema: ›Keine Angst vor Pluralismus in der Kirche‹.

Ein ganzes Jahr wurde der Offenbarung des Johannes gewidmet. Die Auseinandersetzung mit den vielfältigen Themen und Texten ermutigte auch den Schüchternsten unter uns, seine Meinung zu äußern, so daß wir es schließlich wagten, dieses schwierige letzte Buch der Bibel zu lesen, diesmal vom Anfang bis zum Schluß. Ohne sachkundige Hilfe wären wir in der Fülle der Symbole, der Gleichnisse und Bilder steckengeblieben. So aber kamen wir glücklich ans Ziel: die Offenbarung ist eben mehr als eine Vision vom Weltende!«

42. Pfarrerehepaar Almuth und Wilhelm von der Recke (um 1990)

Das theologische Gespräch wird weitergeführt, ein Ende ist vorläufig nicht abzusehen, immer neue Fragen kommen auf, der Stoff ist unerschöpflich. Inzwischen ist der Gesprächskreis zum Freundeskreis geworden, jeder neue Teilnehmer ist willkommen.«[50]

In diesem Zusammenhang ist schließlich noch der *Gebetskreis* zu nennen, der sich seit ein paar Jahren jede Woche am frühen Abend im Gemeindehaus trifft. Die Teilnehmer essen gemeinsam zu Abend, dann wird die Tageslesung bedacht, aber im Zentrum steht das gemeinsame Beten: »Das Gebet miteinander – füreinander – und für andere«. Gerade von schwergeprüften und kranken Menschen aus der Gemeinde wird dieser stellvertretende Dienst dankbar aufgenommen. Sie wissen sich einbezogen und mitgetragen. Übrigens ist dies ein Kreis aus eigener Initiative und ohne die Beteiligung der Pfarrer, die meisten sind Frauen.

Der Konfirmandenunterricht

Zu der Gemeinde der Gruppen und Kreise ist auch der Konfirmandenunterricht zu rechnen.[51] Wenn die Konfirmanden zu Beginn gefragt werden, was sie sich vom Un-

---

50 Im Laufe der Jahrzehnte hat es weitere Kreise dieser Art gegeben, die zum Teil nur vorübergehend existierten, zum Beispiel den Theologischen Arbeitskreis 1968, der monatlich in den Räumen der DSP tagte, und das ökumenische Bibelgespräch, das gemeinsam von den Pfarrern Seyler und Kusch geleitet wurde.
51 Regelmäßigen Erwachsenenunterricht in Gruppen hat es – soweit ich es übersehe – nur unmittelbar nach dem Krieg zur Zeit der Schwedischen Israelmission gegeben. Pfarrer de Beaulieu berichtet, wie er

terricht versprechen, nennen sie an erster Stelle »Gemeinschaft«. Erst dann folgt der Wunsch, mehr über Gott, den christlichen Glauben oder die Bibel zu erfahren. Gemeinschaft ja, aber Gemeinde? Was dieser Unterricht mit Gemeinde, oder gar mit Kirche zu tun hat, ist heute schwer zu vermitteln, erst recht in unserer Auslandssituation.

Wir erleben den Konfirmandenunterricht als einen der schönsten und fruchtbarsten Arbeitsbereiche der Gemeinde. Ganz einfach ist er nicht. Er hat mit mehreren situationsbedingten Schwierigkeiten zu rechnen. Dazu gehören die weiten Entfernungen und die unterschiedliche Verweildauer der Familien in Frankreich.[52] Es ist schwer, eine Gruppe länger als ein Jahr einigermaßen geschlossen zusammenzuhalten. Weiter gehören dazu die unterschiedlichen Voraussetzungen, die die Kinder mitbringen. Wer auf die deutsche Schule geht oder auf eine katholische Privatschule, wer immerhin Erfahrung aus der Kinderarbeit oder von den »Scouts« in einer örtlichen reformierten Gemeinde mitbringt, der weiß mehr über Bibel und Kirche als andere, die zum ersten Mal in einen kontinuierlichen Kontakt mit der Kirche treten. Das sind manchmal ein Drittel der Jugendlichen. Und mindestens ebenso viele – wenn auch nicht immer dieselben – sprechen besser französisch als deutsch.[53] Manche haben Schwierigkeiten, dem Unterricht zu folgen. Wie tief wird der Eindruck sein, den sie bekommen? Welche religiösen Erfahrungen können sie so wirklich gewinnen?

In dieser schwierigen Ausgangssituation muß man experimentieren. Man muß immer wieder neu ausprobieren, mit welcher Form des Unterrichts die günstigsten Ergebnisse erzielt werden. Grob eingeteilt kann man zwei Modelle unterscheiden:

Erstens: der Unterricht folgt den Jugendlichen, er reist ihnen nach. Exemplarisch deutlich war dies zur Zeit der CLAIR nach dem Krieg, als über ganz Frankreich ein kirchliches Versorgungsnetz gespannt war, das von einem halben Dutzend deutschsprachiger Pfarrer betreut wurde. Für weit abliegende Außenposten gab es Fernunterricht, der Pfarrer kam alle Vierteljahre oder seltener zu den ein, zwei oder drei Kindern. In der Zwischenzeit bekamen sie Lesestoff und hatten per Korrespondenz Rechenschaft über ihre Lernfortschritte abzulegen. Pfarrer Martin Wilhelm hat so von Paris aus viele seiner Konfirmanden betreut.

---

jeden Freitag Taufunterricht für Erwachsene erteilt habe. In drei Jahren seien auf diese Weise 14 deutschsprachige Juden auf die Taufe vorbereitet worden. – Erwähnt sei immerhin, daß fast ständig einzelne junge Erwachsene zum Gespräch über den christlichen Glauben ins Pfarrhaus kommen. Meistens sind sie getauft, aber haben die Konfirmation verpaßt. In vielen Fällen ist die bevorstehende Trauung der Anlaß.

52 Zur Zeit kommt ein Junge regelmäßig aus einer Entfernung von 80 km. 15–30 km dürfte für die Jugendlichen der Durchschnitt sein.

53 In manchen Fällen sind beide Eltern Deutsche, aber die Kinder orientieren sich an ihrer französischen Umgebung, zumal an der Schule. Dann sprechen die Eltern deutsch, auch mit den Kindern, aber diese antworten auf französisch. Bei mehreren Geschwistern verstärkt sich dieser Effekt. In anderen Fällen ist zum Beispiel die Mutter Deutsche. Zu den wenigen Dingen, die sie aus der eigenen Vergangenheit und Kultur den Kindern weitergeben möchten, gehört vielfach die Religion. Dies soll möglichst in der eigenen Muttersprache geschehen, nicht in der des Kindes. Eine tragische Konstellation. Die religiöse Welt baut sich gerade aus vorsprachlichen und muttersprachlichen Elementen auf. Deshalb fällt es ja den deutschen Eltern selbst so schwer, den Weg in eine französische Gemeinde zu finden. Wenn diese Kinder zu uns gebracht werden, sind die Weichen meistens längst gestellt. – Zu dieser Fragestellung äußert sich Friedrich von Bodelschwingh in Schifflein Christi, Nr. 9, 1864 Seite 139; der Text ist teilweise zitiert oben auf Seite 51–52; 234, Anm. 5.

Die Pfarrer Leser und Berger gingen von einem ähnlichen Modell aus. Der Unterricht wurde in der Deutschen Schule erteilt und zwar so, daß er in der 7. und 8. Klasse mit dem evangelischen Religionsunterricht zusammenfiel. Die übrigen Kinder – soweit sie nicht in unmittelbarer Reichweite der Gemeinde wohnten – wurden besucht. Sie bekamen Hausunterricht. Auch deshalb wurden aus Deutschland Vikare erbeten. Zeitweise gab es 2–3 Vikare gleichzeitig, die schwerpunktmäßig Konfirmandenunterricht und dann auch Religionsunterricht in verschiedenen Schulen gaben, nicht nur in der 7. und 8. Klasse. Über die Effektivität dieses Konfirmandenunterrichts machten sich die Betroffenen nicht zu viele Illusionen. Immerhin lernten die angehenden Pfarrer gründlich die Ile-de-France kennen und freuten sich über manches gute Essen, das ihnen nach einem langen Anweg aufgetischt wurde.

Eine Folge dieser Entwicklung war, daß die Vikare unersetzlich wurden. So wurde diese Arbeit fortgesetzt durch einen eigenen Pfarrer im Westen. Der Konfirmandenunterricht wurde damit tatsächlich gemeindenäher, aber die Gemeinde zweigeteilt. Unterrichtet wurde meistens in gemieteten kirchlichen Räumen, in Ville d'Avray, im Martin-Luther-King-Haus in Le-Chesnay und in La-Celle-Saint-Cloud, d.h. überwiegend im Einzugsbereich der Deutschen Schule sowie der Schulen in Buc und in Saint-Germain-en-Laye. In der Christuskirche wurde dagegen der Unterricht für alle übrigen erteilt. Dieser erstreckte sich, wie in Deutschland vielfach üblich, über fast zwei Jahre. Im Westen wurde zuletzt sonnabends im vierzehntäglichen Rhythmus unterrichtet. Im Anschluß an die Konfirmandenstunde lud der Pfarrer zu einem frei gestalteten Gottesdienst ein, der auf die Jugendlichen abgestimmt war, und in dem sie nach Möglichkeit mitwirkten. Da die meisten von ihren Eltern abgeholt werden mußten, konnten auch diese ohne zusätzlichen Aufwand daran teilnehmen.[54]

Der Vorteil dieses Modells für den Konfirmandenunterricht liegt auf der Hand. Er berücksichtigt stärker die Situation der Jugendlichen, die geographische wie auch die Lebenssituation. Der Nachteil ist, daß es kein wirklich kirchlicher Unterricht ist. Es wird kaum eine Verbindung zur vorhandenen Gemeinde hergestellt. Auch in La-Celle-Saint-Cloud handelte es sich um einen eher künstlichen Ausschnitt aus der Gemeindewirklichkeit. Manche Jugendlichen und ihre Eltern betraten die eigene Kirche in Paris erst aus Anlaß der Konfirmation.

Zweitens: dies war der wesentliche Grund dafür, daß vor fast 10 Jahren der Unterricht ganz nach Paris verlegt worden ist. Der Unterricht sollte gemeindebezogen werden. Die Konfirmanden bekommen ein Verhältnis zum eigenen Haus, »zu unserer Kirche«. Sie können sich freier bewegen. Sie erleben auch mehr von dem, was sonst im Haus und in der Gemeinde geschieht. Schließlich mischen sie sich besser untereinander. Die Schulen und »die Deutschen« bleiben nicht ständig unter sich. Natürlich gab es gerade in der ersten Zeit Bedenken bei den Eltern: »Die Kinder allein nach Paris und dann noch in die Nähe der Place Blanche – das geht doch nicht!« Die Konfirmanden selbst dagegen finden es aufregend, regelmäßig und möglichst ohne Eltern in

---

54 Die Eltern sind unter den gegebenen Bedingungen sowieso stärker in den Konfirmandenunterricht einbezogen als in Deutschland. Die Teilnahme der Jugendlichen am Unterricht und am Gottesdienst berührt zwangsläufig die Freizeitgestaltung der ganzen Familie. Die meisten Pfarrer haben dieses als Chance begriffen und die Eltern direkt angesprochen, etwa zu Elternabenden. Zur Zeit der Pfarrer Kusch und Eichholz geschah dies häufig in Form von Elterngesprächen in den Häusern dieser oder jener Konfirmandenfamilien.

43. Pastorin Monika Buth

die Stadt zu kommen. Sie fühlen sich ein bißchen erwachsener. Das erhöht zugleich den Reiz des Konfirmandenunterrichtes.

Wegen der weiten Wege wurde und wird der Unterricht auf einen Nachmittag im Monat konzentriert, auf den Samstag von 15.00 – 19.00 Uhr. Dazu gehört eine lange Tee- und Tischtennispause, sowie ein kurzes Abendgebet am Schluß in der Kirche. Dieser Blockunterricht ist für Pfarrer und Kinder ein anstrengendes Unternehmen, aber er hat sich bewährt. Gleichzeitig ist – auch aus den obengenannten Gründen – der Unterricht auf ein Jahr zusammengezogen worden. Er beginnt mit einem gemeinsamen Wochenende im Haus zum Kennenlernen und endet mit einer dreitägigen Freizeit in einem Heim der Umgebung.[55] Das Alter schwankt zwischen 12 und 16 Jahren, die meisten Kinder werden nach wie vor mit etwa 14 Jahren konfirmiert.

Dieses Modell ist sicher nicht der Weisheit letzter Schluß, spätere Pfarrer werden ihre eigenen Erfahrungen sammeln und auswerten. Das Ziel des Unterrichtes kann in diesem Rahmen weder eine breite Wissensvermittlung noch eine Art lebenskundlicher Unterricht sein. Ziel ist vielmehr, mit den jungen Menschen in ein altersgemäßes, offenes Gespräch über religiöse Fragen zu treten, ihnen ein paar Orientierungen zu geben und ihnen so etwas wie eine geistliche »eiserne Ration« zusammenzustellen. Ihnen soll Geschmack am Christsein gemacht werden und zwar in der Gemeinschaft mit anderen.[56]

---

55 Intensive Freizeitarbeit mit den Konfirmanden haben auch unsere Vorgänger getrieben. Auf diese Weise werden Jugendliche, die sonst nur oberflächlich miteinander in Kontakt kommen, zu einer Gruppe zusammengeführt.
56 Dieses Modell des kirchlichen Unterrichtes ist natürlich nicht neu, auch nicht in Paris. Frau Felicitas Großberg berichtet aus den Dreißigerjahren, wie sie jeden Donnerstag – wenn die öffentliche Schule freigab – zum Religions-, Konfirmanden- und Deutschunterricht in die Rue Blanche kam. Kinder, die einen weiteren Anweg hatten, bekamen die Fahrtkosten von der Gemeinde ersetzt und durften bei Dahlgrüns am Mittagstisch teilnehmen.

44. Konfirmation am 19. Juni 1994 um 9.00 Uhr. Von links nach rechts:
Frank Kuntermann, Birgit Storz, Andreas Riebling, Pastor Wilhelm von der Recke, Claudio Bähler, Michael Mackrodt, Philipp Hauser, Lucian Vogt, Michael Musolt, Thomas Heinel, Alexander Koczian, Audrey Voisin, Barbara Bodère, Heike Fenot, Alexandra Voisin (halb verdeckt vorn:), Anna von der Rekke, Erika Badertscher, Pastorin Almuth von der Recke

45. Konfirmation am 19. Juni 1994 um 11.00 Uhr. Untere Reihe von links nach rechts:
Nils Sommerfeldt, Moritz Baron, Mark Hoffmann, Yanna Rabba, Anna-Manon Burchard, Anne Winter, Silke Steinfall, Pastorin Almuth von der Recke. Hintere Reihe: Pastor Wilhelm von der Recke, Frank Winter, Arian van Hülsen, Ole Wilken, Max Raible, Jan Behrendt, Dirk Kruse, Ann-Sophie Frey, Lilly Raible, Swantje Hirsch (verdeckt), Marie-Therese Frank, Julia Hausen, Annette Sturm

Die offene Gemeinde

Basar, Gemeindeessen und Gemeindefahrten

»Basargemeinde« hatte ursprünglich über diesem Kapitel stehen sollen. Diese besondere Gemeindemischung gibt es nicht nur auf dem Basar am 1. Advent, doch sie tritt dort in charakteristischer Weise auf. Natürlich trifft man beim Basar die regelmäßigen Gottesdienstteilnehmer und Gruppenmitglieder. Aber eben auch viele andere, die eher eine lockere, volkskirchliche Bindung an die Gemeinde haben. Sie kommen als Neugierige, als Käufer und als Helfer. Ohne sie wären die Vorarbeiten zum Basar nicht zu leisten. Etwa die Hälfte von über hundert Helfern gehört offiziell nicht zur Gemeinde: Sie sind katholisch, sie sind Franzosen, sie sind kirchlich nicht interessiert oder lassen sich sonst kaum sehen. Aber beim Basar sparen sie weder Zeit noch Kosten, sie mühen sich wirklich ab für die Gemeinde. Ähnlich wie die Helfer setzen sich die Besucher zusammen. Was suchen sie? Sie wollen einmal gucken, sie wollen preisgünstig einkaufen, und sie wollen mehr – sie suchen das Heimatliche, sie suchen das typisch Adventliche, sie suchen auch das Christliche: die vertrauten Adventslieder, die Geschichte vom Einzug Jesu in Jerusalem, Kränze und Kerzen, Weihnachtsstollen und Würstchen mit Kartoffelsalat.

»Wohltätigkeitsbasare« hat es schon in den dreißiger Jahren gegeben, meistens ebenfalls am ersten Adventssonntag. Der jährliche Adventsbasar heute gehört zu den eindrucksvollsten, sicher auch anstrengendsten Veranstaltungen der Gemeinde. Unter Pastor Berger gab es erste, tastende Versuche, zunächst auf ökumenischer Basis und in den Räumen der Deutschen Schule. Ende der siebziger Jahre wurde die Idee wieder aufgenommen, man begann mit einem bescheidenen Basar im eigenen Haus. Schnell entwickelte der Basar seine eigene Dynamik, auch seine eigenen Rituale: Über Monate, manchmal das ganze Jahr über basteln, nähen und gestalten Frauen dafür, sei es im Gemeindehaus, sei es zusammen mit anderen in der eigenen Wohnung. Im Herbst wird dann die ganze Gemeinde mobilisiert, Einkäufe in Deutschland werden organisiert, deutsche Firmen in Paris werden angeschrieben und um Geld oder Sachspenden gebeten.

Am Sonnabend vor dem Totensonntag fahren zwischen 25 und 30 Männer, Frauen und Kinder mit ihren PKWs in den Wald von Rambouillet und schneiden Tannengrün. Die eine hat einen Eintopf vorbereitet, der andere einen Glühwein, die dritte Kuchen und Kaffee. Bei klirrendem Frost oder im Nieselregen wird nach getaner Arbeit gemeinsam gegessen und getrunken. Die ganze folgende Woche über werden im ungeheizten großen Saal Adventskränze gebunden – ungefähr 150 kleinere und 20 größere, die für Kirchen, Hotels und andere Institutionen bestimmt sind. Einige der Frauen haben es beim Binden zu handwerklicher Perfektion gebracht, andere kommen vielleicht nur für ein paar Stunden und schneiden kleine Zweige paßgerecht. Auch dabei spielt das gemeinsame warme Mittagessen eine wichtige kommunikative Rolle.

Gegen Ende der Woche werden dann Kirche und Gemeindehaus geschmückt, den Straßeneingang ziert eine grüne Girlande und ein leuchtender Herrnhuter Stern. Die Feuerwehr hilft mit Tischen aus. Stände werden an jeder freien Stelle im Haus aufgebaut, auch hinten und seitlich in der Kirche. In der Regel gibt es zirka 15 Verkaufsstände für all die selbstgefertigten Kissenbezüge, Decken und Schürzen, für kunstvollen Baumschmuck und Weihnachtsgestecke, für selbstgemachte Marmeladen und Gebäck, für die unterschiedlichsten Industrieartikel, für Weihnachtsstollen, für Weihnachtssterne und Kränze, für Weihnachtskalender und -karten, für alte und neue Bücher, für den Dritte-Welt-Stand und den Flohmarkt, nicht zu vergessen für die Tombola. Natürlich hat der Basar jedes Jahr wieder ein neues Gesicht.

Am Samstag wird – seit ein paar Jahren in der Küche der Botschaft – von freiwilligen Helfern zentnerweise Kartoffelsalat hergestellt. Die Würstchen kommen aus Straßburg, das Bier aus Deutschland, die selbstgemachten Kuchen werden am Sonntag zum Gottesdienst mitgebracht.

Schließlich ist es soweit: der 1. Advent ist da. Es beginnt – wie könnte es anders sein – mit einem großen Gottesdienst in der überfüllten Kirche. Die Kinder ziehen mit brennenden Kerzen ein und zünden von schwankender Leiter aus die erste Kerze am Adventskranz an. Dann werden aus voller Kehle die alten und so vertrauten Choräle gesungen. Nach dem Gottesdienst kommt es erst einmal zu einem völligen Verkehrsstau in der Kirche. Denn inzwischen drängen weitere Besucher von draußen herein, sie kommen direkt zum Basarverkauf. In der Mittagszeit wird ein unterhaltsames Kinderprogramm angeboten: Pantomime oder Zauberkunststücke, ein Märchenzelt oder eine Bastelecke. Beliebt ist auch das Adventsliedersingen am Nachmittag, die Teilnehmer und die eingeladenen Chöre wechseln sich dabei ab.

Wenn dann um 18.00 Uhr das Haus leer ist und nur einige Unermüdliche noch ein bißchen aufräumen, sitzen der Schatzmeister und seine Helfer im Büro und machen Kasse: plusminus 100 000 Francs netto, soviel ist in den letzten Jahren meistens eingenommen worden. Und diese Summe ist auch im Budget eingeplant. Die Pfarrer freuen sich, daß es wieder einmal geschafft ist; sie lassen in Gedanken all die bekannten und die neuen Gesichter Revue passieren. Und sie denken dankbar an die vielen Helfer, die sich wieder mit großer Selbstverständlichkeit eingesetzt haben.

»Es ist gut, daß es die deutsche Gemeinde in Paris gibt, auch wenn ich sie sonst nicht in Anspruch nehme oder mich gar an sie binden will.« Diese Einstellung fällt gerade beim Adventsbasar ins Auge. Trotzdem wäre »Basargemeinde« nicht der richtige Ausdruck. Es klänge herablassend, so als müßten diese Menschen ein schlechtes Gewissen haben, weil sie nur zum Basar oder am Heiligen Abend, zu einem Konzert oder einer Museumsführung kommen. Dieser Ausdruck griffe zu kurz. In diesem Kapitel soll es auch um seelsorgerliche und soziale Aufgaben gehen. Schließlich – handelt es sich dabei wirklich um eine Gemeinde? Haben wir es hier nicht eher mit dem Umfeld der Gemeinde zu tun?

Distanz, manchmal eine skeptische, oft eine freundliche, meistens aber eine abwartende oder einfach gleichgültige Haltung zu Gemeinde und Kirche – das gibt es auch in Deutschland. Dort allerdings trifft man diese Haltung in der Kirche selbst an, die ja noch über Dreiviertel der Bevölkerung einschließt. In der Pariser Situation gehört ein großer Teil dieser Menschen nicht zur deutschen Gemeinde. Sie bilden das Umfeld, vielleicht auch das Vorfeld der Gemeinde. Aus ihm rekrutiert sich nicht nur die Vereinsgemeinde, sondern auch die obengenannte Gottesdienst- und Gruppengemeinde.

Das hat jeder Pfarrer im Blick, deshalb geht er behutsam mit diesen Menschen um. Er will einen guten Eindruck machen, er will werben.[57] Andererseits ist ihm diese abwägende, jegliche Verbindlichkeit scheuende Haltung eine Anfechtung - erst recht innerhalb der Gemeinde. Er ist ja durch sein Amt auf die Kirche als Gemeinschaft bezogen. Er sucht sie zu sammeln, zu mobilisieren und zu motivieren und so den natürlichen Gesetzen der Trägheit entgegenzuwirken. Wie ein roter Faden zieht sich über Jahrzehnte die Mahnung zur Treue, zum Engagement, zum Opfer durch die Predig-

---

57 Eine schwierige Frage ist es, wie man die Haltung der sogenannten Kirchenfernen beurteilen soll. Natürlich lassen sich dazu ernsthafte theologische Anfragen stellen. Aber reicht es, sie einfach zu verurteilen, kann man sie nicht als eine auch mögliche Haltung akzeptieren? Gerade der Protestantismus hat damit jahrhundertealte und keineswegs nur negative Erfahrungen gemacht. Es ist die Haltung einer Mehrheit. Die dritte EKD-Umfrage über die Kirchenmitgliedschaft (»Fremde, Heimat, Kirche« 1993) hat ein überraschend stabiles volkskirchliches Verhalten festgestellt, zum Teil stabiler, als es in den beiden Jahrzehnten zuvor schien.

ten und Gemeindebriefe. »Religion, die beim Einzelnen endet, ist am Ende« so wird Martin Luther King zitiert im Gemeindebrief für den Mai 1969, und ein andermal heißt es: »Christen gibt es nur im Plural«. Allerdings bewegt sich der Pfarrer da auf einem schwierigen Gelände. Es geht – jedem von uns – um die Sache: ohne engagierte Christen gibt es keine Gemeinde, und ohne Gemeinde gibt es nicht wirklich Christen. Aber es geht uns natürlich auch um die berufliche Anerkennung, um den Erfolg.

Wo tritt diese weitere Öffentlichkeit in der Gemeinde sonst in Erscheinung? Zum Beispiel bei den herausragenden Veranstaltungen, die es neben den üblichen gibt, bei den einmaligen Angeboten, die neben die regelmäßigen treten. Das Kirchenjahr hat seine eigenen Höhepunkte. Am 1. Advent und am Heiligen Abend, Ostern und Pfingsten, zur Konfirmation und am Erntedankfest ist die Kirche voller als sonst. Mancher Gastprediger oder Redner zieht einen größeren Kreis von Hörern an, obwohl in Deutschland geläufige Namen hier nicht unbedingt mit Bekanntschaft rechnen dürfen.

Auch *Gemeindeessen und Gemeindefahrten* erreichen keineswegs nur die Kerngemeinde. In den letzten Jahren wurde vierteljährlich einmal zum Gemeindeessen in den großen Saal eingeladen. Es sind immer zwischen 70 und 90, die an diesem Essen teilnehmen. Jahrzehntelang wurde monatlich gekocht, inoffiziell sogar noch häufiger. Spontan und meist im Kreis der Jüngeren ist das heute noch so.

Gemeinsam zu essen oder abzuwaschen verbindet. So ist es auch mit gemeinsamen Fahrten: Über Jahrzehnte war es Jean Krentz, der Busfahrten organisierte, oft über das Wochenende und mit Übernachtung. So ging es – nicht nur einmal – zum Mont-Saint-Michel in die Normandie, ins Loiretal, nach Burgund oder in die Champagne nach Reims. In den letzten 10 Jahren sind wir regelmäßig nach der Rentrée an einem Sonntag im September, mit Bussen und PKWs in die nähere Umgebung aufgebrochen, z.B. nach Fontainebleau und Melun, nach Senlis und Meaux, nach Beauvais und Noyon – der Geburtsstadt Calvins. Zunächst wird auf einer Waldlichtung Gottesdienst gefeiert und anschließend gemeinsam gepicknickt. Ein Spaziergang für die Großen, ein Erkundungsspiel für die Jungen schließen sich an, und am Schluß gibt es eine gemeinsame Besichtigung. Die kulturellen Reichtümer der Ile-de-France stehen häufig zu unrecht im Schatten der Hauptstadt. In unregelmäßigen Abständen hat es solche Gemeindefahrten auch zu anderen Zeiten gegeben. Etwas kleiner war der Kreis, wenn es zu einer Familienfreizeit oder Einkehrtagung ging, etwa zu den Brüdern von Taizé oder zu den Diakonissen von Versailles; auch in katholische Häuser, z.B. nach Ecuelles, Saint-Benoît-sur-Loire oder in die Communauté de Caulmont. Für die Pfarrer Kusch und Eichholz war dies ein Schwerpunkt ihrer Arbeit.[58]

Einen anderen Charakter haben natürlich gesellige Angebote. Manche erinnern sich noch gern an die Maibälle und die »Herbstlesen« im großen Saal. Ökumenisch ausgerichtet ist bis in die jüngste Zeit hinein der Kinderkarneval bei uns oder das Oktoberfest bei den Katholiken.

Ein weiteres Publikum soll mit *kulturellen* Angeboten erreicht werden. Naturgemäß spielt dabei die Musik eine wichtige Rolle. Unsere Kirche zeichnet sich durch eine hervorragende Akustik aus. Die Orgel ist nicht groß, wird aber von Fachleuten

---

58 Ein weiteres Beispiel: im September 1985 haben wir unter Anleitung von Wolfgang Larcher eine fünftägige kunsthistorische Einkehrzeit in der Kathedrale von Chartres veranstaltet. – Hier zu erwähnen sind auch die Gruppenfahrten für Ältere, Frauen und Jugendliche.

46. Sonntagnachmittag in Meudon um 1957. Oben halbrechts William Luther, rechts davon Pfarrer Chr. Dahlkötter, ganz rechts Jean Krentz

sehr geschätzt. Bis zum heutigen Tag konnte die Gemeinde häufig herausragende junge Kirchenmusiker für sich gewinnen. Die musikalische Umrahmung und Begleitung im Gottesdienst bewegt sich auf hohem Niveau. Zahlreiche Konzerte, eigene und Gastkonzerte, kommen dazu. Daß darüberhinaus die Kirche regelmäßig für Konzerte vermietet wird, bringt der Gemeinde nicht nur finanziellen Gewinn. In der musikalischen Szene von Paris ist die Christuskirche bekannt.[59]

Auch andere Musen sind gelegentlich in unseren Räumen zu Gast. Es ist getanzt worden, – auch im Gottesdienst, mit der Gemeinde und für die Gemeinde. Thorsten Heintze und Ralf Hofmann, beide bei uns Küster und beide Schüler von Marcel Marceau, haben ihre mimische Kunst mehr als einmal in den Gottesdienst eingebracht. Als Th. Heintze zum Beispiel beim Erntedankfest 1989 den reichen Kornbauern aus dem Gleichnis mimisch darstellte, stockte der Gemeinde der Atem: der Mann, der meinte, er habe ausgesorgt, und den es nun aus heiterem Himmel trifft, der sich fassungslos ans Herz greift und stirbt, während sich seine Augen an die vollen Kornspeicher klammern. Theater ist gespielt worden, nicht nur von Laiendarstellern aus der Gemeinde. Im April 1986 gastierte die Mysterienbühne München hier und inszenierte unter Leitung von Emmerich Schäffer den Großinquisitor von Dostojewski in der Kirche.

Ab und zu hat es in unserem Haus kleine Ausstellungen gegeben, die im kultursättigten Paris natürlich nur ein begrenztes Publikum erreichen. Dazu gehörten die

---

59 Näheres dazu auf S. 358–359.

farbkräftigen religiösen Bilder von Richard Sassandra, die Lübecker Totentänze von Robert Hammer und Aloys Ohlmann, die zarten Aquarelle von Ino Jänichen-Kucharska aus Warschau oder die Pariser Motive und Porträts von Erika Gagé – um nur einige zu nennen.

Der umgekehrte Weg führt hinaus zu den Kunstschätzen von Paris. Schon Pfarrer Dahlgrün hat die Gemeinde dorthin gelockt, besonders in den von ihm geliebten Louvre. In unregelmäßigen Abständen wurden und werden immer wieder Besichtigungen angeboten, z.B. der großen Pariser Kirchen oder der berühmten Friedhöfe. Heinrich Heine ruht ja in nächster Nähe am Montmartre. Seit vielen Jahren werden monatlich bedeutende Pariser Baudenkmäler, Museen und Ausstellungen unter der Führung von Frau Dr. Evamarie Gröschel besucht. Das geschieht tatsächlich gemeindeüberschreitend.[60]

Seelsorge: Besucher und Bittsteller

Gelegentlich wird man als Pfarrer vorgestellt mit den Worten: »Mein Seelsorger«. Das klingt vielleicht pathetisch, ist aber ernst gemeint. Der Wunsch nach dem zuverlässigen Gesprächspartner, ja auch nach dem Gemeindehirten klingt dabei mit. Die meisten solcher Gespräche geschehen eher nebenbei, z.B. nach dem Gottesdienst, zwischen Tür und Angel im Büro, sogar bei irgendeinem Empfang. Auf diese Weise bleibt man im Kontakt, alltägliche Probleme werden angesprochen, Schwerwiegendes wird wenigstens angedeutet und kann bei besserer Gelegenheit vertieft werden.

Der klassische Hausbesuch ist in der gegebenen Situation kaum möglich. Die Entfernungen sind zu groß, um eben einmal hereinzugucken. Unangemeldete Visiten sind meistens nicht erwünscht. Da haben sich französische, vielleicht überhaupt moderne Verhaltensmuster durchgesetzt. Wenn es ausdrücklich erbeten wird, besuchen wir natürlich die Gemeindeglieder, auch aus besonderem Anlaß, z.B. um einen Jubilar zu ehren oder für das Taufgespräch. Gelegentlich werden wir ins Krankenhaus gerufen, oder wir schauen bei einem Gebrechlichen herein. Für Pfarrer ist es wichtig, die Menschen auch in ihren eigenen vier Wänden zu erleben. Oft lernt er sie dabei von einer ganz anderen Seite kennen. Außerdem kann er sich ein besseres Bild von ihrer Lebens- und Wohnsituation machen. Diese reicht von mondänen Villen über die etwas modisch improvisierten Behausungen junger Leute bis hin zu den winzigen, völlig verwohnten Dachkammern ohne Tisch und Stuhl, in denen noch in jüngster Zeit alte Menschen in Paris hausten.

Natürlich spielt heute das Telefon für die Seelsorge eine wichtige Rolle. Manche Menschen erklären sich lieber schriftlich, oft in Form von seitenlangen Briefen. Häufig wird aber ausdrücklich um ein Gespräch gebeten. Da sich feste Sprechzeiten nicht bewährt haben, wird ein »Rendez-vous« im Pfarrhaus verabredet. Was dann an Lebensschicksalen, an Lasten und Krankheiten zu Tage tritt, ist auch für erfahrene Pastoren nicht immer leicht zu verkraften. Das Leben in der Fremde, in dieser Weltstadt, das so viele Träume zu erfüllen versprach, wird für manche zur Falle, zu

---

60 Wenigstens erwähnt sei die Gemeindebücherei, die heute im Dornröschenschlaf liegt. In den ersten Jahrzehnten nach dem Krieg, als es in Paris schwer war, an deutsche Bücher zu kommen, und es das Fernsehen noch nicht gab, war sie ein viel aufgesuchter Ort.

einer Bürde, die über die Kräfte geht. Diese Menschen wollen ihrem Herzen Luft machen, sie brauchen einfach jemanden, der ihnen aufmerksam zuhört. Sie suchen Rat, sie suchen Zuspruch, manche suchen ausdrücklich Glaubenshilfe. Auch wenn das Wort selten fällt, tatsächlich wird oft eine Beichte abgelegt und Vergebung erbeten. Häufig stoßen wir an die Grenze unserer Kompetenz. Aber es gibt glücklicherweise in Paris einige gute deutschsprachige Psychotherapeuten und andere medizinische Fachleute.

Zu den regelmäßigen Besuchern im Pfarramt gehören gesellschaftliche Außenseiter, die aus gesundheitlichen und sozialen Gründen in die Isolierung geraten sind. In der Gemeinde erwarten sie aus gutem Grund Beachtung. Diese finden sie, wenn auch nicht immer im erhofften Maße. So ist der Pfarrer für sie eine privilegierte Vertrauensperson. Manche nehmen ihn regelrecht in Beschlag.

Wer sich an uns wendet, ist nicht unbedingt Glied der Gemeinde. Er muß nicht einmal in Paris wohnen. Häufig spricht er nur gebrochen deutsch, z.B. Menschen aus Osteuropa und aus der Dritten Welt, nicht selten auch Franzosen. Manchmal sind es deutsche Landsleute, die auf der Flucht vor ihren Problemen – seelischen, familiären, sozialen, auch auf der Flucht vor der Justiz – nach Paris kommen. Hier wollen sie – wie sie sagen – »ein neues Leben beginnen«. Aber Paris ist nicht das Pflaster, auf dem solche Probleme leicht zu lösen wären. Wie kann man diesen Menschen klar machen, daß sie einer Illusion nachlaufen? Wie kann man ihnen weiterhelfen? [61]

Es gibt auch andere, die stehen unangemeldet vor der Tür und wollen unbedingt den Pastor sprechen, »persönlich« – wie sie ausdrücklich betonen. Nach einem längeren Anlauf – einer komplizierten und zu Herzen gehenden Geschichte – kommen sie zum Punkt: Sie suchen materielle Hilfe, in der Regel Geld. Vielleicht stimmt einiges an der Geschichte, und den meisten von ihnen geht es wirklich schlecht, aber ihr Erwartungshorizont ist eindeutig. Mit ein paar Franken, mit Brot und Tee, mit alten Schuhen und ausrangierten Hosen können wir natürlich sofort helfen, ebenso mit Hinweisen darauf, wo es kostenlose medizinische Betreuung und vielleicht auch ein Bett gibt. Die Heilsarmee leistet an dieser Stelle Großartiges in Paris. Aber sie ist nicht jedermanns Geschmack oder umgekehrt: mancher ist dort nicht mehr erwünscht. Wenn es um substantielle Hilfe und eingehende Beratung geht, sind unsere Möglichkeiten beschränkt. Da stoßen aber auch andere deutsche Einrichtungen wie das Sozialwerk schnell an ihre Grenzen.

Jeder Pfarrer in Deutschland kennt sie, und sie gehören auch in Paris zum Bild: die regelmäßigen »Kunden«. Unter ihnen gibt es echte Originale. Meistens kommen sie im unpassendsten Augenblick und lassen sich schwer abschütteln. Sie sind zäh und findig und wissen, wie man einen Pfarrer am besten kriegt. Ihre Geschichten sind immer wieder dieselben, können aber gelegentlich sehr unterhaltsam, ja erheiternd sein. Manche tragen eine ganze Lebensphilosophie vor. Richtige Clochards sind selten, und selbst die, die bewußt auf der Straße leben, sind irgendwann einmal aus der Bahn geworfen worden und schwer angeschlagen. An meinem ersten Weihnachtstag in Paris, morgens, eine Stunde vor dem Gottesdienst, stand einer von diesen an der Tür. Er überreichte mir eine rote Rose und wünschte mir frohe Weihnachten. Dann trug er

---

[61] Pfarrer Dahlkötter berichtet allein aus dem Jahr 1962 von drei jungen Müttern, die völlig aufgeworfen mit ihren Kindern zu ihm kamen. Sie hatten in Paris nicht das gefunden, was sie sich erhofft hatten.

mir eigene Gedichte vor, die unter die Haut gingen. Auch später hat er nie gebettelt; wenn ich ihm trotzdem 10 Francs in die Hand drückte, sah er mich halb mißbilligend, halb erfreut an und sagte: »Wilhelm, Du weißt, deshalb bin ich nicht gekommen. Aber ein Bier, das braucht der Mensch halt ab und zu«. Das letzte Mal, als ich ihn nach langer Zeit wiedersah, war er es, der mich abends um 11 Uhr zu einer Tasse Kaffee in eine Bar einlud. Da erklärte er mir ausführlich, wie sich Kommunismus, Anarchismus und Christentum im Grunde gut vertrügen. Ähnliche Geschichten werden vermutlich alle Pfarrer berichten können. Einige dieser »Brüder von der Landstraße«, wie Bodelschwingh sie nannte, haben wir schon von unseren Vorgängern geerbt.

Zu den Aufgaben des deutschen Pfarrers gehört auch der Besuch bei deutschen Gefängnisinsassen in und um Paris. Darum wird nicht häufig gebeten, es gibt schließlich französische, auch protestantische Gefängnisgeistliche, und zunächst werden Konsulat und Hilfsverein eingeschaltet. Jeder Besuch ist mit einem hohen administrativen und vor allem zeitlichen Einsatz verbunden. Aber der Mann oder die Frau hinter Gittern kann sich auf deutsch aussprechen und manchmal können Kontakte zur Familie in Deutschland hergestellt werden. Erwähnt sei der Name des Richters Pierre Buissé († 1993), eines langjährigen Freundes der Gemeinde, der manche Tür und manches Tor geöffnet hat.[62]

Diakonie

Oben ist von der materiellen Hilfe die Rede gewesen, die unmittelbar durch das Pfarramt oder das Gemeindebüro geschieht. Zur Zeit der Concierge oder von Frau Dufour konnte den Bittstellern noch ganz anders geholfen werden, zum Beispiel mit einer warmen Suppe. Die gibt es heute wenigstens im Winter in der Armenküche der großen katholischen Nachbargemeinde Trinité. Doch Diakonie ist eine Aufgabe der ganzen Gemeinde. Was von deutschen Protestanten in Paris auf diesem Gebiet im vorigen Jahrhundert und noch bis zum Ersten Weltkrieg geleistet worden ist, bleibt bewundernswert. Öffentliche Wohlfahrt gab es damals erst in Ansätzen. Aus der Nachkriegszeit ist als größere Einrichtung nur die Gründung des Foyer-le-Pont für junge Frauen zu nennen. Aber darin erschöpften sich die diakonischen Anstrengungen der Gemeinde keineswegs.

Zunächst einmal hat sich die Gemeinde immer mit den vielfältigen sozialen Einrichtungen verbunden gefühlt, die der französische Protestantismus unterhält. Dafür ist regelmäßig in den Gottesdiensten gesammelt worden. Gelegentlich haben Gruppen aus der Gemeinde solche Heime und Beratungszentren aufgesucht. Hilfesuchen-

---

62 Immer haben zur Gemeinde und ihrem Umfeld ehemalige Angehörige der Fremdenlegion gehört. Ausführlich berichtet Pfarrer Christian Semler von deutschen Legionären, die 1954 während des Indochina-Krieges als Verwundete in Pariser Militärkrankenhäusern lagen. Da die deutsche Botschaft zu ihnen keine Kontakte aufnehmen konnte, habe er sich mit Hilfe der gewitzten Gräfin Hardenberg Einlaß in das Krankenhaus verschafft (wahrscheinlich das Hôpital Val-de-Grâce). Gemeinsam hätten sie so die Deutschen besuchen können, von denen später manch einer in voller Uniform zum Gottesdienst gekommen sei. Über die Legionäre, die zum Teil im Vergnügungsviertel am Montmartre ihre »Fräulein« gehabt hätten, sei er auch auf deutsche Prostituierte gestoßen, die tagsüber vor den Häusern in der Sonne saßen. Er habe sich ihnen als »ihr neuer Pfarrer« vorgestellt und in einigen Fällen sehr gute Gespräche geführt. Vereinzelt seien so auch Gemeindekontakte hergestellt worden.

de sind dorthin vermittelt worden ebenso wie freiwillige Helfer – zum Beispiel in das »Bethel Frankreichs«, die Anstalten von La Force bei Bergerac, oder in die lutherische Klinik La Montagne im Pariser Vorort Courbevoie. Wenn zu Weihnachten für »Brot für die Welt« gesammelt wird, dann wird das Geld an die französische Organisation CIMADE überwiesen, die mit ihrer deutschen Schwesternorganisation gemeinsame Projekte betreut.

Zu nennen sind weiter die Initiativen, die in der Gemeinde ergriffen worden sind. Beispielhaft war die gemeinsame Aktion der beiden deutschsprachigen Gemeinden zur Zeit der Pfarrer Berger und Benz (katholisch) aus dem Jahre 1970. Nach ausführlicher Vorbereitung wurden Fragebogen verteilt, auf denen vierzehn soziale und gesellige Aktionen vorgeschlagen wurden. Dazu gehörte zum Beispiel: »Schulkinderaustausch für reisende Mütter«, »Mütter helfen Müttern«, »Besuche«, »Briefe und Päckchen«, »Zimmervermittlung«, »Auto-Mitnahmedienst«, »Telefonkette«, »Nähen«, »Kochen«, »französisch sprechen«, »Tanzabende für Erwachsene« und anderes mehr. Manche dieser Anregungen wurden nicht aufgenommen, oder die ersten Anläufe verliefen im Sand. Andere haben ihre Zeit gehabt. So wurde eine Zeitlang gesammelt für die Siedler in Mont-de-Marsan oder später für das hungernde Polen. Zu Weihnachten wurden Päckchen für deutsche Gefängnisinsassen in Frankreich verschickt. Dazu gehörte auch der Besuchsdienst, den Frau Rohrbach aufbaute. Er hat viele Menschen aus der Vereinzelung gerissen und existiert heute noch in Resten.

Schließlich gehören in diesen Zusammenhang die zahlreichen Kontakte, die spontan in der Gemeinde geschlossen werden und oft fürsorglichen Charakter haben: Alte und Behinderte werden zur Kirche gefahren, kranke Mütter bei der Hausarbeit entlastet, Einsame zum Sonntagmittagessen oder zum Heiligen Abend eingeladen, Älteren werden die Besorgungen und die Ämterwege abgenommen. Bis heute gibt es in der Gemeinde ein Netzwerk, das mit Anrufen, Besuchen und konkreter Hilfe manchen auffängt, der sonst hilflos sich selbst überlassen bliebe und vielleicht unterginge. Ohne daß viel geredet, gebetet und erinnert werden muß, wird mit einer gewissen Selbstverständlichkeit acht gegeben auf den Nächsten. Das ist Stärke und Schwäche zugleich, mancher Hilfsbedürftige wird dabei übersehen.[63]

Gemeindeblätter

Eine Gemeinde, die so weit zerstreut und ständig im Fluß ist, braucht andere Kommunikationsmittel als den Ruf der Glocken, die sonntäglichen Abkündigungen und die nachbarschaftliche Mund-zu-Mund-Werbung. Schon sehr früh hat es eine eigene Pressearbeit für die Pariser Gemeinden gegeben. Über kirchliche Zeitungen und Gemeindeblätter, die in den letzten 130 Jahren in deutscher Sprache herausgegeben worden sind, ließe sich ein eigener Artikel oder sogar ein eigenes Buch schreiben.[64]

---

63 Ich habe unter dem Stichwort Diakonie nur kurz zusammengefaßt, was an anderen Stellen in diesem Buch verstreut aber auch ausführlicher nachzulesen ist, so z.B. auf den S. 296–298 und 317–351.
64 In diesem Rahmen kann ich nicht auf die Eigenart einzelner Blätter eingehen. Interessant wären sicher weitere Fragen: Wie hoch war die Auflage, welche Leser waren im Blick, wie wurden die Blätter vertrieben und finanziert, wie paßten sie sich in die vergleichbare kirchliche Presselandschaft in Frankreich und in Deutschland ein?

Erstaunlich ist die Fülle der Publikationen und Titel. Das hängt sicher damit zusammen, daß die äußeren Voraussetzungen für die kirchliche Arbeit häufig wechselten und die politischen, wirtschaftlichen und sozialen Bedingungen sich änderten. Jede neue Situation führte zu neuen journalistischen Aufbrüchen: Die verstreut wohnenden deutschen Christen mußten wieder neu gesammelt, sie mußten orientiert und motiviert werden.

Erstaunlich ist auch die hohe handwerkliche Qualität. Das Layout ist liebevoll und im Geschmack der Zeit gestaltet, der Druck sorgfältig. Die Gemeindebriefe erschienen in kurzen Abständen und mit beachtlichem Umfang. Meistens schrieb der Pfarrer selbst. Leute wie Bodelschwingh, Streng und Dahlgrün beherrschten das Metier. Der Stil wechselte nicht nur von Person zu Person, sondern natürlich auch von einer Zeit zur anderen. Vor 100 Jahren wurde noch breit und ausholend erzählt, ohne journalistische Kunstgriffe brachten die Autoren ihr Anliegen vor. Sie waren unverstellt erbaulich oder missionarisch, gaben ihren Gefühlen freien Lauf oder setzten mit steilen dogmatischen Belehrungen ein. Friedrich von Bodelschwingh nahm es sich heraus, seine Leser einfach zu duzen, doch das tat er auch dem Kaiser gegenüber. Und natürlich spiegelte sich in den Gemeindeblättern vor dem 1. Weltkrieg eine andere Zeit wider, für die Kirche und Nation, gesellschaftliche Konvention und kirchliche Tradition andere Stellenwerte besaßen. Der Herausgeber fühlte sich seiner Leser sicher. Er rechnete – zurecht oder zuunrecht – damit, daß er den richtigen Ton treffe, ja, daß der Leser sich auf den vorgegebenen Ton einstimmen lasse.

Diese Sicherheit geht in unserem Jahrhundert verloren. Der schreibende Pfarrer beschwört seine Leser, er ermahnt sie, er erinnert sie, er versucht, sie bei der Stange zu halten oder zurückzugewinnen. Nach wie vor wird ausführlich und solide informiert über die Gemeindeereignisse, aber auch über das, was in der sonstigen Christenheit geschah. Themen aus der Kirchengeschichte werden ebenso breit dargestellt wie aktuelle theologische Diskussionen. Die kirchliche Allgemeinbildung war spürbar höher als heute. In den letzten Jahrzehnten sind auch diese eher restaurativen Positionen geräumt worden. Der Gemeindebrief hat nur noch ein unbestimmtes Bild von seinen Lesern. Er will informieren, so pur und einfach wie es die monatlichen Informationsblätter aus den sechziger Jahren tun: Eine einzige hektographierte Seite oben drüber Name und Adresse der Gemeinde, aber kein Titel, es folgt als Motto ein besinnlicher Satz, oft nur eine Zeile lang, der Rest ist der Veranstaltungskalender.

Auf die Dauer genügte dies wohl nicht. Die Gemeinde will sich darstellen, sie will und sie muß werben, Nachrichten aus dem Gemeindeleben und aus der Christenheit werden aufbereitet und für Außenstehende zugänglich gemacht. Das Besinnliche ist wieder gefragt – ein tröstliches Gedicht, eine geistliche Betrachtung, Anstöße zu Lebens- und Weltfragen. Viel nüchterner als vor 50 Jahren, im Stil nicht mehr so selbstverständlich und sicher, mal zu modisch oder zu altmodisch, auch in den graphischen Gestaltungsmitteln schwankend. Und immer steht dahinter die unsichere Frage: Wie erreicht man mit einem einzigen bescheidenen Gemeindebrief Leser, die in ganz verschiedenen geistigen Welten zuhause sind?

Mit dem letzten habe ich vorgegriffen. In der Tat ist es auf den ersten Blick erstaunlich, wie der technische Aufwand für die regelmäßigen Gemeindepublikationen zurückgegangen ist. Nach dem Krieg ist kein Gemeindeblatt mehr vom Drucker gesetzt worden. Sie wurden mit Hausmitteln selbst hergestellt. Auch der Umfang hat insgesamt abgenommen. Offensichtlich wurde dem Blatt nicht mehr dieselbe Wichtigkeit oder Wirksamkeit zugetraut wie früher. Vielleicht rechnete man nicht mehr mit Lesern, die sich wirklich Zeit dafür nehmen – im Zeitalter der Massenmedien. Schließlich gibt es ja heute auch andere Kanäle, auf denen gemeindliche Informationen weitergegeben werden. Wie viele Menschen sind zu der Gemeinde gestoßen durch kurze Hinweise, manchmal auch Interviews im »Pariser Kurier«, in der »Pariser Luft« oder in der Schulzeitung der DSP »Kontakte«. Auch Reportagen über die Pariser Gemeinde in kirchlichen Zeitungen in Deutschland oder im Rundfunk haben sich mittelbar positiv für die Gemeinde ausgewirkt.

Um die erwähnte bunte Palette kirchlicher Presseerzeugnisse in Paris sichtbarer zu machen, will ich einige Titel nennen. Der erste ist zugleich der berühmteste: »Das Schifflein Christi in Paris«. Das alte christliche Symbol verbindet sich hier mit dem Pariser Stadtwappen: das Schiff mit dem Motto »fluctuat nec mergitur« (auch wenn es von den Wellen hin- und hergeworfen wird, so geht es doch nicht unter).[65] Von 1863–1871 und dann noch einmal von 1875–1880 wurde es von Bodelschwingh herausgegeben und diente in erster Linie der Verbindung der Deutschen Evangelischen Mission in Paris mit dem Mutterland. Jeder Jahrgang umfaßte ca. 180 Seiten. Die Doppelgemeinde der Christus- und Hügelkirche nannte ihr gemeinsames Blatt, das sie ab 1905 herausgab, zunächst »Auf rechter Straße« (nach Psalm 23,3). Vom Herbst 1906 an hieß es nur noch »Gemeindeblatt«. 1909 vereinigte es sich mit dem »Billettesboten«. Im Titel erschienen Ansichten von den Gebäuden der drei Teilgemeinden in Jugendstilmanier von Rosen umkränzt. Im Winter kam das Blatt monatlich, im Sommer alle zwei Monate heraus.

Nach der Unterbrechung durch den Ersten Weltkrieg hieß es ab 1927 wieder »Gemeindeblatt«. Das Schriftbild des Titels wechselte häufig, ebenso die Frequenz der Erscheinung, von 14tägig bis zweimonatlich. Es wurde im Gegensatz zu den Blättern von 1914 zum Teil durch Anzeigen finanziert, die auf deutsche Läden und Praxen in Paris hinwiesen. Auch während des Krieges gab es regelmäßig mehrseitige Informationsblätter in gedruckter Form, jedoch ohne einen besonderen Titel – jedenfalls soweit erkennbar. Ein reines Gemeindeblatt erschien erst 20 Jahre später wieder, zunächst in der Form eines schlichten Rundbriefes, auf den oben schon hingewiesen wurde. Seit 1977 gibt es den »Gemeindebrief« im A5-Format, so wie er mit wenigen Abwandlungen noch heute sechsmal im Jahr herauskommt.

Daneben gab es andere deutschsprachige kirchliche Organe. Eines hieß »Glaube und Heimat in Paris«. Der Titel hob sich hell vor dem Hintergrund der schwarzen Silhouette von Notre-Dame ab, darüber stand im Strahlenglanz ein großes weißes Kreuz wie die aufgehende Sonne. So präsentierte sich der Monatsanzeiger des Christlichen Vereins Junger Männer ab 1913. Während des Krieges wurde er von Brüssel aus unregelmäßig fortgesetzt, mit Nachrichten aus dem Felde und aus Paris, dort trafen sich die schweizer Mitglieder und Freunde weiter im privaten Rahmen. Ab 1933 erschien – diesmal hektographiert – ein Blatt mit dem Titel »Deutscher CVJM in Paris«, Adresse: 25, rue Blanche. Dem »völkischen Aufbruch« in Deutschland stand dieses Blatt viel aufgeschlossener gegenüber als der gleichzeitige Gemeindebrief. In ähnlicher Form wurde im selben Jahr und unter derselben Adresse der »Monatsan-

---

65 Beides – Symbol und Motto – werden heute noch von der Gemeinde verwandt.

47. Pfarrer Christoph Dahlkötter mit Tochter Annette um 1960 auf dem Balkon der Pfarrerwohnung in der Rue Blanche: hinter ihnen das Dach der Kirche, links und rechts die hochaufsteigenden Nachbarhäuser, die bis zur Höhe der Emporen mit der Kirche gemeinsame Grenzmauern haben, im Hintergrund sieht man unter anderem rechts die Kapelle eines Frauenklosters. Inzwischen stehen dort moderne zehngeschossige Appartementhäuser.

zeiger des Deutschen Evangelischen Bundes Junger Mädchen zu Paris« herausgebracht. Offensichtlich interessierten sich aber die jungen Frauen mehr für die Bibel und weniger für den Nationalsozialismus als die jungen Männer. Für das Jahr 1934 ist auch belegt die Wochenzeitung »Der Sonntagsbrief für die Evangelischen Deutschen in der Französischen Diaspora« unter dem Motto »Christ kyrie«. Dieses Blatt stand den Deutschen Christen kritisch gegenüber. Im Juni 1934 wurde die »Barmer Erklärung« der Bekennenden Kirche nachgedruckt.

Auf die deutsch- oder zweisprachigen Kirchenzeitungen unmittelbar nach dem Zweiten Weltkrieg, die von französischer Seite herausgegeben wurden, hat Jörg Winkelströter in seinem Artikel ausführlich hingewiesen. Es handelte sich um die deutsche Ausgabe der »Fraternité Evangélique«, »Die neue Brücke« des CVJM und das »Bulletin Intérieur d'Information et d'Evangélisation de l'Aumônerie des Etrangers protestants en France«.[66]

---

66 Großer Beliebtheit erfreuen sich heute die regionalen Kirchenzeitungen von acht deutschen Landeskirchen. Sie werden uns in 2–10 Exemplaren frei zugesandt und nach dem Gottesdienst von Herrn Krentz verteilt.

Die Deutsche Kirche in ihrem Umfeld

»Die deutsche Kirche« heißt es nicht selten in Paris, und erst aus dem Zusammenhang ergibt sich, ob von der evangelischen oder der katholischen Gemeinde deutscher Sprache die Rede ist.[67] Nehmen wir an, es sei tatsächlich an die Rue Blanche gedacht. Auch dann kann der Ausdruck verschiedenes bedeuten. Für den einen ist die »deutsche Kirche« eben diese evangelische Gemeinde; für den anderen ist es eine der deutschen Kultureinrichtungen in Paris; für den dritten repräsentiert sie den deutschen Protestantismus als eine geistesgeschichtlich wichtige Tradition; für den vierten sind wir ein Ableger der Evangelischen Kirche in Deutschland. Jede dieser Verständnismöglichkeiten hat ihre Berechtigung. Die »Deutsche Kirche« in Paris hat viele Gesichter, nicht nur für ihre Mitglieder. In diesem Kapitel werde ich das Umfeld sichten, in dem sich die Gemeinde bewegt, und wenigstens kurz die Beziehungen charakterisieren, die sie zu anderen Gemeinden und Kirchen, zu sozialen, kulturellen und politischen Einrichtungen hat – seien es deutsche, französische oder die dritter Länder.

Andere deutschsprachige Protestanten

Auf provozierende Weise nennt sich unsere Gemeinde »Deutsche Evangelische *Kirche in Frankreich*« und das bei knapp tausend Mitgliedern. Sicherlich ist bei der Wahl dieses Namens nicht daran gedacht worden, Paris stillschweigend um einen weiteren Bischofssitz zu bereichern. Wahrscheinlich stand eine Verlegenheit an der Wiege dieser Bezeichnung, die auf ganz Frankreich Bezug nimmt: Wo sollte man die Grenzen der Gemeinde ziehen? Sie reicht weit über Paris hinaus, einzelne Mitglieder wohnen

---

[67] Wenn ich mich nicht täusche, wird mit der Kurzformel »deutsche Kirche« häufiger die evangelische Kirche gemeint – manchmal sogar im katholischen Munde. Sie hat eine andere Stellung in Paris und zwar aus drei Gründen:
1. Die »katholische Mission deutscher Sprache« hat einen anderen juristischen Status. Sie hat nicht die gleiche Selbständigkeit wie unsere Gemeinde, – weder im Hinblick auf das Auslandssekretariat der deutschen Bischofskonferenz in Bonn, noch im Hinblick auf die Erzdiözese Paris, der sie eingegliedert ist (Zu unserem Verhältnis zu der EKD und zu der Fédération Protestante de France siehe unten S. 291–292, 295–296).
2. Sie hat von vornherein eine andere Gemeindekonzeption. Nicht umsonst heißt sie Mission. Gottesdienst und Religionsunterricht haben absolute Priorität. Damit sind dem Pfarrer zeitlich die Hände gebunden. Und es gibt immer nur einen Pfarrer. Kennzeichnend ist z.B., daß die katholische Gemeinde im Sommer ihre Pforten schließt.
3. Ein sehr äußerlicher Grund: die Christuskirche hat das große Glück gehabt, zweimal in diesem Jahrhundert durch Kriegs- und Nachkriegszeit hindurch ihre Gebäude erhalten zu können. Bei der Katholischen Mission war das nicht der Fall. Seit 1958 ist sie räumlich beengt in einem, neuerdings in zwei bescheidenen Wohnhäusern untergebracht und das nicht in zentraler Lage wie wir. – Die Zahl der praktizierenden Katholiken deutscher Sprache in Paris dürfte nicht kleiner sein als die Zahl der Protestanten. Vermutlich halten sie sich aber weit mehr an französische Gemeinden, als dies bei Evangelischen aus Deutschland der Fall ist.

sogar außerhalb der Ile-de-France, und die Pfarrer werden in besonderen Fällen in Nachbarregionen gerufen. Die Gemeinde hat sogar entfernte Ableger: die Restgemeinde in Douai gehört heute noch rechtlich gesehen zu ihr. Ein anderer Grund für diese vollmundige Bezeichnung: unsere Gemeinde und insbesondere ihre Pfarrer, sind die offiziellen Ansprechpartner für französische und deutsche Kirchen, wenn es um Fragen geht, die das jeweilige Nachbarland betreffen.[68]

Vor dem 1. Weltkrieg hat es an vielen Orten in Frankreich eine vielfältige deutsche Kirchenlandschaft gegeben. Von einem Tag zum anderen ist sie ausgelöscht worden. Unter ganz anderen Umständen ist sie nach dem 2. Weltkrieg noch einmal kurz aufgeblüht und danach bis auf Reste wieder verschwunden. Das hatte viel mit der großen Politik, auch mit Kirchenpolitik zu tun. In der Zeit des Wirtschaftswunders kehrten viele Deutsche in ihre Heimat zurück. Die Arbeit der CLAIR lief aus. Es gab sicher Orte, in deren Umfeld auch später noch genügend Deutsche wohnten und wo man einen Pfarrer aus Deutschland hätte hinschicken können. So ist es etwa in Großbritannien sehr häufig gemacht worden. Statt dessen hat man sich mit den französischen Kirchen darauf verständigt, die Deutschen im Lande zu ermuntern, sich den bestehenden evangelischen Gemeinden anzuschließen. Der französische Protestantismus war und ist eine kleine Minderheit, die dankbar für jede Verstärkung ist. Damals ist das Zeitalter der Ökumene und der deutsch-französischen Verständigung auf allen Ebenen angebrochen.

Aus heutiger Sicht muß man wohl sagen, daß diese Rechnung nicht aufgegangen ist. Viele Deutsche haben den Anschluß an französische Gemeinden nicht gefunden und sicher auch nicht immer gesucht. Es reicht zum gemeinsamen Band nicht, daß man beiderseits evangelisch ist und – wenigstens leidlich – französisch spricht. Andere kulturelle Faktoren spielen eine wesentliche Rolle: unterschiedliche Traditionen und Gemeindestrukturen; andere Gottesdienstformen; ganz andere Lieder; schließlich: wirklich beten können die meisten nur in ihrer Muttersprache. Dazu kommt, daß französische Protestanten durch eine leidvolle Geschichte geprägt, vielfach herbe und eher verschlossene Menschen sind. Sie machen es anderen Evangelischen nicht immer leicht, sich bei ihnen heimisch zu fühlen.

Die älteste der existierenden Nachkriegsgemeinden ist in Nordfrankreich zu finden und konzentriert sich heute auf *Douai*. Nachdem die dortige Pfarrstelle nach Paris verlegt wurde, ist die Gemeinde von 1974–1988 von Paris aus versorgt worden. Seitdem wird diese Restgemeinde, die sich heute fast durchgehend aus alten Menschen zusammensetzt, von Südbelgien aus versehen. In *Nizza* und in *Vence* wurden

---

[68] Natürlich ist hier nicht die Rede von den Protestanten in Elsaß und in Lothringen. – Zwischen den Kriegen galt die deutsche Gemeinde in Paris als Rechtsnachfolgerin aller deutschen Vorkriegsgemeinden, die 1914 aufgehört hatten zu existieren. Im Vertrag mit der EKD vom 3.7.1957 ist von der »Deutschen Evangelischen Kirche in Paris« die Rede. In der ersten Nachkriegssatzung wurde 1969 die sog. »Nordgemeinde«, d.h. die Gemeinde, in der die nordfranzösischen Deutschen zusammengeschlossen waren, der Pariser Gemeinde eingegliedert – lange bevor die dortige Pfarrstelle nach Paris II verlegt wurde. In der Satzung von 1969 heißt es in Artikel 1: »Die Gemeinde nennt sich Deutsche Evangelische Kirche in Frankreich und umfaßt die Pfarrei der Christuskirche, 25, rue Blanche, Paris 9e, die Pfarrei in Sin-le-Noble und ggf. weitere Pfarreien.« In der Satzung vom 3.3.1985 heißt es ergänzend in Artikel 1: »Die Gemeinde hat ihren Sitz in Paris... Der Sitz der Gemeinde kann auf Beschluß der Gemeindeversammlung innerhalb Frankreichs verlegt werden.«

bis 1978 regelmäßig, wenn auch nicht sonntäglich, deutschsprachige Gottesdienste gehalten.[69]

In der entgegengesetzten Richtung, tief im Südwesten des Landes, in der Umgebung von *Mont-de-Marsan,* hat es nie eine eigene deutsche Gemeinde gegeben. Aber es war der Lutherische Weltbund, der dort rund hundert Bauernfamilien, die überwiegend aus den früheren deutschen Ostgebieten kamen, von 1954 an in leerstehenden Hofstellen in den Départements Landes und Gers angesiedelt hat.[70] Dieses Projekt ist gescheitert – von Ausnahmen abgesehen. Die Kredite reichten nicht, die Böden waren zu dürftig, das Klima ungewohnt, und die Sprache blieb fremd. Es hat damals erschütternde Familientragödien gegeben. Auf Bitte des Konsulats in Bordeaux sind vor allem die beiden Pfarrer Leser und Berger drei- bis viermal im Jahr von Paris aus dorthin gefahren und haben mehrtägige Gemeindetage gehalten. Sie haben nicht nur versucht, geistlichen Beistand zu geben, sondern sie haben auch materielle Hilfe geleistet und dafür in Paris Kleidung und Geld gesammelt. Heute werden die wenigen Älteren gelegentlich von Toulouse aus besucht.

Die deutsche Kolonie in *Toulouse* ist erst mit der aufstrebenden Luftfahrtindustrie entstanden. Technische, wissenschaftliche, kaufmännische Berufe herrschen vor. Das Durchschnittsalter ist jung, es gibt eine deutsche Schule. Vor 10 Jahren war für kurze Zeit ein deutscher Vikar in Toulouse, später hat die Pfarrerin Elisabeth Wanjura, die 70 km weiter südlich eine französische Gemeinde versah, auf eigene Faust in Toulouse regelmäßig Konfirmandenunterricht gegeben, die Frauen versammelt und zu den Festzeiten Gottesdienste gehalten. Als sie nach Lyon versetzt wurde, schlug sie Alarm. Es gab ein Dutzend Konfirmanden, aber keinen Pfarrer. In Verhandlungen mit der EKD, dem französischen Kirchenbund und den örtlichen reformierten Kirchen ist es gelungen, die deutschsprachige pastorale Versorgung in Toulouse auf Dauer zu sichern.

Diese Verhandlungen waren langwierig und spannend, weil gleichzeitig ein neues Modell entwickelt werden sollte. Bisher hieß die Alternative: wenn es unabweisbar ist, wird eine selbständige deutsche Gemeinde eingerichtet. Wenn nicht, werden die am Ort wohnenden Deutschen an die inländischen Gemeinden gewiesen. Das Modell Toulouse beschreibt – wie alle Beteiligten hoffen – einen zukunftsweisenden Mittelweg:[71] Die Deutschen in Toulouse bilden im Rahmen der örtlichen Eglise Réformée eine Gemeindegruppe mit eigenem Gottesdienst, mit Konfirmandenunterricht und anderen Kreisen. Sie sind im Gesamtpresbyterium vertreten und beteiligen sich finanziell am Haushalt der ganzen Gemeinde, die z.B. die Gebäude unterhält und auch den deutschen Pfarrer einstellt (auf französischem Gehaltsniveau!). Dieser steht auch mit einem Teil seiner Zeit der ganzen Gemeinde zur Verfügung. Im übrigen widmet er sich den Deutschen in Toulouse und der weiteren Umgebung, z.B. in Mont-de-

---

69 Näheres siehe oben S. 247–248 und S. 220–221 und 230.
70 Diese Ansiedlung geschah unter Federführung von Pfarrer Fr. Gueutal. Dieser stammte aus Montbéliard und hatte nach dem Krieg die damals bekannte deutsche Schauspielerin Dita Parlo geheiratet. Das hatte seinerzeit Aufsehen erregt. Seine Sekretärin, Christa Colditz (später verheiratete Herrmann) berichtet, wie sie die deutschen Familien in Paris in Empfang nahm und sie auf den Weg nach Mont-de-Marsan brachte. Der gute Geist dort ist bis heute der Elsäßer Joseph Munsch und seine Frau.
71 Schon Anfang der dreißiger Jahre hatte Pfarrer Dahlgrün ähnliche Vorstellungen für Nizza entwickelt. Er wollte in der französischen lutherischen Gemeinde zusätzlich eine deutsche Pfarrstelle einrichten. Die kirchlich Verantwortlichen in Paris und Berlin haben damals abgewunken. – Siehe auch S. 166–167.

Marsan. 1990 ist der junge Theologe Thomas Trapp von der EKD entsandt worden, um die Wege an Ort und Stelle zu ebnen. Der erste von Deutschen und Franzosen in Toulouse gewählte Pfarrer, Udo Hoffmann, hat Ende 1993 seine Arbeit aufgenommen. Vielleicht wird es eines Tages in Lyon, in Nizza oder in anderen Städten mit vergleichbarer Situation eine ähnliche Lösung geben.[72]

Bei den kirchlichen Einrichtungen in Paris ist natürlich wieder das *Foyer-le-Pont* zu nennen, mit dem Kontaktbüro für Au-Pair-Mädchen und dem Wohnheim für junge Frauen. Einen lockeren Kontakt pflegt die Gemeinde zu der *Aktion Sühnezeichen,* die seit 1966 von Paris aus ständig rund 30 junge Freiwillige für Friedensdienste in ganz Frankreich einsetzt. Diese waren u.a. beteiligt am Bau der Versöhnungskirche in Taizé und am Wiederaufbau der Synagoge von Villeurbanne. Heute sind die meisten der jungen Leute im sozialen Bereich tätig, in Paris besonders bei den ehemaligen Verfolgten des Nationalsozialismus. Wenigstens zu erwähnen ist die sogenannte *Schweizer Gruppe,* die sich vor allen Dingen um junge Erwachsene bemüht und die früher ihre eigenen Pfarrer in Paris hatte.[73] Schließlich gibt es die *deutsche Seemannsmission* in Le Havre, zu der lockere Kontakte bestehen.

Unser Mann in Paris: Beziehungen nach Deutschland

»Die Gemeinden im Ausland sollen eine Brückenfunktion zwischen der EKD und den Kirchen ihres Landes erfüllen« heißt es in dem Papier über die Auslandsarbeit der EKD vom Februar 1976. Dieses soll durch »enge und sichtbare Gemeinschaft mit einheimischen Kirchen« geschehen. Darüber wird im nächsten Abschnitt zu sprechen sein. Zunächst soll von dem anderen Ufer, dem deutschen, die Rede sein. Wer in Deutschland Kontakte zu französischen Kirchen sucht – und nicht nur zu Kirchen –, der meldet sich häufig bei der deutschen Kirche in Paris, falls er überhaupt von ihrer Existenz weiß. Die Palette der Wünsche ist bunt wie das Leben: ein Posaunenchor, der bei uns oder in einer französischen Kirche blasen möchte, eine Jugendgruppe, die in der Bretagne in einem evangelischen Gemeindehaus – das es dort kaum gibt – auf Luftmatratzen übernachten will. Überhaupt, immer wieder Quartierwünsche für einzelne und Gruppen, möglichst billig, am liebsten im Gemeindehaus und: »Wir machen auch überhaupt keine Umstände« (außer daß 'mal ein verlorengegangenes Schäfchen nachts um 2 Uhr heftig beim Pfarrer klingelt und ins Haus will). Studenten rufen an und bitten um Hilfe bei der Suche nach einem Zimmer oder nach einer Praktikumsstelle in einer französischen Gemeinde. Eine Brieffreundin wird ge-

---

72 Erwähnt sei hier nur die deutsche Urlauberseelsorge – vor allem an den Küsten – die von der EKD gemeinsam mit dem französischen Kirchenbund organisiert wird. – In der Zeit als das NATO-Hauptquartier in Fontainebleau angesiedelt war, gab es dort auch deutsche Militärgeistliche. Heute werden die wenigen dort noch bestehenden Dienststellen der Bundeswehr von Mons in Belgien aus versorgt. Zu manchen Zeiten bestand ein reger Austausch mit gegenseitiger Vertretung zwischen Paris und Fontainebleau, z. B. der Pfarrer Joachim Kusch und Paul-Gerhardt Eberlein. Dazu siehe auch Bild Nr. 31 S. 229.

73 Im Gemeindeblatt wurde seit Mitte der siebziger Jahre auf diese Schweizer Pfarrer hingewiesen, die in der Regel am Religionsunterricht in der Deutschen Schule beteiligt waren. Genannt werden zum Beispiel die Namen Kobi Dubler, Stefan Wernly, Christian Reber, Peter Sägesser und Ruth Bieri. Heute ist Marliese Schmid verantwortlich für die Schweizer Gruppe.

sucht, eine Familie, in der die Kinder in den Ferien französisch lernen können, manchmal sollen wir auch bei der Suche nach Vermißten – meist Jugendlichen – helfen. Da sagen wir nicht nein, auch wenn wir selten viel ausrichten können. Oder – so verständlich und oft so schwer zu erfüllen: »Wir kommen mit unserem Jugendkreis nach Paris, können wir uns mit Ihren Jugendlichen treffen, können Sie uns ein bißchen Paris zeigen und uns weitere Kontakte vermitteln?« Wahrscheinlich sind manche deutsche Bittsteller von unserem mangelhaften Service enttäuscht. Als sich 1990 eine Gruppe mit Bus in Paris ankündigte und ein Fußball-Freundschaftsspiel vorschlug, mußten wir passen.[74]

»Unser Mann in Paris!« – Ein bißchen offizieller wird es, wenn ein Brief aus einem Kirchenamt oder einem kirchlichen Werk hohen Besuch ankündigt. Dann sondieren wir hier gelegentlich im Vorfeld, machen Termine, suchen ein Hotel – falls das eigene Gästezimmer nicht in Frage kommt – und begleiten die Gäste zu ihren kirchlichen Partnern, vielleicht auch in das Centre Pompidou. Oft fällt für die Gemeinde etwas ab – eine Predigt und nach dem Gottesdienst Informationen über die kirchliche Lage in Deutschland.[75] Sich mit einem Bischof in der vollen Metro zu drängeln oder abends ein Glas Wein am Kamin im Pfarrhaus zu trinken, verbindet auf sehr menschliche Weise. Es ist müßig, irgendwelche Namen zu nennen, denn in dem Zeitraum von 40 Jahren – um den es hier geht – war jeder einmal in Paris und nicht wenige auch in der Rue Blanche.

Eine Stimme im Chor der französischen Kirchen

Heute ist die Deutsche Evangelische Kirche selbstverständlich in ihr kirchliches Umfeld integriert, wahrscheinlich besser denn je seit dem Deutsch-Französischen Krieg 1870/71. Besonders belastet war das Verhältnis offensichtlich nach dem 1. Weltkrieg und dem Versailler Vertrag, politisch wie auch kirchlich. Die Verhandlungen, die zur Neueröffnung der Kirche 1927 führten, wurden fast nur auf politischer Ebene geführt. Die Situation nach dem 2. Weltkrieg sah völlig anders aus. Äußerlich läßt sich das schon daran ablesen, daß die Gebäude nicht wieder dem kirchlichen Gebrauch entzogen worden waren und daß fast ohne Unterbrechung deutschsprachige Gottesdienste gefeiert werden konnten, wenn auch zunächst andere Hausherren in der Kirche walteten.

Frankreich hatte durch die deutsche Besatzung 1940–1944 viel Leid erfahren und war schließlich von den Alliierten befreit worden. Der Nationalismus war in Europa abgeklungen, jetzt waren es die Weltanschauungen, die die Völker voneinander trennten. Frankreich und Westdeutschland fanden sich nun gemeinsam auf derselben Seite, geeint gegen den überwundenen Nationalsozialismus wie den als bedrohlich empfundenen Kommunismus. Auf französischer und auf deutscher Seite standen sich

---

74 Pastor Berger berichtet von einem Künstler aus der damaligen DDR, der händeringend um ein Foto der Rodin-Plastik »Der Mann mit der gebrochenen Nase« bat. Ich bin – kaum zwei Wochen in Paris – von einem Franzosen um Bilder vom Bamberger Reiter gebeten worden. In beiden Fällen konnte dem Wunsch entsprochen werden.

75 Vor 20 Jahren erwartete man noch – und meistens nicht vergeblich – ein finanzielles Gastgeschenk von den reichen Kirchenverwandten in Deutschland.

48. Besuch von der EKD 1974 (?). Von links: Gemeindepräsident Albrecht Krause, Pfarrer Rüdiger Frey, D. Adolf Wischmann, Präsident des Kirchlichen Außenamtes, Pastor Martin Berger

nun vielfach die Opfer gegenüber. Das verband. Die meisten deutschen Kirchenvertreter hatten zur Bekennenden Kirche gehört und zum Teil in Haft gesessen, wie Lilje und Niemöller.

Dazu kam, daß die kirchlichen Verbindungen auf internationaler Ebene sehr viel intensiver waren als in der Zeit nach dem Ersten Weltkrieg. Es war die große Zeit der Ökumene. Bedeutende Kirchenmänner aus Europa und Nordamerika kannten sich aus der Vorkriegszeit und vermittelten nicht nur, sie bauten neu auf. Dazu gehörten zum Beispiel der englische Bischof George Bell, Franzosen wie Marc Boegner, Pierre und Jacques Maury, natürlich der Schweizer Theologe Karl Barth und besonders der Holländer Willem Visser't Hooft, der 1948 der erste Generalsekretär des Weltrates der Kirchen wurde. Die deutschen Kirchen waren nach dem Stuttgarter Schuldbekenntnis vom Oktober 1945 in diese internationale ökumenische Gemeinschaft aufgenommen worden. Sehr bald wurde der Deutsch-Französische Bruderrat ins Leben gerufen, der auch zu persönlichen freundschaftlichen Beziehungen führte.

Das Klima war auch am Ort, in Paris, anders als 1918. Peters verließ Paris im August 1944, nicht ohne daß er mit Boegner Zeichen der brüderlichen Verbundenheit ausgetauscht hätte.[76] Er übergab Boegner offiziell den Schlüssel der Kirche. Als Boegner am Tage nach der Befreiung in die Rue Blanche kam und in der Kirche ein

---

76 Peters berichtet in seinem Tonbandinterview bewegt davon, daß er kurze Zeit vorher von Boegner zu einem Gottesdienst für die Angehörigen der Deportierten in Passy eingeladen worden sei. Man habe ihn aufgefordert, ein paar Worte zu sagen, weil er ja viele Widerstandskämpfer in der Zelle besucht habe. Boegner habe ihm das Abendmahl gereicht mit den biblischen Segensworten: »Vas avec la force que tu as – Gehe hin in dieser deiner Kraft«.

amerikanisches Soldatenkino vorfand, hat er sofort Beschwerde eingelegt und erreicht, daß noch am selben Tage seine Mitarbeiterin Madeleine Barot einzog. Sie ist ein gutes Jahrzehnt im Gemeindehaus geblieben. Die Kontinuität war gewahrt. In den Räumen wurde weiter kirchlich gearbeitet. Die alte Gemeinde hatte sich im Sommer 1944 in alle Winde zerstreut, aber auch die neue sprach überwiegend wieder deutsch. Doch nun trafen sich dort die alten und die neuen Opfer, die Verfolgten und Vertriebenen des Nationalsozialismus und die deutschen Kriegsgefangenen und Internierten. Auch manche der Mitarbeiter waren nicht ganz fremd – z.B. hatten sich die beiden Pfarrer Frankl und Wilhelm den Krieg über in Paris durchgeschlagen.

Die deutsche evangelische Gemeinde, die sich 1954 unter Pfarrer Dahlkötter wieder offiziell konstituierte, ist nicht immer ohne Schmerzen, aber doch relativ organisch aus der vorhandenen Gemeinde herausgewachsen. Dieses war die Gemeinde, die sich zunächst langsam wieder in der Rue Blanche eingefunden hatte – neben der schwedischen Israel-Mission –, die dann 1948 im Rahmen der CLERATE bzw. der CLAIR in anderen lutherischen Kirchen in Paris unterkam, vor allem in der früheren Bodelschwingh-Kirche L'Ascension in der Rue Dulong und in Saint-Marcel.

Die Nachkriegsgemeinde in der Rue Blanche hat immer Wert gelegt auf gute Kontakte zu den protestantischen Kirchen am Ort. Das galt und gilt vor allem von der Kirche, aus der sie einmal herausgewachsen ist, der *Eglise Evangélique Luthérienne de France (EELF)*. Ch.W. Dahlkötter wurde in den ersten Jahren mit seiner Arbeit noch auf dem Veranstaltungskalender der CLAIR geführt. Alle seine Nachfolger berichteten übereinstimmend von einer mehr oder weniger regelmäßigen Teilnahme an den lutherischen Pfarrkonferenzen in Paris. Im Turnus mit den französischen Gemeinden hat auch die Christuskirche zu diesen Pfarrertreffen eingeladen und sie bewirtet. Albert Greiner, über lange Jahre Inspecteur Ecclésiastique, d.h. Bischof der Lutherischen Kirche in Frankreich, erscheint – soweit erkennbar – in der Adventszeit 1946 das erste Mal auf dem Predigtplan in der Rue Blanche. Noch heute predigt er einmal im Jahr bei uns – auf deutsch. Als Germanist und als Theologe, der sich als Lutherforscher einen Namen gemacht hat, ist er wie kein anderer zum Brückenbauer berufen.[77]

Die *Eglise Reformée de France* (ERF) hat regelmäßig den deutschen Pfarrer in der Rue Blanche als Gast zu ihren regionalen und nationalen Synoden eingeladen. Trotzdem scheinen die Kontakte zu den Reformierten weniger gleichmäßig gewesen zu sein. Diese Verbindungen liefen meistens über die persönliche Beziehung zu diesem oder jenem Pfarrer, über die Beteiligung an einem Projekt hier oder einer Veranstaltung dort. Die Ursachen dafür liegen vermutlich in der Tatsache, daß die deutsche Gemeinde einerseits eine traditionsreiche Beziehung zu der Lutherischen Kirche hat (und damit auch in schwierigen Zeiten viel mehr gemeinsame Reibungsflächen hatte). Andererseits tritt die EELF als bischöfliche Kirche und als die kleinere geschlossener auf als die Reformierten. Doch kommen viele der herausragenden Persönlichkeiten,

---

77 Wie sehr sich die Verhältnisse im Vergleich zur Vorkriegszeit geändert haben, wird an dem intensiven Austausch deutlich, den die EELF mit dem Dekanat München pflegt, aber auch an den vielfältigen Kontakten zu ostdeutschen Gemeinden und Kirchen, gerade zu DDR-Zeiten. Der Martin-Luther-Bund hat sich immer wieder finanziell in Paris engagiert. Vielleicht sind diese problemlosen Beziehungen mit Deutschland nur deshalb möglich, weil diese Pariser Kirche seit Jahrzehnten völlig frankophon ist.

die zu der deutsch-französischen Versöhnung beigetragen haben, aus dem reformierten Bereich, z.B. Marc Boegner, Pierre und Jacques Maury, Charles Westphal, nicht zuletzt Georges Casalis. Er war nach dem Kriege der erste von mehreren bedeutenden französischen Militärgeistlichen in Berlin. Später – als Professor an der Freien Theologischen Universität von Paris – hat er regelmäßig mit der deutschen Gemeinde zusammengearbeitet. Mehrfach hat er in Radiogottesdiensten aus der Rue Blanche mitgewirkt.[78]

In diesen Abschnitt gehört auch die Tatsache, daß unsere Deutsche Evangelische Kirche assoziiertes Mitglied des französischen Kirchenbundes ist. In der *Fédération Protestante de France (FPF)* sind etwa 80 % der französischen Protestanten zusammengeschlossen. Von Ferne läßt sie sich vergleichen mit der EKD. Zwei wesentliche Unterschiede sind hervorzuheben: Erstens ist das konfessionelle Spektrum der FPF breiter. Außer den großen reformatorischen Kirchen, den Reformierten und Lutheranern, gehören auch Baptisten, Pfingstler, die bedeutende evangelische Zigeunermission und verwandte Freikirchen dazu. Zweitens schließt die FPF auch die großen diakonischen, sozialen und missionarischen Werke protestantischer Prägung ein. Dieser Kirchenbund ist bemüht, den von Hause aus zersplitterten französischen Protestantismus zu sammeln und zu einen. Nur so hat diese Minorität eine Chance, in der Öffentlichkeit wahrgenommen zu werden.[79]

Unsere Kirche gehört als assoziiertes Mitglied zur FPF. Auf diese Weise steht sie in regelmäßigem Austausch und in enger Gemeinschaft mit anderen französischen Kirchen, ist aber nicht an die Beschlüsse des Rates gebunden. Zu den Generalversammlungen alle vier Jahre entsendet sie einen Delegierten mit beratender Stimme. Die engen Kontakte haben historische Gründe: Schon in den dreißiger Jahren herrschte zwischen der Gemeinde und der Zentrale des französischen Protestantismus ein Klima freundlicher, aber nicht unbedingt freundschaftlicher Anteilnahme. In den schwierigen Jahren während des Krieges, als Boegner für die deutsche Abwehr »als einer der gefährlichsten Franzosen galt«, waren beide Seiten auf die gemeinsamen Kanäle angewiesen, auch Peters. Nach anfänglichen Irritationen wurde der Umgangston – so belegen es Briefe und Zeitzeugen – immer vertrauter. Bei Kriegsausbruch 1914 war der Schlüssel für die Kirche beim zuständigen Polizeikommissariat hinterlegt worden. 1944 wurde er den französischen Protestanten übergeben.[80]

---

78 Zwischen den beiden Kriegen scheinen die Beziehungen des Lutheraners Dahlgrün zu den Reformierten sehr viel zahlreicher und leichter gewesen zu sein als zu den Lutheranern. Mit Ausnahme von Louis Appia hielt er sie alle für »chauvinistisch«. – Beeindruckend ist, daß noch 1938 sehr intensiv im Gemeindeblatt zunächst eingeladen und später ebenso intensiv berichtet wird über die Frühjahrstagung der Union Protestante Chrétienne (der Evangelischen Christlichen Einheit Deutscher und Französischer Protestanten) in Verdun, zusammen mit dem damals um die Völkerfreundschaft sehr bemühten französischen Pfarrer Jules Rambaud. Zu dieser Jahrestagung gehörte ein gemeinsamer Rundgang über die Schlachtfelder von Verdun.
79 Dabei sind gerade protestantische Äußerungen zu sozial-ethischen Fragen in der modernen demokratischen Gesellschaft Frankreichs konsensfähig. Die alten Gegensätze von traditionellem Katholizismus und kämpferischem Antiklerikalismus verlieren an Bedeutung zugunsten von protestantischen Prinzipien wie Eigenverantwortung und Gewissensentscheidung, Gemeinsinn und demokratischer Beteiligung. So können der Soziologe Jean Baubérot oder der Politologe Alain Duhamel behaupten, Frankreich sei protestantisch geworden, ohne es zu merken: z.B. Duhamel im Gespräch mit »La Réforme« vom 11. Okt. 1991: »Les valeurs de la société française sont devenues protestantes.«
80 In dem Sitzungsprotokoll des Conseil de la Fédération Protestante am 7. August 1944 wird zu Boegner vermerkt: »Il rend hommage à M. PETERS pour la manière dont il a rempli la tâche d'aumônier auprès

Für die FPF ist natürlich der deutsche Pfarrer vor allem deswegen interessant, weil er gleichzeitig als Repräsentant der EKD angesehen wird. So vertritt er manchmal bei großen Kirchenversammlungen offiziell die eingeladenen Deutschen oder begleitet hochrangige Kirchendelegationen, die die F.P.F. besuchen. In jüngster Zeit war er an den Verhandlungen beteiligt, die zu den Verträgen der EKD mit den vier großen reformierten und lutherischen Kirchen in Frankreich (den sogenanten CPLR-Kirchen) führten und die die deutschsprachige Gemeindegruppe innerhalb der Eglise Réformée de Toulouse betrafen. Solche Fragen stehen nicht alle Tage an. Normalerweise geht es um Auskünfte oder um die Übersetzung von Papieren, Broschüren und gottesdienstlichen Vorlagen. Im übrigen ist der Verkehr gut nachbarschaftlich. Die Christuskirche liegt nur drei Minuten zu Fuß entfernt vom Sitz der FPF und der ERF in der Rue de Clichy, näher als jede andere Gemeinde. Keine Woche, in der nicht Post, Telefonate oder Besuche hin- und hergehen.

Bewegend war, wie die gesamte Spitze des französischen Protestantismus zu dem ökumenischen Gottesdienst am 3. Oktober 1990 bei uns erschien, obwohl nur kurzfristig eingeladen worden war. Das war mehr als Höflichkeit, das geschah in brüderlicher Mitfreude über die deutsche Wiedervereinigung. Als 1993 die französischen Protestanten erstmalig mit zwei Boutiquen auf dem Kirchentag in München vertreten waren, luden sie die deutsche Gemeinde ein, sich mit einer eigenen Stellwand zu beteiligen. Bei dieser Gelegenheit vertraten wir nicht Deutschland, sondern umgekehrt die Weite der französischen Kirchenlandschaft. So lebt unsere Kirche auf der Nahtstelle zwischen dem deutschen und dem französischen Protestantismus. Rechtlich gesehen ist sie unabhängig, tatsächlich gehört sie ein bißchen auf beide Seiten.

Die vielfältigen Kontakte mit *protestantischen Einrichtungen* in Paris können in diesem Rahmen nur angedeutet werden. Häufig hingen sie ab vom jeweiligen Stelleninhaber und seinen Gesprächspartnern, sie waren intensiver oder schliefen wieder ein. Nicht selten führen die Berührungen und Begegnungen über unser Haus. Wegen der zentralen Lage und der guten räumlichen Ausstattung haben sich zu allen Zeiten evangelische Organisationen gerne bei uns getroffen. Nach dem Krieg war die Christuskirche fast zu so etwas wie dem »Haus des Protestantismus« geworden. Die Schwedische Israelmission, die CIMADE und das Centre de Documentations waren hier beherbergt, mehrere Chöre probten hier, der CVJM und die Militärgeistlichen trafen sich. Noch heute erreichen uns häufig Anfragen, die wir nach Möglichkeit positiv beantworten.

Eine besondere Nähe empfand die Gemeinde immer zur CIMADE (Comité Inter-Mouvements auprès des Evacués). Junge Protestanten – zu nennen ist wieder Madeleine Barot –, aber auch Orthodoxe standen zu Beginn des Krieges unter dem Eindruck des Elends in den Internierungslagern. Zunächst handelte es sich um Elsässer, die ins Innere Frankreichs evakuiert worden waren, später um mißliebige Personen,

---

des prisonniers politiques protestants auxquels il a toujours témoigné beaucoup de sympathie... [Le conseil] ne voit aucune objection à ce que cet immeuble (l'Eglise Allemande) soit placé sous sa protection.« Das Zitat im Text oben stammt von Jean D. Fischer, »Marc Boegner« in M. Gloede, Ökumenische Gestalten, Berlin-Ost 1970, S. 288. Im übrigen siehe oben, insbesonders zu dem, was auf den Seiten 167–173, 182–189 zu Peters ausgeführt wird.

49. Die Verantwortlichen der CIMADE auf dem Balkon der Pfarrerwohnung in der Rue Blanche. Von links nach rechts: Madeleine Barot, Marc Boegner, François de Seynes

meistens Flüchtlinge aus Deutschland und Spanien, darunter viele Juden und Kommunisten. Die jungen Mitarbeiter der CIMADE versuchten Hilfe zu leisten und waren dabei außerordentlich erfinderisch und mutig. Vielen Juden haben sie das Leben gerettet. Sie haben sie mit dem Notwendigsten versorgt, sie haben sie versteckt oder heimlich über die Schweizer Grenze gebracht.

Deutschsprachig war nicht nur ein großer Teil dieser Opfer im Kriege, deutschsprachig waren auch viele, für die sich die CIMADE in der Nachkriegszeit einsetzte: heimatlose Juden und Ostmitteleuropäer. Selbst in Deutschland wurde sie aktiv, besonders in Mainz. Ihr Hauptquartier hatte sie in den leeren Gebäuden der Rue Blanche aufgeschlagen. Sie übte sozusagen eine Statthalterschaft aus, solange bis die deutsche Gemeinde wieder ihr Haus beziehen konnte. Bis heute sind Deutsche immer wieder als Mitarbeiter bei der CIMADE beschäftigt gewesen. Die zentralen Veranstaltungen aus Anlaß ihres 50jährigen Jubiläums im November 1989 fanden großenteils in unseren Räumen statt. Das was symbolträchtig und bewegend. So wie in Deutschland zu Weihnachten für »Brot für die Welt« gesammelt wird, so sammelt unsere Gemeinde für die CIMADE. Viele Entwicklungsprojekte in der Dritten Welt werden ohnehin gemeinsam mit »Brot für die Welt« betrieben. Aber die Spannweite ihrer Aktivitäten ist weiter. Bis heute tritt die CIMADE energisch für die Entrechteten und die Asylsuchenden auch im eigenen Lande ein.

Auch mit anderen protestantischen Einrichtungen in Paris hat die Gemeinde über die Jahre in Kontakt gestanden – häufig durch persönliche Querverbindungen verstärkt, etwa wenn Gemeindeglieder oder andere Deutsche dort mitarbeiteten. Die Gemeinde hat versucht, sich durch Kollekten an den sozialen und missionarischen Aufgaben des französischen Protestantismus zu beteiligen und damit ihr Interesse zu signalisieren.[81] Umgekehrt sollen die eigenen Mitglieder so auf das kirchliche Umfeld in Frankreich aufmerksam gemacht werden. Das geschieht etwa durch ausführliche Abkündigungen am Sonntag oder Artikel im Gemeindeblatt, gelegentlich durch einen Diavortrag im Sonntagsgespräch nach dem Gottesdienst oder auch durch Besuche in diesen Einrichtungen.

Im Gesichtsfeld der Gemeinde lagen immer – einmal schärfer, einmal verschwommener – die Arbeit der Studentengemeinde (APLI), der DEFAP, d.h. der früheren Pariser Mission, die z.B. Albert Schweitzer nach Gabun geschickt hat, oder der CASP. Dieses »Centre d'Action Sociale Protestant dans la Région Parisienne« leistet mit bescheidenen Mitteln intensive diakonische Beratung und Hilfe, wir können gelegentlich Hilfesuchende dorthin verweisen. Zu nennen sind auch die Evangelische Lepramission und die ACAT (»Action des Chrétiens pour l'Abolition de la Torture« – Christen gegen die Folter). Weiter gehören dazu mehrere Einrichtungen, die für die Entwurzelten und Entrechteten in dieser Stadt eintreten, etwa das Frauenhaus La Bienvenue und die Maison Verte, die beide in dem uns benachbarten Stadtbezirk am Montmartre liegen. Das zweite, das »Grüne Haus«, ist aus einer reformierten Gemeinde herausgewachsen, die sich intensiv auf ihr soziales Umfeld eingelassen hat, z.B. mit Therapie- und Selbsthilfegruppen, mit Sozialberatung, mit der Arbeit des Blauen Kreuzes u.a. Diese Arbeit haben wir immer mit Kollekten und Altkleidersammlungen unterstützt, ebenso die bewundernswerte Tätigkeit der Heilsarmee, die – klein wie sie ist – in Frankreich über 6000 Betten für Obdachlose zur Verfügung hält.[82] Kontakte bestanden auch zu dem Sonderpfarramt für sexuelle Minderheiten »Centre du Christ Libérateur«, das der belgische Baptistenpfarrer Joseph Doucé aufgebaut hat, der 1990 unter rätselhaften Umständen von der Polizei abgeführt und später ermordet aufgefunden wurde. Er kam gelegentlich zu uns zum Gottesdienst und hatte immer wieder deutsche Praktikanten. Katholischen Ursprungs ist ATD-Quart Monde, die »Vierte Welt«,[83] die sich dem Kampf gegen die entwürdigende Armut verschrieben hat – angefangen in unseren reichen europäischen Ländern. In den letzten Jahren haben wir diese Arbeit nicht zuletzt deswegen intensiv verfolgt, weil Mascha Join-Lambert dort als Volontärin in der Leitung mitarbeitet. Bei uns war sie Kirchenvorsteherin und zeitweilig Gemeindepräsidentin.[84]

---

81 Dieses ist zu allen Zeiten sehr wohl registriert worden. Im März 1930 z.B. sammelte die Gemeinde im Gottesdienst für die »durch die Wassernot in Südfrankreich heimgesuchten Glaubensgenossen«. Kurze Zeit später dankte Marc Boegner mit den Worten »J'ai fait part au Conseil de la Fédération Protestante de France de l'émouvant témoignage de sympathie que votre paroisse a tenu à donner aux églises protestantes, victimes des inondations«.

82 In den dreißiger Jahren wurde regelmäßig mit großen Anzeigen auf die Arbeit der Heilsarmee hingewiesen, damals z.B. auf den Bau der Cité de Refuge, einem Riesenkomplex, den Le Corbusier für die Heilsarmee errichtete.

83 Gegründet 1957 von dem Pariser Priester polnisch-spanischer Herkunft Joseph Wresinski.

84 Weitere Verbindungen wären sicherlich zu nennen, zum Beispiel zur Entraide Protestante, zur Mission Populaire, zu den Diakonissen von Versailles. 1986/87 haben wir unsere Gemeinde in zwei Sendungen auf Fréquence Protestante vorstellen können.

Andere Auslandsgemeinden

In wievielen Sprachen jeden Sonntag in Paris Gott angerufen und nach wievielen verschiedenen Katechismen religiöse Unterweisung erteilt wird – allein im evangelischen Bereich, das ist auch für Fachleute im französischen Kirchenbund nicht leicht zu übersehen. Gelegentlich ist versucht worden, die Vertreter verschiedener Auslandsgemeinden bei einem gemeinsamen Gottesdienst oder zu einer ökumenischen Tagung zusammenzuführen. Doch diese Bemühungen blieben sporadisch und erreichten nie alle. Wenn ein anglikanischer Erzbischof oder ein orthodoxer Patriarch in Paris zu Gast sind, werden häufig andere Auslandsgemeinden eingeladen. Ähnlich ist es, wenn ein neuer Pfarrer eingeführt oder ein Jubiläum begangen wird. Wahrscheinlich bestimmt häufig der Zufall, wer bei einer solchen Einladung erfaßt wird und wer nicht. Die klassischen Konfessionen der nördlichen Erdhalbkugel werden kaum übersehen. Doch wer kennt schon alle schwarzen Kirchen in Paris?[85]

Einige Auslandsgemeinden sind locker zusammengefaßt, zum Beispiel werden die lutherischen regelmäßig eingeladen zu den Pfarrkonferenzen der EELF. Dort tauchen dann Amerikaner, Afrikaner und Chinesen neben uns Deutschen und vor allem den Skandinaviern auf. Zu den Schweden haben wir die ältesten Beziehungen. Die schwedische Botschaftskirche hat ja von 1635–1806 auch die deutschsprachigen Lutheraner beherbergt. Nach dem letzten Krieg waren es schwedische Pfarrer, die den deutschsprachigen Dienst in der Christuskirche und anderen Pariser Kirchen weiterführten. Noch viele Jahre später erfreuten sich die Kuchentafeln in der schwedischen Kirche in der Rue Médéric bei älteren Deutschen besonderer Beliebtheit. Auch persönliche Kontakte bestanden gerade zu schwedischen Botschaftskaplänen, in jüngster Zeit regelmäßig im Rahmen des Weltgebetstags der Frauen.[86]

Die englischsprachigen Gemeinden treffen sich über die Konfessionsgrenzen hinweg zu ihren eigenen monatlichen Pfarrkonferenzen. Auch dorthin bestehen lockere Verbindungen, aber diese und andere Kontakte betreffen häufig nur die Pfarrer – nicht die Gemeinden.[87] Andere Beziehungen dagegen laufen über unsere Räume, besonders die Kirche. Die Zahl der französischsprachigen Protestanten in der Dritten Welt ist weit größer als die im eigenen Lande. Wenn diese Christen nach Paris kommen, z.B. als Studierende, als Arbeits- und Asylsuchende, gründen sie häufig ihre eigenen Gemeinden und suchen sich eigene Prediger und Pfarrer. Aber sie verfügen nicht über die geeigneten Räume oder Kirchen. Sie sind auf die Gastfreundschaft ihrer europäischen und amerikanischen Glaubensgenossen angewiesen.

Pfarrer Dahlkötter berichtet von evangelischen Spaniern, die ihre Gottesdienste in der Christuskirche gefeiert haben. In den letzten Jahrzehnten waren es meistens Christen aus Haïti oder aus Madagaskar. Seit 1989 versammelt sich eine presbyteria-

---

85 Zeitweise gab es allein drei bis vier verschiedene presbyterianische Gemeinden aus Kamerun, die sich nicht wegen ihrer Größe vervielfältigt, sondern wegen Sprach- und Stammesgrenzen aufgespalten hatten. – Natürlich sind die Grenzen zwischen Kirchen und Sekten, anerkannten Konfessionen und privaten Versammlungen fließend.
86 Dahlgrün pflegte auch private Beziehungen zu dem damaligen schwedischen Kollegen Stjurström.
87 Ökumenische Gottesdienste der Auslandsgemeinden wie 1973 in der amerikanischen Kirche oder später ebenfalls dort zum Weltgebetstag der Frauen blieben die Ausnahme.

nische, d.h. reformierte Gemeinde aus Kamerun jeden Samstag zu ihren Gruppen und jeden Sonntagnachmittag zu ihrem Gottesdienst in der Rue Blanche. Auch wenn es gelegentlich zu Begegnungen kommt, z.B. im Rahmen von Gottesdiensten oder von Konzerten, zu denen wir uns gegenseitig einladen, kann von einem wirklichen ökumenischen Austausch kaum die Rede sein. Dabei könnten wir von ihnen lernen, von ihrem religiösen Ernst und von ihrer ausgelassenen Fröhlichkeit. Jeder Gottesdienst ist für sie ein Fest und keine religiöse Freizeitbeschäftigung.

Freundschaftliche Beziehungen gibt es seit Jahrzehnten zu einigen Pfarrern aus Osteuropa, zu nennen ist besonders Emeric Kulifay, schon vor dem Krieg Pfarrer der ungarischen Protestanten, der sein mageres Salär als Taxifahrer zu verbessern suchte. Er starb 1985. Zu nennen sind die beiden Baptistenpfarrer Jeremy und Madeleine Hodoroaba. Er hat fast 30 Jahre lang täglich religiöse Rundfunksendungen für Rumänien zusammengestellt und über Radio Monte-Carlo ausgestrahlt – im Ein-Mann-Betrieb. Sie halten seit langem enge Kontakte zur deutschen Kirche. Nach dem Umsturz der kommunistischen Diktatur haben sie es unternommen, in großem Maßstab Hilfeleistungen nach Rumänien auf den Weg zu bringen, und wir haben versucht, ihnen dabei finanziell etwas unter die Arme zu greifen.

Vor und nach dem Krieg hat es viele Berührungen mit russisch-orthodoxen Christen in Paris gegeben. Die Hügelkirche wurde zu einem verbindenden Ort: das heutige Sergius-Institut hat immer das deutsche Erbe, insbesondere die Erinnerung an Bodelschwingh, geehrt. Deutsche Besucher, die dort hinkommen, denken nicht nur an die Vergangenheit, sondern lassen sich ergreifen von den kraftvollen und schönen liturgischen Gottesdiensten der Orthodoxen.

Katholiken und Protestanten

Seit 1626 gibt es regelmäßig lutherische Gottesdienste in deutscher Sprache in Paris. Die »Société Catholique des Nations Flamandes et Allemandes« ist nur ein Jahr später bei der Kirche Saint-Hippolyte gegründet worden. Natürlich war die Situation für deutsche Katholiken eine andere. Paris war für sie nicht Diaspora, weder religiös gesehen noch eigentlich sprachlich. Die Messe wurde damals überall in Europa in lateinischer Sprache gelesen. Im praktischen Leben jedoch wird sich ihre Lage nicht wesentlich von der ihrer protestantischen Landsleute unterschieden haben. Auch sie waren Fremde, auch sie suchten heimatliche Klänge in der Kirche. Die deutschsprachige katholische Seelsorge in Paris unterschied sich vielleicht im Stil und in der Form der Arbeit von der evangelischen, ihr Anliegen war dasselbe. Sie hatte auf ähnliche Bevölkerungsschübe zu reagieren, etwa im 19. Jahrhundert. Sie hatte es mit vergleichbaren Menschen zu tun, die ein ähnliches Schicksal erlitten hatten und häufig in derselben Misere lebten.

Aus heutiger Sicht ist es erstaunlich, wie wenig der evangelische und der katholische Pfarrer aus Deutschland miteinander zu tun hatten – bis in die Vorkriegszeit hinein, die erhaltenen Dokumente berichten kaum über Kontakte. Sie trafen sich etwa auf dem Soldatenfriedhof an Allerseelen oder am Volkstrauertag. Vielleicht trafen sie sich auch während der deutschen Besatzungszeit im Gefängnis, schließlich betreuten Pfarrer Peters und Abbé Stock in vergleichbarer Weise – wenn auch nicht im selben

Umfang – französische politische Häftlinge. Aber über eine Zusammenarbeit ist nichts bekannt.[88]

Wirklich geändert hat sich dies – wie es scheint, fast schlagartig, erst nach dem Zweiten Vatikanischen Konzil. 1970 kam Pfarrer Berger nach Paris und nahm sehr bald Kontakt auf zu seinem katholischen Kollegen Hermann Benz. Die »gute und enge Zusammenarbeit« bezog sich nicht nur auf den Religionsunterricht, bei dem sie sich gelegentlich gegenseitig vertraten oder den sie sogar gemeinsam gaben. Sie organisierten zusammen einen Basar, soziale und gesellige Aktivitäten wurden gemeinsam in Gang gebracht. Die katholische Gemeinde verfolgte interessiert die evangelischen Pläne für die westlichen Vororte, legte aber eigene Pläne für eine Seelsorgestelle im Westen – »gestützt auf nicht sonderlich ermutigende Erfahrungen der evangelischen Gemeinde« – wieder zu den Akten.[89]

Seit dieser Zeit ist die enge Tuchfühlung selbstverständlich geworden. Wir sitzen in einem Boot. Unter den Pfarrern Kusch und Seyler gab es ein gemeinsames »Bibelgespräch«, später und bis heute ökumenische Hauskreise. Die Gruppen hier und da überschneiden sich. Im Donnerstagskreis dort sind auch Protestanten, im Freitagskreis hier auch Katholiken. Oft sind es dieselben, vor allem gemischt konfessionelle Paare und junge Leute. Zum Oktoberfest geht man in die Rue Spontini, zum Basar in die Rue Blanche, und der Kinderfasching wird von vornherein gemeinsam geplant. Natürlich gibt es seit Jahren regelmäßig gemeinsame Gottesdienste, abwechselnd einmal hier, einmal dort. Dabei suchen wir Formen, die es uns erlauben, auch Brot und Kelch miteinander zu teilen. Rom ist weit entfernt, wir leben hier wie in einer Nische.

Die Ökumene ist so selbstverständlich geworden, daß manche fragen: Warum noch getrennt? Für viele ist es eher eine Geschmacks-, als eine Konfessionsfrage, wohin man sich hält. Vielleicht hat sich die Ökumene deshalb ein bißchen festgefahren. Die Theologie trennt uns weniger als der Stil – der Stil, in dem wir denken, leben und feiern. Die emotionale Bedeutung, die Kirche, Gottesdienst und Pfarrer für uns haben, ist nicht die gleiche. Über Dogmatik und Gesellschaftspolitik läßt sich gut streiten, weniger gut über so schwer greifbare Themen wie unser Menschenbild und unsere Welterfahrung.

Zum französischen Katholizismus: Die Kontakte zu der nächsten Kirche, Sainte-Trinité, sind gut nachbarschaftlich. Plakate werden ausgetauscht, unsere Gaben vom Erntedankaltar werden dankbar in der katholischen Armenküche entgegengenommen, auf kirchenmusikalischer Ebene besteht ein reger Austausch. Auch zu persönlichen Einladungen ist es gekommen. Abbé Pierre, der wie ein lebender Heiliger von Christen und Nichtchristen in Frankreich verehrt wird, hat im Rahmen der CIMADE zeitweise in der Rue Blanche mitgearbeitet – wie andere Katholiken auch. Berühmt geworden ist er durch Emmaüs, die wichtige Selbsthilfeorganisation der

---

88 Ich habe Peters 1987, wenige Monate vor seinem Tod, nach Abbé Stock gefragt. Er hat ihn kaum gekannt. Allerdings scheinen Protestanten und Katholiken in der zweiten Hälfte der Dreißigerjahre in Abwehr des Nationalsozialismus stärker zusammengerückt zu sein. Dahlgrün betonte gelegentlich die Solidarität mit der katholischen Gemeinde. Ev. Frauenhilfe und der kath. Elisabethverein luden sich gegenseitig zu ihren Basaren ein. Die beiden Pfarrer trafen sich auch in der deutschen Schule im Rahmen des Religionsunterrichtes. Siehe dazu S. 169.
89 Vergleiche die Festschrift »150 Jahre Katholische Gemeinde Deutscher Sprache in Paris«, Paris 1987, S. 37.

Obdachlosen. Willi Lutz berichtete, wie die Junge Gemeinde in einer großen Aktion den Keller entrümpelte von alle dem, was sich während und nach dem Krieg angesammelt hatte. Er sei verwundert gewesen über den katholischen Priester, der sich für die alten Klamotten interessierte und sie auch selber abholte.

Auf Ortsebene begegnet man sich bei der »Woche für die Einheit der Christenheit« oder beim »Weltgebetstag der Frauen«. Wir werden zu ökumenischen Tagungen eingeladen und nehmen je nach Zeit und Thema daran teil. Eine besondere Faszination übt auf uns Großstädter die Ruhe und die schlichte liturgische Gestaltung der Tageszeitgebete aus, die in der Kirche Saint-Gervais und in Kommunitäten der Umgebung von Paris gehalten werden. Pfarrer Kusch – aber er nicht allein – hat gerne, auch mit Gruppen, diese Orte der Stille aufgesucht. Er hat auch im Gemeindeblatt auf die Kreuzprozession am Karfreitag zum Montmartre hinauf und die alljährliche Wallfahrt katholischer Studenten »Route de Chartres« hingewiesen. Kardinal Lustiger hat mich einmal auf einem Empfang mit den Worten begrüßt: »Ah, dann gehören Sie ja zu meinen Schafen!« Doch das war wohl als Scherz gemeint.[90]

Begegnung mit Juden

Für Deutsche ungewohnt – wir leben in einem Stadtbezirk, der nach den Worten seines Bürgermeisters drei (sehr große) katholische, zwei lutherische (dazu gehört die unsrige) und eine orthodoxe Kirche zählt, aber acht Synagogen. Am Freitagabend fallen auf der Straße die schwarzen Hüte und Kippa in die Augen; die Schulkameraden der eigenen Kinder kommen zum Teil aus jüdischen Elternhäusern;[91] getaufte Juden sind Gemeindeglieder; jüdische Freunde kommen zu Veranstaltungen oder gehören – z.B. als Ehemänner – in das unmittelbare Umfeld der Gemeinde.

Eine neue und nicht leicht zu verarbeitende Erfahrung! Bei Deutschen aus der Vorkriegsgeneration liegt dieses zutage. Gerade bei ihnen lassen sich gelegentlich extreme Reaktionen beobachten: verstockter Antisemitismus ebenso wie lautstarker Philosemitismus. Im täglichen Miteinander spielt es allerdings kaum eine Rolle, ob der andere Deutscher oder Franzose, Christ oder Jude ist. Die unmittelbare Nachkriegsgeneration hat sich wahrscheinlich am intensivsten mit diesem finsteren Kapitel deutscher Geschichte auseinandergesetzt. Für sie war es zugleich die Auseinandersetzung mit ihren Eltern und Lehrern. Doch diese heute 50jährigen kennen Juden oft nur aus dem Film, als Autoren oder Referenten. In Frankreich begegnen sie ihnen als normalen Mitbürgern – dem Zahnarzt, den Eltern von anderen Schulkindern, dem Versicherungsagenten. Häufig fühlen sie sich unsicher und gehemmt, gerade sie fühlen sich schuldig. Bei manchen Jüngeren beobachtet man ähnliche Reaktionen, für andere ist es ein schlimmes, aber fernes Kapitel aus der Geschichte, mit dem sie nichts zu tun haben. Hier in Paris werden sie von der Vergangenheit eingeholt. Es muß nicht

---

90 In vergangenen Jahren müssen auch Verbindungen zu den Alt-Katholiken bestanden haben. In Frankreich sind es wenige, jedoch liegt ihr Hauptquartier nur ein paar Straßenzüge von uns entfernt. Wir erhalten regelmäßig ihr Monatsblatt »La Flamme«.
91 Unsere Tochter besucht seit 9 Jahren französische Schulen. Fast immer war sie die einzige Protestantin in der Klasse, aber immer gab es mehrere jüdische Mitschüler, nicht selten fand sie gerade unter ihnen ihre Freundinnen.

viel darüber geredet werden, sie spüren: wir sind Deutsche und deshalb tragen wir mit daran, auch wenn uns niemand persönlich beschuldigt.[92]

Zur Christuskirche haben immer getaufte Juden gehört. In den dreißiger Jahren haben mehrere an verantwortlicher Stelle mitgearbeitet und sich zurückgezogen, als sie erfahren mußten, welchen Einfluß Nationalsozialisten in der Gemeinde gewannen und wie der Pfarrer ausgleichen wollte, wo er hätte Partei ergreifen müssen.[93]

Unmittelbar nach dem Krieg zog neben der CIMADE die schwedische Israel-Mission in die Rue Blanche ein. Heute erscheint es geradezu absurd, daß im früheren Haus der deutschen Kirche nicht nur getaufte Juden eine Heimat fanden, sondern daß weitere »bekehrt« wurden. Offensichtlich standen nicht wenige von ihnen unter dem Eindruck, daß nach der Schoah das Schicksal des Judentums tatsächlich besiegelt sei.[94]

Auf drei Ebenen kam es in den letzten Jahrzehnten zu Begegnungen der Gemeinde mit Juden: erstens in der Gemeinde selbst, zweitens im deutsch-jüdischen Umfeld, drittens auf der religiösen Ebene Kirche-Synagoge.

Im Galaterbrief schreibt Paulus von der Kirche: »Hier ist nicht Jude noch Grieche, hier ist nicht Sklave noch Freier, hier ist nicht Mann noch Frau; denn ihr seid allesamt einer in Christus Jesus« (3,28). Zu der Heimtücke der Nationalsozialisten gehörte es, daß sie versuchten, diese Einheit unter rassistischen Gesichtspunkten rückgängig zu machen. Die Schuld der Kirche war es, daß sie dem politischen Druck mehr oder weniger nachgab. Es hat mich immer bewegt, daß trotzdem viele dieser verstoßenen Schwestern und Brüder nach dem Krieg wieder die Gemeinschaft mit unserer Kirche

---

92 Pfarrer Semler, der 1954 nur für kurze Zeit in Paris war, nennt in einem Atemzug zwei sehr verschiedene Erfahrungen, die er gemacht habe: Als bekannt geworden sei, daß die deutsche evangelische Gemeinde wieder in ihr altes Haus in der Rue Blanche einziehen wolle, seien Anwohner der Straße mit einer Liste von Haus zu Haus gegangen mit der Frage: »Möchten Sie in unserer Rue Blanche wieder häufiger die deutsche Sprache hören? Oui ou non?«. Natürlich hätten sämtliche Bewohner mit Nein geantwortet. Daraufhin hätte das Innenministerium ihm dringend geraten, von dem Vorhaben wieder abzurücken: »Sehen Sie, es ist ganz zwecklos, daß Sie hier sind, wir können gegen den Willen der Einwohner nichts tun, und Sie setzen sich den schlimmsten Unannehmlichkeiten aus!«
Trotzdem habe man mit dem Gottesdienst begonnen. Dafür hätte aber erst die Kirche freigeräumt und gereinigt werden müssen. Gräfin Hardenberg, die die deutschen Gottesdienste damals auf dem Harmonium begleitete, und er hätten sich selbst an die Arbeit gemacht. Bei den hohen Chorfenstern aber hätten sie eine Reinigungsfirma hinzuziehen müssen: »Die haben das ganz wunderschön gemacht und die Kirche [wurde] ein ganzes Stück heller und freundlicher. Dann wartete ich mit Sorge auf die Rechnung, denn die mir zur Verfügung stehenden Mittel waren natürlich sehr beschränkt... Als die Rechnung nicht kam, habe ich antelefoniert bei der Firma, sie sollte doch endlich die Rechnung schicken, und da war der Inhaber der Firma selber am Telefon und sagte: ›Nein, Sie kriegen gar keine Rechnung. Wir haben ja die Fenster für ein Gotteshaus gereinigt. Ich bin Jude, und ich reinige hier für verschiedene Synagogen die Fenster, und das tun wir selbstverständlich für ein Gotteshaus umsonst.‹ Ich habe mich selten in meinem Leben so geschämt wie in diesem Augenblick und ihm so herzlicher gedankt.« (Text des Tonbandinterviews, S. 5–6).
93 Näheres siehe oben S. 142 ff. Während des Krieges dürfte es kaum Juden in der Gemeinde gegeben haben. Madeleine Barot, die unmittelbar nach der Befreiung von Paris in das Gemeindehaus einzogen war, stieß unvermutet auf ein paar Juden, die sich im Keller versteckt hatten. Sie meint, Pfarrer Peters müßte von diesen Juden gewußt haben.
94 Einer jener Pfarrer war der ehemalige ungarische Rabbiner André Frankl. Vor 1939 unterhielt er zusammen mit seinem Kollegen Vincent eine Hilfsstelle für verfolgte Juden in der baptistischen Kirche, Avenue du Maine. Siehe S. 163–165. – Noch heute gibt es in Paris eine baptistische Gemeinde Messianischer Juden, deren Monatsblatt »Le Berger d'Israël« uns regelmäßig erreicht. Vermutlich hatte einer der deutschen Nachkriegspfarrer Beziehungen zu dieser Gruppe. Dieses Blatt existiert übrigens seit 1936, verantwortlich dafür ist heute Pfarrer Jacques Guggenheim.

gesucht haben. Das fällt in Deutschland zahlenmäßig kaum ins Auge, in unserer Gemeinde ist das bis heute anders. Alte Gemeindeglieder kehrten zurück, neue schlossen sich an. Zu den alten gehörte der Rechtsanwalt Dr. Robert Marx, der erneut für die Gemeinde tätig wurde, als es um die Rückgabe der Gebäude ging, aber keineswegs nur er. Andere kamen neu hinzu. Im Altenkreis bin ich verschiedenen von ihnen begegnet. Dort habe ich allerdings auch verbale Auseinandersetzungen erlebt, bei denen die Vorurteile und Vorwürfe von vorgestern so aufgewärmt wurden, daß mir der Schweiß auf die Stirn trat.[95]

Zu dem Umfeld der Gemeinde gehören bis heute Juden, die vor 60 Jahren aus Deutschland geflohen sind und in Sprache, Kultur, Habitus ein Stück Deutschland verkörpern, das es so sonst kaum mehr gibt. In unmittelbarer Nähe der Rue Blanche wohnte bis zu seinem Tod 1988 der Arzt Dr. Joseph Jaffe, der aus Schlesien stammte, in Hannover als Gewerbearzt gearbeitet hatte und dann Deutschland verlassen mußte. Während des Krieges arbeitete er in Südfrankreich mit einem evangelischen Pfarrer zusammen, als es darum ging, 2000 jüdische Kinder in einem Lager mit dem Lebensnotwendigen zu versorgen. Später war er deutscher Botschaftsarzt in Paris und hat sich persönlich für die deutsch-israelische Annäherung eingesetzt. Er war Hausarzt mehrerer Pfarrer und verstand sich immer als ein Freund der Gemeinde.

Meine Vorgänger sind noch sehr viel mehr Menschen aus dieser aussterbenden Generation begegnet. So berichtet Pfarrer Berger: »Unvergeßlich ist mir ein seelsorgerliches Gespräch mit einem deutschen Juden, der sich zur Lebensaufgabe gemacht hatte, alle deutschen KZs zu besuchen, um seine Alpträume abzuarbeiten, sein Leid herauszulassen. Er konnte nicht fertig werden mit der Vergangenheit und suchte einen deutschen Menschen, dem er alles klagen und sagen durfte. Der Pfarrer (in diesem Fall ich) konnte nur zuhören, mitbeten und mitweinen angesichts des übergroßen Leides und der Schuld.« In der »Solidarité« sind viele aus Deutschland stammende Juden organisatorisch zusammengefaßt. Sie verfügen über ein eigenes Altersheim in Limours und treffen sich regelmäßig, soweit dies in ihrem Alter noch möglich ist.[96] Über die »Aktion Sühnezeichen« ist oben berichtet worden. Ihre Freiwilligen werden zum Teil bei diesen alten Menschen eingesetzt.

»Vor 50 Jahren brannten in Deutschland die Synagogen«. Unter diesem Thema hat die Gemeinde im November 1988 zu mehreren Veranstaltungen eingeladen, unter anderem zu einer Matinee mit dem Chor der Großen Synagoge, der aus einer langen, leidgeprüften jüdischen Tradition liturgische Musik vortrug. Im Mittelpunkt am 9. November stand ein Podiumsgespräch mit dem früheren Landesbischof Helmut Claß, der Anglistin Marita Kern (bis 1938 in Berlin) und der Schriftstellerin Katha-

---

95 Die Betroffenen leben heute nicht mehr. – Übrigens hat Dr. Marx bei seinem Tod der Gemeinde einen größeren Betrag hinterlassen, der u.a. dazu diente, die großen holzgeschnittenen Figuren der Weihnachtskrippe zu kaufen. – Obwohl er in Douai wohnt, gehört der heute 90jährige frühere Anwalt und Philologe Günter Schild zum weiteren Kreis der Gemeinde. Seine abenteuerliche Flucht aus Deutschland 1933 und wie er sich mühsam in Frankreich durchgeschlagen hat, während der deutschen Besatzung unter Lebensgefahr, hat er in seinem Buch »Frankreich ohne Rückfahrkarte« beschrieben. Nach dem Krieg hat er sich als CVJM-Sekretär für deutsche Kriegsgefangene eingesetzt.
96 Peter Adler hat 1956 in einer Rundfunkreportage mit dem Titel »Die Vergessenen. Aufzeichnungen über das Leben deutscher Juden in Paris« einen wahren Sturm von Hörerreaktionen provoziert. Millionen Mark wurden von privater und öffentlicher Hand gespendet. Das genannte Altersheim und zahlreiche Wohnungen in Paris konnten erworben werden. Die Wiedergutmachungsprozeduren wurden beschleunigt (Die Sendung wurde am 6.5.1994 auf NDR 3 neu ausgestrahlt).

rina von Bülow. Kurzfristig mußten zwei weitere Teilnehmer absagen. Stattdessen erschien überraschend Professor Jean-Michel Stourdzé, prominenter Wirtschaftswissenschaftler und jüdischer Theologe. Die Deportation nach Deutschland hatte er mit knapper Not überlebt, das Halskorsett zeugte von schlimmen Erlebnissen. So wie er auftrat und redete, erinnerte er an einen alttestamentlichen Patriarchen, der die schweren Prüfungen, die Glaubenstreue und die Weisheit seines Volkes verkörperte. Gerade das Lebenszeugnis der Verfolgten bewegte. Ihre Mahnung lautete: nichts vergessen, aber doch gemeinsam den Weg in eine menschlichere Zukunft bahnen!

Begegnungen mit jüdischen Kultgemeinschaften hat es nur sporadisch gegeben. Pastor Rüdiger Frey berichtet von ökumenischen Kontakten zu einer jüdischen Gemeinde im Westen. Erfahrungen von Gemeindegliedern, zum Beispiel mit der »Jüdisch-Christlichen Freundschaft«, schlugen sich in der Gemeinde nieder. Einzelne Gruppen wie die Konfirmanden haben die Nähe so vieler Synagogen genutzt, um den jüdischen Kultus kennenzulernen.[97]

Deutsche in Frankreich

»Der Vertreter der ältesten deutschen Kultureinrichtung in Paris« – so pflegte mich der Kulturattaché der deutschen Botschaft, Dr. Truhart, im Gespräch vorzustellen. Ein Bonmot, das auf die deutsche Kirche zutrifft. Ebenso gut könnte man den Akzent darauf legen, daß die Gemeinde in den ersten 180 Jahren ihres Bestehens sozusagen die religiöse Abteilung der schwedischen Gesandschaft war, in der man sich auch der deutschen Sprache bediente. Schließlich wieder eine andere Sicht: sie war auch – gerade in den Anfängen – der fromme Zusammenschluß deutscher Lutheraner in Paris, die sich einen geeigneten Mann als Prediger suchten und sich im katholischen Frankreich unter den Schutz einer protestantischen Macht stellten. So ähnlich ist ja auch in Deutschland einmal das »landeskirchliche Regiment« entstanden.

Geschichtliche Erinnerungen spielen manchmal unterschwellig eine Rolle, wenn deutsche Institutionen in Paris miteinander zu tun haben. Natürlich sind heute die beiden Kirchen nur zwei deutsche Einrichtungen unter vielen. Die meisten blicken allerdings auf eine sehr kurze, eine Nachkriegsgeschichte zurück. Viele sind ohne Vorgänger, bei anderen kann man die Wurzeln oder die Vorläufer in den deutschen Kirchengemeinden finden. Was damals unter einem Dach zusammengefaßt war, hat sich im Laufe der Zeit aufgefächert und selbständig gemacht. Das gilt namentlich für

---

[97] Begegnungen mit Moslems mache ich hier nicht zum Thema. Natürlich gibt es sie, z.B. ist die sehenswerte große Moschee neben dem Jardin-des-Plantes immer wieder von Gruppen besucht worden, auch im Zusammenhang mit Gesprächsreihen über den Islam (z.B. 1992/93). Zum Gottesdienst und anderen Veranstaltungen kommen gelegentlich Moslems, sei es als Ehepartner von Christen, sei es aus anderen Gründen. In der Seelsorge hat es des öfteren Fälle gegeben, wo wir zum Beistand aufgerufen wurden, wenn deutsche Frauen, die mit moslemischen Franzosen verheiratet waren, in eheliche Schwierigkeiten gerieten. Meistens ging es um die Kinder, die ohne großes Aufsehen nach Deutschland gebracht werden sollten. – Nordafrika ist gerade im Norden von Paris allgegenwärtig. Das christlich-islamische Gespräch steckt insgesamt noch in den Kinderschuhen. Dabei ist der Islam nach der katholischen Kirche heute die zweitgrößte Religionsgemeinschaft in Frankreich. Ob der Ramadan am selben Tag wie in Mekka oder nach dem Stand des Mondes in Paris beginnt, das beschäftigt auch die Abendnachrichten im französische Fernsehen.

Schulen und Kindergärten, soziale und medizinische Dienste, Heime der unterschiedlichsten Art.[98] Wenn wir heute mit den deutschen Vertretern von schulischen, kulturellen und sozialen Einrichtungen in Paris zu tun haben, klingen gelegentlich latente Konkurrenzgefühle an. Die Verwandschaft läßt sich nicht leugnen. – Mit welchen deutschen Einrichtungen haben wir es zu tun? Ich fasse sie im folgenden unter vier Leitbegriffen zusammen:

Diplomatische Stellen. Dazu zähle ich – Ehre, wem Ehre gebührt – an erster Stelle die Deutsche Botschaft, danach die übrigen deutschen Botschaften und Vertretungen, z.B. bei der UNESCO und der OECD, das Generalkonsulat und verschiedene militärische Dienststellen, die in der Regel einen diplomatischen Status haben. Daß die Beziehungen zur Botschaft für die Kirche von jeher elementar gewesen sind, ist in Teil I des Buches ausführlich belegt worden. Diese Beziehungen waren oft hilfreich, manchmal kompliziert, immer notwendig. Über lange Zeit waren sie ein milder Abglanz des berühmten Verhältnisses von »Thron und Altar«.

Die Kirchen Les Billettes, später La Rédemption, schließlich die Christuskirche waren Botschaftskirchen, wenn wohl auch nie offiziell so betitelt. Dorthin begab sich der preußische Gesandte Otto von Bismarck, wenn er zum Gottesdienst fuhr. Dort wurde die Straße von der französischen Polizei abgesperrt, wenn der kaiserliche Botschafter an einem offiziellen kirchlichen Akt teilnahm. Und da er die protestantischen Hohenzollern vertrat, spielte es keine Rolle, daß etwa Fürst Radolin selbst aus einer polnisch-katholischen Familie stammte. Dort stiftete der Botschafter von Schoen ein farbiges Glasfenster, als 1912 das neue Gemeindehaus in der Rue Blanche eingeweiht wurde. So liest man es noch heute im Bogen der großen Lünette zur Straße hin. Und natürlich waren der Botschafter oder seine Repräsentanten im Kirchenvorstand vertreten, früher sogar als Präsidenten. Die Gattinnen nahmen am Damenzirkel teil oder wurden aktiv in den kirchlichen Oeuvres de la Charité. Nach meinen Beobachtungen nimmt noch heute ein vergleichsweise hoher Anteil von Familien aus diesem Bereich am Gemeindeleben teil. Das gilt namentlich für Soldaten.

Aber natürlich gilt auch das Umgekehrte: Mehrmals im Jahr laden die Botschaft und andere Vertretungen aus diversen Anlässen ein. Die Pfarrer sind den Einladungen einmal freudiger, einmal zögernder gefolgt. Das Palais Beauharnais, die Residenz des Botschafters, mit einer Empire-Ausstattung, die selbst in Paris ihresgleichen sucht, ist jedesmal eine Augenweide. Schließlich und vor allen Dingen, auf solchen Empfängen trifft man neue Leute, schließt Kontakte, verabredet Termine, arrangiert Verbindungen oder erinnert einfach daran, daß es auch eine deutsche Kirche gibt. Das gilt natürlich auch für alle anderen Empfänge, Begrüßungsabende, Imbisse, Umtrünke und Vins d'honneur – sei es beim Schulvorstand, in der Handelskammer oder im Goethe-Institut.[99]

Im alltäglichen Geschäft unterstützen sich Kirche und Botschaft gegenseitig durch Rat und Tat. Dort weist man auf unsere Gottesdienste hin, hier liegen die neuesten

---

98 Selbst zinslose Kredite sind im vergangenen Jahrhundert eine Zeitlang von den Kirchen vermittelt worden. Banken gab es natürlich, nur war das Geld dort für arme Schlucker zu teuer.
99 Von ähnlichen Kontakten zu den diplomatischen Einrichtungen anderer deutschsprachiger Länder habe ich nicht gehört und sie auch nicht erlebt. Bei den Vertretungen der DDR war es auch nicht anders zu erwarten. Die einzige mir bekannte Ausnahme waren die Feierlichkeiten zum 50. Jahrestag der Reichskristallnacht 1988. Ein hochrangiger ostdeutscher Delegierter kam auf unsere Einladung hin.

Paß- und Rentenbestimmungen aus sowie die Hinweise auf die Europawahl. Unser Lesepult wurde gelegentlich ins Konsulat ausgeliehen; ein großes Blumenbouquet, das dem Bundespräsidenten anläßlich eines Besuchs in Paris überreicht worden war, schmückte mit seiner Zustimmung unseren Erntedankaltar. Die beiden Bundespräsidenten Heuss und Carstens haben der Gemeinde einen Besuch abgestattet, letzterer schon außer Dienst 1987.

Kanzel und Katheder. Um die Beziehungen zu deutschen Kulturinstitutionen im allgemeinen und zu den Schulen insbesondere geht es in diesem Abschnitt. Im Jahresbericht der »Deutsch-Französischen Evangelischen Mission« für 1868 wird berichtet, daß allein dieses Missionskomitee – neben anderen pastoralen und sozialen Aufgaben – im 5. (Saint-Marcel), im 17. (Batignolles) und im 19. Arrondissement (La Villette) sieben deutsche und zwei französische Schulen unterhalten habe; kleine Schulen, aber immerhin.[100] Das war sicher der Höhepunkt. Bis zum 1. Weltkrieg nahm die Zahl eigener Schulen ständig ab. Pfarrer Dahlgrün hätte gerne wieder eine Schule ins Leben gerufen und hat im kleinen Rahmen im Gemeindehaus damit begonnen, aber fand keine Gegenliebe auf seiten der Botschaft und anderer.[101]

Es gibt keine kirchlichen Schulen deutscher Sprache. Erstaunlicher – jedenfalls für Franzosen – es gibt überhaupt keine deutsche Schulen mehr im Zentrum von Paris. In den letzten Jahren haben einige französische Lyzeen deutschsprachige Zweige aufgebaut, es gibt auch mehrere deutsch-französische Kindergärten in Paris. Aber die deutschen Schulen sind alle außerhalb, im Westen: die Deutsche Schule Paris (DSP), zunächst in Rocquencourt, seit 1970 in Saint-Cloud; das Lycée Franco-Allemand, zunächst in Versailles, jetzt in Buc; das Lycée International in Saint-Germain-en-Laye mit rund zehn verschiedenen nationalen Sektionen.

Was haben wir mit diesen Schulen zu tun? Zunächst – und vielleicht am wichtigsten – wir haben es mit derselben Klientel zu tun, den Deutschen im Westen. Immerhin ist 20 Jahre lang das Projekt verfolgt worden, in Schulnähe eine eigene Gemeinde entstehen zu lassen. Es sind vielfach dieselben Menschen, die in Schule und Kirche aus- und eingehen: Schüler, Eltern, Lehrer, Pfarrer. Es gibt Kontakte; Termin- und Raumabsprachen sind notwendig; Konfirmandenunterricht, Jugendgruppen, Gesprächskreise haben zu manchen Zeiten in der DSP stattgefunden.

An zweiter Stelle zu nennen ist die kirchliche Betreuung der Schulen. Pastor Berger spricht ausdrücklich von der seelsorgerlichen Aufgabe an den Schülern, die sich gelegentlich im Religionsunterricht stellt. Der häufige Schulwechsel macht vielen Kindern und Jugendlichen zu schaffen.[102] Auch als Religionslehrer ist der Pfarrer eben Pfarrer, er ist ein Außenseiter im Kollegium, dem man oft mit einer merkwürdigen Mischung von Skepsis und positiver Erwartung begegnet. Zu nennen sind in diesem Zusammenhang die Schulgottesdienste, die es gerade in der Anfangszeit gegeben hat. Pfarrer Leser berichtet, wie die Schulbusse zu Beginn und am Ende des Schuljahres die Schüler zum Gottesdienst in die Christuskirche brachten. Später sind

---

100 Nach Friedrich Bansa, Die Deutsche Hügelgemeinde in Paris, 1858–1908, S. 23. – Bodelschwingh bedauert zur selben Zeit, daß es keine deutschsprachigen höheren Schulen in Paris gäbe. Frisius hat in den achtziger Jahren eine höhere Mädchenschule gegründet, sie aber zehn Jahre später wieder geschlossen. Es mangelte an Nachfrage.
101 Von 1929–1936 gab der Lehrer Emil Linser deutschen Unterricht im Gemeindehaus.
102 Zur Zeit rechnet die DSP mit einer durchschnittlichen Verweildauer der Schüler von drei Jahren, und dabei sind die wenigen mitgerechnet, die vom Kindergarten bis zum Abitur die Schule besuchen.

eine Zeitlang Schulgottesdienste in der nahe gelegenen reformierten Kirche in Saint-Cloud gefeiert worden. Heute ist die Frage danach erneut gestellt worden. Auch im Lycée International gibt es jährlich einen ökumenischen Gottesdienst, der von den verschiedenen Sektionen gemeinsam gestaltet wird.

An dritter Stelle – und vom zeitlichen Aufwand her am spürbarsten – ist der Einsatz von Pfarrern und Vikaren im Religionsunterricht zu nennen. Einzelne Pfarrer haben zwölf, ja mehr Religionsstunden pro Woche gegeben und das beanspruchte etwa die Hälfte ihrer Arbeitszeit. Meistens unterrichteten mehrere evangelische Theologen gleichzeitig, jahrelang auch Schweizer. In der DSP ist der Religionsunterricht ordentliches Lehrfach für alle Klassen. Allerdings sind dafür von der Schulleitung nie Lehrer aus Deutschland angefordert worden. Bis heute sind es neben dem Pfarrer die sogenannten Ortskräfte, die den Unterricht erteilen. Sie besitzen einen minderen Status. Dazu könnte man Fragen stellen.

In anderer Form geschieht die religiöse Unterweisung in den beiden weiteren Schulen. Beide sind dem französischen Schulgesetz unterworfen, das Religion vom Lehrplan ausschließt. Die Deutsch-französische Schule in Buc besuchen aber viele Kinder, die nur für wenige Jahre das deutsche Schulsystem verlassen, in dem der Religionsunterricht in der Regel vorgesehen ist. In Buc wird deshalb, wenigstens in den unteren Klassen, Religion gegeben, aber nicht zensiert. Am Lycée International in Saint-Germain-en-Laye schließlich haben die Religionsgemeinschaften die Möglichkeit, in der Mittagspause oder nach Schulschluß am späten Nachmittag eine Kinderbibelstunde in den Schulräumen zu halten. Das ist immer genutzt worden, sei es von Pfarrern, Vikaren, diakonischen Praktikanten, sei es von Eltern – so etwa von Frau Join-Lambert.

Natürlich gibt es vielfache Beziehungen zu anderen deutschen Kultureinrichtungen, häufig durch persönliche Querverbindungen, im letzten Jahrzehnt namentlich zum Deutschen Historischen Institut. Aber diese Verbindungen sind eher zufällig. Ich begnüge mich damit, die wichtigsten Einrichtungen zu nennen: das Goethe-Institut, das Heinrich Heine-Haus in der Cité Universitaire, der Deutsche Akademische Austauschdienst, der Chor Franco-Allemand, das Deutsch-französische Jugendwerk, dessen Präsident Albrecht Krause eine Zeitlang gleichzeitig Präsident der Deutschen Gemeinde war.

Soziale Einrichtungen. 1840 war die »Evangelische Mission unter den Deutschen in Paris« ins Leben gerufen worden. Den Gründern war sehr bewußt, daß sich geistliche und soziale Hilfe nicht trennen lassen. Was diese deutsche Mission an diakonischer Arbeit geleistet hat, ist bis heute bewundernswert.[103]

1844 wurde auf der Titelseite des »Vorwärts« aufgerufen »Zur Bildung eines Hülfs- u. Unterstützungsvereins für Nothleidende Deutsche in Paris«. Der – kurzgenannt – »Deutsche Hilfsverein« fand später in Lyon, Marseille und Le Havre Ableger. 1914 wurde er geschlossen und begann erst 1927 erneut mit seiner Arbeit, im selben Jahr wie die Deutsche Evangelische Kirche in Paris und unter Mitwirkung ihres Pfarrers. Der Gewerkschafter und Sozialdemokrat Albert Preuß († 1994) aus Hannover, der vor den Nationalsozialisten nach Frankreich geflohen war, hat nach dem 2. Weltkrieg das »Deutsche Sozialwerk« neu gegründet und ist jahrzehntelang

---

103 Näheres dazu wie auch zum Folgenden siehe S. 6 und 41–50.

auch sein Präsident gewesen. In Paris und in ganz Frankreich hat das Sozialwerk einigen Tausend entwurzelten Deutschen geholfen, wieder Fuß zu fassen und ihre Rentenansprüche in Deutschland geltend zu machen.

In Paris ist der Pfarrer in der Regel im Vorstand vertreten. Andere persönliche Verbindungen kommen hinzu. Natürlich haben es Kirche und Sozialwerk häufig mit denselben Menschen zu tun: alten Menschen, Notleidenden, Wohnungs- und Arbeitsuchenden, Gefängnisinsassen und anderen mehr. Gerade in unserer Anfangszeit in Paris haben wir uns regelmäßig mit der Bitte um Auskunft an das Sozialwerk gewandt und immer ein offenes Ohr gefunden.

Das Deutsche Sozialwerk und auch das Konsulat sind ganz anders als wir für die sachkundige Betreuung von Hilfesuchenden eingerichtet. Aber es gibt Zeiten, wo beide geschlossen haben, und es gibt Fälle, wo unbürokratisch geholfen werden muß; da können wir manchmal flexibler reagieren. Bei manchen »Kunden« bewährt sich der telefonische Rundruf, der dann auch den katholischen Pfarrer einbezieht.

Zu nennen wäre an dieser Stelle auch die Vereinigung deutschsprachiger Psychologen und Therapeuten, die sich eine Zeitlang in unseren Räumen traf. Es gibt immer wieder Verzeichnisse von nützlichen Adressen, in denen z.B. auf deutschsprachige Ärzte, Zahnärzte, Buchhandlungen, Schulen und Kirchen, sowie auf Freizeitangebote, Mitfahrerzentralen, Au-Pair-Vermittlungen, Sprachkurse, Jugendherbergen und anderes mehr hingewiesen wird – so im Wegweiser von Edda Stanik 1988, unentbehrliches Hilfsmittel im Gemeindebüro. Eine Gruppe der Anonymen Alkoholiker (A.A.) trifft sich seit Jahren jeden Mittwoch im Gemeindehaus. – Über die Au-Pair-Vermittlung, namentlich des Foyer-le-Pont, ist früher gesprochen worden. Auch mit dem Foyer Porta, von dem »Deutschen Verband für katholische Mädchensozialarbeit« haben wir häufig zu tun. Es gibt weitere Vermittlungsbüros, auch bei dem Deutschen Sozialwerk.

Handel und Wandel. Ungefähr 2000 deutsche Firmen in Frankreich nennt das Verzeichnis der Deutsch-Französischen Handelskammer. Die Gemeinde hat es ungewöhnlich oft mit Menschen zu tun, die an verantwortlicher Stelle in der Wirtschaft oder bei Banken mitarbeiten. Davon hat sie immer profitiert, wenn auch nicht in dem Maße, wie sie es sich gelegentlich gewünscht hätte. Einige Firmenvertreter haben großzügig Geld- und Sachleistungen eingebracht, manchmal sogar ihre eigenen Mitarbeiter, z.B. bei der Buchhaltung. Ein Teil der Basarangebote wie Geschirr, Glaswaren, Ledererzeugnisse, Werkzeuge, elektrische Haushaltswaren und Bücher werden auf unsere Bitte hin jährlich für den Basar zur Verfügung gestellt. Manchmal auch größere Geräte für Küche und Büro. Dabei kann es passieren, wie das manchmal mit Geschenken so ist: man freut sich, man muß sich freuen, aber doch nur halb: ganz entspricht der »geschenkte Gaul« nicht dem, was eigentlich gebraucht wird. – Die Banque Franco-Allemande, seit Jahren die Hausbank der Gemeinde, ist uns in Dürrezeiten, wenn die Gemeinde plötzlich tief in die roten Zahlen abstürzte, mit günstigen Krediten großzügig entgegengekommen.[104]

---

[104] Man könnte hier noch weitere deutschsprachige Einrichtungen nennen, mit denen es manchmal Berührungspunkte gibt, z.B. »den Stammtisch« für junge Berufstätige in Paris, das »Forum Franco-Allemand des Jeunes Artistes«, den »Cercle Franco-Allemand«, ein Klub für Persönlichkeiten aus Politik und Wirtschaft, und anderes mehr.

Welches sind die großen Ereignisse für die deutsche Kolonie in Paris? Gelegentlich sicher eine außergewöhnliche Ausstellung, ein Vortrag, eine Theateraufführung aus der Bundesrepublik. Einen offiziellen Anstrich hat natürlich der Jahresempfang des deutschen Botschafters, früher zum 17. Juni, heute am 3. Oktober. Doch da sind die wenigsten eingeladen, und die anderen nehmen den Anlaß kaum zur Kenntnis. Das große, sich jährlich wiederholende Ereignis gibt es nicht mehr, so wie es früher einmal Kaisers Geburtstag war oder im Gastland der 14. Juli ist. Wahrscheinlich hat sich der Begriff »deutsche Kolonie« überlebt. Er ist nicht mehr von der Wirklichkeit gedeckt. Es gibt zahllose Deutsche, es gibt einige deutschsprachige Sammelpunkte, aber es gibt nicht mehr das Bewußtsein, einer geschlossenen nationalen Gruppe im Ausland anzugehören. Das ist sicher zeitgemäß und gut, aber es unterscheidet uns von manchen anderen Nationalitäten im Land.

Einen Abglanz der deutschen Kolonie erlebt man bei den jährlichen Gedenkfeiern am Volkstrauertag auf dem Friedhof »Les Gonards« in Versailles. Dort liegen auf zwei benachbarten Gräberfeldern deutsche und französische Soldaten. Pastor Berger berichtet, daß noch Anfang der siebziger Jahre der deutsche Botschafter auf beiden Teilen des Friedhofs eine Rede hielt – so wie er es heute noch tut, doch daß die Franzosen nur auf dem eigenen Teil dabei waren.

Das hat sich völlig geändert. An diesem deutschen (!) Gedenktag ziehen zunächst alle gemeinsam auf den Teil, auf dem die deutschen Gefallenen liegen. Der Kinderchor der Kathedrale singt – auch in deutscher Sprache – auf beiden Teilen. Sonst spielt eine Musikabteilung der französischen Armee. Ansprachen, Kranzniederlegungen, stilles Gedenken, das entspricht sich auf beiden Teilen des Friedhofs. Der Unterschied: auf deutscher Seite wirken der evangelische und der katholische Pfarrer mit Bibellesung und Gebet mit. Das ist im laizistischen Frankreich sonst schwer vorstellbar. Anschließend lädt der Bürgermeister zu einem Glas Wein in sein prächtiges Rathaus und spricht freimütig über die Rolle, die seine Stadt 1870/71, nach dem 1. Weltkrieg und in heutiger Zeit in dem komplizierten Verhältnis zwischen Frankreich und Deutschland gespielt hat. Eine völkerverbindende Gedenkfeier am Volkstrauertag![105]

Franzosen: Von Amts wegen und privat

Kultverein hin, Kultverein her: es ist die deutsche Gemeinde, und der französische Staat hat immer ein besonderes Auge auf sie geworfen. In der Zeit vor dem 2. Weltkrieg war das nur zu verstehen. Aus den Unterlagen der Polizei läßt sich ersehen,

---

105 Diese Gedenkfeiern auf deutschen Soldatenfriedhöfen in der Nähe von Paris haben Tradition. 1930 übernahm die Christuskirche die »kirchliche Patenschaft« für den obengenannten Friedhof Les Gonards in Versailles. Am Sonntag »Reminiscere« (gedenket!) im Frühjahr fuhren alljährlich die jungen Frauen und Männer zu einer schlichten Gedenkfeier zu ihrem »Ehrenfriedhof«. Ebenso legten sie Kränze ab auf den Friedhöfen von Ivry und Montrouge-Bagneux. In der Kirche wurde an diesem Sonntag – der zunächst nur inoffiziell »Volkstrauertag« hieß, später amtlich zum »Heldengedenktag« erhoben wurde – ein besonderer Gottesdienst in Anwesenheit des Botschafters gehalten. Später fand an eben diesem Tag auch auf dem Friedhof Ivry die offizielle Gedenkfeier statt. Beide deutsche Pfarrer nahmen daran teil, so wie beide (!) an den offiziellen Feierlichkeiten beteiligt waren, die mindestens bis 1936 am Allerseelentag, dem 2. November, begangen wurden.

daß sie genau informiert war über das, was im Hause vorging. Sie unterschied durchaus zwischen bloßen deutschen Nationalisten (wie dem Pfarrer) und den Nationalsozialisten. Heute ist das Mißtrauen sicher geringer. Trotzdem gilt die Gemeinde – ungeachtet ihres französischen Vereinsstatus – als fremdländische Einrichtung, also als sensibel. Gelegentlich haben wir diese erhöhte Aufmerksamkeit deutlich gespürt, meistens dankbar, weil es um unseren Schutz ging. Vor 30 Jahren etwa häuften sich die Fälle, daß junge deutsche Frauen spurlos verschwanden. Damals stieß ein junger französischer Beamter zur Jungen Gemeinde mit dem Auftrag, sie zu bestimmten Vorsichtsmaßnahmen anzuhalten. Er wurde ein treues Mitglied. 1986, als eine Gruppe Kurden versuchte, die Kirche zu besetzen, hat die Polizei dies verhindert – verbindlich in der Form, unmißverständlich in ihrer Entschlossenheit.[106]

Natürlich sind Kontakte auf staatlicher Ebene die Ausnahme. Nur gelegentlich verirrt sich zu uns die Einladung in die heiligen Hallen des Palais de l'Elysée oder des Senats. Der Verteidigungsminister Debré kam nur deshalb ins Haus, weil sich hier eine Zeitlang die französischen Militärgeistlichen zu ihren Konferenzen trafen.

Regelmäßig und durchaus freundschaftlich sind die Verbindungen auf städtischer Ebene, und das heißt vor allem im Bereich des Arrondissements, des Stadtbezirks. Der Bezirksbürgermeister ist ein bißchen stolz darauf, daß auch in seinem Arrondissement eine ausländische Einrichtung angesiedelt ist. Fast wöchentlich erreichen uns aus seiner Mairie Einladungen zu Ausstellungen und Konzerten, insbesondere zu den nationalen Gedenkfeiern am 11. November, dem Tag des Waffenstillstandes von 1918, oder am 8. Mai, dem Tag der deutschen Kapitulation 1945. Dies wiederholt sich zum Jahrestag des Aufrufes des Generals de Gaulle im Sommer 1940 von London aus, zur jährlichen Totenmesse für den General und zu verschiedenen Anlässen, bei denen der Deportierten gedacht wird. Dieser Bürgermeister hat sich auch lebhaft für einen größeren Zuschuß der Stadt Paris zur Renovierung unserer Straßenfassade eingesetzt. Andere Kontakte ergeben sich in nachbarschaftlicher Aushilfe: die Feuerwehr in der gleichen Straße leiht uns Tische für den Adventsbasar und bekommt dafür einen Adventskranz und ein paar Weihnachtsstollen. Die Schulen fragen, ob sie unsere Räume für ein Schulkonzert benutzen können, das städtische Konservatorium des 9. Stadtbezirks gibt eine Orgelklasse bei uns.

Unsere Räume, insbesondere die Kirche mit ihrer guten Akustik, sind der Gegenstand eher kommerzieller Beziehungen. Natürlich entrichten die Orgelspieler, die bei uns täglich üben, nur ein bescheidenes Entgelt. Viele sind Studenten. Wenn aber eine Schallplatte oder heute eine CD aufgenommen wird, sieht das anders aus: Alle vier bis sechs Wochen verwandeln sich Kirche und Nebenräume in ein Aufnahmestudio – in der Regel für 3 bis 6 Tage. Die eigenen Veranstaltungen müssen in andere Räume ausweichen. Alle Bewohner bewegen sich auf Zehenspitzen. Das bringt einige Unbequemlichkeiten mit sich, aber das bringt auch gutes Geld. Manche Großen aus der Musikwelt sind so bei uns eingekehrt, wie Yehudi Menuhin und der Trompeter Maurice André oder Luis Buñuel, der in der Kirche Filmmusik aufgenommen hat.

---

106 Daß die Beschlagnahme von Kirche und Gemeindehaus 1914 und die endgültige Rückübereignung 1984 Angelegenheiten des Staates waren, versteht sich von selbst. Ähnlich war es in der Nachkriegszeit, als man auch von Staats wegen darauf drang, nicht mehr als diese eine deutsche Gemeinde in Frankreich wieder erstehen zu lassen. Man wollte unbedingt deutsche Kolonien im Lande verhindern, und die Pfarrer galten als mögliche Kristallisationspunkte.

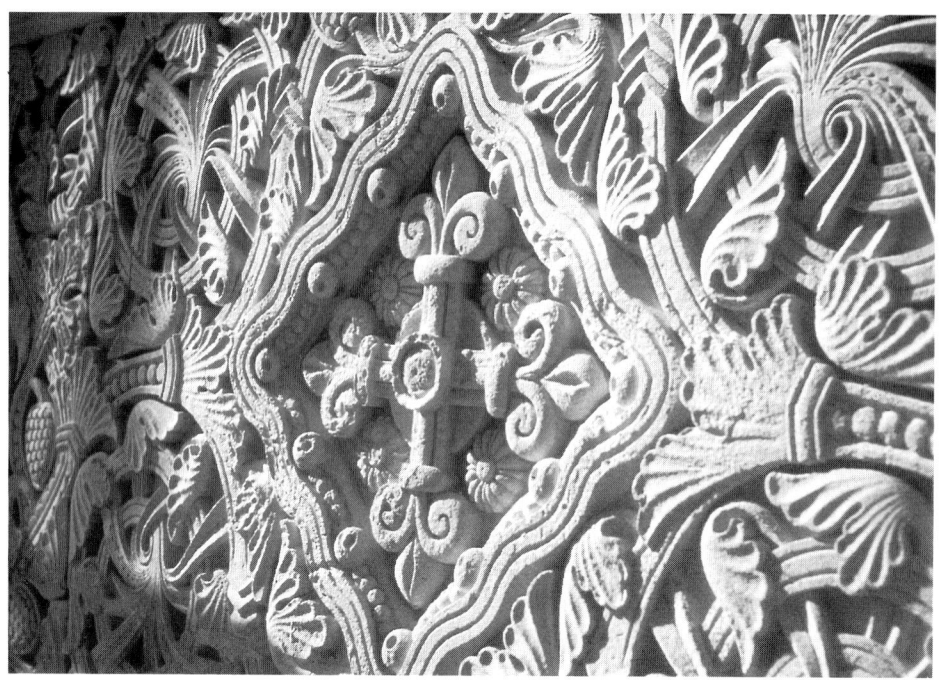

50 Lilienkreuz mit vegetativen Ornamenten über dem Portal

Noch häufiger sind – jedenfalls heute – Gastkonzerte auf Mietbasis. Oft sind es junge Musiker, die sich erst einen Namen machen wollen und natürlich wenig Geld haben. Ähnlich steht es bei zahlreichen Chören farbiger Christen, die ihre heimatliche Musik mit großer innerer und äußerer Bewegung vortragen. Etwas anderes ist es, wenn eine Bank die Kirche mietet, um ihre Kunden zu einer Abendmusik einzuladen. Neuerdings läßt eine englische Konzertagentur bei uns häufig Chöre aus der angloamerikanischen Welt auftreten. Chöre oder Orchester aus Deutschland nehmen wir meistens unentgeltlich in unseren eigenen Veranstaltungskalender auf. Gelegentlich stehen wir auf der Verteilerliste, wenn französische Kultureinrichtungen zu einer deutschen Ausstellung oder zu der Inszenierung durch einen deutschen Regisseur einladen. Wir sollen dann als Multiplikatoren dienen. Nicht jedes Plakat eignet sich für den Aushang im Vorraum der Kirche.

Schließlich haben wir es regelmäßig mit Einzelpersonen zu tun, Franzosen, die zum Beispiel eine Annonce am Schwarzen Brett aushängen wollen – mit einem Zimmerangebot oder mit der Frage: Wer kann meinem Sohn Nachhilfe in Deutsch geben? Nicht selten ist es die Ahnenforschung, die zu uns führt. Sie suchen in unseren Kirchenbüchern nach dem Urgroßvater aus der Pfalz oder legen vergilbte Dokumente in Sütterlinschrift vor, die wir entziffern sollen. Andere suchen Bekannte von früher, etwa die heutige Adresse eines Landwirtes aus Ostpreußen, bei dem sie im Kriege dienstverpflichtet waren und an den sie gute Erinnerungen haben. Oder wir sollen bei der Vermittlung von Briefpartnern, beim privaten Schüleraustausch oder mit einer evangelischen Jugendfreizeit in Deutschland helfen. Die Herkunft eines mutmaßlichen Goethezitates sollen wir belegen oder den deutschen Wortlaut einer Bibelstelle bestätigen. Gelegentlich wird uns sogar eine alte Lutherbibel zum Kauf angeboten, die nicht immer ganz so alt ist, wie zunächst unterstellt wird.

Einseitig oder langweilig ist die Tätigkeit eines deutschen Pfarrers in Paris nicht. Im Gegenteil – gelegentlich muß man sich daran erinnern lassen, wofür wir eigentlich hier sind: Natürlich sollen wir Brücken schlagen von den evangelischen Kirchen in Deutschland nach Frankreich. Zunächst aber sind wir für die da, die einen Seelsorger suchen, dem sie sich in der Muttersprache anvertrauen können, und einen Gottesdienst, in dem die Choräle so gesungen und die Bibelworte so gesprochen werden, wie sie es von Kindesbeinen her kennen.

TEIL III
AUSSCHNITTE

Frauen in der Gemeinde

Der Weltrat der Kirchen in Genf hat die Jahre 1988–1998 zur Ökumenischen Dekade »Solidarität der Kirchen mit den Frauen« erklärt. Die Kirchen sind dazu aufgefordert, »praktische Solidarität mit den Frauen zu üben und ihre Arbeit in Kirche und Gesellschaft anzuerkennen wie auch ihre Fähigkeit, die Vision einer neuen Zeit in Jesus Christus der Verwirklichung näher zu bringen.«[1]

So bietet das 100jährige Jubiläum der Deutschen Evangelischen Christuskirche in Paris einen guten Anlaß, den Leistungen von Frauen in diesem Bereich nachzugehen. Das ist nicht immer einfach. Je weiter wir zurückgehen, desto weniger hören wir über Frauen. Oft kann man das, was sie erfahren und geleistet haben, nur aus Andeutungen und nebensächlichen Geschichten erraten. Das gilt vor allem für die Anfangszeit deutschsprachiger lutherischer Gemeinden in Paris.[2]

Die Vorgeschichte

Wo waren in der »Gemeinde der Diplomaten«, die seit 1635 zum Gottesdienst in die schwedische Gesandtschaft einlud, die Frauen? Erwähnt werden sie nicht. Aber man kann vermuten, daß die Frauen der Diplomaten durchaus zum Gottesdienst gingen. Vielleicht traf man sich in kleinen Zirkeln, denn man blieb meist nur kurz. Ob die jungen Adeligen auf Kavalierstour, die Erben von großen Geschäftshäusern auf ihren Lehrpfaden Frauen mitbrachten? Vermutlich nicht. Anders wird es möglicherweise bei den zahlreichen Künstlern und Gelehrten gewesen sein. Vielleicht trafen sich deren Frauen auch im Rahmen der Gemeinde, um Kontakte zu finden. Und Frau Pastor Hambraeus? Frau Pastor Odhelius und die anderen? Sie führten ihren Männern das Haus. Sie hielten ihnen den Rücken frei. Ob sie in ihren Wohnungen auch Damenzirkel der Gemeinde empfingen? Vielleicht lernte man gemeinsam französisch. Aber man blieb unter sich. Es war für Protestanten schwer, sich mit Franzosen anzufreunden, denn die waren in der Hauptstadt überwiegend katholisch. Damals war das eine fast unüberwindliche Hürde. Das alles geschah in den Jahren 1632–1654 unter der Oberhoheit der schwedischen Königin Christine.

Das homogene, fast heitere Bild der Gemeinde änderte sich nach 1640. Immigranten kamen in die Gemeinde. Es waren vor allem Deutsche. Ihre Heimat war verwüstet durch den 30jährigen Krieg. Sie suchten neue Lebensmöglichkeiten. Ihnen mußte geholfen werden. Für sie war die schwedische Gesandtschaftskapelle Anlaufpunkt für Gottesdienste. Aber vor allem mußte die so veränderte Gemeinde für ihre lutherischen Glaubensgeschwister alles das organisieren, was auch katholische Gemeinden

---

1 Generalsekretär Emilio Castro in seinem Brief an die 307 Mitgliedskirchen Januar 1988.
2 Alle in diesem Abschnitt zitierten Briefe, Zeitungsartikel und Berichte befinden sich im Archiv der Christuskirche.

damals für ihre Gläubigen leisteten: die Armenfürsorge, die Krankenpflege und schließlich die Beerdigung. Ich nehme an, daß sich die Frauen vor allem in der Armenpflege und der Krankenfürsorge engagiert haben. Die Mittel dafür haben vermutlich die Männer besorgt. Aber an den Menschen aktiv geworden sind die Frauen. Sie pflegten die Kranken in ihren Wohnungen. Das war nicht leicht. Die Gemeinde war arm geworden. Die Pastoren wechselten häufig. Oft genug werden auch Frauen selber um Geld aus der Armenkasse gebeten haben.

Ein ganz neues Gesicht bekam die Gemeinde durch die deutschen, meist lutherischen Handwerker, die nach 1685 ins Land kamen. Sie ersetzten die nach der Aufhebung des Edikts von Nantes geflohenen hugenottischen Handwerker. Sie brachten Frauen und Familien mit. Nach 1715, nach dem Tod Ludwigs XIV., kam eine zweite Handwerkerwelle. Auch viele Künstler kamen. Das Leben war für sie oft hart und schwer. Besonders für die, die die Anpassung kaum schafften, war die Gemeinde wichtig, vor allem die Armenfürsorge und die Krankenstation. Gab es vielleicht auch eine Frauenhilfe, in der Frauen sich aussprechen konnten und Hilfe erfuhren?

1742 bekam die Gemeinde einen weltläufigen Pfarrer, Carl Friedrich Baer, der eine adlige Frau hatte. Durch seine weitreichenden Verbindungen konnte er ein kleines, lutherischen Krankenhaus gründen und seinen Gemeindegliedern bei allen anstehenden Schwierigkeiten (z.B. bei Beerdigungen) helfen.

Wie war die Atmosphäre in der Gemeinde? Spielte Stand und Geld eine Rolle auch unter den Frauen? Es ist zu vermuten, denn die armen lutherischen Deutschen wanderten in dieser Zeit aus der Gemeinde der schwedischen Gesandtschaft aus in die dänische Gesandtschaft. Dort fühlten sich Dienstmädchen und schlechtbezahlte Handwerker wohler und blieben unter sich mit dem deutschen Pfarrer Matthias Schreiber und seinen Nachfolgern bis nach der Revolution. Hier fanden sie ihre Nische, ihren deutschsprachigen Winkel, ihre Heimat.

Für die vornehme deutschsprachige Gemeinde, die in der schwedischen Gesandtschaft geblieben war, war das in dieser Zeit schwieriger geworden. Ihnen wurden die Fluchtpläne von Axel von Fersen für Ludwig XVI. und Marie Antoinette zur Last gelegt. Die arrivierten Frauen der Gemeinde werden diese Fluchtpläne für richtig gehalten haben. »Man« war vermutlich konservativ, antirevolutionär und royalistisch. Und das blieb man auch bis zur Ausweisung des Pfarrers durch Napoleon im Jahre 1806, bis zur Auflösung der Gemeinde.

Die kleine Gemeinde der deutschen Dienstmädchen und armen Handwerker in der dänischen Botschaft blieb dagegen bis 1810 unter der Leitung Pastor Wilhelm Göricke unbeachtet. Ob die Frauen der Pastoren von Haven und Göricke dort auch mitgearbeitet haben? Sicherlich spielten sie eine Rolle bei der Organisation der Armen- und der Krankenpflege. Die Erklärung der Menschenrechte im Jahre 1789 hatte übrigens auch das Leben der Frauen leichter gemacht. Wer fünf Jahre im Land war, konnte sich einbürgern lassen. Es gab keine Niederlassungsbeschränkungen mehr. Es konnte geheiratet werden. So manches eheähnliches Verhältnis ist dabei legalisiert worden, vor allem in der kleinen deutschsprachigen Gemeinde der dänischen Botschaft.

Ab 1806 kamen die lutherischen Gemeinden aus der Zuflucht der schwedischen und dann der dänischen Botschaften heraus und bildeten die »Eglise de la Confession d'Augsbourg de Paris« mit Sitz in der Kirche / Les-Billettes, die 1809 eingeweiht wurde. Hier entwickelte sich eine lebendige Gemeinde, in der die Frauen eine wichtige Rolle einnahmen. Sie gründeten einen Hilfsverein, une association de charité. Ab 1830 betrieben sie ein Pensionat für junge, arme Mädchen, 1848 wurde daraus ein Waisenhaus. Sie sorgten dafür, daß eine Art Kindergarten, asile genannt, entstand. Später gründeten sie ein Altersheim für Frauen. Unter Pastor Louis Meyer wurde sogar eine Kreditbank gegründet, wo man Geld ohne Zinsen ausleihen konnte. Eine »société de papiers de mariage« half deutschen Paaren, die oft schon eine Familie hatten, aber in ihrer Heimat nicht heiraten konnten, zur Ehe.

In gewisser Weise kann man sagen: Frauen halfen Frauen, auch wenn offiziell die Namen der Pastoren damit verbunden wurden. Sie reagierten damit vor allem auf die große Immigrationswelle von Deutschen, die in der 1. Hälfte des Jahrhunderts nach Paris kamen, meistens Arbeiter aus der Pfalz und aus Hessen. Sie wollten der Not ihrer Länder entgehen und importierten viel Not nach Paris. Das war immer auch im besonderen Maße die Not von Frauen und Kindern.

Gegenüber den Massen von Menschen, die aus Deutschland nach Paris drängten, waren diese Hilfsangebote aber auf die Dauer zu klein. 1848 waren etwa 62 500 Deutsche in Paris, 1870 sollen es etwa 80 000 gewesen sein. Die meisten von ihnen lebten erbärmlich in den Armenvierteln der Stadt. Um von der lutherischen Kirche her wirksam zu reagieren, wurde 1840 die Evangelische Mission unter den Deutschen gegründet. Zum Vergleich: 1844 enstand der Deutsche Hilfsverein, 1847 schrieb Karl Marx sein Kommunistisches Manifest. Ein ganzes Netz von deutschsprachigen Gottesdiensten, deutschen Schulklassen, deutschem Religionsunterricht wurde geknüpft. Aber das war alles noch ziemlich bescheiden gegenüber den Massen und ihrer Not.

Die Hügelkirche

In diese Situation hinein kam Friedrich von Bodelschwingh im Jahr 1858. Er machte sich zunächst einmal ein Bild von dem Schicksal der Auswanderer. Junge deutsche Dienstmädchen hatten es besonders schwer. Viele von ihnen »sinken schnell von Stufe zu Stufe und enden meist ihr elendes Leben in den Hospitälern der Stadt.«[3] So kann man die Prostitution deutscher Frauen damals umschreiben. Und die Arbeiter, »diese Ärmsten sind vorzugsweise anzutreffen in den schmutzigsten Quartieren der Stadt... Oft wohnen zwei Familien in einer Stube... Und nun denke man sich hundert und zweihundert solcher Stübchen in einem Hause, neben und untereinander geschichtet durch überaus enge und finstere Treppen und Gänge miteinander verbunden, ohne Licht und Luft.«[4]

Bei den Lumpensammlern, die den Müll durchwühlten, bevor die Straßenkehrer kamen, arbeiteten auch die Frauen und Kinder mit unter unsäglichen Bedingungen. Die Straßenkehrer: Männer, Frauen, Kinder, die ganze Familie arbeitete an jedem Wochentag. Sonntagsarbeit war die Regel. Auch in den Fabriken und Steinbrüchen wurden Frauen und Kinder eingesetzt. Wohnsituation und Arbeitsbedingungen: Bodelschwingh machte sich keine Illusionen über die moralische Situation der Deutschen in Paris. Die Säuglingssterblichkeit war erschreckend hoch. Aber auch viele

---

3 F. v. Bodelschwingh: Ausgewählte Schriften, S. 9.
4 A.a.O., S. 9.

Erwachsene starben früh unter diesen Umständen. Die Deutschen damals, das war die Dritte Welt in Paris.

Mit sicherem Instinkt setzte Bodelschwingh die Hilfe da an, wo sie bis heute am wirksamsten ist, bei den Kindern. Über sie kam er an die Mütter heran und manchmal auch an die Väter. In seiner kärglichen Wohnung auf dem Montmartre begann er zunächst einen Kindergottesdienst mit zwei hessischen Straßenkehrermädchen. Bald wurden seine beiden Stuben zu klein. Er pachtete einen Hügel in La Villette und errichtete dort ein einfaches Holzhäuschen mit zwei Räumen. Dort wohnte er mit Lehrer Heinrich Witt. Gleichzeitig waren es Unterrichtsräume. Sonntags wurde hier Gottesdienst gehalten. »Über Erwarten sammelten sich nun die armen Kinder aus den Fabriken und Gassen, ja aus den Gefängnissen der Stadt.«[5] Es wurde bald zu eng.

1859 entstand ein zweites Häuschen, ein Wohnhaus für Bodelschwingh, für Lehrer Witt und seine Frau sowie für »Mutter Schnepp«. Sie kochte jahrzehntelang für alle Kinder eine einfache Mahlzeit und hat zu Anfang für Bodelschwingh und Witt die Wirtschaft gemacht. Helfer fanden sich ein. Frau Rech und Frau Götz waren Diakonissen ohne Tracht und machten Dienst an Kranken und Armen. Ein »Bibelkolporteur« gab in seinem Häuschen am Fuße des Hügels umsonst Quartier an »verirrte Deutsche«.

Das gepachtete Gelände des Hügels konnte gekauft werden. Es wurde nötig, die Schule wesentlich zu vergrößern. Bodelschwingh aktivierte deutsche Spender und Spenderinnen. Aber er erwartete auch, daß arme Gemeindeglieder dazu beitrugen. Freiwillige Helferinnen sammelten bei ihnen »sous« für Kirche und Schule. Davon wurden 1860 in Batignolles ein kleines Schulhaus errichtet, in dem sonntags auch Gottesdienste gehalten wurden. 1861 wurde das neue, große Schulgebäude mit der Kirche darüber in La Villette eingeweiht. Nun wurde eine Mädchenschule eingerichtet mit der Frau des Lehrers Maria Witt, geb. tho Aspern als Lehrerin. Das alte Schulhaus wurde nun Kindergarten, eine »Nonnenweirer Kinderlehrerin« (wer war sie?) leitete ihn. Dieser Kindergarten war eine große Entlastung für die Arbeiterfrauen.

1860 beschloß Bodelschwingh zu heiraten. »Er fühlte sich doch oft abgehetzt und übermüdet. Dazu quälte ihn, wie er später öfter erzählte, der Gedanke an so manche deutsche Lehrerin und deutsche Erzieherin, die sich in den Gottesdiensten auf dem Hügel einstellten mit leisen Hoffnungen im Herzen.«[6] Er verlobte sich mit seiner Kusine Ida. Sie war die Tochter seines Onkels, des damaligen preußischen Finanzministers, Karl von Bodelschwingh. Zwei Tage blieben ihm dafür, »dann machte er sich wieder an die Werbearbeit für seine Pariser Gassenlehrer.«[7] Sein Sohn schrieb: »Unter heißen Tränen gab ihm seine Braut das Ja.«[8] Sie ahnte wohl, daß das Leben an der Seite dieses dynamischen Mannes nicht leicht sein würde. Im Frühling 1861 war Hochzeit. »In Paris wartete das Londoner Holzhaus auf sie. Achtmal acht Meter hatte es im Geviert. Unten wohnten Lehrer Witt mit Frau und Kindern und Witwe Schnepp mit ihrem Sohn, die beiden Familien als Magd dient.«[9] Darüber war die Pfarrwohnung. Oben unterm Dach war die Herberge zur Heimat untergebracht, »in

---

5 Friedrich v. Bodelschwingh zitiert nach F. Bansa: Die deutsche Hügelgemeinde, S. 37.
6 G. v. Bodelschwingh: Friedrich v. Bodelschwingh. Ein Lebensbild, S. 105.
7 A.a.O., S. 106.
8 A.a.O., S. 105.
9 A.a.O., S. 107.

der es von seltsamsten Gästen aus und einging.«[10] Die junge Frau von Bodelschwingh fürchtete sich manchmal vor ihnen.

Das war eine große Umstellung für die junge Pfarrfrau vom großen Haus ihrer Eltern in diese beengten, unruhigen Verhältnisse. Aber sie fand sich hinein. Sie verkaufte ihren Schmuck und trug damit finanziell wesentlich zu der neuen Orgel bei. Und »die Feder seiner Frau kam Bodelschwingh bei allen seine schriftlichen Arbeiten sehr zu Hilfe.«[11]

Als das erste Kind Ernst geboren wurde, wurde es noch enger. Wenn die Großmutter aus der Heimat mit ihren Reifröcken in das Schlafzimmer wollte, dann mußte erst das Kinderbett herausgetragen werden. Nach der Geburt ihres ersten Kindes wurde die junge Frau von Bodelschwingh krank. Sie hatte seit ihrer Jugend mit der Schwermut gekämpft. Nun war sie den Anforderungen in Paris psychisch nicht mehr gewachsen. Deshalb ging die Familie 1864 nach Deutschland zurück.

Die Arbeit auf dem Hügel ging natürlich weiter. 1863 arbeiteten auf dem Hügel zwei Prediger, zwei Lehrer, vier Lehrerinnen, eine Kinderschwester mit Gehilfin,[12] die vielen ehrenamtlichen Mitarbeiter und vor allem Mitarbeiterinnen nicht mitgerechnet. Es gab ein reges Gemeindeleben. Missionsfeste im Sommer, große Weihnachtsfeiern im Winter. »Es lag dem Deutschen Pfarrer und seinen Gehülfen sehr am Herzen, gerade in Paris gegen das dort herschende fest- und freudenlose Wesen an Weihnachten um so ernstlicher zu kämpfen und der von hartem Frohndienst, von Erdensorgen und Erdenmühen niedergedrückten Bevölkerung zu zeigen, was Weihnachtsfreude ist.«[13] Wer hat die praktischen Vorbereitungen für diese Feiern geleistet? Woher kamen Geschenke, Pfefferkuchen, Äpfel und Nüsse? Die Mütter der Kinder, tüchtige Frauen aus der Gemeinde haben mit Sicherheit dazu unter der Anleitung von der Frau von Pfarrer Carl Berg und den Lehrerinnen dazu beigetragen.

1865 gingen Lehrer Witt und seine Frau nach Deutschland zurück. Beide hatten wichtige Pionierarbeit für die deutsche Schule geleistet. Er war darüber krank geworden. Statt ihrer kamen Lehrer Schwab und Fräulein Rauscher.

1870, kurz vor Ausbruch des Deutsch-Französischen Krieges, kam Friedrich Frisius für kurze Zeit nach Paris als deutscher Hilfspfarrer von Saint-Marcel und für Vaugirard. Er berichtete: »Gleich am zweiten Morgen nach meiner Einführung trat in aller Frühe einer derselben [Oberhessen] in mein Zimmer mit der Frage: Seid Ihr unser neuer Pfarrer? Auf die bejahende Frage fuhr er fort: ›Dann möchte ich euch bitten, meine Frau zu begraben, die hat sich gestern erhenkt.‹ Entsetzt über diese Antwort fragte ich, was die Ursache gewesen und hörte: ›Sie hat sich tot ges....n.‹ Worauf ich dem Manne sagen mußte: ›Ich fürchte, den Schreckensweg werdet ihr auch noch gehen, wenn Ihr auf diese furchtbare Mahnung nicht umkehrt‹, denn der Mann war schon angetrunken.«[14] Eine eindrückliche Beschreibung der sozialen

---

10 A.a.O., S. 107.
11 A.a.O., S. 109.
12 F. Bansa: Die deutsche Hügelgemeinde, S. 5.
13 A.a.O., S. 58.
14 F. Frisius: In Paris während der Monate Juli und August 1870, in Ev. Gemeindeblatt München 1914.

51. Friedrich und Ida von Bodelschwingh in ihrer Pariser Zeit

Schwierigkeiten, mit denen die »Mission an den Deutschen« in Paris damals zu kämpfen hatte.

Der Krieg 1870/71 war ein Schock. Die deutschen Pastoren und Lehrer verließen Paris. Auf dem Hügel blieb der französische Lehrer Wagner. Obwohl die Nationalgarde den Hügel besetzte, konnte durch geschicktes Verhandeln die französische Schule weiter unterrichten, auch französische Gottesdienste konnten sonntags stattfinden. Frauen und Kinder deutscher Familien waren meist in Paris geblieben. Man hatte nur mit einer kurzen Belagerung gerechnet. Doch bald gingen Hunger und Säuglingssterben um. Aber: »Inmitten dieser Leidenszeit feierten wir ein schönes gesegnetes Weihnachtsfest. Es ist auch möglich, mit wenigem die Kinderherzen zu erfreuen, und unsere Hügelkirche soll auch dieses Jahr das Christfest nicht entbehren.«[15]

Am Ende des Krieges waren die Gebäude des Hügels verschont geblieben. Aber das Verhältnis zu den Franzosen hatte sich seit dieser Zeit grundlegend verändert. Man arbeitete nicht mehr zusammen. Das »Komitee für Kirchliche Pflege der Deutschen« bildete sich parallel zur französischen »Mission Intérieure«. Die gesamte lutherische Arbeit formierte sich neu. Die Hügelkirchenarbeit blieb in deutschen Händen, die Schwestergemeinde in Batignolles ging an die französische Mission Intérieure. In der Mitte von Paris bildete sich, von den deutschen Gottesdiensten aus-

15 F. Bansa: Die deutsche Hügelgemeinde, S. 69.

gehend, unter Pastor Frisius die Zentrumsgemeinde, die 1894 die Christuskirche baute. Doch davon später.

Pfarrer Otto von Zech wurde 1876 in der gründlich restaurierten Hügelkirche eingeführt. Die Kleinkinderschule unter dem zurückgekehrten Fräulein Endres öffnete wieder. Und auch die Deutsche Schule nahm ihre Arbeit wieder auf. Die Familienväter bzw. ganze hessische Familien kamen zurück. Sie kehrten wieder die Straßen und arbeiteten in den Fabriken. Nur, so kirchlich wie vorher war man nicht mehr. Immerhin wurde 1879 der Samariterverein gegründet, ein religiös-sittlicher Männerverein, wo man sich gegenseitig half »in der Ausübung eines christlich frommen Lebens«.

Nach vier Jahren ging Pastor von Zech nach Amerika in die Heimat seiner Frau. Ob es ihr zu eng war auf dem kleinen Hügel mit den Anforderungen, die so eine Arbeitergemeinde stellte? Sein Nachfolger Pastor von Seydlitz gründete mit ehemaligen Konfirmanden einen Jünglingsverein, wieder ein rein männliches Unternehmen. Immerhin durften die Mädchen und Frauen zu den wöchentlichen freien Zusammenkünften kommen. Für Kaffee und Kuchen, die neben dem Programm attraktiv waren, haben vermutlich sie gesorgt. Bei dem gut besuchten Kindergottesdienst wurde der Pfarrer von jungen Damen unterstützt, von Privatlehrerinnen und von deutschen Studentinnen. Sie waren deshalb in Paris, weil sie in Deutschland damals noch nicht studieren durften.

1884 wurde eine Diakonissenstation eröffnet. Schwester Bertha Rußmann kam aus dem Betheler Mutterhaus Sarepta. Sie übernahm bald die Leitung des 1886 in Batignolles gegründeten Doppelheimes für »Mägde und Erzieherinnen.« Ihre Nachfolgerin wurde Schwester Wilhelmine Weber, die bald die Kleinkinderschule leitete. Es gab viel Wechsel, die Arbeit war hart, manche Schwester wurde krank darüber. Zwischendurch gab es die freien »Hülfsarbeiterinnen« Fräulein Anna Wollenweber und Madeleine Hirtz. Ab 1907 kamen Neuendettelsauer Diakonissen mit drei Schwestern: Ulrike Köhler übernahm die Gemeindepflege, Hortense Splitgerber die Kleinkinderschule und Sibylla Reutin wurde Gemeindehelferin.

1884 war ein Jahr der Rezession in Frankreich. Die Arbeitslosigkeit stieg. Selbst Straßenkehrer durften nur noch Franzosen sein. Die deutschen Gastarbeiter gingen zurück in die Heimat, wo die wirtschaftliche Situation inzwischen besser war als in Frankreich. 1886 kehrte Pastor von Seydlitz nach Dresden zurück. Ihm folgte Pastor Voß. Die deutsche Schule erlebte ein Auf und Ab. Immer neue Schwierigkeiten mußten überwunden werden. Aber es ging weiter. Und »noch immer besorgte die alte Mutter Schnepp ein Mittagbrot für die Kinder in alter, mehr als 1/4 hundertjähriger Übung«.[16]

1889 wurde die Wohnsituation auf dem Hügel besser. Es wurde ein neues Wohnhaus für Lehrer und Diakonissen gebaut. Das alte, enge Pfarrhaus, in dem man bis dahin so eng zusammen gewohnt hatte, wurde gründlich renoviert. Das soziale Niveau der Gemeinde hob sich. Neuzuzüge gab es wenig. Es hatte sich ein fester Stamm gebildet. Die deutsche Schule und der regelmäßige Kindergottesdienst prägten die Gemeinde. Die Pastoren wechselten häufig, Friedrich Voß, dessen junge Frau am Ende

---

16 F. Bansa: Die deutsche Hügelgemeinde, S. 89.

seiner Amtszeit starb, ging 1893, ihm folgten seine Kollegen Dr. A. Zinsser, Streng, Klattenhof, Bansa, E. Zinsser mit ihren Familien bis zum Ersten Weltkrieg.

1904 endlich wurde eine Frauenhilfe gegründet, der Elisabethverein, zur gegenseitigen Unterstützung in Krankheitsfällen. Wie bei allen Frauenvereinen dieser Zeit und später noch führte der Pfarrer den Vorsitz. Es gab Kränzchen der männlichen und der weiblichen Jugend und die feste Einrichtung der Zusammenkunft von Mädchen und Frauen am Dienstagabend, eine Art Missionsnähkreis. Das Gemeindeleben blieb so, auch nach dem Trennungsgesetz von 1905. Danach bildete die Hügelkirche mit der Christuskirche gemeinsam eine Association cultuelle. Für die Deutsche Schule entstand die Deutsche Schulgesellschaft in Paris.

Die Christuskirche

Aber nun, nach dieser ausführlichen Vorgeschichte, zu der Anfangszeit der Christuskirchengemeinde. Für die Sammlung von Deutschen im Westen und im Zentrum von Paris hatte das »Bielefelder Komitee für die Pflege der Deutschen in Paris« 1872 Pastor Friedrich Frisius berufen. 1870 war er schon einmal für zwei Monate Hilfspfarrer in Paris gewesen. 1873 wurde dann auch tatsächlich die Zentrumsgemeinde gegründet.

Die Gottesdienstorte wechselten. Zunächst war man in einem Konzertsaal in der Rue Clary/Rue de Provence. Danach durfte die Gemeinde wieder die Redemptionskirche mitbenutzen. Als es da erneut Schwierigkeiten gab, fand man einen anderen Saal in der Rue Royale. Ein Kirchbaufond wurde gegründet. Man sammelte für den Bau einer eigenen Kirche. Der Kaiser gab, viele gaben, sehr aktiv gewesen scheinen dafür auch die Gustav-Adolf-Frauenvereine in Deutschland.

1873 heiratete Friedrich Frisius seine Frau Agnes. Von der jüngsten Tochter, Marie Onnasch geb. Frisius, liegen Aufzeichnungen vor, die das Leben einer Pfarrfrau und einer Pfarrfamilie in Paris recht anschaulich werden lassen.

Das Leben an der Seite dieses vielbeschäftigten, vitalen Mannes war interessant, aber bestimmt nicht immer einfach. »Für Mama war das äußerlich gesehen, eine große Änderung. Bei ihrem Vater hatte sie in einem hübschen Haus mit Garten gelebt, und nun kam sie im fremden Land in eine Mietwohnung, vier Treppen hoch, ohne einen Blick ins Grüne tun zu können.«[17] Diese Wohnung war 9, rue de Bondy in der Nähe der Porte St. Martin. Später finden wir als Adresse 171, Faubourg Poissonnière. Fünf Kinder wurden geboren. Zwei Kinder starben früh, Erich mit 2 3/4 Jahren an Gehirnhautentzündung, Sophie, 6 Jahre alt, an Diphtherie. Viele Kinder in der Pfarrwohnung, zunächst im 4. Stock eines Mietshauses.

Und die Pfarrwohnung war Ort des Gemeindelebens. Maria Onnasch schrieb: »Es hielten sich in Paris immer viele junge Leute auf, die zu Studienzwecken gekommen waren, auch deutsche Erzieherinnen waren in vornehmen französischen Familien sehr gesucht. Und so war es selbstverständlich, daß meine Eltern für diese Alleinstehenden in erster Linie einen offenen Abend und einen offenen Nachmittag hatten, an

---

17 M. Onnasch: Aufzeichnungen, S. 10.

dem sie zu Besuch kommen konnten, um einmal ein paar Stunden in deutschen Kreisen zu sein.«[18]

Ob sich Frau Pastor Frisius Hauspersonal leisten konnte? Wer kochte den Tee, wer wusch ab, wer fegte die Stuben durch, wer hütete die fünf Kinder? Vermutlich wird auch sonst in der Pfarrwohnung so manche Gemeindeveranstaltung stattgefunden haben. Zwar hatte der Jünglingsverein, dem Pastor Frisius' besonderes Engagement galt, ein eigenes Lokal mit einer »Herberge zur Heimat«. Der kirchliche Gesangverein traf sich wohl eher im Konzertsaal. Übrigens gründete Frisius 1880 eine höhere Töchterschule, in 175, rue Faubourg Poissonnière. Er unterrichtete selbst. »Lina [die älteste Tochter] ist nur bei ihrem Vater zur Schule gegangen.«[19] Aber wo wurden die Kirchenvorstandssitzungen gehalten, die Bibelstunden, wo traf sich der Nähkreis? Durften sie die bescheidenen Räume der Rédemptionskirche mitbenutzen oder die Schulräume oder war man bei »Pfarrers«?

Frau Frisius war sicher nicht nur mit ihrem Mann, sondern auch mit der Gemeinde verheiratet. Rührend und vermutlich typisch ist die Beschreibung eines Heiligen Abends. »Es ist verständlich, daß ein Deutscher ... unsere schönen alten Weihnachtslieder sehr vermißt. Deswegen luden meine Eltern immer viele Alleinstehende ein, in Paris waren wir bis zu 24 Personen unter dem Baum... Für Mama war es viel Arbeit, denn jeder Eingeladene bekam einen bunten Teller und noch eine Kleinigkeit, und alles hatte sie selber gebacken. Unser Weihnachtszimmer mit den langen weißgedeckten Tischen, auf denen die bunten Teller standen, kann ich mir noch gut vorstellen. Und in dem großen Spiegel über dem Kamin, der in Paris zu den Wohnungen gehörte, spiegelte sich der große lichtergeschmückte Baum.«[20]

Die Frauenheime

Die Gruppe der deutschen Gouvernanten und Bonnen scheint sehr wichtig gewesen zu sein. In der Gemeinde, sprich im Pfarrhaus, wurden Stellen vermittelt, Anfragen kamen von deutscher und von französischer Seite. Sicher wurde auch so manches Mädchen vorübergehend untergebracht. Insgesamt muß der Arbeitsanfall und auch die Belastung für Pfarrer und Pfarrfrau so groß gewesen sein, daß man es kaum schaffen konnte. »Wir lassen Warnungen nach Deutschland ergehen so viel als möglich...«[21] Frisius beantwortete so jährlich Hunderte von Anfragen. Trotzdem kamen sie! Es hat um diese Zeit ca. 8000 deutsche Dienstmädchen in Paris gegeben. Der Kirchenvorstand beschloß, Heime für sie zu gründen. Das muß etwa 1884 gewesen sein. Man sammelte dafür, Frisius ging auf Kollektenreisen durch Deutschland.

Aus einem Einführungsschreiben von ihm: »Für die jungen deutschen Männer, Landsleute und Handwerker ist seit einigen Jahren 6, rue Taylor eine wohleingerichtete Herberge zur Heimat mit vorläufig 23 Betten geschaffen, die stets überfüllt ist. Eine ähnliche Anstalt möchten wir für die alle Jahre zu Hunderten nach Paris strömenden jungen Mädchen gründen. In den kleinen Hotels, die zum Teil wahre Laster-

---

18 M. Onnasch: Aufzeichnungen, S. 11.
19 M. Onnasch: Aufzeichnungen, S. 10.
20 M. Onnasch: Aufzeichnungen, S. 12.
21 Kollektenaufruf 1885.

höhlen sind, gehen unzählige zu Grunde. Wir halten es für unsere, für des evangelischen Deutschlands Pflicht, ihnen ein sicheres Unterkommen und zugleich guten Rat und Unterweisung zu schaffen. Mit dieser Mädchenherberge möchten wir ein Heim für deutsche Erzieherinnen, von denen sich alljährlich gegen 600 in Paris aufhalten mögen, verbinden. Die Engländer haben hier zwei solche Anstalten, wir Deutschen keine. Ein Kapital von 42 000 FF ist von uns für diese Zwecke gesammelt, aber mindestens 100 000 Frs sind uns nötig für den Bau dieser Doppelanstalt.«[22]

1885 fand die Gemeinde ein Haus in der Rue Brochant/Rue Nollet. Man machte Schulden. Aber das Haus bzw. die Häuser wurden am 21. Februar 1886 eröffnet. »Es hat den Zweck, allen achtbaren deutschen Mädchen aller Stände und aller Konfessionen, die trotz aller Warnung jährlich zu Hunderten nach Paris strömen, gutes und billiges Einkommen, Schutz gegen die Versuchungen der Weltstadt, Rat und Anweisung zur Erlangung von passenden Stellen zu gewähren.«[23]

Übrigens: Viele Frauen waren im sogenannten Leitungskomitee. Ehrenpräsidentin war Gräfin Marie zu Münster, die Frau des Botschafters, auch Frau Frisius gehörte dazu. Aber der »président effectif« war Pastor Frisius selber; Schriftführer und Schatzmeister war der Kaufmann August Klattenhoff.

Eine Bielefelder Diakonisse, Schwester Bertha Rußmann, übernahm die Heimleitung. Hier konnten die jungen Frauen unterkommen und wohnen, ihnen wurden auch Stellen vermittelt. Notfälle wurden umsonst aufgenommen und »für ihre Heimbeförderung gesorgt.«[24] Dieses Doppelheim blieb bis zum Ausbruch des ersten Weltkrieges 1914 bestehen. Es war immer ein finanzielles Sorgenkind der Christuskirche.

Nachdem 1889 die Zentrumsgemeinde die Rédemptionskirche nicht mehr für Gottesdienste benutzen konnte und sie wieder in einen gemieteten Saal umziehen mußte, gründete der Kirchenvorstand einen Kirchbaufond. Frisius ging nun für den Kirchbaufond auf Kollektenreisen nach Deutschland. 1892 wurde er allerdings Kirchenrat in London. Eine Ehre, aber auch wohl ein schwerer Abschied. 1894, bei der Einweihung der Christuskirche, war er als Assistent wieder dabei. Bis zum 1. Weltkrieg besuchte er gemeinsam mit seiner Frau die Gemeinde immer wieder. Der letzte Pastor vor dem ersten Weltkrieg war mit seiner Tochter Lina verheiratet.

Es gibt noch die Liste derer, die zur Einweihung der Kirche geladen wurden. Sie ist so etwas wie eine Spenderliste. Auffallend viele Frauen sind darunter: Mme, Mlle, Vve... Kaiserin Auguste-Victoria schenkte eine Altarbibel. Leider kam sie nicht selbst, sie ließ sie überbringen und schickte nur ein Telegramm. Man hatte sehr großzügig eingeladen, alle, die irgendwie zum Kirchbau beigetragen hatten. Leider ist uns keine Anwesenheitsliste des Einweihungsgottesdienstes erhalten. Sie sind bei Gottesdiensten schließlich auch nicht üblich. Sicher zählten viele Frauen, viele Bonnen und Erzieherinnen zu der Festgemeinde.

Nach dem Weggang von Frisius wechselten die Pastoren häufig. Georg Brand, der unmittelbare Nachfolger von Frisius, war nur kurze Zeit in Paris. Zur Einweihung der Christuskirche sandte er »meiner lieben Gemeinde« Gedanken und Gebete, er selbst konnte »mit Rücksicht auf meine Familie« nicht da sein. Warum war die

22 P. Frisius in einem Einführungsschreiben zur Vorbereitung der Kollektenreise 1884.
23 Einführung für die Kollektenreise 1886.
24 Bayrisches Sonntagsblatt Nr. 7, 12.2.1888.

Dienstzeit von Brand so kurz? War es zu schwer, Nachfolger von Frisius zu sein? Fühlte sich die Familie, auf die er Rücksicht nahm, schlecht in Paris? Hatte sie Heimweh? War die Wohnung im 2. Stock des Gemeindehauses unzureichend? Die Absage Brands auf Botschafsrat von Schoens Einladung zur Kircheneinweihung klingt jedenfalls sehr distanziert.

Auf Georg Brand folgte 1895–1897 Gustav Petersen. Er blieb nur drei Jahre. Über ihn selber wissen wir nicht viel. Vermutlich lief alles ziemlich normal. Das Gemeindeleben konstituierte sich. Außer dem Jünglingsverein, den es schon unter Frisius gegeben hatte, wurde 1894 der Deutsche Evangelische Frauenverein gegründet. Ob Frau Petersen daran beteiligt war? Er war so etwas wie ein Wohltätigkeitsausschuß und hat in den beiden nächsten Jahrzehnten das Gemeindeleben mitgeprägt. Der Frauenverein »sucht den vielen deutschen Mägden einen Sammelpunkt zu geben«[25] durch Fürsorge in der Gemeinde und in der Armenpflege in La Villette. Er trug Mitverantwortung für das Frauen- und Mädchenheim in der Rue Nollet/Rue Brochant.

Was war aus der deutschen höheren Töchter-Schule in der Rue Faubourg Poissonnière geworden? Es gab dafür noch Prospekte aus der Hand von Pastor Brand, danach wird sie nicht mehr erwähnt. Es scheint sie nach 1894 nicht mehr gegeben zu haben.

Das 25jährige Bestehen der Zentrumsgemeinde wurde am 10. Dezember 1897 gefeiert. Pastor Hermann Anthes wurde dabei eingeführt, danach gab es ein Festmahl. Wer hatte es zubereitet? Vermutlich einige erfahrene Frauen aus dem Frauenverein. Die vielen Dienstmädchen, die zur Gemeinde gehörten, halfen, sie deckten und wuschen ab. Und die Conciergefrau räumte auf.

Von Pastor Anthes gibt es eine ausführliche Beschreibung des Gemeindelebens aus den Jahren 1901/1902. Danach bildeten den größten Bestandteil der Gemeinde die über die ganze Stadt verstreuten Alleinstehenden. Es kamen und gingen junge Kaufleute, Handwerker, Kellner, »hunderte von Erzieherinnen, tausende von Dienstmädchen... Aber wieviele von diesen finden nicht, was sie gehofft, und nehmen dann auch der deutschen Gemeinde Rat und Hilfe in Anspruch.«[26] Gut besuchte Gottesdienste und ein ausgeprägtes Vereinsleben kennzeichneten die Zentrumsgemeinde. Außer dem Jünglingsverein gab es Versammlungen des Bundes vom Weißen Kreuz und Kellnerabende. Und »auch ein Jungfrauenverein ist neuerdings ins Leben getreten und verspricht ein schönes Aufblühen.«[27] Endlich gab es einen eigenen Treffpunkt für junge Frauen. Das hat lange gedauert, obwohl sie vom Anfang der Zentrumsgemeinde an die stärkste Gruppe in der Gemeinde waren. Dieser Jungfrauenverein wurde sehr stark besucht. Pastor Anthes beschreibt, wie vielen Anfragen verschiedenster Art das Pfarramt ausgesetzt war. »Und nun macht sich immer mehr auch die Notwendigkeit einer Diakonisse fühlbar, sonderlich zur Arbeit mit den jungen Mädchen und einsamen Alten.«[28] Der Frauenverein wird nicht ausdrücklich erwähnt, scheint aber, wie seine 10-Jahresfeier 1904 zeigt, immer irgendwie existiert zu haben.

---

25 Braunschweiger Anzeiger 25.6.1895.
26 Ev. Sonntagsblatt aus Bayern 14.4.1901, S. 126.
27 Ev. Sonntagsblatt aus Bayern 21.4.1901, S. 133.
28 A.a.O., S. 134.

Ab 1903 wurde Georg Streng Pastor der Christuskirche. Er feierte am 2. Advent 1904 das 10jährige Jubiläum der Christuskirche. Von seiner Frau Lina wissen wir nun endlich etwas mehr als von den Pfarrfrauen vor ihr. Ihre Schwester Maria Onnasch erwähnt sie ausführlich in dem Lebensbericht über ihren Vater Friedrich Frisius, den Gründer der Zentrumsgemeinde. Lina Streng wurde als ältestes Kind 1874 in Paris geboren. Hier war sie aufgewachsen und in die Schule ihres Vaters gegangen. Sie hat ihren Mann in seiner Vikariatszeit kennengelernt. Danach war er Hilfsprediger in Paris an der Hügelkirche. Das junge Paar heiratete 1900, als Georg Streng deutscher Pastor in Lyon war. Aber »Lina konnte das feuchte Lyoner Klima nicht vertragen.«[29] 1903 ging das junge Paar nach Paris. Ob der Vater Frisius geholfen hat, die Wege nach Paris zu ebnen? Vermutlich. Vielleicht war auch ein bißchen Heimweh der jungen Frau nach Paris beteiligt. Schließlich hatte sie bis zu ihrem 18. Lebensjahr hier gelebt. Das wird ihr als Pfarrfrau in der Rue Blanche geholfen haben. Sie kannte das Großstadtleben und brauchte sich nicht umzustellen. Sie konnte sicher gut französisch sprechen. Das Leben einer Pfarrfamilie war ihr nicht neu. Das waren gute Voraussetzungen. Vermutlich lag es auch daran, daß sie sich in Paris wohlgefühlt hat, daß ihr Mann so lange, 1903–1914, Pastor hier war und nicht so schnell weggegangen ist wie seine drei Kollegen vor ihm.

Der Frauenverein und das Frauenwahlrecht

Am 17. November 1905 feierte der Deutsche Evangelische Frauenverein sein 10jähriges Bestehen. Diese Versammlung war sehr gut besucht, 80 Frauen waren anwesend. Präsidentin war zu dieser Zeit Frau von Lucius. Die Frauen beschlossen ein neues Arbeitsprogramm, das »vor allem in der Anstellung einer Berufsarbeiterin zur Fürsorge für die bedürftige Frauen- und Mädchenwelt in Paris bestand.«[30]

Es müssen viele bedürftige Mädchen und Frauen in die wöchentliche Sprechstunden des Frauenvereins gekommen sein, so daß man es ehrenamtlich nicht mehr schaffen konnte! Anschließend hielt Pastor Burckhardt aus Berlin einen Vortrag über: »Die Fürsorge für die weibliche Jugend, ein modernes Zeitproblem, und die Mitarbeit der Frauenwelt an seiner Lösung«.[31] Dieser Vortrag muß sehr anregend und sehr fortschrittlich gewesen sein. Außerdem scheinen ihn viele sehr wache und kluge Frauen gehört zu haben, vor allem viele Lehrerinnen!

1879 hatten sich die Hügelkirche und die Zentrumsgemeinde zusammen geschlossen. Die Leitung hatte das »Komitee für die Deutschen Kirchen Augsburger Konfession und Schulen«. Nach dem Trennungsgesetz von 1905 mußten sie sich nun eine Satzung geben als Association cultuelle, als Gottesdienstverein.

Diese offene Situation galt es zu nutzen! Am 20. Juni 1906 fand eine vorbereitende Gemeindeversammlung statt. »Eine Dame« meldete sich zu Wort. »Sie forderte, dem Frauenelement der Gemeinde zunächst innerhalb des provisorischen Komitees eine

---

29 M. Onnasch: Aufzeichnungen, S. 11.
30 Gemeindeblatt Dezember 1905.
31 Pastor Burckhardt hatte 1893 den Vorstand der Ev. Jungfrauenvereine Deutschlands gegründet, 1913 den Ev. Reichsverband weiblicher Jugend. Nach ihm sind die Burckhardhäuser in Berlin und Gelnhausen benannt.

Vertretung zu sichern, ... da die meisten Kirchenbesucher das Frauenelement stelle.«[32] Die Frauen wurden mit ihrer Forderung zunächst vertröstet. Einen Tag später machten sie deshalb eine offizielle Eingabe. Sie ist geschrieben und verfaßt von Marie Rasch. Da hieß es: »Die unterzeichneten Mitglieder der beiden deutschen Gemeinden A.K. zu Paris, der Christuskirche und der Hügelgemeinde, richten an das erweiterte Kirchenkomitee ... die ganz ergebene Bitte: 1. den betreffenden Sitzungen eine Satzung zu geben, welche den gereiften weiblichen Gemeindegliedern, die selbständig zu den regelmäßigen Gemeindekosten beitragen, die Möglichkeit bietet, nicht nur an den Kirchenwahlen aktiv teilzunehmen, sondern auch als Mitglieder in das Kirchenkomitee des Kirchenvorstands gewählt zu werden...«[33] Außerdem forderten sie amtlich angestellte weibliche »Hülfskräfte« für die Armen- und Krankenpflege und für die weibliche Jugend. Unterzeichnet ist diese Eingabe vor allem von Lehrerinnen und von Mitgliedern des Deutschen Ev. Frauenbundes. Es muß einen sehr aktiven christlichen Lehrerinnenverband gegeben haben, vermutlich beheimatet im Doppelheim rue Nollet/rue Brochant.

Die entscheidende Sitzung fand am 2. Dezember 1906 statt. Man kann sich gut vorstellen, wie die Frauen bis dahin Gespräche geführt und Bewußtseinsarbeit getrieben haben. Sie fanden Sympathie. Erstaunlich das Verständnis und die Argumentation im Sinne der Frauen von Pastor Bansa. Auch Pastor Streng war dafür, »wenn sie von dem Frauenelement unterstützt werden, das sich bisher zur Kirche gehalten hat«.[34]

Und es gelang, wenigstens zur Hälfte. Die Frauen bekamen am 2. Dezember 1906 das aktive Wahlrecht für die Kirchenvorstandswahlen und für die Pfarrerwahlen in der Deutschen Evangelischen Kirche in Paris. Das passive Wahlrecht aber haben sie nicht durchsetzen können, auch wenn »eine Frau«, vermutlich Marie Rasch, sich auf der Gemeindeversammlung noch einmal stark dafür machte. Das Pariser Kirchenwahlrecht war vermutlich eines der ersten Frauenwahlrechte überhaupt.[35] Der Deutsche Verband für Frauenstimmrecht bedankte sich 1907 ausdrücklich beim Kirchenvorstand. Ab sofort wurden zu den Gemeindeversammlungen Männer und Frauen eingeladen.

In Deutschland bekamen die Frauen im politischen Bereich das aktive und das passive Wahlrecht im Jahr 1918; 1919 wurde es in den evangelischen Landeskirchen eingeführt. Die protestantischen Kirchen in Frankreich gaben den Frauen 1936 aktives und passives Wahlrecht, auf Staatsebene wurde es erst 1944 beschlossen.

In diesem Zusammenhang sei noch Dr. Käthe Schirmacher genannt. Sie muß zu dem Kreis der klugen und couragierten Frauen gehört haben. Sie war 1885 nach Paris gekommen, um Sozialökonomie zu studieren. In Deutschland war das für eine Frau damals noch nicht möglich. Sie hat 1895 in Zürich promoviert. 1906 war sie nur sporadisch in Paris. 1908 erschien ihr Buch: »La Spécialisation du Travail par Nationalité«. Sie verhalf damit auch den deutschen evangelischen Kirchengemeinden in Paris zu einigermaßen verläßlichen Zahlen. 1901 gab es danach 25.568 Reichsdeutsche in Paris, davon in der Mehrheit 16.258 Frauen![36]

32 Gemeindeblatt August/September 1906.
33 Eingabe vom 21. Juni 1906.
34 Gemeindeblatt August/September 1906.
35 Marie Rasch berichtet darüber ausführlich in der Ev. Frauenzeitung, Organ des Ev. Frauenbundes Januar 1907.
36 Diesem Buch werden 2 1/2 Seiten des Gemeindeblattes Oktober 1908 gewidmet.

52. Die Familien Frisius und Streng im Juli 1908 in London: In der Mitte sitzend Agnes und Friedrich Frisius; hinter ihnen ihr Sohn Günther, neben ihnen die Töchter – links Lina Streng mit Ehemann Georg, rechts Maria Onnasch mit Ehemann Friedrich

Im Juni 1909 schrieb sie nach der Gemeindeversammlung an den Kirchenvorstand. Sie bat ihn, »in Zukunft bei den Gemeindeversammlungen die üblichen parlamentarischen Formen« zu beachten, »als Schulung der Gemeindemitglieder, die in Paris besonders not tut, weil die hiesigen Deutschen als Ausländer von der Teilnahme am öffentlichen Leben meist ausgeschlossen sind«[37] Pastor Streng antwortete im Namen des Kirchenvorstands freundlich und verständnisvoll. Überhaupt schienen Kirchenvorsteher und Pfarrer begriffen zu haben, wie wichtig Frauen für die Gemeinde waren. Georg Streng schrieb im Rückblick: »Hätten wir unseren weiblichen Gemeindegliedern das Wahlrecht nicht gegeben, so wäre vom Jahre 1906 an niemals mehr eine beschlußfähige Gemeindeversammlung zustande gekommen.«[38]

Die Frauen blieben aufmerksam. Und die Pfarrfrau, Lina Streng? Sie stand wohl eher am Rande. Zwar gehörte sie zum erweiterten Vorstand des Deutschen Ev. Frauenvereins. Da arbeitete sie mit. Aber sie hatte außerdem drei Kinder, das jüngste wurde 1909 geboren. Vikare und Hilfspastoren wurden selbstverständlich in der Pfarrersfamilie verköstigt. Und trotz Concierge gab es für eine gute Pfarrfrau reichlich Aufgaben. So leitete sie zeitweise den Nähverein. Wenn man den Bericht von der Gemeindeweihnachtsfeier 1905 liest: Es wurde im Erdgeschoß, im 1. Stock und

37 Käthe Schirmacher: Brief an den Kirchenvorstand, 25.6.1909.
38 Ev. Gemeindeblatt für den Dekanatsbezirk München Nr. 1 Januar 1915 oder 1916, S. 5.

selbstverständlich auch bei »Frau Pfarrer« in der Wohnung bis 23 Uhr gefeiert. So wird es jedes Jahr gewesen sein.

Der Deutsche Ev. Frauenverein arbeitete weiter. Die Aufgaben der Armenfürsorge waren ein weites Feld. Die Frauen halfen bei der Wohnungsbeschaffung zusammen mit dem deutschen Hilfsverein. Sie begannen mit der Arbeitsbeschaffung für Frauen. In den wöchentlichen Sprechstunden wurden Bons für Kohlen, Kartoffeln, Reisportionen und Mahlzeiten in der Volksküche ausgegeben. Auch Kleidungstücke wurden verteilt. Meist waren es Frauen der Hügelgemeinde, für die man sorgte. Es muß sehr nötig gewesen sein.[39]

Im Oktober 1906 mußte Frau von Lucius »wegen Wegzug« den Vorsitz des Frauenvereins niederlegen. Sie wurde zum Ehrenmitglied ernannt. Ob sich ohne sie das starke Engagement des Frauenvereins änderte? Als Nachfolgerin wurde Frau Admiral Siegel gewählt.

Der Jungfrauenverein traf sich weiter an jedem Sonntagnachmittag. Marie Rasch kümmerte sich um ihn im Auftrage des Frauenvereins. Zeitweise hatte der Jungfrauenverein 90 Mitglieder. Er erlebte besonders gute Zeiten. Im Januar 1907 wurde Fräulein Rasch im Gemeindeblatt als Kontaktadresse des Frauenvereins angegeben für »Auskunft und Abholung am Bahnhof« von jungen Frauen. Eine junge Frau schrieb ihr: »Nehmen Sie meinen Dank von ganzem Herzen... Und ich will Ihnen sowie dem Hülfsvereine dadurch nützen, daß ich ein jedes Mädchen warnen will zu Hause, nach Frankreich zu gehen, ohne zu wissen, wo ein und aus. Ich hab' es bitter erfahren müssen, und meine Mitschwestern können sich ein Beispiel daran nehmen... Lieber deutsch sterben, als französisch verderben...«[40]

Im März 1909 wurde Marie Rasch verabschiedet. Mindestens drei Jahre lang hat sie die Arbeit im Deutschen Evangelischen Frauenverein und im Jungfrauenverein entscheidend mitgeprägt. Der Frauenverein hatte doch 1905 eine »Berufsarbeiterin zur Fürsorge für die bedürftige Frauenwelt« gesucht. War sie möglicherweise eine Zeitlang vom Frauenverein richtiggehend angestellt? Mehrere Male wird sie als »Mandatärin des Frauenvereins« bezeichnet. Auch ihr vielfältiges Engagement spräche dafür.[41] Jedenfalls, nach ihrem Weggang klagte Pastor Streng darüber, daß so wenig Mitglieder dem Jungfrauenverein angehören.[42] Ob die wöchentlichen Sprechstunden und die intensive Arbeit des Frauenvereins ohne Marie Rasch nahtlos weitergegangen sind?

Es war bestimmt nicht leicht, sie ehrenamtlich zu organisieren. Der Vorsitz des Vereins wechselte oft. Immerhin wurde der Deutsche Ev. Frauenbund 1912 an zweiter Stelle der Hilfsorganisationen für Deutsche in Paris genannt.[43] Die beiden Heime, das Mädchenheim in der Rue Nollet und das Erzieherinnenheim in der Rue Brochant, »gingen 1907/1908 durch eine besonders glückliche Zeit und haben in Jahresfrist das Lehrerinnen- und Erzieherinnenheim 182 Damen und das Mädchenheim 592 Mädchen beherbergt, beraten und mit Stunden und Stellen versorgt.«[44]

---

39 Gemeindeblatt Nr. 2, November 1906.
40 Gemeindeblatt Januar 1907.
41 Besonders der von ihr verfaßte Bericht im Gemeindeblatt Januar/Februar 1908 spricht dafür.
42 Gemeindeblatt Oktober 1909.
43 Vgl. Gemeindeblatt Januar 1912.
44 Jahresbericht 1908, S. 12.

Der geplante Neubau des Gemeindehauses beanspruchte die Kräfte der Gemeinde. Man benötigte einen größeren und würdigeren Gemeindesaal und mehr Gruppenräume. Und man brauchte wohl auch eine größere Pfarrerwohnung, mit drei Kindern wurde es eng bei Familie Streng. Der Umbau selbst im Jahr 1911/1912 belastete die Gemeindearbeit. Der Jungfrauenverein z.B. mußte in die Räume der Rédemptionskirche umziehen. Die Sprechstunden des Frauenvereins und andere Veranstaltungen blieben sehr provisorisch in der Rue Blanche.

Als das Gemeindehaus endlich fertig war, ging nach der großartigen Einweihungsfeier am 3. Nov. 1912 die Gemeindearbeit im normalen Rahmen weiter. Neue Anstöße gab es durch das neue Haus erstaunlicherweise kaum. Die Unruhe vor dem Krieg lag wohl schon in der Luft. Man engagierte sich für eine Nationalspende zum 25jährigen Kaiserjubiläum. In den Akten liegt auch ein Merkblatt über die Militärpflicht junger Deutscher in Paris. Auch darum mußte sich der Pastor kümmern.

Georg Streng beschrieb die merkwürdig zerrissene Stimmung: »Sonntag, den 26. Juli [1914] fanden die deutschen Gottesdienste in Paris ohne irgendwelche Aufregung statt. Nur in den Vereinen der jungen Mädchen und jungen Männer nachmittags und abends wurde, zum großen Teil unter dem Eindruck dessen, was in französischer Umgebung verlautet war, davon geredet, was zu tun sei, falls die Lage ernster oder ganz ernst werden sollte. Den Mädchen wurde der Rat gegeben, in diesem Fall im Laufe der Woche abzureisen.«[45]

Es war Ferienzeit, deshalb waren nicht viele Deutsche in Paris. Die Bewohner des Lehrerinnen-, des Mädchen-, des Kellnerheims reisten bis Sonnabendmorgen, den 1. August 1914 alle ab. Pastor Streng brachte in der Nacht die kirchlichen Akten, Paramente, Geräte und Wertsachen in Sicherheit. »Das Automobil fauchte und fauchte.«[46] Alle Deutschen mußten nach dem Mobilisierungsbefehl am 1. August um 16 Uhr Paris innerhalb von 24 Stunden verlassen. Was hat das für ihn und seine Frau bedeutet, für die drei noch relativ kleinen Kinder? »In ungeheurem Gewühl, kaum mit geringstem Gepäck ausgestattet, von dem Pöbel belästigt, in Sorge und Angst um solche, die an unbekannter augenblicklicher Adresse in Paris oder in der Provinz sich aufhielten, mußte man suchen, während des 1. und 2. August aus der ungastlichen Stadt herauszukommen.«[47] Was nahm man mit für eine fünfköpfige Familie? Was konnte man tragen? Was ließ man zurück? Dieses plötzliche Weggehen und der Zwang, fast alles zurückzulassen, muß eine ungeheure Anstrengung gewesen sein. Lina und Georg Streng beklagten sich nicht.

Sie hatten auch verhältnismäßig viel Glück. Georg Streng übernahm schon im September die Gemeinde Reutin am Bodensee. Aber Paris war ihre Heimat. Lina Streng hatte den größten Teil ihres Lebens hier verbracht, Georg Streng den größten Teil seines Pastorenlebens. Ob sein früher Tod 1918 mit dem plötzlichen Abschied von Paris im inneren Zusammenhang stand? Für die Familie blieb dieser Abschied ein Trauma. 1985 konnten wir mit dem Sohn Friedrich Streng darüber sprechen. Er war 10 Jahre alt, als er 1914 mit seinen Eltern Paris verließ. Erst 1985 hat er es gewagt, in seine Geburtsstadt und an den Ort seiner Kindheit zurückzukehren. Wie der Familie Streng, so wird es vielen Deutschen ergangen sein, die hier in Paris und in Frankreich ihre

---

45 Ev. Gemeindeblatt für den Dekanatsbezirk München Oktober 1914, S. 157.
46 A.a.O., S.159.
47 A.a.O., S.159.

Heimat gefunden hatten. Pastor Georg Streng sollte recht bekommen, wenn er 1914 schrieb: »Nun ist's wohl auf lange hin aus um das Deutschtum in Frankreich«[48]

Zwischen den Weltkriegen

Erst 1927 ging es mit der Arbeit in der Christuskirche weiter. Es hat wohl auch vorher deutschsprachige Gottesdienste gegeben in der Rédemptions- und auch in der Billetteskirche, von elsässischen Pastoren für Elsässer gehalten. Da fanden vor allem die Baltendeutschen Anschluß, von denen es in dieser Zeit nicht wenige nach Paris verschlagen hatte. Und es gab den vermutlich ziemlich großen Elsässischen Jungfrauenverein. Er hatte sich 1921 dafür interessiert, die Christuskirche zu kaufen. Ob auch deutsche Frauen in seine Reihen gehörten? Jedenfalls war er der sympathischste Kaufinteressent.

Zum Glück wurde aus dem Verkauf nichts. Stattdessen kam Pastor Erich Dahlgrün 1927. Er war Auslandspfarrer in Rumänien gewesen. Dort war seine erste Frau gestorben. Er kam als Witwer nach Paris. Sehr bald kam auch »Tante Telle«. Sie führte ihm den Haushalt. Im Oktober 1927 heiratete er wieder, Emilie Fischer, die jüngere Schwester seiner ersten Frau. Sie war 10 Jahre jünger als er. Sie hatte bis dahin im Musikgeschäft ihrer Eltern gearbeitet, sie war Geschäftsfrau gewesen. Das war eine handfeste und gute Voraussetzung für eine Pfarrfrau in Paris.

Im Gemeindeblatt wurde ihr Name immer dann genannt, wenn es konkret und praktisch wurde. Sie organisierte die Teeküche. Sie nahm aktiv an der Frauenhilfe teil und war ständiges Mitglied des Basarkomitees. Sie kochte donnerstagsmittags für Konfirmanden, die nicht nach Hause fuhren. Die Vikare wurden bei ihr verköstigt. Sie übernahm das Amt der Schatzmeisterin für das Mädchenheim. Sie organisierte und begleitete Kindererholungsreisen nach Deutschland. Sie sorgte für die gute Athmosphäre und pflegte die Kontakte. Man traf sich bei ihr zum kleinen Schwatz.[49] Und sie führte ihrem Mann den gewiß nicht leichten Haushalt.

Ob er das genügend anerkannt hat? 1947 schrieb er an Pastor de Beaulieu: »Meine Frau, aus Bremen, dieser ganz anderen Welt kommend, mußte viel viel lernen, und wenn es nicht ohne Schmerzen abging, so durfte sie doch die frohe Endeckung machen, daß jeder Entsagung, jeder Schmerz, der das Lernen und Reifen begleitete, unmittelbar im Bauen der Gemeinde fruchtbar werden durfte.«[50] Mit anderen Worten: die junge Frau hatte es nicht leicht mit ihrem älteren Mann. Sie muß oft das Gefühl gehabt haben, im Schatten seiner ersten Frau, ihrer älteren Schwester zu stehen. Diese war gebildet, sie hatte studiert, sie war eine angemessene Gesprächspartnerin für ihren Mann gewesen. Sie selber dagegen hatte nur im Musikladen ihrer Eltern gearbeitet. Ob ihr Mann ihr das manchmal vorgehalten hat? Er trug jedenfalls sein Leben lang zwei Eheringe.

Kinder hatte das Ehepaar Dahlgrün nicht. Sie hätte gerne mindestens zwei Kinder gehabt. Ob sie wie viele Frauen ohne Kinder die Mutterschaft idealisiert hat? Sie hatte stattdessen zwei Pflegekinder: Helga Rehbinder und Theodor Göttling. Ihre Mütter

---

48 A.a.O., S. 159.
49 So erzählen Felicitas Großberg und Schwester Marie Winkelmann.
50 Brief von Dahlgrün an de Beaulieu, 21.4.1947.

waren Witwen und verdienten sich ihren Lebensunterhalt in französischen Familien. Da war es gut, daß die Kinder »bei Pastors« aufwachsen konnten. Ob Frau Dahlgrün stärker als ihr Mann empfänglich war für nationalsozialistisches Gedankengut? Es gibt im Gemeindeblatt und auch in Zeugenberichten vorsichtige Hinweise dafür. Felicitas Großberg beschreibt sie vor allem als »Frau ihres Mannes«, die das Praktische im Hintergrund klärte, sich aber nie in den Vordergrund drängte. Damit war sie für ihren Mann und auch für die Gemeinde eine ideale Pfarrfrau. Wenn ihr Mann noch 1947 von dem Schmerz und der Entsagung spricht, die sie das gekostet habe, – das reine Glück war das Pfarrfrauendasein für sie nicht. Sie hat die Frauenarbeit und damit einen wesentlichen Teil der Gemeindearbeit mitgetragen. Zeitweise hatte sie sogar eine eigene Sprechstunde, donnerstags von 17 – 19 Uhr.[51]

Natürlich hatten in der 1927 neu gesammelten Christusgemeinde die Frauen aktives und passives Wahlrecht für den Kirchenvorstand. Von 1931 bis 1934 gehörten Fräulein Stüssel und Frau von Kühlmann ihm an. Fräulein Stüssel wurde Rechnungsführerin; sie übte also ein Amt aus, das Frauen selten innehaben.

Der Wohlfahrtsausschuß

Im Februar 1929 bildete sich ein Wohlfahrtsausschuß der Frauen. Vorsitzende war Frau Riesser. Sie, Frau von Kühlmann und Frau Dahlgrün bildeten den Leitungsausschuß. Aufgabe des Wohlfahrtsausschusses war es, gesellige Gemeindeabende und Nähnachmittage zu organisieren. Die Frauen wollten außerdem eine Vermittlungsstelle für Heimarbeit gründen und für Zusammenkünfte der weiblichen Gemeindeglieder sorgen.

Ab März 1929 gab es auf Initiative von Mira von Kühlmann in der 3. Etage des Gemeindehauses eine bescheidene Unterkunft für Frauen in zwei Zimmern mit je drei Betten. Bald wurde die ganze Etage zum Frauenheim. Es gab viele junge Frauen, die hier in Paris Arbeit suchten. Manche von ihnen waren den französischen Soldaten gefolgt nach dem Truppenabzug aus dem Rheinland 1929/1930. »Daher gab es in Paris eine Unzahl junger deutscher Mädchen, die, im wahrsten Sinne des Wortes, auf der Straße landeten.«[52]

Im Mai 1929 lud Frau von Kühlmann die Schriftführerin des Deutschen Nationalvereins der Freundinnen junger Mädchen zu einem Besuch ein. Dieser Verein war 1877 in Genf als internationaler Frauenverein gegründet worden zum Schutz berufstätiger Mädchen, die fern vom Elternhaus lebten. Der Besuch machte Eindruck. Am 15. November 1929 wurde hier in der Christuskirche ein eigener Ortsverein der Freundinnen junger Mädchen gegründet. 43 Frauen traten ihm bei.

Dieser Verein nahm das kleine Heim in der 3. Etage des Gemeindehauses unter seine Obhut. Es hatte inzwischen zehn Betten. Als Heimleiterin wurde Dr. Eva Großberg angestellt. Sie sorgte für Frühstück und Abendbrot und für gesellige Abende, die

---

51 Gemeindeblatt 1929, S. 209.
52 M. von Kühlmann: Frieden ohne Widerruf, S. 55.

53. Die Damen auf dem Gemeindeausflug 1930: In der Mitte mit hellem Hut Emilie Dahlgrün

auch für nicht im Haus wohnende Mädchen und Frauen offen waren. Sie war als Baltendeutsche nach Paris gekommen. Mit ihrer Mutter und ihrer Tochter bewohnte sie ein Zimmer im 3. Stock des Gemeindehauses.

Bis 1931 blieb das kleine Heim in der Rue Blanche. Dann stellte ein unbekannter Spender (eine unbekannte Spenderin?) als zinsloses Darlehen die erste Jahresmiete für ein größeres Heim zur Verfügung. Betten, Schränke, Stühle usw. wurden aus der Gemeinde erbeten. Am 1. August 1931 zog das Mädchenheim der Gemeinde um in die 29, rue de Gergovie im 14. Arrondissement. Es hatte nun 30 Betten. Zunächst wurde es weiter von Frau Großberg geleitet. Ein Jahr später wurde sie von der Diakonisse Schwester Marie Winkelmann abgelöst, die zusammen mit Schwester Anna Thiermann die Arbeit übernahm.

1935 reichte das Geld nicht mehr. Man zog zurück in die bescheidenere und billigere dritte Etage des Gemeindehauses in der Rue Blanche. Bis 1939 hat das Wohnheim hier mit neun Betten unter Schwester Marie Winkelmanns Leitung weiterbestanden. Sie übernahm gleichzeitig die Aufgaben einer Gemeindeschwester.

Im Dezember 1929 entstand auf Betreiben des Wohlfahrtsausschusses der Bund evangelischer junger Mädchen. Der Bund junger Männer war schon ein Jahr vorher entstanden. Er war bald sehr selbständig. Den jungen Frauen traute man das nicht zu. Bei ihnen waren immer der Pastor oder der Vikar dabei.

Zwei Frauen haben neben Frau Dahlgrün in den Jahren 1929 – 1936 die Frauenarbeit der Christuskirche geprägt: Mira von Kühlmann und Gilda Riesser. Sie gehörten zu einem Freundeskreis und bildeten ein gutes Team. Tonangebend war dabei Frau von Kühlmann. Frau Riesser machte gerne mit, »sozusagen in Vertretung der fehlenden Botschaftergattin.«[53] Ihr Mann war Gesandtschaftsrat, der damalige Botschafter war unverheiratet. 1930 war sie außerdem aktiv für die Gründung der deutschen Schule. Bis 1934 gehörte sie zum Vorstand der Frauenhilfe. Danach war sie zwar noch in Paris, ihr Name taucht im Gemeindeblatt aber nicht mehr auf.

Von Mira von Kühlmann wissen wir mehr. Ende des vorigen Jahrhunderts wurde sie in Frankfurt am Main geboren. Sie kam aus großbürgerlichem Bankmilieu und erhielt die Erziehung einer höheren Tochter. Der erste Weltkrieg beeindruckte sie sehr. 1921 heiratete sie den wesentlich älteren Geschäftsmann Hans von Kühlmann. Mit ihm kam sie 1928 nach Paris, wo sie ein Diplomatenleben führten. Aber »ohne soziale Arbeit und politische Interessen wäre ich unglücklich gewesen«.[54] So kam sie mit ihrer Tatkraft 1929 zur Christuskirche und auch zum Deutschen Hilfsverein. 1935 bekam sie für ihr Engagement eine Auszeichnung des Roten Kreuzes. 1936 ging sie mit ihrem Mann nach Rom. Das Ehepaar konnte sich ein Leben unter den Nationalsozialisten in Deutschland nicht vorstellen.

Nach dem Krieg taucht ihr Name hier im Gemeindeblatt von CLAIR wieder auf. Sie war erneut aktiv im Verein der Freundinnen junger Mädchen in München. Sie wollte erreichen, daß der Verein seine Auswanderungsberatung verstärkte, denn der Mädchenhandel war nach Kriegsende in den mitteleuropäischen Staaten wieder aufgelebt.[55] Zu dieser Zeit wurde Mira von Kühlmann zunächst CSU-Mitglied in Bayern, trat dort dann aber 1952 spektakulär aus und wurde eine der Mütter bzw. Großmütter der Friedensbewegung in Deutschland, bis hin zu einer Kandidatur für die DFU (Deutsche Friedensunion) im Münchener Westen 1961. Eine profilierte Frau, die ihre Tatkraft 1929 – 1936 in unsere Gemeinde eingebracht hat. Zusammen mit der Diplomatenfrau Gilda Riesser hat sie mit weitem Horizont und sozialem Engagement die Frauenarbeit zwischen den Kriegen geprägt.

Am 1. Advent 1930 fand ein Wohltätigkeitsverkauf von Sachen, die der Nähnachmittag angefertigt hatte, statt. Zuerst hörte man einen Vortrag über den französischen Protestantismus. Dann wurde verkauft. Die Armenkasse war leer. Man wollte außerdem eine Gemeindeschwester anstellen. Das Ergebnis war mager: 351,10 FF.

Aber der Vorläufer unseres Adventsbasars war entstanden. Am 1. Advent 1931 gab es wieder einen Vortrag und dann den Verkauf. Diesmal kamen immerhin 1000 FF herein. Ab 1932 ähnelten die Basare unseren Basaren.[56] 1932 war das Ergebnis 20 000 FF und es war bestimmt für die Gemeinde und für das Mädchenheim in der Rue de Gergovie. Von da an war der Basar am 1. Advent bis 1938 eine feste Veranstaltung und eine wichtige Einnahmequelle der Gemeinde. Nach Frau Riesser übernahmen Frau Forster, Frau Bredthauer und später Frau Pöhlmann die Leitung.

---

53 Vgl. S. 113.
54 Mira von Kühlmann: Frieden ohne Widerruf, S. 55.
55 Fraternité Evangélique April 1949.
56 Vgl. Gemeindeblatt November 1932.

Die Spaltung

Noch ein Blick auf die Frauenarbeit, die mit Wohltätigkeitsausschuß, Nähverein, Ortsgruppe der Freundinnen junger Mädchen, Bund evangelischer Mädchen so vielfältig war. Es kam zu einer Krise, bedingt durch den Wahlsieg der NSDAP und die Machtergreifung Adolf Hitlers in Deutschland. Im Januar 1934 rief Pastor Dahlgrün zur Neugründung einer Deutschen Evangelischen Frauenhilfe auf. Dort mußte man ausdrücklich Mitglied werden und monatlich drei Francs Mitgliedsbeitrag bezahlen. Die Mittwochstreffen der Frauenhilfe bekamen eine feste Struktur. Man traf sich von 15–18 Uhr, eine Stunde wurde gehandarbeitet, »die mittlere Stunde, vom Geistlichen geleitet, dient der inneren Zurichtung«,[57] dann wurde wieder gehandarbeitet. Außerdem wurden die Bibelstunden für junge Mädchen am Dienstag nun auch für die Frauen geöffnet.

Was war geschehen, daß Dahlgrün die Zügel so anzog? War es unter den Frauen zu Streit und zu Cliquenbildungen gekommen? Gab es Nationalsozialistinnen, die die Frauen jüdischer Herkunft verdrängen wollten? Es muß manchmal hoch hergegangen sein in diesem bunt zusammengewürfelten Nähverein, wo Baltendeutsche, Handwerkerfrauen, Frauen von Geschäftsleuten und Diplomaten, Frauen, die mit Juden verheiratet waren und Frauen jüdischer Herkunft zusammenarbeiteten. »Von allen Versammlungen der Frauenhilfe wird jede Behandlung politischer Gegenstände und Streitfragen strengstens ausgeschlossen.«[58] Mit diesem Verbot wollte Pastor Dahlgrün die Ruhe unter den Frauen wiederherstellen, er wollte vermeiden, daß sie sich trennten. Außerdem berief »das Pfarramt«, also er, den neuen Vorstand der Frauenhilfe. Im Prinzip waren darin dieselben Frauen vertreten wie vorher: Frau v. Kühlmann, Frau Bredthauer, Frau Müllerleile, Frau Riesser, Frau Dahlgrün, Fräulein Gehrke und natürlich er selber.

Den ersten Vortragsabend dieser Frauenhilfe hielt im Februar 1934 Prof. Wilhelm Stählin aus Münster zum Thema: »Der Dienst der Frau angesichts der Aufgaben der Kirche in der Gegenwart«. Darin wurde ein konservativ-lutherisches Frauenideal aufgezeigt, die tiefste »Bestimmung der Frau für die Kirche, daß sie Gleichnis der Empfänglichkeit Marie das Wort Gottes still in sich bewege und daraus Frucht bringe...«[59]

Trotz des Kraftaktes von Dahlgrün spaltete sich die Frauenhilfe 1936. Zweimal im Monat war Treffen im Deutschen Haus in der Rue Roquépine, um für das Winterhilfswerk zu handarbeiten. Dort waren allerdings nur »arische« und reichsdeutsche Frauen erwünscht. Zweimal im Monat traf man sich in der Rue Blanche. Hier durften dann alle dabeisein, auch nichtarische und volksdeutsche Frauen. Es war gut, daß die Gemeinde der Ort war, wo man zusammenblieb. Aber es blieb doch die Frage: Warum haben die Frauen der Gemeinde sich so auseinander dividieren lassen? Dahlgrün sah das Problem. Er schrieb dazu: »Dennoch bringen wir das Opfer des Verzichtes freudig, weil er unsere Frauen für die Mitarbeit an der ›Deutschen Gemeinschaft‹ freimacht, denn die Christin weiß sich von ihrem Herrn in die Volksgemeinschaft hin-

---

57 Gemeindeblatt Januar 1934, S. 6.
58 A.a.O., S. 7.
59 Gemeindeblatt Februar 1934, S. 19.

eingestellt, damit sie die Nächstenliebe an den Volksgenossen durch Helfen und Wohltun beweise und durch ihre Treue die irdische Heimat stärke, an der der Weg in die himmlische nicht vorbeiführt.«[60] Eine recht umständliche und schwülstige Begründung vermeintlicher Neutralität.

Fräulein Uhde

Von 1929 bis 1939 arbeitete eine Frau intensiv in der Gemeinde mit, an die sich heute noch manche gern erinnern: Annemarie Uhde. Sie leitete den Kindergottesdienst. Als höhere Tochter war sie in Posen aufgewachsen. Nach dem Tod des Vaters kam sie mit ihrer Mutter nach Wiesbaden. Während des ersten Weltkrieges hatte sie dort in einem Kinderhort gearbeitet und ihre Fähigkeit zum Erzählen entdeckt. Nach dem Tod ihrer Mutter arbeitete sie kurz als Sekretärin, kam dann aber nach Paris, um ihrem Bruder Wilhelm Uhde, der damals als Kunsthistoriker sehr bekannt war, den Haushalt zu führen. Sie hatte immer gern Lehrerin werden wollen. Nun konzentrierte sie ihre pädagogischen Fähigkeiten auf die Kinder der Gemeinde. Felicitas Großberg, zunächst Kindergottesdienstkind, später auch Helferin und freundschaftlich mit ihr verbunden bis zu ihrem Tod, gerät noch heute ins Schwärmen. »Die fürchterlichsten Jungen saßen da wie die Engel und hörten zu«.[61]

Im 5. Stock der Pfarrwohnung gab es einen eigenen Kindergottesdienstraum mit Altar und Harmonium. Später zog man, weil zu viele Kinder da waren, um in einen größeren Raum der 3. Etage. Die Kindergottesdienste fanden alle 14 Tage statt. Daneben veranstaltete Fräulein Uhde Sommerfeste, Krippenspiele und Weihnachtsfeiern. Für Kinder, die zum Konfirmandenunterricht übergingen, machte sie eine kleine Abschiedsfeier. Zeitweise hat sie sogar eigene Sprechstunden für Kinder und Eltern angeboten. Ihr Kindergottesdienst war liturgisch und traditionell gestaltet, ihr Stil paßte gut zu dem von Pastor Dahlgrün. Er vertraute ihr. Er scheint sich niemals eingemischt zu haben. Es ist rührend, die Kindergottesdienstkärtchen und die Liturgie zu sehen. Felicitas Großberg hat sie bis heute aufgehoben. Bei den Kindergottesdiensten halfen ihr Fräulein Luder am Harmonium, später Felicitas Großberg, Helga Rehbinder und Herta Zippel.

Nach Ausbruch des 2. Weltkrieges erlebte Fräulein Uhde schlimme Jahre im Internierungslager Gurs. Als sie dort herauskam, lebte sie mit ihrem Bruder im Versteck. Nach Kriegsende kehrten beide nach Paris zurück. 1947 starb ihr Bruder. Sie selbst hatte während des Krieges zu malen begonnen. Ihre Bilder sind heute im Museum von Senlis zu sehen. Sie wurden immer farbenfroher, je älter sie wurde. Nach dem Krieg wurde die Malerei zu ihrem Lebensinhalt. Weil sie nicht gerne alleine lebte, zog sie in eine Wohngemeinschaft mit Helene Hessel. Deren Kinder haben sich bis zu ihrem Tod 1988, da war sie 99 Jahre alt, rührend um sie gekümmert.

Zur Christuskirche hat sie den Kontakt nie wieder aufgenommen. Pastor Peters besuchte sie, wenn er in Paris war, in ihren letzten Lebensjahren auch manchmal Pastor von der Recke. Nach einem Schlaganfall konnte sie, die in rein französischer Umgebung lebte, nur noch mühsam französisch sprechen.

60 Gemeindeblatt August/September 1936, S. 32.
61 Interview mit F. Großberg.

54. Fräulein Annemarie Uhde 1932, zehn Jahre lang war sie für den Kindergottesdienst verantwortlich

Der Abbruch

1938, nach der sudetendeutschen Krise, fürchtete man den Ausbruch des Krieges. Die Gemeindeschwester und Frau Dahlgrün fuhren nach Deutschland zurück. Sie konnten nach der Münchener Konferenz wieder zurückkehren. Aber Ende August 1939 wurde der Krieg doch wahr. Aus dem Sommerurlaub heraus schickte Dahlgrün am 25. August seine Frau direkt nach Genf. Er selber kehrte noch einmal kurz nach Paris zurück, ordnete die Angelegenheiten der Gemeinde, so gut er das in der kurzen Zeit konnte, packte noch ein paar unentbehrliche Sachen ein, »überbrachte die Schlüssel des Hauses dem Polizeikommissar in der Rue Blanche, der sie mit Tränen in den Augen entgegennahm«,[62] und fuhr am 26. August mit dem letzten Zug, in dem Deutsche noch die Grenze passieren durften, in die Schweiz. Ab Mitte September war er dann Pastor in Rom.

Was hat es für seine Frau bedeutet, so ohne Abschied von Paris wegzugehen und in Rom mit zwei Koffern wieder anzufangen? Dahlgrün schrieb nichts davon. Aber es war bestimmt nicht leicht. 1943 war er mit seiner Frau noch einmal heimlich in Paris, wahrscheinlich um einige Sachen zu holen. Schwerer war es allerdings für alle die,

---

62 E. Dahlgrün: Brief an Annemarie Uhde, 1. Januar 1947.

die in Frankreich geblieben waren. Ab September 1939 kamen die deutschen Männer im Alter von 18–65 Jahren in Internierungslager, ab September 1940 auch deutsche Frauen und Kinder.

Die Besatzungszeit

Wie schrieb Pastor Streng 1914? »Nun ist's auf lange hin aus um das Deutschtum in Frankreich«. So kam es diesmal nicht. Es wurde zunächst sehr deutsch in Paris – zu deutsch. Am 14. Juni 1940 zogen die deutschen Truppen in Paris ein. Im Juli kam Hans-Helmut Peters als deutscher Pfarrer nach Paris. Seine Frau Hildegard Peters schreibt dazu: »Die Stellung in Paris war schwierig, da die Deutschen damals natürlich nicht gerne gesehen waren... Anfangs wohnten wir im Kirchengebäude, nachher zogen wir nach Ville d'Avray, dann kam ich nur sonntags nach Paris in die Stadt und half beim Kindergottesdienst. Ich fühlte mich unter diesen Umständen unglücklich in Paris... Lichtblicke waren unsere Sonntagnachmittage: wir luden deutsche Soldaten zu uns nach Ville d'Avray ein, bewirteten sie, man sang zusammen, es wurden Vorträge gehalten... Mein ältester Sohn nahm schon lebhaft an diesem Leben teil. Es wurden uns noch drei Kinder in der Pariser Zeit geboren... Als die Invasion der Engländer und Amerikaner drohte, verließ ich mit vielen anderen Deutschen die Stadt, kam zwar für einige Monate noch einmal zurück, als die Gefahr geringer schien. So war die Pariser Zeit mit viel Unruhe verbunden...«[63]

Peters baute aus den ganz anderen Deutschen, die damals nach Paris kamen, und den wenigen Deutschen, die aus der alten Gemeinde zurückgekehrt waren, wieder eine Gemeinde auf. Die Christusgemeinde war Zivilgemeinde. Er suchte sich einen Kirchenvorstand. Felicitas Großberg gehörte ihm an. Er kannte sie aus seiner Vikariatszeit in Paris. Seitdem hatten sie freundschaftliche Beziehungen. Die Nachrichtenhelferin Lotte Menk und auch manchmal Frau Peters hielten den nicht sehr großen Kindergottesdienst. Einen Frauenkreis gab es vermutlich nicht. Aber Pastor Peters öffnete ab 1941 in der Rue Blanche mittwochsnachmittags seine pfarramtliche Sprechstunde für die Angehörigen von französischen Gefangenen.[64] In diese Sprechstunde sind vor allem viele Frauen gekommen, die wissen wollten, wo ihre Männer geblieben waren. »Meist beschränkten sich die Gespräche darauf, daß gefragt wurde: Wie geht es ihm? In welcher Verfassung ist er? Und dann waren auch Wünsche da. Und in meinem relativ kleinen Koffer waren jedesmal, wenn ich Besuche machte, eine Reihe von Päckchen mit Unterwäsche oder Eßsachen, denen ich etwas zu Lesen beifügte...«[65] Das und vermutlich auch die Sprechstunden waren illegal. Aber es war mit Sicherheit die beste Frauen- und die beste Männerarbeit, die in dieser Zeit von der Christuskirche aus geleistet wurde, ein »Dienst des Friedens«.[66]

1944 kehrte Peters mit dem letzten Wagen der Botschaft nach Deutschland zurück. Seine Frau und die vier Kinder waren schon vorher zurückgegangen.

---

63 Brief vom 1. Okt. 1993 an Almuth von der Recke.
64 Vgl. S. 194–201.
65 H. Peters: Erinnerungen, S. 12.
66 A.a.O., S. 12.

55. Hildgard Peters schenkt Kaffee aus beim Gemeindenachmittag Pfingsten 1942 in Ville d'Avray (rechts: Felicitas Großberg)

Die Übergangszeit

Wenige Tage später zogen in Kirche, Gemeindehaus und Pfarrerwohnung Madeleine Barot und die CIMADE ein. Equipiers, darunter viele junge Frauen, wohnten hier; ein Büro wurde eingerichtet. Auf der Empore der Kirche fand das Lebensmittel- und Kleiderlager seinen Platz.

Die Schwedische Israelmission fand hier ebenfalls ihren Ort. Bei ihr, bei Pfarrer Molander und vor allem bei dem lebenslustigen Pfarrer Arne Forsberg versammelten sich deutschsprachige Juden, aber auch viele Deutsche. Nach den deutschsprachigen Gottesdiensten blieb man zur vorzüglichen schwedischen Kaffeetafel zusammen.[67] Außerdem war hier in der Rue Blanche noch die Aumônerie auprès des Etrangers für Russen, Ungarn, Spanier und Jugoslawen. Kirche und Gemeindehaus waren so etwas wie ein internationales evangelisches Zentrum geworden.

Aber mit den vielen jungen Deutschen, die aus Deutschland hereinströmten, oft waren es ehemalige Soldaten, wurde es zu eng. Man wollte aus verständlichen Gründen auch nicht so intensiven Kontakt.[68] Ab 1948 wurde für sie die kirchliche Betreuung in die Kirche L'Ascension in der Rue Dulong verlagert. Dort sammelte sich eine

---

[67] William Luther erzählt begeistert davon in seinem Rundfunkinterview Okt. 1985.
[68] Vgl. Interview mit Trude David 7.2.1994, S. 3.

deutsche Gemeinde, zunächst unter Pfarrer de Beaulieu. Viele junge Frauen gehörten dazu, die als Dienstmädchen oder als Kindermädchen arbeiteten. Sie machten die Mehrheit in dieser Gemeinde aus. Dazu kamen junge Männer und junge Familien, die sich hier bessere Zukunftschancen erhofften als im notvollen Nachkriegsdeutschland. Man brauchte diesen Treffpunkt, dieses Stück Heimat, eine Insel in der allgemeinen Deutschfeindlichkeit. Eine eigene Jungmädchen- oder Frauenarbeit gab es allerdings nicht. Da war ein Kirchenchor, später dann ein Jugendbund, beide geleitet von Jean Krentz. Die Kindergottesdienste wurden gehalten von Dorothea Hippel und Christa Colditz. Die Gemeinde war außerdem ein Anlaufpunkt für deutsche Auswanderer. Von Le Havre aus ging es nach Süd-Amerika. Für sie gab es eine Unterkunft in Courbevoie. Oft wurde auch die Pfarrwohnung zur Unterkunft. Pfarrer de Beaulieu berichtet von einer alten Dame, die wochenlang bei ihm wohnte und auf die Verlängerung ihres Visums wartete. Das war für Pfarrfrau und Pfarrfamilie bestimmt nicht einfach. Auf Pfarrer de Beaulieu folgten in Paris noch drei schwedische Pfarrer in der deutschen Gemeinde in der Rue Dulong.

Der Neubeginn

Dann kam 1954 Pfarrer Christoph Dahlkötter nach Paris. Er sollte das Provisorium in der Ascensionskirche beenden und in der Rue Blanche wieder eine deutsche evangelische Gemeinde sammeln.

Er kam nicht allein. Er hatte kurz vorher geheiratet. Nach dem Kontaktbesuch mußte vor allem seine Frau Ursula sich entscheiden, ob sie nach Paris wollte. Sie war studierte Germanistin und mitten im ersten Assessorenjahr. Aber sie entschied sich für Paris und damit für die Pfarrfrauenrolle, allerdings zunächst nur für ein Jahr. Daraus sind dann neun Jahre geworden. Sie schreibt: »Ich nehme an, daß die Gemeindeglieder erwarteten, daß ich mitmachte, ich habe das nie als Druck oder als unzumutbare Belastung empfunden.«[69] Dabei wartete manche Schwierigkeit auf sie. Zuerst wohnte das junge Paar in der Banlieue in Chatou in einer möblierten Wohnung, das »war lästig, ohne Auto und Telefon.« Danach drei Jahre im Norden von Paris, in der Rue Lafayette »im 4. Stock, ohne Aufzug, mit Kohleheizung, ohne jedes Grün, lange Fahrten mit der Metro und mit Kinderwagen in die Parks... : ich sehe mich noch im Laufschritt mit Kinderwagen aus einer Straße laufen, in der geschossen wurde (wegen des Algerienkriegs). Die Wohnung in der Rue Blanche war sehr schön... 4. und 5. Etage, ohne Aufzug, auch da ohne Grün.«[70] In die Pfarrwohnung in der Rue Blanche konnten Dahlkötters erst 1958 einziehen.

In der Anfangszeit war das Pfarrfrauendasein hart, Frau Dahlkötter beschreibt es freundlich ironisch als ›ganzheitlich‹: »ohne Küster, Organist, verfügbaren Gemeindesaal... vom Staubputzen der Kirchenbänke vor dem Gottesdienst... übers Harmonium- und Hammondorgelspielen zum Teekochen, von den fast täglichen Gästen aus der Gemeinde oder aus Deutschland, von Vikar und Haustochter, oft heimwehkranken oder suicidgefährdeten Mädchen am Familientisch, bis zu den gemeinsam verbrachten Sonntagen mit der ›Jugendgruppe‹, bei Picknicks, Ausflügen, Museums-

69 U. Dahlkötter: Rückblick, S. 2.
70 U. Dahlkötter: Rückblick, S.4–5.

besuchen.«[71] Außerdem gab sie bis zur Geburt ihrer Tochter Religionsunterricht in St.-Germain-en-Laye und tat Organistendienst in Fontainebleau. Sie machte allein und mit ihrem Mann Hausbesuche. Und sie arbeitete engagiert mit beim Aufbau der Equipe Franco-Allemande, bei der Arbeitsgemeinschaft der Evangelischen Frauenarbeit in Deutschland und dem »Mouvement des Jeunes Femmes« in Frankreich, ein Engagement, das für sie auch nach ihrer Rückkehr nach Deutschland weitergegangen ist.

Es gab viele Frauen in der Gemeinde: alleinstehende ältere Frauen, Frauen, die mit Franzosen verheiratet waren, Frauen von deutschen Ingenieuren, die kaum französisch sprachen, und Elsässerinnen. Sie trafen sich im Gottesdienst, später in der Bibelstunde und schließlich im Frauenkreis. Dieser Frauenkreis, den Pastor Dahlkötter zusammen mit seiner Frau leitete, bestand so für die nächsten Jahrzehnte. Auch für die Dienstmädchen und die Au-pair-Mädchen war die Kirche ein wichtiger Anlaufpunkt. Hier bekamen sie Hilfe, hier konnten sie sich aussprechen. Pastor Dahlkötter berichtet, daß es im Laufe des Jahres 1961 in dem Zufluchtzimmer der Gemeinde 81 Übernachtungen von 14 jungen Mädchen gab. Er hat im gleichen Jahr drei uneheliche Mütter beraten. Er machte drei Versöhnungsversuche von Eltern und Töchtern und 25 Arztvermittlungen.[72]

Die vielen jungen Mädchen in Paris (die Junge Gemeinde unter Jean Krentz konnte und wollte sie nicht aufnehmen) waren der Grund dafür, daß Kirchenvorstand und Pfarrer sich sehr früh um eine Diakonisse oder eine Gemeindehelferin bemühten. Nach vielem Hin und Her kam dann 1957–1959 Adelheid Springe nach Paris. Sie gründete auch tatsächlich einen Mädchenkreis. Aber im ganzen verlief das Experiment nicht sehr erfreulich. Man trennte sich wieder.

Es begannen intensive Sondierungen für die Schaffung einer Au-pair-Vermittlung und eines Mädchenheims im Zusammenhang mit dem deutschen Verein der Freundinnen Junger Mädchen. Es war mühsam. Man wollte mit dem Deutschen Hilfsverein und der Deutschsprachigen Katholischen Mission zusammenarbeiten. Daraus wurde nichts. Schließlich begann Frau Erna Heermann ab Januar 1963 im Gemeindehaus der Christuskirche mit der Vermittlungsarbeit. Sie plante bereits ein neues Vermittlungsbüro in der 63, rue Pernety, wo es immerhin beschränkte Unterkunftsmöglichkeiten gab. Und man hoffte bald auf ein noch größeres Heim.

1958, als die CIMADE endgültig das Haus verließ, kamen Elsa und Georg Henner wieder. Sie hatten schon vor dem Krieg hier als Concierge und Küster gearbeitet. Sie sorgten für Ordnung im Haus. Sie empfingen die Besucher. Alles landete zuerst bei ihnen. Das war vor allem für viele junge Leute wichtig. Sie konnten zu ihnen kommen und mit ihnen reden. »Henners ›Loge‹ war immer für alle offen. So saßen wir oft im kleinen und großen Kreis um den Tisch, diskutierten, machten Handarbeiten. Frau Henner ließ uns nie verhungern.«[73] Sonntagnachmittags war großes Treffen im Saal bei Tee und Kuchen, Henners waren immer dabei. Frau Henner buk während der Adventszeit in der Gemeindeküche, man durfte mitmachen, wie bei Muttern. Aber sie wachte auch streng über die Sauberkeit und Ordnung darin.

---

71 A.a. O., S. 3.
72 Chr. Dahlkötter: Brief an die Botschaft, 15. Oktober 1962.
73 Brief von Irene Hedrich, 18.4.1993.

56. Küchenidylle: Elsa Henner im Hintergrund in der Mitte, Frau Göckel mit Milchkanne, Oswald Stamms mit Kochmütze

1963 ging Familie Dahlkötter nach Deutschland zurück, nach Münster in Westfalen. »Ich hatte (in Münster) über die Pfarrfrauenexistenz hinaus mehr Möglichkeiten, übergemeindliche Aufgaben wahrzunehmen, z.B. als Jugendschöffin, als Deligierte im Nationalen Weltgebetstagskomitee, in der Redaktion des Schrifttums der Ev. Frauenhilfe i. D., als Mitarbeiterin in der Telefonseelsorge...«[74] Mit anderen Worten, der Horizont einer deutschen Pfarrfrau in Paris war für Frau Dahlkötter zu klein geworden.

Ihr folgte als Pfarrfrau Anne Leser. Ihr Mann kam am 1. September 1963. Sie und ihre drei kleinen Kinder, das jüngste war erst ein halbes Jahr alt, folgten erst einige Monate später. Es war gewiß nicht leicht, sich mit drei kleinen Kindern in der Pfarrwohnung in der Rue Blanche einzuleben, im 4. Stock, ohne Aufzug, ohne Grün. 1965 wurde hier in Paris noch ein viertes Kind geboren.

Neben der Familie arbeitete Frau Leser in der Gemeinde mit. Sie hatte Musik studiert und war Violinistin. Am Anfang übernahm sie den Organistendienst. Sie leitete einen Singkreis für junge Leute. Sehr oft gestaltete sie die Gottesdienste musikalisch mit. Eine Zeugin ist noch heute sehr erfreut und dankbar, wenn sie an die musikalische Ausgestaltung ihrer Hochzeit zurückdenkt. Frau Leser war bei den Treffen des Frauenkreises dabei. Sie sorgte bei allen möglichen Gelegenheiten für Kuchen und

74 U. Dahlkötter: Bericht, S. 2.

Tee. Au-pairs kamen zu ihr, sie war eine wichtige Ansprechpartnerin. Bei ihr saßen auch immer die Vikare mit am Mittagstisch. Eines ihrer Kinder hat bei einem Besuch hier gesagt: »Meine Mutter hat hier in Paris furchtbar viel und hart gearbeitet«.

In dieser Zeit wurde die Junge Gemeinde meistens vom Vikar geleitet. Die Au-pair-Mädchen gehörten dazu. Offiziell traf man sich einmal im Monat nach dem Gottesdienst zum Mittagessen. Meisten kochte Philippe Clement. Nur ihn ließ Frau Henner in die Küche. Zwei Francs standen ihm pro Mittagessen zur Verfügung. Inoffiziell traf man sich bald an jedem Sonntag zum Essen. Manchmal folgten Besichtigungen und Spaziergänge. Meistens blieb man einfach so zusammen und aß abends die Reste des bescheidenen Mittagessens.

Der Frauenkreis ging weiter. Man traf sich zweimal im Monat am Mittwoch nachmittag. Dieser Frauenkreis war ein Aktivposten in der Gemeindearbeit. Wo Mitarbeit nötig war, faßten die Frauen mit an. Sie gestalteten die Gemeindefeste mit. Geleitet wurde er von zwei Frauen aus der Botschaft, Frau Knocke und Frau Schreiber.

Der Verein der Freundinnen junger Mädchen hatte seit 1963 eine Au-pair-Vermittlungsstelle in Paris, zuerst nur als Büro in der Christuskirche, dann ab 1964 mit kleinem Heimbetrieb in 63, rue Pernety im 14. Arrondissement. Da wurde gute Arbeit geleistet. »Ohne die Freundinnen J.M. wäre unser Pfarramt hoffnungslos überfordert gewesen, hatten wir ohnehin sehr viel mit den Au-pair-Mädchen zu tun«, schreibt Helmut Leser.[75] Bald wurde das Heim zu klein. Im Auftrag des Vereins suchte Leser nach einem neuen, passenden Haus. Die Suche war schwierig. Da schien endlich ein Haus gefunden zu sein, die Anzahlung von 100 000 FF wurde geleistet. Aber bald stellte sich das Ganze als ein Betrug heraus. Man hatte große Mühe, die Anzahlung wiederzubekommen. Schließlich fand man das Haus 86, rue Gergovie im 14. Arrondissement. Der Architekt Roland Schweitzer baute es um. 45 junge Frauen konnten dort Unterkunft finden. Außerdem wurde dort die Au-pair-Vermittlungsstelle des Vereins der Freundinnen junger Mädchen beheimatet. Heute heißt der Verein »Verein für Internationale Jugendarbeit«. Das Heim wird bis heute von einer »Association d'Entraide et d'Assistance aux Jeunes« getragen, der die Deutsche Evangelische Christuskirche Paris, die Rheinische Gesellschaft für Innere Mission und der Verein für Internationale Jugendarbeit angehören.

Am 26. Oktober 1968 wurde das Heim »Foyer-le-Pont« eingeweiht. Der Name ist Programm. Hier sollen Brücken geschlagen werden zwischen Deutschland und Frankreich, Brücken zwischen jungen Menschen vieler Nationen. Ingrid Heinrich leitete das Heim von 1968 – 1978, ihr folgte Brigitte Rolf bis 1984. Sie wurde abgelöst von Alice Krieger. Das Foyer-le-Pont ist heute ebenso wie sein katholisches Pendant Foyer Porta, wichtig für junge Frauen und junge Männer, nicht nur aus Deutschland, die hier in Paris leben und arbeiten wollen. Fast noch wichtiger sind die beiden Häusern angeschlossenen Au-pair-Vermittlungen.

Ende Oktober 1969 ging Pfarrer Leser mit seiner Familie nach Rapperswil in die Schweiz. Die Gemeinde hätte ihn gerne behalten. Aber ob seine Frau und seine Kinder dafür waren? Auf jeden Fall: »Herr Mühlen (der damalige Präsident) dankt Herrn und Frau Leser für die sechsjährige Tätigkeit und liebevolle Opferbereitschaft in der

---

75 H. Leser: Bericht, S. 10.

Pariser Gemeinde.«[76] In Rapperswil hat Frau Leser ihren Beruf wiederaufgenommen. Sie ist dort eine gefragte Geigenlehrerin.

In der Zwischenzeit gab es Veränderungen im Kirchenvorstand. Frauen im Kirchenvorstand hatte es seit 1958 immer gegeben. Nun besetzte das erste Mal eine Frau auch eine der Schlüsselstellungen. Ende 1969 wurde Friedi Turnes Schatzmeisterin. Sie hatte diesen Posten inne bis 1975.

Im Januar 1970 kam Pastor Martin Berger mit seiner Frau, Charlotte Berger, und drei Kindern, das jüngste war drei Jahre alt. Für das jüngste Kind war die Umstellung vom Land in die Großstadt besonders schwer.

Lag es am Ehepaar Berger, lag es an der neuen Schatzmeisterin? Jedenfalls, in dieser Zeit fanden Frauen die Möglichkeit, eigene Ideen in Gemeindearbeit umzusetzen. Edith Farner gründete einen diakonischen Arbeitskreis. Dort unternahm man eine Fragebogenaktion, um die Aufgaben einzukreisen. Zwei Schwerpunkte ergaben sich: die Altenfürsorge und der Wunsch nach engerem Kontakt unter den Gemeindegliedern.

Anna Magdalena Rohrbach organisierte einen ökumenischen Besuchsdienst für ältere Leute. Seine positiven Auswirkungen sind bis heute zu spüren, obwohl sie 1977 die Leitung niederlegte. Außerdem wurden unter Leitung von Frau Barbier Päckchen gepackt für Deutsche in französischen Gefängnissen und die deutschen Siedler in Mont-de-Marsan.

Zur Verstärkung des Kontaktes untereinander wurde monatlich ein Gemeindeessen angeboten. Zunächst kochte Frau Henner, bald übernahm Margot Püchler den Kochlöffel. Oft mußte auch Frau Berger umorganisieren und einspringen. 1971 organisierte Frau Püchler übrigens den ersten Basar nach dem 2. Weltkrieg »mit gutem Erfolg.« Er fand allerdings keine unmittelbare Fortsetzung. Die beiden Kirchen waren mit eigenen Tischen vertreten beim Basar der deutschen Schule.

1972 ging das Küsterehepaar Georg und Elsa Henner in den Ruhestand. Für die Gemeinde, aber vor allem für die Pfarrersfamilien war das ein einschneidendes Datum. Sicher, oft war es schwierig mit Henners. Sie hatten ihre eigenen Ansichten. Sie hatten ihren eigenen Stil. Oft fühlten sich die Pfarrfamilien von ihnen bevormundet und kontrolliert.

Aber nun, nach ihrem Weggang, gab es unten an der Haustür keinen Empfangsdienst und keinen Telefondienst mehr. Alles wandte sich direkt an Pfarrer bzw. Pfarrfrau. Eine Sprechanlage wurde installiert. Das Büro in der 3. Etage war halbtags besetzt. Ein Fahrstuhl wurde eingebaut. Aber das ersetzte den Küster nicht. Es gab auch niemanden mehr, der so selbstverständlich für Sauberkeit und Ordnung in Kirche und Gemeindehaus sorgte. Diese Lücke ist seitdem nie wieder richtig geschlossen worden. Putzkräfte und provisorische Küster konnten das nicht leisten.

Erwartet wurde es aber von der Pfarrfrau. Das war zunächst Charlotte Berger. Sie hat sich dieser Aufgabe mit viel Einsatz und Organisationstalent gestellt, oft aber auch mit Seufzen. Manchmal hat sie sich ausgenutzt gefühlt von Gästen und von Gemeindefrauen, die immer viele gute Vorschläge hatten, aber selbst nicht aktiv wurden. »Und immer sollte man dankbar sein, für Kuchen, für Handreichungen, für kleine

---

76 Protokollbuch 26, S. 27.

57. Charlotte Berger: Die Pfarrfrau serviert beim Kirchenkaffee 1975 (ganz rechts Kirchenvorsteher William Luther)

Gaben, geradezu so als hätten die Leute einem persönlich etwas geschenkt« sagt sie heute schmunzelnd im Rückblick.[77]

Es war oft mühsam. Pfarrer Berger sagte in seinem abschließendem Tätigkeitsbericht vor der Gemeindeversammlung 1976: »Als letztes bin ich vor allem einer Person in dieser Gemeinde dankbar, die die zahlreichen Besuche der Bischöfe und Präsidenten möglich machte, die die Gemeindemittagessen organisierte und viele Verantwortlichkeiten freiwillig und gerne übernahm: meiner Frau. Sie hat die Last der Jahre treu getragen, in einer Umwelt, die nicht menschenfreundlich ist. Mitten in der Großstadt zu leben, dazu mit Kindern, und vor allem ohne Wochenende ist auf die Dauer ein Streß und eine crux...« So kann man verstehen, daß sie gerne von hier wegzog nach dieser anstrengenden Zeit. Es stimmt nachdenklich, wenn man liest, daß für ihren Mann die Pariser Zeit der Höhepunkt seines Lebens war,[78] während für sie die Erinnerungen an die Belastungen im Vordergrund stehen.

Es gab während dieser Zeit noch eine zweite deutsche Pfarrfrau in Paris. Von 1973 bis 1976 arbeitete Pastor Rüdiger Frey als Hilfspfarrer in der westlichen Banlieue. Seine junge Frau Fanny studierte noch. Sie hat mit ihm – leider ohne viel Erfolg – versucht, dort einen Frauenkreis aufzubauen. Manchmal spielte sie bei den vierzehntäglichen Gottesdiensten das Harmonium in der Holzkapelle in Ville d'Avray. Als

77 Ch. Berger im Gespräch, 2.12.1993.
78 M. Berger: Pfarrerbericht S. 18.

347

Französin war sie erstaunt darüber, wie »gierig« die Deutschen, die doch so nah an ihrer Heimat wohnten, nach eigener Kultur und Sitte waren, vor allem in der Weihnachtszeit.

Etwa Ende 1976, keiner weiß es ganz genau, tauchte eine unscheinbare ältere Frau in der Rue Blanche auf und blieb für mehrere Jahre: Madame Elisabeth Dufour. Als junges Mädchen war sie in der Gemeinde gewesen. Nun suchte sie als alte Frau hier wieder Zuflucht. Sie machte sich nützlich, wo sie konnte. Sie buk Kuchen für den Damenkreis, sie putzte, sie machte die Loge, sie kochte für Clochards. Eine kleine unscheinbare Frau, der man ansah, daß sie schwere Tage hinter sich hatte. Zuletzt war sie mit Monsieur Dufour verheiratet gewesen, der, wesentlich älter als sie, sich von ihr pflegen ließ. Nach seinem Tod lebte sie ohne Zuhause. Sie blieb bis etwa 1980. Dann kam sie in ein Altersheim. Ihre Tochter sagte mir bei ihrer Beerdigung 1987, die Jahre in der Christuskirche seien die schönsten Jahre im Leben ihrer Mutter gewesen.

Ende 1976 kam Pfarrer Joachim Kusch mit seiner Frau Johanna und vier Kindern in die Rue Blanche. Zwei Kinder waren noch im Grundschulalter. Da Pfarrer Kusch sehr eingespannt war in den Religionsunterricht, und weil es keinen Küster gab, wurde seine Frau stark in die Empfangs- und Haustätigkeiten einbezogen. Und nicht nur das, sie war für ihren Mann eine wichtige Mitarbeiterin. Bei Konfirmandenfreizeiten fuhr sie mit. Sie war dabei bei dem 14tägigen Frauenkreis, nun Damenkreis genannt. Sie nahm Kontakt auf zu der Pariser Gruppe für den Weltgebetstag der Frauen. 1981 wurde er hier gemeinsam mit Frauen aus der mallegassischen Gemeinde, die hier zu Gast war, besonders schön gefeiert. Frau Kusch kümmerte sich zusammen mit anderen Frauen um das Gemeindeessen, das nun seltener stattfand. Frau Püchler war zunächst noch weiter hauptverantwortlich, viele andere halfen. Oft genug blieb die Verantwortung aber auch bei der Pfarrfrau hängen, auch der leidige Abwasch. »Weniger schön war auch der Schmutz im Haus. Es war immer ein Problem, jemanden zu bekommen, der zuverlässig arbeitete, ich mußte immer wieder selbst zupacken, das war dann oft sehr ermüdend«,[79] es war »Knochenarbeit«.[80] Dazu kam viel Besuch und die nervliche Belastung, hier mitten in der Stadt zu wohnen. Der eigene Haushalt, die große Framilie traten zurück, sie waren »stark in den Rhythmus der Gemeinde eingebunden.«[81] Das sah dann so aus, daß die Familie z. B. am Heiligen Abend erst gegen Mitternacht privat feiern konnte.

In dieser Zeit bekamen die Basare neuen Schwung. Ab 1978 fanden sie nun jedes Jahr statt, eine gute Tradition bis heute. »Der erste Basar war sehr bescheiden im alten Pastorale... Die Attraktionen waren unsere 15 Adventskränze, die im Nu Liebhaber fanden«[82]. Bald wurde der Basar immer größer, ein wichtiger Treffpunkt der deutschen Kolonie. Die Basarvorbereitung aktivierte viele Frauen. Es bildeten sich Bastelgruppen, die zum Teil das ganze Jahr über für den Basar arbeiteten. In der Woche vor dem 1. Advent wurden dann hier im Gemeindehaus Adventskränze gebunden. Die Leitung der Basare war nicht leicht. Adelheid Magdalena, Rosemarie Stöver, Ma-

---

79 J. Kusch: Pfarrbericht, S. 1.
80 A.a.O., S. 2.
81 A.a.O., S. 1.
82 J. Kusch: Pfarrerbericht, S. 2.

garete Lutz, Jürgen-Peter Roth und auch Johanna Kusch übernahmen sie in diesen Jahren.

Als Frau Kusch am Ende der Dienstzeit ihres Mannes anfing, eigene Interessen zu verfolgen und Kurse am Institut Catholique belegte, da fehlte natürlich ihr Einsatz. Das wurde von vielen Gemeindegliedern nicht verstanden. Aber war ihrer Arbeit genug gesehen und gewürdigt worden? Oder war die Leistung der Pfarrfrau selbstverständlich, zu selbstverständlich gewesen? Nach der Rückkehr nach Deutschland nahm Frau Kusch ihren Lehrerinnenberuf wieder auf und gab Religionsunterricht. Pfarrer Joachim Kusch und seine Familie gingen im Januar 1984 nach Deutschland zurück. In dieser Zeit gab es im Kirchenvorstand drei aktive Frauen: Ruth Guthmann, Adelheid Magdalena und Gabrielle Schneider. Vor allem Frau Magdalena setzte sich sehr für die praktischen Dinge in der Gemeinde ein.

Mit dem Weggang von Familie Kusch ging für die Christuskirche eine Institution zunächst einmal zu Ende: die der deutschen Pfarrfrau. Sie geht auf Käthe Luther und die verheirateten Pastoren der Reformationszeit zurück. Im vorigen Jahrhundert hat sie durch die Verbürgerlichung der Pfarrhäuser eine besondere Ausprägung erfahren. Die Frau des Pfarrers ist nicht nur mit ihrem Mann verheiratet, sondern immer auch mit der Gemeinde. Dort hält sie ihrem Mann den Rücken frei, indem sie die praktischen Aufgaben ordnet. Die Gemeinde ist eine Art Großfamilie, die Anspruch auf ihre Mitarbeit hat. Von ihr und oft auch von den Pfarrerskindern wird erwartet, daß sie in jeder Hinsicht als gutes Beispiel vorangehen. In deutschen Auslandsgemeinden hat sich dieses Pfarrfrauenideal länger erhalten als in Deutschland selbst.

Der Anspruch auf die Mitarbeit der Pfarrfrau ist in der Christuskirche ganz sicher überzogen worden, als nach dem Weggang des Ehepaars Henner für keinen angemessenen Ersatz für die Küstertätigkeit gesorgt worden ist. Hinzu kam, daß die beiden letzten Pfarrfrauen sowohl in der westlichen Banlieue als auch in Paris von Beruf Pastorin gewesen sind. Sie haben zwar gerne ihre beruflichen Fähigkeiten ehrenamtlich eingebracht, aber sie konnten und wollten nicht das klassische Pfarrfrauenideal erfüllen.

In der westlichen Banlieue folgte auf Fanny Frey keine Pfarrfrau. Von 1977 bis 1980 kam Monika Buth als Pfarrerin. Sie übernahm den Großteil des Schulunterrichtes und hielt die 14tägigen Gottesdienste in Ville d'Avray. Sie gab dort Konfirmandenunterricht und war für Jugendarbeit zuständig. Sie predigte regelmäßig in der Christuskirche und betreute monatlich die kleine Restgemeinde in Douai. Wie war das für sie als hauptamtliche Frau in dieser Gemeinde mit so vielen ehrenamtlichen Frauen inklusive Pfarrfrau? Gab es da Spannungen? Wurde sie manchmal doppelt gefordert, und damit überfordert als Pfarrerin und Pfarrfrau?

Ihr folgte unmittelbar Pastor Georg Eichholz mit seiner Frau Miriam und Tochter Melanie. Seine Frau war ausgebildete Pfarrerin, und sie setzte ihr Knowhow ein: sie unterrichtete eine Konfirmandengruppe, die sie dann auch konfirmierte. Sie machte Kindergottesdienst, sie predigte manchmal. Sie versuchte Frauengesprächskreise aufzubauen. Später gestaltete sie den monatlichen Gesprächskreis aktiv mit, der sich im Pfarrhaus in Bailly traf.

Die Pastorin als Pfarrfrau. Alles das tat sie ehrenamtlich. Sie war es auch, die den Putzlappen betätigte, wenn die Kirche in La-Celle-Saint-Cloud nicht sauber genug für den Gottesdienst war. Sie sorgte für Wein und Saft für den Umtrunk hinterher, und sie übte zu Weihnachten Krippenspiele ein. Die Pfarrfrau als Pastorin. Später übernahm sie als Ortskraft Religionsunterricht in Buc und an der Deutschen Schule. Das war gut, denn nun hatte sie endlich eine eigene, wenn auch bescheidene Anstellung.

Im Dezember 1984 begann Pfarrer Wilhelm von der Recke seinen Dienst in der Rue Blanche. Er kam mit mir, seiner Frau Almuth, und unserer Tochter Anna. Ich hatte bis dahin 12 Jahre lang als Pfarrerin und als seine Kollegin gearbeitet und mich für einige Jahre beurlauben lassen, um mit ihm nach Paris zu gehen.

Nun also auch hier in der Rue Blanche: die Pastorin als Pfarrfrau. Hier gab es allerdings eine schwierige Pfarrfrauentradition. Nach dem Weggang des Küsterehepaars Henner waren mehr oder weniger die Pfarrfrauen ihre Nachfolger geworden: sie achteten auf Ordnung und Sauberkeit im Haus, sie leerten die Aschenbecher und stellten die Altarblumen auf, sie empfingen Gemeindegäste, sie sprangen überall ein und waren bonne à tout faire bei Basar und Gemeindeesssen. Diese Erwartungen fand ich hier vor. Ich war nie Pfarrfrau gewesen, ich wurde lieber ehrenamtliche Pastorin. Eine neue Erfahrung für die Gemeinde und auch für mich. Ich predigte einmal im Monat. Das Au-pair-Treffen begann und auch der Literaturkreis, gemeinsam mit Susanne Boutler. Sie und ich arbeiteten bei der Gruppe für den Weltgebetstag der Frauen in Paris mit. Mein Mann und ich entwickelten für die »Pfarrfrauenarbeit« das Au-pair-Küster-Modell: Zwei Studenten wohnen seitdem Wohnung gegen Arbeit im Haus und machen den Küsterdienst. Die ehrenamtliche Pastorin war natürlich immer auch Pfarrfrau, beim Empfangsdienst, beim Basar, beim Gemeindeessen.

58. Der Gemeindebasar aktiviert viele Frauen. Im Bild oben von rechts:
Bertha Bourdon und Monika Rousseau, unten ganz rechts Maléen Moulien, ganz links Ilse Link beim Adventskranzbinden (um 1990)

1986 kehrte Familie Eichholz nach Deutschland zurück. Die Pfarrstelle in der westlichen Banlieue wurde von der EKD gestrichen. Es zeigte sich bald, daß auch mit ehrenamtlicher Pastorin die Gemeindearbeit von einem einzigen angestellten Pfarrer nicht zu machen war. Ab September 1987 übernahm ich, nun offiziell und angestellt, eine halbe Stelle als Pfarrerin der Gemeinde.

Ein Schwerpunkt meiner Arbeit blieb die Frauenarbeit: Au-pair-Treff, Literaturkreis, Vormittagsgespräch für Frauen (bis 1992 in La-Celle-Saint-Cloud, jetzt in Paris), die Frauenseelsorge. Neu gebildet hat sich unter Susanne Boutler und Dr. Evamarie Gröschel ein Museumsbesuchskreis, unter Helga Lhermite und Renate David ein Gebetskreis und neuerdings unter Dagmar Gras ein Mutter-Kind-Treff.

Natürlich bleibe ich als angestellte Pastorin in diesem Haus immer auch Pfarrfrau. Gerechterweise wird mein Mann auch oft als männliche Pfarrfrau gefordert. Häufig übernehmen andere mit Freude die eine oder andere klassische Pfarrfrauenfunktion. Dank Claire Saleh und der jungen Küster sind die nun vierteljährlichen Gemeindeessen leichter zu managen. Die großen Altardecken bügelt mit Hingabe Inge Grunow. Die inzwischen vollzeitig arbeitende Sekretärin nimmt viel Empfangsarbeit ab.

Die Koordination des Basars lag zwar in den letzten Jahren bei mir, aber wieviele kluge, umsichtige Frauen arbeiteten immer daran mit. Stellvertretend für viele seien hier Ursula Strobel, Bertha Bourdon, Rosemarie Stöver, Ingrid Göttling, Jane Schiller, Maléen Moulien und auch Peter und Petra Schoelzke genannt.

Deutschsprachige Frauen hier in Paris, sie brauchen die Christuskirche, aber sie tragen sie auch in hohem Maße mit. Im Kirchenvorstand gab es nach 1954 immer Frauen. Wenn sie eine Funktion übernahmen, dann meistens die der Schriftführerin. Allerdings: von 1969 bis 1975 gab es die Schatzmeisterin Friedi Turnes. Von 1991 bis 1993 war das erste Mal in der Geschichte der Gemeinde mit Mascha Join-Lambert eine Frau Präsidentin.

Die Orgeln der Christuskirche und das Musikleben

Im Jubiläumsjahr der Christuskirche jährt sich auch zum 30. Mal der Jahrestag der Einweihung unserer Orgel, die zu Pfingsten 1964 erstmalig zum Lobe Gottes erklang. Seit 1927 hatte sich die Gemeinde mit Ersatzinstrumenten wie Harmonien oder Hammond-Orgeln behelfen müssen, die mehr schlecht als recht den Gemeindegesang begleiteten, für eine künstlerische Arbeit aber nicht geeignet waren. In dieser orgellosen Interimszeit, die immerhin fast die Hälfte der 100jährigen »Musiktradition« in der Geschichte der Gemeinde betrifft, verlagerte sich das Gewicht der kirchenmusikalischen Arbeit ganz natürlich auf die Pflege der Chormusik.

Der Zusammenschluß von Gemeindegliedern zu einem Chor ist aber in einer Auslandskirche nicht immer unproblematisch. In welcher Heimatgemeinde würde ein Chorsänger beispielsweise eine einstündige An- und Abreise zu einer Chorprobe in Kauf nehmen? Welcher Chorleiter würde nicht resignieren, wenn fast fünfzig Prozent seiner Sänger jedes Jahr wechseln? Die Lösung dieser Probleme lag in der Vergangenheit oftmals darin, daß sich sangesfreudige Gemeindeglieder einem Chor anschlossen, der zwar in den Räumen der Christuskirche probte, aber nicht ausschließlich aus Mitgliedern der Gemeinde bestand. Während der Zeit der deutschen Besatzung sangen beispielsweise viele bei dem äußerst aktiven Chor der Wehrmachtsgemeinde mit.[1] Später schlossen sich viele dem Bach-Chor oder dem deutsch-französischen Chor unter der Leitung von Christoph Kühlewein an, ohne daß diese als Chöre der Gemeinde bezeichnet werden könnten.

Die Orgeln der Christuskirche

Die Orgel von 1894

Wenn Zufälle in der Geschichte des Musiklebens der Gemeinde eine große Rolle spielen, so gilt dies auch für den Bau der ersten Orgel, die offensichtlich weder von der Gemeinde in Auftrag gegeben noch ursprünglich für den Kirchenraum der Christuskirche konzipiert worden war. Es handelte sich um ein kleines Instrument romantischen Klangcharakters, das im Firmenkatalog der Gebrüder Link unter der Opuszahl 219 aufgelistet ist. Die württembergische Orgelbaufirma, die in Belgien eine Zweigniederlassung besaß, hatte das pneumatische Werk für die 1894 in Antwerpen stattfindende Industrieausstellung gebaut und dort ausgestellt. Das Instrument hatte die folgende Disposition:[2]

---

1 Siehe oben S. 193–194.
2 Dispositionsbeschreibung nach Harald Schützeichel: Die Orgel im Leben und Denken Albert Schweitzers, Bd. 2: Quellenband, Freiburg 1992, S. 343. Vgl. davon abweichend die Disposition in: Les Orgues de Paris, 1992, S. 276.

59. Orgel von 1894, erbaut von den Gebrüdern Link aus Giengen an der Brenz

Grand-Orgue (I)		Récit (II)		Pédale	
Bourdon	16	Flûte harmonique	8	Soubasse	16
Montre	8	Salicional	8	Violonbass	8
Viole de Gambe	8	Hautbois	8		
Bourdon	8	Voix céleste	8		
Prestant	4	Flûte traversière	4		
Quinte	2 ⅔				
Octave	2	Tremulant			

Koppeln: I/PED, II/PED, II/I (jeweils als Tritt und als Zug);
Super-Oktavkoppel I; Sub-Oktavkoppel II (als Zug).
Feste Kombinationen: Tutti; Forte; Mezzoforte; Piano;
Eine freie Kombination; Crescendowalze.

Mit ihren französischen Registerbezeichnungen unter Beibehaltung vieler spezifisch deutscher Klangmerkmale dürfte diese Orgel als einer der frühesten Versuche gelten, die deutsche und französische Orgelkunst miteinander zu verbinden. Nach der Ausstellung wurde das Instrument zum Verkauf angeboten und von der deutschen Gemeinde in Paris erworben.[3] Im Zuge der Beschlagnahme des Kirchengebäudes zu Beginn des 1. Weltkrieges wurde die Orgel 1921 abgebaut und der Pariser Kirche »Eglise Luthérienne de l'Ascension«, 49, rue Dulong überlassen, wo sie heute noch spielbar ist.

Die geplante Orgel von 1929

In den ersten Gottesdiensten der Nachkriegszeit behalf sich die Gemeinde mit einem vom Gustav-Adolf-Verein gespendeten Orgelharmonium, das sich jedoch immer wieder als reparaturbedürftig erwies. »Der Pflege der Kirchenmusik«, schrieb Pastor Dahlgrün an Albert Schweitzer, der als enger Freund mehrerer Gemeindeglieder des öfteren die Christuskirche aufsuchte, »steht dieses Instrument nur im Wege. Es gilt, in der jungen Auslandsgemeinde vor allem den lutherischen Choral einzubürgern und die Gemeindeglieder, die aus allen Teilen Deutschlands, Österreichs, der Schweiz, des Baltenlandes und aus anderen Ländern stammen, zu einem übereinstimmenden Gesange zu erziehen.«[4] Ein Kirchenchor war vorhanden, doch die Erweiterung der kirchenmusikalischen Aufgaben bedurfte dringend eines angemessenen Instrumentes. Von der Gemeinde erhoffte sich Pastor Dahlgrün Spenden von bis zu 20 000 Reichsmark. Albert Schweitzer versprach, das Projekt zu unterstützen, indem

---

3 In einem auf den 5.10.1961 datierten Plan für die neue Orgel (Gemeindearchiv, Akte 513,1) findet sich der Hinweis auf eine Intervention Albert Schweitzers beim Einbau der ersten Orgel. Die Orgelbaufirma Link konnte ihrerseits bestätigen, daß Schweitzer mit der Firma immer wieder in Verbindung gestanden hatte. (Brief an die Autorin vom 2.2.1994). Eine Beziehung zwischen dem damals 19jährigen Schweitzer und der Link-Orgel muß aber als unwahrscheinlich gelten.
4 Brief vom 18. April 1929, erhalten im Zentralarchiv Albert Schweitzer, Günsbach.

er Teile seiner Einnahmen aus Orgelkonzerten für diesen Zweck der Gemeinde zur Verfügung stellen wollte.[5]

Als einer der bedeutenden Orgelspieler und Kenner des Orgelbaus seiner Zeit unterstützte Albert Schweitzer das Orgelbauprojekt nicht nur in finanzieller Hinsicht, sondern stand dem Kirchenvorstand auch beratend zur Seite. Bei einem seiner zahlreichen Besuche auf der Durchreise nach Lambarene hat er offensichtlich einen Entwurf für die neue Orgel vorgelegt, der in der Kirchenvorstandssitzung vom 11. November 1929 beraten wurde, heute aber nicht mehr erhalten ist.[6] Da Materialien aus Deutschland hohen Zollkosten unterworfen waren, machte Schweitzer den Vorschlag, den in Bolchen (Lothringen) ansässigen Orgelbauer Fritz Haerpfer mit dem Bau zu beauftragen. Aus ungeklärten Gründen – vermutlich war der amtierende Organist, Jacques Beers, mit der Wahl des Orgelbauers nicht einverstanden – wurde der geplante Orgelneubau nicht ausgeführt.[7]

Jacques Beers versuchte durch intensive Arbeit mit dem Kirchenchor den schmerzlichen Verlust der Link-Orgel auszugleichen. Obwohl die finanziellen Mittel in dieser Notzeit äußerst knapp bemessen waren, gelang es ihm erstmalig am Himmelfahrtstag 1931, mit »hauseigenen« Kräften einen Kantaten-Gottesdienst auf die Beine zu stellen. Die Aufführung von Bach-Kantaten, sei es im Gottesdienst oder im Konzert, sollte in den folgenden Jahren zum festen Bestandteil der kirchenmusikalischen Arbeit werden. Als wenig später in der Universitätsbibliothek von Uppsala (Schweden) das Vokalwerk von Dietrich Buxtehude wiederentdeckt wurde, war Kantor Beers einer der ersten, der diese Werke in sein Chor-Repertoire aufnahm. Unter seiner Leitung erlebte und gestaltete die deutsche Gemeinde am 15. April 1932 die Pariser Uraufführung des Buxtehudeschen Magnificats.[8]

Die Orgel von 1964

Das Projekt einer neuen Orgel wurde erst 1961 wieder aufgegriffen. Bis zu diesem Zeitpunkt war der Gemeindegesang zunächst auf einem großen Harmonium, später auf einer Hammond-Orgel begleitet worden. Am 11. September des Jahres legte der vom Westfälischen Landeskirchenbauamt empfohlene Orgelbauer Detlef Kleuker aus Brackwede einen ersten Entwurf für den vorgesehenen Neubau vor. Als Orgelsachverständiger wurde Heinz Lohmann, Kantor an der Christuskirche zu Düssel-

---

5 Laut Gemeindeblatt, 5. Jahrg. Nr. 6 hatte Albert Schweitzer im Jahre 1932 bereits einen Betrag von 11 800 Franken zusammengetragen.
6 Vgl. dazu den in den Arbeitsbüchern des Orgelbauers Haerpfer erhaltenen »Kostenanschlag über den Neubau einer Orgel für die deutsche ev. Kirche in Paris«, abgedruckt in Harald Schützeichel, wie S. 352 Anm. 2.
7 Offensichtlich lag A. Schweitzer sehr daran, dem mit ihm befreundeten Fritz Haerpfer den Pariser Auftrag zu sichern. Verärgert über den Widerstand des Organisten der Christuskirche schrieb er seinem Freund am 19.3.1931: »Paris wird Ihnen wohl kaum entgehen. Aber es kostet mich Briefe. Den Idioten von Organisten möchte ich am liebsten einige gerade Püffe versetzen! So ein Viehkerl! Habe Pfarrer geschrieben, daß wenn Sie sie nicht bauen, kümmere ich mich keinen Dreck um die Orgel!« (a.a.D., S. 347 Anm. 2)
8 Seltsam genug, daß schon zu Buxtehudes Lebzeiten viele seiner Vokalwerke zuerst in einer deutschen Auslandsgemeinde aufgeführt wurden: Der spektakuläre Fund in Uppsala ging auf eine Donation der deutschen St. Gertrudskirche zu Stockholm zurück. Buxtehude hatte dem dortigen Organisten, seinem Freund Gustav Düben (1624–1690), stets seine neuesten Werke zur Aufführung zugesandt.

60. Orgel von 1963, erbaut von Detlef Kleuker aus Brackwede

dorf, zu Rate gezogen. Dieser legte Wert auf eine »nicht zu laute und neobarock aufdringliche Intonation« – und berührte mit dieser Forderung eine aktuelle Problematik im damaligen Orgelbau. Schon im ersten Angebot setzte sich die Firma Kleuker einen »natürlichen Tonansatz durch eine kernstichlose Intonation« zum Ziel, bei der auf jegliche Art künstlicher Hilfsmittel verzichtet werden sollte.

Es war der ausdrückliche Wunsch der Gemeinde, die Orgel so zu disponieren, daß sie nicht allein dem gottesdienstlichen Zwecke diene, sondern auch der Darbietung und Verbreitung der deutschen Kirchenmusik in Konzerten: »Wir hoffen, daß die neue Orgel uns in die Lage versetzt, unser Gotteshaus auch zu einem Mittelpunkt deutscher Kirchenmusik in Paris werden zu lassen«, schrieb Pastor Dahlkötter 1962 in seinem Dankesschreiben an Bundeskanzler Adenauer, der mit einer hochherzigen

Spende zur Finanzierung des Instrumentes beigetragen hatte. Die Gesamtkosten von 64 666 DM wurden in einem langfristigen Finanzierungsplan aufgebracht, an dem sich sowohl das Kirchliche Außenamt als auch das Auswärtige Amt beteiligten.

Nach langwierigen Diskussionen über bautechnische Einzelheiten konnte das Instrument schließlich im Frühjahr 1964 mit folgender Disposition eingebaut werden:

Hauptwerk (II)		**Rückpositiv (I)**		**Pedal**	
Prinzipal	8	Gedackt	8	Untersatz	16
Rohrflöte	8	Rohrflöte	4	Prinzipal	8
Oktave	4	Prinzipal	2	Oktave	4
Koppelflöte	4	Quinte	11/3	Nachthorn	2
Waldflöte	2	Sesquialter	II	Fagott	16
Mixtur	VI	Scharff	V		
Trompete	8	Holzkrummhorn	8		
		Tremulant			
II/PED; I/PED; I/II mechanische Traktur					

Die Kleuker-Orgel – ein Treffpunkt für deutsch-französische Begegnungen

Mit dem Bau der neuen Kleuker-Orgel war der Grundstein für eine intensivere Pflege der Kirchenmusik gelegt worden, die auch über die eigene Gemeinde hinausweisen sollte.

Am Pfingstsonntag 1964 wurde das Werk in Anwesenheit von Botschafter Klaiber, Präsident D. Wischmann vom Kirchlichen Außenamt und vieler anderer Ehrengäste in einem Festgottesdienst eingeweiht, aus dem das Deutsche Fernsehen Ausschnitte in die Heimat übertrug. Das abendliche Konzert mit dem Celler Organisten Harro Schmidt war ausschließlich Johann Sebastian Bach gewidmet. Endlich – und erstmalig (!) gab es in Paris eine Orgel, auf der man die Werke des in Frankreich so sehr verehrten Meisters werkgetreu darstellen konnte![9]

Die neue Orgel in ihrem klassischen, norddeutsch-barocken Klangbild war in der Orgelstadt Paris einzigartig. Sie war nicht als Stilkopie gebaut worden, sondern unter Verwendung neuester Materialien hergestellt, die ein Optimum an technischer Zuverlässigkeit garantierten. Die Intonation ist im Gesamtklang hell, in den Einzelstimmen sehr charakteristisch und erlaubt eine ausgezeichnete Durchhörbarkeit polyphoner Musik. Die Mensuren besonders klangschöner Register, beispielsweise des Sesquialter, wurden inzwischen von französischen Orgelbauern abgemessen und in jüngeren Orgeln nachgebaut.

---

9 Inzwischen hat die im Orgelbau spürbare Internationalisierung weitere, der Kleuker-Orgel vergleichbare Instrumente in anderen Pariser Kirchen entstehen lassen, darunter 1976 die Kern-Orgel der anglikanischen Kirche Saint-Michel; 1988 die Von Beckerath-Orgel der »Eglise Américaine«.

Das neue Instrument inspirierte jedoch nicht allein die französischen Orgelbauer, sondern führte Organisten und Freunde der Kirchenmusik beider Nationen zusammen. Marcel Dupré, der »Pariser Orgelpapst«, wie es in einem zeitgenössischen Bericht über die Orgelweihe heißt, spielte nach dem Konzert noch selbst und äußerte sich sehr lobend über das kleine, aber qualitätsvolle Instrument. Doch nach der ersten Begeisterung wurden die Grenzen des Instrumentes allzuschnell spürbar. Schon im Dezember 1965 bat Pastor Leser die Firma Kleuker um einen Erweiterungsvorschlag. Der Umbau des Instrumentes bzw. der Plan für eine Vergrößerung wurde noch bis 1971 weiterverfolgt, letztlich aber nicht ausgeführt.

In den ersten zehn Jahren ihres Bestehens wurde die Organistenstelle von Studenten besetzt, die im Durchschnitt ein Jahr, manchmal aber auch nur wenige Monate in Paris weilten.[10] Bemühungen, die Organistenstelle als hauptamtliche Stelle aufzuwerten, scheiterten. So wurde die Chorarbeit zeitweise ehrenamtlich von den Pfarrfrauen (Dahlkötter und Leser) übernommen. Zu den Organisten der Christuskirche, die an der Orgel oder im Kirchenraum Schallplatten einspielten und internationalen Ruf erwarben, gehörten Wolfgang Karius (heute in Aachen), Edgar Krapp (heute Professor in Frankfurt und München) und Elisabeth Roloff (heute in Jerusalem).

Die Christuskirche als Tonstudio

Trotz ihrer relativ bescheidenen Größe hat die Orgel die Bewunderung vieler renommierter Organisten wie Jean Guillou, Jean Langlais, Gaston Litaize, Karl Richter gefunden. Marie-Claire Alain, damals am Anfang ihrer Karriere, machte bereits im September 1964 mit ihr die erste Schallplattenaufnahme. Ein Jahr später folgte die erste Einspielung der Firma Erato mit dem Duo Marie-Claire Alain und Maurice André, auf deren Erfolg sich die jahrzehntelange Beliebtheit der Kombination »Trompete und Orgel« gründete. Die zweite Einspielung des eminenten Trompeters folgte im Juli 1968 mit der deutschen Organistin Hedwig Bilgram. In Fortsetzung dieser »Tradition« wird zum Jubiläumsjahr die erste Trompete/Orgel-Digitalaufnahme aus der Christuskirche mit Hervé Noël und Helga Schauerte vorgestellt.

Die exzellente Akustik der Christuskirche bestimmt auch heute noch viele Schallplattenfirmen, ihr Tonstudio in der Rue Blanche einzurichten; darunter Harmonia Mundi (Aufnahmen mit »Les Arts Florissants«, »La Chapelle Royale«, »Soeur Marie Keyrouz«, Philips (Aufnahmen mit John Elliot Gardiner), Sony (mit Jean-Pierre Rampal), Studio S.M. (mit Gabriel Fumet), Emi-France u.a.; die bekanntesten Künstler aller Nationen gehen hier ein und aus. Das englische Fernsehen ging sogar soweit, bei einem Konzertmitschnitt die Bildaufnahme aus der Kapelle des »Val de Grâce« mit einer neuen Tonaufnahme aus der Christuskirche zu verbinden.

---

10 Vergleiche die Namensliste der Organisten im Anhang.

61. Marie-Claire Alain und Maurice André auf der Orgelempore

Kirchenmusikalische Höhepunkte im Gemeindeleben

Zwei Ereignisse fallen dem Betrachter ins Auge, der den Konzertkalender der Christuskirche bis zu den Anfängen zurückverfolgt: die »Gedächtnisfeier zur 100. Wiederkehr des Geburtstages Felix Mendelssohn Bartholdys« am 14. Februar 1909 sowie die Aufführung des gesamten Bachschen Orgelwerks zur 300. Wiederkehr des Geburtstages Johann Sebastian Bachs im Jahre 1985.

Die Feierstunde zu Ehren des protestantischen Kirchenkomponisten Felix Mendelssohn Bartholdy war kurzfristig angesetzt worden, als »durch eine freundliche Fügung«, wie es im Gemeindeblatt vom März 1909 heißt, »ein Verwandter J. S. Bachs, Herr Dr. Blankenburg« die Christuskirche aufsuchte. Der Gast, assistiert von Solosängern, Instrumenten und dem Kirchenchor der Gemeinde, übernahm im Konzert mit der Sonate d-Moll (»Vater unser im Himmelreich«) den Orgelpart.

Wie viel uns heute von dem Empfinden der damaligen Zuhörer trennt, möge der folgende Auszug aus dem oben erwähnten Gemeindeblatt verdeutlichen:

> »... Zugegeben wurde eine »Meditation zum ersten Präludium« (J.S. Bach-Gounod), gespielt für Violine, Flügel und Orgel. Das auf dem Programm nicht verzeichnete Stück machte einen großen Eindruck. Die Violine (Dr. Hövelmann) sang, wie in der Arie am Anfang, durch die Kirche hindurch, und ihr Ton breitete sich fühlbar und freundlich wie gesammelte Andacht über die Hörer, und der metallene Klang unseres Flügels[11] stieg, Harfentönen gleich, empor und schloß mit dem feierlichen Lichte der vier brennenden Kronleuchter einen geheimnisvollen Bund, und aus den dunklen, langen Stimmen der Orgel mutete es uns an wie ein Aufrauschen des Quells aller Musik aus verborgenen Tiefen.«

11 Die Gemeinde hatte im Dezember 1906 für den Gemeindesaal einen wertvollen Bechsteinflügel erworben.

Wesentlich nüchterner gestaltete sich die Gedächtnisfeier zu Ehren Bachs, den Felix Mendelssohn Bartholdy fast ein Jahrhundert zuvor mit der Wiederaufführung der Matthäus-Passion der Vergessenheit entrissen hatte. Als deutsch-französische Initiative wurde unter der Schirmherrschaft unserer Kirche und des »Centre Culturel Luthérien de Paris« in 12 Konzerten, die jeweils am 21. jeden Monats unter dem Titel »Les 12 Concerts du 21« in den verschiedenen Pariser Kirchen stattfanden, das gesamte Bachsche Orgelwerk aufgeführt.[12] Ziel des Zyklus war es, mit verschiedenartigen Interpreten und Instrumenten das breite Spektrum der 1985 existierenden Bachinterpretationen zu veranschaulichen.

Kirchenmusik heute

Fast zu allen Zeiten ihres Bestehens hat es in der Gemeinde Chöre bzw. Sing- oder Instrumentalkreise gegeben, die mehr oder weniger regelmäßig die Gottesdienste mitgestalteten. Die kirchenmusikalische Arbeit leidet aber immer wieder an mangelnder Kontinuität durch die starke Fluktuation der Gemeindeglieder, sowie an den weiten Wegen, die viele zurückzulegen haben, um beispielsweise an einer Chorprobe teilzunehmen. Hinzu kommt, daß das musikalische Angebot der Weltstadt Paris so vielseitig ist, daß die Notwendigkeit eines eigenen Engagements bzw. einer Profilierung der Gemeinde nicht als unabdingbar erscheint. Das aus den Zeitdokumenten der Vorkriegszeit herauszulesende Sendungsbewußtsein, deutsche Musikkultur in Paris verbreiten zu müssen, hat sich durch deren internationale Verbreitung inzwischen überlebt.

Dennoch bietet die Gemeinde auch heute noch vielen aus Deutschland kommenden Solisten, Sing- und Instrumentalgruppen eine erste Anlaufstelle, um in Paris aufzutreten. Besonders originelle Veranstaltungen, wie das Konzert des Glockenchors aus dem Ruhrgebiet 1988 oder die Weihnachtschoräle des Dresdener Vokalquartetts, und beeindruckende Musikerpersönlichkeiten, wie die des russischen Geigers Michael Goldstein, sind vielen Gemeindegliedern in wacher Erinnerung geblieben. Erwähnenswert ist auch die außergewöhnliche Initiative von Hubertus Brandts, seinerzeit Mitglied des Kirchenvorstandes, der 1985 ein Laienorchester zusammenstellte, um in unserer Kirche sowie auch in der Schloßkapelle von Versailles ein Benefizkonzert zugunsten eines Heims für behinderte Kinder zu veranstalten. Dank dieser Initiative konnte dem Kinderheim ein Betrag von 80 000 FF zur Verfügung gestellt werden. Statistisch gesehen gab es im Jahre 1993 neunzehn Konzerte und andere musikalische Veranstaltungen, zu denen die Gemeinde einlud, davon sechs Matineen. Dazu kamen 25 Konzerte auf Mietbasis. Nicht mitgezählt sind all die Sänger und Instrumentalisten, die gelegentlich im Gottesdienst mitwirkten.

Zahlreiche deutsche Organisten, die ein Studienjahr in Paris verbringen, erhalten an der Kleuker-Orgel die Möglichkeit zu üben. In enger Zusammenarbeit mit dem Konservatorium des 9. Arrondissement »Nadia et Lili Boulanger« wurde im Herbst 1993 eine Orgelklasse eingerichtet.

---

12 J. S. Bach wurde am 21. des Monats März 1685 geboren.

Um einerseits den regen Konzertanfragen gerecht zu werden, andererseits der Gefahr einer rein rezeptiven Musikhaltung der Gemeindeglieder entgegenzutreten, wurde Ende 1992 der Verein »Pro Musica à l'Eglise Evangélique Allemande« ins Leben gerufen. Der Verein hat es sich zum Ziel gesetzt, die Veranstaltung kirchenmusikalischer Konzerte zu pflegen und die Beteiligung der Gemeindeglieder an Singgemeinschaften oder Instrumentalkreisen zu fördern. Die seitdem regelmäßig stattfindenden Abendmusiken, wie die im Dezember 1992 veranstaltete Reihe »Noël à Dresde/Noël à Prague/Noël à Saint Petersbourg«, in der die politische Öffnung des Ostens ihren künstlerischen Niederschlag erfuhr, wurden mit Begeisterung aufgenommen.

Gemeindeverfassung und Gemeindevermögen

Die staatskirchenrechtliche Lage in Frankreich Anfang des 19. Jahrhunderts

Seit 1685, als Ludwig XIV. das Toleranzedikt von Nantes widerrufen hatte, war in Frankreich allein die römisch-katholische Kirche anerkannt. Daran änderte auch das vorsichtige Toleranzedikt Ludwigs XVI. aus dem Jahre 1787 nichts, das den Protestanten immerhin die bürgerlichen Rechte zugestand. Erst 1789 wurde die freie Religionsausübung feierlich verkündet. Die »Constitution« (Verfassung) von 1795 trennte Staat und Kirche.

Das Verhältnis zu den Kirchen regelte erst Napoleon. Für die einzelnen Konfessionen galten verschiedene Gesetze. Mit der römisch-katholischen Kirche wurde ein Konkordat geschlossen (am »26.Thermidor des Jahres IX«) und zusammen mit den »Organischen Artikeln für die protestantische Konfession« am »18. Germinal des Jahres X« (1802) als Staatsgesetz verkündet. Eine Verordnung des Ersten Konsuls vom »12. Frimaire des Jahres X« (1802) erkannte erstmals die reformierte Kirche offiziell an.

Ganz anders stellte sich die Lage für die lutherische Kirche dar. Die Gläubigen mußten sich weiterhin an die Gesandtschaftskapellen von Schweden und Dänemark halten. Im Jahre 1806 trat Schweden der vierten Koalition gegen Frankreich bei. Der Botschafter wurde vom schwedischen König zurückgerufen, der Botschaftsprediger aus Paris ausgewiesen. Die Lutheraner waren heimatlos.

Auf die Petition einer großen Zahl von Lutheranern hin, darunter zweier Generäle, erkannte Napoleon I. per Dekret vom 11.8.1808 die lutherische Kirche (»Augsburger Konfession«) offiziell an und schenkte ihr im Jahr 1808 die Billetteskirche. Verfassungsrechtlich galten für die lutherische Kirche auch die »Organischen Artikel« von 1802, ihre Rechtsfähigkeit erlangte sie durch das Dekret von 1808. Dies bedeutete, daß die lutherische Kirche ab sofort ein »culte reconnu« war, neben der römisch-katholischen Kirche, den Reformierten und der jüdischen Religionsgemeinschaft. Das hatte zur Folge, daß die lutherische Kirche Subventionen vom französischen Staat erhielt, aber auch, daß der Staat einen maßgeblichen Einfluß gewann bei Schaffung und Besetzung von Pfarrstellen. Die »cultes reconnus« stellten einen öffentlichen Dienst dar.

Die Stellung der deutschen Pfarrer in der französischen Kirche

Neben den französischen wurden von Anfang an deutschsprachige Gottesdienste in der Billetteskirche gehalten. Das führte zu einem verfassungsrechtlichen Problem. Die Organischen Artikel aus dem Jahre 1802 bestimmten, daß nur derjenige ordentlicher Pfarrer werden konnte, der die französische Staatsangehörigkeit besaß. Die Pfarrer an der Billetteskirche, die für den deutschsprachigen Gottesdienst verantwortlich waren, mußten daher entweder Franzosen sein, oder sie wurden nur als

Hilfspfarrer eingestellt. Ein Beispiel für diesen zweiten Fall ist die Berufung des deutschen Pfarrers Erdmann Beyer 1840.

Als im Jahre 1840 die Pfarrer Louis Vallette und Louis Meyer – letzterer gehörte zum lutherischen Konsistorium – und der Ministerresident der freien deutschen Städte, Rumpff, »Die Evangelische Mission unter den Deutschen in Paris« gründeten, handelte es sich um einen privaten Missionsverein außerhalb der offiziellen Kirche. Dieses war eine typische Erscheinung zu Beginn des 19. Jahrhunderts: das bürgerliche Vereinswesen begann. Da dieser Verein jedoch u.a. von Amtsträgern der verfaßten Kirche gegründet worden war, ist es manchmal schwer, die Arbeit des Vereins von der der Kirche zu unterscheiden. Es bestand eine enge Zusammenarbeit zwischen beiden. Die kirchlichen Akten für beide Arbeitsbereiche sind im Archiv nicht getrennt aufbewahrt. Als Beispiel sei nochmals Pfarrer Beyer genannt, der vom lutherischen Konsistorium als Hilfspfarrer angestellt, jedoch für die Deutsche Mission tätig war. Der Gustav-Adolf-Verein stellte dem Konsistorium jährlich die Summe von 3000 Francs für die Besoldung Beyers zur Verfügung. Die Verflechtung der offiziellen Kirche, der Deutschen Mission und kirchlicher Einrichtungen in Deutschland ist daran abzulesen.

Die Société Civile

Zu einem anderen rechtlichen Problem kam es, als Friedrich von Bodelschwingh von der Deutschen Mission nach Paris gerufen wurde. Er errichtete die Hügelkirche großen Teils auf eigene Kosten und im eigenen Namen. Die Gründe dafür sind nicht ganz deutlich. Es kann nur vermutet werden, daß die Deutsche Mission, bzw. die Deutsch-Französische Mission – wie sie später hieß – ein Verein ohne Rechtsfähigkeit war. Dieses ist eine Hypothese. Bodelschwinghs Entscheidung, die Kirche als Privateigentum zu erwerben, hatte bis in die jüngste Zeit hinein Konsequenzen.

Der Deutsch-Französische Krieg 1871 unterbrach alle kirchlichen Aktivitäten der Deutschen in Frankreich. Mehr noch, er führte nicht abrupt, aber doch faktisch zur Trennung von der französischen lutherischen Kirche. Man versuchte, das deutsche Eigentum neu zu ordnen. Es sollte nicht länger Privateigentum bleiben, sonst hätte man im Falle von Bodelschwinghs Ableben hohe Erbschaftssteuern entrichten müssen. Auf seine Initiative wurde 1878 eine Immobiliengesellschaft gegründet, eine »Société Civile«, die den deutschen Besitz zweckbestimmend verwalten sollte. Bodelschwingh brachte sein Eigentum, namentlich die Hügelkirche und die Deutsche Schule, in die Gesellschaft ein. Das Kapital wurde auf 110 000 Francs zu 110 Teilen festgesetzt. Der Begründer behielt 97 Teile, die übrigen 13 wurden deutschen Freunden in Paris und in Deutschland zugewiesen. Nach der Festsetzung der Anteile war gesichert, daß Bodelschwingh und seine Erben immer die Stimmenmehrheit in dieser Gesellschaft haben würden.

Sinn und Zweck der Immobiliengesellschaft war die Verwaltung des kirchlichen deutschen Besitzes. Sie war die Empfängerin von Sammlungen und Kollekten zugunsten der deutschen Gemeinden in Paris. Im Jahre 1885 erwarb sie zusätzlich das Haus in der Rue Brochant, das als Heim für deutsche Erzieherinnen und Mädchen diente. 1893 kaufte sie das Grundstück 25, rue Blanche, auf dem ein Jahr später die Christuskirche eingeweiht werden konnte. Die Société civile vermietete den Besitz an einzelne Personen des Komitees, später an die Association cultuelle. Sie kam selbst für Steuern und Reparaturen an den Gebäuden auf.

Parallel zur Neuordnung des deutschen Besitzes war man bemüht, das Verhältnis zur französisch-lutherischen Kirche zu regeln. So kam es 1879 zu einem Vertrag zwischen dem lutherischen Konsistorium und der Deutschen Mission. Er schloß an einen Vertrag aus dem Jahre 1872 an, der zwischem dem deutschen Komitee in Bielefeld und der französischen Inneren Mission ausgehandelt worden war und der die Vermögensauseinandersetzungen betraf.

Der Vertrag von 1879 legte fest, daß die deutschen Pfarrer an der Kirche La Rédemption und an der Hügelkirche der geistlichen Aufsicht der französischen Kirche unterstünden und daß ein gemeinsam zu gründendes Komitee zuständig sein solle für die finanziellen Angelegenheiten, in erster Linie den Unterhalt der Gebäude, und für interne Regelungen. Die Vertretung nach außen oblag weithin dem Konsistorium. Bei Vakanz der Pfarrstellen wählte nach diesem Vertrag das Comité einen neuen Pfarrer. Das Comité bestand aus zwei Pfarrern, die Mitglied des französischen Konsistoriums waren, zwei deutschen Pfarrern sowie mindestens fünf weiteren Deutschen. Der Vertrag zeigt an dieser Stelle ganz deutlich, daß die deutschsprachige Seelsorge immer noch in die französische Staatskirche integriert war.

Die Trennung von Kirche und Staat 1905

Für die deutschen Gemeinden begann ein neuer Abschnitt ihrer Geschichte, als die Republik Frankreich mit dem Gesetz vom 4. Dezember 1905 ihre Beziehungen zu den Religionsgemeinschaften neu regelte. Dieses Gesetz ist bis heute in Kraft. Das Trennungsgesetz sollte den Kulturkampf in Frankreich beenden. Es stand zugleich als letztes Glied in der Reihe der Freiheitsgesetze, indem es der Religionsausübung die absolute Freiheit sicherte. Der Gesetzgeber des Jahres 1905 glaubte dies am besten dadurch zu erreichen, daß er alle Beziehungen des Staates zu den Kirchen beendete. Zu diesem Zweck wurde der Unterschied zwischen »cultes reconnus« und »cultes non reconnus« aufgehoben. Alle Religionsgesellschaften wurden unterschiedslos ihrer öffentlich-rechtlichen Stellung beraubt und dem Privatrecht unterworfen.

Frankreich garantierte im Trennungsgesetz die Freiheit des Gewissens und der Kultausübung (Art. 1), erkannte allerdings keine Religion mehr von Staats wegen an. Religion war zur Privatsache geworden. Keine Religionsgemeinschaft erhielt mehr staatliche Subventionen, Gehaltszahlungen oder Privilegien. Die bis zum Jahre 1905 gewährten Subventionen wurden abgeschafft. Um allerdings die Freiheit der Kultausübung in bestimmten staatlichen Einrichtungen tatsächlich zu gewährleisten, wurden Ausnahmen gemacht und Geistliche (aumôniers) dafür eingestellt (Art. 2, Satz 2).

In Titel IV des Gesetzes (Art. 18–24) wird festgestellt, daß die Religionsgesellschaften zur Ausübung ihrer Religion, zum Unterhalt ihrer Geistlichen und zur Abdeckung der durch die Gottesdienste entstehenden Unkosten sogenannte »associations cultuelles« zu bilden hätten. Hierbei handelt es sich um Vereine, für die zusätzlich zum Vereinsgesetz von 1901 die Sonderbestimmungen des Trennungsgesetzes gelten, die die kirchlichen Zielsetzungen berücksichtigen. Jeder Kultverein hat mindestens sieben Mitglieder; er kann Beiträge erheben, Kollekten sammeln, Spenden empfangen, Bänke und Beerdigungsutensilien vermieten usw. Er darf aber auf keinen Fall öffentliche Subventionen erhalten.

Das Trennungsgesetz ist von den Konfessionen sehr unterschiedlich aufgenommen worden. Die römisch-katholische Kirche lehnte es mit der päpstlichen Enzyklika »Vehementer nos« vom 11.2.1906 ab, da es die Kirche zwänge, sich demokratisch zu organisieren. Dieses verstoße gegen die geistliche Hierarchie. Die lutherische Kirche bekümmerten weniger die Mißachtung der Hierarchie als die finanziellen Folgen der Trennung für die Kirche. Das Konsistorium sah in seiner Sitzung vom 30.6.1905, als ihm der Entwurf des Gesetzes zuging, im Paragraphen 17 (3) »une disposition génante« (eine ärgerliche Verfügung).

Die lutherische Kirche hätte ebenso wie die katholische gerne diese Trennung verhindert. Von den Reformierten dagegen wurde das Trennungsgesetz begrüßt, zumal prominente Calvinisten an der Ausarbeitung beteiligt waren. Das Trennungsgesetz widersprach nicht ihrem kirchlichen Ordnungsprinzip.

Die deutsche Gemeinde in Paris begrüßte grundsätzlich das Trennungsgesetz. Es gewährte ihr endlich auch die verfassungsgemäße Selbständigkeit. Durch die Bildung einer eigenen Association cultuelle konnte sie sich von der französisch-lutherischen Kirche trennen. Sie hatte nun die Freiheit, sich nach dem Prinzip der preußischen Gemeinde- und Synodalordnung von 1873 zu organisieren und den Anschluß an eine deutsche Landeskirche zu beantragen.[1] So erbat die Christuskirche am 30.6.1905 schriftlich den Anschluß an den Deutschen Evangelischen Kirchenausschuß. Am 18.10. desselben Jahres empfahl der Deutsche Evangelische Oberkirchenrat dem Kaiser, dem Antrag stattzugeben. In der Zwischenzeit suchte der Deutsche Evangelische Kirchenausschuß eine geeignete Landeskirche, an die sich die deutsche Gemeinde in Paris anschließen könnte. Gedacht wurde an die Sächsische oder Württembergische Landeskirche. Diese sahen sich aber aus finanziellen Gründen nicht dazu in der Lage.[2] Das Protokoll der Sitzung des Deutschen Evangelischen Kirchenausschusses vom 22./23.3.1906 stellt fest, daß ein Anschluß nur in Frage käme, wenn die Kirchengemeinde ungebunden sei. Damit wurde auf den Vertrag mit der französisch-lutherischen Kirche von 1879 angespielt.

Am 19.12.1906 konnte die Christuskirche dem Evangelischen Kirchenausschuß mitteilen, daß eine Woche zuvor eine Association cultuelle gebildet und daß damit der Vertrag von 1879 hinfällig geworden sei. Die Gemeinde hatte sich statt dessen eine eigene Satzung zu geben, die nach unserem heutigen Verständnis einer Kirchen-

---

1 Die 1813 zu Preußen gekommenen Provinzen Rheinland und Westfalen hatten reformierten Traditionen folgend Presbyterien und Synoden. In den altpreußischen Provinzen kannte man sie nicht. Diese presbyterisch – synodale Kirchenverfassung einerseits und das Kirchenregiment der altpreußischen Provinzen andererseits wurden 1835 in der Rheinisch-Westfälischen Kirchenordnung für die neuen preußischen Provinzen vereinigt. Diese wurde nun zum Vorbild für die Entwicklung in den altpreußischen Provinzen. Die Entwicklung fand ihren Abschluß mit der preußischen Kirchengemeinde- und Synodalordnung so wie der General- und Synodalordnung, beide aus dem Jahre 1873.
2 Gemäß § 2 des Kirchengesetzes für die Ev. Landeskirchen der älteren Provinzen Preußens vom 7.5.1900 betreffend »die mit den Landeskirchen ... in Verbindung stehenden Kirchengemeinden außerhalb Deutschlands« haben die angeschlossenen Kirchengemeinden Anspruch auf Fürsorge und Förderung durch ihre Landeskirche.

verfassung entspricht. Dem Anschluß stand nun nichts mehr im Wege. Inzwischen war auch eine Landeskirche gefunden worden, die dazu bereit war. Die am Anfang stehenden politischen Bedenken wurden im Kultusministerium in Berlin ausgeräumt. Mittels »allerhöchsten Erlasses« hat Kaiser Wilhelm II. am 7.12.1907 den Anschluß an die Hannoversche Landeskirche genehmigt und das königlich-preußische Landeskonsistorium in Hannover mit der kirchlichen Leitung und Aufsicht über die Deutsche Evangelische Gemeinde Augsburger Konfession (Hügelkirche und Christuskirche) in Paris beauftragt.[3]

Die Entwicklung der Gemeindesatzung (1906–1984)

Das Gesetz von 1905 über die Trennung von Kirche und Staat hat vor und nach seiner Verabschiedung in Frankreich vielfach heftige Emotionen hervorgerufen. Aus heutiger Sicht darf es freilich als Fortschritt angesehen werden, weil es den kirchlichen Gemeinschaften Unabhängigkeit gebracht hat und weil es ihnen ermöglichte, Rechtsträger mit voller Eigenverantwortlichkeit zu werden. Beides, Rechtsträgerschaft und Eigenverantwortung, bedarf klarer Regelungen nach innen und nach außen, zwischen Gemeinde und Träger und zwischen Träger und Außenwelt. Dazu dient eine Satzung.

Die Gemeindeversammlung vom 20. Juni 1906 befaßte sich in Punkt 3a der Tagesordnung mit der Satzungsfrage. Der Gemeinde war bekannt, daß es eine deutsche Mustersatzung gab, wie auch einen französischen Normalentwurf. Beide enthielten nur den Rahmen, wie er von den Gesetzgebern vorgezeichnet war, wobei dem französischen Entwurf insofern ein Vorrang zukam, als die deutsche Gemeinde in Paris eine Association cultuelle war und somit den französischen Gesetzen von 1901 und 1905 genügen mußte. Andererseits mußten andere vorher geschlossene Vereinbarungen und Verträge respektiert werden. Die Satzung einer deutschen Gemeinde mußte also den Verbindungen mit dem deutschen Mutterland wie auch den Auflagen des Gastlandes genügen.

So zeitlos auch die Schöpfer einer Satzung denken mögen, keine Satzung ist abstrakt und zeitunabhängig, vielmehr spiegelt sie die seinerzeit aktuellen Probleme und Strömungen wider. Es ist interessant, einige Punkte herauszugreifen, die damals die Gemüter bewegten.

Das am 22.6.1906 tagende »Komitee für die deutschen Kirchen und Schulen in Paris« bezog sich auf die Gemeindeversammlung zwei Tage vorher, von der es aufgefordert worden war, die Fürsorge für die weibliche Jugend, die Armen und Kranken besonders zu berücksichtigen. Dem Komitee war auch aufgetragen worden, »den betreffenden Satzungen eine Fassung zu geben, welche den gereiften weiblichen Gemeindemitgliedern, die selbständig zu den regelmäßigen Gemeindekosten beitragen, die Möglichkeit bietet, nicht nur an den Kirchenwahlen aktiv teilzunehmen, sondern auch als Mitglieder in das Kirchenkomitee gewählt zu werden ...«

---

3 Mitteilung vom 21.12.1907 des Landeskirchenamtes Hannover. In Archiv Christuskirche.

Die »Constituierende Versammlung« vom 2. Dezember 1906 beschloß die Umwandlung der beiden Gemeinden in eine Association cultuelle und nahm eine Satzung an, die bis zum Ersten Weltkrieg galt. Es versteht sich, daß auch diese Satzung schon zweisprachig war.

Im Vergleich zur heutigen Satzung fallen einige Punkte besonders auf. Die Satzung galt für die beiden Gemeinden, für die Zentrumsgemeinde in der Rue Blanche und für die Gemeinde La Villette in der Rue de Crimée. Die Satzung betonte den geistlichen Hintergrund der Gemeinde. Sie unterschied zwischen aktiven und inaktiven Mitgliedern. Art. 35 erlaubte das aktive Frauenwahlrecht, aber nur das aktive, d.h. die Frauen konnten wählen, aber nicht gewählt werden. Dem Geist der Zeit entsprach der häufige Wortgebrauch von »Würdigkeit« und »Sitte«. Interessant ist, daß der Vorstand die Tagesordnung der Gemeindeversammlung vorschlug und festsetzte und daß nach Art. 13 »nur Gegenstände, die auf der Tagesordnung genannt sind, zur Verhandlung kommen«. Der oder die Pfarrer waren von Amts wegen Mitglieder; andere Mitglieder des Kirchenvorstandes brauchten zu ihrer Wahl absolute Stimmenmehrheit. Art. 23 sah vor, daß der Kirchenvorstand alle drei Jahre zur Hälfte erneuert wurde; Wiederwahl war natürlich möglich. Der Pfarrer der Rue Blanche war entweder Vorsitzender oder Stellvertreter.

Die Zäsur des Ersten Weltkrieges führte zur Neufassung von 1927. Sie enthielt nur geringfügige Änderungen, und es versteht sich, daß die Beschränkungen auf das aktive Wahlrecht im alten Frauenparagraphen 35 entfallen sind, wenn auch dem ersten Vorstand von 1927 noch keine Frau angehörte.

Nach dem Zweiten Weltkrieg begannen 1954 Neuverhandlungen über eine zu revidierende Satzung, die geänderten Gesetzen, aber auch dem Entstehen neuer Gemeinden im Norden und Südwesten Frankreichs Rechnung zu tragen hatte. Auch der Begriff »Paris« war neu zu definieren. Das Kirchliche Außenamt erkannte einerseits in einem Schreiben vom 14. April 1967 die Notwendigkeit einer Satzungsänderung an: »... ist eine Neufassung nach dem heutigen Selbstverständnis der Gemeinde und der veränderten Aufgabenstellung erwünscht.« Aber »um die ohnehin schon schwierige Lage nicht noch weiter zu komplizieren, ist ... darauf zunächst bewußt verzichtet worden, die alten Satzungen irgendwie zu ändern ... solange nicht, als die Eigentumsverhältnisse an Kirche und Gemeindehaus nicht zugunsten der Gemeinde geklärt worden sind«. Entsprechend wurde auf der Gemeindeversammlung vom 27. April 1969 nur eine leicht revidierte und sprachlich aktualisierte Neufassung angenommen.

In den Jahren 1982/83 arbeitete der Vorstand wieder an einer Neufassung, die von der Gemeindeversammlung am 3. März 1985 angenommen wurde. Wesentliche Änderungen waren die Herabsetzung der Stimmberechtigung auf 18 Jahre entsprechend der geltenden Rechtslage und die der Wählbarkeit auf 21 Jahre. Geändert wurden auch dem französischen Recht entsprechend die Passagen über Einberufung der Migliederversammlung und über Satzungsänderungen. Da es sich um einen Verein handelt, sprach man logischerweise von der Mitgliederversammlung und nicht mehr von der Gemeindeversammlung. Die zwischenzeitlich aufgegebene Regelung der teilweisen Erneuerung des Vorstandes wurde wieder eingeführt, da sich das Element der teilweisen Kontinuität auch in anderen Vereinen außerordentlich bewährt hatte, wie zum Beispiel in der Deutschen Schule Paris. Da die Liegenschaft in der Rue Blanche einen erheblichen Wert darstellt, wurden die Bestimmungen über eine Veräußerung der Immobilie und zur Auflösung des Vereins verschärft, um leichtfertige und vorschnelle Veräußerungen zu verhindern.

Verfolgt man die Entwicklung der Satzungen von 1906 an, stellt man eine Versachlichung der Sprache und die ständige Adaptation an die Vorgaben, in erster Linie des französischen Gesetzgebers, fest. Der Geist der Satzung ist aber erhalten geblieben, demzufolge eine reibungslose kirchliche Arbeit in der Gemeinde Paris ermöglicht werden sollte. 90 Jahre haben gezeigt, daß sich die innere Substanz erhalten hat und daß es das Ziel geblieben ist, eine lebendige christliche Gemeinde zu fördern.

Die Eigentumsfrage der Christuskirche nach dem Ersten Weltkrieg

Zu Beginn des Krieges war alles kirchliche Eigentum in deutscher Hand beschlagnahmt worden. Am 3. Juni 1926 verzichtete der französische Staat mit Ordonance des Präsidenten des Tribunal de la Seine auf die totale Liquidation des Eigentums der Société civile und gab die – inzwischen völlig leerstehenden – Gebäude in der Rue Blanche frei. Damit begannen Eigentumsprobleme, für deren Lösung es 60 Jahre bedurfte. Zur Erinnerung: die Christuskirche war Eigentum der Société civile, die wiederum das Gebäude an die Kirchengemeinde vermietet hatte. Die Société civile war aber infolge des Krieges handlungsunfähig geworden. Ein Teil ihrer Mitglieder war verstorben, ein anderer nach Deutschland zurückgekehrt. Trotzdem berief man am 15.2.1927 eine Generalversammlung der Société civile ein und beschloß, die Eigentumsrechte dem Kirchenbundesamt zu übertragen. Doch diese Generalversammlung war nicht beschlußfähig, weil zu wenige Mitglieder anwesend waren.

Die Eigentumsfrage konnte in den folgenden Jahren nicht gelöst werden. Es war auch nie ganz deutlich, zu wessen Gunsten der französische Staat die Kirche frei gegeben hatte. Zum Teil bestand die Meinung, die Freigabe sei ein »acte de courtoisie« dem Deutschen Reich gegenüber gewesen: dem Botschafter sei das Kirchengebäude zur Verfügung gestellt worden. 1936 setzte sich die Auffassung durch, daß »angesichts der unüberbrückbaren technischen Schwierigkeiten, die sämtlichen Mitglieder und Erben der verstorbenen Mitglieder zu ermitteln und damit die erforderliche Dreiviertelmehrheit zustande zu bringen, ... die Société civile als aktionsunfähig angesehen werden müßte. Unter diesen Umständen griff man auf die zweite Lösung zurück, die Société als nicht mehr bestehend zu betrachten und die gerichtliche Freigabeverfügung dahin auszulegen, daß die Freigabe zugunsten der Kirche geschehen sei.«[4] Damit sollte das Eigentum rechtmäßig an die Kirchengemeinde übergeben werden. Unabhängig von der Frage des Eigentums wurde der Schaden, der durch die teilweise Liquidation des Eigentums der Société civile entstanden war, vom Deutschen Reich wiedergutgemacht. Die Schlußentschädigung des Reichsentschädigungsamtes geschah 1932 zugunsten des Deutschen Evangelischen Kirchenbundes und betrug 85 000 RM. Die Mittel wurden dringend für die Instandsetzung der Christuskirche benötigt.

Doch die Eigentumsfrage war noch immer nicht endgültig geklärt worden. So wandte man sich 1939 einem neuen Plan zu. Man war sich jetzt darin einig, daß die

---

4 In Archiv Christuskirche.

Société civile noch bestehe, jedoch handlungsunfähig sei. Aus diesem Grund beschloß man, einen Antrag zu stellen, einen Pfleger für die aktionsunfähige Société civile zu benennen. Da die Kirchengemeinde 1927 erneut als Association cultuelle und das heißt als Rechtspersönlichkeit eingetragen war, sollte sie zum Pfleger bestellt werden. Kurz vor dem Krieg wurde der Antrag eingereicht; es wurde nie darüber entschieden.[5]

1940 wurde Frankreich besetzt, und die Vichy-Regierung geriet in Abhängigkeit von Deutschland. Die Situation änderte sich abermals. Man kam wieder auf den ersten Plan zurück, der die Freigabe der Gebäude so interpretierte, daß sie zugunsten des Deutschen Reiches geschehen sei. Das Auswärtige Amt machte auf diplomatischem Wege der französischen Regierung einen entsprechenden Vorschlag. Diese konnte aus rechtlichen Gründen aber darauf nicht eingehen, so daß es zu einer dritten Konstruktion kam. Ein Staatsgesetz vom 15.12.1941 erlaubte der französischen Regierung, den Besitzstand von Gesellschaften zu regeln, die durch Auflösung handlungsunfähig geworden waren. So erließ die Vichy-Regierung am 4.12.1942 aufgrund dieses Gesetzes ein Dekret, durch das das Eigentum an der Christuskirche auf die Kirchengemeinde, d.h. auf die Association cultuelle übertragen wurde. So wurde am 12.7.1943 die Kirche und das Gemeindehaus als Eigentum der Christuskirche im Grundbuch eingetragen. Endlich sollte die Eigentumsfrage geklärt sein.

Doch diese Klärung hielt nicht lange an. Nach Abzug der deutschen Truppen im Jahr 1944 wurde die Christuskirche wiederum als Feindeigentum beschlagnahmt; das Dekret der Vichy-Regierung wurde samt seiner Rechtsgrundlage, dem Gesetz vom 15.2.41, für ungültig erklärt.

Der französische Staat machte die Eigentumsfrage nun aber noch komplizierter, indem er 1950 die Christuskirche der Lutherischen Kirche im Elsaß übergab. Dabei war höchst zweifelhaft, ob diese Kirche überhaupt über Eigentum außerhalb ihrer Region verfügen durfte. Sie steht ja bis heute unter einer besonderen staatskirchlichen Regelung. Auf alle Fälle, diese Kirche lehnte das Geschenk der Nationalversammlung ab mit den Worten: »Nous ne voulons pas nous salir les mains.«[6]

Somit war im Grunde der gleiche Rechtszustand eingetreten, wie er bei der Freigabe im Jahr 1926 bestanden hatte. Die Entscheidung lag wieder bei der französischen Regierung. Nach einer Note vom 8. September 1952, die die deutsche diplomatische Vertretung betraf, hatte sich die französische Regierung bereit erklärt, Aufenthaltsgenehmigungen für deutsche Pfarrer beider Konfessionen zu erteilen, sofern die Deutsche Botschaft in Paris dies befürworte. Im Jahr 1953 wandte sich das Kirchliche Außenamt in Frankfurt am Main an den französischen Hochkommissar Poncet in Bad Godesberg mit der Bitte, bei der französischen Regierung zu klären, ob diese das Kirchengebäude der neu zu bildenden deutschen evangelischen Gemeinde zur Benutzung überlassen könne.[7] Der Präsident des Französischen Kirchenbundes, Marc Boegner, teilte Anfang 1955 Kirchenpräsident Niemöller mit, daß das französische Innenministerum eine Änderung des Gesetzes von 1950 für schwer durchführbar halte. Jedoch bestehe die Möglichkeit, das Gebäude der Gemeinde und dem Pfarrer zur Benutzung zur Verfügung zu stellen.

5 In Archiv Christuskirche.
6 »Wir wollen uns nicht die Hände schmutzig machen.«
7 Kirchl. Außenamt TgbNr.3787/54. In Archiv Christuskirche.

Nach einer Unterbrechung von über 10 Jahren konstituierte sich am 26. Februar 1956 die Gemeinde wieder. Nach dem Gottesdienst fand die erste Gemeindeversammlung statt, und der erste Kirchenvorstand wurde gewählt.

Die Rechtslage für das Kirchengebäude war weiterhin ungeklärt. Im Juni 1956 informierte der Präsident des Französischen Kirchenbundes die Botschaft, daß die französische Domänenverwaltung »sich endgültig an der weiteren Verwaltung des Grundstücks der Christuskirche in der Rue Blanche für desinteressiert erklärt [habe] und in Zukunft auch mangels entsprechender finanzieller Mittel nicht mehr bereit [sei], Aufwendungen für Unterhaltskosten, Reparaturen usw. zu übernehmen.«[8] Pfarrer Boegner wolle in seiner Eigenschaft als »gardien« der Christuskirche die Einsetzung eines Administrators verlangen.

Im November 1956 waren das französische Innen- und das Außenministerium bereit, die Frage der Christuskirche einer Lösung zuzuführen. Grundsätzlich schien es günstiger zu sein, die Angelegenheit »Christuskirche« nicht als isolierte Vorlage der Nationalversammlung zu unterbreiten, »sondern im Zusammenhang mit der Regelung einer Reihe anderer technischer Fragen, z.B. der Rückgabe von Archivmaterial, Austausch gewisser Geländestücke im Grenzgebiet usw.«[9]

Am 24. März 1958 ordnete das Tribunal civil de premier instance de la Seine die Aufhebung der Sequesterverwaltung an und bestellte zunächst für eine Frist von drei Monaten den ehemaligen Schatzmeister der CIMADE, Pierre Bacot, als vorläufigen Verwalter.

Der französische Staat sah sich offenbar nicht in der Lage, das Eigentumsverhältnis schnell zu klären. Die Aufhebung der Sequesterverwaltung wies allerdings einen Schritt in die richtige Richtung. In einer Verbalnote des französischen Außenministeriums an die deutsche Botschaft garantierte die Regierung, daß die deutsche evangelische Gemeinde fest mit der Christuskirche rechnen könne.[10]

Auf unterschiedlichen Ebenen versuchte man in den nächsten Jahrzehnten zu einer Klärung der Eigentumsfrage zu kommen. Im Jahre 1960 setzte sich die Auffassung durch, daß der französische Staat aufgrund »d'un accord interallié« vom 14.1.1946 – kurz genannt »L'accord de Paris« – Eigentümer des Gebäudes geworden sei. Die juristischen Schwierigkeiten waren damit aus dem Wege geräumt, die ganze Angelegenheit schien jetzt nur noch eine politische Ermessensfrage der französischen Regierung zu sein. Sie sollte in den in den Sechzigerjahren beginnenden Verhandlungen über die »petits contentieux« (die kleinen Rechtsstreitigkeiten) zwischen Deutschland und Frankreich geregelt werden.[11]

Im Juli 1962 wurde zwischen der deutschen und der französischen Regierung ein Vertrag abgeschlossen, der unter anderem die Rückgabe der Christuskirche vorsah. Dieser Vertrag hätte nur noch von beiden Parlamenten ratifiziert werden müssen. Dieses aber tat der Bundestag nicht – aus Gründen, die mit der Christuskirche nichts zu tun hatten. So kam es, daß das vorbereitete französische Gesetz, das die Eigentumsübertragung an die Gemeinde vorsah, nicht zur Anwendung kam.

---

8 Aufzeichnung Dr. Sachs' eines Gesprächs mit M. Boegner in der Botschaft am 15.6.56. In Archiv Christuskirche.
9 Aufzeichnung Dr. Sachs' vom 3.1.57. In Archiv Christuskirche.
10 Schreiben der Botschaft vom 14.8.58 an das Kirchliche Außenamt. In Archiv Christuskirche.
11 Mitteilung Kirchliches Außenamt 10905/60 vom 19.10.60. In Archiv Christuskirche.

62. Reicher ornamentaler Dekor an der Fassade zur Straße. Im Bild die Lünette mit der Arche Noah

Später versuchte man, die Frage der Christuskirche aus dem Gesamtpaket herauszulösen. Es hat dann noch bis zum Jahre 1983 gedauert, bis neue Verhandlungen zwischen der Bundesregierung und Frankreich zur Einigung führten: Mit dem Staatsgesetz vom 3. Januar 1984 wurde die Christuskirche an die Gemeinde offiziell zurückgegeben – 70 Jahre nach der Enteignung.[12]

---

12 Gesetz 84/3 vom 3.1.84, veröffentlicht im Journal Officiel am 4.1.1984, S. 147–148.

Kirchen und Gemeindehäuser in Paris

Vorgeschichte

»Mit einem Blick war es zu erkennen: es war das schönste Haus in der Straße. Es war ein d e u t s c h e s Haus, deutsch im besten, im kulturgeschichtlichen Sinn. Da war eine kleine Säulengalerie; sie erinnerte an die Kaiserpfalz in Goslar. Da bildeten drei hohe Fensterbogen die eigentliche Fassade, und ihre Ornamente wiesen in die Zeit des Hildesheimer Doms. Und es war ein e v a n g e l i s c h e s Haus. Aus den Kathedralfenstern zeichneten sich die Konturen der Wartburg und des Domes in Worms ab.« Damit habe sich das Gebäude deutlich von seiner Umgebung abgesetzt, im Stil wie im Geist. Über diese Nachbarschaft äußerte sich Georg Streng im selben Artikel, wenige Jahre nach der Einweihung 1912: »Unsere Christuskirche stand ziemlich genau in der Mitte zwischen zwei echt-pariser Vergnügungsstätten. Die eine war die große Oper, die andere das berüchtigte Tanzlokal der Moulin Rouge. Dort, in der Oper, wurde dem verwöhntesten ästhetischen Geschmack Rechnung getragen; hier, in der Moulin Rouge, konnte man, um mit Faust zu reden, in den Tiefen der Sinnlichkeit glühende Leidenschaften stillen.«[1]

So schrieb der ehemalige Gemeindepfarrer Streng zu Beginn des ersten Weltkrieges von Deutschland aus und nicht ohne Wehmut. Die schöne Straßenfassade habe auf die Kirche hinweisen sollen, die im Hof lag und von der Straße aus nicht sichtbar war. Diese war damals 18 Jahre alt. Beide Gebäude sind heute die ältesten, über die die evangelische Kirche deutscher Sprache in Frankreich verfügt. Beide aber sind verhältnismäßig jung, wenn man auf die lange Geschichte der lutherischen Kirche in Paris zurückblickt. Doch wenn die schwedische Gesandtschaft ab 1635 – und gut 100 Jahre später auch die dänische Gesandtschaft – der Gemeinde Gastrecht gegeben hatten, so hieß das keineswegs, daß man über eine richtige Kapelle oder gar eine Kirche verfügt hätte. Der Gottesdienst wurde vielmehr in geeigneten Sälen in den häufig wechselnden Residenzen der Botschafter gehalten.

Das änderte sich erst mit der Übernahme der *Billetteskirche* im Stadtviertel Marais im November 1809. Der Name stammte von einer früheren Augustinerkirche, die nach einem dubiosen Hostienwunder an dieser Stelle errichtet worden war. Im 17. Jahrhundert hatten die Karmeliter das Grundstück übernommen und schließlich in den Jahren 1756–1758 die heutige Kirche errichtet. Hinter der schmucklosen Fassade mit dem Dachtürmchen verbirgt sich ein ungewöhnlicher Raum mit mehreren Emporen, der auf einen fast runden Chorraum hinführt. Seitlich schließt sich an die Kirche ein spätgotischer Kreuzgang an, der einzige aus dem Mittelalter, der in Paris erhalten geblieben ist. Während der Revolution hatte man die Mönche vertrieben und ein Salzmagazin eingerichtet. Nachdem Napoleon die Kirche den Lutheranern überlassen hatte, bauten diese den Innenraum ihren eigenen Bedürfnissen entsprechend um. Die Herzogin von Kurland stiftete eine Glocke; Prinzessin Helene von Mecklen-

---

1 Artikel im Evangelischen Gemeindeblatt für den Dekanatsbezirk München Nr. 1, vom Januar 1915 (oder 1916?) unter der Überschrift »Deutsch-Evangelisch in Paris vor und beim Kriegsausbruch«, S. 5 f.

63. Das neue Gemeindehaus von 1912 überragt seine Nachbarn

burg-Schwerin, verheiratet mit dem französischen Thronnachfolger, dem Herzog von Orléans, ließ 1842 eine neue Orgel einbauen. Auf ihr werden noch heute regelmäßig Orgelkonzerte gegeben.

Das Viertel, Le Marais genannt, war damals eng bebaut und gehörte nicht zu den bevorzugten Wohngegenden von Paris. Als später eine zweite Kirche vom Staat erbeten wurde, wies man zur Begründung nicht nur auf die stark angewachsene Gemeinde hin, sondern auch auf die Sicherheit und die Zumutbarkeit für Ihre Königliche Hoheit. 1843 überließ die Stadt der lutherischen Gemeinde ein nicht mehr genutztes Zolldepot. Dieses war im klassischen Stil errichtet mit einer weiten Halle, die von oben her beleuchtet wird und bei der niemand vermuten muß, daß sie je zu etwas anderem als zum Gottesdienst gedient hat. Die *Rédemption- oder Erlöserkirche* wurde für lange Zeit zur ersten Adresse unter den lutherischen Gemeinden, auch der Präfekt von Paris, der berühmte Baron Haussmann, war Gemeindeglied und stiftete ein elfenbeinernes Kruzifix für den Altar.[2]

Die Christuskirche 1894

Die Rédemptionskirche wurde später zur Mutterkirche der heutigen Christusgemeinde. Nach dem Deutsch-Französischen Krieg hatte sich die deutsche Zentrumsgemeinde gebildet, die – mit Unterbrechungen – noch lange die Rédemptionskirche mitbenutzen durfte. Ab 1890 aber konnte man sich mit den französischen Glaubensgenossen nicht mehr über die Gottesdienstzeiten verständigen. Die Deutschen zogen aus und mieteten einen Saal. Nach kurzer Zeit wurde deutlich, daß dieses keine Dauerlösung sein konnte. Der Wunsch nach einer eigenen Kirche hatte zwar schon lange bestanden. Zunächst aber hatte man andere Einrichtungen und Gebäude für wichtiger gehalten, so die »Ecole allemande-française supérieure fondée en 1880 spécialement pour les enfants de la colonie allemande à Paris«, die allerdings später aus Mangel an Bedarf wieder aufgegeben wurde. Dazu gehörten weiter die »Herberge zur Heimat« für junge Männer auf der Durchreise und das »Doppelheim für Erzieherinnen und Mägde«.[3] Jetzt faßte man den Bau einer eigenen Kirche für die Zentrumsgemeinde fest ins Auge.

Wie unzulänglich die provisorische Gottesdienststätte war, geht aus verschiedenen Spendenaufrufen hervor, mit denen die Notwendigkeit des Baus einer eigenen Kirche begründet wurde. In einer Ostern 1893 von Pfarrer Georg Brand an die Glaubensgenossen im Großherzogtum Baden gerichteten herzlichen Bitte wird mit dunklen Farben ausgemalt, wie unhaltbar die Situation geworden sei:

---

2 Eglise de la Rédemption: 16, rue Chauchat (9. Arrondissement). Les Billettes: 22, rue des Archives (4. Arrondissement). Abbildungen auf den Seiten 39 und 60.

3 Die Höhere Schule war mietweise untergebracht in einem Haus in der Rue du Faubourg Poissonnière Nr. 175. Die Herberge zur Heimat hatte 23 Betten und lag in der Rue Taylor Nr. 6. Das Doppelheim hatte vier Etagen und war in der Rue Brochant Nr. 21 gelegen mit einem Vorderhaus, dem Heim für 18–20 Lehrerinnen, und dem Hinterhaus – zugänglich auch von der Rue Nollet Nr. 110, das Herberge für 45 Gouvernanten und Dienstmädchen bot. Die Gebäude, die zur Hügelkirche und zur Deutschen Billettesgemeinde gehörten, werden weiter unten genannt. Unabhängig von diesen Gemeinden entstand 1905 das Christliche Kellnerheim in der Avenue Beaucour Nr. 11, siehe Abbildung S. 68.

»Die deutsche evang. Rédemptionsgemeinde hält bis auf diesen Tag ihre Gottesdienste in einem mietweise ihr nur auf kurze Zeit an Sonn- u. Festtagen überlassenen Saale. Derselbe ist niedrig und dunkel, so daß oft schon am Vormittag Licht gebrannt werden muß, um nur die Lieder erkennen zu können. Der Gottesdienst muß auf kurze Zeit beschränkt werden, um vor der nachfolgenden Versammlung den Saal geräumt zu haben. Da werden dann eilig Altar und kirchliche Geräte entfernt. Was aber das Schlimmste ist: Oft wird die Erbauung der Gemeinde durch den Lärm der nebenanliegenden Gastwirtschaft in empfindlichster Weise gestört.«

Schon im November 1890 hatte Pastor Friedrich Frisius im Namen des Kirchenvorstandes einen Aufruf an die teuren Gemeindeglieder und Freunde der deutschen Gemeinde in Paris ergehen lassen:

»Überall hören wir die Frage: Ist denn gar keine Aussicht vorhanden, daß wir selber einmal eine Kirche bekommen? Wie gern möchten wir sagen dürfen: Geduldet Euch, in einem oder wenigstens in zwei oder drei Jahren wird Euer Warten ein Ende haben, werden wir Euch die Tore eines freundlichen Gotteshauses öffnen können! Dazu allerdings benötigen wir einer Summe, von der sich nur wenige einen Begriff machen. Allein für den Bauplatz müssen wir mindestens 200 000,- Fr. haben, vorher dürfen wir mit dem Bau nicht beginnen«.

In einem Aufruf vom 30. 9. 1891 wird der krasse Gegensatz zu anderen Auslandsgemeinden hervorgehoben:

»Die deutsche evang. Gemeinde in Paris besitzt kein Gotteshaus. In einem völlig ungenügenden, niedrigen und dunklen Saal 23, rue Royale, der sie jährlich 4000 Fr. Miete kostet, muß sie, fortwährend durch Lärm von außen gestört, ihre Andacht verrichten ...Teure Landsleute! Engländer, Amerikaner, Russen, Schweden und Rumänen haben ihre teils prächtigen Kirchen in Paris. Die deutsche evang. Gemeinde muß sich mit einem ganz unwürdigen Saal begnügen, der auch räumlich für die Bedürfnisse bei weitem nicht ausreicht.« Unterschrieben haben diesen Aufruf 12 Komiteemitglieder, die im öffentlichen und politischen Leben in Paris eine herausragende Stellung bekleideten.[4]

Sobald der Plan für einen Kirchenbau feststand, brachten die in Paris lebenden Deutschen erhebliche Mittel auf. Auch in Deutschland fehlte es nicht an willigen Gebern. Der König von Preußen ging mit gutem Beispiel voran und stiftete 20 000,- Franken, es folgten weitere Fürsten und Städte, Privatleute und Kirchengemeinden. Überall bildeten sich Komitees zur Förderung des Baus.

Nach und nach kamen so die 400 000 Franken zusammen, die für die Kirche notwendig waren. Im Frühjahr 1894 konnte der Grundstein gelegt werden. Der Bau schritt rasch voran und schon am 9. Dezember desselben Jahres konnte im 9. Arrondissement in der Rue Blanche Nr. 25 die neu errichtete Christuskirche mit dem Vorderhaus – Gemeinderäume und Pfarrwohnungen – durch den Oberkonsistorialpräsidenten Adolf von Stählin aus München eingeweiht werden. Kirchenzeitungen und öffentliche Presse berichteten in großer Aufmachung von diesem wichtigen Ereignis für die Deutschen in Paris. Ausführlich wurde aufgezählt, wer aus Gesellschaft und Kirche, aus Politik und Wirtschaft anwesend war.

Der holländische Architekt Edouard Niermans griff auf die Formensprache des neoromanischen Stils zurück. Das war der Lieblingsstil Wilhelm II., der diesen gerne als »Deutschen Stil« bezeichnete, um so seine besondere Verbundenheit mit den Kaisern aus dem Hause der Staufer auszudrücken. Das Sachverständigengutachten von 1929 läßt erkennen, daß der mäßige Baugrund bedeutende unterirdische Fundierungsarbeiten erforderte.[5] Das 7,30 m breite und 12 m hohe Mittelschiff ist als Kreuz-

---

4 Die Kollektenaufrufe sind aufbewahrt in Archiv Christuskirche.
5 Archiv der Christuskirche.

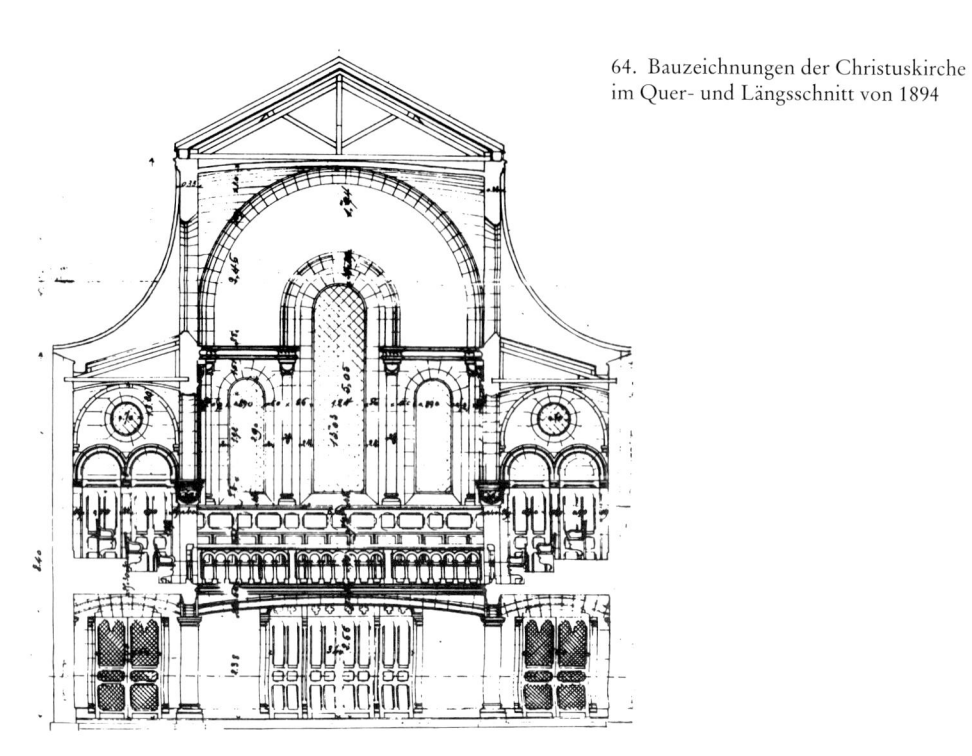

64. Bauzeichnungen der Christuskirche im Quer- und Längsschnitt von 1894

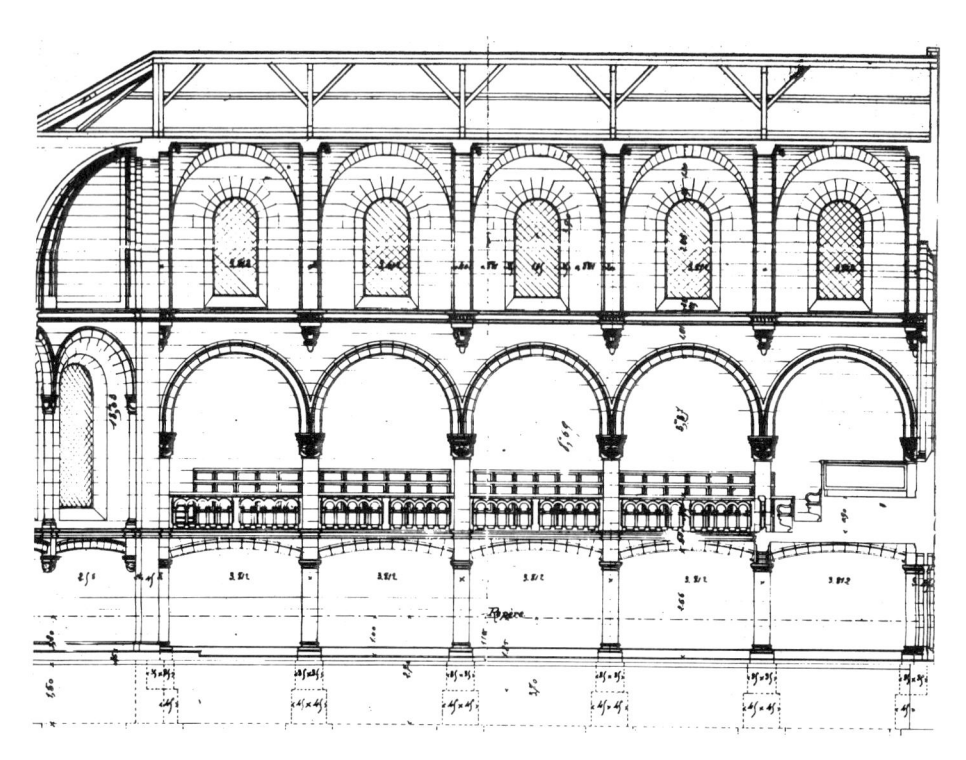

gewölbe in Stuck über fünf Joche ausgebildet und endet im Westen in der halbkreisförmigen Apsis. Auf drei Seiten ist die Kirche von Emporen eingefaßt, im Osten – gegenüber dem Chorraum – steht die Orgel. Bis zur Höhe der Emporen grenzt die Kirche auf den beiden Längsseiten unmittelbar an die Nachbarhäuser, die heute das Gebäude um mehrere Geschosse überragen. Der Eingang wurde damals noch über einen kleinen Hof erreicht; heute schließt die Kirche auch im Osten unmittelbar an das Gemeindehaus an. Nur im Westen öffnen sich die Fenster zu einem Garten hin, zu dem ein Notausgang führt. Der Garten gehört aber leider nicht zur Gemeinde. Wenn am Spätnachmittag die Sonne durch die farbigen Chorfenster fällt, ist die Kirche in geradezu mystisches Licht getaucht. Die ursprünglichen Fenster sind vor 35 Jahren ersetzt worden. Sie waren ornamental gestaltet mit eingefügten Bildflächen in stehenden Vierpässen: im mittleren Fenster war die Eherne Schlange an einem T-Kreuz dargestellt, die Mose in der Wüste errichtet hatte, in den beiden Fenstern rechts und links ein Pelikan und ein Phönix. Dieser Bildzyklus ist später über dem Eingangsportal zum Gemeindehaus wieder aufgenommen worden. Beleuchtet wird das Mittelschiff – wenn auch unzureichend – durch 10 bogenförmige, bleiverglaste Fenster im Obergaden. Die Kirche bot damals im Schiff und auf den Emporen insgesamt 540 Besuchern Platz.

Konsistorialbaumeister Mohrmann beschrieb im Rückblick das gleichzeitig mit der Kirche 1894 in Gebrauch genommene Gemeindehaus, das seiner Zeit durch Umbau eines Wohnhauses entstanden war, wie folgt: »Das alte Haus enthält im Erdgeschoß den Durchgang zur Kirche, rechts daneben die bescheidene Wohnung des Kastellans sowie die Treppe in die oberen Geschosse, links 2 Zimmer, die als Sprechzimmer, Sakristei und als Bibliothek dienen. Darüber liegt der Gemeindesaal von etwa 64 qm Grundfläche und der üblichen Höhe eines Wohngeschosses. Über diesem folgt in zwei Geschossen die Wohnung des Geistlichen.«[6]

Über die Aktivitäten, die sich in dem neuen Gemeindehaus entfalteten, hieß es in einem Gemeindebrief aus dem Jahre 1895: »Die Gottesdienste sind in Anbetracht der vielen beruflichen Abhaltungen und der sehr großen Entfernungen recht gut besucht und was das wichtigste ist, die Gekommenen sind fast ausnahmslos aufmerksame Zuhörer. Neben den Gottesdiensten ist das Vereinsleben möglichst ausgebildet. Der Jünglingsverein versammelt dreimal in der Woche seine Mitglieder zu Bibelbesprechungen, Sprachstunden oder Geselligkeit. Ihm angeschlossen sind die Versammlungen des Bundes vom »Weißen Kreuz« und die Kellnerabende. Auch ein Jungfrauenverein ist neuerdings ins Leben getreten und verspricht ein schönes Aufblühen. Auch werden Bibelstunden und Sonntagsschulen abgehalten.«[7]

Die Hügelkirche

Im selben Gemeindebrief wird die Situation der deutschen Lutheraner in der Hauptstadt Frankreichs beleuchtet:

---

6 So 1909 in einem Entwurf für das neue Gemeindehaus. Siehe Archiv Christuskirche.
7 Archiv Christuskirche.

»Die Geschichte der deutschen ev.-luth. Kirche in Paris ist so eigentümlich, daß wir sie im kurzen wiedergeben möchten: Vor dem Kriege hatte die deutsche protestantische Kolonie an etwa 20 Plätzen ihre Gottesdienste. In jedem Viertel von Paris wußten die Deutschen, wo sie sich vereinigen konnten, um Gott in ihrer Sprache anzubeten. Nach 1870 wurde dies anders. Von den 40.000 Deutschen in Paris sind die meisten Protestanten, die sich nun in 3 Gemeinden teilten:

1.) Die Hügelkirche in der Vorstadt La Villette. Hier wohnt eine Menge deutscher Fabrikarbeiter, Straßenfeger etc.

2.) Die zweite Gemeinde hat ihre Gottesdienste in der Kapelle der rue des Billettes. Man sieht hier hauptsächlich kleine Geschäftsleute, Gouvernanten, Dienstmädchen.

3.) Der übrige Teil der Deutschen, hauptsächlich aus den besseren Kreisen, benutzte bis vor wenigen Jahren die Rédemptionskirche zu ihren Gottesdiensten. Aus dieser Zentrumsgemeinde war die Christusgemeinde hervorgegangen.

Die Hügelgemeinde und die Christusgemeinde bildeten ein Ganzes mit einer einheitlichen Leitung nach dem Bau der Hügelkirche.«

An dieser Stelle soll ein Blick geworfen werden auf die Hügelkirche, die im Pariser Stadtteil La Villette lag, und die später mit der Christuskirche eng zusammenarbeitete. Insbesondere ist von Pfarrer Friedrich v. Bodelschwingh zu reden. Über sein volksmissionarisches Wirken und über sein großes soziales Engagement ist weiter oben in diesem Buch ausführlich berichtet worden. Hier interessiert er vor allem als Betreiber, Förderer, Organisator und schließlich als Erbauer der Hügelkirche. Bodelschwingh kam 1858 als junger Pfarrer nach Paris und blieb sechs Jahre. Schon nach wenigen Monaten mietete er zunächst »den grünen Hügel« – wie er ihn nannte, um eine Schule, ein Wohnhaus und schließlich eine Kirche für die in diesem Gebiet ansässigen Steinbrecher-, Industriearbeiter- und Straßenkehrerfamilien zu errichten. Bodelschwingh war rastlos unterwegs in Paris und in Deutschland, um Geld aufzutreiben. Hier in Paris erprobte er – der preußische Ministersohn – eine Fähigkeit, die Theodor Heuss so beschrieben hat: »Er war der genialste Bettler, den Deutschland wohl je gesehen hat.«

Er errichtete noch im selben Jahr 1858 ein winziges Holzhaus, das später sogenannte »Asile«. Seine Räume dienten gleichzeitig als Schulzimmer und als Wohnräume für Pfarrer und Lehrer. Das »Schweizer Haus«, das er im darauf folgenden Jahr preisgünstig als Modellhaus auf der Londoner Weltausstellung erworben hatte, war immerhin schon 8 x 8 m groß. Es hatte drei Etagen: Unten wohnte Lehrer Witt – inzwischen mit Familie – und Witwe Schnepp mit Sohn, in der ersten Etage der ebenfalls jung verheiratete Pfarrer von Bodelschwingh, und unter dem Dach war eine »Herberge zur Heimat« eingerichtet und führte unstete Gesellschaft ins Haus. Dieser Bau war auch aus Holz, obwohl im selben Jahr, 1859, der 3600 qm große Hügel für 33 000 Franken erstaunlich preisgünstig erworben worden war. Jetzt konnte man solider bauen. Bodelschwingh begann mit der Errichtung des »deutschen Dörfleins« am Fuß des Hügels, um vielköpfigen armen Familien eine Unterkunft zu schaffen.

Am 18. August 1861 wurde der Grundstein für die eigene Kirche gelegt, die nach den Plänen des Architekten E. Train von dem Zimmermann Martin Marhoff errichtet wurde. Vier Monate später folgte die Einweihung der zu ebener Erde liegenden neuen Schulräume für die nun vorschriftsmäßig getrennt unterrichteten Mädchen und Jungen. Darüber erhob sich die Kapelle. Im alten Schulhaus fanden die Kleinkinder ihre lang ersehnte eigene Schule. Das Missionsfest von 1864 wurde bereits in der er-

65. Aufgang zur Hügelkirche um die Jahrhundertwende

66 Hügelkirche mit der neuen Orgel von 1914

379

heblich erweiterten Hügelkirche gefeiert.[8] Die Weltausstellung im Jahre 1867 führte zahlreichen prominenten Besuch nach Paris und auch auf den Hügel. Der spätere Kaiser Friedrich überzeugte sich von der Pioniertätigkeit seines Jugendfreundes Friedrich v. Bodelschwingh. Ein Aussteller stiftete der Hügelkirche den Taufstein.

Auf einem kreuzförmigen Grundriß steht ein schlichter Backsteinbau mit einem Dachreiter und einem Vierungstürmchen. Wenn man von unten den Hügel hinaufsteigt, fällt einem zunächst die weitausladende Außentreppe ins Auge, die links und rechts von der Schultür zur Kirche hinaufführt, und die von einem hölzernen, reich durchbrochenen Vorbau, einer Veranda gleich, geschützt wird. Mancher hat bei diesem Anblick ausgerufen: »Typisch russisch.« Aber es war Bodelschwingh, der die Kirche in dieser Form errichten ließ. Auch später in Bethel hat er nie für die Ewigkeit gebaut, sondern schlicht und praktisch, unter Verwendung von preisgünstigen Materialen. Noch im März 1914 – drei Monate vor Kriegsausbruch und dem damit verbundenen Verlust der Kirche – wurde eine neue Orgel von Voit & Söhne in Durlach aufgebaut und eingeweiht. Das Werk besaß 16 Haupt- und 15 Nebenregister. Dafür mußten umfangreiche Änderungen und eine Verstärkung der Empore vorgenommen werden. Zehn Jahre später, im April 1924, wurde die beschlagnahmte Hügelkirche an die russisch-orthodoxe Kirche verkauft. Unter dem Namen Saint-Serge ist sie, verbunden mit einem Ausbildungsseminar, zu einem geistlichen Zentrum der Orthodoxie geworden. Bodelschwingh wird mit einem Bild weiterhin geehrt – so wie es einem Ortsheiligen gebührt, selbst wenn er evangelisch war.[9]

Das neue Gemeindehaus von 1912

Doch zurück zur Rue Blanche. Der Wunsch nach einer Vergrößerung des Gemeindehauses wurde im Gemeindebrief vom Januar 1911 so ausgedrückt:

> »Auf den Christbaum sieht die Christusgemeinde mit dem Wunsche, daß der neue Gemeindesaal ihr nun bald geschenkt werde. Die Notwendigkeit dieses Saales ist nun seit 5 Jahren in allen Jahresberichten vom Kirchenvorstand immer aufs neue betont. Soll die Gemeinde wachsen und eben dadurch immer leistungsfähiger werden – ein Umstand, an dem ihre Zukunft sich entscheidet, und die Zukunft sieht für christliche Gemeinden ernst genug aus –, so muß die Möglichkeit geboten sein, auch durch außergottesdienstliche Veranstaltungen, durch Gemeinde- und Familienabende weitere Kreise zu sammeln und zusammenzuhalten: und es handelt sich um einen großen Teil der mindestens 15 000 deutschen Evangelischen hier in Paris, die an keine der in der deutschen Kolonie bestehenden Körperschaften und Gesellschaften Anschluß haben und auch nicht haben können. Kann eine Auslandsgemeinde ihren Mitgliedern und denen, die das werden sollen und auch gerne werden wollen, nicht das Gefühl der Vereinsamung nehmen und das Gefühl, in der Gemeinde zu Hause zu sein und da einen Rückhalt zu haben, dafür geben, so steht sie beständig in der Gefahr der Auflösung, ist abhängig vom Zufall und bleibt äußerlich ganz notwendig stehen.

---

8 In seiner kurzen Pariser Zeit errichtete Bodelschwingh außerdem noch eine Kirche und Schule im nördlichen Westen von Paris an der Route d'Asnières, die später dem Straßenbau weichen mußte und im Stadtteil Batignolles an der Rue Dulong Nr. 47 neu errichtet wurde, die heutige »Ascensions- oder Himmelfahrtskirche«. Diese gewährte nach 1948 der deutschen Gemeinde ein paar Jahre lang Gastrecht.
9 Der Hügel liegt im 19. Arrondissement in der Rue de Crimée Nr. 93. Aus der Ära nach Bodelschwingh stammt das Mitarbeiterhaus für Lehrer und Diakonissen von 1889. 1913 kam dazu – wenn auch nicht auf dem Hügel selbst gelegen – das »Arbeitsheim« mit Werkstätten und 25 Unterkünften für arbeitslose junge Handwerker. Siehe auch die Abbildung auf S. 80.

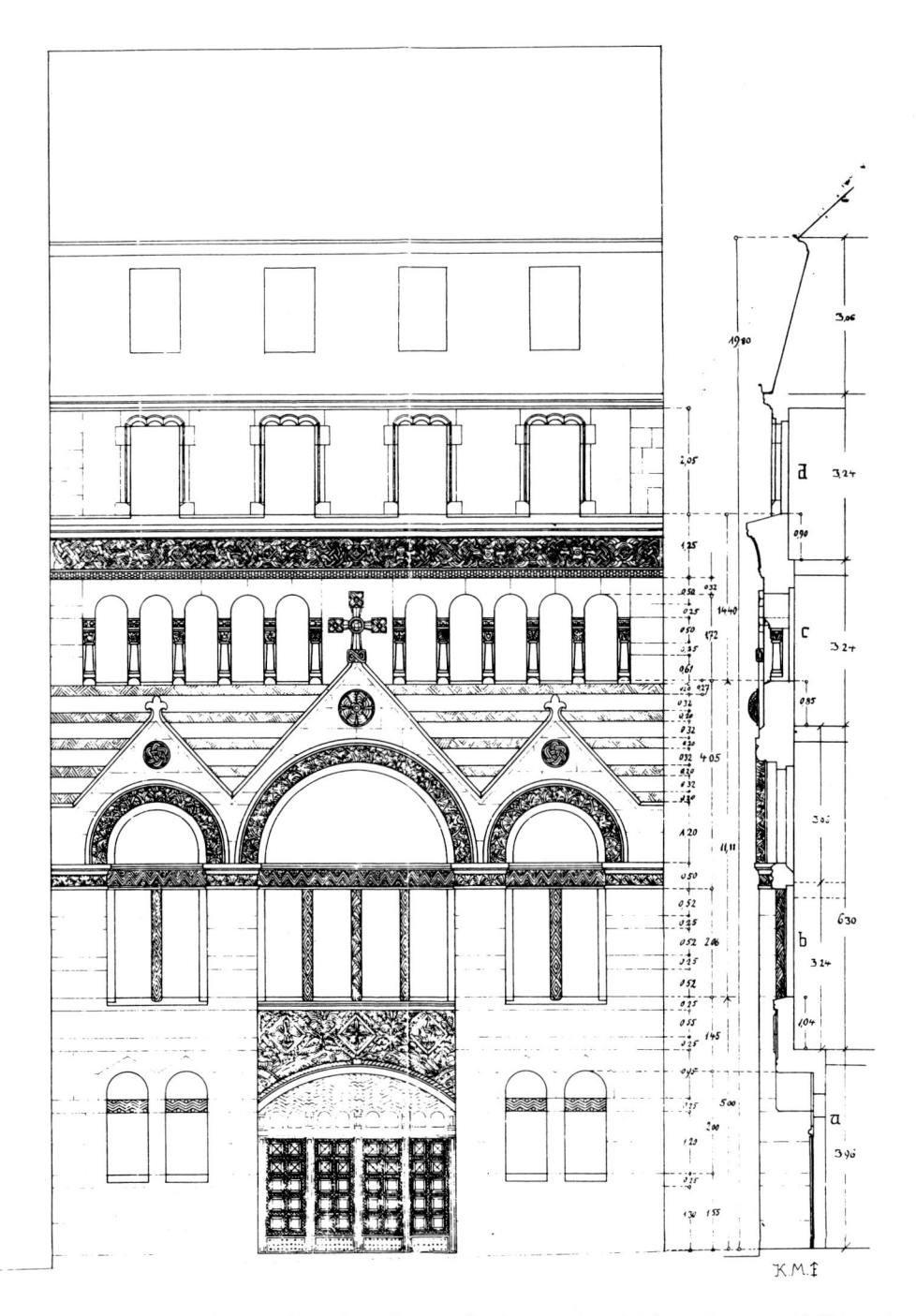

67. Bauzeichnung der Fassade aus dem Jahre 1911 für das neue Gemeindehaus: Der untere Teil bis zu dem ornamental gestalteten Gesims. Die Ausführung weicht im Detail von der Zeichnung ab, z.B. bei der Gestaltung des großen Kreuzes und bei den Medaillons über dem Eingang

Der endgültige Bauplan ist dem Kirchenvorstande zugekommen, und der Architekt setzt die Baukosten auf ca. 100 000 Fr. an. Und 100 000,- Franken stehen bereits in bar für den Umbau zur Verfügung. Für weitere 20 000 Franken ist Garantie geleistet, und die Unterstützung der Heimat ist uns in sichere Aussicht gestellt.[10] Der Umbau des Pfarrhauses, der uns den neuen Gemeindesaal mit 230 Sitzplätzen (im jetzigen Saale, der nicht einmal eine gute Zimmerhöhe besitzt, haben nicht 100 Personen, und seien sie noch so »dünn«, bescheiden Platz!) und außerdem einen Zwischenstock mit 6 neuen Räumen bringt, ist wahrscheinlich kein Wagnis und kein Risiko mehr, – man müßte denn die Gemeinde und ihren Kirchenvorstand betrachten, als eine Privatperson, die heute lebt und morgen gestorben sein kann. Und diese Betrachtung wäre denn doch nicht am Platze. Der Weihnachtswunsch nach dem neuen Gemeindesaal ist also sehr berechtigt und begründet, daß man nun wohl auf Erfüllung wird hoffen dürfen.«

Vorangegangen war eine lange Planungsphase, die auch im Januar 1911 noch nicht abgeschlossen war. Das Studium des umfangreichen Schriftverkehrs zwischen dem Pfarrer, Konsistorialbaumeister Prof. Karl Mohrmann aus Hannover – die Gemeinde gehörte inzwischen zur Hannoverschen Landeskirche – und dem Pariser Architekten Edouard Niermans läßt erkennen, daß sich die Beteiligten mit ihrem Bauvorhaben schwertaten. Es bedurfte seit 1906 vieler Überlegungen, Vorschläge, Umplanungen und Diskussionen, bis der Bauplan schließlich die Zustimmung der Gemeinde fand.

Zunächst hatte man nur an einen geringfügigen Umbau gedacht, am Ende entschloß man sich zu einem großzügigen Neubau, bei dem nur das Kellergeschoß erhalten blieb. Das war ein langer Weg, der von den Beteiligten viel Geduld, gegenseitiges Verständnis und von Karl Mohrmann mehrere Besuche in Paris erforderten.[11] Noch am 25. Januar 1911, als der Beginn der Bauarbeiten schon sehr nahegerückt war, wird in einem Schreiben an den Kirchenvorstand zu Bedenken gegeben, »ob man diesen Wolkenkratzer dahin setzen soll, denn das wird es doch allemal bei der schmalen Fassade und 17 m Höhe. Ist es denn überhaupt nützlich und angebracht, die Pfarrwohnung in diesem Gebäude zu haben?« Die Baupläne wurden schließlich am 22. April von Pfarrer Streng und Architekt Niermans unterschrieben.

Anhand der Gemeindebriefe läßt sich das Baugeschehen gut verfolgen. Begonnen wurde im Herbst 1911. Im Januar 1912 kam es zu einem Baustop. Der Nachbar in Nr. 27 hatte Einspruch eingelegt, da er die Standsicherheit der gemeinsamen Grenzmauer anzweifelte und beweissichere Untersuchungen verlangte. Mitte März wurde der Dachstuhl gesetzt und das Richtfest gefeiert. Von zahlreichen Spenden und Stiftungen ist die Rede, die insbesondere der Einrichtung und Ausgestaltung des großen Saales galten, z. B. den bleiverglasten Fenstern und dem Rednerpult. Im Reformationsgottesdienst am 3. November wurde schließlich der neue Bau eingeweiht. »Konsitorial-Rat 1. Hof- und Schloßprediger Lic. Köhler« aus Hannover hielt die Festpredigt in Anwesenheit hoher Gäste. Der Kaiser hatte das Ehrenpatronat übernommen. Die »Pariser Zeitung« und die Presse in Deutschland berichteten ausführlich über das »historische, das nationale Ereignis.«[12]

---

10 Die Gesamtkosten summierten sich schließlich auf rund 150 000 Franken.
11 Als sehr interessant und historisch wertvoll sind die Freihandskizzen Mohrmanns zu werten.
12 Siehe unter anderem die zweite Beilage zu Nr. 521 der Hamburger Abendnachrichten von Dienstag, dem 5. Nov. 1912 in der Abendausgabe (ohne Seitenzahl): Der ungenannte Korrespondent betont, daß sich das erste Gemeindehaus von 1894 – niedrig und schlicht wie es war – kaum von seiner Umgebung unterschieden habe, die damals noch eher vorstädtischen Charakter gehabt habe. So habe es noch villenartige Privathotels mit schmucken Vorgärten und die Reste des ehemaligen Vergnügungsparks Tivoli gegeben. Aber seit der Jahrhundertwende hätten sie allmählich einer eher großstädtischen Be-

68. Eingangsportal: In der vegetalen Ornamentik sind drei Medaillons ausgespart, von denen das linke den Pelikan, das rechte den Phönix zeigt (siehe zur Erklärung den Text S. 384)

69. Details vom Gesims über der 3. Etage mit neoromanischer Flechtwerkornamentik

Seinen Entwurf für die Hausfront erläuterte Prof. Mohrmann dem Kirchenvorstand ausführlich. Die Hausfront solle auf die hinter dem Gemeindehaus versteckte Kirche hinweisen. Es sei erwünscht, beim Umbau des Hauses der Straßenfront einen ausgesprochenen sakralen Charakter zu geben. Sie solle eine »würdige Bescheidenheit und schlichte Gediegenheit« zur Schau tragen, aber auch ihre Bedeutung als Zugang zu der deutschen Kirche künstlerisch zum Ausdruck bringen. Da das Haus auf die Kirche vorbereite, sei es natürlich, die für die Kirche gewählten neoromanischen Bauformen auch bei der Gestaltung der Hausfassade zu verwenden. Die Steinmetzarbeiten dokumentieren in der Ausbildung der unteren vier Geschosse im warmen weißgelben Pariser Sandstein einen hohen Grad handwerklichen Könnens. Mit seinen Profilierungen, Gesimsen und Ornamenten hebt sich das Gebäude deutlich ab von den Nachbarhäusern und lädt zum Verweilen und Betrachten ein.

Der romanische Stil der Front wird nicht streng durchgehalten, byzantinische Elemente sind ebenso erkennbar wie damals moderne Ornamente des Art Deco. Über der »schönen Pforte« aus Eichenholz, die gleichzeitig Eingang zur Kirche ist, fallen in einem reichen ornamentalen Dekor zwei Medaillons ins Auge: links der Pelikan, der seine Jungen mit dem eigenen Herzblut füttert, ein Hinweis auf die Kreuzigung; rechts der Phönix, der sich verjüngt aus der Glut emporschwingt, ein Symbol der Auferstehung Jesu. Am stärksten wird die Fassade geprägt durch die drei großen Bogenfenster, die den kirchlichen Charakter des Hauses hervorheben. Sie sind geschützt durch wimpergartige Giebelformen, die mittlere läuft aus in einer Kreuzblume, die kleineren zur Seite in Lilien. Auf der Höhe des 3. Geschosses schließt sich eine Galerie mit zwölf roten Granitsäulen an. Den künstlerischen Abschluß der Fassade bildet ein stark hervorkragendes Gesims mit ornamentalem Flechtwerk. Das Geschoß darüber ist völlig schmucklos gehalten.

Das Gemeindehaus vereinte Gemeinderäume, Vereinslokale und die Pfarrwohnung. Zu ebener Erde führte die getäfelte Eingangshalle direkt zur Kirche; rechts und links waren die Loge, Toiletten, ein Sprechzimmer und die Bibliothek untergebracht. Der Gemeindesaal mit seiner Empore füllt die erste und zweite Etage aus. Die dritte war vorgesehen für Vereinslokale der Jugendlichen und für die Unterkunft des Vikars. Die beiden oberen Etagen dienten und dienen als Pfarrerwohnung.

»Der Stolz des Hauses, der sich freilich vor dem Straßenpublikum verbirgt und nur den Gemeindegliedern und Freunden der Deutschen Christusgemeinde sich offenbart, ist der Gemeindesaal, der mit der Empore gegen 200 Personen bequemen Platz bietet und zur Not auch 300 Gäste, die die Sache suchen und nicht die Bequemlichkeit, fassen kann. Im Saale – ei, da umflutet dich deutsch-evangelischer Geist! Durchs große Bogenfenster leuchtete das Kreuz herein, vor der aufgehenden Sonne stehend; durch die kleineren Bogen links und rechts beleuchtet Gottes Licht warnend in einer Darstellung des Sündenfalls ... und tröstend in einer Darstellung des Friedenzeichens, in den Wolken über der Arche ... Die Saalwände reden zu dir in bekannten oder wenigstens bekannt sein sollenden Sprüchen: da steht neben der Arche Noah: ›Wo der Herr nicht das Haus baut, so arbeiten umsonst die daran bauen, wo der Herr nicht die Stadt behütet, so wachet der Wächter umsonst.‹«

In Buchstaben des 16. Jahrhunderts mit schönen Initialen schmückten weitere Sprüche die Wände, zum Beispiel: »Ein feste Burg ist unser Gott, ein gute Wehr und

bauung Platz gemacht bis hin zu »siebenstöckigen Sandsteinburgen«. Mit dieser Entwicklung habe die Gemeinde Schritt halten müssen. Zunächst war ja das neue Gemeindehaus das höchste in der unmittelbaren Nachbarschaft; siehe Bild S. 373.

70. Gemeindesaal vor 1960. Zu beachten ist die Verglasung der Fenster und die ursprüngliche Gestalt der Wandtäfelung. Der Flügel steht noch im Saal, der Tisch im Gemeindebüro

Waffen ...« Ein anderer hieß: »Ans Vaterland, ans teure, schließ' dich an; das halte fest mit deinem ganzen Herzen; hier sind die starken Wurzeln deiner Kraft.« Oder: »Wer schlägt den Löwen? Wer schlägt den Riesen? Wer überwindet jenen und diesen? Das tut der, der sich selbst bezwingt!« Darunter waren Bilder von Martin Luther und dem »Alten Kaiser«, von König Gustav-Adolf von Schweden und dem Admiral Gaspar de Coligny angebracht. Von der Decke herab schwebte ein Kronleuchter, der nicht nur an den großen Radleuchter im Hildesheimer Dom – mit den zwölf Toren des neuen Jerusalem – erinnern sollte, sondern auch an die deutsche Kaiserkrone. Vor der Fensterfront stand eine massive Rednertribüne in der Form einer romanischen Kanzel.[13] – Ein prächtiger Saal, in dem sich das protestantische, das kaiserliche Deutschland noch einmal kurz vor seinem Ende selbst inszenierte.[14]

---

13 Die Beschreibung sowie die Zitate aus dem »Illustrierten Evangelischen Familienblatt zur Förderung der Interessen der bayerischen Diaspora« vom 1. Dezember 1912, S. 181–182.
14 Die Evangelisationsgemeinde, der deutsche Zweig der Billetteskirche, hatte sich 1906 in der Rue Geoffroy l'Asnier Nr. 28, die zur Seine herabführt, eine Etage gemietet und als Versammlungssaal ausgebaut. 1913 konnte sie das mehr als 300 Jahre alte Haus käuflich erwerben und begann sofort mit einschneidenden Umbauten. Noch im Dezember wurde ein über 300 Plätze fassender Saal feierlich in Gebrauch genommen. Weitere Ausbauten waren geplant. – Ein Bild des Saals von 1906 ist in der Kopfleiste des Gemeindeblattes zu finden, das auf S. 78 wiedergegeben ist.

Nach den beiden Weltkriegen

Die politischen Wirren in den folgenden vier Jahrzehnten bis 1954, als die deutsche Gemeinde zum zweiten Mal in diesem Jahrhundert allmählich wieder Besitz von Kirche und Gemeindehaus ergriff, haben an den Gebäuden ihre Spuren hinterlassen. Aber sie hatten wenigsten überdauert, sie hatten an der Substanz keinen Schaden erlitten, und sie gehörten noch und wieder der deutschen Gemeinde. Nach der Beschlagnahme 1914 war die Kirche eine Zeitlang Militärlazarett gewesen, später hatte sie leer gestanden. Das bewegliche Inventar war verkauft worden, die Bänke waren in die benachbarte katholische Kirche, die Orgel in eine nahegelegene lutherische Kirche gekommen. Eine der ersten Maßnahmen, die Pastor Erich Dahlgrün 1927 ergriff, war den Pariser Tischler Hermann Thaler mit einer neuen Bestuhlung der Kirche sowie einem Neubau der Kanzel zu beauftragen,[15] weiter ließ er das Dach ausbessern, und er wollte mit Hilfe Albert Schweitzers eine neue Orgel bauen lassen. Dieses Projekt kam nicht zustande. Trotzdem hatte Dahlgrün für Renovierungsarbeiten innerhalb eines Jahres mehr als 100 000,- Reichsmark ausgegeben. Größere Umbauten sind in der Zeit zwischen den Kriegen nicht erfolgt.[16]

In den Anfangsjahren des Krieges und der deutschen Besatzung hat sich Pfarrer Hans-Helmut Peters nach einem günstiger gelegenen Standort für die Kirche umgesehen. Die deutsche Kirche in Paris – so die damals herrschende Meinung – brauche einen repräsentativen Bau in zentraler Lage. Daraus ist nichts geworden, aber die Kirche ist während und nach dem Krieg ohne Unterbrechung gottesdienstlich genutzt worden, auch wenn in der Nachkriegszeit auf der Empore Kleider und Lebensmittel gelagert und in den Gemeinderäumen und Wohnungen Büros eingerichtet worden waren. Pfarrer Christoph Dahlkötter hat dann Zug um Zug Kirche und Haus wieder in deutsche Benutzung überführt. Die Gebäude waren ziemlich heruntergekommen, so hat er ab 1958 umfangreiche Renovierungsarbeiten in Angriff genommen, die insbesondere zur Umgestaltung der Kirche führten.

Bei dieser Maßnahme wurden die neoromanischen Bauformen und die ornamentalen Architekturteile entfernt: die Säulen und ihre Stuckkapitelle, die Emporenbrüstungen, die Kronleuchter und die alten Glasfenster im Chor. Dem Zeitgeist und dem Geschmack der Fünfzigerjahre folgend ist die Vielfalt des ursprünglichen Raumeindruckes verlorengegangen. Ein nüchtern wirkender Raum war entstanden, glatt, weiß gestrichen und ein wenig langweilig. Auch Altar, Kanzel, Lesepult und das Kreuz im Chor sind sehr schlicht geraten. Nur die von Karl Hellwig entworfenen und von der Firma Heberle hergestellten drei Fenster im Chor fallen aus diesem Rahmen, auch wenn die stilisierten, etwas ausdruckslosen Figuren durchaus zeittypisch sind: Das mittlere Fenster zeigt den thronenden Christus über dem Regenbogen, im Hintergrund erkennt man die Tore des himmlischen Jerusalem. Lehrend und segnend erhebt er seine Hände. Das linke Fenster stellt das letzte Mahl Jesu mit seinen Jüngern dar und erinnert an die bleibende Gemeinschaft mit dem Herrn im Heiligen Abendmahl. Das rechte greift auf ein altes Symbol zurück, das aus dem

---

15 Diese Kanzel muß später umgebaut worden sein. Auf jüngeren Abbildungen ist sie niedriger und es fehlt ihr das Kanzeldach.
16 Zu den Frauen- und Mädchenheimen nach dem Ersten und Zweiten Weltkrieg siehe oben S. 334–335.

71. Die Christuskirche heute mit Blick auf den Chor

Pariser Stadtwappen ebenso bekannt ist wie aus dem von Bodelschwingh gewählten Sinnbild und Motto des »Schifflein Christi«. Abgebildet ist die Stillung des Sturms, die auch im Gemeindesaal von 1912 einen Platz gehabt hatte. Die Erinnerung an diese Geschichte soll die angefochtene Gemeinde trösten und verweist sie zurück auf die Taufe.[17]

In derselben Zeit ist auch der Gemeindesaal renoviert worden.[18] Er verlor nun die letzten Reste vergangener Pracht, nachdem die Ausstattung vermutlich nach dem Ersten Weltkrieg verloren gegangen war. Die Sprüche an den Wänden hatte schon Dahlgrün übermalen lassen, weil ihm ihre vollmundige, nationalistische Sprache nicht behagte. Anfang der Sechzigerjahre wurden nun auch Teile der Täfelung entfernt, die bleigefaßten Fenster in der unteren Saalhälfte wurden durch schlichte Sprossenfenster mit leicht getöntem Glas ersetzt. Die seitlichen Lünetten wurden verdeckt, um dem Saal etwas von seinem »feierlichen Charme zwischen Synagoge und Wartesaal« zu nehmen.[19] Später sind ähnlich rigoros die Räume im Erdgeschoß

17 Zu der Deutung der Fenster siehe die Abschiedspredigt von Pfarrer Dahlkötter vom 18.8.1963: Dokument S. 399–400.
18 Für alle diese Baumaßnahmen hat das kirchliche Außenamt damals 300 000 DM bereit gestellt. – Über die Geschichte der Orgel ist oben gesondert berichtet worden. Siehe S. 352–358.
19 So das Urteil des beratenden Baurates aus dem Landeskirchenamt Bielefeld damals, nach einer brieflichen Mitteilung von Pfarrer Christoph Dahlkötter vom 13.5.1994, der sich im Abstand von 35 Jahren selbstkritisch zu den damaligen Renovierungen äußert.

modernisiert worden, wobei wenigstens der Charakter der Eingangshalle erhalten blieb. Heute – im größeren Abstand – würde man manche Renovierung behutsamer vornehmen. [20]

Aber natürlich sind auch wir Kinder unserer Zeit, und auch wir haben Mühe, die nötigen Mittel für eine angemessene und qualitätvolle Renovierung zu beschaffen. Begonnen haben wir 1993 unter Leitung des Pariser Architekten Wolfgang Berg mit gründlichen Reinigungs- und Konservierungsarbeiten an der Straßenfassade, die nun wieder von weitem in hellen Farben leuchtet. Im Herbst 1994 haben wir das Gemeindehaus auch von innen erneuert: Die Eingangshalle, das Vestbühl zur Kirche, das Treppenhaus sowie der kleine Saal im Erdgeschoß, das Pastorale, und der große in der 1. Etage. Unter der einfühlsamen Anleitung des Kunsttischlers Martin Spreng von der Firma Xylos sind die erhaltenen alten Bauteile wieder zur Geltung gebracht worden, – durch sorgfältige Restauration und durch den belebenden Kontrast, in dem sie jetzt zu der zeitgemäßen Ausstattung und Farbgebung stehen. Im großen Saal sind die alten Emporenbrüstungen und die lange Zeit verdeckten seitlichen Lünetten freigelegt worden; die Farbfenster mit der Wartburg und dem Dom von Worms haben wieder ihren ursprünglichen Platz gefunden. Neue Tische und Stühle bringen frische Farben, moderne Beleuchtungskörper ein freundliches Licht in die alten Gemäuer. Ein ehrwürdiger Jubilar hat sich verjüngt, ohne sich zu verleugnen.

Wer schon lange in der Christuskirche ein- und ausgeht, kann sich – vielleicht nach kurzer Verblüffung – daran freuen. Eine neue Generation aber wird leicht Eingang finden in ein altes Haus. Auch ihr soll es ein Zuhause werden.[21]

---

20 In den letzten 20 Jahren hat es verschiedene technische Erneuerungen gegeben, wie die Einrichtung des Fahrstuhls, den Einbau einer Gasheizung und den stufenweisen Ersatz des elektrischen Stromnetzes.
21 Aus früheren Zeiten besitzt die Gemeinde noch eine Lutherbibel aus dem Jahr 1744 und die mit Silberbeschlägen geschmückte Altarbibel, die die Kaiserin Auguste Victoria 1894 der Christuskirche bei der Einweihung übergeben ließ (siehe Abb. 37 S. 254). Ein elfenbeinernes Altarkruzifix sowie verschiedene silberne Abendmahlsgeschirre stammen aus den früheren deutschen Gemeinden in Nizza, Cannes und Menton. Die erhaltenen Leuchter sind alle Geschenke an die Christuskirche aus diesem Jahrhundert: die beiden dreiarmigen Kerzenhalter sind von der Witwe des Botschafters Roland Köster gestiftet worden (um 1935); die Altarleuchter stammen aus der Stiftung Geheimrat Dr. Marx (1955); der Osterleuchter ist eine Konfirmandengabe aus dem Jahr 1988. Andere Konfirmandenjahrgänge haben z.B. einen Abendmahlskelch und Paramente gestiftet. Letztere stammen alle bis auf eine Ausnahme aus der Nachkriegszeit. Ein hundertjähriges, inzwischen brüchiges rotes Altarparament ist hinter Glas gebracht worden und schmückt seit kurzer Zeit eine Kirchenwand. Damit sind die wichtigsten Wertgegenstände der Gemeinde genannt.

TEIL IV
ANHANG

Dokumente

Gründungsurkunde der Lutherischen Gemeinde zu Paris 1626

Die Entstehung der lutherischen Gemeinde in Paris: In dem Archiv der schwedischen Kirche von Paris wird ein ehrwürdiges Dokument aufbewahrt, das älteste Kirchenbuch der lutherischen Gemeinde dieser Stadt. Der Ledereinband geht wahrscheinlich auf die Mitte des 17. Jahrhunderts zurück und schließt 70 Blätter steifen Pergaments ein, die recto und verso mit Namen beschrieben sind. Dreitausendfünfhundertundachtzig Unterschriften sind, wie die manchmal beigefügten Daten angeben, in der Zeit von 1626 bis etwa 1690 (vereinzelte Namen sind später) in dieses Buch eingetragen worden. Etwa vierhundert Namen fürstlicher, gräflicher und adeliger Personen befinden sich darin; sie haben ihre Unterschrift oft durch ein Petschaft in rotem Siegellack bestätigt. Die anderen über dreitausend Namen sind von Männern hohen und niederen Standes eingetragen. Etwa 20 % stammen aus Schweden oder Dänemark, wie das beigefügte »Svecus« oder »Danus« erkennen läßt. Die anderen sind den Namen nach Deutsche. Viele geben ihre Heimat an; sie kommen aus allen Ländern des Deutschen Reichs. Von Holstein und Pommern bis Württemberg und Bayern, aus Tirol und Schlesien bis zur Pfalz und vom Niederrhein; oft sind die Hansestädte genannt, besonders Hamburg. Leider ist selten der Stand dessen, der sich in dies lutherische Kirchenbuch zu Paris eintrug, hinzugeschrieben. Immerhin findet sich neben zahlreichen Staatsmännern und Gesandten der Doktor der Medizin und der Rechte, finden sich Studenten, Reisende, viele Handwerker und Soldaten. Diese lutherische Gemeinde ist ein getreues Abbild der deutschen Kolonie in Paris, so wie sie sich nach der bisherigen Untersuchung dargestellt hat.

Die wichtigste Urkunde des Kirchenbuches befindet sich auf den ersten Seiten, wo auf dem Pergamentblatte 1 recto und verso folgende feierliche Erklärung zu lesen ist:

Allen denen so diese unsere schrifft zu sehen – oder lesen zu hoeren fürkomt, bekennen wir underschreibene, und thun hier mit zu wissen, nach dem der Ehrwürdige und hochgelarter Herr, Magister Jonas – Hambraeus, Ihrer Königlichen Mayestaet von Schweden getrewer Prediger und Theologus, wie auch der Hebreischen, Syrischen und Arabischen Sprachen, in der Universitet zu Paris koeniglicher Professor Extraordinarius, zu erfahrung gebracht, waß maßen wir unsers rechten Gottesdienst wegen, sehr bekümmert sein, in dem wir die selbige in dieser Stat Paris unserer unverenderter Augsburgischer Confession gemeß nicht haben koennen, daß besagter Herr Magister Hambraeus auß Christlichem eyffer und unserm fleissigen anmuthen bewogen worden, sich dahin zu erklaeren, Er benebens anderer schwerer arbeit so ihme in Lingvis Orientalibus taeglich obligt uns hierinnen – gerne dienen wolle, wie er dan solches auch in der that erwiesen und mit predigung Gottes heyligen und allein seligmachenden worts auch reichung deß heyligen Abendtmahls, so offt er darumb ist ersucht worden sein eiffer mit großem ruhm bezeüget, und unser hohes verlangen erfüllet, also das nicht allein in wehrender gesundtheit, sondern auch in zugestandenen franckheiten ein jeder vor seinem Sterbstundlein seine beicht verrichten, und daß hochwürdige – abendtmahl empfangen koennen; Darfür wir hohe uhrsach haben Gott ernstlich zu dancken, so wohl auch solche – gegen gedachten unsern Herrn Prediger Magistro Hambraeo solche unsere Danckbarkeit – schüldige erkantnuß seiner trewen und fleißigen dienst in dem werck erscheinen zue lassen, damit er diß sein hohes schweres ambt und reinen Gottesdienst mit desto groesseren freuden thun und verrichten moechte. Auff daß aber solch hochrühmlich und heyliges werck nicht in verborgen bleibe, sondern allen denen so dieser unserer Religion verwandt sein, und ein dieser Stat sich auffhalten würden, eß wissendt auch ihrem begehren nach ihnen hierin gedienet werde, haben wir auß Christlicher lieb, zu fernerer erbauung der wahren Chirstlichen Kirken, und mit bewilligung ob wohlbesagten unsers geliebten Herrn predigers Magistri Jonae Hambraei diese vhurkundt, mit vortruckung unserer pitschafft und unserer handt unterzeug verfertigt.

So geschehen in paris den ersten Decembris Anno Christi, ein tausendt seches hundert sechs und zwantzig.

Nach Hans-Helmut Peters, Luthers Einfluß und deutsche Lutheraner in Frankreich während des 16. Jahrhunderts. Studien zur Geschichte des Luthertums und des Deutschtums in Frankreich. Sonderdruck aus dem Jahrbuch 1939 »Auslanddeutschtum und Evangelische Kirche«, herausgegeben von D. Dr. Ernst Schubert, S. 49–50.

Friedrich von Bodelschwingh berichtet über die Anfänge seiner Pariser Zeit

Es war an einem schönen Frühlingsmorgen des Jahres 1858, daß zwei kleine Mädchen in hessischer Tracht im Alter von etwa sieben und zehn Jahren den steilen Abhang des Montmartre hinaufstiegen und dicht bei den Windmühlen in ein großes Haus eintraten, das den Namen Château des Brouillards, zu deutsch »Nebelschloß«, führt. Sie kamen aus der Vorstadt Batignolles, die von dem Montmartre nur durch das breite Gräberfeld, den Kirchhof von Montmartre, getrennt ist. Batignolles ist zwar nächst Passy und les Ternes die wohlhabendste unter den nördlichen Vorstädten von Paris, und seine 50 000 Einwohner haben sich recht stattliche Straßen und Häuser gebaut. Aber, wie das elegante Faubourg Montmartre seinen Impasse Briare hat, so hat das Batignolles seinen Impasse d'Antin, Impasse Saint-Pierre, Rue des Moulins und de l'Entrepôt und andere Winkel, dunkel und armselig genug, um unsern deutschen Kehrern, französischen Lumpensammlern u. s. f. Herberge zu gewähren. Nun, obige beiden kleinen Mädchen kamen aus einer dieser Sackgassen, die sich dicht an der Kirchhofsmauer von Montmartre befinden, da hatte ich sie Tags zuvor auf meiner ersten Entdeckungsreise, die ich vom Nebelschloß aus unternommen, auf der Straße gefunden, an ihrer deutschen Tracht erkannt, und da Vater und Mutter, zu denen sie mich führten, bitterlich klagten, daß ihre Kinder ohne Schulunterricht aufwüchsen – denn zur nächsten und einzigen Schule im Quartier Saint-Marcel war es quer durch die Stadt fast 1 1/2 Stunden Wegs, – so hatte ich sie zu mir eingeladen und ihnen selbst für das erstemal den Weg zu meinem Schlosse gezeigt.

Der geneigte Leser darf aber nicht auf den Gedanken kommen, als ob Schreiber dieses etwa der Besitzer des Nebelschlosses gewesen, und sich überhaupt keine zu großartigen Gedanken von der Herrlichkeit dieses Schloßes machen. Es ist ein kasernenartiges Gebäude mit etwa 50 Familienwohnungen zu je 2 Zimmern, von denen das eine immer nach dem Kirchhofe von Montmartre, das andere nach der schönen Ebene von Saint-Denis mit seiner Abtei und den Bergen jenseits der Seine die Aussicht hat. Diese hohe freie Lage, die herrliche Aussicht nach der deutschen Heimat zu und auf die stillen Gräber herunter hatten mich bestimmt, hier im ersten Stockwerke dieses Hauses meine erste Pariser Wohnung aufzuschlagen.

Es war mir nämlich von dem Komitee der evangelischen Mission der Auftrag geworden, die zerstreuten evangelischen Deutschen in den nördlichen Vorstädten von Paris mit Wort und Sakrament zu bedienen und ihre Kinder in Schulen zu sammeln. Diese nördlichen Vorstädte reichen aber von Passy bis zur Barrière du Trône über eine Fläche von drei Stunden Länge und eine halbe Stunde Breite, und es wohnen gegen 300 000 Menschen auf diesem Raume. Wie nun hier die etlichen deutschen Familien finden, wie die Zerstreuten zusammenbringen? Zwar hatte schon ein lieber Vorgänger von mir in diesen Vorstädten die Arbeit begonnen und in dem Kaufladen der Rue Doudeauville in La Chapelle, wo für die Franzosen ein evangelischer Gottesdienst bestand, auch unsern Deutschen gepredigt. Aber es war hier für unsere armen Deutschen offenbar nicht der eigentliche Mittelpunkt. Es kamen nur wenige, und namentlich war für die deutschen Kinder hier noch nicht gesorgt.

In meiner Verlegenheit, wo ich in dem weiten Häusermeere mich hinwenden sollte, stieg ich denn auf den Montmartre hinauf, der ungefähr in der Mitte dieser endlosen Vorstadt liegt. Hier, dachte ich, kannst du dich am besten umsehen, und die armen Leute und die Kinder können dich am besten finden. Das größere meiner beiden Zimmer im Nebelschloß hatte ich mir zum Schulzimmer und, wenn ich so sagen darf, zur Hauskapelle hergerichtet. In einer Nische der Wand hatte ich ein kleines Harmonium aufgestellt, wie man diese in Paris um ein ganz billiges haben kann, und darüber den bekannten schönen Holzschnitt von Gaber, Christus am Kreuz, aufgehängt. So ausgerüstet, erwartete ich denn getrost meine ersten geladenen Gäste. Und richtig, zur bezeichneten Stunde klopft es an die Tür, und die beiden kleinen Hessinnen treten herein.

Es wird mir für mein ganzes Leben ein unvergeßlicher Augenblick bleiben, da ich nun zum ersten Male die zwei kleinen Mädchen die Hände falten hieß und den lieben Gott um seinen Segen bat, und ich weiß nicht, wie es kam, aber es war mir vollauf so feierlich zu Mute, als sollte ich in einer großen Pfarrkirche vor Tausenden von Zuhörern meine Antrittspredigt halten, da ich nun anhob, den beiden Kleinen, unter Hinweisung auf das schöne Bild, von dem Manne mit der Dornenkrone zu erzählen, der um unserer Sünden willen an das Kreuz erhöhet ward. Der Eindruck meiner höchst ungeschickten kurzen Erzählung (denn ich hatte gar keine Uebung, mit Kindern von den Geheimnissen des Kreuzes zu reden) war namentlich bei dem kleineren der beiden Mädchen so mächtig, daß ich selbst dadurch innerlich ganz ergriffen ward. Mit einem unbeschreiblichen Ausdruck innigsten Mitleids schaute die Kleine mit ihren dunklen Augen bald auf das Bild, bald auf mich, und hin und wieder lief eine große Träne über ihre braunen Wangen.

Es kann dem Leser lächerlich oder anmaßend vorkommen, daß ich ihn mit dieser unbedeutenden Geschichte hingehalten haben. Aber mir war wirklich nicht lächerlich zu Mute. Es ist eben doch etwas überaus Ernstes und Großes um die Predigt vom Kreuze des Herrn, und es ist doppelt und dreifach ernst und groß für einen jungen Menschen, der zum ersten Mal, und das in Paris, mit dieser Predigt auftreten soll. Wie war mir doch gar so bange, als einige Wochen vorher der Zug spät abends auf dem Nordbahnhofe hielt und der Schaffner sein wirklich für den neuen Ankömmling unheimliches »Paris« in den Wagen hineinrief! Ich mußte schließlich die Augen fest zudrücken, während der Fiaker mit mir die lange Reise quer durch die Stadt bis zu dem lieben gastlichen Hause am Pflanzengarten vornahm, so sehr ängsteten mich die breiten Lichtstreifen der verschiedenen Boulevards mit ihrer bunten, wogenden, in die tiefe Nacht hinein taumelnden Volksmenge. »Hier sollst du armer Mensch von dem Kreuze Christi predigen!« so dachte ich, »wie wird dir's gehen!« Die Universitätszeit und die Examina sind an und für sich selten dazu angetan, einem jungen Menschen zu einem fröhlichen Auftun des Mundes zu verhelfen. Wenigstens war mir die Freudigkeit zur Predigt von Christo in dieser Zeit je länger, je mehr geschwunden: ja ich ward schließlich über allem Studieren so konfus im Kopf und so unklar über die Grundwahrheiten des Christentums, daß ich nicht wußte, was ich mit gutem Gewissen den Leuten predigen könnte. Die Bemerkung in dem an mich ergangenen Rufe, daß ich in Paris besonders ganz armen Kindern zu dienen habe, hatte mir allein Freudigkeit gegeben, ihm zu folgen. Denn ich dachte bei mir selbst: »Du willst einmal sehen, was du, ohne daß sonst ein Mensch es hört oder weiß, solch einem armen Kinde sagen kannst von dem Evangelium. Was du dem sagen kannst, und was es begreift und faßt, das wirst du dann ja auch getrost weiter sagen können.« Es ist ja ohne allen Zweifel die allergrößte Not in die ein Menschenkind auf Erden geraten kann, wenn es in seinem Glauben wankend wird, und ganz bejammernswert ist in diesem Fall ein armer Prediger, wenn er noch halbwegs ehrlich ist. Die Hoffnung, aus solcher Not herauszukommen, hatte mich nach Paris getrieben.

Der liebe Leser begreift nun, daß mir jene erste Stunde mit den beiden Gassenkehrerkindern eine wichtige Stunde war, und daß mir, als die beiden Kleinen wieder ihres Weges gezogen waren, das Herz in Sprüngen ging. Ich wußte nun wieder, was ich vom Kreuze Christi zu halten habe, ich konnte mit Freudigkeit davon predigen, und ist mir von dieser Stunde an auch nie wieder ein Zweifel gekommen.

Aber ich sollte durch Gottes Barmherzigkeit von meinen kleinen Lehrmeistern noch mehr lernen. Ich hatte ihnen beim Abschied die Weisung gegeben, sie sollten nicht allein wiederkommen, sondern auch andere ihrer Gespielen von der Gasse mitbringen. Und richtig, sie hielten Wort. Keuchend und schwitzend, aber mit triumphierenden Gesichtern standen am andern Morgen meine beiden wackeren Erstlinge wieder vor meiner Tür und hielten in ihrer Mitte mit ihren derben Fäusten einen kleinen Burschen von höchstens sechs Jahren. Er hatte ihnen Last genug gemacht, bis sie ihn oben hatten. Mehrmals war ihm die Sache leid geworden. Er war ihnen davongelaufen, und sie hatten ihn wieder einfangen müssen. Ich gestehe ein, daß dieser kleine Geselle meine überschwengliche Freude von gestern wieder heilsam mäßigte und mich wieder zur gehörigen Nüchternheit brachte. Da war fürs erste bitter wenig Interesse für das Kreuz Christi zu spüren, die Gassen von Paris zogen ihn weit stärker an. Auch will ich nicht verschweigen, daß bei einer Anzahl der sich nun einfindenden Kinder – Knaben wie Mädchen – die Liebhaberei für das Straßenherumtreiben die Oberhand behielt, und daß ich keineswegs bei allen mit der Kreuzespredigt auskam, sondern zu andern Mitteln zu greifen hatte, um ihren alten Adam in den gehörigen Schranken zu halten. Aber bei alledem ging es doch weit über all mein Bitten und Verstehen. Ohne daß ich mich weiter ans Suchen gab, mehrten sich von Tag zu Tag meine kleinen Gäste. Eins brachte das andere mit. Immer neue Kinder klopften an meine Türe. Ich behielt dabei meine erste Lehrmethode bei. Erst wurde ein kleines Lied gesungen und dann das Bild des Gekreuzigten erklärt: seine Nägelmale, seine Dornenkrone, seine Todesschmerzen gaben täglich für einzelne der Neuangekommenen Ursache zu der innigsten Teilnahme und Herzensbewegung ab, und diejenigen, die die Geschichte bereits gehört, hörten sie zum Teil mit steigendem Interesse immer aufs neue. Nicht allein aus dem nahen Batignolles und vom Montmartre selbst, nein auch aus Courcelles, aus dem Faubourg Saint-Honoré, aus den Ortschaften draußen vor den Fortifikationen, ja ganz besonders von der fernen Villette und selbst aus Pré-Saint-Gervais, von wo die Kleinen doch an zwei Stunden zu marschieren hatten, stellten sich meine Schüler ein, ungezwungen, eins von dem andern geladen. Es vergingen wenige Wochen, da war mein Wohnzimmer und auch mein Schlafzimmer zu eng, die immer neu Ankommenden aufzunehmen, und ich erschrak fast, wenn es immer aufs neue klopfte, da ich die kleinen Gäste nicht mehr zu beherbergen wußte. Dieses unerwartete Sichsammeln der sehr zerstreuten Schar war mir ein Wunder vor meinen Augen. Es wurde mir zur lebendigen Auslegung und zu sichtbaren Erfüllung der Verheißung des Herrn: »Wenn ich erhöhet sein werde von der Erde, so will ich sie alle zu mir ziehen.« Die wunderbare Anziehungskraft des Kreuzes Christi wurde mir offenbar, und ich sah in dieser schönen Frühlingszeit meines evangelischen Predigtamtes nach jener ersten, seligen Erfahrung noch manches liebe Kinderauge glänzen oder feucht werden bei den allereinfachsten Erzählungen von der Liebe Christi, der uns geliebet hat bis zum Tod am Kreuz.

Ach! ich weiß seitdem auch besser, als ich es damals wußte, wie wenig in den meisten Fällen auf eine Träne zu geben ist; und ich weiß leider auch, daß viele jener Kinder, die mir so sehr zur Stärkung meines Glaubens dienten, die Welt längst wieder liebgewonnen und die Kreuzfahne Jesu verlassen haben. Aber dennoch ist eine Träne, eines armen Kindes Träne, über das bittere Leiden Christi geweint, etwas sehr Großes und Herrliches inmitten jener Taumelstadt, und sie wiegt gewiß schwerer, als man denken mag in der Waagschale unseres Gottes. Und dennoch hat mich meine erste fröhliche Hoffnung beim Anblicke dieser ersten Tränen nicht getäuscht, denn aus den zwei armen Kindern, die sich zuerst bei mir einfanden, sind nun durch Gottes Wunderwege zwei Gemeinden geworden: die Gemeinde zu La Villette und Batignolles. Und abermals ging mir mein Herz in Sprüngen, als ich vernahm, daß in diesen beiden Gemeinden am letzten Weihnachtsfeste statt jener zwei Kinder nun über 500 Kinder um das Kripplein und das Kreuz Christi gesammelt seien. Und abermals sah ich des Herrn Wort in weiterer Erfüllung vor mir: »Wenn ich erhöht sein werde von der Erde, so will ich sie Alle zu mir ziehen.«

Friedrich von Bodelschwingh, Aus den Erinnerungen eines Pariser Missionspredigers, nach dem Schifflein Christi, 2. Jahrgang, April 1865, Seite 71–75.

Das Kirchlein in La Villette zu Paris

Auf freiem, grünem Hügel ein freundlich Kirchlein steht;
Die Glocke tönt so helle und rufet zum Gebet.

Es ragt nicht in die Wolken in stolzer Erdenpracht,
Und doch ist es für viele ein Licht in finstrer Nacht.

Es wirken seine Strahlen und ziehen wunderbar,
Verirrte Kinder sammeln sich froh um den Altar.

Im Kirchlein klingen Lieder gar mächtig und gar stark,
Daß es vor Lust erzittert und bebet bis ins Mark.

Getreuer Zeugen Lippen verkünden klar und rein,
Wie es der Herr gegeben, das Wort vom Kreuz allein.

Es beuget die Gemeinde die Kniee zum Gebet,
Und um die heilge Stätte der Friede Gottes weht.

Sein voller Segen walte, du Kirchlein, über dir
Und auf dem grünen Hügel in Gnaden für und für.

Gedicht von A. W. aus dem Jahre 1864, nachgedruckt im Gemeindeblatt der Christuskirche und Hügelkirche zu Paris, Juni/Juli 1908.

Über das Wachstum des geistlichen Lebens

»Der Same gehet auf, sproßt und wächst, daß er es nicht weiß.« Damit ist das unsichtbare Keimen und Sprossen im Schoße der Erde gemeint. So sind auch alle Anfänge des geistlichen Lebens unsichtbar. Wie es aber Kinder gibt, die es nicht lassen können, wenige Tage, nachdem sie etwas gesät haben, das Erdreich wieder aufzuwühlen, um zu sehen, ob es bereits wächst, so gibt es leider auch geistliche Säeleute, die vor der Zeit sehen wollen, was ihr Wort gewirkt hat. Da werden junge Christen, in denen sich eben die ersten Anfänge des neuen Lebens regen, aufgefordert, ihre Erfahrungen vor anderen mitzuteilen; da werden wohl gar Kinder eingeladen, vor anderen frei zu beten und Bekenntnisse von der Liebe Jesu abzulegen. So wird die Unbefangenheit zerstört, das kindliche Wesen macht einer blasierten Frühreife Platz, innere Unwahrheit und Heuchelei, im besten Fall ein schwächliches Gefühlschristentum wird dadurch großgezogen.

Gerade, wo der Same tief Wurzel faßt, dauert es oft eine lange Zeit, ehe das neue Leben sich aus der Verborgenheit ans Licht wagt. Ernste Gemüter haben eine heilige Scheu, mehr zu sagen, als sie wirklich von Herzen glauben; ja, sie werden sich nie ganz ausgeben, sondern immer mehr glauben, als sie bekennen. Aber wenn man ihnen den Glauben nehmen will, wenn ihr Glaube auf die Probe gestellt wird, dann stellen sie ihren Mann, während andere, in geistliche Geschwätzigkeit und Unfruchtbarkeit geratend, in Zeiten der Trübsal und Verfolgung nur zu leicht abfallen.

Das Warten in Geduld gilt auch von unserem eigenen Leben. Auch hier läßt sich nichts vor der Zeit erzwingen, etwa durch gewaltsame Aufregung des Gefühls oder durch außerordentliche Andachtsübungen und Kasteiungen. Auch hier wächst die Saat unvermerkt, gerade so wie ein Kind äußerlich wächst, ohne daß es selbst es gewahr wird.

Gehe still und getreu deinen Weg. Suche in den Verhältnissen des täglichen Lebens dich als Christen zu beweisen; nähre deine Seele aus Gottes Wort, so kommt die Frucht zu seiner Zeit. Und wenn neue Aufgaben, Kämpfe, Versuchungen, Trübsale an dich herantreten, dann wirst du erfahren dürfen, daß der Herr sein Werk an dir gefördert hat. O, es hat dies brennende Verlangen, die Fortschritte der eigenen Heiligung zu sehen, gar viele Seelen in ein gesetzliches Wesen oder wohl gar in Klöster hineingetrieben.

Es liegt da im tiefsten Grunde ein Mangel an Vertrauen auf die Gnade allein und eine verborgene Werk-und Selbstgerechtigkeit, die sich bitter straft. Denn wie wir allein aus Gnaden gerecht und selig werden, so werden wir allein aus Gnaden geheiligt. Und wie die Gabe allein Gott gefällt, bei der die linke Hand nicht weiß, was die rechte tut, so gefällst du auch Gott nur in den Tugenden, um die du selbst nicht weißt, die still und unvermerkt aus seinem Geiste hervorwachsen. So bleibt denn die Bitte um den heiligen Geist und das Leben in seiner Zucht das vornehmste Stück der Heiligung.

Aus einer Predigt von Hermann Friedrich Schmidt, dem Kellnerpfarrer aus Cannes, geboren 1840, gestorben 1908, über das Markusevangelium 4, 26–32. Abgedruckt in dem ebengenannten Gemeindeblatt.

Eingabe betreffend Heranziehung der weiblichen Mitglieder der deutschen Kirchengemeinden in Paris zur Gemeindevertretung

Paris, den 21sten Juni 1906

An das Kirchenkomite der Deutschen Gemeinde A. K. der Christuskirche und Hügelkirche zu Paris

Die unterzeichneten Mitglieder der beiden deutschen Gemeinden A. K. zu Paris, der Christuskirche und der Hügelgemeinde, richten an das erweiterte Kirchenkomite, welches durch die Gemeindeversammlung vom 20sten Juni d. J. mit der Ausarbeitung von Satzungen für die demnächst zu gründende Association cultuelle betreut worden ist, die ganz ergebene Bitte:

1) den betreffenden Satzungen eine Fassung zu geben, welche den gereiften weiblichen Gemeindemitgliedern, die selbständig zu den regelmäßigen Gemeindekosten beitragen, die Möglichkeit bietet, nicht nur an den Kirchenwahlen aktiv teilzunehmen sondern auch als Mitglieder in das Kirchenkomite resp. den Kirchenvorstand gewählt zu werden;

2) bei der Ausgestaltung der Gemeindeordnung dahin zu wirken, daß für die Armen- und Krankenpflege sowie zur Fürsorge für die weibliche Jugend (Jungfrauenverein) weibliche Hülfskräfte amtlich angestellt werden, die als beratende Mitglieder an den Sitzungen des Kirchenkomites (resp. des Kirchenvorstandes) teilzunehmen berechtigt resp. verpflichtet sind oder wenigstens zu den Verhandlungen über Armen- und Krankenpflege sowie über Jugendfürsorge herangezogen werden.

Die Unterzeichneten glauben mit diesen Bitten nicht nur einem tatsächlichen Bedürfnisse unserer Zeit zu entsprechen, für das die namhaftesten Theologen der Neuzeit, wie unter anderen Herr Hofprediger Dr. Stöcker, insbesondere aber auch der Deutsch-Evangelische Frauenbund und mit ihm der Verein Christlicher Lehrerinnen seit längerer Zeit durch Broschüren, sowie durch Eingaben an die Landes- und Provinzialsynoden etc. nachdrücklich und nicht ohne Erfolg eingetreten sind, sondern sie haben dabei in erster Linie das Interesse der deutschen Gemeinde in Paris im Auge und glauben auch nach der Ansprache des Herrn Vorsitzenden des Kirchenkomites, Grafen Gröben, in der Gemeindeversammlung vom 20sten Juni, sowie nach der in der Diskussion desselben Abends von dem Herrn Geistlichen der Christuskirche, Pastor Streng, gegebenen Anregung mit Sicherheit (?) darauf rechnen zu können, daß ihre Wünsche auch in dem erweiterten Kirchenkomite die zu ihrer Verwirklichung nötige Unterstützung und Fürsprache finden werden.

Marie Rasch, Mitgl. des Dtsch. Ev. Frauenbundes und des Christl. Lehrerinnenvereins / Adele von Verschuer Mitgl. des Dtsch. Ev. Frauenbundes u. Ehrenmitgl. des Christl. Lehrerinnenvereins / E. Schliemann, Vorsitzende des deutschen-Lehrerinnen-Vereins in Frankreich, Officier d'Académie / S. C. von Harbou, Geschäftsführerin des deutschen Lehrerinnen-Vereins in Frankreich, Ehrenmitglied des Christl. Lehrerinnen-Vereins, Officier d'Académie / Antonie Pflücker, Schriftführerin des Vereins Deutscher Lehrerinnen in Frankreich, Vertreterin des Vereins christlicher Lehrerinnen für Frankreich, Officier d'Académie / Magdalene Diercks / Gertrud Diercks / Anna Wollenweber / Marie Siewert / Susanne Bondorff / Clara Brodersen / Emma Krentel / Maria Fleischhauer / Emma Fleischhauer / Anna (unleserlich) / Sophie Weydt / Helene Gieske (?) / Bertha Gieske / Elsa Claussen / M. Kohler.

Handschriftliche Eingabe, die sehr wohlwollend aufgenommen wurde, der aber mit Rücksicht auf die kirchlichen Verhältnisse in Deutschland nur teilweise entsprochen wurde. Die Frauen erhielten nur das aktive Wahlrecht. Unterlagen im Gemeindearchiv.

Zum zehnjährigen Jubiläum der Evangelischen Jugendgruppe in Paris

In diesem Jahr ist soeben herum
ein rundes und volles Dezennium,
Seitdem um Jean Krentz in der Seinestadt
sich die Junge Gemeinde gesammelt hat.

Sie umrankte ihn wie ein Blütenkranz
voll Jungendschöne und Maienglanz.
Da flattern herbei in wimmelnder Zahl
viel Fräulein und Herrlein zum gastlichen Saal.

Sie scharen sich da in des Geistes Kraft
und pflegen die göttliche Wissenschaft.
Auch nähren sie gern die Geselligkeit
und kommen sich näher mit Schnelligkeit.

So daß, eh' man dessen sich recht versieht,
manch glückliches Pärchen von dannen zieht.
Und andere knüpften im fremden Land
ein treues, bewährtes Freundschaftsband.

Sie taten schon manchen Müßiggang
gemeinsam die Champs Elysées entlang.
Im Louvre starrten sie staunend an
die Künste von Rembrandt und Tizian,

Erklommen Montmartre und nahmen im Sturm
den Arc de Triomphe und den Eiffelturm.
Sie schweiften und sahen sich nimmer satt
und sind ganz vernarrt in die schöne Stadt.

Doch vielen fiel auch ein arges Los.
Die bergen sich dann in der Kirche Schoß.

Zumal umfängt manche zarte Maid
in der großen Stadt arges Herzeleid.

Sie ist mit der Sprache noch schwer geplagt
und muß schon schuften wie eine Magd.
Da ist ihr die Junge Gemeinde sofort
ein schützendes Nest und ein Zufluchtsort.

Wohl murrt man auch mal in seinem Sinn;
doch im Grunde geht jeder gerne hin.
Und jeder wünscht, daß mit heiligem Mut
die Junge Gemeinde so weiter tut.

Dr. Rolf Kempf, Vikar an der Christuskirche 1959–1960.
Aus der Festgabe »10 Jahre evangelische Jugendgruppe in Paris 1951–1961«.

Auszüge aus dem Pfarrerbericht von Christoph Dahlkötter

Wenn ich einen solchen Bericht 40 Jahre nach dem totalen Zusammenbruch des Deutschen Reiches und über 30 Jahre nach dem Beginn meiner Tätigkeit als Pastor in Paris aufschreibe, stellen sich ungewollt und notwendigerweise, wie mir scheint, zwei Vorüberlegungen ein. Der erste Botschafter der Bundesrepublik in Paris, Wilhelm Hausenstein, hat seine Aufgabe in Paris ab 1950–1955 rückblickend so beschrieben: »Dies war meine Aufgabe, nun überhaupt erst einmal und zwar in Frankreich selbst zu beweisen, daß aus dem Deutschland des Hitlerismus ein anderes Deutschland übriggeblieben war, das keinen Augenblick aufgehört hatte, ein anderes Deutschland zu sein ... Das andere Deutschland zu beweisen, gab es zunächst und auf absehbare Zeit nur einen einzigen Weg, den des Beweises aus dem Leben, den existenziellen Beweis, der also nicht operieren wollte, nicht manövrierte, sondern aus der in sich selbst beruhenden, durch sich selbst substanzierten Wirklichkeit der Person des ersten deutschen Repräsentanten still und allmählich zu wirken hoffte. Jede demonstrative Gebärde war peinlich zu vermeiden.«

Wichtigster Sprecher der französischen Protestanten war Pasteur Marc Boegner. (...) Er war schon vor dem Krieg eine führende Persönlichkeit der ökumenischen Bewegung gewesen. Nach dem Zusammenbruch von 1940 hatte er Paris verlassen und blieb in ständigem Kontakt mit der Vichy-Regierung. Dort hat er sich unermüdlich vor allem für die bedrohten Juden eingesetzt. Die leitenden Gremien und Synoden der reformierten Kirche haben sich jederzeit klar gegen die Deportation der jüdischen Mitbürger eingesetzt. Schon 1941 hat man in Pomeyrol in theologisch politischen Thesen zur aktuellen Lage und zur Aufgabe der Christen formuliert: »Die Kirche erhebt feierlich Einspruch gegen die Gesetzgebung, die die Juden aus der menschlichen Lebensgemeinschaft ausstößt. – Wenn sie auch die materiellen Folgen der Niederlage hinnimmt, hält die Kirche doch den Widerstand gegen totalitäre und götzendienerische Einflüsse jeder Art für eine geistliche Notwendigkeit.« Um der geschichtlichen Gerechtigkeit wird man sagen müssen, daß manche evangelische Christen im aktiven Widerstand bewußt an alte hugenottische Kampftraditionen anknüpften. – Bei uns in Deutschland haben solche Traditionen ja völlig gefehlt.

Auf diesem Hintergrund und sehr bald auch nach manchen persönlichen Erfahrungen habe ich meinen Dienst in der Deutschen Evangelischen Christuskirche in Paris als ein Stück öffentlicher Seelsorge verstanden. In einer Ansprache anläßlich des Volkstrauertages am 14. November 1954 auf dem Friedhof von Versailles habe ich ein Wort aus dem Römerbrief im 14. Kapitel ausgelegt:

Denn unser keiner lebt ihm selber und keiner stirbt ihm selber. Leben wir, so leben wir dem Herrn, sterben wir, so sterben wir dem Herrn. Darum wir leben oder sterben so sind wir des

Herrn. Denn dazu ist Christus auch gestorben und auferstanden und wieder lebendig geworden, daß er über Tote und Lebendige Herr sei.« Das verlesene Textwort kann an den Gräbern der Soldaten aus zwei Weltkriegen in besonderer Weise verstanden werden. Von ihnen kann man sagen, keiner ist für sich gestorben. Sie alle starben für andere oder für etwas anderes. Sie bestimmen nicht selbst den Sinn ihres Todes, vielmehr wurde er ihnen unbedingt abgefordert. In Deutschland haben wir umgelernt und sprechen nicht mehr vom Heldengedenktag, sondern vom Volkstrauertag, an dem wir der vielen Opfer gedenken, die mit Blut und Tränen gegeben und hingenommen werden mußten. Bei solch einem Gedenken ist nichts zu feiern, vielmehr wollen wir betroffen innehalten und fragen: wie konnte es so weit kommen? – Wir gedenken ja auch heute nicht nur derer, die zufälligerweise hier vor unseren Augen eine letzte Stätte ihres irdischen Weges gefunden haben, wir gedenken all derer, die in fremder Erde liegen, all der Gefallenen, Gestorbenen, Umgekommenen und Zertretenen. Wir gedenken der Vertreibung vieler Millionen Menschen, die ihre Heimat verloren haben, und endlich denken wir auch an die grauenhaften Schandtaten, die im deutschen Namen unter deutschem Befehl und deutscher Vollmacht vollbracht wurden. Wir gedenken der furchtbaren Wunden, die wir gerissen haben. Wir gedenken der furchtbaren und unentwirrbar verschlungenen Kette von Unrecht, Vergeltung und Haß. Wir fragen nochmals: Wie konnte es soweit kommen? – In jeder Trauer liegt seit Christi Tod die Möglichkeit und Verheißung des Trostes. Schauen wir auf die Gräber, können wir nur fortgehen als solche, die keine Hoffnung haben und sich ihrer Hoffnungslosigkeit in einem erstaunlichen Selbstbetrug durch ein unbeteiligtes Vorübergehen und ein gleichgültiges Vergessen überdecken, oder als solche, die das Fünklein des Glaubens in sich wecken lassen durch das Wort von Christus als dem Herrn.

Ausschnitte aus der Abschiedspredigt am 18. August 1963 über Johannes 12, 20–25:

»Wir wollten Jesus gerne sehen.« Dieser Frage entsprechen die Darstellungen in den Kirchenfenstern, die bei der Renovierung eingesetzt werden konnten. In der Mitte Jesus Christus, der Herr, der die Menschheit ruft und richtet und unterweist und segnet. Er sitzt auf seinem Thron, der Finger aus der Höhe weist auf ihn, daß wir das Wort Gottes hören »Dies ist mein lieber Sohn, den sollt ihr hören«. Der Thron Christi steht auf dem Regenbogen, dem Zeichen des göttlichen Friedensbundes mit der Welt, und oberhalb und unterhalb des Bogens sind je 4 Tore. – Wir dachten an ein Abbild der 12 Tore der Stadt Jerusalem, die ihrerseits wiederum die Gemeinde Jesu Christi darstellen sollen. Zu ihr aber gehört die noch kämpfende und leidende Kirche ebenso wie die vollendete und triumphierende, die beide Jesus Christus als Herrn anbeten und loben, seine Hilfe erbitten und erwarten.

Den Vorgeschmack und Anfang der Vollendung empfangen wir im Heiligen Abendmahl. Die Darstellung vom letzten Mahl Jesu mit seinen Jüngern erinnert uns daran, wie er mitten in der bedrohlichen Feindschaft Jerusalems in dieser Stunde der Stille bei den Seinen gewesen ist und ihnen Frieden zugesprochen hat. In der Abendmahlsfrömmigkeit unserer evangelischen Kirche stellen wir ja wohl auch einen Wechsel fest. Mehr und mehr wird es uns ein Mahl der Freude und Gemeinschaft, weshalb wir es dann ja auch wohl öfter feierten als unsere Väter es taten. – Der Platz, der leer sein wird, hat bei meinem Schauen und Nachdenken immer viel Zeit eingenommen, wie denn ja auch die leeren Plätze in den Kirchenbänken im Gottesdienst immer für mich ein Anlaß zur Fürbitte gewesen sind.

Mit besonderer Liebe haben wir uns alle um die dritte Darstellung, die Stillung des Sturmes auf dem Meere, gemüht. Da ist zunächst einfach das Wappen der Stadt Paris aufgenommen. FLUCTUAT NEC MERGITUR »Es schwankt zwar, das Schifflein, aber es geht nicht unter.« Vater Bodelschwingh, der Begründer der Deutschen Gemeinde um 1854 hat bei dem im Wappen der Stadt Paris erscheinenden Schiff sofort an das Schifflein Christi gedacht, an die Kirche, deren Bedrohtheit in jener Erzählung vom Sturm auf dem Meere recht lebendig anschaulich wird. Das wollten wir aufnehmen, umso mehr, als es in der alten Christenheit üblich war, dieses

Herausgerettetsein aus den Elementen, wie bei der Arche Noah übrigens auf die Taufe, unser zweites Sakrament, zu beziehen. Das ist die kämpfende und angefochtene Kirche, die auf die Hilfe ihres Herrn angewiesen ist. Dreimal ist Jesus Christus abgebildet über den Seinen. »Lasset uns aufschauen auf Jesus«, und wir meinten mit diesen Bildern in der guten lutherischen Tradition zu stehen, weil auch wir gewiß sind, daß Jesus Christus der predigende und gepredigte Herr unter uns durch sein Wort und Sakrament gegenwärtig wird.

Aber, und so muß fortgefahren werden, unser christlicher Glaube ist keine beschauliche Religion, es geht um Hören und Gehorsam, auf daß wir in beidem unserm Herrn Christus gehören. Und ich kann schon verstehen, daß unsere reformierten Brüder aus Angst, der christliche Glaube könnte zu einer beschaulichen Religion werden, alle Bilder ablehnen. Denn es geht im Evangelium nicht um das Sehen Jesu, von der Bitte der Griechen ist gar nicht mehr die Rede, sondern um die Verklärung Jesu Christi. »Die Zeit ist gekommen, daß des Menschen Sohn verklärt werde«. Die Verklärung Christi geschieht am Kreuz – das Kreuz steht im Zentrum der Predigt, vom Kreuz müssen wir miteinander reden, und wir wissen, daß wir von unserm Kreuz sprechen und alle Lasten meinen, die uns auferlegt sind. Und so sprechen wir vom Kreuz Christi derartig, daß es alle Lasten meint, die wir Gott auflegen. Lasten drücken nieder. Darum kommt Gott in Christus zu uns auf die Erde herunter. Jesus verklärt sehen, das heißt auch um die eigene Erlösungsbedürftigkeit wissen. Von seiner Verklärung wirklich erleuchtet zu sein, das heißt, etwas von seinem Lebensgesetz zu verwirklichen.

Dieser Pfarrerbericht von Christoph Wilken Dahlkötter datiert vom 28. Januar 1985 und wird im Gemeindearchiv aufbewahrt.

50 Jahre Reichskristallnacht
Predigt im Rahmen des Gedenkgottesdienstes am 6. November 1988
von Almuth von der Recke

»Des Herrn Hand kam über mich, und er führte mich hinaus im Geist des Herrn und stellte mich mitten auf ein weites Feld; das lag voller Totengebeine. Und er führte mich überall hindurch. Und siehe, es lagen sehr viele Gebeine über das Feld hin, und siehe, sie waren ganz verdorrt. Und er sprach zu mir: Du Menschenkind, meinst du wohl, daß diese Gebeine wieder lebendig werden? Und ich sprach: Herr, mein Gott, du weißt es. Und er sprach zu mir: Weissage über diese Gebeine und sprich zu ihnen: Ihr verdorrten Gebeine, höret des Herrn Wort! So spricht der Herr zu diesen Gebeinen: Siehe, ich will Odem in euch bringen, daß ihr wieder lebendig werdet. Ich will euch Sehnen geben und lasse Fleisch über euch wachsen und überziehe euch mit Haut und will euch Odem geben, daß ihr wieder lebendig werdet; und ihr sollt erfahren, daß ich der Herr bin.«
Hesekiel 37, 1–6

Vor einer Woche sprach ich in Deutschland mit einem jungen Mann. Er war gerade aus Auschwitz zurückgekommen von einem Arbeitseinsatz als Zivildienstleistender. Bau- und Malerarbeiten hatten sie gemacht. Sie sind nötig, damit dieses Mahnmal nicht verfällt, das uns daran erinnert, was Menschen Menschen antun können. Er erzählte: »Zunächst hat man wirklich ein Gefühl für das Schreckliche, was da passiert ist. Besonders dann, wenn ehemalige Häftlinge kommen und man sieht, wie sie weinen. Aber dann kommt irgendwann der Moment, wo man das vergißt, wo alles ganz normal wird, wo man mit den anderen jungen Leuten herumalbert. Da muß man sehr aufpassen. Die ehemaligen Häftlinge können das nicht verstehen, es muß sie verletzen ...«.

Liebe Gemeinde, die Sensibilität dieses jungen Mannes – einem Enkel der Kriegsgeneration – hat mich beeindruckt. Daß alles normal wird, daß man zur Tagesordnung übergeht, daß man die Opfer vergißt, jetzt, 50 Jahre danach, – das ist wirklich eine große Gefahr.

Wenn ich an das denke, was Juden durch Deutsche angetan wurde – die sog. Reichskristallnacht war ja nur ein Meilenstein auf dem Weg zu dieser wahnsinnigen Massenvernichtung –, dann überfallen mich Grauen und Entsetzen. Dann stellt sich die Frage: Warum haben so viele Christen geschwiegen, warum hat die Mehrheit der Christen in Deutschland damals geschwiegen? Warum haben sie ganz normal weitergelebt in ihren Familien, in ihren Berufen, in ihren Gemeinden, in ihren Kirchen? »O ja, wir wußten, was geschah, sagte mir eine Frau, die diese Zeit miterlebt hat, wir merkten ja, daß Menschen aus unserer Umgebung verschwanden. Wir hörten schreckliche Gerüchte. Aber wir haben nicht weitergefragt. Wir wollten nicht mehr wissen. Es war dann ja auch Krieg; wir mußten uns um unsere Familie kümmern, wir hatten unseren Alltag und unsere Pflichten ...«

Wir hatten unseren Alltag und unsere Pflichten ... Liebe Gemeinde, natürlich müssen wir als Christen auch unseren Alltag, müssen wir die Normalität leben. Aber sie bergen die Gefahr, daß wir uns auf sie beschränken, daß wir nur noch auf unser kleines Leben und unser kleines Glück sehen, daß wir aber unseren Nächsten, gerade den uns fremden und fernen Nächsten, außen vorlassen. Ist das heute für uns deutsche Christen wirklich anders geworden?

So beschränkt dürfen wir Christen nicht leben. Jesus, auf den wir uns berufen, hat sich nicht dem normalen Leben gewidmet, sondern er hat sich den Opfern zugewandt – bis dahin, daß er sich selber opferte. Deshalb haben wir Christen nicht das Recht, wegzusehen und zu schweigen, wo Menschen geopfert werden.

Damals, vor 50 Jahren, nach der Reichskristallnacht, haben die Christen in Deutschland, von einzelnen leisen Stimmen abgesehen, geschwiegen über das, was den Juden angetan wurde. Sie haben nicht rechtzeitig nach Einhalt gerufen. So konnte ein wahnsinniges, ein grauenvolles Verbrechen gegen die Menschheit daraus werden. – Nur ganz wenige Christen gaben den Juden Zuflucht, Hilfe, Versteck. Aber die Juden sind doch in besonderer Weise unsere Schwestern und Brüder! Warum ging von den Christen und Kirchen in Deutschland kein lauter Protest aus? Warum trugen deutsche Christen nicht auch, wie das in Dänemark geschah, den gelben Judenstern? Unser Herr und Heiland Jesus Christus war doch Jude! Wir glauben doch an denselben Gott. Wir haben dieselbe Bibel, das Alte Testament!

Nach allem, was geschehen ist, haben wir deutsche Christen keinen Anspruch auf schnelle Versöhnung und Vergebung, auf Normalität, auf die billige Gnade Gottes.

Wir müssen uns danach fragen lassen, wie wir mit unseren jüdischen Schwestern und Brüdern heute leben, auch hier in Paris. Wie gut kennen wir sie? Wie gehen wir mit dem Antisemitismus um, dem wir auch hier begegnen – so wie in Deutschland und anderswo? Lachen wir mit bei manchen makaberen Witzen, die über Juden erzählt werden, oder widersprechen wir laut genug?

Fühlen wir uns wirklich als Brüder und Schwestern der Juden und zwar als solche, die an ihnen schuldig geworden sind – wir Christen aus Deutschland? Tun wir unseren Mund heute auf, wir Christen aus Deutschland, da, wo in unserer Umgebung Menschen zu Opfern werden? Sind wir auf der Seite von SOS-Rassismus hier in Frankreich – »Touche pas à mon pote«? Ach, wenn es doch damals so etwas gegeben hätte in Deutschland! Stehen wir auf der Seite der Asylanten in Frankreich und Deutschland? Stehen wir auf der Seite der Entrechteten, der Opfer, hier bei uns in Europa und in der ganzen Welt? Welche Menschen finden bei uns Solidarität, Schutz und Zuflucht und zur Not auch ein Versteck? Oder sind wir deutschen Christen wieder bei der Normalität, bei dem Alltag, den Pflichten, dem kleinen Glück angelangt?

Liebe Gemeinde, wir haben so viel mit unseren jüdischen Brüdern und Schwestern gemeinsam. Wir haben einen Gott, auf den sie hoffen wie wir. Unsere christliche Auferstehungshoffnung hat ihre Wurzel in der jüdischen Hoffnung, daß Gott die verdorrten Gebeine auf den Totenfeldern wieder lebendig machen wird. Sie haben eben die Vision dieser Hoffnung aus den Worten des Propheten Hesekiel gehört. Diese Hoffnung sprengt unsere Normalität.

Normal ist der Tod, normal ist das Vergessen, normal ist das Ausgelöschtsein der Opfer. Für uns Christen wie für unsere jüdischen Schwestern und Brüder gibt es mehr. Es gibt diese völlig unnormale Hoffnung auf Gott, der lebendig macht.

Unvorstellbar, was das bedeutet bei all dem sinnlosen Morden und Sterben, das damals geschehen ist und das heute noch geschieht. – Wir wollen an dieser Hoffnung festhalten und nicht in die Normalität flüchten und nicht im Alltag aufgehen. Wir wollen an dieser Hoffnung festhalten und nicht schweigen. Denn wir haben einen Gott, der lebendig macht.

Predigt zum Tag der Vereinigung Deutschlands am 3. Oktober 1990 in der Christuskirche von Stephan Steinlein

»So spricht der Hohe und Erhabene, der ewig wohnt, dessen Name heilig ist: Ich wohne in der Höhe und im Heiligtum und bei denen, die zerschlagenen und demütigen Geistes sind, auf daß ich erquicke den Geist der Gedemütigten und das Herz der Zerschlagenen. Denn ich will nicht immerdar hadern und nicht ewiglich zürnen; sonst würde ihr Geist vor mir verschmachten und der Lebensodem, den ich geschaffen habe. Ich war zornig über die Sünde ihrer Habgier und schlug sie, verbarg mich und zürnte. Aber sie gingen treulos die Wege ihres Herzens. Ihre Wege habe ich gesehen, aber ich will sie heilen und sie leiten und ihnen wieder Trost geben; und denen die da Leid tragen, will ich Frucht der Lippen schaffen. Friede, Friede, denen in der Ferne und denen in der Nähe, spricht der Herr; ich will sie heilen.«

Jesaja 57, 15–19

Selten sind im Alten Testament die Texte, in denen das Geheimnis des Kreuzes derart deutlich aufscheint wie in dem eben gelesenen Jesajawort. Hart stoßen die Gegensätze aufeinander. Bewußt paradox formuliert der Prophet: Der Hohe und Erhabene, wo ist er zu finden? Bei denen, die zerschlagenen und demütigen Geistes sind! – Der König der Könige, wo erscheint er? Inmitten der Besiegten! – Vergeblich sucht man ihn unter den Mächtigen, den Prunk der Paläste meidet er ebenso wie die Tempel der Götzen. Das arme Volk, ihm wendet er sich zu, um den Geist der Gedemütigten zu erquicken und das Herz der Zerschlagenen aufzurichten. Das Oben und Unten gerät in Bewegung. Die traditionelle Wertordnung gerät aus den Fugen. Neue (Gebots-) Tafeln werden aufgerichtet.

Dieses Paradox ist das Herzstück unseres Glaubens. Auch wenn es den antiken wie den modernen Griechen wie eine Torheit erscheint, auch wenn sie es für einen Ausdruck der Sklavenmoral halten, ist es doch der Garant für die erstaunliche Dynamik, die der Glaube an den Gott Abrahams, Isaaks und Jakobs in der Geschichte entfaltet hat. Denn der Schuldbeladene, der Besiegte, ist nun nicht mehr auf ewig dazu verbannt, als Paria sein Dasein zu fristen. Nicht auf immer lastet Gottes harte Hand auf ihm, vielmehr eröffnet sich ihm ein neuer Weg da, wo er seine Schuld akzeptiert und zu seiner Niederlage steht.

Wir befinden uns heute als Deutsche am Ende eines solchen Zyklus, der seinen Anfang nahm mit der Schuld, die wir in den zwölf Jahren nationalsozialistischer Herrschaft auf uns geladen haben, der zur Niederlage des Jahres 1945 führte und schließlich zur Teilung unseres Landes und unseres Kontinents. Es war eine Zeit, in der wir lernten, uns unserer Schuld zu stellen – ich erinnere hier nur an das Stuttgarter Schuldbekenntnis –, in der wir lernten, unsere Niederlage zu akzeptieren, gipfelnd in der endgültigen Anerkennung der heutigen polnischen Westgrenzen durch beide deutsche Parlamente.

Mit dem heutigen Tage geht dieser Zyklus zuende, und ein neuer Abschnitt unserer Geschichte beginnt, ein Abschnitt, der in noch stärkerem Maße als der vorhergehende vom Zurücktreten der nationalstaatlichen Elemente gekennzeichnet sein wird, in dem es darauf ankommt, die Einheit Europas und der Welt auf globaler wie lokaler Ebene zu l e b e n. Dieser Einschnitt in unser aller Geschichte, den wir als Bürger der ehemaligen DDR vielleicht noch stärker empfinden als diejenigen, die schon immer Bundesdeutsche waren, soll uns Anlaß sein, noch einmal im Lichte des oben formulierten Paradoxes einen Blick zurück zu werfen.

Weit fühlte sich der durchschnittliche Nationalsozialist jener von den Kanzeln verkündigten christlichen Sklavenmoral überlegen. Die Sieger der Geschichte waren es, die zählten, sie, die niemand mehr nach ihrem Recht zu fragen wagte, diktierten den Besiegten ihren Willen. Und als unser Volk von einem Sieg zum anderen taumelte, waren es nur wenige, die sich weigerten, dem Götzen der Macht zu opfern, sondern statt dessen aus ihrer Schwachheit die Kraft schöpften, diesem Kult zu widerstehen.

Die Frauen und Männer der Weißen Rose, der Roten Kapelle, des Kreisauer Kreises, die Verschwörer des 20. Juli, ihre Namen müssen gerade am heutigen Tage genannt werden. Erschossen in der Bendlerstraße, gehängt in Plötzensee überwanden sie doch noch im Tod ihre Henker und legten das Fundament zu einem neuen, demokratischen Deutschland. Wenn nun mit dem heutigen Tage ein geeintes Deutschland als vollberechtigtes Mitglied in den Kreis der Völker eintritt, so dank ihres Mutes, dank ihrer Glaubenskraft und dank ihrer Liebe. Daß es ein anderes, ein besseres Deutschland geben könnte, dafür bürgten sie mit ihrem Einsatz, und das Vertrauen, das die Gegner von einst in unsere Erneuerungsfähigkeit setzten, gründete auf ihrer Existenz.

Viele Menschen haben in den letzten 45 Jahren auf diesem Fundament weitergebaut. Daß die das letzte Jahrhundert verdüsternde Erbfeindschaft zwischen Deutschen und Franzosen heute begraben ist, verdanken wir ihnen. Daß wir uns als Europäer fühlen können, daß viele von uns den Nöten der Dritten Welt gegenüber offen sind, ist ihr Verdienst. Doch nicht nur derer, die im westlichen Teil unseres Landes wirkten, sei heute gedacht.

Auch die Geschichte des Teiles Deutschlands, aus dem ich stamme, ist voll von Beispielen für die Kraft der Demut. Man hat in der DDR von einer friedlichen Revolution gesprochen. Ganz gleich, ob es nun eine Revolution war oder nicht, die Friedlichkeit der Ereignisse bleibt erstaunlich. Mit Kerzen in der Hand traten die Demonstranten den Polizisten entgegen und wanden ihnen so ihre Schlagstöcke aus der Hand. Einmal, fast auf den Tag genau vor einem Jahr, haben sie sich ihrer dennoch bedient. In Berlin, vor der Gethsemanekirche, gingen sie mit Räumschilden, Wasserwerfern und Hundestaffeln gegen die Menschen vor, die sich vor der Kirche versammelt hatten. Erschreckende Szenen spielten sich ab. Ein Vater, der seinem Sohn zur Hilfe eilen will, wird von den Polizisten zusammengeschlagen. Angrenzende Häuser, in die sich Demonstranten geflüchtet hatten, werden durchsucht. Hunderte Frauen und Männer werden gefangengenommen, in Kellern und Garagen gefangengehalten, geschlagen und gedemütigt. Alle Befürchtungen schienen sich zu bestätigen, der Honecker-Staat war offensichtlich zum letzten entschlossen. Doch die Menschen ließen sich nicht einschüchtern. Mit Angst, mit großer Angst zwar, aber entschlossenen Herzens, gingen sie weiter in die Kirchen und von da auf die Straßen, zahlreicher, immer zahlreicher. Das Wunder passierte, ein Staat, der über alle Machtmittel verfügte, verfiel, löste sich auf, stürzte zusammen wie ein Kartenhaus.

»Er stößt die Gewaltigen vom Thron und erhebt die Niedrigen« – manches Mal ging mir dieser Vers aus dem Magnificat im letzten Jahr durch den Kopf, und vielen von ihnen mag es ähnlich ergangen sein. Nun stehen wir, Deutsche aus Ost und West, am Anfang eines neuen gemeinsamen Weges und bitten, daß die Kraft Gottes, die unter den Demütigen mächtig ist, auch weiterhin in uns wirke. Groß sind die Aufgaben, die vor uns stehen. Noch gibt es die Grenze in unseren Köpfen. Wir ehemaligen DDR-Bürger treten in eine Welt ein, die uns in vielen Hinsichten noch wenig vertraut ist. Ihr anderen, helft uns, seid geduldig, hört zu. Vor allem das. Denn im Hören, im rechten Hören, bewährt sich die Demut. Sch'ma Israel, Höre Israel, so lautet das Grundgebot des Glaubens. Höre auf Gott und seine Gebote. Höre ihn im Wort deines Nächsten, in der Not des Nachbarn wie in der Freude deines Partners. Nicht nur wir Deutschen müssen aufeinander hören lernen. Viele unserer Nachbarn haben Angst. Manche sagen es deutlicher, andere halten damit hinter dem Berg. Vor einigen Tagen war ich in Polen, in Schlesien, und ich habe gespürt, wie aufmerksam unsere Worte gewogen werden. Eine behutsame Sprache müssen wir führen, eine Sprache, die die Erfahrungen jenes Volkes mit uns Deutschen aufnimmt, die versucht, aus diesem Hören heraus eine Antwort zu formulieren.

In unserem Predigttext heißt es: Denen, die Leid tragen, will ich Frucht der Lippen schaffen. Aus dem demütigen Hören entspringt eine neue Sprache, und wir rühren hier an eine der tiefsten Einsichten der Heiligen Schrift. Denn die Sprache ist nichts ein für allemal Gegebenes. Wir alle, als einzelne und als Volk, leben in ihrem Medium. In der Sprache entspringt alles Werk, sei es gut oder böse, sie ist der beste Indikator für das, was die Zukunft bringt. 40 Jahre lang hat man in unserem Teil Deutschlands die Sprache mit Füßen getreten, ihren lebendigen Fluß aus Rede und Gegenrede, Hören und Antworten ersetzt durch die endlose Wiederholung von leeren Phrasen. Die Totenstarre, die schließlich das ganze System lahmlegte, war hier zuerst mit Händen zu greifen.

Wie sehr die Gefahr der Sprachentleerung auch in jeder Demokratie latent gegeben ist, brauche ich Ihnen gewiß nicht zu sagen. Nur da, wo wir uns selbst zum demütigen Hören anhalten und unser Volk lehren, seine Ohren zu öffnen, werden wir in der Lage sein, die Sorgen unserer Nachbarn aufzunehmen und uns letztlich auch des Vertrauens würdig erweisen, das sie uns gerade in den letzten Monaten entgegengebracht haben.

Den Weg in die Zukunft wird unser nunmehr wieder geeintes Vater- und wohl auch Mutterland nicht mehr allein gehen. Wir werden ihn gehen mit Franzosen und Holländern und Briten – und hoffentlich auch mit Polen und Tschechen und Ungarn. Wohin die Anbetung der Macht uns geführt hat, wissen wir. Hören wir nun auf die Leidenden, die Gedemütigten, die aus unserer guten Gesellschaft Ausgeschlossenen. Hören wir auf sie und antworten wir ihnen. So wird sich die Sprache formen, mit der die Menscheit die Schwelle des einundzwanzigsten Jahrhunderts überschreiten kann.

»Jedem Anfang wohnt ein Zauber inne, der uns beschützt und der uns hilft, zu leben.« – Vielleicht haben sie in den letzten Stunden und Tagen etwas von dem Zauber dieses Anfanges gespürt, ein Zauber, der wohl zu unterscheiden ist von der Verführung, die diesem Moment möglicherweise auch innewohnt. Aber auch wenn dieser Zauber verschwindet und der Alltag uns wieder gefangennimmt, bei all den täglichen Mühen, etwas zusammenzufügen, was nicht immer zusammenzupassen scheint, mögen wir eines nicht vergessen: Nicht die Macht unserer Hände hat uns dahin gebracht, wo wir sind. Sondern die Demut der Hörenden hat den heutigen Tag möglich gemacht, den in dieser Form wohl niemand erwartet hat.

Wo die Bundesrepublik Deutschland dieser Demut treu bleibt, wird der Herr ihr Frucht der Lippen schaffen. – Der Gott Abrahams, Isaaks und Jakobs segne unser Land.

Stephan Steinlein hat Theologie studiert und war im Spätsommer 1990 der letzte, nicht mehr akkreditierte Botschafter der DDR in Paris. Heute gehört er zum diplomatischen Dienst der Bundesrepublik Deutschland.

Karten

Evangelische Gemeinden deutscher Sprache in Frankreich

Lille

DOUAI
seit ca. 1950

LE HAVRE
Caen 1842 / 1909 - 1914

Metz

PARIS
Fontainebleau

Le Mans

Nantes

Dijon

Montbéliard

La Rochelle

Clermont-Ferrand

LYON
1846 - 1914

BORDEAUX
1856 - 1914

MENTON
1873 - (1914)

NIZZA
1856 - (1914)

Mont-de-Marsan

Montpellier

TOULOUSE
seit ca. 1990

MARSEILLES
1846 - (1914)

CANNES
1860 - (1914)

Erläuterungen

Orte, in denen es nachweisbar im 18. Jahrhundert oder schon früher Gemeinden gegeben hat: in kursiven Großbuchstaben

Orte, in denen es im 19. und 20. Jahrhundert Gemeinden gegeben hat oder noch gibt: in einfachen Großbuchstaben

Die Jahreszahlen nennen wichtige Eckdaten. Bei Paris ist darauf verzichtet worden.

Eine Auswahl von zentral gelegenen Städten, in denen es nach dem 2. Weltkrieg zeitweise deutsche Predigtstellen gab erscheint im Standarddruck. Manche dieser Orte haben außerdem in der protestantischen Kirchengeschichte Frankreichs eine Rolle gespielt.

Die deutschsprachigen Kirchen in Ostfrankreich sind nicht berücksichtigt.

Lutherische Kirchen in Paris 1867

Kirche in **Montmartre**, rue des Poissonniers, 51 (bis);
(s. Plan Nr. 4.) Sonntag, 1 Uhr, französisch;
Mittwoch, 8 Uhr Abends, deutsch.
Pfarrer: H. B. Goguel, rue des Martyrs, 63.

Kirche **de la Résurrection**, rue Quinault, Vaugirard (Paris);
(s. Plan Nr. 5.) Sonntag, 1 Uhr, französisch;
— 8 Uhr Abends, französisch;
Mittwoch, 6 Uhr Abends, deutsch.
Pfarrer: H. Mettetal, rue de Mademoiselle, 91, in Vaugirard.

Kapelle auf der **Place d'Italie**, 32; Sonntag, 1 Uhr, französisch (außer am 1. Sonntag im Monat);
(s. Plan Nr. 6.) Am 1. Sonntag im Monat, um 12 Uhr, deutsch;
Sonntag, 7 Uhr Abends, deutsch (außer am 1. Sonnt. im Monat).
Pfarrer: H. G. Reichard, place d'Italie, 32.

Kapelle in **Bon-Secours**, rue de Charonne, 99;
(s. Plan Nr. 7.) Sonntag, 10 Uhr, deutsch;
— 1 Uhr, französisch;
Mittwoch, 6 Uhr Abends, deutsch;
Donnerstag, 8 Uhr Abends, französisch.
Pfarrer: die HH. Hagen, boulevard Contrescarpe, 30 (bis);
Roth, Vikar von H. Pfarrer Hosemann, im Asyl von Bon-Secours, rue de Charonne, 99.

Kirche in **la Villette**, rue de Crimée, 26; Sonntag, 10 Uhr Morgens, französisch;
(s. Plan Nr. 8.) — 2 Uhr, deutsch;
— 6 Uhr Abends, deutsch;
Donnerstag, 8 Uhr Abends, deutsch.
Deutscher Pfarrer: H. Berg, rue de Crimée, 26, Villette;
Französischer Pfarrer: H.

Kirche in **Batignolles**, rue Dulong, 53; Sonntag, 3 Uhr, deutsch.
(s. Plan Nr. 9.) Pfarrer: H. Müller, rue Legendre, 79, Batignolles.

Abbaye, rue de l'Abbaye, 3; Donnerstag, 8 Uhr Abends, französisch;
(s. Plan Nr. 10.) Sonntag, 7 Uhr Abends, deutsch.

Gros-Caillou, bei dem Champ-de-Mars, rue Amélie, 18;
(s. Plan Nr. 11.) Sonntag, 2 Uhr, französisch.

Rue de Chaillot, 76; (s. Plan Nr. 12.) Donnerstag, 8 Uhr Abends, französisch.

Kirche in **Puteaux**, bei Paris, rue de Paris;
(s. Plan Nr. 13.) Sonntag, 12 Uhr, französisch;
Am letzten Sonntag im Monat, um 2 Uhr, deutsch.
Pfarrer: H. Lods, rue du Château, 21, in Courbevoie.

Kirche in **Bourg-la-Reine**, bei Paris, rue Ravon;
(s. Plan Nr. 14.) Sonntag, 10 1.2 Uhr, französisch.
Pfarrer: H. Weber, rue d'Alembert, 16 (Petit-Montrouge).

Kirche in **Corbeil** (abwechselnd mit der reformirten Kirche);
(s. Plan Nr. 15.) Sonntag, 11 Uhr, französisch.

Plan Nr. 16. — Deutscher Jünglingsverein und Herberge „zur Heimath", rue de Bondy, 9, bei der Porte Saint-Martin.

Plan Nr. 17. — Theologische Präparandenschule, rue de l'Ouest, 38.

Agentur des Consistoriums, in der Kirche Rédemption, rue Chauchat, 6; man erhält dort die nöthige Auskunft über die Kirche Augsburgischer Confession in Paris und über ihre Anstalten.

Gedruckt bei G. Mepruis, 13, rue Cujas, in Paris. — 1867.

Im Text fehlt die Erklärung zu den ersten drei Kirchen: Zu Nr. 1 ist die Rédemptionskirche in der Rue Chauchat Nr. 16 zu ergänzen. Bei Nr. 2 handelt es sich um die Billetteskirche, die damals in der gleichnamigen Straße lag. Heute heißt die Straße Rue des Archives, und die Kirche trägt die Nr. 24. Die Nr. 3 weist auf das diakonische Werk von Saint-Marcel mit Schule und Kapelle, damals in der Rue Tournefort Nr. 19.

Zeittafel

1626	Erstmalige Erwähnung von regelmäßigen Gottesdiensten in deutscher Sprache in Paris; ab 1635 in der schwedischen Gesandtschaft; ab 1747 auch in der dänischen Gesandtschaft.
1809	Napoleon genehmigt die Gründung einer lutherischen Staatskirche; französischer und deutscher Gottesdienst in der Kirche Les Billettes.
1840	Die Evangelische Mission unter den Deutschen in Paris wird in Gemeinschaft mit der französischen lutherischen Kirche ins Leben gerufen.
1843	Als zweite lutherische Gemeinde wird im 9. Arrondissement die Rédemptions-Kirche, die Mutterkirche der späteren Christuskirche, eröffnet.
1850	Mitte des 19. Jahrhunderts entstehen in ganz Frankreich deutsche Gemeinden, z.B. in Cannes, Menton, Nizza, Lyon, Bordeaux, Le Havre und Marseille.
1858	Friedrich von Bodelschwingh kommt für sechs Jahre nach Paris und errichtet die Hügel- und die Ascensionskirche mit dazugehörigen Schulen.
1872	Nach dem Deutsch-Französischen Krieg muß das Verhältnis zwischen Deutschen und Franzosen in den lutherischen Gemeinden neu geregelt werden. Friedrich Frisius sammelt den deutschen Zweig der Rédemptionsgemeinde unter dem Namen Zentrumsgemeinde und hält Gottesdienste in einem Saal der Rue Clary.
1879	Ein Vertrag zwischen dem Lutherischen Konsistorium und den beiden deutschen Gemeinden wird geschlossen: Die Zentrumsgemeinde kehrt als Gast in die Rédemptionskirche bis 1890 zurück.
1886	Zusätzlich zu anderen sozialen Einrichtungen der Zentrumsgemeinde wird das Doppelwohnheim für Lehrerinnen und Dienstmädchen in der Rue Brochant 21 eröffnet.
1888	Die Zentrumsgemeinde beginnt mit der Geldsammlung für einen eigenen Kirchbau.
1894	Am 9. Dezember wird die Christuskirche in der Rue Blanche eingeweiht.
1906	Nach der Trennung von Staat und Kirche in Frankreich bilden die Hügel- und die Christuskirche (die ehemal. Zentrumsgemeinde) eine gemeinsame Association cultuelle unter dem Namen: »Deutsche Evangelische Kirche Augsburger Konfession in Paris«, die sich 1907 der Hannoverschen Landeskirche anschließt. Dagegen blieb die Evangelisationsgemeinde (der deutsche Zweig der Billetteskirche) selbständig.
1912	Am 3. November wird das neue Gemeindehaus eingeweiht.
1913	Das Arbeitsheim der Hügelkirche und das eigene Gemeindehaus der Evangelisationsgemeinde werden eröffnet.
1914	Bei Kriegsausbruch werden alle deutschen Kirchen in Frankreich mit den dazugehörigen Gemeinde- und Pfarrhäusern, Heimen und Schulen beschlagnahmt.
1924	Im Frühjahr wird die Hügelkirche vom Staat an die russisch-orthodoxe Kirche verkauft, dagegen wird die Christuskirche im Herbst für den deutschen Gottesdienst freigegeben.
1927	Am 27. November wird die Christuskirche unter Pfarrer Erich Dahlgrün neu eingeweiht und schließt sich im kommenden Jahr dem Deutschen Evangelischen Kirchenbund an.
1933	In Nizza entsteht eine Reisepredigerstelle für die Côte d'Azur, die Pfarrer Hans-Helmut Peters übernimmt (bis 1939).
1939	Im August – unmittelbar vor Kriegsausbruch – flüchtet sich Pfarrer Dahlgrün nach Genf; die Christuskirche wird geschlossen, aber nicht beschlagnahmt.

1940	Im Herbst wird die Christuskirche unter Leitung von Pfarrer Hans-Helmut Peters wieder eröffnet.
1944	Im August geht Peters nach Deutschland zurück. Die französische Hilfsorganisation für Internierte CIMADE zieht in die Rue Blanche ein.
1945	Seit Dezember arbeitet Franz de Beaulieu zunächst als Vikar im Rahmen der Schwedischen Israelmission in der Christuskirche und leistet Seelsorge in deutscher Sprache.
1948	Die CLAIR (Comité Luthérien d'Aide aux Immigrants et Refugiés) übernimmt die Seelsorge für Deutsche in ganz Frankreich; die Deutschen sind in Paris in verschiedenen lutherischen Gemeinden zu Gast.
1954	Pfarrer Christoph Dahlkötter wird von der EKD entsandt und nimmt Kirche, Gemeindehaus und Pfarrwohnung nach und nach wieder in Besitz.
1957	Der Vertrag zwischen der Evangelischen Kirche in Deutschland und der Christuskirchengemeinde wird geschlossen.
1958	beginnen umfangreiche Renovierungsarbeiten in der Kirche und im Gemeindehaus, die 1963 mit dem Einbau der Orgel beendet werden.
1969	In der ersten Gemeindesatzung nach 60 Jahren wird der Name: »Deutsche Evangelische Kirche in Frankreich« gewählt, der auch andere deutsche Gemeinden im Lande einschließt.
1984	Nach 70 Jahren wird die Gemeinde der Christuskirche durch gesetzliche Verfügung wieder Eigentümerin ihrer Gebäude.

Personen

Pfarrer der Christuskirche [1]

Friedrich Frisius (1872–1892)

Geb. 1845 im Großherzogtum Oldenburg. 1870 für wenige Monate Hilfsprediger in Paris, ab Herbst 1872 übernahm er den deutschen Zweig der Rédemptionsgmeinde und bereitete den Bau der Christuskirche vor. 1892 an die »Hamburger Kirche« in London berufen, im Nebenamt zeitweise königlicher deutscher Hofprediger am St. James-Palast. 1904 weihte er die Londoner Christuskirche ein. 1913 im Ruhestand, 1930 am Bodensee gestorben.

Georg Brand (1892–1894)

Geb. 1863 in Beucha, Sachsen. 1887 Hilfsgeistlicher. 1892 Pfarrer in Paris, 1895 in Wilschdorf bei Dresden, 1900 in Burkartshain. 1905 im Ruhestand. Todesdatum unbekannt.

Gustav Petersen (1895–1897)

Geb. 1852 in Heiligenhafen, Ostsee. 1878 Pfarrer in Genua, 1888 in Hohenstein, 1895 in Paris, 1897 in Börßum bei Braunschweig. Verh. mit Laure Eugénie Roger, neun Kinder. Gestorben 1919 in Börßum.

Hermann Anthes (1897–1903)

Geb. 1868 in Reichelsheim, Hessen. 1893 ordiniert und Pfarrer in Augsburg, später Memmingen, 1897 in Paris, 1903 in Thurnau, 1905 an St. Ulrich in Augsburg. Verh. mit Helene Blattmann, Tochter Ruth. In den Ruhestand 1934, gest. 1944 in Augsburg.

Georg Streng (1903–1914)

Geb. 1872 in Erlangen, 1897 Vikar an der Hügelkirche, 1899 Pfarrer in Lyon. 1900 verh. mit Lina Frisius (zum Vater s.o.), drei Kinder. 1903 an die Christuskirche, 1914 bis zu seinem Tod 1918 Pfarrer in Reutin am Bodensee.

Erich Dahlgrün (1927–1939)

Geb. 1895 in Bremen, 1914–1920 in Krieg und Gefangenschaft, danach Studium in Halle und Kiel. 1923 ordiniert, Reiseprediger in Rumänien bis 1926. Nach kurzem Deutschlandaufenthalt 1927 nach Paris. Der Witwer heiratete in zweiter Ehe Emilie Fischer. 1939 bis zur Pensionierung Pfarrer in Rom und Florenz, Dekan der Lutherischen Kirche Italiens, 1978 in Bremen gestorben.

---

1 Angaben über Pfarrer und Kirchenvorsteher der anderen Pariser Gemeinden im Anhang der Festschrift von Friedrich Bansa »Die deutsche Hügelgemeinde in Paris 1858 bis 1908«.

Hans-Helmut Peters (1940–1944)

Geb. 1908, aus der Hannoverschen Landeskirche, 1930/31 Vikar in Paris, 1933-1939 Reiseprediger in Nizza. Verh. mit Hildegard Kayser, acht Kinder. Während der deutschen Besatzung Pfarrer der Zivilgemeinde in Paris, nach 1944 Pfarrer in der Grafschaft Schaumburg, Hannoverscher Landesjugendpfarrer und Landessuperintendent in Celle. Daselbst 1987 gestorben.

Franz Charles de Beaulieu (1945–1951)

Geb. 1913 in Bremen, kaufmännische Lehre, u.a. in London und Paris. Theologiestudium in Bethel, Marburg, Tübingen und Berlin, Vikar, Kriegsteilnehmer. Ab 1. Dez. 1945 Vikar und später Pfarrer in Paris im Rahmen der Schwedischen Israelmission und der CLAIR. 1947 naturalisiert und Heirat mit Françoise Rigault, zwei Söhne. Nach 1951 für die Deutsche Kriegsgräberfürsorge und als Buchhändler tätig. 1959 bis 1979 Pfarrer in Lothringen. Im Ruhestand in der Bretagne. – Für die Seelsorge an Deutschen in Paris waren nach ihm schwedische Pfarrer zuständig, die häufig wechselten.

Christoph Wilken Dahlkötter (1954–1963)

Geb. 1927 in einem westfälischen Pfarrhaus in Lippstadt. 1943–1945 Luftwaffenhelfer, Soldat und Kriegsgefangener. Danach Studium in Bethel, Zürich und Göttingen; anschließend Vikar in Münster und Gütersloh; 1952–1954 Studieninspektor des westfälischen Predigerseminars. Nach seiner Zeit in Paris 1963–1992 Pfarrer der Apostelkirchengemeinde in Münster, während dieser Zeit acht Jahre lang Superintendent. Lebt im Ruhestand in Münster. Seit 1954 verh. mit der Assessorin des Lehramtes a. D. Ursula, geb. Scharrenberg, Tochter Annette.

Helmut Leser (1963–1969)

Geb. 1929 in Legelshurst bei Kehl in einem badischen Pfarrhaus. Theologiestudium in Basel, Heidelberg und Paris. Vikar in Freiburg, Pfarrer im Schwarzwald von 1956–1963. Nach seiner Pariser Zeit 1969 Pfarrer in Rapperswil bei Zürich. Verh. mit der Musikerin Anne Pfleiderer, vier Kinder. Seit 1994 im Ruhestand.

Martin Berger, (1970–1976)

Geb. 1926 in Hamburg-Harburg. 1947 Abitur, Studium in Hamburg, Tübingen, Göttingen. Seit 1955 im Amt in Ochsendorf, Sprötze, Paris, Walsrode und Bremerhaven. Im Ruhestand in Hamburg. Eheschließung 1953 mit Lotte, geb. Ilchmann, drei Kinder.

Rüdiger Frey, (1973–1976)

Geb. 1940 in Treuburg/Ostpreußen. Studium in Berlin, Marburg, Zürich und Montpellier. 1969 Gemeindepfarrer in Hanau, 1973 in Paris-West, 1977 in Baunatal, 1987 in Addis Abeba; zur Zeit Pfarrer für Mission und Ökumene in Bad Hersfeld. Verh. 1973 in Paris mit Fanny Krebs, drei Kinder.

Joachim Kusch (1976–1984)

Geb. 1938 in Schwenningen, Württemberg. Studium in Tübingen, Berlin und Bonn. Verheiratet mit Johanna, geb. Riemer, vier Kinder. Militärpfarrer in Calw und Meßstetten. 1984 Pfarrer am Psychiatrischen Landeskrankenhaus in Emmendingen, später an der Ludwigskirche in Freiburg. Seit 1994 Gefängnispfarrer in Freiburg.

Monika Buth (1977–1980)

Geb. 1941 in Porst, Rheinland. Studium in Göttingen und Bonn, Pfarrerin in Solingen. In Paris-West ab 1977. Seit 1980 Gemeindepfarrerin in Düsseldorf.

Dr. jur. Georg Eichholz (1980–1986)

Geb. 1943 in Castrop-Rauxel, Nordrhein-Westfalen. Studium der Rechtswissenschaft in Freiburg i.Br., Berlin-West und Bonn; Studium der evang. Theologie und anschließend Vikariat in Bonn. Pastor im Hilfsdienst in Hamm/Sieg, Pfarrer in Bad Kreuznach. In Paris-West ab 1980. Anschließend Gemeindepfarrer bei Düsseldorf.

Verh. seit 1969 mit Pastorin Miriam Eichholz, geb. Tengler. Geb. 1944, Studium der Germanistik, Pädagogik und Philosophie, der kath. und evang. Theologie. Nach Vikariat Pastorin im Hilfsdienst in Hamm/Sieg. Später tätig in der Krankenhausseelsorge und Jugendarbeit, in Paris Religionsunterricht. Tochter Melanie.

Wilhelm Freiherr von der Recke (seit 1984)

Geb. 1939 in Niederschlesien, aufgewachsen in Südniedersachsen. Theologiestudium in Göttingen, Tübingen, Heidelberg und Münster. Assistent an der Theol. Hochschule Bethel; ein Jahr an der Harvard-Universität in den USA. Danach Vikar in Westfalen und Pfarrer in Hannover, ab 1973 in Langenhagen bei Hannover. Verheiratet (s.u.), Tochter Anna.

Almuth Freifrau von der Recke (seit 1987)

Geb. 1944 als A. Erchinger in Wernigerode/Harz. Aufgewachsen in Ostfriesland und bei Hannover. Theologie- und Sportstudium in Münster, Heidelberg und Göttingen. Nach dem Vikariat als Pastorin zusammen mit ihrem Mann Wilhelm an der St. Paulus-Gemeinde in Langenhagen. In Paris zunächst beurlaubt, seit September 1987 mit einer halben Pfarrstelle beauftragt.

Vikare und Praktikanten seit 1959[2]

Zur Zeit von Pfarrer Dahlkötter:
Dr. Rolf Kempf, Gerhard Dedeke, Wilfried Blank, Horst-Dieter Franke.
Von Pfarrer Leser:
Jürgen Keuper, Klaus Wollenweber, Jürgen Döllscher, Wolfgang Mauritz, Ernst-Herbert Wirths, Hans-Martin Nicolai.
Von Pfarrer Berger:
Giere, Hans Fischer, Paul Oppenheim, Hannes Naumann, Klein, Fredi Schmidt, Elmar Below, Helmut Göbel.
Von den Pfarrer Kusch und Eichholz:
Heidi Kurth, Burkhard Hölscher.
Von den Pfarrern von der Recke:
Kirsten Wolandt, Michael Kaute, Iris Feldmann (beide Religionspädagogen), Axel Kawalla, Imke Harms, Susanne Baus.

---

[2] Bei den Vikaren, Organisten, Küstern und Sekräterinnen werden in der Regel nur die Namen derer genannt, die mindestens ein halbes Jahr in dieser Funktion gearbeitet haben. Auslassungen und Irrtümer sind leider nicht auszuschließen.

Der Kirchenvorstand und seine Präsidenten seit 1952

Die Präsidenten, bzw. ihre Stellvertreter in kursivem Druck. Die Namen der Pfarrer werden nicht wiederholt. Die Mitglieder des Kirchenvorstandes werden in der Reihenfolge ihrer Wahl, bzw. Kooption genannt. Jeder Name erscheint nur einmal, selbst wenn der Genannte mehrmals nacheinander oder mit Unterbrechung dem Kirchenvorstand angehört hat. Die Vornamen sind nicht in jedem Fall bekannt, Auslassungen und Irrtümer sind nicht auszuschließen.[3]

Kurt E. Colditz, Astrid Gräfin von Hardenberg, Oswald Jahn, Frau Kiessel, Peter Koch, Jean Krentz, Frau von Münchhausen, Guido Vogelgesang, William Luther, *Alexander Freiherr von Süsskind-Schwendi, Ehrenpräsident Heinrich Pöhlmann*, Dr. Hans Körber, Elfriede Niemand, *Botschaftsrat Dr. Hans-Georg Sachs*, Georg-Wilhelm von Arnim, *Botschafter Herbert Blankenhorn (vertreten durch Botschaftsrat Dr. Ernst Kutscher)*, Helene Genseke, Karl Klabunde, Seiler, Hans von Wallenberg Pachaly, Klaus Wenzel, *Botschaftsrat Dr. Ernst-Siegfried Schlange-Schöningen, Botschaftsrat Ewald Mühlen*, Erich Stromeyer, Friedi Turnes, Dr. Hans Baritsch, Gudrun Fahrenholtz, *Dr. Albrecht Krause*, Georg Ananoff, Botschaftsrat Horst Blomeier-Bartenstein, Christoph Kühlewein, Ingrid Heinrich, Prof. Dr. Colin Bertrand, Edith Fahrner, Anna-Magdalena Rohrbach, Ruth Schaefer, *Joachim Stöver*, Ulrich Prinz, Wolfgang Bente, Willi Lutz, Eva Fliegel, Dr. Günther Lüdemann, Jürgen-Peter Roth, Ingrid Ryssel, Gabrielle Schneider, W. Steuk, Wilhelm Beckedorf, Dr. Dietrich Lohrmann, Adelheid Magdalena, Brigitte Rolf, Ruth Guthmann, Elisabeth Berger, *Wilfried Gilbrich*, Volker Meyer-Schwarzenberger, Friedrich Walter, Ruprecht von Arnim, Christel Brandenbusch, Hubertus Brandts, Ingrid Göttling, Claire Saleh-Glauser, Carl-Alexander Siebel, Horst Vollhardt, Margarete Join-Lambert, Roswita Bartnik, Dr. Jürgen Meier-Greve, Ralf Hofmann, *Hans-Günter Behrendt, Dr. Hartmut Atsma*, Steffen Mütterlein, Stefanie Anquetin, Elisabeth Langlais, Hans-H. Speidel, Dr. Michael Stadler, Dr. Friederike Vuagnat, Heinz Höbert, Helga Ferry.

Kirchenmusiker [4]

Organisten an der Christuskirche seit 1954: Dr. Jutta von Horstig, Ursula Dahlkötter, Adelheid Springe (1957–1959, zugleich Gemeindehelferin), Heinz Lohmann, Anne Leser, Gunther Morche (1964), Detlef Wieghorst (1964–1966), Peter Neumann (1966–1967), Detlef Schmidt (1967–1968), Wolfgang Karius (1968–1970), Jean-Marc Pulfert (1971), Edgar Krapp (1971–1972), Annetta Schmid (1972–1974), Elisabeth Roloff (1974–1982), Helga Schauerte-Maubouet (seit 1982). Zu nennen sind außerdem die Chorleiter Ingeborg Rawolle, Christel Rössler und Christoph Kühlewein.

Küster seit 1954

Madame Delafaye, Oswald Stamms, Georg und Elsa Henner, Michael Petzold, Hannes Naumann, Hans-Joachim Witte, Peter Brunner, Dieter Apfeld, Elisabeth Dufour, Alexander Litzenberger, Peter Stadlmaier, Sabine Wobbe, Karoline Kissling, Kathrin Blüm, Katrin Schröder, Ralf Hofmann, Stefan Hauck, Beatrix von Keyserlingk, Thorsten Heintze, Friedbert Müller, Christoph Bamler, Friedemann Buschbeck, Petra Schroeter, Daniel von Altrock, Friederike Stützle, Eva Thelen, Sandra Heinen, Egbert Heller, Jörg Winkelströter, Hans-Dieter Ebert, Imke Harms.

---

3 Siehe auch Anmerkung 1 auf Seite 410.
4 Siehe auch Anmerkung 2 auf Seite 412.

Im Sekretariat

Helene Genseke, Mine Bühler, H. Eisner, Ursula Rass, Ingrid Ganzevoort, Magali von Brentano, Steffen Mütterlein, Gisela Beschon, Claudia Friedemann, Elisabeth Langlais, ehrenamtlich Gerti Hadida.

Bildnachweis

Aus Hermann Fr. Schmidt: Pastor in Cannes. Ein Gedenkbuch, Berlin 1909: Bild 4.
Aus dem Ausstellungskatalog: 350e Anniversaire de la fondation de la première paroisse luthérienne de Paris. 1626–1976, Paris 1976: Bild 5.
Aus Henri Dubief/Jacques Poujol: La France Protestantes. Histoire et lieux de mémoire, Montpellier 1929, S. 191: Bild 6 und 7.
Aus Gustav von Bodelschwingh: Friedrich von Bodelschwingh. Ein Lebensbild, Bethel bei Bielefeld 1949, S. III: Bild 8.
Aus Mittheilung über die deutsche Mission in Paris, Anfang 1873: Bild 9.
Alte Postkarte: Bild 10.
Aus dem Besitz der CIMADE: Bild 49.
Historische Sammlung der Bodelschwinghschen Anstalten in Bielefeld: Bild 51.
Foto-Lachmann: Bild 57.
Aus früheren Gemeindeblättern, kirchlichen Zeitschriften und Aufrufen – oft nur als Ausschnitt vorhanden. Soweit sich die Herkunft nicht aus dem Zusammenhang ergibt, kann sie nicht in jedem Fall identifiziert werden: Bild 1, 2, 13–15, 28, 29 und 32.
Aus dem Archiv der Christuskirche Paris: Bild 12, 16, 17, 20, 22, 24–27, 30, 36, 37, 40, 46, 51, 53, 59, 60 und 63–71.

Alle übrigen Fotos stammen aus privater Hand, in vielen Fällen von den auf den Fotos Abgebildeten oder ihren Nachkommen.

Quellenverzeichnis

Evangelisches Zentralarchiv Berlin
Bestand 5 = ZA, Best. 5

Kirchliches Außenamt:
136	Abhaltung von Führerlehrgängen und Erteilung Sonderaufträge.
143	(Bericht Peters 1941 über Rambaud)
176	Frankreich generalia.

Frankreich 1–23:
1333, 1334, 1335	Frankreich. Allgemeines.
1336, 1338	Frankreich. Pfarrkonferenzen ab 1906.
1337, 1339, 1340, 1341	Kirchliche Fürsorge für die nichtansässigen evangelischen Deutschen in Paris ab 1853.
1342, 1391	Evangelisationsgemeinde (=Billettesgemeinde) Paris ab 1899.
1343–1345, 1359, 1360	Deutsche Evangelische Gemeinde Lyon ab 1852.
1346a, 1366–1370	Deutsche Evangelische Gemeinde Nizza.
1347, 1362	Deutsche Evangelische Gemeinde Marseille.
1348	Deutsche Evangelische Gemeinde Troyes.
1349, 1354	Deutsche Evangelische Gemeinde Bordeaux.
1350, 1363	Kirchliche Versorgung der evangelischen Deutschen in Ajaccio auf Korsika.
1351, 1352, 1364	Deutsche Evangelische Gemeinde Menton.
1353, 1358	Deutsche Evangelische Gemeinde Le Havre ab 1870; kirchliche Versorgung der evangelischen Deutschen in Le Havre ab 1908.
1355	Kirchliche Versorgung der evangelischen Deutschen in St. Etienne ab Juni 1870.
1356, 1357	Deutsche Evangelische Gemeinde in Cannes.
1371–1388	Deutsche Evangelische Christuskirche Paris 1905–1944.
1392	Hügelkirche Paris.
1393	Castellane ab 1929.
3259	Personalakte Erich Dahlgrün.

Politisches Archiv des Auswärtigen Amtes Bonn
Akten der kulturpolitischen Abteilung = Pol.AA, Kulturpol. Abt.

Zu Gemeinden in Frankreich:
  R 61551: Marseille/Toulon, R 61883: Bordeaux, R 61884: Cannes, R 61885: Corbeil, R 61886: Le Havre, R 61887: Lyon, R 61888: Menton.

Zu Paris:
R 61543 Hügelkirche.
R 61889–R 61891 Evangelische Angelegenheiten, Deutsche Kirche Paris, Band 3–5.

Zu Deutschen in Paris:
R 27200 Chef der AO. NSDAP.
R 60055 Förderung des Deutschtums im Ausland (1921–1934).
R 70941 Deutschtum im Ausland (1935).

Weitere Themen:
R 70771 Ausweisung Albert Körber.
R 98802–R 98803 Frankreich, Kirche 1942–1945.

Akten der Botschaft Paris = Pol.AA, Botschaft Paris

1021 III 12q Katholische Kirche (2 Bde.).
1021 III 12r Evangelische Kirche 1931–1938.
1021 III 12t Verschiedene Konfessionen (4 Bde.).
1054 a V 5 Vereine 1925–1939.
1062/1, 1062/2 AO.NSDAP in Frankreich.
1120a Politische Beziehungen Deutschland-Frankreich 1942.
1368–1370 Deutsches Institut 1940–1942.
1372/1111a Kirchenwesen in Frankreich 1940–1942.
1675, 1679, 1680 Deutsche Evangelische Kirche Paris 1872–1913.
1688 Monaco, Pfarrer Wettstein.
2207/1 III 12n Volkstrauertag.
2207/2 III 12p (Bd. 1:) Arbeitsheim.
2207/3 Nizza-Fonds.
702a-c Mayrisch Komitee 1926–1938.
928a Goethe-Feier.
Pers. 289 Personalakte von Hoesch (4 Bde.).
Pers. 503 Personalakte vom Rath (2 Bde.).

Landeskirchenarchiv Hannover = LKA Hannover

L3 Nr. I, 3 Kanzlei des Landesbischofs Hanns Lilje (Vorbereitung der Tagung des Lutherischen Weltbundes in Paris 13.–20.10.1935).
N 112 Nachlaß Hans-Helmut Peters.

Bundesarchiv Abteilung Potsdam
Kulturpolitische Abteilung des Auswärtigen Amtes
= BA Potsdam, Kulturpol. Abt. des AA

69368 Evangelische Angelegenheiten Paris 1911 – August 1940.
69369 Evangelische Angelegenheiten Nizza 1905–1917.
69370 Deutsche Kirche Paris, Bd. 6: 1934–1935.

Archives Nationales Paris = AN Paris

F7/13427–13434 Rapports sur l'Allemagne.
F12/7837–7839, 7843, 7844 Rapports sur des biens sequestrés (ab 1914).
AJ 40, 439–443 Akten der deutschen Militärverwaltung in Frankreich.

Archiv der Fédération Protestante de France = A Féd. Prot.

I Procès-verbaux du Conseil de la Fédération Protestante de France 1920–1954.
II Correspondance 1935–1937, 1940, 1943–1947.

Archiv des Lutherischen Konsistoriums Paris = A Luth. Kons. Paris

I: Procès-verbeaux 1831–1945.
II: Correspondance 1847–1894.

Archiv der Christuskirche

Das Archiv wurde vollständig gesichtet, daher an dieser Stelle keine detaillierte Aufzählung der benutzten Unterlagen.

Beiträge von Zeitzeugen in Interviews, schriftlichen Aussagen oder überlassenen Dokumenten in alphabetischer Reihenfolge:
Madeleine Barot, Hanna Baumann, Franz-Charles de Beaulieu, Christa Coltitz, Emma Danguy, Trude David, Otto Emans, Wilhelm Epting, Gabrielle Ferrières, Sonja Fischnaller, Nina Gazon, Margarete Girard, Madame Raoul Girardet, Pastor Albert Greiner, Felicitas Großberg, Irene Hedrich, Pastor Keller und Frau Monika, Jean Krentz, Alexandra von Kühlmann, Claire Lezius, Helene Lichtenstein, Dr. Walter Oppenheim, Pastor Hans-Helmut Peters, Einar Riesser, Pastor Gérard Ruckwied, Alfred Schaeffer, Pastor Christian Semler, Nora Stocker, Schwester Marie Winkelmann, Dr. Christian Zinsser, Eva Zippel.

Außerdem die Pfarrerberichte von Martin Berger, Christoph W. Dahlkötter, Rüdiger Frey, Joachim Kusch und Helmut Leser.

Literaturverzeichnis

Bancelier, Jacques: L'Allemagne à Paris, in: Magazin pittoresque 1890, S. 371–372, 378–379, 402–403.

Bansa, Friedrich: Die deutsche Hügelgemeinde in Paris 1858–1908. Ein Beitrag zur Geschichte der deutschen evangelischen Auslandsdiaspora, Berlin 1908.

Baubérot, Jean: L'antiprotestantisme politique à la fin du XIXe, in: Revue d'histoire et de philosophie religieuse, Teil 1: 1972, S. 449–484; Teil 2: 1973, S. 177–221.

Baubérot, Jean: La mouvance protestante française du »christianisme social« et l'Allemagne de la première guerre mondiale à l'avènement du nazisme, in: Revue d'Allemagne Okt./Nov. 1989, S. 522–530.

Berg, Christian: Die Deutschen in Paris und die Arbeit der deutschen evangelischen Mission unter ihnen, in: Evangelisches Kirchen- und Schulblatt für Württemberg 1869, S. 404–405.

Bericht über die Evangelische Mission unter den Deutschen in Paris 1844–1860 (ab 1862 unter dem folgendem Titel).

Bericht der Deutsch-Französischen Mission in Paris, Bd. XVII, 1862 bis Bd. XX, 1868/1869.

Bodelschwingh, Friedrich von: Ausgewählte Schriften, Bd. 1: 1858–1871, Bethel bei Bielefeld 1955.

Bonhoeffer, Dietrich: Gesammelte Schriften (hrsg. von E. Bethge), Bd. 1: Ökumene, Briefe, Aufsätze, Dokumente 1928–1942, München 1958.

Bremond, George: Église luthérienne de Lyon, in: Rive Gauche 59 / 1976, S. 18–22.

Bulletin intérieur d'information et d'évangélisation de l'aumônerie des étrangers protestants en France (hrsg. von der aumônerie des étrangers protestants en France), 1946–1954.

Bussmann, E.W.: Evangelische Diasporakunde. Handbuch für Pfarrer und Freunde deutscher Auslandsgemeinden, Marbug 1908; darin: Kirchengesetz vom 7 Mai 1900, betr. die mit der evangelischen Landeskirche der älteren Provinzen in Verbindung stehenden deutschen Kirchengemeinden außerhalb Deutschlands, S. 426–427.

Buttlar, Fritz von: Von der Kaiserfeier der Deutschen in Paris, in: Deutsche Zeitung vom 30.1.1902.

Campenhausen, Axel Frh. von: Staat und Kirche in Frankreich, Göttingen 1962.

Cholvy, G. / Hilaire, Y.M.: Histoire religieuse de la France contemporaine, 3 Bde., Paris 1985–1988.

Christianisme au XXe siècle. Le journal des églises réformées de France, 1926–1939.

Closset, Réné: L'aumônier de l'enfer Franz Stock, aumônier de Fresnes, du Cherche Midi et de la Santé 1940–1944, Mulhouse 1965.

Délormeau, Charles: Histoire de l'église luthérienne de Nice, l'église de langue allemande, in: Nice historique 1982 / 4, S. 149–161; 1983 / 1, S. 26–40.

Délormeau, Charles: L'église luthérienne de Cannes, in: Annales de la sainte science de Cannes – arrondissement de Grasse 30 / 1983, S. 157–162.

Délormeau, Charles: L'église luthérienne de Menton, in: Nouvelles Régionales 1984 / 1, S. 1–6.

Denkschrift des Deutschen Evangelischen Kirchenausschusses über die kirchliche Versorgung der Diaspora im Auslande, in: Deutsch-Evangelisch im Ausland 5 / 1905 / 5, S. 49–68.

Deutsch-Evangelisch im Ausland. Zeitschrift für die Kenntnis und Förderung der deutschen evangelischen Diaspora im Auslande (hrsg. von E.W. Bussmann), 1902–1916; darin über Paris: 6 / 1905 / 6, S. 94–95; 7 / 1906 / 7, S. 147–148; 8 / 1907 / 8, S. 301–302.

Dreher, Martin N.: Kirche und Deutschtum in Brasilien, Göttingen 1978.
Driancourt-Girod, Janine: Ainsi priaient les luthériens de Paris. La vie religieuse, la pratique et la foi des luthériens de Paris au XVIIIe siècle, Paris 1992.
Driancourt-Girod, Janine: L'insolite histoire des luthériens de Paris. De Louis XIII à Napoléon, Paris 1992.
Eiselen (Pfarrer): Deutsch-evangelisch in französischen Landen, in: Monatsblatt des Gustav-Adolf-Vereins für die Provinz Sachsen, Teil 1: Dezember 1990 (Marseille); Teil 2: September 1911 (Lyon), S. 135–138; Teil 3: Oktober 1911 (Cannes, Nizza, Menton), S. 153–156.
Encrevé, André: Les Protestants en France de 1800 à nos jours, Paris 1986.
Espagene, Michel: Bordeaux Baltique. La présence culturelle allemande à Bordeaux aux XVIIIe et XIXe siècles, Paris 1990.
Frisius, Friedrich: In Paris während der Monate Juli und August 1870, in: Evangelisches Gemeindeblatt für den Dekanatsbezirk München 9 / 1914, S. 136–140.
Geith, Karl-Ernst: Zur Geschichte der evangelisch-lutherischen Kirche in Genf, in: Gedenkbuch zur Einweihung des renovierten Gemeindehauses 1989, Genf 1989, S. 46.
Gerhardt, Martin: Friedrich von Bodelschwingh. Ein Lebensbild aus der deutschen Kirchengeschichte, Bd. 1: Werden und Reifen, Bethel bei Bielefeld 1950.
Gerstenmaier, Eugen: Das Kirchliche Außenamt im Reiche Hitlers, in: Festschrift für Hermann Kunst, Göttingen 1977, S. 307–318.
Geschichte der evangelischen Gemeinde deutscher Zunge in Cannes [Anonym], Basel 1905.
Geyer, Johannes: Die deutsche evangelische Gemeinde in Marseille und Toulon. Festschrift zum 50jährigen Bestehen, Dresden 1896.
Grandjonc, J.: Die deutschen Emigranten in Paris, in: Heine-Studien 1972, S. 166–168.
Grandjonc, J. / Grundtner, Th.: Zone d'Ombres. 1933–1944. Exil et internement d'Allemands et d'Autrichiens dans le sud-est de la France, Aix-en-Provence 1980.
Hagspiel, H.: Verständigung zwischen Deutschland und Frankreich? Die deutsch-französische Außenpolitik der zwanziger Jahre im innerpolitischen Kräftefeld beider Länder, Bonn 1987.
Heckel, Theodor: Die deutschen evangelischen Gemeinden in den Welt-, Haupt- und Handelsstädten, in: Festschrift zum 70. Geburtstag von Franz Rendtorff, Leipzig 1930, S. 137–151.
Hellmann, M.: Friedrich von Bodelschwingh d.J. Widerstand für das Kreuz Christi, Wuppertal/Zürich 1988.
Hohlfeld, Arved / Nöllenburg, Wilhelm: Aus der Auslandsarbeit der Evangelischen Kirche in Deutschland, in: Kirchliches Jahrbuch für die Evangelische Kirche in Deutschland 1967, S. 321–369.
Hosemann, Johannes (Hg.): Der Deutsche Evangelische Kirchenbund in seinen Gesetzen, Verordnungen und Kundgebungen, Berlin 1931; darin: Kirchenbundesgesetz betreffend den Anschluß deutscher evangelischer Kirchengemeinschaften, Gemeinden und Geistlichen außerhalb Deutschlands an den Kirchenbund vom 17. Juni 1924 (einschließlich seiner Ausführungsverordnungen), S. 105–147 Nr. 21–27.
Joly, Alain: L'église de la confession d'Augsbourg à Paris 1815–1848 (Mémoire de maitrise de théologie protestante), Université Strasbourg II 1990 (unveröffentlicht).
Kirchengesetz vom 18. März 1954, betr. das Verhältnis der Evangelischen Kirche in Deutschland und ihrer Gliederungen zu evangelischen Kirchengemeinschaften und Gemeinden, Pfarrern und Gemeindegliedern deutscher Herkunft außerhalb Deutschlands, in: Amtsblatt der Evangelischen Kirche in Deutschland 1954, S. 110ff.
Kirchliches Jahrbuch für die evangelische Kirche in Deutschland 54 / 1927, S. 326; 55 / 1928, S. 386–387; 57 / 1930, S. 371; 58 / 1931, S. 429 (Meldungen über Paris).
Kock, E.: Abbé Franz Stock, Paris 1966.
Körber, Albert: Kampf und Leiden in der Geschichte der deutschen evangelischen Gemeinde in Lyon. Der Verlust ihrer Kirche, Stuttgart 1911.

Körber, Albert: Kirchliches deutsches Leben in Frankreich, in: Eiserne Blätter 30 / 1932, S. 365–368; 40 / 1932, S. 493; 42 / 1932, S. 508.
Krause, Martin: Ein Brünnlein Gottes in Paris. Gedenkschrift zur Jahrhundertfeier des deutschen Gottesdienstes in der Billetteskirche in Paris (1809–1909), Paris 1909.
Kremkau, Klaus: Die Auslandsarbeit der Evangelischen Kirche in Deutschland, in: Kirchliches Jahrbuch für die Evangelische Kirche in Deutschland 1984, S. 91–151 (Dokumentensammlung).
Krüger, P.: Die Außenpolitik der Republik von Weimar, Darmstadt 1985.
Lächele, R.: Frankreich und französische Protestanten in der Weimarer Republik. Perspektiven protestantischer Publizistik in deutschen Kirchenzeitungen und Zeitschriften, in: Revue d'Allemagne Okt./Nov 1989, S. 531–551.
Leipoldt, Johannes: Die deutsche evangelische Gemeinde in Paris, in: Die evangelische Diaspora. Zeitschrift des Gustav-Adolf-Vereins 17 / 1935, S. 134–135.
Mader, Philipp: Die deutsche evangelische Kirche in Nizza und das lutherische Konsistorium in Paris, 1907.
Maiwald, Birger: Eine biographische Notiz: Theodor Heckel, in: Kirchengemeinschaft – Anspruch und Wirklichkeit. Festschrift für Georg Kretschmar zum 60. Geburtstag, Stuttgart 1986, S. 189–233.
Mayeur, J.M.: La séparation de l'église et de l'état, Paris 1966.
Meyer, Louis: Oeuvres évangéliques de St. Marcel, Paris 1853
Michel, E.: Das Deutsche Institut in Paris 1940–1944. Ein Beitrag zu den deutsch-französischen Kulturbeziehungen des Dritten Reiches, Stuttgart 1993.
Müller, Reinhart: Die Auslandsarbeit der Evangelischen Kirche in Deutschland, in: Kirchliches Jahrbuch für die Evangelische Kirche in Deutschland 1974, S. 297–305.
Niemöller, Gerhard: Die deutschen evangelischen Gemeinden in London und der Kirchenkampf, in: Evangelische Theologie 3 / 1959, S. 131–146.
Pabst, Wilfried: Die »Deutsche Mission« in Paris 1840–70, in: Dokumente 1981, S. 151–158.
Pabst, Wilfried: Die Deutsche Schule. Festschrift zum 50jährigen Bestehen der Deutschen Schule Paris, Paris 1980.
Pabst, Wilfried: Écoles allemandes à Paris, in: Francia 1980, S. 667–679.
Peters, Hans-Helmut: Der Einfluß Luthers in Frankreich, in: Auslandsdeutschtum und Evangelische Kirche 1939.
Peters, Hans-Helmut: Deutschland und Frankreich. Die Annäherungsversuche der Katholiken beider Länder, in: Das Evangelische Deutschland 1931, S. 138–140.
Peters, Hans-Helmut: Deutschsprechende Protestanten in Nordfrankreich, in: Das Evangelische Deutschland 1931, S. 159–160.
Peters, Hans-Helmut: Frankreichs junge Generation, in: Die Christliche Welt. Protestantische Halbmonatsschrift 1936 / 14, Sp. 657–659.
Poidevin, J. / Bariéty, J.: Frankreich und Deutschland. Die Geschichte ihrer Beziehungen (1815–1975), München 1976.
Poujol, Jacques: Documents et pistes de recherche sur les protestants de zone occupée, in: Bulletin de la société de l'histoire du protestantisme français 139 / Juillet-Août 1993, S. 391–498.
Rapport sur Oeuvres évangéliques de St. Marcel, Paris 1850–1876.
Riesser, Hans E.: Von Versailles zur UNO, Bonn 1962.
Robert, D.: Les protestants français, in: Francia 2 / 1974, S. 415–430.
Röder, Werner (Hg.): Biographisches Handbuch der deutschsprachigen Emigration, 3 Bde., München 1980–1983.
Speidel, Hans: Aus unserer Zeit. Erinnerungen, Frankfurt a.M. 1977.
Schäfer, Theodor: Pariser Erinnerungen eines deutschen Pastors, Gütersloh 1897.

Steinweg, J. (Hg.): Gedenkbuch für Herrmann Schmidt (Pastor in Cannes), Berlin 1909.
Stratenwerth, Gerhard: Evangelische deutsche Auslandsgemeinden, in: Kirchliches Jahrbuch 77 / 1951, S. 333–371.
Streng, Georg: Berührungen zwischen dem deutschen und dem französischen Protestantismus während der letzten zwanzig Jahre, in: Evangelische Wahrheit. Hannoversche Halbmonatsschrift für religiöse und kulturelle Fragen der Gegenwart 12 / 1916; 13 / 1916; 14 / 1916.
Streng, Georg: Die deutsche evangelische Kirche in Paris, in: Evangelische Wahrheit.
Streng, Georg: Ein Festtag der deutschen Evangelischen in Paris (3. November 1912), in: Illustriertes Evangelisches Familienblatt zur Förderung der Interessen der bayrischen Diaspora 1. Dezember 1912, S. 181–182.
Streng, Georg: In Paris um die Wende Juli-August 1914, in: Evangelisches Gemeindeblatt für den Dekanatsbezirk München 10 / 1914, S. 156–159.
Témoignage, le. Journal de l'église évangelique luthérienne 1894; 1926–1939.
Thalmann, Rita: L'immigration allemande et l'opinion publique en France 1932–1936, in: La France et l'Allemagne 1932–1936. Communications présentées au colloque franco-allemand tenu à Paris du 10–12 mars 1977, Paris 1980, S. 149–172.
Théry-Lopez, Renée / Temime, Émile: Migrance. Les immigrations à Marseille, Bd. 2: L'expansion marseillaise et l'invasion italienne (1830–1918), Marseille 1990.
Thiemann, D.: Deutsch-französische Jugendbeziehungen der Zwischenkriegszeit, Bonn 1989.
Weber, Auguste: Un Centenaire. L'église évangélique luthérienne de Paris 1808–1908, Paris 1908.
Weber, Hermann: Die Mission de St. Joseph des Allemands in Paris 1850–1925, in: Francia 1989 / 3, S. 1–13.
Wettstein, Emma: Die deutschen Kolonien an der Riviera. Erinnerungen einer Deutschen von der Riviera (= Schriften des deutschen Auslandsinstituts Stuttgart A: Kulturhistorische Reihe 14), Stuttgart 1923.
Wright, C.: »Über den Parteien«. Die politische Haltung der evangelischen Kirchenführer 1918–1933, Göttingen 1977.

Index

Der Index umfaßt Personen-, Sach- und geographische Bezeichnungen. Nicht einbezogen sind das Literatur- und Quellenverzeichnis. Naturgemäß umfaßt der Index nur eine beschränkte Auswahl von Sach-Stichworten. Soweit die Abkürzungen für Institutionen, Kirchen, Firmen u. a. nicht im Index aufgelöst werden, sind sie im Quellen- und Literaturverzeichnis zu finden. Der Zusatz (KV) steht für Mitglied des Kirchenvorstandes.

Aachen 183, 358
Abace, E.F. de, Komponist 195
Abetz, Otto, Botschafter 175, 182
Action des Chrétiens pour l'Abolition de la Torture (ACAT) 298
Addis Abeba 411
Adenauer, Konrad, Bundeskanzler 356
Adler, Peter 304
Adventsbasar 7, 109, 111, 145, 159, 252, 266, 277, 278, 309, 311, 333, 336, 346, 348, 350, 351
 siehe auch »Wohltätigkeitsbasar«
Agen 220
Ägypten 235
Ahle, Johann Rudolf, Komponist 193
Aktion Sühnezeichen 291, 304
Alain, Marie Claire, Organistin 358, 359
Albi 220
Algerien 342
Alpen 26
Alpes-Maritimes (Département) 171
Alt-Katholiken 302
Altpreußische Union 18, 21, 27, 28
Altrock, Daniel von, Küster 413
Amerika 22, 40, 170, 194, 323
Amiens 221
Ananoff, Georg (KV) 245, 413
André, Maurice, Trompeter 311, 358, 359
Anglikanische Kirche 18, 23, 185, 188, 210, 299, 357
Angoulême 221
Angoulême, Marguerite de 11
Annecy 219, 220, 221
Anonyme Alkoholiker 309
 siehe auch »Blaues Kreuz«
Anquetin, Stefanie (KV) 243, 413
Anthes, Hermann, Pfarrer 76, 327, 410
Anthes, Ruth 410
Antiklerikalismus 54, 241, 295
Antisemitismus 76, 132, 156, 302, 401
 siehe auch »Judenverfolgung«
Antwerpen 352
Apfeld, Dieter, Küster 413
Appia, Georges, Pfarrer 58, 63, 77, 126
Appia, Louis, Pfarrer 126, 295
Arbeitsgemeinschaft der Evangelischen Frauenarbeit in Deutschland 343
Arierparagraph 132, 133, 139, 156, 188

Armenkasse 6, 33, 69, 94, 111, 112, 144, 164, 318, 336
Arndt, Ernst Moritz 120
Arnim, Georg-Wilhelm von (KV) 413
Arnim, Ruprecht von (KV) 413
Arnoldshain 213
Arras 197, 221
Articles Organiques 13, 19, 38, 362
Asien 95
Aspern, Maria tho 46, 320
Association d'Entraide et d'Assistance aux Jeunes 345
Asylanten 297, 299, 401
ATD-Quart Monde 298
Atsma, Hartmut, Dr., Gemeindepräsident *(Vorwort)*, 243, 413
Auberive 221
Auch 220
Augsburg 126, 410
Aumônerie des Etrangers Protestants en France 3, 203, 204, 205, 219, 341
Auschwitz 183, 400
Ausländerüberwachung 169, 170
Australien 235
Aveyron (Département) 221
Avignon 220, 221

Babel, Rainer, Dr. 270
Babylon 260
Bach, Etienne, Hauptmann 127
Bach, Henri, Pfarrer 20
Bach, Johann Sebastian, Thomaskantor 155, 156, 194, 195, 357, 359, 360
Bacot, Pierre, Schatzmeister der CIMADE 370
Bad Godesberg 76, 369
Bad Hersfeld 411
Bad Kreuznach 412
Baden, Großherzogtum 374
Baden-Baden 269
Badertscher, Erika 276
Baer, Friedrich Carl, Pfarrer 34, 35, 318
Baerwanger, Robert, Kaufmann (KV) 93, 94, 115
Bähler, Claudio 276
Bahlsen (Keksfabrik) 116
Bailly (Ile-de-France) 247, 270, 349
Baltikum 108, 115, 354
Bamberg 292
Bamler, Christoph, Küster 413

Bansa, Friedrich, Pfarrer 43, 44, 46, 47, 49, 50, 59, 79, 80, 324, 329
Baptisten 11, 165, 172, 212, 233, 241, 248, 295, 298, 300, 303
Barbier, NN. 346
Barcelona 108, 241
Baritsch, Hans, Dr., Botschaftsrat (KV) 248, 413
Barmer Erklärung 131, 140, 287
Baron, Moritz 276
Barot, Madeleine, Präsidentin der CIMADE *(Vorwort)*, 200, 202, 211, 294, 296, 297, 303, 341
Barth, Karl, Theologe 131, 132, 140, 162, 165, 267, 293
Bartnik, Roswita (KV) 413
Bas-Rhin (Département) 13, 15
Basel 267, 411
Basler Missionsgesellschaft 23, 29, 44
Batignolles (Paris) 50, 56, 57, 307, 320, 322, 323, 380, 392, 394
Bauberot, Jean, Soziologe 295
Baudissin, Wolf Graf, General 267
Baumann, Hanna *(Vorwort)*
Baunatal 411
Baus, Susanne, Vikarin *(Vorwort)*, 413
Bayern 259, 336, 391
Bayeux 260
Bayrische Ostmark (NS-Gau) 144
Beaulieu, Franz Charles de, Pfarrer *(Vorwort)*, 116, 123, 126, 164, 185, 203–208, 211, 216, 220, 221, 234, 272, 333, 342, 409
Beaume, Gilbert, Pfarrer 261
Beauvais 279
Bechstein, Klavierbaufirma 359
Beckedorf, Wilhelm (KV) 248, 413
Beckerath, Orgelbaufirma 357
Beers, Jacques, Organist 93, 355
Beethoven, Ludwig van, Komponist 79, 176
Behrendt, Hans-Günter, Oberstleutnant, Gemeindepräsident *(Vorwort)*, 243, 413
Behrendt, Jan 276
Bekennende Kirche 130, 131, 132, 133, 134, 135, 137, 140, 154, 162, 169, 190, 201, 287, 293
Bekenntnisfront 131, 133, 140, 148
Belfort 14, 219, 221
Belgien 178, 185, 197, 248, 289, 291, 352
Bell, George, Bischof 293
Belleville 45, 54
Below, Elmar, Vikar 412
Benhamou, Maurice, Organist 259
Bensch, Joachim, Dr., Thorbecke Verlag *(Vorwort)*
Bente, Wolfgang (KV) 413
Benz, Hermann, kath. Pfarrer 284, 301
Berendts, Otto, Leiter der Europaabteilung des Kirchlichen Außenamtes 259
Berg, Carl, Pfarrer 321
Berg, Wolfgang, Architekt 388
Berger, Charlotte (Lotte) 346, 347, 411
Berger, Elisabeth (KV) 413

Berger, Martin, Pfarrer 46, 255, 262, 269, 270, 274, 277, 284, 290, 292, 293, 301, 304, 307, 310, 346, 347, 411
Berger, Peter L., Soziologe 241, 271
Bergerac 284
Berlin *(Vorwort)*, 79, 88, 90, 91, 97, 102, 124, 125, 129, 132, 135, 139, 140, 147, 161, 166, 175, 179, 181–186, 201, 251, 259, 268, 290, 295, 304, 328, 366, 403, 411, 412
Bertrand, André Numa, Pfarrer 127, 141, 184, 185, 198
Bertrand, Colin, Prof. Dr. (KV) 413
Besançon 221
Beschon, Gisela, Gemeindesekretärin *(Vorwort)*, 251, 414
Besig, Hans, Oberkonsistorialrat 89, 94, 98
Besser, NN. 49
Bethel *(Vorwort)*, 41, 284, 323, 380, 411, 412
Bethge, Eberhard, Theologe *(Vorwort)*, 118, 212, 213
Bethlehem 225
Betz, Albrecht, Professor *(Vorwort)*
Beucha (Sachsen) 410
Beyer, Erdmann, Pfarrer 43, 363
Béziers 221
Bibelgesellschaft 6
Bielefeld *(Vorwort)*, 326, 387
Bielefelder Komitee 56, 57, 58, 59, 324, 364
Bieri, Ruth, Pfarrerin 291
Bierville bei Etampes (Ile-de-France) 90
Bilgram, Hedwig, Organistin 358
Binz, Heinz Herbert *(Vorwort)*, 193
Bismarck, Otto von, Reichskanzler 32, 101, 306
Blank, Wilfried, Vikar 412
Blankenburg, Dr. 359
Blankenhorn, Herbert, Botschafter (KV) 245, 413
Blattmann, Albert, Kaufmann 115
Blattmann, August, Pfarrer 83
Blattmann, Helene 410
Blaues Kreuz 298
Block, Paul, Vorsitzender des Dt. Hilfsvereins 113
Blomeier-Bartenstein, Horst, Botschaftsrat (KV) 245, 413
Blüm, Kathrin, Küsterin 413
Bock, Hans Martin, Professor *(Vorwort)*
Bodelschwingh, Ernst von 49, 321
Bodelschwingh, Friedrich von, Pfarrer 1, 3–5, 26, 41, 44–47, 49, 50, 52, 56, 57, 65, 88, 120, 206, 234, 273, 283, 285, 286, 300, 307, 319, 320, 322, 363, 378, 380, 387, 392, 394, 399, 408
Bodelschwingh, Friedrich von, Reichsbischof 83, 133, 167, 169
Bodelschwingh, Georg von 45
Bodelschwingh, Ida von 49, 320, 321, 322
Bodelschwingh, Karl von, preußischer Finanzminister 320
Bodensee 332, 410
Bodère, Barbara 276

Boegner, Marc, Präsident der Fédération Protestante de France 141, 165, 171, 181, 183, 184, 187, 188, 189, 198, 199, 200–202, 210, 214, 215, 234, 293, 295, 297, 298, 369, 370, 398
Boegner, Philippe 188
Böger, Heinz, Organist 192, 193, 194, 195
Bohle, Ernst-Wilhelm 150
Bolchen 355
Bonaparte, Napoleon
   siehe »Frankreich (Regenten)«
Bondorff, Susanne 397
Bonhoeffer, Dietrich 108, 132, 135, 204
Bonn *(Vorwort)*, 269, 288, 411, 412
Bonnet, Georges Etienne, Außenminister 175
Bordeaux 2, 16–19, 28, 29, 77, 120, 166, 167, 170–172, 207, 219–221, 226, 241, 290, 408
Bordighere 171
Börne, Ludwig 40
Borsig (Firma) 115
Börßum 410
Bösinger, Rudolf, Rundfunkpfarrer 269
Boulanger, Georges, franz. Kriegsminister 59, 61
Boulanger, Nadia et Lili (Konservatorium) 360
Bourbon, französische Dynastie
   siehe »Frankreich (Regenten)«
Bourdon, Berta 351
Boury, NN., Pfarrer 81, 167
Boutler, Jacques, Dr. *(Vorwort)*
Boutler, Susanne *(Vorwort)*, 350, 351
Bozen 118
Brackwede 356
Brahms, Johannes, Komponist 193
Brand, Georg, Pfarrer 326, 327, 374, 410
Brandenburg 12
Brandenbusch, Christel (KV) 413
Brandts, Hubertus (KV) 360, 413
Brassel, Andreas, Pfarrer 221, 226
Bräuer, Kurt, Botschaftsrat 175
Braune, Paul Gerhardt 169
Braunschweig 259, 410
Brecht, Bert, Schriftsteller 170
Brecklein, Ingo, Landesbischof von Thüringen 259
Bredthauer, L. 146, 147, 336, 337
Breitscheid, Rudolf, Politiker 170
Bremen 17, 44, 86, 87, 92, 113, 203, 333, 410, 411
Bremer, Karl Heinz, Journalist 182
Bremerhaven *(Vorwort)*, 411
Brentano, Magali von, Gemeindesekretärin 251, 414
Breslau 260
Bretagne 291, 411
Brey, Norbert, Thorbecke Verlag *(Vorwort)*
Briand, Aristide, Außenminister 84, 101
Briçonnet, Guillaume, Bischof von Meaux 11
Brioude 221
Brodersen, Clara 397
Bronner, Georges, Pfarrer 91, 127
Brot für die Welt 202, 284, 297

Brüning, Heinrich, Reichskanzler 128, 129
Brunnarius, Pfarrer 206
Brunner, Peter, Küster 413
Brüssel *(Vorwort)*, 235, 286
Buc (Ile-de-France) 270, 274, 307, 308, 350
Buchenwald 196, 197
Bückeburg 259
Bühler, Mine 414
Buissé, Pierre, Richter 283
Bulletin intérieur d'information et d'évangelisation de l'aumônerie des étrangers protestants en France 205, 216, 219, 226, 230, 287
Bülow, Katharina von, Schriftstellerin 304, 305
Bund Evangelischer Mädchen 337
Bund vom Weißen Kreuz 327, 377
Buñuel, Luis, Regisseur 311
Burchard, Anna-Manon 276
Burckhard, Johannes, Pfarrer 22, 328
Burgund 279
Burkartshain 410
Buschbeck, Friedemann, Küster 413
Buth, Monika, Pfarrerin *(Vorwort)*, 247, 275, 349, 412
Buttlar, Fritz von 79
Buxtehude, Dietrich, Komponist 193, 355

Cabrol, Hugues de, Aumônier General 229
Caen 221, 261
Calvin, Johannes (Jean), Reformator 11, 279
Calvinismus *(Vorwort)*, 2, 12, 17, 365
   siehe auch »Église Réformée de France«
Calw 411
Cannes 5, 21, 23, 24, 25, 26, 27, 28, 77, 120, 166, 171–173, 221, 388, 396, 408
Carcassonne 221
Caritas 143, 144
Carstens, Karl, Bundespräsident 307
Casalis, Georges, Professor 259, 295
CASP   siehe »Centre d'Action Sociale Protestant dans la Région Parisienne«
Castellane 166
Castro, Emilio, Generalsekretär des Weltkirchenrates 317
Castrop-Rauxel 412
Caulmont 279
Cavaillès, Jean, Philosoph 196
Celle 357, 411
Centre Culturel Luthérien de Paris 360
Centre d'Action Sociale Protestant dans la Région Parisienne (CASP) 298
Centre du Christ Libérateur 298
Cercle Franco-Allemand 309
Cevennen 13
Chamberlain, Sir Arthur N. 173
Chambon-sur-Lignon 220
Champagne 279
Chanu, André 126

Charenton (Ile-de-France)   31
Chartres   279, 302
Chatou (Ile-de-France)   342
Chaumont   221
Cherbourg   221
Cherche-Midi (Paris)   194, 200
China   207
Chor Franco-Allemand   308
Christlicher Kellnerbund   67, 332, 374
Christlicher Studentenweltbund   84
Christlicher Verein Junger Männer   siehe »CVJM«
Christliches Kellnerheim   siehe »Christlicher Kellnerbund«
CIMADE   siehe »Comité Inter-Mouvements Auprès Des Évacués«
CLAIR   siehe »Comité Luthérien d'Aide aux Immigrants et Réfugiés«
Clamart (Ile-de-France)   257
Claß, Helmut, Landesbischof von Württemberg   259, 304
Claussen, Elsa   397
Clement, Philippe   345
CLERATE   siehe »Comité luthérien et réformé d'aide aux travailleurs étrangers«
Clermont-Ferrand   220, 221
Clodius, NN., Legationssekretär   89, 94
Cocagnac, NN., O.P.   267
Cognac   221
Cohn-Bendit, Daniel   268
Colditz, Christa, verh. Herrmann   *(Vorwort)*, 207, 216, 290, 342
Colditz, Kurt E. (KV)   413
Coligny, Gaspar de, Admiral   385
Comité des Églises chrétiennes pour les Chrétiens non-aryens   165
Comité des Réfugiés   188
Comité Inter-Mouvements Auprès des Évacués (CIMADE)   200, 202–204, 210, 212, 214–216, 219, 284, 296, 297, 301, 303, 341, 343, 370, 409
Comité Luthérien d'Aide aux Immigrants et Réfugiés (CLAIR)   202, 204, 206, 207, 211, 216, 217, 226, 228, 230, 234, 267, 273, 289, 294, 336, 409, 411
Comité luthérien et réformé d'aide aux travailleurs étrangers (CLERATE)   216, 218, 219, 220, 221, 225, 227, 294
Comité républicain allemand d'aide aux réfugiés politiques d'Outre rhin   157
Commission des Églises étrangers   166
Conrad, Alfred, Pfarrer   18, 77
Corbeil (Ile-de-France)   16
Côte d'Azur   170, 408
Courbevoie (Ile-de-France)   284, 342
Courcelles   50, 394
Cronström, NN., Gesandter   34
Cuvier, Rodolphe, Pfarrer   38
CVJM   79, 122, 123, 126, 137, 146, 147, 264, 267, 286, 296, 304

DAAD   siehe »Deutscher Akademischer Austauschdienst«
Dahlgrün, Emilie, geb. Fischer   86, 92, 120, 149, 174, 203, 333, 334, 335, 336, 337, 339, 410
Dahlgrün, Erich, Pfarrer   7, 21, 84–95, 97–102, 104–106, 108–114, 116–127, 132–141, 144–156, 158–170, 172, 174–176, 178–181, 185, 190, 203, 204, 233–235, 245, 256, 275, 281, 285, 290, 295, 299, 301, 307, 333, 337–339, 354, 386, 387, 408, 410
Dahlkötter, Annette   388, 411
Dahlkötter, Christoph Wilken, Pfarrer   211, 212, 214, 215, 228, 229, 246, 251, 254, 260, 267, 280, 282, 287, 294, 299, 342, 343, 344, 356, 386, 387, 388, 400, 409, 411
Dahlkötter, Ursula   *(Vorwort)*, 249, 342, 343, 344, 358, 411, 413
Daladier, Edouard   173
Damrath, Rudolf, Wehrmachtsoberpfarrer   191
Dänemark   31, 220, 362, 391, 401
Danguy, Emma   *(Vorwort)*, 111
Danzig   17
David, Renate   351
David, Trude   *(Vorwort)*, 216, 220, 341
Davos   26
Dax   171
Debré, Michel, Verteidigungsminister   311
Decize   221
Decknatel, NN., Kaufmann   47
Dedeke, Gerhard, Vikar   412
Deißmann, Adolf   120
Delafaye, Küsterin   413
Dellwig (bei Unna)   50
Delpech, Jacques, Pfarrer   218, 219, 220
Demidoff, Elisabeth   49
Denain, NN., General, Luftfahrtminister   141
Dennert, Eberhard, Naturwissenschaftler   76
Deportation   64, 194, 197, 198, 199, 293, 305, 311, 398
Deutsch-Französische Gesellschaft   90, 104
Deutsch-Französische Mission   47, 307
Deutsch-Französischer Bruderrat   259, 293
Deutsch-Französischer Handelsvertrag   89
Deutsch-Französischer Krieg   *(Vorwort)*, 3, 15, 20, 22, 25, 40, 50, 52, 55, 61, 68, 292, 321, 322, 363, 374, 408
Deutsch-Französisches Handelsabkommen   93
Deutsch-Französisches Jugendwerk   245, 308
Deutsch-Französisches Studienkomitee   88, 90, 104, 115
Deutsche Arbeitsfront   116, 142, 145, 149, 150, 155
Deutsche Christen   130, 132, 133, 134, 137, 147, 168, 287
Deutsche Evangelische Frauenhilfe   148, 337
Deutsche Gemeinschaft   150, 151, 152, 153, 169, 171
Deutsche Handelskammer   7, 89, 145, 151, 206, 309
Deutsche Kriegsgräberfürsorge   204, 208, 411

Deutsche Mission 3, 6, 19, 22, 43, 44, 46, 47, 50, 51, 52, 56, 71, 363, 364
Deutsche Schule Paris (DSP) 160, 163, 189, 239, 274, 277, 291, 301, 307, 321, 323, 324, 336, 350, 363, 367
Deutschenfeindlichkeit 27, 29, 55, 59, 109, 122, 342
Deutscher Akademischer Austauschdienst 89, 185, 187, 308
Deutscher Evangelischer Frauenbund 329, 331, 396
Deutscher Evangelischer Frauenverein 327, 328, 330, 331, 332
Deutscher Evangelischer Jungfrauenverein 69, 327, 331, 332, 377, 396
Deutscher Evangelischer Kirchenausschuß 11, 22, 25, 29, 82, 93, 94, 128, 137, 365
Deutscher Evangelischer Kirchenbund 95, 135, 368, 408
Deutscher Handlungsgehilfenverband 116, 204
   siehe auch »Deutschnationaler Handlungsgehilfenverband«
Deutscher Hilfsverein 7, 20, 27, 41, 65, 69, 75, 87, 89, 97, 104, 107, 111–113, 116, 119, 142, 145, 147, 150, 151, 153, 157, 164, 212, 283, 308, 319, 331, 336, 343
Deutscher Jünglingsverein 6, 43, 65, 323, 325, 327, 377
Deutscher Klub 104, 111, 116, 157, 170
Deutscher Quartettverein 61, 67, 79
Deutscher Schulverein 111, 114
   siehe auch »Deutsche Schule Paris«
Deutscher Turnverein 116, 151
Deutscher Verband für Frauenstimmrecht 329
Deutscher Verband für katholische Mädchensozialarbeit 309
Deutsches Arbeitsheim 80–81
Deutsches Auslandsinstitut 116
Deutsches Haus Paris 103, 142, 149, 150, 151, 152, 153, 162, 175
Deutsches Historisches Institut (Vorwort), 308
Deutsches Institut 186, 187, 188, 189, 190
Deutsches Nachrichtenbüro 152
Deutsches Reich, Kaiser
   siehe »Preußen«
Deutsches Rotes Kreuz 143, 336
Deutsches Sozialwerk 41, 212, 264, 267, 282, 308, 309
Deutschnationale Volkspartei 97, 102
Deutschnationaler Handlungsgehilfenverband 104, 111, 116, 142, 149, 157
Diakonie 283, 284, 295, 346
Diakonissen 6, 41, 67, 113, 173, 279, 298, 320, 323, 326, 327, 343
Dibelius, Otto, Generalsuperintendent, dann Bischof von Berlin 107, 108, 259, 260
Diercks, Magdalene 397
Dietz, NN., Dr. (KV) 93, 94, 115

Dietzfelbinger, Hermann, Landesbischof von Bayern 259
Dijon 221
Directoire de l'Inspection Générale 38
DNVP   siehe »Deutschnationale Volkspartei«
Döllscher, Jürgen, Vikar 412
Dom, Jacqueline (Vorwort)
Doppelheim für Erzieherinnen und Mägde 266, 323, 326, 329, 374
Dostojewski, Feodor 280
Douai 219, 221, 247, 248, 267, 289, 304, 349
Doucé, Joseph, Pfarrer 298
Draeger, B. 140
Dresden 323, 360, 361, 410
Dreyfus, Alfred, Hauptmann 64
Driancourt-Girod, Janine, Historikerin (Vorwort), 31
Dritte Welt 39, 268, 277, 282, 297, 299, 320, 403
Drittes Reich 7, 16, 51, 52, 82, 100, 120, 130, 133, 143, 146, 153, 155, 157, 168, 169, 178, 182, 183, 186, 200
DSP   siehe »Deutsche Schule Paris«
Düben, Gustav, Organist 355
Dubler, Kobi, Pfarrer 291
Dueso, Henriette 81
Dufour, Elisabeth, Küsterin 283, 348, 413
Duhamel, Alain, Politologe 295
Dumas, André 269
Dünkirchen (Dunkerque) 120, 121, 166, 221
Dupré, Marcel, Organist 358
Dürer, Albrecht, Maler 119
Durlach 380
Durrlemann, Freddy, Pfarrer 200
Durst, NN. (KV) 115
Düsseldorf 175, 176, 355, 412

Eberhardt, Hermann, Kaufmann (KV) 90, 115, 142, 145, 150
Eberlein, Paul-Gerhardt, Pfarrer 291
Ebert, Hans Dieter, Küster (Vorwort), 413
Ebricht, NN., Kirchenpräsident 259
Ecole allemande-française supérieure 374
Ecuelles 279
Edikt von Nantes 2, 12, 19, 31, 33, 318, 362
Eggers, Christian (Vorwort), 180, 183
Église Évangélique Luthérienne de France (EELF) 214, 234, 294, 299
Église Réformée de France (ERF) 122, 294
Ehné, Pfarrer 28
Ehrenlegion 75
Ehrich, NN., Landesgruppenleiter 176
Eichholz, Georg, Dr., Pfarrer 247, 255, 259, 264, 270, 274, 279, 349, 351, 412
Eichholz, Melanie 349, 412
Eichholz, Miriam 270, 349, 412
Eifel 227
Einem, Kurt von (KV) 207
Eisner, H. 414
Elisabethmission 83

Elisabethverein 163, 301, 324
Elsässischer Jungfrauenverein 83, 333
Elsaß *(Vorwort)*, 4, 11, 13, 38, 46, 55, 210, 228, 240, 249, 289, 369
Elsaß-Lothringen 15, 59, 85, 125, 204
Emans, Otto *(Vorwort)*, 111
Emi-France, Schallplattenfirma 358
Emmaüs 301
Emmendingen 411
Endres, NN. 323
England 12, 126, 159, 180
Entraide Protestante 298
Epinal 221
Epting, Karl, Journalist 182, 187, 189
Epting, Wilhelm *(Vorwort)*, 187
Equipe Franco-Allemande 343
Erato, Schallplattenfirma 358
Erchinger, Almuth, verh. von der Recke, Pfarrerin 412
ERF siehe »Église Réformée de France«
Erlangen 410
Ermenonville (Ile-de-France) 258
Erweckungsbewegung 15, 41, 42, 43
Espagne, Michel 18
Estland 114
Etampes (Ile-de-France) 90
Etchegaray, Kurienkardinal 261
Eutin 259
Evangelische Lepramission 298
Evangelische Mission 308, 319, 363, 408
Evangelischer Bund 17
Evangelischer Bund Junger Mädchen 148, 287
    siehe auch »Jungmädchenbund«
Evangelischer Bund Junger Männer 108, 146
    siehe auch »Jungmännerbund«
Evangelischer Reichselternbund 113
Evangelisches Hilfswerk für Internierte und Kriegsgefangene 186, 188, 194, 201

Faber-Castell (Firma) 115
Fahrenholtz, Gudrun (KV) 413
Fahrner, Edith (KV) 346, 413
Faubourg Montmartre (Paris) 65
Faubourg Saint-Antoine (Paris) 36, 40
Faubourg Saint-Jacques (Paris) 40
Faubourg Saint-Marcel (Paris) 40, 59
Fédération Protestante de France (FPF) 11, 83, 84, 94, 122, 124, 125, 127, 165, 171, 180, 181, 187, 188, 199, 200, 201, 202, 204, 205, 210, 211, 215, 216, 217, 234, 288, 295, 296, 298, 369, 370
Feldmann, Iris 413
Feldmann, Wilfried, Vikar 112, 151
Fenot, Heike 276
Ferrières, Gabrielle *(Vorwort)*, 196, 200
Ferrières, Marcel 196
Ferry, Helga (KV) 243, 413
Ferry, Jules, Ministerpräsident 59
Fersen, Axel Graf von 37, 318
Findeisen, NN. 47

Fischer, Emilie
    siehe »Dahlgrün, Emilie«
Fischer, Hans, Vikar 412
Fischnaller, Sonja *(Vorwort)*, 122, 175
Fleischhauer, Emma 397
Fleischhauer, Maria 397
Fleurance 220
Fliedner, Theodor 41
Fliegel, Eva (KV) 413
Florenz 87, 118, 410
Flüchtlinge 163, 165, 172, 212, 216, 265, 297
Flüchtlingshilfe 202–205, 220, 225, 226, 228
Fontainebleau (Ile-de-France) 38, 221, 227, 229, 279, 291
Forell, Friedrich, Pfarrer 165
Forsberg, Arne, Pfarrer 204, 218, 219, 220, 341
Forster, NN., Dr., Botschaftsrat 151, 158, 159
Forster, NN., Ehefrau 336
Fort de Scarpe 219
Forum Franco-Allemand des Jeunes Artists 309
Foyer d'Accueil aux Émigrés Allemands 157
Foyer Porta 309, 345
Foyer-le-Pont 268, 283, 291, 309, 345
FPF siehe »Fédération Protestante de France«
Franco, Bahamonde, General 173
Frank, Marie-Therese 276
Franke, Horst-Dieter, Vikar 412
Frankfurt am Main *(Vorwort)*, 210, 223, 336, 358, 369
Frankl, André, Pfarrer 165, 166, 212, 294, 303
Frankreich (Regenten)
    Franz I., König 11
    Heinrich IV., König 12
    Louis Philippe, Bürgerkönig 14, 38, 39
    Ludwig XIII., König 12, 31
    Ludwig XIV., König 12, 13, 34, 318, 362
    Ludwig XV., König 35
    Ludwig XVI., König 318, 362
    Marie Antoinette, Königin 318
    Napoleon I., Kaiser 6, 13, 14, 31, 37, 318, 362, 372, 408
    Napoleon III., Kaiser 14, 23
Französischer Kirchenbund
    siehe »Fédération Protestante de France«
Fraternité évangélique (FE) 216–219, 221, 222, 224–228, 230, 287
Frauenhilfe 109, 147, 153, 154, 159, 160, 163, 172
Frauenwahlrecht 5, 75, 328, 329, 330, 334, 367, 396, 397
Freiarbeiter 2, 216
Freiburg 411, 412
Fremdenfeindlichkeit 20, 268
Fremdenlegion 29
Fréquence Protestante 298
Fresnes (Ile-de-France) 186, 190, 194, 196, 198, 200
Frey, Ann Sophie 276
Frey, Fanny 347, 349, 411
Frey, Rüdiger, Pfarrer 247, 293, 305, 347, 411

427

Friedberg (Hessen) 49
Friedemann, Claudia *(Vorwort)*, 414
Friedrichs, Hugo, Romanist 187
Frisius, Agnes 324, 325, 326, 330
Frisius, Erich 324
Frisius, Friedrich, Pfarrer 47, 58, 61, 62, 87, 89, 307, 321, 323, 324, 325, 326, 327, 328, 330, 375, 408, 410
Frisius, Günther 330
Frisius, Lina 325, 326, 330, 410
Frisius, Marie, verh. Onnasch 324, 325, 328, 330
Frisius, Sophie 324
Frölich, Walther, Dr. (KV) 90, 94, 101, 115
Frommel, Emil, Theologe 36
Fugger (Kaufmannsfamilie) 32
Fumet, Gabriel 358

Gaber, NN., Holzschnitzer 393
Gabun 298
Gadamer, Hans-Georg, Philosoph 187
Gagé, Erika 281
Gallus, Jacob, Komponist 193
Gambs, Christian Carl, Pfarrer 34, 36, 37
Ganzevoort, Ingrid, Gemeindesekretärin 251, 414
Gap 219
Garbers, Otto (KV) 137, 150
Garches (Ile-de-France) 247
Gardiner, John Elliot 358
Garmisch-Partenkirchen 156
Gaulle, Charles de, Staatspräsident 215, 311
Gaume, Erlgard 271
Gazon, Nina, geb. von Marck *(Vorwort)*, 172
Gebauer, Wladimir (KV) 207
Gefängnisseelsorge 194, 195, 196, 199, 200
Gegenreformation 12
Geheime Staatspolizei
 siehe »Gestapo«
Gehrke, NN. 337
Gelnhausen 328
Genf 11, 19, 86, 90, 93, 102, 108, 118, 166, 179, 180, 202, 205, 317, 334, 339, 408
Genseke, Helene (KV) 414
Gentilly 65
Genua 63, 118, 166, 410
Gerhardt, M. 45
Gerhardt, Paul, Pfarrer und Liederdichter 225
Gers (Département) 290
Gerstenmaier, Eugen, Politiker 134
Geschäftsstelle für deutsche Güter und Interessen 85, 171
Gesellschaft für die Geschichte des Protestantismus in Frankreich
 siehe »Société de l'Histoire du Protestantisme Français«
Gesellschaft zur Besorgung der Heiratspapiere 6, 44, 319
Gesetz zur Wiederherstellung des Berufsbeamtentums 160

Gestapo 142, 149, 150, 156, 164, 187, 188, 196, 197, 199, 200, 201
Gewerkschaftsbewegung 116, 267
Giengen an der Brenz 353
Giere, NN., Vikar 412
Gieske, Berta 397
Gieske, Helene 397
Gigondas 221
Gilbrich, Wilfried, Gemeindepräsident *(Vorwort)*, 413
Girard, Margarete *(Vorwort)*
Girardet, Raoul *(Vorwort)*, 197
Gleichschaltung 101, 131, 134, 142, 144, 146, 149, 151, 157, 213
Gloege, Gerhard 269
Göbel, Helmut, Vikar 412
Göckel, NN. 344
Göckenjan, Hermann, Leiter der Europaabteilung des Kirchlichen Außenamtes 259
Goebbels, Josef, Reichspropagandaminister 152, 154, 155
Goes, Albrecht, Dichter 259
Goethe, Johann Wolfgang von 120
Goethe, NN., Pfarrer 127
Goethe-Institut 306, 308
Goldstein, Michael, Geiger 360
Göricke, Christian Georg Wilhelm, Pfarrer 36, 37, 318
Goslar 372
Göttingen 411, 412
Göttling, Ingrid (KV) 255, 351, 413
Göttling, Theodor 333
Götz, NN. 47, 320
Gounod, Charles, Komponist 359
Grandjonc, Jacques, Professor *(Vorwort)*
Gras, Dagmar 351
Greiner, Albert, Inspecteur ecclésiastique der lutherischen Kirche *(Vorwort)*, 211, 248, 294
Grenelle (Paris) 49
Grenoble 220, 221
Griesbeck, NN., Pfarrer 221
Groeben, NN. Graf von der 75, 396
Gröschel, Evamarie, Dr. 281, 351
Grosser, Alfred, Professor 269
Großberg, Eva, Dr. 113, 334, 335
Großberg, Felicitas *(Vorwort)*, 84, 87, 91, 98, 108, 109, 111, 113, 115, 117, 119, 146, 147, 148, 152, 158, 161, 163, 171, 175, 179, 180, 185, 186, 190, 195, 275, 333, 334, 338, 340
Großbritannien 135, 289
Grote, Nikolaus von 151, 152
Grundmann, Walter, Pfarrer 137, 147
Grunow, Inge 351
Grynszpan (Grünspan), Herschel 174, 178
Gueutal, Franck, Pfarrer 217, 218, 220, 221, 234, 290
Guggenheim, Jacques, Pfarrer 165, 303
Guillou, Jean, Organist 358
Guiorguiewsky, NN. 84

Guizot, François, Ministerpräsident 14
Gumtau, Hugo, Konsul, Gemeindepräsident 190
Günsbach 354
Gurs 165, 180, 183, 205, 338
Gustav-Adolf-Verein 16, 17, 19, 25, 28, 29, 44, 63, 71, 73, 77, 86, 95, 104, 117, 121, 163, 324, 354, 363
Gustloff, Wilhelm, Landesgruppenleiter der NSDAP 175
Gütersloh 411
Guthmann, Ruth (KV) 265, 349, 413

Haberland, Ernst 266
Habsburg, Karl V., Römischer Kaiser 11
Hadida, Gertrud (Gerti) *(Vorwort)*, 414
Haerpfer, Fritz, Orgelbauer 355
Haïti 299
Halle 86, 410
Hambraeus, Jonas, Pfarrer 2, 32, 317, 391, 392
Hamburg 17, 224, 227, 259, 391, 411
Hamm/Sieg 412
Hammer, Robert, Maler 281
Hanau 411
Händel, Georg Friedrich, Komponist 155, 156, 193, 195
Hannover *(Vorwort)*, 86, 95, 99, 259, 304, 308, 366, 382, 412
Hannoversche Landeskirche *(Vorwort)*, 3, 75, 78, 82, 95, 112, 122, 132, 233, 258, 366, 382, 408, 411
Harbou, S. C. von 396
Hardenberg, Astrid Gräfin von, Organistin (KV) 207, 283, 303, 413
Harmonia Mundi, Schallplattenfirma 358
Harms, Claus (?), Pfarrer 234
Harms, Hans-Heinrich, Landesbischof in Oldenburg 259
Harms, Imke, Vikarin und Küsterin 413
Harms, Ingrid *(Vorwort)*
Harnack, Adolf von, Theologe 100, 120
Hauck, Stefan, Küster 413
Hausen, Julia 276
Hausenstein, Wilhelm, Botschafter 398
Hauser, Philipp 276
Haussmann, Georges, Baron, Präfekt 40, 44, 49, 50, 374
Haut-Rhin (Département) 13, 15
Heberle (Firma) 386
Heckel, Theodor, Oberkonsistorialrat, dann Bischof 7, 88, 102, 106, 127, 134–140, 150, 152, 171, 179, 181, 183–185, 188, 189, 210, 213
Hedrich, Irene *(Vorwort)*, 343
Heermann, Erna 343
Heidegger, Martin, Philosoph 187
Heidelberg 411, 412
Heidland, Hans-Wolfgang, Landesbischof von Baden 259
Heiligenhafen 410
Heilsarmee 83, 282, 298

Heine, Heinrich, Schriftsteller 40, 41, 281
Heinel, Thomas 276
Heinemann, Gustav, Dr., Bundesjustizminister, dann -präsident 267, 269
Heinen, Sandra, Küsterin 413
Heinrich, Ingrid (KV), Leiterin des Foyer-le-Pont 345, 413
Heinrich-Heine-Haus 308
Heintze, Gerhard, Landesbischof in Braunschweig 259
Heintze, Thorsten, Küster 280, 413
Heinzmann, NN. 85
Held, Heinz Joachim, Dr., Präsident des Kirchlichen Außenamtes 214, 259
Heller, Egbert, Küster 413
Hellwig, Karl 386
Henner, Elsa, Küsterin 249, 250, 343, 344, 345, 346, 349, 350, 413
Henner, Georg, Küster 87, 147, 249, 250, 343, 346, 349, 350, 413
Hérault (Département) 221, 226
Herberge zur Heimat 325, 374
Herriot, Edouard, Ministerpräsident 84, 85
Herrmann, Christa, geb. Colditz 216
Herrmann, NN. 198
Herrnhuter Brüdergemeinde 18
Hessel, Helene 338
Hessen 42, 259, 319
Hessing, Erich, Vikar 112
Heuss, Theodor, Bundespräsident 49, 307, 378
Heydrich, Reinhard, Leiter des Sicherheitsdienstes 175, 186
Hieronimus, Ekkehard, Vikar 228
Hildesheim 372, 385
Hilferding, Rudolf, Politiker 170
Hindenburg, Paul von, Reichspräsident 93, 97, 129, 140, 141, 156, 171, 175
Hippel, Dorothea, Sonntagsschulhelferin 207
Hirsch, Charles, Journalist 65
Hirsch, Swantje 276
Hirschler, Horst, Landesbischof von Hannover 258
Hirtz, Madeleine 323
Hitler, Adolf, Reichskanzler 126, 127, 129, 130, 136, 137, 138, 139, 142, 155, 158, 159, 173, 179, 181, 182, 337
Hitler-Jugend 147
Hjerman, NN., Pfarrer 221
Höbert, Heinz (KV) 243, 413
Hodoroaba, Jeremy, Pfarrer 248, 300
Hodoroaba, Madeleine, Pfarrerin 248, 300
Hoesch, Leopold von, Botschafter 84, 85, 88, 89, 90, 93, 94, 98, 104, 111, 120, 128, 129, 160
Hoffmann, Mark 276
Hoffmann, Udo, Pfarrer 291
Hofmann, Ralf, Küster 280, 413
Hohenlohe-Schillingsfürst, Chlodwig Fürst von 65
Hohenstein 410

Hohenzollern (preuß. Herrscherhaus)
	siehe »Preußen«
Hohmuth, NN., Botschaftsangestellter 145
Holl, Karl, Theologe 100
Holland 185, 241
Hölscher, Burkhard, Vikar 413
Holstein 31, 37, 46, 391
Holzmann (Firma) 121
Honecker, Erich, Staatsratsvorsitzender der DDR 403
Horn, Siegfried, Dr. 137
Horstig, Jutta von, Dr., Organistin 413
Hosemann, Jean-Jacques, Pfarrer 16, 46
Hosemann, Johannes, Direktor des Kirchenbundesamtes 102, 113
Hossenfelder, Joachim, Pfarrer 137
Hövelmann, Dr. 359
Hugenotten 1, 12, 13, 14, 34, 203, 318, 398
Hülsen, Arian van 276
Hurlemann, NN., Pfarrer 28
Hyères 221

Ilchmann, Lotte
	siehe »Berger, Charlotte«
Ile-de-France 262, 274, 279, 289
Immel, Heinrich, Pfarrer *(Vorwort)*, 182
Immer, Karl, Kirchenpräsident 259
Innere Mission 42, 56, 143, 148, 345
	siehe auch »Mission intérieure«
Institut Catholique 349
Internierungslager 81, 165, 179, 180, 183, 198, 205, 294, 296, 338
Iserlohn 214
Islam 270, 271, 305
Israel 403
Israeliten
	siehe »Juden«
Israelsmission 203, 204, 206, 211, 218, 219, 220, 272, 294, 296, 303, 341, 409, 411
Italien 86, 118, 166, 167, 170, 171, 173, 233
Ivry (Ile-de-France) 65, 158, 163, 310

Jaffe, Joseph, Dr., Arzt 304
Jahn, Friedrich Ludwig (»Turnvater«) 67
Jahn, Oswald (KV) 413
Jänichen-Kucharska, Ino 281
Jecklin, NN. von, Generalkonsul 75
Jerusalem 277, 358, 385, 386, 399
Jesuitenorden 68, 260, 267
Johner, Fritz, Pfarrer 221
Join-Lambert, Mascha (Margarete), Gemeindepräsidentin *(Vorwort)*, 298, 308, 351, 413
Joly, Alain, Pfarrer *(Vorwort)*
Jonas, (Familie) 190
Jonge, NN. 47
Jonson, schwedischer Pfarrer 208
Josephsmission 68
Juan les Pins 167

Juden 4, 17, 153, 156, 157, 163, 165, 167, 175, 196, 199, 200, 202, 203, 205, 220, 235, 238, 270, 273, 297, 302–304, 337, 341, 362, 398, 400, 401
Judenmission 206, 211
Judenverfolgung 175, 188, 206, 212, 305
	siehe auch »Antisemitismus«
Jugendbewegung 146, 168
Jugoslawien 226
Jung, Erich, Organist 92
Junge Gemeinde 207, 257, 261, 263, 302, 311, 345
Jungmädchenbund 108, 126, 335
	siehe auch »Evangelischer Bund Junger Mädchen«
Jungmännerbund 112, 126, 148, 335
	siehe auch »Evangelischer Bund Junger Männer«
Jungreformatorische Bewegung 130, 133, 134, 136

Kahl, NN., Dekan 76
Kaisergeburtstag 18, 20, 74, 78, 79, 93, 310, 332
Kamerun 299, 300
Kanada 235
Kapler, Hermann, Präsident des Dt. Evang. Kirchenausschusses 93, 94, 133
Karius, Wolfgang, Organist 358, 413
Karmeliter-Orden 372
Kasachstan 2
Katechismus 1, 7, 218, 234, 299
Katholische Mission 90, 95, 288, 343
Kaute, Michael, Vikar 413
Kawalla, Axel, Vikar 413
Kayser, Hildegard
	siehe »Peters, Hildegard«
Kehl 411
Keller, Monique *(Vorwort)*
Keller, NN., Pfarrer *(Vorwort)*, 183
Kellnerpfarrer
	siehe »Schmidt, Hermann Friedrich«
Kempf, Rolf, Dr., Vikar 398, 412
Kerbel, NN. 47
Kern, Marita, Anglistin 304
Kessler, Harry Graf, Diplomat 65, 101
Keuper, Jürgen, Vikar 412
Keyrouz, Marie 358
Keyserlingk, Beatrix von, Küsterin 413
Kiausch, NN., Kirchenrat 229
Kiekbusch, Wilhelm, Landesbischof in Eutin 259
Kiel 86, 410
Kiessel, NN. (KV) 413
King, Martin Luther 279
Kirchenbundesamt 86, 88, 89, 90, 91, 92, 94, 95, 97, 102, 113, 114, 124, 125, 127, 133, 134, 368
Kirchenkampf 130, 132, 135, 138, 162, 185, 188, 210
Kirchensteuer 106, 237, 239, 252
Kirchliches Außenamt der EKD 3, 91, 106, 115, 133, 134, 135–139, 141, 149, 156, 157, 166, 170, 173, 179, 180, 181, 183–188, 190, 191, 204, 209–

211, 213-215, 233, 245, 259, 357, 367, 369, 370, 387
Kirsten, NN. von 158
Kissling, Karoline, Küsterin 413
Kittel, Rudolf, Theologe 76
Klabunde, Karl (KV) 413
Klaiber, Manfred, Botschafter 357
Klaiber, NN., Ehefrau des Botschafters 265
Klattenhof, Friedrich, Pfarrer 324
Klattenhoff, August (KV) 63, 70, 71, 72, 73, 74, 75, 78, 326
Klauer, Heinrich 18
Klein, NN., Vikar 412
Kleuker, Detlef, Orgelbauer 355, 356, 357, 358, 360
Kleuker, Gerhard, Vikar 112
Knocke, NN. 265, 345
Koch, Karl, Präses der Bekennenden Kirche 135
Koch, Peter (KV) 413
Koczian, Alexander 276
Koerber, Albert, Pfarrer 20, 77, 97, 120
Köhler, Julius, Geheimrat 95, 98, 112, 113, 382
Kohler, M. 397
Köhler, Ulrike, Diakonisse 323
Kollreuther, NN., Flötist 156
Komitee zur kirchlichen Versorgung der Deutschen in Paris 74, 322
Kommunismus 119, 124, 157, 238, 283, 292, 297, 300
König, Irene 110
König, Ursula 110
Konkordat 13, 118, 362
Konrad, NN. 47
Konzentrationslager 196, 197, 304
Kopenhagen 241
Körber, Hans, Dr. (KV) 413
Korsika 16
Korte, Andreas, Zivildienstleistender 266
Köster, Roland, Botschafter 136, 139, 150, 151, 155, 171, 388
Krapp, Edgar, Organist 358, 413
Krause, Albrecht, Dr., Gemeindepräsident 245, 293, 308, 413
Krause, Martin, Pfarrer 53, 63, 79
Krause, NN., Professor in Bonn 269
Krebs, Fanny 411
Kreisau 260, 403
Kreiss, Fred, Pfarrer 234
Kremkau, Klaus, Leiter der Europaabteilung des Kirchlichen Außenamtes 259
Krentel, Emma 397
Krentz, Jean (KV) *(Vorwort)*, 207, 243, 245, 248, 256, 266, 267, 279, 280, 287, 342, 343, 397, 413
Kretzschmar, Georg, Theologe 134
Kriegelstein, NN. 46, 47
Krieger, Alice, Leiterin des Foyer-le-Pont 345
Kriegsgefangene 186, 188, 194, 201, 202, 207, 216, 217, 220, 222, 223, 225, 227, 238, 266, 294
Kriegsverbrecher 225

Krüger, Heinz, Oberbaurat *(Vorwort)*
Krukenberg, Gustav, Dr. (KV) 88, 90, 101, 102, 114, 115
Krummacher, Friedrich-Wilhelm, Dr., Oberkonsistorialrat 140
Kruse, Dirk 276
Kühlewein, Christoph, Chorleiter 352, 413
Kühlmann, Alexandra von *(Vorwort)*
Kühlmann, Hans von 336
Kühlmann, Mira von (KV) 113, 115, 159, 334, 336, 337
Kuhn, Johannes, Pfarrer 259
Kulifay, Emeric, Pfarrer 300
Kunst, Hermann, D., Militärbischof 229
Kuntermann, Frank 276
Kurland 254
Kurland, NN. Herzogin von 372
Kurth, Heidi, Vikarin 413
Kusch, Joachim, Pfarrer 264, 265, 272, 274, 279, 291, 301, 302, 348, 349, 411
Kusch, Johanna 348, 349, 411
Kutscher, Ernst, Dr., Botschaftsrat, Gemeindepräsident 215, 245, 413
KZ   siehe »Konzentrationslager«

La Rochelle 12, 221
La Roquette 53
La Santé (Paris) 53, 194
La Trobe, Frédéric von, Journalist (KV) 90, 91, 93, 101, 103, 115
La Villette (Paris) 45, 46, 56, 59, 65, 320, 394
La-Celle-Saint-Cloud (Ile-de-France) 255, 256, 274, 349, 351
La-Force (bei Bergerac) 284
Lambarene 108, 113, 355
Landes (Département) 226, 290
Lange, Ernst, Theologe 259
Lange, NN. von, Botschaftsrat 150
Langemarck 178
Langenhagen 249, 412
Langlais, Elisabeth (KV) 243, 413, 414
Langlais, Jean, Organist 358
Larcher, Wolfgang 279
Laskine, L. 79
Le Bigot, NN., Conteradmiral 141
Le Corbusier, Architekt 298
Le Creusot 221
Le Havre 2, 22, 120, 121, 166, 207, 291, 308, 342, 408
Le Nouvion 224
Le Puy 220
Le Seur, Paul, Evangelisationsprediger 113, 140
Le-Chesnay (Ile-de-France) 274
LeBras, Gabriel, Soziologe 241
Lecerf, A., Professor 141
Lefèvre d'Etaples, Jacques, Bibelübersetzer 11
Legelhorst 411
Lehmann, Karl, Vorsitzender der kath. Bischofskonferenz in Deutschland 261

431

Lehrer, Inge 110
Lehrlingsverein 6
Lens 221
Lenya, Lotte, Künstlerin 170
Les Ancizes 221
Les Gonnards 97
Leser, Anne 246, 249, 344, 345, 358, 413
Leser, Helmut, Pfarrer 246, 253–255, 267, 268, 269, 274, 290, 307, 345, 358, 411
Lettland 114
Lezius, Claire *(Vorwort)*, 111, 161
Lhermite, Helga 351
Libercourt 219
Lichtenstein, Helene *(Vorwort)*, 109, 110, 111
Liebfrauenmission 83
Lienhard, NN., Pfarrer 221
Lilje, Hanns, Landesbischof von Hannover 233, 258, 269, 293
Lille 221, 222
Limours (Ile-de-France) 304
Link, Ilse 351
Link, NN., Pfarrer 221
Link, Orgelbaufirma 352, 353, 354
Linser, Emil, Lehrer 109, 113, 114, 307
Lippstadt 411
Litaize, Gaston, Organist 358
Litzenberger, Alexander, Küster 413
Locarno-Vertrag 89, 103, 124, 173
Lohmann, Heinz, Kantor 355, 413
Lohrmann, Dietrich, Dr. (KV) 413
Loiretal 279
Lombardei 23
London 85, 129, 135, 136, 137, 204, 210, 212, 213, 241, 311, 326, 378, 410, 411
Londoner Haus 48
Longres 221
Loos 221, 225
Lorz, Robert, Dr. *(Vorwort)*, 111, 159
Lothringen *(Vorwort)*, 13, 289, 355, 411
Lourdes 52
Lübeck 17, 281
Lucius, NN. von, Präsidentin des Frauenvereins 328, 331
Lüdemann, Günter, Dr. (KV) 413
Luder, NN. 338
Lund 217
Lüneburg 156
Lüpkes, Anton, Pfarrer 190
Lüpkes, Ruth *(Vorwort)*
Lustiger, Jean-Marie, Kardinal von Paris 260
Lustiger, Kardinal von Paris 302
Luther, Käthe 349
Luther, Martin, Reformator 3, 7, 11, 99, 100, 117, 173, 261, 385, 388, 392
Luther, William (KV) *(Vorwort)*, 243, 245, 280, 341, 413
Lutherische Mission 18
Lutherischer Gotteskasten 63, 73

Lutherischer Weltbund 118, 202, 217, 230, 233, 290
Lutherischer Weltkonvent 95, 140, 259
Lutz, Detlef 248
Lutz, Margarete 349
Lutz, Willi (KV) 245, 302, 413
Lycée Franco-Allemand 307
Lycée International 307, 308
Lyon 2, 19–21, 25, 27, 51, 55, 77, 97, 120, 121, 166, 167, 171, 172, 219, 220, 221, 234, 290, 291, 308, 328, 408, 410

Machtergreifung 130, 171, 337
Mackrodt, Michael 276
Madagaskar 299
Mader, Philipp Friedrich, Pfarrer 23, 25, 27, 28, 77, 167
Madrid 113
Magdalena, Adelheid (KV) 265, 348, 349, 413
Mainz 297
Maison du protestantisme français 122
Maiwald, Birger *(Vorwort)*, 134, 137, 186, 210
Maltusch, Gottfried, Landesbischof in Bückeburg 259
Mann, Heinrich, Schriftsteller 90, 170
Mann, Thomas, Schriftsteller 170
Marahrens, August, Landesbischof von Hannover 95, 132, 140, 259
Marais 69
Marburg 175, 411
Marceau, Marcel 280
Marck, Nina von
 siehe »Gazon, Nina«
Marhoff, Martin, Zimmermann 47, 378
Marlet, NN., Professor, Jesuit 267
Marschallplan 206, 229
Marschner, Freimut, Dr. 248, 270
Marseille 16, 28, 29, 77, 120, 122, 166, 167, 170, 171, 172, 220, 221, 308, 408
Marsh, Eugen *(Vorwort)*, 159
Martin-Luther-Bund 294
Marx, Karl 40, 41, 319
Marx, Robert, Geheimrat Dr. (KV) 115, 142, 159, 160, 180, 210, 211, 304, 388
Marx, Wilhelm, Reichskanzler 85
Marxismus 133
Masseube 220
Matthiesen, NN., Pfarrer 166
Matthis, Ernst, Pfarrer 166, 167
Maucher, Rainer, Thorbecke Verlag *(Vorwort)*
Mauritz, Wolfgang, Vikar 412
Maury, Jacques, Präsident der FPF 293, 295
Maury, Pierre, Pfarrer, Präsident der ERF 198, 293, 295
Mayer, Georg, Pfarrer 19, 20
Mayrisch, Emile 88
Mayrisch-Komitee 88, 104
Maywald, NN., Fabrikant 46
Meaux 11, 279

Mecklenburg 31
Mecklenburg-Schwerin, Augusta, Prinzessin 25
Mecklenburg-Schwerin, Cecilie, Herzogin 26
Mecklenburg-Schwerin, Friedrich Franz II., Großherzog 25, 27
Mecklenburg-Schwerin, Helene, Herzogin 38, 39, 372
Mecklenburg-Schwerin, NN., Großherzog 49
Médard, Marie, Widerstandskämpferin 198
Meier-Greve, Jürgen, Dr. (KV) 243, 413
Meiser, Hans, Bischof 132, 169
Mekka 305
Melon, Horace 126
Melun (Ile-de-France) 264, 279
Memmingen 410
Mendelssohn Bartholdy, Felix, Komponist 359, 360
Ménégoz, Eugène, Pfarrer 27, 53, 58, 63, 77
Menk, Lotte 340
Mennoniten 11, 233
Menton 2, 23, 27, 28, 120, 166, 167, 254, 388, 408
Menuhin, Yehudi 311
Mertes, Alois, Dr., Legationsrat 267
Meßstetten 411
Methodisten 233
Mettenius, Daniel, Pfarrer 34
Metz 221
Meudon (Ile-de-France) 280
Meyer, Louis, Pfarrer 19, 42, 43, 44, 46, 319, 363
Meyer-Schwarzenberger, Volker (KV) 413
Michelangelo Buanarroti, Maler und Bildhauer 119
Michelfelder, Sylvester, Dr., Generalsekretär des Lutherischen Weltbundes 233
Michels, Eckard, Dr. *(Vorwort)*
Mission (äußere) 6, 18, 298, 378
Mission intérieure 56, 322, 364
  siehe auch »Innere Mission«
Mission Populaire 298
Missouri-Synode 234
Mittelmeer 227
Mitzenheim, Moritz, Landesbischof von Thüringen 236, 259
Mohrmann, Karl, Prof., Konsistorialbaumeister 377, 382, 384
Molander, NN., Pfarrer 220, 341
Moltmann, Jürgen, Theologe 269
Monaco 16, 17, 170
Monceau (Paris) 50
Monod, André, Pfarrer 122
Monod, Charles, Pfarrer 172
Monod, Wilfred 127
Mons 291
Mont-de-Marsan 2, 226, 284, 290, 346
Mont-Saint-Michel 279
Montauban 219
Montbéliard (Mömpelgard) 11, 13, 14, 29, 42, 55, 221, 234, 290
Montceau-les-Mines 221

Monte Carlo 167, 300
Montigny-le-Rai 221
Montluçon 221
Montmartre (Paris) 45, 50, 54, 264, 281, 283, 298, 302, 320
Montpellier 167, 171, 188, 221, 226, 227, 411
Montrouge (Ile-de-France) 65
Montrouge-Bagneux (Ile-de-France) 310
Morche, Gunther, Organist 413
Mosel 156
Moselle (Département) 13, 15
Moser, Pierre A. 219
Mott, John 84
Moulien, Maléen 351
Mouvement des Jeunes Femmes 343
Mühlen, Ewald, Gesandter, Gemeindepräsident 245, 345, 413
Mulhouse 219
Müller, Friedbert, Küster 413
Müller, Ludwig, Reichsbischof 132, 134, 135, 136, 147
Müller, NN., Pfarrer 47, 50
Müller, Reiner *(Vorwort)*
Müllerleile, NN. 337
Müllner-Völker, Marie-Luise *(Vorwort)*
München 76, 161, 224, 280, 294, 296, 330, 332, 336, 358, 372, 375
Münchhausen, NN. von (KV) 413
Münchner Abkommen 161, 174, 179, 339
Munsch, Joseph 290
Münster 140, 337, 344, 411, 412
Münster zu Derneburg, Georg Graf zu, Botschafter 65, 67
Münster zu Derneburg, Marie Gräfin zu 326
Müntz, NN., Pfarrer 22
Munzert, Gerhard, Oboist 195
Musmann, Günter 216, 217
Musolt, Michael 276
Mussolini, Benito 173
Mutius, Albrecht von, Generaldekan 229
Mütterlein, Steffen, Gemeindesekretär (KV) *(Vorwort)*, 43, 251, 414

Nähkreis 69, 109, 148, 153, 159, 324, 325, 330, 337
Nancy 221
Nanterre (Ile-de-France) 188
Nantes 2, 12, 19, 31, 33, 318, 362
Napoleon Bonaparte
  siehe »Frankreich (Regenten)«
Nationalgarde 36, 53, 322
Nationalismus 56, 120, 213, 214, 223, 224, 234, 292, 311
Nationalsozialismus 99, 101, 102, 129, 131, 133, 136, 142, 143, 146, 150, 151, 154, 161, 168, 170, 175, 186, 209, 216, 222, 235, 260, 267, 287, 291, 292, 294, 301, 303, 311, 334, 336, 402
Nationalsozialistische Deutsche Arbeiterpartei 7, 103, 104, 116, 128–131, 138, 142–148, 150–154, 169, 170, 175, 189, 337

Nationalsozialistische Volkswohlfahrt 142, 143, 144, 146, 148
Nationalversammlung 369, 370
NATO 210, 291
Naumann, (Familie) 190
Naumann, Hannes, Vikar und Küster 412, 413
Navarra 12
Neapel 42
Necker, Germaine 37
Neue Brücke (Wochenzeitung der YMCA) 216, 217, 219, 225, 230, 287
Neuendettelsau 323
Neuilly (Ile-de-France) 76, 77
Neumann, Peter, Organist 413
Neumarck, Georg, Komponist 193
New York 83, 128
Nicolai, Hans-Martin, Vikar *(Vorwort)*, 412
Nicolas, Albert, Pfarrer *(Vorwort)*
Niederlande 12
Niederrhein 391
Niemand, Elfriede (KV) 413
Niemöller, Gerhard 210
Niemöller, Martin, Kirchenpräsident 162, 169, 210, 233, 234, 269, 293, 369
Niermans, Edouard, Architekt 375, 382
Nîmes 125, 171, 219, 220
Nizza 2, 19, 23–25, 27, 28, 29, 51, 55, 77, 120, 122, 136, 154, 166, 167, 170–172, 181–183, 186, 220, 221, 230, 234, 289–291, 388, 408, 411
Noël, Hervé, Trompeter 258, 358
Nordafrika 29, 305
Nordamerika 2, 261, 293
Nordrhein-Westfalen 412
Normandie 194, 208, 261, 279
Norwegen 221
Nothacksberger, Otto, Pfarrer 221
Noyon 279
NSDAP   siehe »Nationalsozialistische Deutsche Arbeiterpartei«
NSV   siehe »Nationalsozialistische Volkswohlfahrt«
Nyström, schwedischer Pfarrer 208

Ochsendorf 411
Odhelius, NN., Pfarrer 317
OECD 306
Oeuvre évangelique de Saint-Marcel 42, 43, 45
Ohlmann, Aloys, Maler 281
Oignies 221
Ökumene 127, 140, 172, 185, 188, 209, 210, 212, 214, 218, 260–262, 270, 272, 277, 279, 289, 293, 296, 299, 300–302, 305, 308, 317, 346, 398
Ökumenische Konferenz Stockholm 122, 124
Ökumenischer Rat der Kirchen 187, 205, 269, 293, 317
Oldenburg 259
Olson, schwedischer Pfarrer 208
Onnasch, Bernhard, Pfarrer *(Vorwort)*
Onnasch, Georg 330

Onnasch, Marie, geb. Frisius 324, 325, 328
Oppenheim, Paul, Vikar 412
Oppenheim, Walter, Dr. *(Vorwort)*, 160, 162
Orange 219, 221
Orléans, Louis-Philippe Herzog von 38, 39, 374
Österreich 65, 152, 156, 165, 173, 204, 235, 237, 354
Österreich-Ungarn 68
Ostfriesland 46, 412
Ostpreußen 227, 312, 411
Otte, NN., Dr. *(Vorwort)*
Owen, Marie 110

Pachelbel, Johann, Komponist 193, 195
Paine, John K., Komponist 261
Pannier, Jacques, Pfarrer 184
Parlo, Dita, Schauspielerin 290
Passy (Paris) 76, 197, 293, 392
Pätzold, NN., Amtsgerichtsrat 76, 85
Pau 171, 221, 230
Pauillac 221
Périgueux 220
Pétain, Philippe, Marschall 141, 156, 182, 188
Peters, Burkhard, Pfarrer *(Vorwort)*, 171, 186
Peters, Christine 189
Peters, Hans-Helmut, Pfarrer *(Vorwort)*, 30, 86, 99, 112, 122, 126, 128, 136, 153, 154, 166–173, 180–192, 194–202, 211, 293, 295, 300, 301, 303, 338, 340, 386, 392, 408, 409, 411
Peters, Heidrun 185
Peters, Hildegard *(Vorwort)*, 171, 340
Petersen, Gustav, Pfarrer 63, 327, 410
Petzold, Michael, Küster 413
Pfalz 31, 42, 312, 319, 391
Pfarrernotbund 130, 165
Pfleiderer, Anne 411
Pflücker, Antonie 397
Philips, Schallplattenfirma 358
Pic (Firma) 227
Picasso, Pablo 109
Pierre, Abbé 301
Pietismus 18, 41, 44, 241
Pièri, Marineminister 141
Plötzensee 403
Pöhlmann, (Familie) 190
Pöhlmann, Heinrich (KV) 115, 138, 413
Pöhlmann, NN. (Ehefrau) 159, 336
Poincaré, Raymond, Politiker 83, 84
Polen 103, 124, 174, 180, 181, 207, 284, 403
Pomeyrol 398
Pommern 227, 391
Pompey 221
Poncet, François, Hochkommissar 369
Porst 412
Posen 207, 338
Potsdam 130, 140
Pötzscher, NN. (KV) 190
Poujol, Jacques *(Vorwort)*, 165, 185, 199, 200
Prag 361

Pré-Saint-Gervais (Ile-de-France) 394
Presbyterianer 172
Preuß, Albert, Leiter des Deutschen Sozialwerks 267, 308
Preußen 42, 65, 365
Preußen (Hohenzollern)
 Augusta, Königin 49
 Auguste Viktoria, Deutsche Kaiserin 63, 64, 67, 326, 388
 Friedrich I., Deutscher Kaiser 49, 380
 Friedrich II. »der Große«, König 156, 159
 Victoria, Deutsche Kaiserin (»Kaiserin Friedrich«) 25, 67
 Wilhelm I., Deutscher Kaiser 61
 Wilhelm II., Deutscher Kaiser 26, 61, 79, 366, 375, 382
Preußisches Konkordat 118
Prinz, Ulrich (KV) 413
Pro Musica à l'Église Evangélique Allemande (Verein) 361
Püchler, Margot 346, 348
Pulfert, Jean-Marc, Organist 413
Pyrenäen 205

Quäker 203

Rabba, Yanna 276
Radolin, Hugo Fürst von, Botschafter 65, 77, 79, 306
Raeder, Kurt, Kriegspfarrer 191
Raible, Lilly 276
Raible, Max 276
Rambaud, Jules, Pfarrer 83, 91, 123, 126, 127, 187, 295
Rambouillet (Ile-de-France) 277
Ramette, Henri, Pfarrer 167
Rampal, Jean-Pierre 358
Rapperswil 345, 346, 411
Rasch, Marie 329, 331, 396
Rass, Ursula, Gemeindesekretärin 251, 414
Rath, Ernst vom, Legationssekretär 7, 140, 153, 174, 175, 178, 179, 259
Rauh, Lucia, Sängerin 195
Rauscher, NN., Lehrerin 321
Ravensberger Land 241
Rawolle, Ingeborg, Chorleiterin 413
Reber, Christian, Pfarrer 291
Rech, NN. 47, 320
Recke, Almuth von der, Pfarrerin *(Vorwort)*, 182, 248, 259, 265, 268, 276, 340, 350, 400, 412
Recke, Anna von der 276, 350, 412
Recke, Wilhelm von der, Pfarrer *(Vorwort)*, 175, 179, 182, 204, 209, 216, 261, 271, 276, 338, 350, 412
Rehbinder, Helga 110, 333, 338
Reichardt, A., Pfarrer 47
Reichardt, Gustave, Pfarrer 47
Reichelsheim (Hessen) 410

Reichskristallnacht 174, 175, 213, 259, 306, 400, 401
Reichsverband weiblicher Jugend 328
Reims 279
Reiner, Guido, Jesuit 260
Reinert, Robert, Geschäftsführer des Dt. Hilfsvereins 142, 164
Reisinger, Wilhelm 266
Religionsfreiheit 13, 23, 362, 364
Rembrandt van Rijn, Maler 397
Résistance 11, 194, 196, 199
 siehe auch »Widerstandskämpfer«
Réunion internationale religieuse de Jeunesse 126
Reutin am Bodensee 332, 410
Reutin, Sibylla, Diakonisse 323
Rhein 227
Rheinisch-Westfälische Kirchenordnung 365
Rheinische Gesellschaft für Innere Mission 345
Rheinland 173, 187, 247, 334, 365
Rheinlandbesetzung
 siehe »Ruhrbesetzung«
Rhône (Département) 21
Ribbentrop, Joachim von, Reichsaußenminister 151, 179, 182, 183, 185, 186
Richelieu, Armand-Jean du Plessis, Kardinal 12
Richter, Karl, Organist 358
Richter, NN. (KV) 115, 190
Riebling, Andreas 276
Rieckmann, Oswald (KV) 90, 115
Riemer, Johanna
 siehe »Kusch, Johanna«
Rienecker, Kurt, Organist 193, 195
Rienecker, Maria 193
Riesser, Einar *(Vorwort)*, 109
Riesser, Gilda 113, 334, 336
Riesser, Hans E., Botschaftsrat 104, 159, 160
Rieth, NN., Botschaftsrat 101
Riezler, Kurt, Dirigent 194
Riga 172
Rigault, Françoise 411
Riom 221
Robert, Adelheid *(Vorwort)*
Rocquencourt (Ile-de-France) 307
Rodin, Auguste, Bildhauer 292
Roger, Laure Eugénie 410
Rohde, Georg, Pfarrer 249
Rohr, Maurice, Pfarrer 183, 188
Rohrbach, Anna Magdalena (KV) 265, 284, 346, 413
Röhring, NN., Vorsitzender des Hilfsvereins 145
Rolf, Brigitte (KV), Leiterin des Foyer-le-Pont 345, 413
Roloff, Elisabeth, Organistin 358, 413
Rom 73, 87, 118, 179, 260, 301, 336, 339, 410
Rosenberg, Alfred 145
Rosenmüller, Johann, Komponist 176
Rosenstiehl, Alfred, Pfarrer 228, 230
Rössler, Christel, Chorleiterin 413
Rostock 17

Roth, Jürgen-Peter (KV) 349, 413
Röthig, Wolfgang 258
Rouen 221
Rousseau, Monika 351
Roussel, Hélène *(Vorwort)*
Ruckwied, Gérard, Pfarrer *(Vorwort)*, 216, 228, 248
Ruhrbesetzung 83, 84, 89, 113
Ruhrgebiet 3, 83, 103, 121, 360
Rumänien 86, 300, 333, 410
Rumpff, NN., Ministerresident 43, 363
Rundfunkgottesdienste 259, 295
Russisch-Orthodoxe Kirche 84, 189, 261, 296, 299, 300, 302, 380, 408
Rußland 124
Rußmann, Bertha, Diakonisse 323, 326
Rybarski, Hedwig 183
Ryssel, Ingrid (KV) 413

Saar-Abstimmung 139, 156, 210, 215
Saarbrücken 152
Sachs, Hans-Georg, Dr., Gemeindepräsident 370, 413
Sachsen 410
Sachsen-Weimar, NN., Großherzog 49
Sägesser, Peter, Pfarrer 291
Saint Dizier 221
Saint Etienne 16, 221
Saint Raphael 167
Saint-Benoît-sur-Loire 279
Saint-Cloud (Ile-de-France) 239, 255, 264, 307, 308
Saint-Denis (Ile-de-France) 77, 392
Saint-Germain-en-Laye (Ile-de-France) 274, 307, 308, 343
Säkularisierung 15, 71, 73, 161
Saleh-Glauser, Claire (KV) 351, 413
Samariterverein 323
San Remo 167, 170, 171
Sangnier, Marc 90
Sankt Petersburg 241, 361
Sardinien 23
Sassandra, Richard, Maler 281
Saur, Ottilie *(Vorwort)*, 213
Savi, NN. 163
Savoyen 23, 42
Savoyen, Victor Emmanuel von, König von Italien 23
Sbrik, Heinrich von, Historiker 187
Schaebele, Agent 59
Schaefer, Ruth (KV) 413
Schaeffer, Alfred *(Vorwort)*
Schäfer, Theodor, Pfarrer 44, 49, 51
Schäffer, Emmerich 280
Schaffert, Hans, Pfarrer 221, 222, 224, 225
Schauerte-Maubouet, Helga, Organistin *(Vorwort)*, 249, 260, 358, 413
Schaumburg, Grafschaft 411
Schieß, Nicola 258

Schild, Günter, Anwalt und Philologe 304
Schiller, Jane 351
Schinkel (bei Kiel) 86
Schirmacher, Käthe, Dr. 64, 67, 329, 330
Schlange-Schöningen, Ernst-Siegfried, Dr., Gemeindepräsident 413
Schleier, Rudolf, NS-Ortsgruppenführer in Paris 151, 170, 184
Schlesien 165, 227, 304, 391, 403, 412
Schliemann, E. 396
Schmalkaldische Artikel 3, 6
Schmid, Anetta, Organistin 413
Schmid, Marliese 291
Schmidt, Detlef, Organist 413
Schmidt, Fredi, Vikar 412
Schmidt, Harro, Organist 357
Schmidt, Hermann Friedrich, Pfarrer 5, 26, 27, 77, 396
Schmidt, Jean Tobias 36
Schnarrenberg, Ursula 411
Schneider, Gabrielle (KV) 349, 413
Schnepp, Witwe 320, 323, 378
Schober, Theodor, Pfarrer, Präsident des Diakonischen Werkes 259
Schoelzke, Peter 351
Schoelzke, Petra 351
Schoen, Wilhelm Freiherr von, Botschafter 65, 79, 306, 327
Schramm, W., Vikar 112
Schreiber, Matthias, Pfarrer 36
Schreiber, NN. 345
Schröder, Katrin, Küsterin 413
Schroeder, Thomas *(Vorwort)*
Schroeter, Petra, Küstern 413
Schubart, NN., Pfarrer 28
Schubert, Ernst, D. Dr. 392
Schulenburg, NN. von der 32
Schultz, Helmuth, Vikar 112
Schuster, Georg 103, 149
Schütz, Heinrich, Komponist 155, 156
Schwab, NN., Lehrer 321
Schwartz, NN. 205
Schwarzwald 411
Schweden 31, 204, 220, 221, 355, 362, 391
Schweden
    Christine, Königin 317
    Gustav Adolf, König 32, 95, 111, 117, 118, 125, 385
    Gustav III., König 36, 37
    NN., König 28
Schwedische Israelmission
    siehe »Israelsmission«
Schweitzer, Albert 93, 108, 113, 119, 298, 352, 354, 355, 386
Schweitzer, Roland, Architekt 345
Schweiz 4, 175, 185, 220, 221, 235, 237, 241, 249, 297, 345, 354
Schweizer Gruppe 291
Schweizer Haus 48, 378

Schweizer Kirchenbund 29
Schwob, Rudolf, Jugendsekretär 112, 137, 146, 147
SD (Sicherheitsdienst) 186
Sedan 52
Seeberg, Reinhold, Professor für Kirchengeschichte 76
Seemannsmission 18, 291
Seggern, Hanns von, Militärpfarrer 229
Seiler, NN. (KV) 413
Seine (Département) 75
Sekten 241, 299
Selancourt 221
Semler, Christian, Pfarrer 246, 283, 303
Senlis (Ile-de-France) 279, 338
Seydlitz, NN. von, Pfarrer 323
Seyler, Albert, Pater 259, 272, 301
Seynes, François de 297
Sibirien 2
Siebel, Carl-Alexander (KV) 413
Sieburg, Friedrich, Journalist 182
Siegel, NN., Präsidentin des Frauenvereins 331
Siemens, NN., Vikar 22
Siewert, Marie 397
Simon, Helmut, Kirchentagspräsident 269
Simons, Walter, Theologe 100
Sin-le-Noble 247, 289
Singer, Küsterehepaar 92
Sochaux 221
Société centrale évangelique 121
Société de l'Histoire du Protestantisme Français 165, 173, 184, 185, 198
Société de papiers de mariage
  siehe »Gesellschaft zur Besorgung der Heiratspapiere«
Söderblom, Nathan, Erzbischof 83
Soelling, NN., Pfarrer 221
Solingen 412
Sommerfeldt, Nils 276
Sony, Schallplattenfirma 358
Sorbonne 269
Souberous, Bernadette 52
Sowjetunion 2, 120
Sozialisten 41, 144, 153, 157, 163
Spanien 297
Spanischer Bürgerkrieg 205
Spanuth, Friedrich, Vikar 22
Speidel, Hans, Dr., General 141, 170, 183, 199, 200, 201, 229
Speidel, Hans-H., Brigadegeneral, (Vorwort) 243, 245, 413
Speyrer Protestationsschrift 118
Spiecker, Werner 142, 147
Spieß, NN. 47
Splitgerber, Hortense, Diakonisse 323
Spreng, Martin 388
Springe, Adelheid, Organistin und Gemeindehelferin 343, 413
Sprötze 411

SS (Schutzstaffel) 184, 186, 195, 201
Stadler, Michael, Dr. (KV) (Vorwort), 243, 413
Stadlmaier, Peter, Küster 413
Staël von Holstein, NN. de, schwedischer Botschafter 36
Stählin, Adolf von, Oberkonsistorialpräsident 375
Stählin, Wilhelm, Theologe 113, 140, 337
Stalin, Josef 180
Stammler, Eberhard, Pfarrer und Journalist 259
Stamms, Oswald, Küster 344, 413
Stanik, Edda 309
Staufer (Kaiserdynastie) 375
Steinfatt, Silke 276
Steinlein, Stefan, Theologe 260, 402, 404
Stempel, NN., Kirchenpräsident 259
Steuk, W. (KV) 413
Stjurström, schwedischer Pfarrer 299
Stock, Franz, Abbé 90, 158, 163, 189, 191, 194, 196, 200, 300, 301
Stocker, Nora (Vorwort)
Stockholm 122, 124, 355
Stoecker, Adolf, Dr., Hofprediger 76, 396
Stolz, NN. (KV) 207
Storz, Birgit 276
Stourdzé, Jean-Michel, Professor 305
Stöver, Hans-Joachim, Gemeindepräsident 245, 413
Stöver, Rosemarie 348, 351
Straßburg 13, 15, 38, 55, 278
Stratenwerth, Gerhard, Vizepräsident des Kirchlichen Außenamtes 71, 209, 210, 211, 212, 213, 259
Streng, Friedrich 330, 332
Streng, Georg, Pfarrer 58, 74, 77, 79–81, 285, 324, 328, 329, 330, 331, 332, 333, 340, 372, 382, 397, 410
Streng, Lina 328, 330, 332
Stresemann, Gustav, Reichsaußenminister 84, 89, 91, 100, 101, 102, 103, 124, 128
Strobel, Ursula 265, 351
Stromeyer, Erich (KV) 413
Studio S.M., Schallplattenfirma 358
Stülpnagel, Otto von, Militärbefehlshaber 194, 200
Sturm, Annette 276
Stüssel, Margarete (KV) 115, 334
Stuttgarter Schuldbekenntnis 140, 209, 214, 293, 402
Stützle, Friederike, Küsterin 413
Südamerika 2, 95, 207, 241, 342
Sudetenland 156, 173
Sulzberger, NN., Pfarrer 221
Sûreté Nationale 142, 145, 147, 149, 150, 151, 152, 155, 156, 170, 189
Süsskind-Schwendi, Alexander Freiherr von (KV) 413

Taizé 264, 267, 279, 291
Tannenberg 93

Tardieu, André, Innenminister 101
Tecklenburg 46
Telefonseelsorge 344
Telle, Marie (Tante Dahlgrüns) 92, 333
Tengler, Miriam 412
Ternes (Paris) 392
Thaler, Hermann, Tischler 91, 115, 386
Thelen, Eva, Küsterin 413
Thiermann, Anna 335
Thom, NN., Oberkirchenrat 137, 154
Thorning, NN., Pfarrer 228
Thüringen 137, 147
Thurnau 410
Tichy, Christiane, Historikerin *(Vorwort)*, 216
Tirol 391
Tizian Vecellio, Maler 397
Toleranzedikt
    siehe »Edikt von Nantes«
Toul 221
Toulon 167
Toulouse 3, 171, 220, 221, 290, 291, 296
Train, E., Architekt 47, 378
Trapp, Thomas, Theologe 291
Trennungsgesetz 15, 20, 26, 63, 70, 71, 72, 73, 76, 77, 105, 324, 328, 364, 365, 366
Trepte, Walter, Oberpfarrer 184
Treuburg 411
Troeltsch, Ernst, Historiker und Theologe 100
Troyes 16
Truhart, Peter, Dr., Kulturattaché *(Vorwort)*, 305
Tschammer und Osten, Reichssportführer 140
Tschechei 180
Tübingen 44, 269, 411, 412
Turn Severin (Rumänien) 86
Turnes, Friedi (KV) 346, 351, 413

UCJG
    siehe »Union Chrétienne des Jeunes Gens«
UdSSR 119, 124
UfA (Filmgesellschaft) 156
Uhde, Annemarie 87, 109, 149, 179, 180, 183, 263, 338, 339
Uhde, Wilhelm, Kunstkritiker 109, 180, 338
Union alsacienne d'activité chrétienne 91, 127
Union Chrétienne des Jeunes Gens (UCJG) 126, 226, 267
Union de Jeunes Gens et Jeunes Filles de la Seine 126
Union Protestante Chrétienne 295
Unna 50
Uppsala 269, 355
Urfer, Anton (Familie) 121
Urlauberseelsorge 291
USA 156, 165, 271, 412

Valbonne 221
Valence 219, 221
Valenciennes 221

Vallette, Louis, Pfarrer 42, 43, 46, 47, 53, 63, 70, 363
Vatikan 85
Vatikanisches Konzil (I.) 14, 72
Vatikanisches Konzil (II.) 267, 301
Vaucresson (Ile-de-France) 247
Vaugirard (Paris) 321
Vecqueville 221
Velber, Erich, Landesbischof von Hessen 259
Vence 221, 230, 289
Venedig 118
Vennemann, Heike 248
Verdun 124, 295
Verein Christlicher Lehrerinnen 396, 397
Verein der Freundinnen Junger Mädchen 108, 113, 334, 336, 337, 343, 345
Verein Deutscher Lehrerinnen in Frankreich 396, 397
Verein für Internationale Jugendarbeit 345
    siehe auch »Verein der Freundinnen Junger Mädchen«
Vereinigung deutschsprachiger Psychologen und Therapeuten 309
Vernon 221
Versailler Vertrag 82, 83, 104, 122, 130, 139, 173, 292
Versailles (Ile-de-France) 34, 97, 279, 298, 307, 310, 360, 398
Verschuer, Adele von 396
Vichy 90
Vichy-Regierung 188, 210, 369, 398
Victoria-Versicherung 116
Vieux Condé 221
Ville d'Avray (Ile-de-France) 189, 190, 192, 255, 274, 340, 341, 347, 349
Villeurbanne 291
Vimoutiers 221
Vincent, NN., Pfarrer 165, 303
Vinci, Leonardo da, Maler 119
Visser't Hooft, Willem, Generalsekretär des Weltkirchenrates 293
Vitry-sur-Seine (Ile-de-France) 219
Vogelgesang, Guido (KV) 266, 413
Vogt, Lucian 276
Voisin, Alexandra 276
Voisin, Audrey 276
Voit & Söhne, Orgelbaufirma 380
Völkerbund 90, 118
Völkerverständigung 126, 128
Vollhardt, Horst (KV) 413
Voß, Friedrich, Pfarrer 323
Vuagnat, Friederike, Dr. (KV) *(Vorwort)*, «Anrede»243, 271, 413
Vuillemin 219

Wagenknecht, NN., Pfarrer 221, 227, 228
Wagner, NN., Lehrer 53, 322
Waisenhaus 6, 42
Walker, NN., Pfarrer in Rom 179

Wallau, NN., Pfarrer 127
Wallenberg Pachaly, Hans von (KV) 413
Walsrode 411
Walter, Friedrich (KV) 413
Walter, NN., Pfarrer 29, 77
Wanjura, Elisabeth, Pfarrerin 290
Warschau 281
Wartburg 372
Weber, Auguste, Konsistorialpräsident 53, 58, 63, 77
Weber, Hermann, Pfarrer 27
Weber, Max 18
Weber, Wilhelmine, Diakonisse 323
Wehrmachtsgemeinde 189, 191, 193, 352
Weihnachtsbasar
siehe »Adventsbasar«
Weimarer Republik 82, 84, 97, 99, 107, 117, 119, 138
Weishuhn, Reinhold (KV) 190
Weizsäcker, Ernst von, Staatssekretär 175, 176, 178, 179
Weizsäcker, Richard von, Bundespräsident 175
Welczeck, Johannes Graf, Botschafter 158, 175, 176
Welser (Kaufmannsfamilie) 32
Weltausstellung 49, 378, 380
Weltgebetstag der Frauen 299, 302, 344, 348, 350
Weltkirchenrat 269, 293, 317
siehe auch »Ökumenischer Rat der Kirchen«
Weltwirtschaftskrise 106, 128
Wenzel, Klaus, Botschaftsrat (KV) 413
Wernigerode 412
Wernly, Stefan, Pfarrer 291
Westfalen 228, 344, 365, 412
Westfälischer Hausfreund 56, 57
Westphal, Charles 295
Wettstein, Emma, Pfarrfrau 17
Wettstein, NN., Pfarrer 17
Weydt, Sophie 397
Wheatcroft, Frank, luth. Bischof von Paris 126, 218
Wichern, Johann Hinrich 41
Wicht, H. von, Vikar 29
Widerstandskämpfer 195, 196, 197, 198, 202, 293
siehe auch »Résistance«
Wiedervereinigung Deutschlands 259, 260, 261, 296, 401
Wieghorst, Detlef, Organist 413
Wiesbaden 338
Wiese, NN. 46, 47
Wilhelm, Martin, Pfarrer 205, 217, 218, 220, 221, 226, 248, 273, 294
Wilken, Ole 276
Wilschdorf 410
Winkelmann, Marie, Diakonisse *(Vorwort)*, 113, 146, 152, 156, 159, 161, 165, 175, 179, 333, 335

Winkelströter, Jörg, Küster (Theologe) *(Vorwort)*, 287, 413
Winkler, Heinz, Pfarrer 248
Winter, Anne 276
Winter, Frank 276
Winterhilfswerk 142, 143, 144, 145, 153, 154, 155, 164, 170, 337
Wirths, Ernst-Herbert, Vikar 268, 412
Wischmann, Adolf, Präsident des Kirchlichen Außenamtes 214, 259, 293, 357
Witt, Heinrich, Lehrer 46, 320, 321, 378
Witt, Maria, Lehrerin 320
Witt, Wilhelm 147
Witte, Hans-Joachim, Küster 249, 413
Wobbe, Sabine, Küsterin 413
Wohlfahrtsausschuß der Frauen 108
Wohltätigkeitsbasar 112, 145, 277, 336
Wolandt, Kirsten, Vikarin 413
Wölber, Hans-Otto, Landesbischof in Hamburg 259
Wolff, Theodor, Journalist 170
Wollenweber, Anna 323, 397
Wollenweber, Klaus, Vikar 412
Worms 372
Wresinski, Joseph, Priester 298
Wurm, Theophil, Bischof der Württembergischen Landeskirche 130, 131, 132, 169
Württemberg 13, 26, 31, 46, 130, 241, 259, 352, 391, 411
Württemberg, Karl I., König 49
Württemberg, Wilhelm I., König 23
Württembergische Landeskirche 132, 365
Wyler, NN., Pfarrer 166

York, Herzog von 261
Young Men Christian Association (YMCA) 217, 219, 226
Ypern 178

Zech, Otto von, Pfarrer 57, 323
Zeiss, Carl (Firma) 115
Zigeunermission 295
Zinsel, Paul, Dr. (KV) 190
Zinsser, August, Pfarrer 324
Zinsser, Christian, Generalkonsul *(Vorwort)*, 69, 73
Zinsser, Ernst, Pfarrer 26, 77, 80, 324
Zinsser, Käthe, 80
Zinzendorf, Nikolaus Ludwig Graf von 18
Zippel, (Familie) 180, 190
Zippel, Eva *(Vorwort)*, 109, 117, 148, 149, 161
Zippel, Herta 149, 338
Zivilarbeiter 218, 219, 230
Zürich 329, 411
Zwei-Reiche-Lehre 99, 100, 133
Zweibrücken 34